NICOLAAS KLEI ONLINE...

Vond u die ene door Nicolaas Klei geprezen omfietswijn uit uw supermarkt nou juist zo teleurstellend? Heeft u een gouden tip voor een geweldige wijn voor weinig geld? Wilt u in contact komen met een vrouw die rosé óók zo lekker vindt bij kabeljauw?
Laat uw reactie achter op het forum van

www.omfietswijn.nl

Wilt u ook door het jaar heen tips voor lekkere wijnen voor een prettige prijs, bijvoorbeeld als het ineens lente wordt? Wilt u de columns van Nicolaas Klei regelmatig lezen? Meld u aan voor de Omfiets-nieuwsbrief op

www.omfietswijn.nl

Bent u de trotse bezitter van een iPhone en wilt u Klei's proefnotities het liefst in de supermarkt zelf erop naslaan? Dan hebben we binnenkort goed nieuws voor u! Blijf op de hoogte via

www.omfietswijn.nl

Nicolaas Klei

SUPERWIJNGIDS 2009

Uitgeverij Podium | Amsterdam

© 2008 Nicolaas Klei
Boekverzorging Asterisk / Formaat
Omslagontwerp Studio Jan de Boer

Verspreiding voor België: Van Halewyck, Leuven

ISBN: 978 90 5759 387 1

www.uitgeverijpodium.nl
www.omfietswijn.nl

INHOUD

- 9 Woord vooraf
- 11 Annie
- 13 Wegwijzer
- 18 Van kurk tot schroefdop

20	**Albert Heijn**	388	**Jumbo**
104	**Aldi**	427	**Lidl**
118	**C1000**	439	**MCD**
141	**Coop**	456	**Mitra**
164	**Dagwinkel/Troefmarkt**	498	**Natuurvoedingswinkels**
170	**Deen**	521	**De Natuurwinkel**
188	**Dekamarkt**	538	**Nettorama**
213	**Dirck III**	549	**Plus**
246	**Dirk van den Broek**	583	**Poiesz**
262	**Em-Té**	592	**Sanders**
263	**Gall & Gall**	604	**Spar**
324	**Golff**	618	**Super de Boer**
325	**Hema**	644	**Vomar**
350	**Hoogvliet**	662	**Wereldwinkels en Fair Trade Shops**
370	**Jan Linders**		

- 667 Top!
- 687 Register

WOORD VOORAF

Lezers tegen het lijf lopen is leuk. U bent tenslotte allemaal vriendelijk, verstandig en gezellig doordrinkend, nietwaar? Anders zoudt u deze fijne gids niet kopen. Ja, misschien zijn er een paar andersgezinde lieden, maar daar hebben we geen last van, want die zitten mokkend thuis achter hun lievelingswijn, waarvan ze net moeizaam spellend hebben ontdekt dat het vocht me aan de okselplekken in het lycrahemd van Gary Glitter doet denken. Want zoals u weet, ook de vieze wijnen staan in deze gids. Álle wijnen staan in deze gids.
Tenminste...
'Ha, de nieuwe gids! Maar weet u wat ik nou jammer vind? Dat die superslijters als Dirck III, Gall & Gall, Mitra er niet in staan...'
Daar heb ik antwoord op. Ik ben van nature een verlegen sul, niet de ideale persoon om lezers te woord te staan, hoe aardig ook, maar wat ik niet kan, dat weet ik wel: 'Mevrouw, mijnheer, ik wil wel, maar ben bang het niet te overleven.'
'Ja, dat begrijp ik, maar we zouden het toch wel heel fijn vinden.'
Dus heb ik het eindelijk gewaagd, dit jaar. Net als eerder – dit is de achtste editie! – alle wijnen van alle supermarkten in Nederland, alle wijnen van Hema, Natuurwinkel, natuurvoedingswinkels, wereldwinkels – en daarenboven dit jaar ook nog het complete assortiment van de grootste wijnwinkelketens, Dirck III, Gall & Gall, Mitra doorproeven. Vergeleken met echt werk is het natuurlijk een luizenbaantje, maar steeds wanneer er weer zo'n drie-, vier-, vijfhonderd proefflessen werden binnengetakeld, heb ik me toch af en toe afgevraagd: zal ik nu niet gewoon maar heel hard weglopen? Maar ik kan niet heel hard weglopen. Ik kan alleen maar

wijndrinken en daar gekke stukjes over schrijven. Dus bleef ik in m'n keuken bij m'n flessen.
'U helpt de consument!' roept men hulpvaardig.
Mja, maar zo altruïstisch is dat niet. Ik ben domweg zelf een consument, op zoek naar lekkere wijn, sinds m'n zeventiende hopend wegwijs te worden in de wijnwereld. En over wijn leer je door een beetje te lezen, maar vooral door heel veel te proeven. Dus proef ik. Tegen de klippen op. En hoop u daarmee te helpen.
De farao's en andere vroegere vorsten hadden een voorproever. U hebt mij. In dienst van de lekkere wijn.

ANNIE

Annie M.G. Schmidt heeft eens beschreven hoe zij bij het sterfbed van haar vader zat, en ondertussen ook een vrolijk stukje voor de krant van morgen moest schrijven. Net zo geviel het mij laatstleden zomer. Mijn vader, die bij ons in huis woonde, had een aan Parkinson gerelateerde vorm van dementie en kon steeds minder, geestelijk en lichamelijk, en deze zomer was het op. Hij stierf op de avond van zijn vierentachtigste verjaardag. Thuis, in zijn eigen bed, in zijn slaap, in alle rust en vrede, handen in handen met zoon en schoondochter. Je kan het minder treffen.
Maar wat missen we hem.
Het stukje van Annie M.G. ging over peuters die zich door een berg van rijstebrij moesten eten, en ik voelde me net zo. Me gestaag door een zee van proefflessen heenwerkend, gekke stukjes schrijvend, terwijl boven mijn vader lag. Maar stukjes moeten. Mijn vader schreef ze zelf ook en ook toen zijn moeder stierf en later zijn vader. De krant wacht niet. Na de dood van mijn moeder, in 2001, besloot mijn vader weer stukjes te gaan schrijven. Om de zinnen te verzetten. Want stukjes moeten, maar ze helpen ook. En toen de dementie verder klauwde in zijn hersenen, schreven we ze samen. Tot ook dat niet meer ging.
Mijn vader kwam vlak na de oorlog naar Amsterdam, en werkte ruim veertig jaar bij *Trouw*. Een heel groot deel van die veertig jaar schreef hij om de dag een column. Een stukje. Over de kerk – hij was kerkredacteur – over negentiende-eeuwse architectuur en literatuur waar hij zo dol op was, over Bach, of zomaar, over wachten in de rij bij bakker Hartog, strandwandelen in je blootje, herinneringen aan het idyllische Gelderse dorpje waar hij was opgegroeid. Dat is het mooie van

stukjes: de vuige oorlog van de dementie mag nog zo effectief zijn, die stukjes blijven.

Ik heb nog nooit een boek aan iemand opgedragen, maar draag nu deze gids op aan mijn vader. Hij had niks met wijn, maar dat ook ik stukjes schrijf vond hij wel heel leuk.

WEGWIJZER

Waardering
De wereld is niet volmaakt: niet alle wijnen in deze gids verdienen een of meer ¶-en.

⊕ Niet voor menselijke consumptie geschikt.

geen ¶ In extreme noodsituaties drinkbaar.

¶ Drinkbaar.

¶¶ Prima.

¶¶¶ Lekker.

¶¶¶¶ Gevaarlijk lekker.

¶¶¶¶¶ Beter vind je niet in de supermarkt.

 Net als bij driesterrenrestaurants: de reis waard, voorzien van ruime fietstassen uiteraard. In de tekst weergegeven als 🚲.

Tot slot: ruim ¶, richting ¶¶ spreekt voor zichzelf, maar aangezien er door precieze lezers wel eens vragen over zijn gesteld: zie het als een schoolrapport, waarbij ruim ¶ dan een 6+ is, heel ruim ¶ een 6½ en richting ¶¶ voor een 7- staat, zij het een 7- zoals m'n leraar Grieks 'm kon geven, met twee grote dikke minnen. Het blijft een veredelde 6, het blijft ¶. Pas wie nog beter z'n best doet krijgt ¶¶, al kan het soms netaan zijn.

Waardering, prijzen en proefnotities

De ♀-en geven de kwaliteit weer, maar de prijs is ook belangrijk. ♀♀ voor een liter huiswijn à drie euro is prima, maar niet goed genoeg voor duurdere flessen. In elke supermarkt kunt u betere waar voor uw geld krijgen. Zo krijgt een médoc, châteauneuf-du-pape of andere dure jongen met ♀♀♀ waar je wel acht euro of zo voor moet lappen, slechts karig commentaar. Voor dat geld kan het nog beter, en in deze gids zijn er meer dan genoeg bordeauxs en côtes du rhône die net als hun sjieke verwanten ♀♀♀ krijgen voor de helft van het geld.

Let dus altijd op de prijs en lees de proefnotitie!

Top!

Aan het einde van elk supermarkthoofdstuk staan de beste witte, rosé en rode wijnen.
Let op! Dat zijn de beste wijnen van die supermarkt! Dat dat helaas niet altijd even goed is, ziet u aan het aantal ♀-en. Wat het bij de ene supermarkt tot 'beste' schopt, wordt bij een andere niet eens genoemd, zoveel betere wijnen zijn er. Achter in het boek staan diverse lijsten vol beste wijnen. De beste biologische, de beste allergoedkoopste, de beste huiswijnliters, enzovoort.

Prijzen

De prijzen zijn de prijzen van zomer 2008. Prijzen kunnen echter altijd veranderen (wat meestal betekent dat ze hoger worden). Bij wijnen die bij diverse supermarkten te koop zijn, is het een goed idee even de prijzen te vergelijken: die kunnen soms behoorlijk verschillen. Uiteraard zul je altijd zien dat juist de keten met de laagste prijs in de verste verte niet bij je in de buurt aanwezig is met een filiaal, maar goed.

Indeling

De supermarkten staan op alfabetische volgorde. De wijnen van elke supermarkt staan gerangschikt per kleur (eerst wit, dan rosé, ten slotte rood), en binnen elke kleur per land, van Argentinië tot Zuid-Afrika. Ook binnen elk land volgt de orde weer het alfabet, uitgaand van de eerste letter van de naam van de wijn (zie hieronder). 'Château' wordt daarbij als onderdeel van de naam beschouwd, en staat dus bij de C, net als 'Domaine' bij de D te vinden is. Alleen in Frankrijk zijn er zoveel wijnen en zijn de wijngebieden zo bekend, dat er een (alfabetische) onderverdeling naar wijnstreek is gemaakt. Sancerre, pouilly fumé, vin de pays du jardin de la france vindt u onder Loire, chablis en mâcon bij Bourgogne, bij Bordeaux staan ook médoc, saint-émilion, pomerol, bij Rhône ook châteauneuf-du-pape en vacqueyras, bij Languedoc-Roussillon ook corbières, fitou, minervois, saint-chinian. Streken die minder duidelijk zijn in te delen, vallen gewoon onder Frankrijk. Misschien wat lastig voor wie niet zo thuis is in de wijnstreken, maar zo staan wel alle wijnen uit een gebied bij elkaar, wat handig is voor vergelijkingen. Met behulp van de index op wijnnaam is elke wijn ook snel te vinden.

Sherry en port zijn niet opgenomen. 'Op wijn gebaseerde' dranken en ander vaags uit de rafelrand van de wijnwereld heb ik eveneens buiten beschouwing gelaten.

Naam

In principe wordt van elke wijn eerst de producent of de merknaam vermeld, dan de appellation, daarna eventuele verdere preciseringen. Legt het etiket de nadruk echter duidelijk ergens anders op, bijvoorbeeld door de appellation of een merknaam groot aan te geven en in minieme letters de naam van de producent, dan is de volgorde van het etiket aangehouden. Ook wat betreft spelling ga ik uit van het etiket. Wat de verdere spelling betreft verschillen de opvattingen, maar ik doe het zo: namen van druivenrassen krijgen geen hoofdletter, netzomin als namen van wijnen; namen van appellations, streken en uiteraard landen wel. Zo dus: in de appellation Chinon ligt het oude stadje Chinon, waar ze de wijn chinon maken van druivensoort cabernet franc.

Verkrijgbaarheid

De wijnen zijn geproefd in de zomer van 2008. Als er nergens vergissingen zijn gemaakt, heb ik van elke supermarkt het volledige assortiment geproefd, uitgezonderd wijnen die slechts tijdelijk verkrijgbaar zijn. Assortimenten zijn echter altijd in beweging. Er komen nieuwe oogstjaren, sommige wijnen verdwijnen helemaal, terwijl er ook nieuwe wijnen bijkomen.
Helemaal volledig is deze gids dus nooit, maar tot de volgende, volledig bijgewerkte *Superwijngids*, moet u er aardig mee uit de voeten kunnen. In m'n wekelijkse columns in *Elsevier* en *AD* en op www.omfietswijn.nl houd ik u op de hoogte van nieuw lekkers om voor om te fietsen.

Alcoholpercentage

Op veler verzoek, omdat het toch ook een idee geeft van het soort wijn, staat in deze editie bij elke wijn het alcoholpercentage vermeld, tenzij het op het tankmonster niet genoemd stond.

Flesverschil

Er kunnen, zoals altijd en overal, verschillen zijn tussen de fles die ik heb geproefd en de fles die u koopt. Want

niet alleen is een nieuw jaar over het algemeen beter dan dezelfde wijn van het vorige jaar; veel producenten bottelen ook van elk oogstjaar steeds nieuwe versies. Er is een groot verschil tussen een pas gebottelde fles die net binnenkomt en ogenschijnlijk precies dezelfde wijn die al maanden in het schap staat.
Want in tegenstelling tot wat vaak wordt beweerd, heeft wijn geen problemen met beweging, maar des te meer met warmte. Liever de nieuwe fles die koel aankomt van de reis, dan de wijn die ongestoord al tijden langzaam staat te koken.

Verder lezen
Wat weten van wijn leer je het best door veel te proeven, maar wat achtergrondinformatie is ook nooit weg, dus heb ik *Tot op de bodem* geschreven, een lexicon van de wijn waarin van alles wordt verteld over wijnlanden en -streken, appellations en druivensoorten, over het maken, proeven, drinken en heel soms bewaren van wijn en wat er lekker bij te eten, hoe het zit met biologische wijn, over ontkurken, koelen, kurkentrekkers en allerhande wijnparafernalia en nog heel veel meer.
Verder is er wekelijks wijnnieuws en allerlei aanvullende informatie te vinden op www.omfietswijn.nl.

VAN KURK TOT SCHROEFDOP

Het is dat het een e-mail was, anders had ik 'm misschien wel ingelijst: De Laatste Wanhopige Brief Van Een Lezer Die Thuis Ontdekt Dat Hij Een Fles Met Schroefdop Heeft Gekocht. Ook al redelijk ingeburgerd dus, zij het nog niet zo geïntegreerd als de kunstkurk.

Gek, want de schroefdop bestaat veel langer. Sinds 10 augustus 1889 om precies te zijn, toen Dan Rylands 'm in Engeland patenteerde. Technisch volmaakt, verkooptechnisch wat minder. De whiskyfles bijvoorbeeld gaf zich gewonnen, cognac, sherry en port hielden het bij de kurk (onder een plastic dopje nu, vreemd genoeg), bier was niet van z'n kroonkurk te brengen, en de wijnwereld wilde helemaal niet, uitgezonderd enkele oprechte producenten die ermee wilde laten zien dat er goedkope bagger in de fles zat. Dat was dan wel zomaar een schroefdop. De luxe wijnschroefdop bestaat ook al een tijdje. De Franse firma La Bouchage Mecanique (nu een merknaam van Franse doppenmaker Pea-Pechiney) kwam eind jaren 1950 met de Stelvin schroefdop. Speciaal voor wijn. Perfect sluitend, goed ogend, eindeloos getest. En nu eindelijk in opkomst. En hoe.

Na een aarzelend begin loopt het nu storm. Van een enkele fles een paar jaar geleden, had in de gids 2007 één op de zeven, en nu één op de vier van de supermarktwijnflessen zo'n prachtafsluiting. Waren het eerst vooral producenten uit de Nieuwe Wereld, de wijnlanden buiten het oude Europa, die hun flessen zo afsloten, nu is de schroefdop ook al gesignaleerd in klassieke gebieden als Bourgogne, Bordeaux, Sancerre...

Interessant: zoals u ziet heeft de kunststopstop dit jaar aan terrein verloren, ten gunste van de schroefdop.

Minder dan de helft van alle supermarktflessen heeft nog maar een echtc kurk. Opvallend daarbij: producenten die voor hun gewone wijn een kunststofafsluiting hebben, kiezen voor een luxere prestigecuvée toch voor de kurk. Om iets klassieks uit te stralen? Kurkproducerende landen Spanje en Portugal blijven de kurk gebruiken, en ook de meeste biologische producente houden zich erbij – het heet immers natuurkurk. Tot slot was er nog een spectaculaire stijging van het aantal Vino-loks (een glazen afsluiter, zie pagina 272): van geen naar drie.

Supermarktwijngids 2007
Kurk: 52,07%
Kunststofstop: 34,01%
Schroefdop: 13,92%

Supermarktwijngids 2008
Kurk: 45,84%
Kunststofstop: 34,05%
Schroefdop: 20,11%

Superwijngids 2009
Kurk: 44,57%
Kunststofstop: 27,52%
Schroefdop: 27,74%

ALBERT HEIJN

▷ Spreiding: landelijk
▷ Aantal filialen: 799 (waarvan 28 AH XL en 41 AH TO GO)
▷ Marktaandeel: 29,5%
▷ Voor meer informatie: 075 - 65 99 111 of www.ah.nl

Enkele wijnen zijn alleen via AH XL te koop. Dat is dan aan het eind van de proefnotitie aangeven met (AH XL).

Er zijn 388 wijnen geproefd, waarvan:
▷ Wit   147
▷ Rosé   37
▷ Rood   204

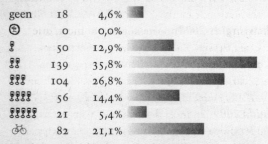

geen	18	4,6%
⊕	0	0,0%
♀	50	12,9%
♀♀	139	35,8%
♀♀♀	104	26,8%
♀♀♀♀	56	14,4%
♀♀♀♀♀	21	5,4%
🚲	82	21,1%

Waardering in aantal wijnen en als percentage van het assortiment

WIT

ARGENTINIË
AH ARGENTINA, TORRONTÉS CHARDONNAY € 3,99
DROOG ZACHT FRUITIG (LITER)

Hungry Planet, what the world eats. Dat is een boek, met daarin gezinnen van overal ter wereld, gefotografeerd te midden van hun boodschappen voor één week. Fascinerende plaatjes, van een gezin in een Afrikaans vluchtelingenkamp met nauwelijks meer dan wat water en bonen tot consumenten die zo te zien wekelijks een complete supermarkt leegkopen. Betere mensen gaan dan direct acceptgiro's invullen. Ik zocht meteen naar de wijn. Was me dat schrikken! Niemand drinkt wijn! Zelfs de Italiaanse familie niet! Fransen één fles per week, net als de Engelsen en de Chinezen (een fles van het beroemde merk *Great Wall*, spreek uit Great War). Slechts Australiërs en Duitsers kopen wat meer: drie respectievelijk vier flessen. En dan lees je in onderzoeken dat er steeds meer wijn wordt gedronken! Hier misschien ja, omdat wij de *Superwijngids* hebben. Maar, te veel is ook niet goed. Zegt men. Wat stond er op affiches in het Frankrijk van de jaren vijftig? 'Drink niet meer dan één liter wijn per dag!' Geheelonthouderspropaganda was dat. En zo is het maar net. Deze liter vol vrolijk sappig fruit bijvoorbeeld, vriendelijk maar niet overdadig geurend naar muskaat – want zo ruikt wijn van druif torrontés. 13%.

NORTON BARREL SELECT, MENDOZA, € 6,99
CHARDONNAY 2007

Geproefd, geproefd en herproefd, maar nee, tis niet anders: rare lijmgeur. Vreemd, want was in andere jaren prima. Hopelijk levert de 2008, die door ongelukkige omstandigheden te laat arriveerde, weer de ouderwetse kwaliteit. 13,5%.

WIT ARGENTINIË - AUSTRALIË

NORTON, MENDOZA, CHARDONNAY 2008 € 4,99

Stoere bekvol sappig chardonnayfruit. Niet bepaald subtiel, maar wel lekker aanwezig. 13%.

NORTON, MENDOZA, SAUVIGNON BLANC 2008 € 4,99

Als sauvignon niet veel soeps, maar prima frisfruitige wijn. Heel ruim. 13%.

NORTON, MENDOZA, TORRONTÉS 2008 € 4,99

Immer lenige en sappige torrontés, fris geurend naar muskaatdruiven. 13%.

TILIA, MENDOZA, CHARDONNAY 2007 € 5,99

Ha, bijna lente, denkt menig Nederlander vaak al eind februari. Uitbottend groen, dartelende lammetjes in de wei, de eerste obers op het terras. Regenjassen, kaplaarzen, wintertruien in de mottenballen, want de winter is voorbij. Dat dachten we maar. Mooi gefopt door het KNMI. De ochtend nadat we de tuinstoelen buiten hebben gezet stormt hagel en natte sneeuw het open slaapkamerraam binnen. Wij blij dat we qua wit deze hebben ingeslagen en niet iets fris! Heerlijk voor als het morgen wel weer voorjaar is, hartverwarmend nu je de flessen maar even buiten hoeft te zetten voor de juiste temperatuur. Breedgeschouderde, weelderige chardonnay, van alle luxueuze gemakken voorzien. 14%.

TILIA, MENDOZA, SAUVIGNON BLANC 2008 € 5,99

Vriendelijk fris van geur, vriendelijk zacht van smaak. 13,5%.

AUSTRALIË
AH AUSTRALIA, SÉMILLON CHARDONNAY € 3,99
DROOG ZACHT FRUITIG (LITER)

Vol gezellig sappig fruitig als immer. Ook als altijd bijna omfietswijn. Waarom bijna? Omdat-ie net dat beetje extra mist en zo heeft hij wat om naar te streven en dat is goed voor z'n karakter. Richting ♀♀♀. 12,5%.

HARDYS, BIN 141, COLOMBARD CHARDONNAY 2007   € 3,19   ♀♀♀

Je hebt mannen met te korte broeken. Hoogwater! joelden we vroeger. Sommige van die broeken zijn ook nog eens heel nauw. Is dat de retrolegging, zijn dat zielige mannen die geen kleermaker kunnen betalen of een vriendin hebben die ook elk maatpak rücksichtslos in de kookwas doet? Neen. Het hoort zo. Het zijn retedure broeken van een Napolitaanse kleermaker, die zicht bieden op adembenemend perfect schoeisel. Gelukkig laat zo'n man zich dan wel uitgewoonde oplichtersmeursault aansmeren door een gluiperige slijter, omdat hij denkt dat dat ook stijl is, meursault. Er zijn ook andere te korte broeken. Malle-Pietjebroeken: decennia oud, kennen kookwas zelfs niet van horen zeggen, niet in de plooi maar louter plooi, en dan lekker hoog opgehesen aan de bretellen opdat ze met half uitgezakte plint goed hoog boven de enkels hangen. Touw of aanelkaargeknoopte postbode-elastiekjes als riem mag ook. Afgetrapte schoenen, vintage-viyellahemd, uitgezakt jasje, hoed waar iemand op is gaan zitten en die ook als asbak wordt gebruikt. Ach lieve lezers, wat is dat toch mooi. We moeten wel zeggen dat de panache er deels in zit dat de bewoner van zo'n voddenbaal rondscharrelt over z'n voorvaderlijk landgoed ter grootte van de provincie Utrecht. Zonder dat laatste heeft het toch wat minder cachet, al wachten we nog hoopvol op de komst van iemand die zo gekleed en etend uit een vuilnisbak in de Kalverstraat toch door iedereen wordt benaderd als was hij erfgenaam van een hertogdom met het jaarlijks inkomen van een goed boerend Scandinavisch land. Wat zo iemand schenkt? Soms, als het in de aanbieding is, iets van Penfolds, zie even verderop en bij Gall, maar verder deze Bin 141 en z'n rode kompaan de Bin 343, zie pagina 59. Heerlijk fris en zacht

WIT AUSTRALIË

vrolijk sappig fruit zonder poespas. Groots in z'n eenvoud. 12,5%.

JACOB'S CREEK RESERVE, SOUTH AUSTRALIA, € 9,99
CHARDONNAY 2007

Correct met een beetje beschaafd hout en een keurige plooi in de iets te lange broek. Nogal zoetig. Heel ruim. 13,5%.

JACOB'S CREEK, CHARDONNAY 2007 € 5,99

Correcte saaie chardonnay met iets snoepjesachtig fruit. Heel ruim. 13%.

JACOB'S CREEK, SOUTH EASTERN AUSTRALIA, € 5,99
SEMILLON SAUVIGNON BLANC 2007

Brrr, wat frisfruitig! 12,5%.

LINDEMANS BIN 95, SOUTH EASTERN AUSTRALIA, € 5,99
SAUVIGNON BLANC 2008

Zelfde analyse als immer: niet overintelligente maar wel altijd vriendelijke en opgewekte sauvignon vol voorjaarsgeuren. Zachter dan sancerre en consorten. Interessant: 10,5(!)%. heeft niet de euvels die de lichtalcoholwijnen hebben, zoals die hier even onder, de Qool (zie pagina 33, 53 en 69) en de McGuigans van Coop (zie pagina 143 en 155).

LINDEMANS EARLY HARVEST, € 5,99
SOUTH EASTERN AUSTRALIA, CRISP DRY WHITE 2007

'*Crisp & Refreshing, Lighter in Alcohol.*' Riekt krek zo vreemd kunstmatig als alcoholloze wijnen, maar smaakt beter. Vriendelijk simpel frisfruitig. Anderhalf. 9%.

LINDEMANS RESERVE, PADTHAWAY, € 7,99
CHARDONNAY 2006

Zachtfruitig met beschaafd wat hout. 13,5%.

WIT AUSTRALIË

LINDEMANS, BIN 25, BRUT CUVÉE SPARKLING € 8,99

Vriendelijke fruitige belletjes voor wie champagne 'zo zuur' vindt. 11,5%.

LINDEMANS, BIN 65, CHARDONNAY 2007 € 5,99

Correcte maar niet zeer charmante chardonnay. Zo piepjong zeker plezant, met z'n sappige fruit, maar als immer wat onbestemd. Advies als immer: spendeer twee duppies meer en wees gelukkig met de chardonnay van Penfolds, zie effies hieronder. 13,5%.

LINDEMANS, CAWARRA, COLOMBARD € 4,39
CHARDONNAY 2007

Fris fruit van de colombard en zacht fruit van de chardonnay. Gaat goed samen. 13%.

PENFOLDS, RAWSON'S RETREAT, CHARDONNAY 2007 € 6,99

Een vriendin is naar Amerika verhuisd. Daar hebben ze ook wijn. Ze maken het er zelfs. Helaas bestaat de serieuze inheemse productie uit flessen met een prijskaartje waardoor zelfs Bill Gates eerst eens even het huishoudboekje doorneemt om te zien of het eraf kan, en bestaat de minder serieuze inheemse productie uit wat de vriendin bij de plaatselijke middenstand aantrof: *sweet merlot* in een roze tetrapak. Gelukkig ontdekte ze na intensief veldwerk dat er daaro ook wijn wordt geïmporteerd en na nog intensiever veldwerk dat er ook lékkere wijn wordt geïmporteerd: de Casillero del Diablo's van het Chileense Concha y Toro, en diverse wijnen van het Australische Penfolds, alles dankzij de lage dollar voor nog minder geld dan je er hier bij Appie voor kwijt bent. Maar een mens wil ook wel eens wat anders, zoals daar is de witte Rapatel, waarvan ik u niet vertel wat dat is, want dat willen we allemaal zelf opdrinken. Dus besloot ik haar een vineus Sintpresentje te sturen. De importeur vroeg de PTT hoe dat in z'n werk ging. Verbijsterd informeerde hij

WIT AUSTRALIË

daarna bij DHL en UPC, want sinds de PTT zich elk halfjaar anders noemt vertellen ze misschien ook verder onzin, maar nee, het klopte. Ik kon twee liter wijn opsturen naar de vriendin in de USA. Tenminste, als ze een wijnimportvergunning had. Zo ja, dan was het verder slechts een kwestie van een leger klerken aan beide zijden van de oceaan 17.281 formulieren en paperassen in zestienvoud te laten invullen en klaar, afgezien van wat porto en verdere kosten ter waarde van de volledige cokeproductie van Columbia in een goed oogstjaar. We hebben elkaar via de webcam maar troostend toegeproost met deze Penfolds. Immer sjieksappig, geurend naar een kruidentuin en druifjes met ochtenddauw erop. Of zo. In ieder geval zeer troostrijk en blij makend.
Ruim ♀♀♀♀. 13,5%.

PENFOLDS, RAWSON'S RETREAT,   € 6,99   ♀♀♀♀
SOUTH EASTERN AUSTRALIA, RIESLING 2007

De buren hadden pech, laatst. Van wat er hier ten burele van de *Superwijngids* aan proefflessen over de vloer komt, wordt het merendeel onder vriendelijk hoongelach over de bijbehorende wijnwinkelier uitgegoten, waarna we hem met het foldertje van een loopbaanadviesbureau en een bemoedigende schop onder het achterste uit het pand laten verwijderen. Verder drinken we alles zelf op. Toch, soms, als er ook na het ontbijt nog over is, willen we in een vlaag van goedertierenheid wel eens wat goedbevonden flessen in de omliggende portieken uitzetten, opdat de buren ook eens kunnen ruiken aan wat voor hen door de erfzonde niet is weggelegd. Als een ouderwetse melkboer zet de jongste bediende overal één, twee flessen op de stoep. Gemeenlijk komen de buren de volgende dag, de morsige pet schuchter ronddraaiend in de handen, eerbiedig bedanken voor onze goedgeefsheid. Laatst echter kwam niemand zijn dank betuigen. Nu scheelt dat in het desinfecteren van de stoep, maar we waren toch enigszins verbaasd over deze plotselinge regressie van normen en waarden. Regulier

WIT AUSTRALIË

buurtonderzoek (artikel 156 sub c van de interne geweldsinstructie) bracht echter de oplossing aan het licht. De proefflessen in kwestie waren Duits, en men had gemeend met een
kennismakingsactie van de buurtsuper van doen te hebben.
Aldaar schaft de ons omringende goegemeente namelijk literpakken liebfraumilch aan als het loon binnen is en zodoende
verkeren ze in de aangeschoten mening dat alle Duitse wijn
een euro de liter kost en dat deze Duitse flessen dus nooit van
ons konden komen. Minder regulier buurtonderzoek wees
vervolgens trouwens uit dat men de liebfraumilch veel lekkerder vond dan 'de toch wel zure wijn van Mijnheer'. Ach ja.
Zoet, de primaire oersmaak. Nu moeten we eerlijk zeggen dat
we die flessen niet voor niets hadden geparkeerd in de portalen van de omringende behoeftige tweeverdieners (ja, echt,
lieve lezers, ze moeten állebei wérken; velen van hen moeten
hun kinderen zelfs per bákfiets naar school laten brengen!).
Want ook heel duur zoet is zoet en dus niet te zuipen. En heel
veel andere Duitse wijn is misschien wel heel hoogstaand,
maar gezellig drinken is het niet. Oftewel en kortom, zoals
immer hebben wij voor alles de juiste en stijlvolle oplossing.
Bent u de liebfraumlich ontstegen, maar verlangt u er stiekem
wel eens naar terug, maar dan nu op grachtengordelniveau:
drink dit. Riesling uit Australië. De sjiek van de beste Duitse
riesling gecombineerd met het gezellige sappige fruit van
Australië. 12%.

PENFOLDS, THOMAS HYLAND, ADELAIDE, € 12,99 🍷🍷🍷🍷🍷
CHARDONNAY 2007
Deftiger nog dan de Rawson hierboven, met een vleug hout
ook, en toch domweg retelekker. 13%.

ROSEMOUNT ESTATE, SOUTH EASTERN AUSTRALIA, € 7,99 🍷🍷
CHARDONNAY 2006
Vol rijp chardonnayfruit, zij het ietsje snoepjesachtig.
Stomme fles. Heel ruim 🍷🍷. 13,5%.

WIT AUSTRALIË - CHILI

ROSEMOUNT ESTATE, SOUTH EASTERN AUSTRALIA, € 4,99
SÉMILLON-CHARDONNAY 2007

Zacht (snoepjes)fruitig. Met, als vorig jaar uitgelegd, Een Rare Fles. Boven begint het gewoon, maar de onderkant is niet rond, maar vierkant. Want, legde de firma desgevraagd uit, het etiket is ook een ruit, dus vandaar, en mensen pakken zo'n Rare Fles op om te kijken hoe Raar hij is, en als ze 'm dan in hun groezelige vingertjes hebben is hij al bijna verkocht, aldus de afdeling marketing die nog nooit een fatsoenlijke fles wijn heeft gedronken en dus beter iets voor Cup-a-Soup kan gaan ontwerpen. Geen wonder dan ook dat de inhoud achteruit boert. 12,5%.

ROSEMOUNT ESTATE, SOUTH EASTERN AUSTRALIA, € 4,99
SÉMILLON-SAUVIGNON BLANC 2006

Soort van poging tot zeg maar iets van frisfruitig. Kunstmatig en belegen. Was in een gewone fles nooit gebeurd. 13%.

BRAZILIË

MIOLO FAMILY VINEYARDS, VALE DOS VINHEDOS, € 6,99
CHARDONNAY 2008

Keurige slanke chardonnay-met-een-beetje-hout die overal vandaan kan komen. Heel ruim. 13%.

CHILI

AH CHILE, SAUVIGNON BLANC € 3,99
DROOG FRIS FRUITIG (LITER)

Zacht en sappig met een fris briesje sauvignon. 13%.

CASA LAPOSTOLLE, TANAO, SAUVIGNON BLANC, € 8,99
SÉMILLON, CHARDONNAY 2007

Zachtfruitig maar mag zich wel eens wassen. Met name tussen de tenen. 13,5%. (AH XL)

WIT CHILI

CONCHA Y TORO FRONTERA, VALLE CENTRAL,   € 3,99
SAUVIGNON BLANC/SEMILLÓN 2007

Frisse sauvignon met sappige sémillon, die een soort weerbarstige chardonnay is, qua smaak. Werkt goed samen. 12,5%.

CONCHA Y TORO TRIO, CASABLANCA VALLEY,   € 6,99
CHARDONNAY, PINOT GRIGIO, PINOT BLANC 2007

Vol fris en sappig fruit. Kruidig, pit, vrolijk. Heel ruim. 13,5%.

CONCHA Y TORO, CASILLERO DEL DIABLO,   € 5,99
CHARDONNAY 2007

Het most toch ook eigenlijk niet magge! Zomaar zo'n ordinair Chileentje met een bekvol sappig fruit en een vleug hout en veel finesse dat potverpillepap zomaar smaakt als sjiek-de-friemel bourgogne! Altijd al lekker, extra goed dit jaar. Of, zoals een Russische kennis zegt: 'Geel hoed!' want ze heeft hetzelfde euvel met haar g's en h's als de Zeeuwen die het over de Geilige Heest hebben en Gulp van Hod. 13,5%.

CONCHA Y TORO, CASILLERO DEL DIABLO,   € 5,99
VALLE CENTRAL, SAUVIGNON BLANC 2008

Frisfruitig, vleugje verlepte kool van sauvignonasse, beetje zuurtjesachtig... Nee. 13%.

CONCHA Y TORO, CASILLERO DEL DIABLO,   € 5,99
VIOGNIER 2007

Je hebt van die mannen, die dragen nimmer een jas, wel altijd een jasje. Ook als er een hittegolf is. Dus vragen andere mensen of die mannen het niet warm hebben, met een jasje, waarop de mannen immer weer moeten uitleggen dat het jasje van linnen/zijde/seersucker/katoen is, dus heerlijk luchtig en dat als het zo warm is, wel of geen jasje toch niet meer uitmaakt, maar dat wel wel zo handig is, want je hele hebben en houwen past erin en zonder is zo bloot. In de

WIT CHILI

winter andersom en vice versa, dan vraagt iedereen of de mannen het niet koud hebben, met alleen een jasje, waarop de mannen steeds weer moeten expliceren dat het jasje van echte vintage Harris Tweed is, oftewel duimdikse mammoetwol. Ja, dat zijn van die problemen. Zulke mannen zijn ook steevast 59 maar zien eruit als 36 en hebben een bloedmooie intelligente grappige vriendin van 24, zijn dolgelukkig samen, hebben geen vervelende etters van kinderen en zelfs hun schoonmoeder is een schat van een mens. Donder op, mannen! Wij zijn er niet voor uw soort. Geef ons een sul op sokken en sandalen achter een kinderwagen, een slome duikelaar met korte broek in de plooi en wit overhemd, geef ons een randjongere gekleed in tattoo en breezer, geef ons de bleke bejaarde vegetariër met klutsknieën en bandebomtasje om de schouder, geef ons die laatste man in campingsmoking, witte badstofsokken in sandalen en met bouvier, geef ons de kantoorman in fleecetrui die nog bij z'n moeder woont, geef ons z'n chef met de lollige mintgroene das die om z'n eigen moppen lacht, geef ons de wegwerker van 150 kilo met ringbaardje, opkruipend T-shirt en afzakshorts, geef ons de vertegenwoordiger in bleekgroen double-breasted, geef ons de vinoloog met snor, geef ons al die mannen in Pim-Fortuynstreeppakken maar dan niet van Oger maar van C&A, die hun das niet kunnen strikken, geef ons de mannen met schoenen in de kleur van beige diarree. Geef ons de proleet, geef ons de lul-de-behanger die als een man op ons af komt. Daar valt nog eer aan te behalen. Daar zijn we voor. Daar staan we voor. Daar houden we van. Daar leven we voor. Die gunnen we deze prachtviognier. U natuurlijk ook, lieve lezer, maar u bent al gelukkig. 14%.

EMILIANA, ADOBE RESERVA, CASABLANCA VALLEY,   € 4,99
CHARDONNAY 2008

Adobe, dat is de naam van een soort tichelstenen, de klei- en strobakstenen waarmee ze in het Oude Testament en andere

WIT CHILI

zeer oude culturen de eerste steden metselden, en waar ze
hiero bij Emiliana hun kelders hebben geplaveid. Iets te veel
grapefruits, maar verder een sappige en vrolijke chardonnay.
Bio als in biologisch. Heel ruim 🍷🍷. 14%.

EMILIANA, ADOBE, CASABLANCA VALLEY, € 4,99 🍷🍷
SAUVIGNON BLANC 2008

Biologisch. Sappig frisfruitig, met name in de variant druiven.
Heel ruim 🍷🍷. 13,5%.

EMILIANA, NOVAS LIMITED SELECTION, € 7,99 🍷🍷🍷
VALLE CASABLANCA, CHARDONNAY 2008

Nog een zachtfruitige sappige biologische chardonnay, nu
zonder grapefruits. 14%. (AH XL)

LOS VASCOS, COLCHAGUA, CHARDONNAY 2006 € 7,99 🍷🍷🍷

Chileense chardonnay van de baronnen De Rothschild van
Lafite, Bordeaux. Zeer beschaafde maar ook wat onbenullige
chardonnay. Inteelt, wat ik u brom. 13,5%.

LOS VASCOS, COLCHAGUA, SAUVIGNON BLANC 2007 € 7,99 🍷🍷

Sappige sauvignon met wel wat veel grapefruit. Jaja, die oude
families. Heet toch gewoon Klei, dan heb je dat niet. 13%.

UNDURRAGA, ALIWEN RESERVA, CENTRAL VALLEY, € 4,99 🍷🍷🍷🍷🍷
CHARDONNAY 2007

Aliwen schijnt heilige boom te betekenen, en is het
symbool van het punt waar de aarde aan het universum zit
vastgeschroefd. Ja, ik snap het ook niet precies, maar mooi
klinkt het wel. Het hoort bij de oude Mapuchecultuur,
blijkbaar de autochtone bewoners van Chili, en met elke fles
Aliwen die je opdrinkt draag je je steentje bij aan de scholing
van de Mapuchejeugd. Zie ook www.aliwenwines.com.
'Neen, collectant voor een Goed Doel, ik geef niks, want ik

CHILI - DUITSLAND

zuip me al dagelijks klem aan Aliwen.' Sappig, een weelde
aan geur en smaak, sierlijk, helder. 14%.

UNDURRAGA, ALIWEN RESERVA, CENTRAL VALLEY, € 4,99
SAUVIGNON BLANC 2007

Deftig frisfruitig. 13%.

UNDURRAGA, LONTUÉ VALLEY, € 4,49
SAUVIGNON BLANC 2007

Deze wordt elk jaar iets beter, ruikt meer en meer naar
sauvignon. En dat tref je zelden in Chili, waar de meeste
sauvignon geen sauvignon is maar de inferieure druivensoort
sauvignonasse. 13%.

UNDURRAGA, MAIPO VALLEY, CHARDONNAY 2007 € 4,49

In gids 2008 hadden we een 2007 uit Central Valley, die
maar zozo was, deze uit Maipo doet het beter. Sappig en
sierlijk. 13,5%.

DUITSLAND
AH DEUTSCHLAND, SILVANER, MÜLLER-THURGAU, € 3,99
LICHTZOET FRIS FRUITIG (LITER)

Lichtzoet, druivig, sappig. Uit Rheinhessen. Geen oogstjaar.
Anderhalf. 8,5%.

GRANS-FASSIAN, MINERALSCHIEFER, € 9,99
MOSEL, RIESLING TROCKEN 2007

Echte Duitse Wijn, geurend naar dure druiven. 12%. (AH XL)

MOSELLAND, DIVINUM, MOSEL, € 4,49
RIESLING SPÄTLESE 2007

Frisfruitig met zoet. Anderhalf. 8,5%.

WIT DUITSLAND - FRANKRIJK

MOSELLAND, DIVINUM, RIESLING 2007 €3,99

Ondanks een terecht vooroordeel tegen wijnen die zich iets noemen als DIVINUM, piets onzuivere maar verder zeer correcte lichtzoete riesling zonder de gebruikelijke achterbuurtzuren. Anderhalf. 11%.

MOSELLAND, MOSEL, PINOT BLANC 2007 €4,49

Zachtfruitig. 12%.

MOSELLAND, MOSEL, RIESLING CLASSIC 2007 €4,49

Frisfruitig. Ik vind er niks meer aan, aan Duitse wijn. De echt intens gore, in het genre 'verzamelaar van voetschimmels lag maanden dood in huis', 'alarmfase rood na defect biogasinstallatie', 'talloze bezoekers onwel bij *Slow-Food*presentatie authentieke *Asterix op Corsica*-kaas', sterven uit, maar lekker zijn ze nog in de verste verte niet. Een somber tussenstadium in de evolutie. D'r is geen lol meer aan. Bah. Anderhalf. 11,5%.

FRANKRIJK

AH HUISWIJN WIT LICHTZOET ZACHT FRUITIG (LITER) €2,99

Heel eenvoudig, maar sappig fruitig, lichtzoet. Vin de table de France. Geen oogstjaar. Anderhalf. 11%.

QOOL, CHARDONNAY 2007 €5,69

Te weinig alcohol om officieel wijn te mogen heten, maar het is wel als zodanig bedoeld. We zien er meer van dit jaar. Een raadsel waarom. Zoals elders gezegd: je kunt toch ook van echte wijn wat minder drinken? En als je echt weinig alcohol wilt, neem dan vruchtensap. Maar niet dit en z'n kornuiten. Want het is namelijk niet lekker. Ik heb zelf heerlijk Zuid-Franse *nouveau* in huis van 11%, en veel beaujolais en andere gamay van 12%, wat gezien de opmars van wijnen met 14, 14,5% ook bijna *light* is, en die zijn heerlijk. Maar zodra je met kunstgrepen alcohol gaat verwijderen, gaat het mis. Het resultaat smaakt leeg. En daarbij heeft deze ook nog eens reuzelouche citrusfruit. Zie ook rosé en rood. 8%.

REMY PANNIER, CHARDONNAY BRUT € 6,99

'*Vin Mousseux de Qualité.*' Fris, zachtfruitig. 12%.

Bordeaux

CORDIER COLLECTION PRIVÉE, € 9,99
SAUTERNES 2006 (375 ML)

Verfijnd zoet met een mooi bittertje. 13,5%.

GRAVES SUPÉRIEURES, MOELLEUX 2007 € 4,49

Fruitig, lichtzoet. Stuk beter dan de gemiddelde kwaliteit in deze dubieuze appellation. 12,5%.

LA TULIPE, BORDEAUX SAUVIGNON 2007 € 4,99

Heerlijk sappig rijp fruit, weerbarstig, vol. Menige sancerre en Nieuw-Zeelander kunnen zich gaan zitten schamen. 12,5%.

Bourgogne

HONORÉ LAVIGNE, BOURGOGNE CHARDONNAY 2007 € 6,99

Alleraardigst, om het gepeupel wat bij te brengen qua wijn, maar je moet zo op je woorden passen. Want neem nu deze bourgognes. Allicht ben je geneigd te verkondigen dat dit nou eindelijk eens chardonnay op niveau is, bourgogne zoals bourgogne bedoeld is. Van de voorjaarsfrisse mâcon via deze fruitige bourgogne zonder meer tot de sjieke côtes-de-nuits met wat luxueus hout: prachtbourgognes. Subtiel en verfijnd, frisse zuren, iets aristocratisch afstandelijks... Nee, dit, in al z'n eenvoud, dat kunnen ze nog steeds niet in Australië, Chili en Waardanook buiten Bourgogne. Precies. Maar dan krijg je mensen die denken: Sapperdeflap, sjieke witte bourgogne! En voor geen geld ook nog! Nounou, daar ga ik wat van wegleggen! Doe dat niet, mensen. Ja, het achteretiket zegt dat de

WIT FRANKRIJK

wijn twee jaar bewaard kan worden en dat zal zeker zo zijn, maar hij wordt niet beter in die tijd. Dus drink nou maar gewoon op. Nu, in de herfst, met kerst, straks in de lente en de zomer, en dan is het op en komt er weer een nieuw oogstjaar. De cirkelgang der seizoenen, wat u zegt, want na zo'n lekkere fles word je waratje filosofisch. 13%.

HONORÉ LAVIGNE, BOURGOGNE € 8,99
HAUTES CÔTES DE NUITS 2007

Als boven verteld, met wat deftig hout. Heel ruim. 12,5%.

HONORÉ LAVIGNE, MÂCON VILLAGES 2007 € 4,99

Druivig, vrolijk, minder simpel dan de 2006, voller, vetter, vleug anijs... Blijft lang na en er is veel te ruiken en te proeven. 13%.

P. DE MARCILLY FRÈRES, € 14,99
CHABLIS 1ER CRU MONTMAINS 2007

Anders dan de 2006: nog steeds zeer correct en sjiek, maar met meer pit en diepgang. 12,5%.

P. DE MARCILLY FRÈRES, CHABLIS 2007 € 8,99

Net als de 2006: zeer correct en dan ook nogal saai. 12%.

P. DE MARCILLY FRÈRES, POUILLY-FUISSÉ 2006 € 12,99

Pouilly-fuissé is sjieke mâcon en dat proef je. Toch, geef mij die uitgelaten mâcon van de firma Lavigne maar, van effies terug. 13%. (AH XL)

Champagne
HEIDSIECK & CO, MONOPOLE BLUE TOP, € 19,99
CHAMPAGNE BRUT

Goed droge schuimwijn met sappig fruit, maar champagne? Nee. 12%.

WIT FRANKRIJK

MOËT & CHANDON, CHAMPAGNE, BRUT IMPÉRIAL € 31,99

Frisfruitig, beetje bitter end. Schraal. Anderhalf. 12%.

NICOLAS FEUILLATTE, CHAMPAGNE BRUT € 23,99

Fruitig, maar niet zo fris. Naar plakkerig zoetje ook. 12%.

NICOLAS FEUILLATTE, CHAMPAGNE DEMI-SEC € 23,99

Meer zachtfruitig dan zoet. Wel een beetje bitter end. Anderhalf. 12%.

Elzas

CAVE DE BEBLENHEIM, ALSACE, GEWURZTRAMINER 2007 € 6,99

Rozengeur, wat fruit, wat dun, maar wel echt gewurz. 12,5%.

CAVE DE BEBLENHEIM, ALSACE, PINOT BLANC 2007 € 4,49

Zachtfruitig, helaas gevinifieerd in nat karton. 12%.

CAVE DE BEBLENHEIM, ALSACE, PINOT BLANC PRESTIGE 2007 € 5,99

Zachtfruitig. 12%.

CAVE DE BEBLENHEIM, ALSACE, PINOT GRIS 2007 € 5,99

Onbestemd fruitig en zeker voor een pinot gris nogal dun. Anderhalf. 12,5%.

CAVE DE BEBLENHEIM, ALSACE, RIESLING 2007 € 4,99

Vooral zuur. 12%.

PAUL ZINCK, ALSACE, PINOT BLANC 2007 € 6,99

Niet de luxueuze roomzachte weelde van de 2006, wel lekker slank en sappig. Heel ruim. 12,5%.

FRANKRIJK

Languedoc-Roussillon

PETIT GRAIN, MUSCAT DE SAINT JEAN DE MINERVOIS € 7,99

Zoete muskaat met een mooi bittertje. 15%.

PICPOUL DE PINET 'LES MOUGINELS', € 4,99
COTEAUX DU LANGUEDOC 2007

Zachtfruitig, lichtkruidig. 12,5%.

THIERRY VAUTE, MUSCAT DE BEAUMES € 7,99
DE VENISE 2006 (HALFLITERFLESJE)

Nog een zoete muskaat met een mooi bittertje. 15%. (AH XL)

Loire

CELLIER DES BRANGERS, € 11,99
MENETOU-SALON, LES FOLIES 2007

Druivig, krijtig, sappig, maar zou wat strakker mogen wezen. Makkelijk gezegd, niet zo makkelijk gedaan. Iets te strak en het is domweg zuur. Een precaire balans, wat u zegt. Vandaar dan ook dat er zo weinig loiresauvignon is die echt helemaal klopt. 13%.

DOMAINE DE LA LEVRAUDIÈRE, € 4,99
MUSCADET SÈVRE ET MAINE SUR LIE 2007

Prima. Strak, zilt, sappig. 12%.

DOMAINE DE LA TOUR AMBROISE, € 4,99
TOURAINE SAUVIGNON 2007

De 2006 rook naar verregend voorjaar, deze is echt lentefris. 12%.

DOMAINE DU MOULIN GRANGER, SANCERRE 2007 € 11,99

Geef 'm effe lucht en je hebt een dure maar van alle gemakken voorziene voorjaarsvakantie in je glas. Heel ruim. 12,5%.

WIT FRANKRIJK

JEAN DUMONT, POUILLY-FUMÉ, LES CAILLOUX 2007 € 9,99

Iets minder luxe voorjaarsvakantie. 12,5%.

Vin de pays

AH FRANCE, CHARDONNAY VIOGNIER € 3,99
DROOG ZACHT FRUITIG (LITER)

Met wijn zit het zo. Eigenlijk moet je het gewoon lekker opdrinken. Helaas is niet alle wijn drinkbaar, laat staan lekker drinkbaar. Dus zijn er mensen aangesteld die al die wijnen voorproeven, want taakstraf is reuze in de mode. Op de vraag of de wijn drinkbaar is, kan de voorproever natuurlijk antwoorden: ja. Of nee. Al naar gelang. Maar algauw zijn er mensen die meer willen weten van de voorproever. Is de wijn 'wel drinkbaar' of echt reuzelekker? En zo ja, wat voor soort van lekker? Vrolijk lichtvoetig, overbloezend mollig, zwaarwichtig tannineus, of smaakt-ie meer heel belangrijk, dat je er bij na moet denken? Dus gaan de voorproevers de wijn uitleggen. Droog, zacht, fruitig, zegt de één, want zo staat het op het etiket. Zachtgeurend naar bloesem, fruitig als sappige abrikozen, met toch mooie frisse zuren, preciseert de ander. Ruikt naar een zomerdag, romantiseert de volgende. Niet zo'n kleffe, broeierige zomerdag waarop je wel naar buiten zou willen om te kijken hoe je medemensen in het borrelend asfalt wegzakken, maar toch maar lamlendig thuis blijft zitten, te sufgestoofd zelfs om in een bad vol ijsblokjes te gaan liggen, maar nee, zo'n zomerdag waarop het net lekker warm is, met af en toe een verkwikkend briesje, en waarop nu en dan in de stralend blauwe lucht zo'n gezellige grote dikke wattenwolk voorbijvaart. 'En kijk die, dat is precies zo'n dikbuikige literfles!' Vin de pays d'oc. Geen oogstjaar. 13%.

AH HUISWIJN WIT DROOG FRIS FRUITIG (LITER) € 2,99

Vin de pays des côtes de gascogne, en dat proef je. Opgewekt frisfruitig. Geen oogstjaar. 11,5%.

WIT FRANKRIJK

FAMILLE CASTEL GRANDE RÉSERVE, € 5,99 🍷🍷
VIN DE PAYS D'OC, CHARDONNAY 2007

Vet fruitig met hout. 13%.

FAMILLE CASTEL, VIN DE PAYS D'OC, CHARDONNAY 2007 € 4,49 🍷🍷

Vet fruitig. 12,5%.

FLORENBELLE, VIN DE PAYS DES € 3,99 🍷🍷
CÔTES DE GASCOGNE 2007

Onbekommerd vrolijke frisfruitig stuivende casgogner.
Heel ruim 🍷🍷. 11,5%.

RÉMY PANNIER, VIN DE PAYS DU JARDIN € 3,99 🍷
DE LA FRANCE, CHARDONNAY 2007

Wordt elk jaar iets beter. Simpel frisfruitig. Anderhalf 🍷.
11,5%.

THIERRY & GUY, FAT BASTARD, VIN DE PAYS € 5,99 🍷🍷
VIGNOBLES DE FRANCE, CHARDONNAY 2007

Vet fruit en hout van dikke planken. Bekvol, niet bepaald
subtiel. 13,5%.

VALMAS, VIN DE PAYS D'OC, CHARDONNAY 2007 € 3,99 🍷🍷

Fris, zachtfruitig. Piets snoepjesachtig. 13%.

WILD PIG, VIN DE PAYS D'OC, CHARDONNAY 2007 € 4,99 🍷🍷

Bekvol zacht fruit. Heel ruim 🍷🍷. 13%.

WILD PIG, VIN DE PAYS D'OC, VIOGNIER 2007 € 4,99 🍷🍷

Net als vorig jaar: lekkere zachtfruitige wijn, bloemengeur,
ook nog, heel ruim 🍷🍷, maar 't is geen viognier. Wat dat dan
is? Proef Appie's huisliter chardonnay-viognier (zie pagina 38)
om in de stemming te komen, en dan de viognier van Concha
y Toro (zie pagina 29). 12,5%.

WIT FRANKRIJK - ITALIË

Zuidwest

SECRETS DE SAINT-BENOÎT, RÉSERVE SPÉCIALE, € 4,99
SAINT MONT 2007

Frisfruitig. 12,5%.

ITALIË

AH ITALIA, GARGANEGA, DROOG FRIS FRUITIG (LITER) € 3,99

Ook dit jaar weer wat teleurstellend, in de ploeg prima huiswijnen van Appie. Vaag fruitig, beetje kruidig. Gemaakt van druif garganega, berucht door soave. Uit Veneto. Geen oogstjaar. 12,5%.

CECCHI, ORVIETO CLASSICO 2007 € 3,99

Constante kwaliteit: ieder oogstjaar dun, hard, zuur. 12%.

CONCILIO, TRENTINO, CHARDONNAY 2007 € 4,99

Vriendelijk zacht chardonnayfruit. Heel ruim. 13%.

CONCILIO, TRENTINO, PINOT GRIGIO 2007 € 4,99

Frisfruitig. Krap. 13,5%.

FARNESE, TERRE DI CHETI, CHARDONNAY 2007 € 4,99

Zachtfruitig, kruidig. 13%.

FONTANAFREDDA, ASTI € 7,49

Schuimend, fruitig (muskaatdruiven), behoorlijk zoet. Mist de frisheid en de verfijning van de moscato d'asti hieronder. 7%.

FONTANAFREDDA, GAVI 2007 € 7,99

Piets koolzuur, fris en fruitig en verdomde duur. Maar ja, Gavi, dat is een beroemde naam, en dan krijg je dat. Heel ruim. 12%.

WIT ITALIË

FONTANAFREDDA, LE FRONDE, MOSCATO D'ASTI 2007 € 7,49

Voor wie het nog niet wist: Noordwest-Italië, gisting gestopt door koeling, dus weinig alcohol, want niet alle druivensuiker is tot alcohol gegist. Heel fris lichtzoet. Alsof je in de allerbeste muskaatdruiven hapt. 5(!)%.

LA PIEVE CANEVO, PROSECCO DI VALDOBBIADENE, € 6,99
VINO FRIZZANTE

Kijk, zo kan het dus ook: prosecco met smaak, sappig fruit, goed droog zonder eng zuur te zijn en zonder laf zoet. Geen oogstjaar. 11%.

MONCARO, MARCHE, TREBBIANO 2007 € 3,69

Zachtfruitig, nogal zuur. Netaan. 11,5%.

MONCARO, VERDICCHIO DEI CASTELLI € 3,99
DI JESI CLASSICO 2007

Sappig fruit met pit en een vleug anijs. Zie ook pagina 524 voor de biologische versie. Heel ruim. 12,5%.

PROSECCO LA PIEVE, VINO FRIZZANTE € 4,99

Zachtfruitig. Heel ruim. 10,5%.

SANTA CRISTINA, SICILIA, PINOT GRIGIO 2007 € 6,99

Zachtfruitig, beetje kruidig, slank, sappig. Heel ruim. 12%.

SETTESOLI, SICILIA, PINOT GRIGIO 2007 € 4,99

Simpel fruitig en kruidig. Netaan. 13%.

VILLA ANTINORI, TOSCANA 2007 € 7,99

Fris, zachtfruitig, beetje kruidig, sappig. Ruim. 12%.

VILLA ROCCA, SOAVE 2007 € 2,99

Poging tot frisfruitig. Dun, zuur. 11,5%.

WIT NIEUW-ZEELAND - OOSTENRIJK

NIEUW-ZEELAND

MONTANA RESERVE, MARLBOROUGH, € 9,99
SAUVIGNON BLANC 2007

Goed, maar verre van de omfietscharme van de 2006. Zekere overdaad aan grapefruit in de afdronk. 13%.

MONTANA, GISBORNE, UNOAKED CHARDONNAY 2007 € 6,99

'Unoaked', dus niet grootgebracht in eikenhouten vaten, slank sappig zachtfruitig. 13,5%.

MONTANA, MARLBOROUGH, SAUVIGNON BLANC 2007 € 6,99

Grassig, mineralig, krijtig, zegt de wijnkenner met z'n gok in het glas. En, kijkaan, een kenmerkend vleugje kattenpis! En blij neemt hij een slok. Hij of zij heeft het over wijn van druif sauvignon blanc, en wat hij ruikt, ondanks z'n poëtische omschrijvingen, is een stofje met de naam 2-methoxy-3-isobutylpyrazine. Sauvignon vind je her en der, maar op z'n best is hij thuis, langs de oevers van de Loire, en in Nieuw-Zeeland. Druif sauvignon houdt van een koel klimaat. Te warm, te rijp en de wijn wordt wee. En dat willen we niet. We willen geen sauvignon als een suffe zomerdag, met de geur van kiwi's en ander snotterig fruit. We willen sauvignon als een frisse voorjaarsochtend, de lucht strak lichtblauw, je gooit de tuindeuren open, ruikt dat het tuinmanshulpje het bedauwde gazon aan het bijpunten is, aait de kat, en denkt: 2-methoxy-3-isobutylpyrazine! Nieuw-Zeeland ligt niet naast de deur en veel wijn maken ze er niet, terwijl wel iedereen die wijn wil hebben, dus de gemiddelde Nieuw-Zeelander is aan de prijs door de wet van vraag en aanbod. Zeven piek, zoals hier, is een ongekend koopje. 12,5%.

OOSTENRIJK

LENZ MOSER PRESTIGE, NIEDERÖSTERREICH, € 5,99
GRÜNER VELTLINER 2007

Zachter, meer fruit, minder scherp. Anderhalf. 12,5%.

WIT OOSTENRIJK - SPANJE

LENZ MOSER, NIEDERÖSTERREICH, € 3,99
GRÜNER VELTLINER SELECTION 2007

Fris, beetje fruitig. Nogal scherp. 12%.

PORTUGAL
GARRET, VINHO VERDE 2007 € 3,99 ♀

Schuimt een beetje. Heel fris, beetje fruitig. Schijnt zo te horen, dus vandaar een ♀, maar persoonlijk zou ik 'm in het schap laten staan. 9%.

SPANJE
BEAMONTE, NAVARRA, CHARDONNAY 2007 € 3,99 ♀

Zacht (snoepjes)fruitig. Anderhalf ♀. 12,5%.

BERBERANA, CAVA SELECCIÓN ORO BRUT 2005 € 7,99 ♀♀

Zachtfruitig met frisse afdronk. Heel ruim ♀♀. 11,5%.

CODORNÍU, CAVA SECO € 8,69 ♀

Fris, maar niet heel fruitig, met een dropjesachtig zoetje. 11,5%.

FREIXENET, CORDON NEGRO SECO CAVA € 8,99

Hard en kaal, droppig zoetje. Schuimt. 11,5%.

GRAN CAMPO VIEJO, CAVA BRUT RESERVA € 9,99 ♀♀♀

Prima cava: goed droog, veel fruit. 11,5%.

RUEDA SOL Y NIEVE, RUEDA, SAUVIGNON BLANC 2007 € 7,99 ♀♀♀

Vrolijk naar voorjaar geurende sauvignon. Heel ruim ♀♀♀. 12,5%.

RUEDA SOL Y NIEVE, RUEDA, VERDEJO 2007 € 5,99 ♀♀♀

Rueda is wijn uit Rueda, Noord-Spanje, en van druif verdejo weten de druivenprofessoren niet veel meer te melden dan dat hij hier inheems is en best aardig, dus dat

WIT SPANJE - VERENIGDE STATEN

is lekker overzichtelijk. Verder trachtte de Spaanse wijnindustrie al zeker vijftien jaar geleden wanhopig om rueda populair te maken, en lokte mij en soortgenoten naar dure restaurants om te proeven hoe lekker rueda wel niet was. De aanhouder wint, want nu is rueda, net als de Oostenrijkse grüner veltliner, hip. Althans, in modieuze culinaire kringen. Knorrige reactionaren als ik vinden rueda, net als grüner veltliner, in goede gevallen nog steeds best wel aardig frisfruitige, wat kruidige wijn die in het algemeen veels te duur is. Deze krijgt, zij het na enig aarzelen, dan ook omfietsadvies omdat het een geslaagd lentefris exemplaar is voor een nog net redelijke prijs. Heel ruim 🍷🍷🍷. 12,5%. (AH XL)

RUEDA SOL Y NIEVE, RUEDA, VERDEJO VIURA 2007 €4,99 🍷🍷🍷

En bij deze, piets minder verfijnd maar een europiek goedkoper, hoefde ik niet te aarzelen. Kruidig, druivig, bloesemgeur. Druif viura heet officieel macabeu. En volgens anderen macabeo. Als je 'm te vroeg oogst smaakt hij naar niks, weet de druivenwetenschap te melden. Goed rijp levert hij gezellige kruidige wijn op, bewijzen de betere Spaanse en Zuid-Franse exemplaren. Ruim 🍷🍷🍷. 12,5%. (AH XL)

TORRES VIÑA BRAVA, CATALUNYA, €4,99
PARELLADA GARNACHA BLANCA 2007

Scherp en smaakt naar zeepsop. 11,5%.

VERENIGDE STATEN
AH AMERICA, COLOMBARD CHARDONNAY €3,99
DROOG ZACHT FRUITIG (LITER)

Snoepjesfruit. Zoals bij veel Amerikaanse wijn: voor iets wat droog heet mierzoet. Geen oogstjaar. 12,5%.

PACIFIC RIDGE, CALIFORNIA WHITE 2007 €2,49

Vorig jaar een heel klein 🍷 ter aanmoediging, omdat het alles in overweging genomen – zoals het feit dat het door Amerika-

WIT ZUID-AFRIKA

nen is gemaakt, die niet beter weten – toch nog wel behoorde tot de beruchte categorie 'in extreme noodsituaties drinkbaar'. Maar dan verwachten we wel vooruitgang. En die is er niet. Smaakt ook dit jaar weer of het uit een kauwgomballenautomaat is getapt. En toch ook weer niet goor genoeg voor de afdeling ☺, dus in alle opzichten een scheefdichtgeknoopte mottige mislukkeling. 11,5%.

ZUID-AFRIKA

AH SUID-AFRIKA, CHARDONNAY, € 3,99
DROOG FRIS FRUITIG (LITER)

Meer fris dan fruitig. Wel veel citroenen. 13,5%.

AH SUID-AFRIKA, DROË STEEN, DROOG € 3,99
ZACHT FRUITIG (LITER)

Frisfruitig, zou ik zeggen. Anderhalf 🍷. 12,5%.

ANURA, WESTERN CAPE, CHARDONNAY 2006 € 7,99

Een houtchardonnay, maar een beschaafde en bescheiden houtchardonnay met veel sappig fruit en mooie zuren en elk jaar beter. 13,5%.

BRAMPTON, COASTEL REGION, € 6,99
UNOAKED CHARDONNAY 2007

Zeker zo hoogstaand als die hieronder, biedt dan ook allerhande vrienden veel plezier, *good looking* of niet, zij het wellicht wat frustrerend voor ernstig gebotoxte wezens in de kennissenkring, want *unoaked* en ook verder naturel en puur en zonder opsmuk en desalniettemin *very good looking*. 14%.

BRAMPTON, WESTERN CAPE, SAUVIGNON BLANC 2007 € 6,99

'*It can be enjoyed in the company of good looking friends*', zegt het etiket. In je uppie mag ook, hoor. En bent u niet zo mooi, en de vrienden die u best wel zou willen hebben ook

WIT ZUID-AFRIKA

niet, dan moet u maar denken dat die mooie mensen zich moeten behelpen met oplichterschampagne, cocktails en coke. Dan ben je hier stukken beter mee uit. En schoonheid is slechts botoxdiep. Op het niveau van de betere sancerre, om nog even technisch te worden. 13,5%.

COCOA HILL, STELLENBOSCH, CHENIN € 4,99
BLANC / DORNIER 2007

Fris stuivend als sauvignon, vol zacht fruit. Heel ruim. 13%.

FAIR HILLS, WESTERN CAPE, CHARDONNAY 2008 € 4,69

Fairtrade/Max Havelaar. Zacht fruit, maar wat log, mist frisheid. Krap. 14%.

FAIR HILLS, WESTERN CAPE, SAUVIGNON BLANC 2008 € 4,69

Fairtrade/Max Havelaar. Frisfruitig, piets snoepjesachtig. 13%.

INGLEWOOD, WESTERN CAPE, CHARDONNAY 2007 € 6,99

Zacht en vol fijn fruit, fris en slank. Meer pit dan de wat slome 2006. 13,5%.

LEOPARD'S LEAP, CHARDONNAY VIOGNIER 2008 € 6,99

Vriendelijk zachtfruitig, met, jawel, duidelijk wat viognier, een druif die zo te ruiken naaste familie is van de abrikoos. 13,5%.

LEOPARD'S LEAP, LOOKOUT, WESTERN CAPE, CHENIN € 4,99
BLANC COLOMBARD CHARDONNAY 2008

Sappig frisfruitig. Meer pit en minder snoepjes dan de 2007. 12,5%.

WIT ZUID-AFRIKA

LINDEMANS, SAUVIGNON BLANC-CHARDONNAY 2008 € 4,99 ♟

Zacht (snoepjes)fruitig. Een tankmonster, altijd wat moeilijk te beoordelen. Anderhalf ♟, maar wie weet schopt de definitieve botteling het tot ♟♟. 13%.

MEERENDAL, DURBANVILLE, CHARDONNAY 2005 € 12,99 ♟♟♟

Fiks wat hout, ook veel zacht fruit. Houtchardonnay Anura, zie een stukje terug, is subtieler. En goedkoper. Heel ruim ♟♟♟. 13,5%. (AH XL)

MOOI KAAP, WESKAAP, DROË STEEN 2008 € 1,99 ♟

Simpel, maar sappig fruitig. Anderhalf ♟. 12%.

NEIL ELLIS, SINCERELY, WESTERN CAPE, € 8,99 ♟♟♟♟
SAUVIGNON BLANC 2007

Prima, zuivere sauvignon zonder aanstellerij. Gemaakt als hommage aan de loiresauvignons, en dat proef je. 12,5%.

NEIL ELLIS, STELLENBOSCH, SAUVIGON BLANC 2006 € 12,99 ♟♟♟♟♟

Sappige voorjaarsfrisse sauvignon in Nieuw-Zeelandstijl. Niet goedkoop, maar dat is soortgenoot sancerre ook niet. 13,5%. (AH XL)

OORSPRONG, WESTERN CAPE, € 4,49 ♟
CHENIN BLANC – CHARDONNAY 2008

Biologisch. Fris (snoepjes)fruitig. Anderhalf ♟. 12,5%.

STORMHOEK, CHARDONNAY-VIOGNIER 2008 € 3,99 ♟♟

Zachtfruitig, met bloesemgeur van de viognier, maar 't smaakt wel wat kunstmatig. Netaan ♟♟. 13,5%.

SWARTLAND WINERY, WESTERN CAPE, € 4,49 ♟♟
CHARDONNAY 2008

Zachtfruitige sappige chardonnay. 14%.

WIT ZUID-AFRIKA

SWARTLAND WINERY, WESTERN CAPE, € 4,49
SAUVIGNON BLANC 2008

Zachtfruitige frisse sauvignon. 12,5%.

THANDI, WESTERN CAPE, € 4,99
SAUVIGNON BLANC SÉMILLON 2007

Fairtrade. Frisse sauvignon met statige sémillon en veel sappig fruit. Heel ruim. 12,5%.

VONDELING, VOOR-PAARDEBERG PAARL, PETIT BLANC, € 7,99
CHENIN BLANC/CHARDONNAY/VIOGNIER 2007

Meest romantisch is natuurlijk om de flessen te koelen te leggen in een kabbelend bergbeekje, en kijken hoe de butler wijn koelt door hard rond te fietsen met in zijn hand een fles gewikkeld in een natte doek heeft ook z'n charme, maar een verstandig mens heeft in z'n ijsboxje voor de zekerheid toch maar wat koelcondooms. Even geduld, lieve gasten. 'Een cool condoom?! Uh... pollens, wat is het al laat! De hoogste tijd! Tot uh... ziens. Wellicht, misschien, eventueel.' En in overspannen toestand verlaat de visite de picknickweide. Tsja. Blijkbaar is de term die de volksmond gebruikt voor het koelmanchet nog niet overal ingeburgerd. Mocht die lichtzinnige term ook u vreemd zijn: let op. Koelmanchetten koop je in huishoudzaken, wijnwinkels, via internet. Je legt ze in de diepvries, en schuift ze bij gelegenheid ijskoud over een te koelen fles. Er zijn diverse soorten en merken, de oorspronkelijke heet *Rapid Ice Cooler*, zie www.vacuvin.nl, dan weet u meteen hoe ze eruitzien. Nadeel: de flessenhals wordt niet gekoeld. Maar kijkaan, daar is de firma Screwpull (www.screwpull.nl), van de fijne kurkentrekkers, met een koelcondoom dat zedig de hele fles bedekt. Dat gaan we testen. Twee flessen, tien minuutjes duimen draaien, proeven. Mmm, nou lekker hoor. Maar welke nou 't koudst is? Nog even proeven. Moeilijk hoor. Effe wachten nog eens proeven. Proeven. Bdoelik. Blindproewe, dast best. Glazleeg, ander

ZUID-AFRIKA

glazleeg – mmm – nogmaals vol, achter de rug heen en weer verplaatsen, ho pazzop, zodat ik niet meer weet wat wat is en waar ben ik eigenlijk mee bezig, nou deze is toch echt het lekkerst zeg. Maardezedaarnaook, en watwasnouwatte? Wateenlekkerewijnwattunhandigedingen. Jammer alleen dat 't zo lullig staat, zo'n ding om je fles, dus doe wit van niveau zoals deze frisse, licht kruidige voorjaarswijn vol bloesemgeur liever deftig in een zilveren ijsbokaal. Categorie Lekker Anders. 13,5%. (AH XL)

VONDELING, VOOR-PAARDEBERG € 7,99 ♀♀♀
PAARL, SAUVIGNON BLANC 2007

Een jaar geleden elegant, voorjaarsfris en zachtfruitig, en dat is-ie nog steeds. Heel ruim ♀♀♀. 13,5%.

WELMOED, CHENIN BLANC 2008 € 4,49 ♀♀

Sappig frisfruitig. 13,5%.

WELMOED, STELLENBOSCH, SAUVIGNON BLANC 2008 € 4,99 ♀♀

Frisgroen stuivende sauvignon . Heel ruim ♀♀. 13,5%.

WELMOED, WESTERN CAPE, CHARDONNAY 2007 € 4,99 ♀♀

Zacht en gezellig. Heel ruim ♀♀. 13,5%.

ROSÉ

ARGENTINIË

NORTON, MENDOZA, € 4,99
ROSADO CABERNET SAUVIGNON 2008

Leest na de training in het krachthonk immer een hoofdstuk in *Hoe hoort het eigenlijk?* en een deeltje van de Universiteit voor Zelfstudie. Oftewel: breedgeschouderd en goedgemanierd als immer, en dit jaar ook nog met meer diepgang. 13%.

AUSTRALIË

JACOB'S CREEK, SHIRAZ ROSÉ 2007 € 5,99

Vol sappig rood fruit. Beetje braafjes. Netaan. 13%.

LINDEMANS, BIN 30, SPARKLING ROSÉ, BRUT CUVÉE € 8,99

Roze én mousserend, en dan ook nog stukken vrolijker en fruitiger dan de gemiddelde hippe prosecco en rosé. Vol rood fruit, voor Australische begrippen behoorlijk droog en strak. Prima, beter dan menig champagne. Heel ruim. 12%.

LINDEMANS, BIN 35, SOUTH EASTERN € 5,99
AUSTRALIA, ROSÉ 2007

Heel mild en mollig, niks geen enge frisse zuren. 12,5%.

ROSEMOUNT ESTATE, ROSÉ 2007 € 4,99

Vol sappig fruit, al is het net als die vierkante flesbodem wat bedacht en gekunsteld. 12,5%.

CHILI

CONCHA Y TORO, CASILLERO DEL DIABLO, € 5,99
VALLE CENTRAL, SHIRAZ ROSÉ 2007

Vol stevig rood fruit. 13,5%.

ROSÉ CHILI - FRANKRIJK

CONCHA Y TORO, FRONTERA, VALLE CENTRAL, € 3,99
MERLOT ROSÉ 2008

Vrolijk sappig rood fruit. Heel ruim. 12,5%.

UNDURRAGA, CENTRAL VALLEY, ROSÉ 2007 € 4,49

Van cabernet sauvignon, laat het achteretiket weten. Slank en sappig, wel wat streng. 13,5%.

FRANKRIJK
AH HUISWIJN ROSÉ DROOG SAPPIG FRUITIG (LITER) € 2,99

Zo'n huiswijnliter, is dat nou wat? Kun je daarmee voor de dag komen, in beschaafd gezelschap, dat je vervolgens prijst om je goede smaak en kiene koopmansgeest, de VOC-mentaliteit, zeg maar, of is het slechts iets om naar binnen te hijsen met de gordijnen dicht, tegen de klippen opzuipend, want 12%, dat schiet niet op, troosteloos omdat je te bescheten bent om de slijter te vragen of bij B-merkwodka de twaalfde fles ook gratis is? We nemen de proef op de som, met deze dikke zeer roze en blote fles literknallerrosé, waar zelfs de zwerver in het park zich een beetje voor schaamt. Maar kijkaan: prima! Was bij onderzoek een jaar geleden behoorlijk zoetig voor iets dat zich droog noemt, is nu echt droog. Niet droog in de zin van zuur, maar fris en vrolijk, vol sappig rood fruit. Simpele rosé zonder gelul op z'n best. 't Is een vin de pays d'oc. Zuid-Frankrijk dus. Geen oogstjaar. 13%.

AH HUISWIJN ROSÉ LICHTZOET MILD SOEPEL (LITER) € 2,99

En z'n net zo plezante kompaan, bij wie 'lichtzoet, mild, soepel' nu eens klopt, en niet een eufemisme is voor 'griezelig mierzoet'. 11,5%.

CHÂTEAU DE BEZOUCE, COSTIÈRES DE NÎMES, € 4,99
SYRAH-GRENACHE 2007

Vol rijp zacht fruit. Heel ruim. 13%.

ROSÉ FRANKRIJK

CHÂTEAU LA GORDONNE, CÔTES DE PROVENCE 2007   € 4,99

Net niet dat beetje extra voor 🙂, maar met z'n bouquet van zweetsokken en verlopen kattenvoer toch niet direct een aanrader. Goedkope-limonade-zoetig, verder. 13%.

CHÂTEAU TAPIE, COTEAUX DU LANGUEDOC 2007   € 4,39   🍷🍷🍷

🚲 Vol sappig rood fruit, kruiderij en eerste lentedag. Heel ruim 🍷🍷🍷. 12,5%.

CHÂTEAU VENTENAC, CABARDÈS 2007   € 4,99   🍷🍷🍷

🚲 Van de club Terra Vitis Raisonnée, wat wil zeggen dat ze een beetje bio proberen te zijn. Vol sappig fruit en zomerzon. Ruim 🍷🍷🍷. 13%.

DOMAINE DE SAINT-SÈR, CUVÉE PRESTIGE,   € 9,99   🍷🍷🍷🍷
CÔTES DE PROVENCE, SAINTE VICTOIRE 2007

De cuvée prestige van Domaine de Saint-Cyr in de appellation Côtes de Provence komt van hun wijngaarden op de berg Sainte Victoire, waar Cézanne graag kwam, en is gemaakt van de rode druiven grenache, syrah, cinsault, cabernet sauvignon en de witte rolle. Oftewel, tegen de tijd dat u hebt uitgelegd dat u hier op zoek naar bent, is de vakkenvuller in kwestie al lang verdwenen omdat hij weer moet optreden in een reclamespotje. Dan maar zelf op zoek. Ja, het kost wat, maar u bent toch heel rijk en gelukkig, dus dan kan zo'n sjieke en verfijnde rosé die u doet denken aan uw tweede landgoed in de Provence, ver van Villa Felderhof en het toeristendom, er wel af. Desalniettemin met het oog op andere inkomensklassen geen omfietsadvies. 13%.

FAMILLE CASTEL, SYRAH ROSÉ 2007   € 4,49   🍷

Limonadefruit, dun. Rauw end. Netaan 🍷. 12,5%.

ROSÉ FRANKRIJK

LA TULIPE, BORDEAUX ROSÉ 2007 € 5,99

Gaat het wel goed met Nederlandse-wijnboer-in-Frankrijk Ilja Gort? Ja, ook dit jaar weer een prima rosé vol sappig fruit, maar niet meer op omfietsniveau, terwijl het met z'n rood echt zorgelijk is gesteld. Gelukkig mag z'n witte er nog wel zijn. 12,5%.

LISTEL GRIS, GRAIN DE GRIS € 3,99

Simpel. Beetje fruit, nogal verwaterd. Geen oogstjaar. 12,5%.

QOOL ROSÉ 2007 € 5,69

De reden dat het minder goed gaat met Ilja Gort, of het gevolg? Wie gaat er nou halvarinewijn maken? En noemt die godbetert QOOL?! Goed van geur, fruitig en vrolijk, maar verwatert daarna ernstig. 8%.

RÉMY PANNIER, ROSÉ D'ANJOU 2007 € 3,99

Limonadefruit, zoetig. 10,5%.

THIERRY & GUY, FAT BASTARD, VIN DE PAYS € 5,99
VIGNOBLES DE FRANCE, BLUSHING BASTARD ROSÉ 2007

Lang zo vet niet als beloofd, wel lekker sappig fruit. Ruim. 13%.

VALMAS COLLECTION, VIN DE PAYS D'OC, € 3,99
CABERNET GRENACHE 2007

Vol sappig rood fruit. 13%.

WILD PIG, VIN DE PAYS D'OC, SYRAH ROSÉ 2007 € 4,99

Stevig rood fruit, beetje wrang. 13%.

ROSÉ ITALIË - SPANJE

ITALIË
FARNESE, MONTEPULCIANO €4,99
D'ABRUZZO CERASUOLO 2007

Jammer, niet zo gezellig stoer als de 2006. Beetje zoetsappig. Anderhalf. 13%.

MONCARO, MARCHE, ROSATO 2007 €3,99

Van druiven sangiovese en montepulciano. Lang niet zo vrolijk vol pittig kersenfruit als de 2006, slechts plezant fruitig. 12,5%.

SPANJE
AH ESPAÑA, TEMPRANILLO MERLOT, €3,99
DROOG SOEPEL FRUITIG (LITER)

Vol frisgeurend zacht fruit uit La Mancha. 13%.

BEAMONTE, NAVARRA, ROSADO DE GARNACHA 2007 €3,99

Bescheiden fruitig. Anderhalf. 12,5%.

BERBERANA DRAGÓN, TEMPRANILLO ROSADO 2007 €4,98

Zachtfruitig, beter dan voorgaande jaren. Geen limonadefruit maar echt fruit. 13%.

TORRELONGARES, CARIÑENA, €3,99
GARNACHA ROSADO 2007

Vol vrolijk kersenfruit, lekkere zuren, slank en toch mondvullend, nodigt uit tot nog een slok. En nog één. En nogéen. Ennogeenje! Heel ruim. 13%.

TORRES VIÑA BRAVA, CATALUNYA ROSADO 2007 €4,99

Gezellige rosé vol vrolijk rood fruit. Heel ruim. 13%.

ROSÉ ZUID-AFRIKA

ZUID-AFRIKA
AH SUID-AFRIKA, PINOTAGE ROSÉ, € 3,99
DROOG SAPPIG FRUITIG (LITER)

Vol vrolijk rood fruit, redelijk stoer, helaas iets zoetig. 13,5%.

BRAMPTON, STELLENBOSCH, ROSÉ 2008 € 6,99

In de zeventiende eeuw was er Jan van Riebeeck, die trots de eerste Zuid-Afrikaanse wijngaard plantte – al was het resultaat volgens de critici meer iets om scheepskielen mee te schrobben dan dat het geschikt was voor consumptie. Daarna was er de vermaarde zoete witte wijn van Constantia, en, in de negentiende eeuw, dubieuze brouwsels die zich sherry of port noemden. Na het einde van de apartheid veroverde Zuid-Afrika de wereld, en Nederland in het bijzonder, met wijnen die weliswaar naar uitgewoonde lieslaarzen smaakten, maar wel heel goedkoop waren. En er was, ver verheven boven het ongewassen wijnplebs, een heel kleine elite van deftige klassiekers, en algauw wat jonge honden die moderne klassiekers gingen maken. En die bleken – arme Marx, wat zal hij balen! – de inspiratie voor de wijnrevolutie. Het kon dus ook in Zuid-Afrika, lekkere en karaktervolle wijn! In een paar jaar is 'Echt Zuid-Afrikaans!' een compliment geworden. Proef maar deze sappige en subtiele rosé en gaarne ook het luxueuze diverse wit en rood van Brampton. Heel ruim. 13%.

LEOPARD'S LEAP, LOOKOUT, WESTERN CAPE, € 4,99
PINOTAGE ROSÉ 2008

Vooruitgang! Stukken beter dan de 2007. Vol vrolijk rood fruit. Heel ruim. 12,5%.

MOOI KAAP ROSÉ 2008 € 1,99

Ging in vorige jaren van muf met remsporenlucht naar muf met snoepjes, waar we ook niet veel mee opschoten, bood vorig jaar vriendelijk fruit, en nu vriendelijk fruit met een

ROSÉ ZUID-AFRIKA

typisch Zuid-Afrikaans vleugje wat gronderige, aardse geur.
Anderhalf 🍷. Als de vooruitgang zo doorzet en de prijs zo
blijft, fietsen we er volgend jaar wellicht voor om. 12,5%.

STORMHOEK, MERLOT ROSÉ 2008　　　　　　　　　€ 3,99

Sappig rood fruit, piets snoepjesachtig. Netaan 🍷🍷. 12,5%.

SWARTLAND WINERY, WESTERN CAPE,　　　　　€ 4,49　🍷🍷
PINOTAGE ROSÉ 2008

Stoer en sappig fruit. 13%.

WELMOED, STELLENBOSCH, ROSÉ 2008　　　　€ 4,99　🍷🍷

Vol vrolijk rood fruit. Prima. 13%.

ROOD ARGENTINIË

ROOD

ARGENTINIË

AH ARGENTINA, MALBEC, CABERNET SAUVIGNON, € 3,99
BONARDA, VOL KRACHTIG FRUITIG (LITER)

Lekker bessenfruit (cabernet), duur leer (malbec) en de rest – specerijen, cacao – moet dan dus bonarda zijn, een druivenfamilie waar niet veel over bekend is. Geen oogstjaar. 13%.

LIBERTAD, MENDOZA, MALBEC-SHIRAZ 2007 € 3,69

Vol sappig donker fruit. Heel ruim. 13%.

NORTON BARREL SELECT, MENDOZA, € 6,99
CABERNET SAUVIGNON 2005

Subtiel, zwoel, meeslepend. Rijp fruit en verleidelijke tannines. 13,5%.

NORTON BARREL SELECT, MENDOZA, MALBEC 2005 € 6,99

Hm. Beetje tam dit jaar. Zelfs ietwat droppig. Verder een keurige malbec, maar neem liever de 'gewone'. Tenzij u zo'n man bent die z'n borsthaar scheert. 13,5%.

NORTON BARREL SELECT, MENDOZA, MERLOT 2005 € 6,99

Pezig, lenig, joviale tannines. Rijp donker fruit, cowboylaarzenleer, krullend borsthaar. 13,5%.

NORTON OFRENDA, MENDOZA, LUJAN DE CUYO 2004 € 9,99

Een offerande van malbec, merlot en cabernet sauvignon. Vorig jaar nog breedgeschouderde tannine, nu helemaal zwoel en zacht, luxueuze weelde. 14%.

ROOD ARGENTINIË

NORTON, MALBEC 2007 €4,99

Wat een boel kale mannen zijn er tegenwoordig! En veel van die mannen zijn niet kaal door inteelt, erfzonde of Lombrosovoorouders, maar ze zijn kaal doordat ze elke ochtend de tondeuse op de schedel zetten. En naar we hebben gehoord, houdt het daar niet op. Ze scheren ook hun borsthaar en hun benen en alles! Behalve dan het enige stukje man dat wel geschoren dient te worden, daar laten ze een paardaags baard woekeren. Waar moet dat naar toe? Naar de verdoemenis, precies. Zei Sean Connery, met wie we het laatst over onze favoriete scheermesjes hadden. Dat zou toch wat moois zijn, zei Sean, dat James Bond z'n borst en benen zou zitten te epileren net als de schurk binnenkomt. Wat moet-ie dan doen? Een harspleister naar 'm gooien? Nee, Bond scheert z'n kaken, en spuit dodelijk scheerschuim in het gezicht van de schurk. Borsthaar trouwens, die Sean. En een baard de laatste decennia, maar vooruit, hij is met pensioen. En hoe Sean aan dat stoere borsthaar komt? Door die stoere Nortons te drinken. Zoals deze malbec met z'n ruige fruit en onverschrokken tannines. 13,5%.

NORTON, MENDOZA, CABERNET SAUVIGNON 2007 €4,99

Met schroefdop nu! Tevens voorzien van rijp bessenfruit en diepgang. 13,5%.

NORTON, MERLOT 2007 €4,99

Slank en sjiek, vol rijp fruit en met die geur van handgemaakte brogues die het kenmerk is van merlots uit de betere kringen. 13,5%.

TILIA, MENDOZA, CABERNET SAUVIGNON MERLOT 2007 €5,99

Heel veel rijp donker fruit met strakgetrainde tannines. Luxe en kracht. Precies, wordt ook vaak geschonken bij de Connery'tjes. 13,5%.

ROOD ARGENTINIË - AUSTRALIË

TILIA, MENDOZA, MALBEC CABERNET SAUVIGNON 2007 € 5,99 🍷🍷🍷🍷

🚲 Goed, er zijn uitzonderingen, maar in het algemeen is Nieuwe-Wereldwijn, wijn uit landen buiten Europa, wel zo lekker rond dit prijsniveau. Bij de duurdere wijnen gaan ze namelijk moeilijk doen. Hout, concentratie, overdreven rijp en fluweelzacht... Knap misschien, maar het mist alle rechtdoorzeese charme van deze categorie, met gewoon lekker fruit en wat tannine om op te kauwen. 13,5%.

AUSTRALIË

AH AUSTRALIA, MERLOT, SHIRAZ, CABERNET € 3,99 🍷🍷
SAUVIGNON VOL KRACHTIG FRUITIG

Krachtige bekvol rijp kersenfruit. Heel ruim 🍷🍷. Geen oogstjaar. 13,5%.

HARDYS, BIN 343, SOUTH EASTERN AUSTRALIA, € 3,19 🍷🍷
CABERNET SHIRAZ 2007

🚲 Een plastik kerstboom, kan dat? Tuurlijk kan dat. Alles kan. Leuke verschillend gekleurde lampjes erin hangen die steeds aan- en uitgaan, dat kan ook. Stroken rood lint op het raam plakken en dan sneeuw uit de spuitbus spuiten zodat het lijkt of het echt in de hoekjes gewaaid is, dennegroen aan het plestik balkenplafond hangen, de hele gevel versieren met kerstlichtjes, een opblaaskerstman van drie meter hoog op het balkon, een rendier op het dak, het kan. Zo kun je ook denken dat het konijn van de kiloknaller naar wild smaakt, dat de glühwein grand cru en dat deze 343 maar niks is, want zo goedkoop, dat kan niet met Kerst, daar hoort een echte châteauneuf-du-pape bij! Je vindt de 343 dan ook nimmer in zulke jolige huishoudens, maar slechts bij mensen die echt smaak hebben en van deze vrolijk fruitige pepershiraz niet meer verwachten dan dat-ie precies is wat-ie is: vrolijk fruitige pepershiraz zonder pretenties. Heel ruim 🍷🍷, mede door prijs 🚲. Zie voor z'n witte kompaan de Bin 141, pagina 23. 13,5%.

ROOD AUSTRALIË

JACOB'S CREEK RESERVE, CABERNET SAUVIGNON 2005 € 9,99

Zoetige cabernet. Het etiket vermeldt niet uit welk deel van Australië hij afkomstig is. 14%.

JACOB'S CREEK RESERVE, SOUTH AUSTRALIA, MERLOT 2005 € 9,99

Veel hout met merlot. Een Australische gran reserva. Tsja. 13,5%.

JACOB'S CREEK RESERVE, SOUTH AUSTRALIA, SHIRAZ 2006 € 9,99

En nog zo'n onbestemde *reserve*. Je hebt je laten neppen, Appie! En nou zit je mooi, want wij gaan het niet opdrinken, je ongezellige miskopen. 14,5%.

JACOB'S CREEK, SOUTH EASTERN AUSTRALIA, CABERNET MERLOT 2005 € 5,99

Australische bordeaux. Saai met een zoetje. 13%.

JACOB'S CREEK, SOUTH EASTERN AUSTRALIA, GRENACHE SHIRAZ 2007 € 5,99

Een grappig idee, die druivensoorten. Smaakt helaas domweg Australisch mollig. 14%.

JACOB'S CREEK, SOUTH EASTERN AUSTRALIA, SHIRAZ CABERNET 2006 € 5,99

Degelijk, zoetig, droppig. 14%.

LINDEMANS, BIN 40, SOUTH EASTERN AUSTRALIA, MERLOT 2007 € 5,99

Sjieksmakende merlot vol sappig donker fruit, rijpe tannine en een vleug duur leer. Ruim ♟♟♟. 13,5%.

ROOD AUSTRALIË

LINDEMANS, BIN 45, SOUTH EASTERN AUSTRALIA, € 5,99
CABERNET SAUVIGNON 2007

Onmiskenbaar Australisch, zo zacht en rijp, maar achter het kersenfruit en de chocola schuilen tannines met pit en beet. 13%.

LINDEMANS, BIN 50, SOUTH EASTERN AUSTRALIA, € 5,99
SHIRAZ 2007

Donker fruit, soepel. Wat tam voor shiraz. 13,5%.

LINDEMANS, CAWARRA, SOUTH EASTERN AUSTRALIA, € 4,39
CABERNET MERLOT 2007

Slank, bessenfruit. Oké, maar wat gewoontjes. Niet zo deftig als de 2006. Heel ruim. 13,5%.

LINDEMANS, CAWARRA, SOUTH EASTERN AUSTRALIA, € 4,39
SHIRAZ CABERNET 2007

Vol zacht rijp donker fruit. Mist de pit die de 2006 had. Heel ruim. 13,5%.

LINDEMANS, EARLY HARVEST, € 5,99
SOUTH EASTERN AUSTRALIA, SHIRAZ 2007

'Soft & Smooth, Lighter in Alcohol.' Vroeg geoogst, terwijl de druiven nog niet zo heel rijp zijn, niet zo veel suiker hebben, suiker die tijdens de gisting wordt omgezet in alcohol. Wel, ze hebben er hun best op gedaan, maar het smaakt net als z'n soortgenoten waterig, leeg. Ze hebben waarschijnlijk shiraz gebruikt met het idee 'dat geeft ook in zo'n uitgeklede wijn nog fiks wat fruit', maar ik denk dat juist een lichtere druif beter werkt. Precies, trouwe lezers, u weet waar ik aan denk: aan de beaujolais nouveau van lang geleden, van 11, 10,5%. Maar ja, zoiets vrolijks lichtzinnigs kunnen ze in de Beaujolais al niet meer, dus laat staan elders. 9%.

ROOD AUSTRALIË

LINDEMANS, RESERVE, COONAWARRA € 7,99 🍷🍷🍷
CABERNET SAUVIGNON 2005

Grappig: ook deftig en bordeauxachtig van bouw, maar veel vriendelijker dan de merlot hieronder. Meestal is het andersom. Waarschijnlijk een gevolg van *terroir*, de omstandigheden in de wijngaard, van bodemsoort tot klimaat. Dat dat veel invloed heeft ruik je hier trouwens goed: typisch Coonawarra, die vleug mint tussen het stevige bessenfruit. Ruim 🍷🍷🍷. 13,5%.

LINDEMANS, RESERVE, LIMESTONE COAST, € 7,99 🍷🍷🍷
MERLOT 2005

Deftige, bordeauxachtige merlot. 13,5%.

LINDEMANS, RESERVE, PADTHAWAY SHIRAZ 2005 € 7,99 🍷🍷🍷

Slank en sjiek, met pit en peper van de shiraz. Ruim 🍷🍷🍷. 14%.

PENFOLDS, RAWSON'S RETREAT, € 6,99 🍷🍷🍷🍷
SOUTH EASTERN AUSTRALIA, CABERNET SAUVIGNON 2007

Is dat nou moeilijk, dat proeven? Soms wel ja. Vooral bij die wijnen waar je staat te twijfelen of ze nou een half, heel of anderhalf glaasje waard zijn terwijl je denkt: lieve lezers, ga toch iets lekkers drinken! Soms ook niet. Of ik nou broodnuchter om negen uur 's ochtends de eerste proeffles openschroef of wanneer ik over twaalven 's nachts de laatste wijn lallend naast m'n glas giet: echt vies en echt lekker, dat is onmiskenbaar. Zoals bijvoorbeeld deze sjieke Australiër. Slank, helder, mooi in balans, beschaafde tannine, rijp fruit, subtiele geurtjes van laurier en mint, de gulle, lenige smaak, de – och weet ik veel, waar is uw glas? 13,5%.

ROOD AUSTRALIË

PENFOLDS, RAWSON'S RETREAT, € 6,99
SOUTH EASTERN AUSTRALIA, MERLOT 2007

En dat geldt nog meer voor deze, en nog meer voor deze 2007 van deze. Slank, rood fruit, spannend, zijdezacht, pit, middernachtelijke tannine... Primaprima. Rawson's Retreat, *by the way*, is het hutje waar Christopher Rawson Penfold zich af en toe terugtrok om z'n roes uit te slapen, de *Penthouse* door te bladeren of briljante nieuwe wijnen te conceptueren. Zoals deze merlot. 13,5%.

PENFOLDS, THOMAS HYLAND, € 12,99
CABERNET SAUVIGNON 2005

Genoemd naar Thomas Hyland, die in 1861 trouwde met Georgina Penfold, dochter van Christopher Rawson Penfold van het kleine hutje op de prairie, zie hierboven. Duur smakende cabernet-met-keurig-wat-hout en dat typisch Australische vleugje munt. Oftewel: prima wijn, maar niet de zwoele verleiding van de merlot hierboven. 13,5%.

ROSEMOUNT DIAMOND LABEL, SOUTH € 7,99
EASTERN AUSTRALIA, SHIRAZ 2006

Winegum op niveau. 13,5%.

ROSEMOUNT, SOUTH EASTERN AUSTRALIA, € 4,99
CABERNET MERLOT 2007

Zoetsappig en onbenullig, en dat verbaast me niets, met zo'n malle fles. Rosemount: een fles is óf rond óf vierkant, en niet allebei, want dat mag niet van God. En verder is het zo dat in vierkante flessen Johnny Walker zit, en alle andere flessen van rond fatsoen zijn. 13,5%.

ROOD AUSTRALIË - CHILI

ROSEMOUNT, SOUTH EASTERN AUSTRALIA, € 4,99
GRENACHE SHIRAZ 2007

Ouderwets Australisch burgermanszoetig, maar gelukkig ook wat pittig kersenfruit van druif grenache. Heel ruim. 13,5%.

ROSEMOUNT, SOUTH EASTERN AUSTRALIA, € 4,99
SHIRAZ CABERNET 2007

Sappig donker fruit, peper. Keurig gemaakt maar zeer saai. 13,5%.

BRAZILIË

MIOLO FAMILY VINEYARDS, VALE DOS VINHEDOS, € 6,99
CABERNET SAUVIGNON 2006

Is net als in de gids van 2008 een keurige slanke cabernet sauvignon met wat hout. Nu ook wat aards, doet aan Zuid-Afrika denken. 13,5%.

MIOLO FAMILY VINEYARDS, € 6,99
VALE DOS VINHEDOS, MERLOT 2006

Is net als in de gids van 2008 een keurige slanke merlot met wat hout, maar droogt wel wat uit. Allebei overigens keurig gemaakt, maar van een typisch Braziliaans karakter is geen sprake: ze zouden overal vandaan kunnen komen. Zuid-Afrika bijvoorbeeld, zie de cabernet. 13,5%.

CHILI

AH CHILE, CABERNET SAUVIGNON, MERLOT, € 3,99
SAPPIG FRUITIG (LITER)

Vol sappig fruit. 13,5%.

ALIWEN RESERVA, CABERNET SAUVIGNON SYRAH 2007 € 4,99

Van Undurraga. Lichter dan de 2006, maar licht kan ook lekker zijn. Rood fruit, Ravel, Debussy. 14%.

ROOD CHILI

ALIWEN RESERVA, CENTRAL VALLEY, € 4,99
CABERNET SAUVIGNON CARMENÈRE 2007

Ach, ik hou zo van muziek, tranen met tuiten bij Bob de Bauer, maar ook verder vind ik veel mooi. Maar nu hoor ik laatst van iemand dat je niets anders mag doen als je muziek luistert! Niet praten, niet meezingen, niet lezen, zelfs niet wenen. Muziek, daar moet je naar LUISTEREN, zei die kennis. Luisteren en verder niks. Hooguit een glaasje erbij. Gelukkig wist ik van repliek. Bauer mag je best meebrullen, met een bierpomp erbij ook nog. Want zo deden onze voorouders het ook! En als die geen gelijk hebben... De voorouders hadden een orkestje in dienst, ter verlevendiging van maaltijden en partijen, en dan moest zo'n Haydn of Mozart niet komen aanzetten met grote praat dat hij artiest was en eerbiedige stilte wenste. Zo'n muziekjongen mocht blij zijn dat hij wat dukaten opstreek met z'n deuntjes. En negentiende-eeuwse muziek, van die langdradige symphonieën van Mahler en Bruckner, dat luister je zoals hun tijdgenoten. Toen het Concertgebouw er net was, zat niet iedereen daar braaf en stil in de door de dochter van Heineken geschonken roodpluchen stoeltjes, maar stond die wereldberoemde Grote Zaal vol tafeltjes en stoeltjes waar welgedane heren met een sigaar in hun hoofd en een fles op tafel genoeglijk zaten te kouten. Nog net niet met een maîtresse op schoot, maar wel heel gezellig. Tot de dirigent het verbood. Dus nu zitten we allemaal stil te slapen tijdens het concert. Maar gelukkig mogen we thuis lekker doen wat we willen. Zelfs meedirigeren! Met een lege fles van deze deftige Aliwen van Undurraga, zo even nog vol rood fruit en geursymfonieën. 13,5%.

ALIWEN RESERVA, CENTRAL VALLEY, € 4,99
CABERNET SAUVIGNON MERLOT 2007

Van Undurraga. Chileense bordeaux, charmant gecomponeerd. 13,5%.

ROOD CHILI

CASA LAPOSTOLLE, TANAO, RAPEL VALLEY, € 8,99 ♟♟♟♟
CARMENÈRE, MERLOT, CABERNET SAUVIGNON 2006

Qua druivensoorten krek een bordeaux van anderhalve eeuw geleden. Smaakt modern, met al dat sappige fruit en bijdetijdse tannines, biedt verder ouderwetse charme en wellevendheid. 14,5%. (AH XL)

CONCHA Y TORO FRONTERA, VALLE CENTRAL, € 3,99 ♟♟♟
CABERNET SAUVIGNON/MERLOT 2007

Nog zo eentje, maar dan met de geur van een peperdure leren tas. 12,5%.

CONCHA Y TORO FRONTERA, VALLE CENTRAL, € 3,99 ♟♟♟
CARMENÈRE/CABERNET SAUVIGNON 2007

Niet zo loire-achtig als de 2006 dat je er francofiele wijnclubs mee kan bedotten, wel ongekend vrolijksappigfruitig voor geen geld. 13%.

CONCHA Y TORO RESERVA PRIVADA, € 12,99 ♟♟♟♟♟
CASILLERO DEL DIABLO, CABERNET SAUVIGNON SYRAH 2006

Goedgemanierde Chileense machomédoc vol prachtig rijp bessenfruit met een fikse vleug peper. Zo intens dat je die veertien maanden hout nauwelijks proeft. Prachtig in balans. 14,5%.

CONCHA Y TORO RESERVA, € 5,99 ♟♟♟
CASILLERO DEL DIABLO, MERLOT 2007

Comfortabel, een leren doorzakbank, maar niet heel spannend dit jaar. Heel ruim ♟♟♟. 13,5%.

CONCHA Y TORO RESERVA, € 5,99 ♟♟♟♟♟
CASILLERO DEL DIABLO, RAPEL VALLEY, CARMENÈRE 2007

Carmenère rookt zo te ruiken, maar wel heel dure beschaafde sigaren, en in de openlucht, met een zonovergoten wijngaard op de achtergrond. 13,5%.

ROOD CHILI

CONCHA Y TORO RESERVA, € 5,99
CASILLERO DEL DIABLO, SHIRAZ 2007

Pittig peperig bessenfruit. Lekker, maar ook hier: niet zo spannend als weleer. Heel ruim. 13,5%.

CONCHA Y TORO RESERVA, CASILLERO DEL DIABLO, € 5,99
VALLE CENTRAL, CABERNET SAUVIGNON 2007

Cabernet rookt zo te ruiken niet, maar is wel dol op fruitige buitenlucht. Slank en van deftige komaf. 13,5%.

CONCHA Y TORO TRIO RESERVA, MAIPO VALLEY, € 6,99
CABERNET SAUVIGNON, SHIRAZ, CABERNET FRANC 2007

De blokjes op het etiket geven de onderlinge verhoudingen van de druiven aan, achterop wordt uitgelegd hoe ze allemaal smaken en het plezante is dat het geheel meer is dan de delen. En daar gaat het om. 14,5%.

CONCHA Y TORO TRIO RESERVA, RAPEL VALLEY, MERLOT, € 6,99
CARMENÈRE, CABERNET SAUVIGNON 2007

Zelfde idee, maar die hierboven is 'gewoon' heel goed, en deze met name dankzij wonderdruif carmenère het omfietsen waard. Zelfde stijl als die hierboven, maar dan met nog meer klasse en zwartebessenfruit, en dan dat rokerige oergeurtje van de carmenère. 14,5%.

EMILIANA RESERVA, ADOBE, VALLE COLCHAGUA, € 4,99
CARMENÈRE 2007

Heerlijke wijn vol verleidelijk fruit, sappig en zuiver, en door de prijs 🚲 – maar niet bepaald uitgesproken carmenère. 14,5%.

ROOD CHILI

EMILIANA, ADOBE, VALLE CENTRAL, € 4,99
CABERNET SAUVIGNON 2007

Biologische prachtwijn van de firma Emiliana. Sappig rood fruit, kindvriendelijke bittere chocolade, specerijen, onbespoten tannines. 14,5%.

EMILIANA, NOVAS, LIMITED SELECTION, VALLE € 7,99
COLCHAGUA, CARMENÈRE CABERNET SAUVIGNON 2006

En nog zo eentje, nu met meer cassisfruit, de cubaan van de carmenère, en in alles wat strenger – wat ook zo z'n charme heeft, want smaakt als het betere hoofdstuk uit een etiquetteboek. 14,5%. (AH XL)

LA FUENTE, VALLE CENTRAL, CHILEAN RED 2007 € 2,99

Vrolijk sappig, geen geld, maar niet op het omfietsniveau van de 2006. 12%.

LOS VASCOS GRANDE RESERVE 2006 € 12,99

Met beschaafd wat hout, wat 'm wel deftiger maar niet lekkerder maakt dan z'n eenvoudiger kompaan hierboven. Heel ruim. 14%. (AH XL)

LOS VASCOS, COLCHAGUA, CABERNET SAUVIGNON 2006 € 7,99

Chileense cabernet van de baronnen De Rothschild. Sappig en sjiek. Heel ruim. 14%.

UNDURRAGA, COLCHAGUA VALLEY, € 4,49
CABERNET SAUVIGNON 2007

Prima cabernet met bessenfruit en wat niet al, maar wat braaf en burgerlijk. 13,5%.

UNDURRAGA, COLCHAGUA VALLEY, CARMENÈRE 2007 € 4,49

Riekt naar de beste tabak, maar blijkt verder niet de beste carmenère. Voor het geld lekkere wijn, maar mist karakter. Heel ruim. 13,5%.

ROOD CHILI - FRANKRIJK

UNDURRAGA, COLCHAGUA VALLY, MERLOT 2007 €4,49

Sappige merlot, maar niet meer dan dat. Een schaduw, een rokerige achtergrondgeur van wat het vorig jaar was. Heel ruim. 13,5%.

FRANKRIJK
AH HUISWIJN ROOD MILD SOEPEL (LITER) €2,99

Rood en soepel. Beetje droppig. Geen oogstjaar. 12,5%.

DOMAINE DU PETIT CLOS, BOURGUEIL 2006 €5,99

Bourgueil, de naam die bijna niemand spellen kan. Rivier de Loire, druif cabernet franc oftewel breton. Cabernet franc is de vader van de beroemde cabernet sauvignon. Je proeft de familieverwantschap, maar pa is gezelliger, landelijker, subtieler. Rode loire tref je zelden in ons mooie vaderland, want, zo zeggen wijnwinkels en importeurs, het verkoopt niet. Onbekend, niet toegankelijk, moeilijk – rode loire is volgens de Fransen 'wijn voor intellectuelen'. Nou, ik vind het anders ook reuzelekker, en of uitgeteerde médoc dan zo toegankelijk is! Maar ja, die heeft z'n beroemde naam mee. Ondertussen kan deze (volgens de kleine lettertjes van de grote firma Rémy Pannier, die ook veel witte loirewijnen voor AH verzorgt) er mee door, maar het is niet de ideale kenismaking met cabernet franc. Ga daarvoor eens buurten bij www.wijnhandelkoninginneweg.nl en www.wijnkoperijdeloods.nl. 13%.

QOOL MERLOT 2007 €5,69

Dit hoort eigenlijk niet in deze gids, want heet geen wijn doch 'drank gemaakt van deels gedealcoholiseerde wijn'. Ruikt keurig naar merlot, dat wel weer. Verder nogal leeg en waterig, bitters blijven lang hangen. Lieve lezers, begin er toch niet aan, aan die gemutileerde vuiligheid! Als elders gezegd: drink toch gewoon een flesje minder of doe wat niet mag, maar wel een goed idee is: drink iets uit de categorie

ROOD FRANKRIJK

'lekker vrolijk rood' en doe wat ijsblokjes in je glas. Ja, dat is barbaars, maar het smaakt stukken beter dan dit. 8%.

Beaujolais

EUGÈNE LORON, BEAUJOLAIS-VILLAGES 2007 € 4,99

Begint vrolijk met sappig rood fruit, eindigt wat stroef. 12,5%.

EUGÈNE LORON, BROUILLY 2007 € 6,99

Fruitig. Beetje dun, beetje ruw end. Netaan. 12,5%.

EUGÈNE LORON, FLEURIE 2007 € 8,99

Fruitig, beetje dun. 12,5%.

Bordeaux

BORDEAUX ISSU DE RAISINS DE € 4,99
L'AGRICULTURE BIO 2006

De 2005 had last van een aangebrand karma of ongunstige sterrenstand, maar deze 2006 heeft het Juiste Pad weer hervonden. Vol sappig rood fruit. Heel ruim. 12%.

CHÂTEAU DE BON AMI, BORDEAUX 2007 € 4,99

In Bordeaux wordt jaarlijks lang geaarzeld voor de châteaueigenaar een prijskaartje aan zijn nieuwe oogst hangt. Vijftien procent duurder dan de vorige oogst is eigenlijk genoeg voor afbetaling van maîtresse en Ferrari, maar stel je voor dat de buren plus twintig doen. Wie in bescheiden eenvoud een lagere prijs rekent dan de grand-cru-genoten wordt er meteen van verdacht minder goede wijn gemaakt te hebben. Duurder is immers beter, vraag maar aan de Freuds van de economie. Zo kost een fles Pétrus je tegenwoordig een goed maandsalaris. Veertig jaar geleden was dat wel anders. Bijna niemand had gehoord van Pétrus uit het toen nog onmodieuze bordeauxgebied Pomerol. Eigenaresse madame Loubat was echter overtuigd dat haar Pétrus minstens zo goed was als de beste médocs. Radicale en briljante oplossing: ze rekende een onbeschoft hoge prijs. En jawel: iedereen vloog erop af. Wat was dat voor onbekende grootheid, die zo duur durfde te zijn? Dat moest wel heel goed zijn! Gelukkig is er aan de andere kant van het prijsuniversum ook nog allerhande lekkers te vinden, zoals deze jaar in jaar uit prima karaktervolle bordeaux vol sappig fruit. 12,5%.

CHÂTEAU FONTAUBERT, PREMIÈRES CÔTES DE BORDEAUX 2006 — € 4,99

Ze schrijven op het achteretiket dat 2006 een moeilijk jaar was. Hoewel ze er nog een draai aan proberen te geven: nee, niet de charme van de 2005. Inderdaad. Streng en afstandelijk. Michael Broadbent, lang de baas van de wijnafdeling van veilinghuis Christie's, en iemand die Grote Wijnen proeft die kunnen Ouderen, heeft een mooi systeem voor zulke gevallen, dat ik hier nu van 'm gap: voor nu, en tussen haakjes dat het (wie weet) in de loop van 2009 nog wat wordt. Ik laat op www.omfietswijn.nl weten hoe het 'm vergaat. 13%.

CHÂTEAU JUGUET, SAINT-ÉMILION GRAND CRU 2005 — € 14,99

14% alcohol! Waar denken ze hier dat ze zijn? Napa Valley? Nog niet eens zo heel lang geleden was 12,5% al veel. Elegantie, helderheid, daar ging het om bij bordeaux. Maar deze? Veel rijp fruit, veel tannine. Het is geen slechte wijn, maar het heeft noch de sjiek van bordeaux, noch de zwoele weelde of overdonderende kracht van de Nieuwe Wereld. 14%.

CHÂTEAU L'ARGENTEYRE, MÉDOC 2005 — € 9,99

Van vijftig procent merlot, veertig cabernet sauvignon en de rest... petit verdot! Een druif die altijd als een lastpost werd beschouwd, want tenzij perfect rijp knetterhard, met tannines waarop je je kiezen breekt, maar die de laatste jaren ineens in de mode raakt. Zo heeft Mitra een vin de pays van puur petit verdot uit Zuid-Frankrijk (zie pagina 488). Hier hebben ze er

ROOD FRANKRIJK

fiks wat hout omheen getimmerd, en de tannines zijn straf, maar er is ook veel fruit en het is al met al een evenwichtig en indrukwekkend geheel. 13,5%.

CHÂTEAU LA MARZENAC, LUSSAC SAINT-ÉMILION 2006 € 8,99

Niet de sjieke weelde van de 2003, die een jaar geleden nog in het schap stond, wel weer een deftige bordeaux met sappig fruit. Fiks wat tannines. Jong nog. 13%.

CHÂTEAU LES TRESQUOTS, MÉDOC 2007 € 7,99

Zeer ongewone médoc met maar liefst zeventig procent merlot en de hier heersende cabernet sauvignon dus ernstig in de minderheid. Donker fruit, veel laurierdrop, en straffe tannine. 13,5%.

CORDIER, BORDEAUX, COLLECTION PRIVÉE 2007 € 4,99

Simpel maar sappig bordeauxtje. 12,5%.

LA TULIPE DE LA GARDE, BORDEAUX MERLOT 2006 € 4,99

Beter dan de ernstig teleurstellende 2005, maar mist alle charme van de jaren daarvóór. Jammer! Wat is hier gebeurd? Anderhalf ♟. 12,5%.

LAVERGNE, BORDEAUX 2007 € 4,39

Fruitig, slank, wat tannine. Krapaan ♟♟. 12,5%.

MARQUIS DE BALMONT, BORDEAUX 2007 € 3,69

Simpel maar redelijk fruitig. Anderhalf ♟. 12%.

Bourgogne

HONORÉ LAVIGNE, € 8,99
BOURGOGNE HAUTES CÔTES DE NUITS 2007

Fiks wat hout, maar niet té, en echt subtiel bourgognefruit. Heel ruim ♟♟♟. 12,5%.

ROOD FRANKRIJK

HONORÉ LAVIGNE, BOURGOGNE PINOT NOIR 2007 — € 6,99

Vriendelijk fruitig, maar wat onbestemd, niet op het lekkere niveau van vorige jaren, toen hij in al zijn eenvoud echt karakteristiek bourgogne was. Heel ruim. 12,5%.

HONORÉ LAVIGNE, MÂCON 2007 — € 4,99

Mâcon, dat is de Beroemd Geworden Volkszanger van de wijnwereld. Ja, ze verzinnen me wat tegenwoordig, die jongens en meisjes van de wijnschrijverij. Maar let op. Wie weet kom ik ermee weg. Wijlen Hazes. Volgens sommigen mag je slechts van hem houden als je ook in de Amsterdamse Gerard Dou geboren en getogen bent, of minstens in de directe omgeving. Wij mogen dus van hem houden: twintig jaren her zongen wij graag in ons Amsterdamse café in de Pijp, en als André eens kwam binnenlopen klonk het extra mooi. Goed, André is nooit binnen komen lopen, al was-ie om de hoek geboren, maar het had gekund, nietwaar? Een volkszanger hoort eigenlijk slechts te zingen voor niet meer volk dan er in een goedbeklante kroeg dronken ontroerd staat te wezen. Staand op de bar zingt de volkszanger zijn smartlap, met een glas bier als microfoon. Meer niet. Morgen staat hij weer op de steiger, of achter z'n kaaskraam, of hij gaat stempelen. Zo hoort dat. De ware kunstenaar hoort te lijden en is slechts de held van wat ingewijden. Daar zingt de volkszanger over, over leed en miskenning, en over z'n bloedjes van kinderen en oude moeder en vader die dronk. Goed, als de volkszanger ineens beroemd wordt en plaatjes gaat maken, is dat wel weer fijn voor kroegen die geen volkszanger hebben. Kunnen ze net als wij lekker meebrullen, en er is altijd iemand bij die 'm goed kan imiteren. Maar als de volkszanger zo beroemd wordt dat hij in de Arena optreedt en, zelfs aan fitness doet voor z'n optredens... Hm. Wel weer mooi dat verhaal dat hij altijd een biertje naast het fitnessapparaat had staan, want bij sporten bestaat het gevaar van uitdrogen, had hij gehoord. Toch, dan gaan we liever op zoek naar een volkszanger die het nog niet gemaakt heeft en het ook nooit zal doen. Een volkszanger die niet weidser beroemd is dan binnen de muren van zijn kroeg. En, vooruit, bij de buren en voorbijgangers, als hij z'n strot een beetje openzet. Maar verder niet. Volkszanger oké, maar we houden het wel exclusief. Net zo als met deze mâcon. Oprecht in al zijn eerlijke eenvoud, en dat authentieke, wat rasperig rokerige toontje in de geur, dat kersenfruit met wat stoffigs van de zonnige wijngaard. We koelen 'm fiks, en drinken en genieten, terwijl buitenstaanders terugschrikken voor dat koele en dat stoffige en eigengereide. Maar pas op. Ze worden zeldzaam, zulke mâcons. Meer en meer zoeken ze de roem, gaan ze zich gedragen als wereldster bourgogne, gelikt en met duur hout – en vallen dan jammerlijk tussen wal en schip, want ze blijken geen grote bourgogne en zijn ook niet meer zichzelf. Wat een mooi onderwerp voor een levenslied is. 12,5%.

Languedoc-Roussillon

AH FRANCE, GRENACHE, SYRAH, CARIGNAN, MOURVÈDRE, SAPPIG FRUITIG STEVIG (LITER) € 3,99

Sappig fruitig inderdaad, maar een stuk minder breedgeschouderd dan vorig jaar, en ook dat hapje machocacao mis ik. Prima, maar niet zo'n overdonderende bekvol als weleer. Geen oogstjaar. 13%.

CHÂTEAU CAMPLONG, CORBIÈRES 'LES SERRES' 2007 € 4,69

Ze zijn hier lid van Terra Vitis, een club die niet pur sang bio is maar wel die richting uitgaat. Volgens sommige wijnboeren is dat net zoiets als met de Hummer een spaarlamp gaan kopen, volgens anderen mogen we er blij mee zijn want alle beetjes helpen. Ik hoor bij de anderen. Niet zo subliem als de 2006, een 🍷 minder, maar ik fiets er nog steeds voor om. Druiven carignan, grenache, mourvèdre en syrah. Veel fruit, plezante tannine en het gevoel van een zeer

FRANKRIJK

geslaagd verblijf in zonnig Zuid-Frankrijk zonder ook maar één medelander te zijn tegengekomen. Ik mis wel dat pittoreske stankje dat zo eigen is aan de ware corbières. 13,5%.

CHÂTEAU COULON, CORBIÈRES 2007 € 4,99

Altijd handig, een dokter in de familie. Proost! grijnst schoonbroer F. als hij me met het aperitief ook het kerstnummer geeft van het *British Medical Journal:* 'Er is geen middel tegen alcoholkaters'. Of je nou aspirine of paracetamol neemt, doucht of baadt, sloten water drinkt, eieren, bananen, kool of pizza eet, groene thee drinkt of je bed in rolt, de kater verdwijnt er niet sneller door. Talloze middelen op basis van artisjokken, vruchtensuikers, vijgcactus of wat wetenschappelijker klinkende stoffen als propanolol of tropisetron: nop. Alleen iets met komkommerkruid hielp nog een klein beetje, net als pijnstiller tolfenaminezuur en een middel met droge gist. De onderzoekers, twee Engelsen en een Nederlander, laten ook nog weten dat het miljarden per jaar kost, al die werknemers die niet of brak en gammel op hun werk komen. Toch is er prima medicijn; het werkt alleen niet achteraf. De kunst van katerbestrijding is namelijk dat je 'm voor moet zijn. Recept: niet te veel drinken. En, zegt zwager arts terwijl hij me bijschenkt, zuivere wijn. Zoals deze. Niet zo subliem als eerdere jaren, maar dat is nog altijd heel lekker. Rijp fruit en specerijen, sierlijk en sappig. 13,5%.

CHÂTEAU DE BEZOUCE, COSTIÈRES DE NÎMES, SYRAH-GRENACHE 2006 € 4,99

Fruitig, kruidig. 13%.

CHÂTEAU DE CARAGUILHES, CORBIÈRES 2007 € 5,99

Vroeger zag je ze alleen bij brillende baarddragers, vegetariërs en oud-leden van de Arbeiders Jeugd Centrale, maar

ROOD FRANKRIJK

heden ten dage lijkt het wel alsof iedereen sandalen draagt. En dan niet zomaar sandalen, maar Birkenstocks, met ergonomisch voetbed op macrobiotische grondslag, waarop je al hun grote grauwe tenen naast elkaar ziet liggen als biggetjes ter slachting en hun rasperig eelt je al het geloof in het mooie van de mens ontneemt. En als je er wat van zegt, kijken ze verbaasd en antwoorden ze dat het zo lekker zit! Lekker, lekker! 'Ik weet nog wel meer wat lekker is, zei de boer en hij loerde naar de billen van koe Klaartje III, maar daarom doe ik het nog niet want het mag niet van God.' Net zo, maar dan andersom, zit het met biologische wijn. Nog niet eens zo heel lang geleden smaakte dat naar rasperig eelt in zweterige Birkenstocks, maar men dronk het omdat het moest van God en de Club van Rome en tegen het *Waldsterben* door de zure regen. Inmiddels is er ook heel veel biologische wijn die schofterig lekker is, en al is dat lekker in het nette, menig bioreactionair reageert geschrokken: 'Lekker, lekker! Ik weet ook wel dat het lekker is, maar al mag het van GroenLinks, we doen het niet want we drinken niet voor het lekker, we drinken uit principe en tegen de ozonlaag!' En ze kijken net zo geschokt en heimelijk verlangend naar deze biologische corbières, die ook dit jaar weer geurt naar een zonovergoten ruimbemeten landgoed met overal bordjes *Verboden voor Birkenstocks*, en smaakt naar de buurvrouw die haar lippen zo rood stift en komt langskleppen met roze Birkenstockjes met hoge hakjes en gelakte teennageltjes. Eigenlijk 🍷🍷🍷🍷🍷🍷. 13,5%.

CHÂTEAU LA NIELLE, € 4,99 🍷🍷🍷🍷🍷
COTEAUX DU LANGUEDOC LA CLAPE 2007

Helderder, eleganter, fruitiger van smaak dan de sublieme maar sinistere 2006. Wel weer donker fruit, bittere chocolade, duister kreupelhout, maar nu ook kleurrijke specerijen en wat zonniger afdronk. Deftige wijn met punkgelakte teennagels. 13%.

ROOD FRANKRIJK

CHÂTEAU TAPIE, COTEAUX DU LANGUEDOC 2007 € 4,39

Fruitig, kruidig, stevige tannine. Goed, maar verre van de subtiele verleiding van vorige jaren. 13%.

CHÂTEAU VENTENAC, CABARDÈS 2005 € 4,99

Vorig jaar de 2006, nu de 2005. Soort zonnige bordeaux. Heel ruim. 13%.

CHÂTEAU VILLEREMBERT MOUREAU, MINERVOIS 2007 € 4,69

Fruitig, kruidig, slank, maar ook hier boerser, schonkiger dan eerdere jaren. 13%.

COTEAUX DU LANGUEDOC 2006 € 1,69

Beetje fruit. Half. 13%.

Rhône

DOMAINE DE LA BELAISE, € 4,99
CÔTES DU RHÔNE VILLAGES VALRÉAS 2007

Van Les Vignerons de L'Enclave des Papes. Luxueus uitgevoerde rhône waarnaast menig châteauneuf met de mond vol tanden staat. Heel rijp rood fruit, toch subtiel. 14,5%.

DOMAINE LA CRAU DES PAPES, € 16,99
CHÂTEAUNEUF-DU-PAPE 2006

Over châteauneuf gesproken! Nou heb je hier zo'n heerlijk rijtje rhônes, Appie, en dan kom je met zo'n lullige châteauneuf aanzetten die wat aangebrand en naar maggi riekt en het qua smaak niet verder schopt dan de eerste de beste de rhône die nooit een kwartje zal worden! Waarom? Omdat er klanten zijn die denken 'Huhhuh, nounou, het is kerst, laat ik eens gek doen en effe flink in de bus blazen, weetjewat ik koop een heuse *pape*'? Appie, hou daar mee op, en lieve lezers: NIET KOPEN! En wie dat toch doet, wordt gedurende diverse reïncarnaties verbannen naar een strafkamp in de vorm van een

ROOD FRANKRIJK

griezelig kitscherig pittoresk Frans dorpje waar alle inwoners ontzettend uit hun mond meuren, om van andere intimiteiten maar te zwijgen, en de godganse dag lang onverstaanbaar Frans met hun wortelnoten kunstgebit klepperen, zodat je nooit weet of ze je zeggen dat je de loterij hebt gewonnen en dat hun bloedmooie zoon/dochter verkering met je wil of dat je moet helpen de gierput leeg te slurpen, en je verder tot het eind van je dagen van ochtendblauw tot avondgrauw ongevraagd volgieten met deze wijn, vergezeld van schilferig onafgewassen aardewerk met daarop de plaatselijke specialiteiten zoals daar zijn pastoorsballen, varkensbaarmoeder en wijnboerenoksel. 14,5%. (AH XL)

LES HAUTES RESTANQUES, GIGONDAS 2006 € 9,99 ♀♀♀♀

Luxueus en zachtfruitig geurend naar een écht pittoresk Frans dorpje waar het altijd mooi weer is en iedereen aardig is en geweldig kan koken. 14,5%. (AH XL)

LES VIGNERONS DE L'ENCLAVE DES PAPES, € 3,99 ♀♀♀
CÔTES DU RHÔNE 2007

En om in de stemming te komen voor de lunchwijn hierboven drinken ze in dat dorpje bij het ontbijt deze net een pietsje minder luxe uitgevoerde wijn. Heel ruim ♀♀♀. Mede door de lage prijs ⚲. 13,5%.

LES VIGNERONS DE L'ENCLAVE DES PAPES, € 4,69 ♀♀♀
CÔTES DU RHÔNE VILLAGES 2007

Vol rijp donker fruit, maar mist de subtiliteit en charme van de 'gewone' rhône hierboven. Opklimmend in appellationrang bij de wijnboeren van L'Enclave des Papes van ventoux, rhône en deze komt hierna de côtes-du-rhône-villages-met-dorps(village)naam, de valréas van Domaine de la Belaise. Steeds gespecificeerder dus: rhône uit het hele Rhônegebied, villages van de wijngaarden rond bepaalde dorpjes, valréas van de wijngaarden rond village Valréas en tot slot, boven aan de piramide, de wijnen die slechts hun dorpsnaam voeren, zoals châteauneuf-du-pape, gigondas en nieuwkomers bij deze elite als vacqueyras en cairanne, zonder verdere uitleg, want 'U weet immers wie Wij zijn?' Zoals altijd en overal: in elk gebied, in elke appellation, is het uiteindelijk de wijnboer die de kwaliteit bepaalt. Maakt hij wat van dat bijzondere stukje grond, of denkt hij, gefrustreerd loerend naar de dorpsschone: 'ze kopen het toch wel, met die beroemde naam, dus wat zal ik verder moeite doen?' Binnen de grenzen van de appellation kun je zowel verschrikkelijke als verrukkelijke wijnen maken, en alles daartussenin. O ja: heel ruim 🍷🍷🍷. 14%.

LES VIGNERONS DE L'ENCLAVE DES PAPES, € 2,99 🍷🍷🍷
CÔTES DU VENTOUX 2007

Op een kinderpartijtje laatst droeg ook driekwart van de volwassenen zo'n lange korte broek tot net over de knieën, met her en der zakken d'r op gestikt, de poolkappen smelten nog harder dan gevreesd en dan gaat het ook nog niet goed met de Franse wijn, meldt een vuistdikke persmap. Een mens zou er mies van worden. Het is dat de hoogwaterouders ruim omfietswijn schonken, anders zou je je toch ernstig afvragen waar al die eonen evolutie en beschaving ons nou helemaal gebracht hebben. De Francofiele persmap vraagt zich dat wel af, want hoe kwam het dat de ouders giechelend en wiebelig met soms verkeerde kindjes in hun designbakfiets het feestje verlieten? Door Spaans rood, Australisch wit en Argentijnse rosé! Daar maken ze zich dus zorgen over in Frankrijk. Nog niet zo lang geleden waren de flessen die je met je kater in de glasbak gooide voor tweederde van Franse komaf, nu is dat nog maar krap de helft. Dat komt simpelweg doordat helaas fiks wat Franse wijnboeren arrogant denken dat men hun wijn met die sjieke appellationnaam toch wel koopt, dus maar wat aanrotzooien. Maar je kunt de consument best een tijdje bedotten, maar niet voor eeuwig, dus op een gegeven moment hadden we het door en gingen elders winkelen.

ROOD FRANKRIJK

Terecht? Ja en nee. Ja, want van elders zijn er meer en meer prima wijnen te koop. Nee, want er zijn ook heel veel Franse boeren die prachtwijn maken, in een verscheidenheid en variatie waar men elders niet aan kan tippen. En wat ze vooral heel goed kunnen: iets lekker simpels. Wijn zonder pretenties, geurend naar buitenlucht en zomerzon. Zoals dit sappige roodfruitige vrolijkkruidige Zuid-Franse rood. Het verzoent je bijna met driekwartbroeken. Mede door de lage prijs 🚲. 13,5%.

VELOURS DES COLLINES, VACQUEYRAS 2006   € 6,99   🍷🍷🍷🍷

Breed opgezet, met veel van alles, toch heel helder en elegant. 14%.

Vin de pays

FAMILLE CASTEL GRANDE RÉSERVE, VIN DE PAYS D'OC,   € 5,99   🍷
CABERNET SAUVIGNON 2006

Maar dan moeten ze het niet hoog in de bol krijgen en met nieuw eikenhout gaan zitten knutselen. Zoveel hout kan zo'n simpel cabernetje helemaal niet aan. Anderhalf 🍷. 13%.

FAMILLE CASTEL, VIN DE PAYS D'OC,   € 4,49   🍷🍷
CABERNET SAUVIGNON 2007

Sappige cabernet in bordeauxstijl. Heel ruim 🍷🍷. 12,5%.

FAMILLE CASTEL, VIN DE PAYS D'OC, MERLOT 2007   € 4,49   🍷🍷

Sappige merlot in bordeauxstijl. De familie Castel, voorheen een stel sombere chagrijnen, doet sinds vorig jaar ineens bijna vrolijke wijn in de fles! Heel ruim 🍷🍷. 13%.

FLORENBELLE, VIN DE PAYS DES   € 3,99   🍷🍷
CÔTES DE GASCOGNE 2007

'*Fruité et finesse*' is misschien wat veel gezegd, maar in tegenstelling tot de wat kale 2006 voorzien van sappig rood fruit.

ROOD FRANKRIJK

Van druiven merlot, tannat en cabernet sauvignon.
Heel ruim 🍷🍷. 12%.

J.A. VIGNEAU, VIN DE PAYS D'OC, CABERNET-SYRAH € 2,49 🍷

'Lekker bij vleesgerechten'. Klopt. Vleesgerechten, dat klinkt als poestaschnitzels en aanverwante dubieuze creaties van een wrattige kiloknaller, en daar past deze mistroostige, vaag nog een beetje fruitige dropjeswijn prima bij. Heel klein 🍷. Geen oogstjaar. 13%.

J.A. VIGNEAU, VIN DE PAYS D'OC, MERLOT € 2,49 🍷

'Mild en soepel, lekker bij gehakt.' Ik vind zelf dat een bal gehakt, samen met de kroket één van de zeven wereldwonderen, wel wat lekkerder wijn verdient, maar mild en soepel klopt zo grofweg wel. Geen oogstjaar. 13,5%.

REMY PANNIER, VIN DE PAYS VIGNOBLES DE FRANCE, € 3,99 🍷
MERLOT 2007

Mager merlotje. Krap 🍷. 13%.

SAINT ROCHE, VIN DE PAYS DU GARD 2007 € 4,99 🍷🍷🍷🍷

Vroeger was niet alles beter, maar je mocht wel meer wijn drinken. Lees maar 'Het dienen van wijnen' in *Aaltje de Volmaakte en Zuinige Keukenmeid; Nieuw Nederlandsch Keukenboek voor Koks, Keukenmeiden en Huismoeders* (1e druk 1803). Een huiselijk dineetje, wat zullen we daar bij drinken? Aperitiefje tuurlijk (absint, suggereert Aaltje), bij de 'eerste service' wat eenvoudige rode bourgognes, een 'tusschenglas rum of madera', en dan bij de tweede gang het sjiekere werk uit Bourgogne, zoals Pomard (spelt Aaltje), Volnay, Chambertin... Of breedgeschouderde noord-rhônes als hermitage ('l'Ermitage') en côte-rôtie, ook lekker. Werden ze daar niet dronken van dan? Zeker, maar daar wist Aaltje wat op. 'Als de opgewektheid, door deze verschillende wijnen veroorzaakt, zich reeds lucht begint te geven in vrolijke

ROOD FRANKRIJK

redenering gepaard met ongedwongen lach, dan is het oogenblik gekomen om de beste soorten te schenken van Bordeaux. De wijnen van Medoc (sic), van Château-Laffitte (sic) en meer andere fijne soorten hebben de gelukkige eigenschap, in tijds een ligt begin van dronkenschap te stuiten.' Ook beter vroeger: rijpe Lafite kostte nog niet honderden tot duizenden euro's de fles. Dus wat motten we nu? Lichtzinnig Zuid-Frans rood. 13,5%.

THIERRY & GUY, FAT BASTARD, € 5,99
VIN DE PAYS VIGNOBLES DE FRANCE, CABERNET SAUVIGNON 2007

Lang zo vol en rond niet als het etiket belooft. Stevig fruitig. 13%.

VALMAS, VIN DE PAYS D'OC, CABERNET MERLOT 2007 € 3,99

Simpel stevig fruitig. Heel krapaan. 13%.

VALMAS, VIN DE PAYS D'OC, CABERNET SYRAH 2007 € 3,99

Ook simpel stevig fruitig. Heel krapaan. 13%.

WILD PIG, VIN DE PAYS D'OC, € 4,99
CABERNET SAUVIGNON 2007

Sappige cabernet vol bessenfruit. Heel ruim. 13,5%.

WILD PIG, VIN DE PAYS D'OC, MERLOT 2007 € 4,99

Stevige merlot vol sappig fruit. Heel ruim. 13,5%.

WILD PIG, VIN DE PAYS D'OC, SYRAH 2007 € 4,99

Peperige syrah vol sappig fruit. Heel ruim. 13%.

Zuidwest

SECRETS DE SAINT-BENOÎT, RÉSERVE SPÉCIALE, € 4,99
SAINT MONT 2006

Donker fruit, hapje tannine: nog een landelijke, niet onvriendelijke bordeauxachtige. 13%.

ROOD ITALIË

ITALIË

AH ITALIA, SANGIOVESE VOL KRACHTIG KRUIDIG (LITER) € 3,99

Uit Toscane, dus in feite een pizzafiasco zonder rieten mandje. (Voor wie jong is of een hoogstaand leven heeft geleid: vroeger zat goedkope chianti – ook van druif sangiovese uit Toscane – in dikbuikige flessen met een gezellig rieten beschermjasje eromheen. Fiasco, heette zo'n fles, en het was ook een treffende omschrijving van de inhoud). Niet de vrolijkste pizzawijn, deze. Donker fruit, beetje stug. Richting. 12,5%.

ALBARUTA, UMBRIA, MONTEFALCO ROSSO 2005 € 6,99

Riekt wat opgewekter, maar blijkt net als de 2004 nog vol ernstig donker fruit en diepgravende tannines die lang na blijven schuren. Heel ruim. 13,5%.

ALBARUTA, UMBRIA, ZITTO ZITTO 2006 € 4,99

Klinkt spannend, blijkt braaf donkerfruitig. Heel ruim. 13%.

CANDIDO, SALICE SALENTINO 2004 € 4,99

In de winter is het koud en nat en kil, dus drink je verwarmende wijn. Wijn van waar de zon schijnt. Maar als het lente is, wie weet al lekker warm, mag je dan geen zonnige wijn meer drinken? Tuurlijk wel. Alles mag, zolang u maar doet wat wij zeggen. En nu zeggen we: koop en drink van die lekker zomers smakende wijnen uit Salento. Salento? De hak van Italië, en de wijn die er vandaan komt. Twintig jaar geleden was het onbekend, en het houdt nog niet over. Druif is negroamaro, de 'bittere zwarte'. Deze ruikt als de eerste die ik proefde, een kwart eeuw geleden. Niet vreemd, want het is ook die eerste. Bijzonder, zo consistent van kwaliteit gedurende zoveel jaren. Fruit, kruiden, ruig. 'Als goede châteauneuf', zegt een gerenommeerd standaardwijnwerk. Wel met Zuid-Italiaans temperament dan. Vol woeste kruidige geuren en tegelijk zacht en romig. Iets lichter dit jaar, wat 'm helderder van smaak maakt. 13%.

CATERINA ZARDINI, VALPOLICELLA € 16,99
CLASSICO SUPERIORE 2006

Van druiven corvina veronese en corvinone veronese, met daarbij veertig procent rondinella. De geplukte trossen worden twintig dagen gedroogd, waardoor het suikergehalte naar verhouding hoger wordt. Voor reciotto en amarone drogen de druiven tot het voorjaar, met als gevolg heel rijk smakende wijnen, meestal maar niet altijd zoet. Hier drogen ze korter, en het resultaat is soepel, niet zoet, en duidelijk van een ander kaliber dan de doorsneevalpolicella. Geconcentreerd en intens. Speelt geld geen rol, fiets er eens voor om. 14%.

CECCHI, CHIANTI 2007 € 4,99

Nog steeds niet de wijn voor een swingende orgie, maar stukken vrolijker dan vorige jaren. Rood fruit, vleug specerijen. Beetje stug, maar dat hoort bij chianti. 12,5%.

CECCHI, CHIANTI CLASSICO 2006 € 6,99

En ook deze is dit jaar ruimer inzetbaar dan als huiswijn voor begrafenissen in de regen. Desalniettemin: donker fruit, fiks wat stroeve tannine, dus vrolijk word je er nou ook niet bepaald van. 13%.

FARNESE, MONTEPULCIANO D'ABRUZZO 2007 € 4,99

Stuk sjieker dan de gewoonlijk nog onbehouwen montepulciano d'a. Zacht en vriendelijk, vol rijp donker fruit. 13,5%.

FARNESE, PUGLIA, PRIMITIVO 2007 € 4,99

Rijp donker fruit, kruidig, warm en zacht. 13%.

ROOD ITALIË

FARNESE, SANGIOVESE 2007 € 4,99 🍷🍷🍷

🚲 U dacht het natuurlijk altijd al, maar durfde het nooit te zeggen. Daarom zullen we u voor de zoveelste keer eens een handje helpen. Want u heeft gewoon gelijk. Had u niet gedacht, hè? Maar het is ook moeilijk, denken. En wat u dacht, voor het geval u 't vergeten was, klopt: Italië, dat deugt niet. Aardige ijsjes, abele schoorsteenvegers en zo'n geile pizza/cokebezorger is in noodgevallen ook nooit weg, maar verder... Maffia en erger, mannen die tot hun veertigste nog bij moeders thuis wonen, een begrotingstekort van hier tot gunter, Napels compleet vervuild omdat ze te belazerd zijn even die vulkaan te beklimmen om daar hun vuilniszakje in te gooien, denken dat macaroni echt eten is, die gladjakker Berlusconi... Maar toch: wat is het er mooi, hè, lieve lezers? En gelukkig hebben ze meer eten dan pizza en spaghetti, 's werelds onhandigste voedsel, met tomatensaus. Goed, ze kunnen geen witte wijn maken, en rood lukt ze eigenlijk ook maar zelden, maar dan proeft u ineens dit, vol uitgelaten pittig kersenfruit voor geen geld, en dat brengt al uw zekerheden weer aan het wankelen, dus wat mot u nou? Minder vooroordelen hebben en lekkere wijn drinken, dat mot u. Heel ruim 🍷🍷🍷. 13%.

FATTORIA DEL CERRO, VINO NOBILE € 12,99 🍷🍷
DI MONTEPULCIANO 2005

Donker fruit, sombere zich stroef voortslepende tannines. 13%.

FONTANAFREDDA BRICCOTONDO, PIEMONTE, € 5,99 🍷🍷🍷🍷🍷
BARBERA 2007

🚲 Geen wonder dan ook dat ze ter plaatse doordeweeks barbera drinken. Barolo heet de 'zondagse wijn' en dat lijkt luxe, maar kan ook een heilig moeten wezen. Blij dat je dan maandagochtend, zondagavond om één over twaalf eigenlijk

ROOD ITALIË

al, weer aan zo'n vrolijke kersenfruitige pittige barbera mag! Heel rijp en zacht en vriendelijk dit jaar. 13%.

FONTANAFREDDA TORREMORA LANGHE, € 5,99
DOLCETTO 2006

Met voor de afwisseling wat dolcetto. Deze doet me zowaar denken aan de Solatio Brovia (Paul Herman, Axel, tel. 0115-561860). Nee, niet op het niveau van, maar doen denken aan is al een groots compliment. 1985 was de eerste oogst die ik proefde en ik hoef het etiket maar te zien en ik ben weer daar en toen. Dan dat intense parfum van puur fruit... Dat deze in de buurt komt, is al reden genoeg om op de fiets te springen. 13%.

FONTANAFREDDA, BAROLO 2004 € 19,99

Tsja, barolo. Je hebt mensen die er dol op zijn. Blijken meestal ook sigarenbandjes te verzamelen en overlijdensadvertenties te rubriceren. Barolo ruikt naar rozen, zeggen ze. Maar ik heb een boek over barolo met de titel *Tar and roses* en helaas ruik je vaker teer dan die rozen. Straffe wijn ook, vaak, fiks in de tannines. Deze houdt het binnen de perken, en met wat fantasie ruik je ook nog een roos tussen het fruit. 13,5%. (AH XL)

MONCARO, MARCHE, SANGIOVESE 2007 € 3,69

Sangiovese, daar maken ze chianti van. Een kleine chianti, dit. Niet zo uitgelaten als de 2006, wel vol sappig donker fruit, gezellig wat tannines. 12%.

MONCARO, MONTEPULCIANO D'ABRUZZO 2007 € 3,99

Altijd wat onbehouwen, montepulciano d'abruzzo, maar in dit geval opgewekt en vrolijk. Rood fruit, beetje aards, wat tannine. 12,5%.

ROOD ITALIË

MONCARO, ROSSO PICENO 2007 € 3,99 🍷🍷🍷

🚲 Druiven hier zijn sangiovese en montepulciano. Hij lijkt vooral op de wat nurkse montepulciano, maar laat zich dit jaar van z'n vrolijkste kant zien. Sappig rood fruit, in plaats van somber donker. Simpel maar gezellig en karaktervol. Mede door de lage prijs 🚲. 12,5%.

SANTA CRISTINA, CHIANTI SUPERIORE (ANTINORI) 2006 € 8,99 🍷🍷

Sombere herfstgeur die je verwacht bij ernstig bejaarde wijn, wel veel donker fruit, dan wat querulante tannines. Tsja. 13%.

SANTA CRISTINA, TOSCANA (ANTINORI) 2006 € 6,99 🍷🍷

Een jaar geleden zacht en vriendelijk, uw luxe pizzachianti, nu herfstig en somber. Heeft wel nog fruit. 13%.

SETTESOLI, SICILIA, CABERNET SAUVIGNON 2007 € 4,99 🍷🍷🍷

Warmbloedige cabernet vol rijp donker fruit. 13%.

SETTESOLI, SICILIA, NERO D'AVOLA SHIRAZ 2007 € 4,99 🍷🍷🍷

Nero d'avola is een stoere Siciliaanse druif die in de Franse syrah een prima maatje heeft gevonden. Je ziet ze steeds vaker samen. Veel fruit, cacao mooie rijpe tannine, zacht. 13,5%.

VILLA ANTINORI, TOSCANA 2005 € 12,99 🍷🍷🍷

Stuk opgewekter dan voorgaande jaren. Rijp donker fruit, fiks brok tannines. Nogal karakterloos, maar het kan niet in enen helemaal feest zijn. 13,5%.

VILLA ROCCA, BARDOLINO 2007 € 3,99 🍷

Vleug kersenfruit. Heel klein 🍷. 11,5%.

ROOD MEXICO - NIEUW-ZEELAND

MEXICO
AH MEXICO, CABERNET SAUVIGNON € 3,99
MERLOT GRENACHE, MILD SOEPEL KRUIDIG (LITER)

Qua druiven bordeaux met een scheut Zuid-Frankrijk en zo smaakt ie ook. Was vorig jaar wat meer bordeauxig, dit jaar overheerst het kersenfruit en het kruidige van de grenache. Heel ruim.

NIEUW-ZEELAND
MONTANA RESERVE, MARLBOROUGH, € 9,99
PINOT NOIR 2005

Dezelfde als hieronder, maar dan met hout. Prima, veel fruit en bescheiden hout, maar de 'gewone' is spannender. 14%. (AH XL)

MONTANA, EAST COAST, € 7,99
MERLOT CABERNET SAUVIGNON 2007

Als immer een deftige – bordeauxdruiven, nietwaar–en tevens zeer vriendelijke, slanke wijn met veel fruit en wellevende tannines. Niet de superieure charme van de 2005 die we in de vorige editie hadden, dus een minder, wat, mede door de prijs, er voor zorgt dat hij dit jaar niet om voor om te fietsen is.

MONTANA, SOUTH ISLAND, PINOT NOIR 2007 € 7,99

Wij van de wijnschrijverij worden zo verwend met uitnodigingen om wat te komen drinken dat de meeste invitaties in de prullenmand verdwijnen. Maar DRC, Domaine de la Romanée Conti (importeur www.vin-direct.nl tel. 074-3777333) doornemen in het Amstelhotel, daar kom ik m'n nest nog wel voor uit. Terecht, bleek ook nu weer. Lekkere wijntjes. Zo lekker zelfs dat wij van de wijnschrijverij en de Bende van Sommeliers al na het tweede glas joelend van kroonluchter naar kroonluchter zwierden. Mmm, heerlijk. Wel jammer dat het behalve de lekkerste ook de

ROOD OOSTENRIJK - PORTUGAL

duurste bourgognes zijn. Kosten je algauw minstens een maand AOW de fles, zo niet de slok. Bij de top, romanée-conti zelf, en de montrachet, hun enige witte, zit je helemaal dubbend boven het huishoudboekje: Priscilla naar het Luzac-college, een nieuwe keuken, of zo'n lekker doosje wijn voor het weekend? Gelukkig is er ook dit. Nee, niet op hetzelfde niveau als die rode bourgognes van dezelfde druif van DRC. Niet te vergelijken. Maar het is wel echt pinot noir, fijn, zuiver, lichtvoetig. Wat een prachtdruif is het toch. Lastig, wispelturig, gedijt slechts in een koel klimaat, zo'n klimaat waar het vaak regent en rot en schimmel dus schering en inslag zijn, wat betekent dat de wijnboer alleen in zeldzame zonnige en droge – maar weer niet te warme! – jaren rijpe en gezonde druiven kan oogsten, wat nog niet betekent dat iedere wijnboer dan ook lekkere wijn maakt, want de kunst is bij pinot noir juist om er ogenschijnlijk heel simpele, vrolijke, gulzigdrinkende wijn van te maken, die dan toch een waaier aan geuren en smaken blijkt te hebben. Al halverwege deze fles zwierde ik aan de tl-buizen boven het aanrecht, zodat het maar goed is dat we het spaargeld voor die nieuwe keuken niet aan wat flesjes DRC hebben stukgeslagen. 12,5%. (AH XL)

OOSTENRIJK
LENZ MOSER SELECTION, € 4,99
NEUSIEDLERSEE, BLAUER ZWEIGELT 2006

Een jaar geleden pittig, wat rokerig, sappig rood fruit, al zakte hij aan het eind droppig en sloom weg, nu helemaal sloom vaag donkerfruitig. 13%.

PORTUGAL
DOMINI, JOSÉ MARIA DA FONSECA, DOURO 2004 € 6,99

Een vriend in Lissabon kent de prachtigste plekjes om te eten. Van goudgekrulde oude-mevrouwen-theesalon tot ruige kroeg, van designrestaurant tot de prachtig verschoten

ROOD PORTUGAL - SPANJE

sociëteit waar ook zijn vader en opa al lid van waren. In de theebonbonnière drinken we espresso, maar verder wijn. Portugese wijn uiteraard, en in kroeg en soos is die van een ouderwets knoestige kwaliteit. Ter plekke drinkbaar, maar ik ben blij dat steeds meer Portugese wijnboeren doen wat vriend architect qua bouwen propageert: vernieuwing met behoud van authenticiteit. Oftewel: geen wijn die riekt of de kettingrokende boer 'm als asbak heeft gebruikt, wel inheemse druivenrassen blijven gebruiken. Zo al daar is deze deftige wijn met een vleug tabak, tweed jasje met leren armstukken, landgoed in de zon, en veel rood fruit. Tijdloos slank en sjiek. Net als in gids 2008 de 2004 en net als in gids 2008 is dat nog een feest, lekkerder nog dan alle eerdere jaren (1999 was het eerste jaar), met meer prachtig rijp fruit dan ooit en uiteraard z'n veelgeroemde ouderwetse charme. Eigenlijk ♗♗♗♗♗♗. 14%.

TERRAS ALTAS, DÃO 2006 € 3,99 ♗♗

Na de fruitige 2005 nu de straffere 2006, meer klassiek Portugees. En dat is niet ieders meug. Netaan ♗♗. 13%.

TUELLA, DOURO 2005 € 4,99 ♗♗

Riekt net als een jaar geleden in gids 2008 wat schonkig, blijkt even later nog steeds ook wat soepel fruit te bieden, eindigt wat dun met fiks zuren. Netaan ♗♗. 13%.

SPANJE
AH ESPAÑA, TEMPRANILLO MILD € 3,99 ♗♗
SOEPEL KRUIDIG (LITER)

Uit La Mancha, en inderdaad zacht, soepel rood fruit, en kruidig. Heerlijk, in al z'n eenvoud. En koel zo'n wijn nou eens! Heel ruim ♗♗. 12%.

ROOD SPANJE

BEAMONTE, NAVARRA, CRIANZA, € 4,69 ♟♟
CABERNET SAUVIGNON 2004

Bessenfruit, hapje hout. 13%.

BEAMONTE, NAVARRA, CRIANZA, € 4,69 ♟♟
TEMPRANILLO GARNACHA CABERNET SAUVIGNON 2004

Bescheiden wat zacht fruit, vleugje droef hout, op hun tenen getrapte tannines, verongelijkte afdronk. Heel krapaan ♟♟. 12,5%.

BEAMONTE, NAVARRA, € 5,99 ♟
RESERVA TEMPRANILLO / CABERNET SAUVIGNON 2003

Beetje aangebrand fruit, plankje oud hout. Anderhalf ♟. 13%.

BEAMONTE, NAVARRA, TEMPRANILLO 2007 € 3,99 ♟♟♟

Maar kijkaan, deze is in enen heel lekker! Vol sappig kersenfruit. Komt veel voor, trouwens, dat de eenvoudigste wijn van de firma het best blijkt. Mede door de prijs 🚲. 12,5%.

BERBERANA DRAGÓN GREEN OAK, € 6,99 ♟♟♟♟
SHIRAZ-TEMPRANILLO 2007

Huiswijn voor Al Gore, met veel geslijm op het etiket hoe oppassend ze zijn qua vervuiling en dat ze voor elk gebruikt vat een nieuw eikje planten en niet roken of vloeken en altijd hun voeten vegen en achter hun oren wassen en met hun handjes boven de deken slapen. Intussen wel onbeschoft lekkere wijn, vol pittig kersenfruit. Ze drinken blijkbaar nog wel. 12,5%.

BERBERANA DRAGÓN, TEMPRANILLO 2006 € 4,98 ♟♟

En ook de versie die z'n afval niet scheidt is dit jaar bijna vrolijk, en sappiger dan hij ooit gedroomd had. Heel ruim ♟♟. 13%.

ROOD SPANJE

BERBERANA, CARTA DE ORO, RIOJA RESERVA 2004 € 8,99

Fruit en hout in geur en smaak, splinters en lijm in de afdronk. Anderhalf. 13%.

BERBERANA, RIOJA, CARTA DE ORO, CRIANZA 2005 € 5,49

En ook deze Hummerrijdende rioja heeft meer fruit dan weleer, al staan de splinters nog steeds in je tong. Anderhalf. 13%.

BODEGAS BILBAINAS, LA VICALANDA RESERVA, RIOJA 2003 € 19,99

Rioja met hout, maar wel een heel sjieke. Kosten noch moeiten gespaard. Knap hoor. 13%. (AH XL)

BODEGAS JULIAN CHIVITE, LA PLANILLA RESERVA, NAVARRA 2003 € 9,99

Tempranillo met merlot en cabernet en fiks wat hout. Sappig slank en serieus. 13%.

CAMPO VIEJO, RIOJA, CRIANZA 2005 € 6,99

Armzalig fruit met wat waaibomenhout. Lijkt even zacht, maar eindigt nogal wrang en verongelijkt. 13,5%.

CAMPO VIEJO, RIOJA, RESERVA 2003 € 9,99

Idem dito. En nog verdomde duur ook. 13%.

CAMPO VIEJO, RIOJA, TEMPRANILLO € 4,99

Donker fruit – niet helemaal rijp, bepaald niet eerste kwaliteit, en van een benepen groentenboer met onfris gedachtengoed. Geen oogstjaar. 13%.

DIEGO DE ALMAGRO, VALDEPEÑAS, RESERVA 2003 € 4,49

Donker fruit met houtsplinters en drop in de afdronk. Anderhalf. 13%.

ROOD SPANJE

DOMINIO DE FONTANA, LA MANCHA, MERLOT 2007   € 3,99

Grote kleine wijn. Grote wijn, dat is wijn vol complexe geuren en smaken. wijn om u tegen te zeggen. Kleine wijn is meer rechttoe rechtaan. Domweg retelekker. Dit is op zichzelf eenvoudige wijn. Gewoon, vrolijke merlot met Spaans temperament. Maar alles klopt. Fruit, kruidig, mooi wat tannine om te zorgen dat het niet te soepel wordt, heldere zuren... Alles is er, en alles zit op z'n plaats en al typend proef ik 'm nog steeds en heb zin in nog een slok. Subliem, in al z'n eenvoud. Groots. En lekker klein. 13,5%.

DOMINIO DE FONTANA, LA MANCHA, SYRAH 2007   € 3,99

Niet op het niveau van bovenstaande merlot, maar daarom nog wel een meer dan prima donkerfruitige syrah voor een weggeefprijs. Heel ruim. 13,5%.

DOMINIO DE FONTANA, LA MANCHA, TEMPRANILLO 2007   € 3,99

Grappig: de opsomming is dezelfde als voor de 2006: vol rood fruit, verleidelijk rokerig geurtje, zijdezacht en subtiel van smaak – maar het geheel is toch net een minder. Desalniettemin nog steeds een feest. 13,5%.

LEGARIS, RIBERA DEL DUERO CRIANZA 2004   € 16,99

Ribera del Duero (van Madrid noordwaarts tot je ter hoogte van de noordgrens van Portugal bij de rivier Duero komt) is reuze hip. En hier terecht. Hippe bekvol van puur tinta fina oftewel tempranillo, waar je ook rioja van kunt bouwen, maar hier iets volstrekt anders oplevert, namelijk wijn waar je ook de meest verwende kerstgasten mee stil kunt krijgen. Eleganter dan de 2003, wel weer onmiskenbaar Spaans, rijp fruit, deftig hout, specerijen, cacao, kracht, tannine... Oftewel: deftige wijn. 14%. (AH XL)

ROOD SPANJE

LOS MOLINOS, VALDEPEÑAS, TINTO € 2,99

Zachtfruitig, redelijk wat tannine. Geen oogstjaar. Geen geld ook. 13%.

SCALA DEI, PRIORAT, NEGRE 2005 € 12,99

Priorato, of Priorat zoals ze op z'n Catalaans zeggen, ligt een stukje ten zuidwesten van Barcelona. Nadat er sinds de oerknal tijdenlang niks veranderd was, sloeg begin jaren negentig ineens de vlam in de pan. De intens geconcentreerde wijnen van garnacha en cariñena (carignan) met eventueel wat cabernet sauvignon, merlot en syrah en in ieder geval veel nieuw hout en fiks alcohol werden net als ribera del d. dé cultwijnen. Dus niet tegen die prijzen aan zitten te hikken, want dit is in deze kringen spotgoedkoop. Het etiket van deze blinkt niet uit in overzichtelijke informatie, maar na wat speurwerk ontdek je dat we hier met garnatxa negra van doen hebben, en na het tweede glas bedenk je dat dat Catalaans is voor garnacha. Hoe dan ook, drinken bij *Once Upon A Time In The West*. Dit is spannende wijn. Woest, eigengereid. Rokerig, wilde kersen. Tanige tannine, zadelleer. Charles Bronson. U bent gewaarschuwd. 14%. (AH XL)

TORRELONGARES CRIANZA, CARIÑENA, € 4,99
GARNACHA TEMPRANILLO 2005

Vrolijk kersenfruit met cacao, specerijen en fiks wat eikenhout. Het verschil met andere crianza's? FRUIT! Heel ruim. 13,5%.

TORRELONGARES RESERVA, CARIÑENA, € 5,99
GARNACHA TEMPRANILLO 2003

Heuse reserva, met gelukkig meer fruit dan hout. 13,5%.

ROOD SPANJE - ZUID-AFRIKA

TORRELONGARES TINTO, CARIÑENA, GARNACHA 2007 € 3,99

Cariñena, noordoost-Spanje, cariñena (carignan zeggen de Fransen). Gezellige bekvol sappig kersenfruit. Koelen is een goed idee. Ruim. 13%.

TORRELONGARES, CARIÑENA, SYRAH 2007 € 4,99

Peperig, veel fruit, wat tannine, toch helder. 13,5%.

TORRES VIÑA BRAVA, CATALUNYA, € 4,99
GARNACHA-CARIÑENA 2006

Onbestemd fruitig en kruidig met een saggerijnig gestel. 13,5%.

TORRES VIÑA BRAVA, CATALUNYA, TEMPRANILLO 2007 € 4,99

Rood fruit, kruiderij. 13,5%.

VERENIGDE STATEN

AH AMERICA, CABERNET SAUVIGNON, € 3,99
RUBY CABERNET SAPPIG FRUITIG STEVIG (LITER)

Deels bessenfruit van de echte cabernet, maar ook fiks fruitellasnoepfruit van de ruby cab. Anderhalf. Geen oogstjaar. 12,5%.

PACIFIC RIDGE, CALIFORNIA, DRY RED 2006 € 2,49

Interessante verwantschap: meurt als Zuid-Afrikaans van weleer naar fruitella en kaplaarzen. 12,5%.

ZUID-AFRIKA

AH SUID-AFRIKA, DROË ROOI SAPPIG FRUITIG (LITER) € 3,99

Sappig fruitig, beetje kruidig, stoere afdronk. Geen oogstjaar. Heel ruim. 14%.

ANURA, SIMONSBERG PAARL, MERLOT 2006 € 8,99

Merlot met hout uit de Grote Durewijnfabriek. Kan overal vandaan komen. 14,5%.

ROOD ZUID-AFRIKA

BRAMPTON OVR, COASTEL REGION, € 6,99
CABERNET SAUVIGNON-SHIRAZ-MERLOT 2006

Ook weer gerijpt op nieuw eikenhout. Niks geen last van, want er staat heel veel fruit tegenover en die ruige, wat aardse toon die zo karakteristiek is voor het betere Zuid-Afrikaanse rood. (Karakteristiek voor het mindere Zuid-Afrikaanse rood is de geur van kaplaarzen van iemand die zich weinig wast). Complex, spannend, lang. De Vaderdagman Die Op Alles Is Voorbereid heeft immer een fles onder handbereik. ('De kurkentrekker! Waar is de kurkentrekker? Mijn multitool voor een kurkentrekker!') 14,5%.

BRAMPTON, COASTEL REGION, € 7,99
CABERNET SAUVIGNON 2006

Vaderdag, nog zoiets. Ongetwijfeld komen vrouw en kinderen dan weer met heel veel heel lief bedoelde cadeautjes aanzetten, alleen net niet met de cadeautjes die men als man echt wil. Hoe komt dat toch, dat een man eigenlijk nooit krijgt wat hij echt wil? Nooit die dingen uit al die fijne folders die rond die tijd door uw brievenbus gedouwd worden, omdat de bezorger begrijpt dat het NEENEEstickertje tegen reclamewerk van uw vrouw gelezen dient te worden als EIGENLIJKHEELGRAAG. Folders vol wonderen der techniek, zoals daar zijn rescuelichten met zes (6!) verschillende functies als alarmknipperlichten, een glashamer met staalpunt en, heel intrigerend, 'magneten om eenvoudig ergens aan vast te bevestigen', of een sleutelhanger DOBBER, 'die een gewicht tot 50 gram kan dragen; handig voor op de boot' waarbij je je wel afvraagt of er ook wel een functie bij zit die ervoor zorgt dat de 'sleutelhanger dobber' in de buurt van de boot blijft dobberen en voorkomt dat hij door een passerende haai wordt ingeslikt. Of zaklampen die tot op vijf kilometer afstand zichtbaar zijn en niet zoals andere superzaklampen 'geheid kapot gaan als je de zaklamp laat vallen, maar daarentegen probleemloos door overvalteams in bijvoorbeeld

ZUID-AFRIKA

een kamer worden gesmeten om verwarring te zaaien en voor afleiding te zorgen', of fijne multitooldingen vol nuttige uitklapbare dingen, of de eenentwintigste-eeuwse variant van het Zwitsers Legerzakmes, dat zelf overigens ook niet achtergebleven is en komt met een multifunctioneel rescuetool opdat vader zich op benarde momenten uit zijn door schurken of eigen stommiteit te water geraakte auto kan zagen of breken. Wel, mannen krijgen die dingen niet omdat hun vrouwen weten wat de mannen zelf ook ergens wel weten, namelijk dat de mannen die dingen nooit gaan gebruiken, omdat die dingen namelijk lang niet zo Onmisbaar en Handig zijn als gesuggereerd wordt, u ze in uw veilige Vinexbestaan überhaupt niet nodig heeft, en ze ook nog eens binnen vierentwintig uur kapot zijn of hoedanook niet zo mooi en fijn als beloofd in de folder. Door schade en schande wijs geworden maken we daarom maar een verlanglijstje met Lekkere Wijnen, zoals daar is deze van Brampton tjokvol rijp bessenfruit, tevens voorzien van een onmisbaar vleugje mint zoals gebruikt in het betere Australische rood, plus spannende tannines en een plank duur hout, waar we gewoonlijk nogal huiverig voor zijn, maar die hier prachtig op z'n plaats is, want tevens te gebruiken om al uw multitoolgadgets overzichtelijk aan op te hangen. 14,5%.

BRAMPTON, STELLENBOSCH, SHIRAZ 2006 € 7,99

Shiraz met, meldt het achteretiket achteloos, kleine beetjes mourvèdre, grenache en viognier! Terwijl Europa angstig kijkt naar het succes van de Nieuwe Wereld en zelf ook wijnen wil gaan maken die overzichtelijk merlot of chardonnay heten, maakt de Nieuwe Wereld dankbaar gebruik van wat Europa in die duizenden jaren wijnmaken ontdekt heeft. Zoals ze bijvoorbeeld in Côte-Rôtie, noordelijke Rhône, er achter kwamen dat je de stoere syrah/shiraz wat verfijning kunt geven met wat geurige witte viognierdruiven. En jawel, hier werkt het ook. Mooi, subtiel, span-

ROOD ZUID-AFRIKA

nend en daarmee vorig jaar de eerste Zuid-Afrikaanse wijn die het tot de officieel niet bestaande 🍷🍷🍷🍷🍷🍷 schopte. En dat nu nogmaals achteloos in de reprise. 14,5%.

COCOA HILL, WESTERN CAPE, DORNIER 2005 — € 6,99 🍷🍷🍷

Van druiven cabernet sauvignon, shiraz en merlot. *The Pirate of Cocoa Hill* heet de fles voluit, met achterop een gedichie over de piraat Long Ben die hier een wijngaard aanlegde toen hij met de vut was van het zeeschuimen. Stevige bekvol, zoals je van zeerovershuiswijn verwacht. Zoals veel van Appie's pracht-Zuid-Afrikanen geurt en smaakt ook deze karaktervol meer naar Zuid-Afrika dan naar de druivensoorten. Heel ruim 🍷🍷🍷. 14%.

FAIR HILLS, WESTERN CAPE, CABERNET SAUVIGNON 2008 — € 4,69 🍷🍷🍷

🚲 Fairtrade/Max Havelaar. Zie www.fairhills.co.za. Dat betekent dat ze net als Kuifje in Afrika het beste voor hebben met de plaatselijke bevolking. Maar zonder spotternij: wie zulke vrolijke zonnige wijn maakt is vast een goed mens. Karaktervolle cabernet met sappig bessenfruit en ruige aardse tannines. 14%.

FAIR HILLS, WESTERN CAPE, MERLOT 2008 — € 4,69 🍷🍷🍷

🚲 Fairtrade/Max Havelaar. Oprechte merlot met rijp fruit, vleug verantwoord leer en iets eerlijk aards. 13%.

FROG HILL, PAARL, PINOTAGE 2007 — € 4,99 🍷🍷🍷🍷

🚲 Ruim voorzien van weelderig rood fruit en specerijen, met in de achterhoede zo'n lekker ruig vleugje Zuid-Afrika om het af te maken. Smaakt als minstens vijf keer zo duur. 14,5%.

ROOD ZUID-AFRIKA

FROG HILL, WESTERN CAPE, € 4,99
CABERNET SAUVIGNON/MERLOT 2006

Van de firma Anura. Jaar geleden prima, nu wat vermoeid. De ouderdom komt vroeg. 14,5%.

INGLEWOOD CABERNET SAUVIGNON 2007 € 6,99

De 2006 was goed maar wat gelikt, deze is wat ruiger, heeft duidelijk dat Zuid-Afrikaanse aardse toontje dat karakter geeft, en veel fruit. Heel ruim. 13,5%.

INGLEWOOD SHIRAZ 2007 € 6,99

Ook hier dat aardse, plus veel peperige stoere shiraz. Ondanks dat breedgeschouderde karakter heel elegant en charmant, houdt deuren voor je open en nodigt je uit te eten in een sjiek restaurant waar het nou eindelijk eens ook nog gezellig is. Heel ruim. 13,5%.

LEOPARD'S LLAP, LOOKOUT, WESTERN CAPE, € 4,99
CABERNET SAUVIGNON SHIRAZ CINSAUT 2007

Stoer, aards, maar met begrijpend sappig fruit en invoelende tannines. 12,5%.

LEOPARD'S LLAP, WESTERN CAPE, € 6,99
CABERNET SAUVIGNON MERLOT 2006

Qua druivenduo bordeaux, qua karakter Zuid-Afrika. Gaat heel goed samen. Aards, stoer, gespierd en sierlijk, helder, verfijnd. Heel ruim. 13,5%.

LINDEMANS, CABERNET SAUVIGNON MERLOT 2008 € 4,99

Sappige Zuid-Afrikaanse 'bordeaux' van het Australische Lindemans. Heel ruim. 14%.

ROOD ZUID-AFRIKA

MEERENDAL, DURBANVILLE, MERLOT 2006 € 12,99

Merlot van keurige komaf. Duur rijp fruit, leren designertas, beschaafd gedoseerd hout, vleug Zuid-Afrika om z'n afkomst te bevestigen. 14,5%. (AH XL)

MOOI KAAP, WESKAAP, DROË ROOI 2007 € 1,99

Vol stevig donker fruit, beetje aards oftewel karaktervol Zuid-Afrikaans. Prima in al z'n oprechte eenvoud. Mede door de weggeefprijs. Heel ruim. 14%.

NEIL ELLIS, STELLENBOSCH, € 12,99
CABERNET SAUVIGNON MERLOT 2004

Zeer beschaafd met duur hout. Heel ruim. 14%. (AH XL)

OORSPRONG, WESTERN CAPE, € 4,49
CABERNET SAUVIGNON 2007

Net als de 2006 vol vrolijk rood fruit, maar wel erg oppervlakkig. Biologisch. 13,5%.

OORSPRONG, WESTERN CAPE, MERLOT 2008 € 4,49

Hun merlot daarentegen heeft naast het vrolijke fruit ook nog karakter te bieden. Onmiskenbaar merlot, onmiskenbaar Zuid-Afrikaans. Biologisch. 14%.

STORMHOEK, CABERNET SAUVIGNON MERLOT 2007 € 3,99

Curieus: mooi rijp donker fruit, sappig, maar met een fikse walm van dat bijna uitgestorven gewaand Zuid-Afrikaanse kaplaarzenaroma! Netaan. 14%.

STORMHOEK, CABERNET SAUVIGNON SHIRAZ 2007 € 3,99

Een kaplaars minder hier, rood fruit, maar wel wat zurig. Er is ook altijd wat. Krapaan. 14%.

ROOD ZUID-AFRIKA

SWARTLAND WINERY, WESTERN CAPE, € 4,49
CABERNET SAUVIGNON 2007

Donker, stoer, aards, dreigend. 14%.

SWARTLAND WINERY, WESTERN CAPE, MERLOT 2007 € 4,49

 Wat stoerder dan de 2006, maar net zo opgewekt en karaktervol Zuid-Afrikaans. Merlot met smoel. 14%.

SWARTLAND WINERY, WESTERN CAPE, PINOTAGE 2007 € 4,49

Sappig rood fruit. 14%.

SWARTLAND WINERY, WESTERN CAPE, SHIRAZ 2007 € 4,49

Zachtfruitig. Wat tam voor shiraz. Goed, maar nietszeggend. Heel ruim. 13,5%.

TAMBOERSKLOOF, STELLENBOSCH, SYRAH 2005 € 16,99

Ook dit jaar weer: de prijs voor het mooiste etiket. Een simpel vierkant papiertje met in klassiek lettertype: Tamboerskloof. Daaronder in rood het jaartal, en dat is het. En de inhoud is navenant. Ruige, peperige, onmiskenbaar Zuid-Afrikaanse syrah vol sappig fruit. Een lekkerder nog dan de 2004. 14%. (AH XL)

THANDI, WESTERN CAPE, € 4,99
CABERNET SAUVIGNON MERLOT 2007

Fairtrade. Zachtfruitig, wat nietszeggend. 14%.

WELMOED, STELLENBOSCH, € 4,99
CABERNET SAUVIGNON 2007

Prima sappige cabernet met stoer Zuid-Afrikaans karakter, dit jaar wat lichter dan 2006. 14%.

ROOD ZUID-AFRIKA

WELMOED, STELLENBOSCH, MERLOT 2007 € 4,99

Stuk lichter dan de 2006. Meer rood fruit, minder tannine, oftewel op een andere manier net zo lekker. 13,5%.

WELMOED, STELLENBOSCH, PINOTAGE 2007 € 4,99

Tsja, dat is het nadeel dat Zuid-Afrika zo goed geworden is. Was je een paar jaar geleden al blij met alles dat niet naar een kaplaars of opvouwregenjas van een potloodventer meurde, nu zit ik te miezemuizen dat deze toch net iets minder is dan de 2006 en dus niet om om te fietsen is. Lezers! Trek u er geen reet van aan en koop blijmoedig deze 2007, want omfietswijn of niet, hij is wel retelekker. 14%.

WELMOED, STELLENBOSCH, SHIRAZ 2007 € 4,99

Sappig donker fruit. Peper. Pret. 14%.

DE BESTE WIJNEN VAN ALBERT HEIJN

Wit

1 **Undurraga, aliwen reserva, central valley, chardonnay 2007** — € 4,99
Chili

2 **Concha y Toro, casillero del diablo, chardonnay 2007** — € 5,99
Chili

3 **Honoré Lavigne, bourgogne chardonnay 2007** — € 6,99
Frankrijk - Bourgogne

4 **Neil Ellis, stellenbosch, sauvigon blanc 2006** — € 12,99
Zuid-Afrika

5 **Penfolds, Thomas Hyland, Adelaide, chardonnay 2007** — € 12,99
Australië

Rosé

1 **Domaine de Saint-Sèr, cuvée prestige, côtes de provence, sainte victoire 2007** — € 9,99
Frankrijk

2 **AH huiswijn rosé droog sappig fruitig (liter)** — € 2,99
Frankrijk

3 **Torrelongares, cariñena, garnacha rosado 2007** — € 3,99
Spanje

4 **Château Tapie, coteaux du languedoc 2007** — € 4,39
Frankrijk

5 **Château Ventenac, cabardès 2007** — € 4,99
Frankrijk

Rood

1 **Aliwen reserva, cabernet sauvignon syrah 2007** — € 4,99
Chili

2 **Aliwen reserva, central valley, cabernet sauvignon carmenère 2007** — € 4,99
Chili

3 **Château la Nielle, coteaux du languedoc la clape 2007** — € 4,99
Frankrijk - Languedoc-Roussillon

4 **Château de Caraguilhes, corbières 2007** — € 5,99
Frankrijk - Languedoc-Roussillon

5 **Concha y Toro reserva, casillero del diablo, rapel valley, carmenère 2007** — € 5,99
Chili

ALDI

▷ Spreiding: landelijk
▷ Aantal filialen: 460
▷ Marktaandeel: 8,9%
▷ Voor meer informatie: 0345 - 47 22 82 of www.aldi.nl

Om nimmer opgehelderde reden werkte supermarkt Aldi nooit mee aan deze gids, tot de firma om even onopgehelderde reden voor *Supermarktwijngids 2008* ineens wel wijnen instuurde. Voorjaar 2008 belde de wijninkoper van Aldi zelfs met het voorstel eens kennis te maken. Prima, maar een reis naar hun hoofdkwartier bleek een ommelandse tocht per openbaar vervoer (ik kan niet autorijden) dus ik vroeg of we wellicht dichterbij eens konden afspreken. Sindsdien heb ik taal noch teken noch flessen van de firma vernomen. Dus heb ik dit jaar de wijnen weer zelf gekocht en kan onderstaand overzicht onvolledig zijn.

Er zijn 36 wijnen geproefd, waarvan:
▷ Wit   16
▷ Rosé   4
▷ Rood   16

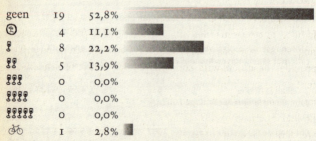

Waardering in aantal wijnen en als percentage van het assortiment

WIT

AUSTRALIË
SOUTHERN CREEK, SOUTH EASTERN AUSTRALIA,   € 2,59
AUSTRALIAN CHARDONNAY 2007

De wijninkoper van de Aldi, teleurgesteld over mijn niet altijd even enthousiaste commentaar op zijn inkoopbeleid: 'En al die mensen die onze wijnen kopen hebben dus ongelijk?' Ongelijk niet echt. Als ze blij zijn met de Aldiwijn, prima. Maar dat wil niet zeggen dat het daardoor ineens allemaal prachtwijnen zijn, omdat zoveel mensen ze kopen. Ten eerste kopen veel mensen niet alleen letterlijk maar ook figuurlijk met hun portemonnee. Zo is biologisch vlees beter voor mens, dier, milieu en nog lekkerder ook, maar door de forse prijs ligt het zelden in het boodschappenmandje. Dat er onvoorstelbare hoeveelheden kiloknallerkipfilet over de toonbank gaan, wil echter nog niet zeggen dat het daardoor ineens ook lekker is en niemand mag zeuren dat die toch niet in de schaduw kan staan van zo'n rechtschapen kip op biodynamische grondslag die gelukkig op een Ot&Sien-erf heeft rondgescharreld. Ten tweede: om te kunnen oordelen moet je vergelijkingsmateriaal hebben. Ik weet nog goed hoe het was toen ik serieus wijn begon te proeven. Binnen de kortste keren kon ik me niet meer voorstellen dat ik die lievelingswijn van een paar maanden geleden ooit lekker had gevonden. Je hoeft er trouwens niet eens serieus voor te proeven: ik weet nog hoe stomverbaasd mijn vrouw ooit was, toen ze bij mij proefde hoe anders wijn kon smaken dan wat je op studentenfeestjes geschonken kreeg. En zo heb ik in de loop der jaren de smaak van velen grondig verpest: 'Dankzij jou vind ik heel veel wijn niet meer lekker!' Ze zijn er gelukkig maar wat blij mee en moedigen op hun beurt anderen aan toch eens verder te kijken dan hun neus lang is. Oftewel: proef eens wat andere Australische chardonnays uit deze gids, en als het even tegenzit vindt u binnen de kortste keren ook zelf

WIT CHILI - DUITSLAND

dat déze chardonnay een beetje vlak is, een beetje dun, met fruit dat naar snoepjes smaakt, en hooguit, mits fiks gekoeld, beleefdheidshalve drinkbaar.

CHILI
ALAMEDA, VALLE CENTRAL, SAUVIGNON BLANC 2007 € 2,79

Doet niet meer zoals de 2006 (☺) aan de Napolitaanse huisvuilproblematiek denken, en hoewel hij ook niet aan sauvignon doet denken, heeft hij wel frisse zuren. Zo fris zelfs dat een waarschuwing van tandartswege op z'n plaats is. 13%.

DUITSLAND
LIEBFRAUMICH, NAHE QUALITÄTSWEIN (LITERPAK) € 1,69

Ach ja, brieven van lezers: 'Beste mijnheer *Superwijngids*. Het heeft even geduurd, want maart roert z'n staart, aprilletje zoet draagt soms een witte hoed en doet wat hij wil, maar dan, in mei, leggen alle vogeltjes een ei. En daarna is het echt zomer, met mooie dagen. Niet altijd, maar stel je voor dat we het zelf voor het zeggen hadden, nietwaar? En ach, na regen komt zonneschijn. En ik zeg maar zo, ik zeg, wat vandaag valt kan morgen niet vallen. Toch? Bovendien neem ik voor de zekerheid altijd zo'n fijn handig opvouwbaar parapluutje mee. Zo ben je altijd voorbereid. *Be prepared*, zei m'n Akela altijd, als hij ons padvinders met honing had ingesmeerd en z'n broek losknoopte, maar dat is een ander verhaal. Kortom, wat ik vragen wil: hoe zit het qua etiquette met wijn onderweg?' Ga d'r maar aan staan, nietwaar, met lezer Hopman, die vast ook zo'n handige potloodventersregenjas heeft, en zo'n broek met overal van die survivalzakken en afritspijpen, opdat hij als hij het ineens op de heupen krijgt langs de kant van de weg in een hondendrol kan gaan zitten om zo'n stuk pijp eraf te ritsen om de wereld z'n bleke spillebenen te tonen. Gelukkig is wraak net zo mierzoet als deze fijne kwaliteitswijn, die, beste mijnheer Hopman, in een lichtgewicht kartonnen pak zit met schroefdopje, is dat niet handig, en

WIT DUITSLAND - EUROPA

gegarandeerd allemaal verdrongen jeugdherinneringen losweekt. 8,5%.

MOSEL, RIESLING QUALITÄTSWEIN € 2,69

Ook eenvoudig thuis te bereiden door grofweg gelijke hoeveelheden suikerklontjes en huishoudazijn te mengen, en een scheut druivensap, fiks wat zwavel, een snotterige krop sla van eervorige week plus een drop zoutzuur toe te voegen. 8,5%.

REMBERT FREIHERR VON SCHORLEMER, € 1,89
PFALZ, SPÄTLESE 2006

Waarom de Freiherr dit ook buiten zijn voorvaderlijke martelkerkers distribueert is niet helemaal duidelijk, maar smaakt ongetwijfeld fantastisch bij zuurstok of suikerspin. 8,5%.

EUROPA
REBENSCHOPPEN, WITTE TAFELWIJN, MELANGE VAN € 1,89
WIJNEN UIT VERSCHILLENDE LANDEN VAN DE EUROPESE GEMEENSCHAP

Mooi is dat! Dag van de Arbeid en we krijgen niet eens meer vrij! Ja, in 2008, maar dat is omdat het toevallig ook Hemelvaartsdag was, waarvan ook niemand meer weet wat het is. Arbeid en Hemelvaart, wie gelooft er nog in? Niemand, terecht dus dat we geen vrij krijgen op 1 mei, want vrij, dat is tegenwoordig een dag voor het plasmascherm hangen, met de boot op het IJsselmeer in de file zeilen, dan wel knorrend van genoegen de uitgebuite horecahorden lastigvallen in hun Michelintenten. Maar daar heeft de echtgenoot van een vroeger meisje van de gloeilampenfabriek in het zuiden des lands niet voor gestreden! Marx was van de klassenstrijd en hij draait zich nog dagelijks in z'n graf om nu hij weet tot welke decadente weelde dat heeft geleid. Opkomen voor de arbeider, dat betekende niet eisen dat die arrebeider met 130 over de A2 mocht scheuren, maar hopen dat het zo ellendig voor de werknemer werd dat hij de sjiek aan de lantarenpalen hing in de hoop ook eindelijk eens zelf een kadetje te mogen eten, en een fles wijn te ontkurken. Toch hebben kapitalisme en globalisering veel moois gebracht, zoals daar is dit fijne pak dat zegt wijn te bevatten. Vroeger, zonder internationale samenwerking, zonder gezamenlijke inspanning van landen die met het oog op een Groter Belang hun aloude onderlinge grieven opzijzetten, vroeger was het nooit gelukt zoiets goors te produceren, hoewel Duitsland soms monkelt dat het dat toch ook best in z'n eentje af zou kunnen. Probleem alleen: wat moeten we tegenwoordig met die *Rebenschoppen*, nu iedereen welvaart? Indertijd zou het een machtig wapen zijn geweest. Schenk de oprukkende rode horden een glaasje en ze maken subiet rechtsomkeert naar de kroeg om met veel pils grondig de bek schoon te spoelen, onderwijl mopperend: 'Nou, zo'n kadetje zal dan ook wel niks wezen en we wachten wel tot De Rode Dageraad op dvd bij de Blokker ligt.' En ze waren braaf teruggegaan naar het fabriek en het kapitalisme had ongebreideld om zich heen gegrepen en omdat ze ook aan de kameraden in Rusland hadden gemeld dat het allemaal de moeite niet waard was, waren Marx, Lenin, Trotski en Stalin slechts plaatselijk bekend geraakt als notoire kroegtijgers en had uiteindelijk wereldwijde samenwerking iets voortgebracht waar dit nog heilig bij is. 9,5%.

FRANKRIJK
Bordeaux

FRENCH REBEL, BORDEAUX SAUVIGNON BLANC 2006   € 2,99

Net als rood volgeplakt met etiketten als een reclamezuil. Het is een product van Qool Wines, zie die alcoholarme brouwsels van Ilja Gort, op pagina 33, 59, 69. Deze is niet alcoholarm, wees gerust, maar dat is dan ook de enige troost. Een jaar geleden simpel maar sappig, 🍷🍷, nu belegen en der dagen zat.

WIT FRANKRIJK

Bourgogne
FÉLIX RAVINET, CHABLIS 2006 € 6,99

Jaren geleden ben ik een tijd alfahulp geweest. Een alfahulp is iemand die wat helpt redderen in het huishouden van hulpbehoevenden. Beetje stofzuigen, ramen lappen, de vloer moppen, dat werk. In de harde praktijk van alledag kwam dat echter neer op een mevrouw die me wekelijks op de bank parkeerde waarna ze me drie uur lang verhaalde over alle rampspoed en ellende die haar ten deel viel. Nu draait een beetje alfahulp z'n hand niet om voor ook wat geestelijke verzorging, maar mevrouw sloeg al pratend zoveel zijpaden in dat ze nooit aankwam bij het probleem in kwestie, wat het formuleren van troostrijke woorden nogal lastig maakte. Vooral omdat het grotendeels überhaupt volstrekt onduidelijk was waar ze het over had. Ter afwisseling school achter het andere wekelijkse adres een mevrouw die dolblij was met mijn huishoudelijke capaciteiten, want al was ik dan een man, eindelijk kon alles nu weer eens echt keurig worden schoongemaakt! 'Alles' bleek niet verder te gaan dan haar boekenkast. Iedere woensdagochtend opperde ik monter een keur aan huishoudelijke karweitjes en iedere woensdag luisterde ze stralend toe, om dan te zeggen dat dat prima was, een heel goed idee, maar vandaag wilde ze graag toch eerst de boekenkast doen. Dus daar ging ik het wiebelende keukentrapje weer op, om Jan Ligthart, Agatha Christie en in linnen gebonden Noorse trilogieën uit te slaan en met de stofdoek te bewerken waarna mevrouw ze aanpakte tot het kleine kamertje vol stond met wankele torens literatuur. Uit de rest van haar huisje werd ik zorgvuldig geweerd, zeker nadat ik eens overijverig haar ijskast had opengemaakt. Blij keek ze over m'n schouder mee naar de groentela, waar ernstig beschimmelde tomaten in een traag borrelende oersoep snotterige sla en ruftende bouquets garnis plus wat opengebarsten kiwi's gezelschap hielden. 'Zonde om weg te gooien! Kom, mijnheer Klei, dan gaan we de boekenkast weer inruimen!' En vele jaren later ruik je het

WIT FRANKRIJK - NIEUW-ZEELAND

groentela-aroma van deze chablis, en dan komen al die mooie herinneringen weer boven. 12,5%.

Vin de pays

BLANC DE FRANCE, FRIS & DROOG, € 1,99
VIN DE PAYS DES CÔTES DE CASGOGNE

Wat een schok moet het zijn als je dan ineens ergens een côtes de gascogne krijgt die echt fris & droog is! Waarschijnlijk blijven mensen daardoor dit soort wijnen kopen. Net zoals voor Plato's grotbewoners is de kennismaking met de werkelijkheid te veel voor het gestel. Snel weer naar binnen, waar alles vertrouwd zompig is. Geen oogstjaar. 11,5%.

GRANDS CHAIS DE CARDIVAL, € 2,09
VIN DE PAYS DU COMTÉ TOLOSAN, MOELLEUX 2007

Halfzoet restproduct van de kauwgomballenindustrie. 10,5%.

ITALIË
PINOT GRIGIO DELLE VENEZIE 2007 € 3,49

Scherp, dun, zuur. Consumptie evenals gebruik voor Brazilian waxing wordt ernstig ontraden, maar als reiniging van Heugafelt-tegels blijkt het uiterst effectief. 12%.

PROSECCO DEL VENETO € 3,49

Op het gebruik van blauwe wijnflessen staat tien jaar, naar keuze door te brengen in de zoutmijnen of op de galeien. Een feestje, vergeleken met het leegdrinken van deze blauwe. Geen oogstjaar. 10,5%.

NIEUW-ZEELAND
LONE KAURI, EAST COAST, SAUVIGNON BLANC 2007 € 6,49

Ondanks zijn verbeten doorzettingsvermogen wist de wijnkoper van de Aldi ook na een jarenlange nietsontziende speurtocht geen Nieuw-Zeelandse sauvignon te vinden die aan zijn strenge en ietwat buitenissige kwaliteitscriteria voldeed.

WIT VERENIGDE STATEN - ZUID-AFRIKA

Want kijkaan, zomaar drinkbaar! Beetje snoepjesachtig, maar verder een sappige sauvignon. 13%.

VERENIGDE STATEN
GREEN BRIDGE, CALIFORNIA, SAUVIGNON BLANC 2006 € 2,39

Heeft niks met sauvignon van doen. Heeft eigenlijk hoe dan ook niks met wijn van doen. Ruikt als zo'n pluizig roze pleedekselhoesje uit een huishouden waar een gebrek aan elementaire hygiëne wordt verdoezeld met roestige spuitbussen die nog ouderwets de ozonlaag aantasten. Wat zou het zijn? Het heet wel *green*. Al Gore's patent okselontharingsmiddel? 12,5%.

ZUID-AFRIKA
KAAPSE PRACHT, WESTERN CAPE, DROË STEEN 2008 € 1,79

Zuurtjesfruitig. 11,5%.

VYF SKEPE, WESTERN CAPE, € 2,99
CHARDONNAY COLOMBARD 2007

Snoepjesfruitig. Marginaal minder erg. 13%.

ROSÉ

FRANKRIJK
CHARRETTE, VIN DE PAYS DE L'AUDE, MERLOT ROSÉ 2006 € 2,19

Deze 2006 rook in gids 2008 nog opgewekt naar schimmelige druifjes en zuurtjes voorbij de houdbaarheidsdatum, en is nog steeds niet gereïncarneerd in iets drinkbaars. Het ergste wordt gevreesd. 12,5%.

ROSÉ D'ANJOU 2007 € 2,89 ⊕

Een 'typische vertegenwoordiger van de appellatie'. Klinkt goed. Klopt ook nog. Lekker scherp van zwavel, compromisloos lafzoet. Helemaal wat je verwacht bij rosé d'anjou. Uit het riool getapt door een zekere Louis Gevin. De 2006 was net niet ⊕ omdat er nog erger was, maar tijdens oogst 2007 heeft Louis het wijnmaakproces op diverse punten aangescherpt, waardoor zijn wijn nu echt helemaal *true to type* is. 11%.

SPANJE
QUATRO VIENTOS, NAVARRA ROSADO 2006 € 2,99

Al heel lang dood. Maar of een vers oogstjaar de ultieme levensvreugde biedt, wordt vooralsnog betwijfeld. 12,5%.

ZUID-AFRIKA
VYF SKEPE, WESTERN CAPE, PINOT NOIR ROSÉ 2007 € 2,99 ⚘

Niet helemaal okselfris, maar vriendelijk zachtfruitig. Anderhalf ⚘. 13,5%.

ROOD

AUSTRALIË
SOUTHERN CREEK, SOUTH EASTERN AUSTRALIA, € 2,89
AUSTRALIAN SHIRAZ 2006

Riekt naar van die kleine harde dropjes die al heel lang in een zweterig zakje zitten, is nogal dun, naar Australische begrippen zelfs vel over been, en biedt een lang natalmende afdronk waarin tonen van droge korstjes lijm, oude gymschoenen en zowaar een eenzame winegum te bespeuren zijn. 12,5%.

CHILI
ALAMEDA, VALLE CENTRAL, MERLOT 2007 € 2,79

Had in eerdere oogstjaren iets te veel ouwe schoenzolen in de afdronk, maar biedt dit jaar louter vriendelijk zacht fruit. 13,5%.

EL ARBOL, VALLE CENTRAL, CABERNET SAUVIGNON 2007 € 2,99

Keurige cabernet vol rijp bessenfruit. 12,5%.

FRANKRIJK
Bordeaux
FRENCH REBEL, BORDEAUX MERLOT 2006 € 2,99

Net als wit wildbeplakt vol etiketten. *Grand Vin de BORDEAUX; FRENCH NEW WORLD WINE; Extra soft wine of ripe and healthy grapes*. Plus een stickertje dat sprekend op zo'n gouden-medaille-gewonnen-bij-een-prestige-wijnconcoursstickertje lijkt, maar een huisvlijtonderscheiding van eigen fabrikaat blijkt: 'French New World Wine Gold Quality'. Mwa. Gewoon een simpel bordeauxtje. Netaan. 12,5%.

Languedoc-Roussillon
VIEUX PONT, CORBIÈRES 2007 (LITER) € 2,19

Geurde de 2006 van deze cuvée Ouwe Brug treffend naar asfalt en een stompje bolknak in de goot, deze 2007 komt

ROOD FRANKRIJK - ITALIË

zowaar met wat fruit aanzetten. Niet veel, en het geheel is wat hard en wrang en doet je eerder denken aan bekommerde berichten over klimaatverandering dan aan de idyllische jeugdherinneringen van je vader aan de dorpsschooltuin waar hij in de kersenbongerd zat, maar toch. 12,5%.

Rhône
CELLIER BEAU-SOLEIL, CÔTES DU RHÔNE 2007 € 2,29

Fruitig, zij het wat stoffig en wrang. 13,5%.

Vin de pays
CHARRETTE, VIN DE PAYS D'OC, MERLOT 2007 € 2,29

Beetje fruit, beetje kruiden. 12,5%.

LA CAVE DU CHEF, VIN DE PAYS DE L'AUDE (LITERPAK) € 1,69

Ach ja, het robotje WALL E dat alle rotzooi ter wereld moet opruimen. Misschien zat dit er ook wel bij, een tetrapak vol geuren en smaken van hoe het was toen de mensheid nog op aarde rondbanjerde en gewoon alles wat het niet opvrat in de goot smeet. 11%.

ITALIË
CHIANTI 2006 € 2,89

Qua Einde der Tijden zijn er grofweg zo'n drie opvattingen. Mijnheer Gore zegt dat het allemaal onze schuld is en dat we als de bliksem spaarlampen moeten gaan indraaien en niet zoals hij de hele wereld rondvliegen. Anderen zeggen dat het warmer wordt, zeker, maar dat dat nou eenmaal in de loop der dingen zit, de Natuur of het Goddelijk Plan, dus wat zou je nou die spaarlampen met hun kouwe kantoorlicht kopen, de zeespiegel klotst je even later toch rond de enkels, Louis XV met z'n 'Après nous le déluge' of niet. Koop liever een SUV of privéjet, kun je snel wegwezen naar een Zwitserlevenchalet of andere riant hooggelegen gebieden. Volgens een weggehoonde minderheid – maar je weet maar nooit – wordt

ROOD SPANJE

het waarschijnlijk binnenkort van nature juist kouder, want een geheime NASA-computer heeft uitgerekend dat het weer IJstijdtijd is, dus het is maar goed dat we er nog een beetje CO_2 tegenaan stoken. Oftewel: wie zal het zeggen. Drink er, al naar uw geloofsovertuiging, vatbaarheid voor complottheorieën, liberale opvatting of ernstig verknoopte Jungiaanse complexen naar vrije keuze een fles B-merkwodka op, iets retelekkers bio-dynamisch van de Gezonde Winkels of deze verstofte chianti van druiven sangiovese, canaiolo plus, heel klassiek, wat witte trebbiano, zoals ze het deden toen zelfs de Club van Rome nog zorgeloos bij kaarsen in lege mandflessen en verkilde pizzapunten vol zinloos gestorven ansjovisjes bij Pink Floyd zat te zwijmelen. Uit nostalgische overwegingen een klein ☗. 12%.

SPANJE
BODEGAS DEL SOL, LA MANCHA, € 7,99
TEMPRANILLO (DRIELITERPAK)

Aan slechte wijn kun je vaak nog langer blijven ruiken dan aan goede. Fascinerend, die waaier aan geuren en smaken. Terwijl toch gewoon van rotte druifjes gemaakt. Hoe krijgen ze het voor elkaar? Maar: minder vies dan het pak Casa Semana, zie hieronder. Aan de andere kant: wel een liter meer... 'Toe, neem nog een glaasje! Jij houdt toch zo van wijn? Nou dan, niet zo bescheiden! Er is genoeg, hoor!' Gelukkig kun je na het beleefdheidshalve genuttigde eerste slokje in alle oprechtheid zeggen dat je je niet zo lekker voelt. Dat je daarna betrapt wordt terwijl je wodka staat te hijsen in de hoop die plakkerige smaak van verlept fruit weg te spoelen, is minder makkelijk tactvol uit te leggen. Gelukkig helpt wodka ook tegen tact. 12%.

CAMPO HERIDO, VALDEPEÑAS GRAN RESERVA 2000 € 3,09 ☗

Compleet Gamma-voordeelpakket aan schuttinghout en zowaar ook nog plaats voor wat fruit. Subtiel is anders, maar

ROOD SPANJE - ZUID-AFRIKA

onder het motto 'ook een houtjunk van de afdeling Hopeloze Gevallen is een mens', geven we een klein 🍷. 12,5%.

CASA SEMANA, VINO TINTO DE MESA (TWEELITERPAK) € 4,99

Gezien het huidige kwaliteitsniveau van de Spaanse wijn moet de wijninkoper van Aldi er nog een hele klus aan hebben gehad om zoiets smerigs te vinden. Hulde! 11%.

QUATRO VIENTOS, NAVARRA TINTO 2006 € 2,89 🍷

Zacht en vriendelijk, met een verontrustend hoog dropgehalte. Netaan 🍷. 13%.

VERENIGDE STATEN
GREEN BRIDGE, CALIFORNIA, RUBY CABERNET 2007 € 2,39

Authentieke ruby cabernet, met z'n karakteristieke weezoete smaak van winegums en lijm, plus vleug volle stofzuigerzak en bakje kattenvoer waar poes al twee dagen weigert een bek aan te zetten. Zoals in vergelijkbare gevallen al eerder uitgelegd, toch niet 🚴, want dat is voor de categorie 'slechts consumeren indien ambulance met maagpomp aanwezig'. 13,5%.

ZUID-AFRIKA
KAAPSE PRACHT, WESKAAP, CINSAUT PINOTAGE 2007 € 2,29 🍷🍷

Ja, als zelfs Kaapse Pracht drinkbaar is, dan telt Zuid-Afrika definitief mee op wereldwijntoneel. Wel jammer. Want proef nou toch: sappig fruit, notabene! En niet meer dat aroma van zweetvoeten in kaplaarzen, maar eerlijk aards! Ik zal het u nog gekker vertellen: als u op zoek bent naar ruig rood voor geen geld, dan mag u er best voor omfietsen! 13,5%.

VYF SKEPE, WESTERN CAPE, PINOT NOIR 2005 € 2,99

Ruikt naar een deurmat die wel eens uitgeklopt mag worden, en is ook qua smaak ietwat anders gepositioneerd dan je van pinot noir verwacht. Wel nog wat fruit tussen de dorre tannines. 13,5%.

DE BESTE WIJNEN VAN ALDI

Wit

1. **Lone Kauri, east coast, sauvignon blanc 2007** — € 6,49
   Nieuw-Zeeland

2. **Southern Creek, south eastern australia, australian chardonnay 2007** — € 2,59
   Australië

3. **Vyf Skepe, western cape, chardonnay colombard 2007** — € 2,99
   Zuid-Afrika

Rosé

1. **Vyf Skepe, western cape, pinot noir rosé 2007** — € 2,99
   Zuid-Afrika

Rood

1. **Kaapse Pracht, weskaap, cinsaut pinotage 2007** — € 2,29 🚲
   Zuid-Afrika

2. **Alameda, valle central, merlot 2007** — € 2,79
   Chili

3. **El Arbol, valle central, cabernet sauvignon 2007** — € 2,99
   Chili

4. **French Rebel, bordeaux merlot 2006** — € 2,99
   Frankrijk - Bordeaux

5. **Cellier Beau-Soleil, côtes du rhône 2007** — € 2,29
   Frankrijk - Rhône

C1000

- Spreiding: landelijk
- Aantal filialen: 387
- Marktaandeel: 14,8%
- Voor meer informatie: 033 - 453 36 00 of www.c1000.nl

Er zijn 114 wijnen geproefd, waarvan:
- Wit   41
- Rosé   21
- Rood   52

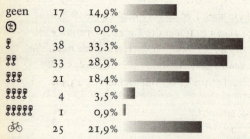

geen	17	14,9%
✪	0	0,0%
♟	38	33,3%
♟♟	33	28,9%
♟♟♟	21	18,4%
♟♟♟♟	4	3,5%
♟♟♟♟♟	1	0,9%
🚲	25	21,9%

Waardering in aantal wijnen en als percentage van het assortiment

WIT

ARGENTINIË
TANGUERO, MENDOZA, CHARDONNAY 2008 € 3,99

Prima sappigfruitige chardonnay zonder aanstellerij. 13%.

TRAPICHE VARIETALS, MENDOZA, CHARDONNAY 2008 € 4,99

Er zal ongetwijfeld een uitgekiende marketingstrategie achter zitten, maar helemaal volgen doe ik het niet. Ten eerste: waarom in vredesnaam twee Argentijnse chardonnays? Slaat nergens op tenzij je er echt variatie mee biedt, door bijvoorbeeld eentje zonder en eentje met hout neer te zetten, of een gewone en een hele sjieke. Maar hier hebben we de redenering: 'We hebben al een paar jaar die Tanguero, prima wijn voor geen geld, dus weet je wat, we zetten er deze naast die een euro duurder is en uit z'n mond meurt en ook verder in alle opzichten ernstig minder is.' Raadselachtig. 13,5%.

TRAPICHE VARIETALS, MENDOZA, € 4,99
SAUVIGNON BLANC 2008

Beetje sauvignongeur, verder wat plakkerig en niet heel fris. 13,5%.

AUSTRALIË
HARDYS STAMP OF AUSTRALIA, € 5,25
SOUTH EASTERN AUSTRALIA, RIESLING GEWURZTRAMINER 2007

Zuurballensop van een kouwe kermis. 11,5%.

HARDYS STAMP OF AUSTRALIA, € 5,25
SOUTH EASTERN AUSTRALIA, SEMILLON CHARDONNAY 2007

Zachtfruitig met kunstbloemenbouquet. 13%.

WIT AUSTRALIË - FRANKRIJK

HARDYS STAMP OF AUSTRALIA, € 4,99
SOUTH EASTERN AUSTRALIA, SEMILLON SAUVIGNON BLANC 2007

Zachtfruitig met iets frissigs van de sauvignon. Niet bepaald een eenheid geworden, de twee druiven. 12,5%.

CHILI
ALPACA, CENTRAL VALLEY, SAUVIGNON BLANC 2008 € 4,99

Vriendelijk frisfruitig met helaas, zoals zo vaak bij Chileense sauvignon, een vleug verlepte groente die het plezier wat vergalt. Heel krapaan. 12,5%.

ANDES PEAKS, CASABLANCA VALLEY, € 4,29
CHARDONNAY 2008

Zuurtjesfruitig. 13,5%.

VIÑA MAR, CASABLANCA VALLEY, € 5,79
CHARDONNAY RESERVA 2007

Zachtfruitig, maar niet bepaald verfijnd dit jaar. 14%.

FRANKRIJK
Bordeaux
MISSION ST. VINCENT, BORDEAUX 2007 € 4,49

Ruikt frisfruitig, blijkt eng zuur. 11,5%.

Bourgogne
MARSIGNY, CRÉMANT DE BOURGOGNE, € 9,99
BLANC DE NOIRS

Crémant de bourgogne, dat is champagne die geen champagne mag heten. Dat geldt voor meer belletjeswijnen, maar hier zijn de druiven wel heel zuur. Producenten als deze zitten vlak bij het Champagnegebied, maken van dezelfde druivensoorten op dezelfde manier belletjeswijn, maar ze mogen het geen champagne noemen, en kunnen er dus ook niet achteloos een champagneprijskaartje opplakken van

WIT FRANKRIJK

algauw drie keer deze prijs. Dat wil niet zeggen dat die grenzen tussen wijnstreken onzin zijn. Champagne op z'n best is beter dan deze crémant. Alleen, champagne is lang niet altijd op z'n best. Veel producenten maken liever zo veel mogelijk in plaats van zo goed mogelijk. En de consument koopt het toch wel. Oftewel: koop slechts champagne als u zeker weet dat hij echt goed is, en u de forse prijs er aan af drinkt, en koop in alle andere gevallen deze. Hij komt uit het dorpje Saint-Bris le Vineux (niet ver van Chablis), dat ondergronds veel groter is dan bovengronds. Eindeloze keldergangen hebben ze hier, waar je lelijk kunt verdwalen, of als je goed de weg weet je collegawijnboeren kunt verrassen door ineens in hun kelder op te duiken. Zoals immer geurt deze crémant *blanc de noirs*, witte wijn van donkere druiven dus, van pinot noir en gamay, weer vrolijk naar toast en nootjes, zoals je leest dat champagne moet smaken. Heel ruim ♀♀♀. 12%.

Elzas

CAVE DU ROI DAGOBERT, ALSACE, € 6,99 ♀♀
GEWURZTRAMINER 2007

Behoorlijk droge gewurz. Netaan ♀♀.

CAVE DU ROI DAGOBERT, ALSACE, PINOT BLANC 2007 € 4,19

Zachtfruitig. Anderhalf ♀.

CAVE DU ROI DAGOBERT, ALSACE, RIESLING 2007 € 5,59 ♀♀

Frisfruitig. Netaan ♀♀.

Languedoc-Roussillon

DOMAINE D'ARIAN, MUSCAT DE FRONTIGNAN € 5,99 ♀♀♀
VIN DE LIQUEUR (HALFLITERFLESJE)

Intens zoete muskaat. Geen oogstjaar. 15%.

WIT FRANKRIJK

Loire
DOMAINE DES HAUTES NOËLLES, € 4,79
MUSCADET SÈVRE & MAINE SUR LIE 2007

Een glas minder dan de weergaloze 2006, maar dat is nog steeds heel lekker. Met zo'n muscadet als deze ontdek je dat strakdroog wat anders is dan zuur en hoe lekker goedgemaakte eenvoud kan zijn. Als 'doe mij maar een droge witte wijn' altijd zou smaken als goede muscadet, had de horeca nimmer last van recessie, malaise of andere malheur. Noch de horecahabitués. Chon & fils zijn lid van de club *Terra Vitis*, wat betekent dat ze een beetje bio zijn. 12%.

LE DENTELLE DES LOGES, POUILLY-FUMÉ 2007 € 8,99

Verre van de kwaliteit van de 2006. Karakteristieke pouillygeur, maar behoorlijk zuur. 12%.

Vin de pays
DOMAINE LA CIGALE, VIN DE PAYS DES SABLES € 3,99
DU GOLFE DU LION, CHARDONNAY

Van zekere familie Timmerman. Muf, nogal zuur. Geen oogstjaar. 13,5%.

HUISWIJN WIT, DROOG FRIS, FRUITIG, € 2,99
GEURIG EN SMAAKVOL (LITER)

Vin de pays des côtes de gascogne, van druiven ugni blanc, colombard 'en andere'. Eerlijke eenvoud, vol lentefris fruit. Ruim. Mede door de lage prijs. Geen oogstjaar. 11,5%.

HUISWIJN WIT, HALFZOET FRISZOET, € 2,99
EXOTISCH EN ZACHT (LITER)

Ook vin de pays des côtes de gascogne, ook van ugni blanc, colombard en diverse verlegen druiven die de publiciteit schuwen. Ook dit jaar inderdaad weer vrolijk exotisch, maar eerder zacht dan zoet. Oftewel, lieden die in hun jeugd verwaarloosd of juist verwend zijn – met psychologie weet je

WIT FRANKRIJK - ITALIË

het maar nooit – of anderszins niet deugen en daardoor gaarne zoete wijn blieven: dit noemen jullie zeer waarschijnlijk droog. Geen oogstjaar. 11,5%.

JEAN BALMONT, VIN DE PAYS DU VAL DE LOIRE, € 3,29
CHARDONNAY 2007

Ook dit jaar weer een mooi strakke, sappige chardonnay die als hij groot is een chablis wil zijn. Mede door de lage prijs 🚲. 11,5%.

JEAN BALMONT, VIN DE PAYS DU VIGNOBLE DE FRANCE, € 3,29
SAUVIGNON BLANC 2007

Frisse sauvignon. Ruikt goed, maar blijkt wel heel friszuur. Anderhalf 🍷. 12%.

LA MAROUETTE, VIN DE PAYS D'OC, SAUVIGNON 2007 € 4,39

Zuurtjesfruitig. Biologisch. Tsja. 12%.

Zuidwest
DUC DE TERMES CUVÉE SÉLECTIONNÉE, € 3,99
SAINT-MONT 2007

Fruitig, maar vreemd genoeg oogsten ze hier zo te ruiken ook ananassen. 12,5%.

LA FEUILLE D'OR, VIN DE PAYS DES CÔTES € 2,49
DE TARN MOELLEUX 2007

Van mauzac en sauvignon. Over druif mauzac is veel te vertellen, maar dat komt wel een keer bij een lekkere wijn. Hier volstaan we met: friszoet. 11,5%.

ITALIË
D'ISTINTO, SICILA, CHARDONNAY 2007 € 5,79

Van de firma Calatrasi. Keurige sappige chardonnay. 13%.

WIT ITALIË - ZUID-AFRIKA

FIORELLI, MOSCATO SPUMANTE € 2,99

Riekt zowaar friszoet naar muskaatdruiven. Verder: heel goed koelen en niet goed proeven, want niet helemaal okselfris. Maar zeker niet de slechtste in z'n soort. Geen oogstjaar. 6%.

SAN SILVESTRO, PIEMONTE, CORTESE, ADELASIA 2007 € 4,49

Net als de 2006 druivig, licht kruidig, vleug anijs, maar van alles minder, en wat dun. Daarom anderhalf dit jaar. 11,5%.

SPANJE

FREIXENET, CORDON NEGRO SECO CAVA € 8,99

Hard en kaal, droppig zoetje. Schuimt. 11,5%.

QUINTA DEL SANTO, € 7,99
RIBERA DEL GUIDIANA (DRIELITERPAK)

Nogal vlak, maar toch ook wat vriendelijk fruit. Geen oogstjaar. 12,5%.

SPANJE RIBERA DEL GUADIANA FRIS, € 3,99
SOEPEL EN MILDKRUIDIG 2007 (LITER)

Zachtfruitig, lichtkruidig. 12,5%.

VIÑA MONTESA, SOMONTANO, CHARDONNAY 2007 € 4,79

Slanke en sierlijke chardonnay met bloesemgeur en lichtvoetige zuren. 13%.

ZUID-AFRIKA

DIE KROON, WESKAAP, DROE-WIT, JAARGANG 2008 € 1,95

'Jaargang'. Is het niet mooi? Frisfruitig. 12,5%.

DIE RIVIERKLOOF, ROBERTSON, CHARDONNAY 2008 € 4,39

Zacht (snoepjes)fruit.

GOLDEN KAAN, WESTERN CAPE, CHARDONNAY 2006 € 5,29

Zacht snoepjesfruitig. Ruim. 13,5%.

WIT ZUID-AFRIKA

GOLDEN KAAN, WESTERN CAPE, € 5,29
SAUVIGNON BLANC 2007

Vleug frisse sauvignongeur, zacht snoepjesfruit.
Anderhalf. 12%.

HANEPOOT, WES-KAAP, € 3,09
EFFE SOET VRUGTIGE WITWYN 2007

Waterig soet. 12%.

KAAPSE VREUGD, DROË WIT 2007 € 2,69

Frisfruitig. 13%.

NO HOUSE WINE, DROË WIT UIT SUID-A, € 4,99
CHENIN BLANC

Wijn met een goed doel: huizen bouwen voor kindertjes in Zuid-Afrika. Van elke wildhip uitgemonsterde fles wordt voor een eurokwartje aan bakstenen aangeschaft. Mooi, maar ik vrees dat het lang zal duren voor er iets staat, want van deze fles drink je geen tweede glas laat staan dat je een tweede fles koopt. Onbestemd wat snoepjesachtig wit. Anderhalf. Ga honderd flessen lekkere wijn drinken en maak vijfentwintig piek over naar een goed doel naar keuze. Mocht dit u aanspreken. www.nohousewine.com en www.homeplan.nl. Geen oogstjaar. 13,5%.

WATERVAL, WESTERN CAPE, € 3,99
SAUVIGNON BLANC/SÉMILLON 2008

Frisfruitige sauvignon met sappige sémillon.

ZUID-AFRIKA, WESTKAAP, COLOMBARD CHARDONNAY, € 3,99
SAPPIG, FRUITIG MET EEN TIKJE CITRUS (LITER)

Perensnoepjes van druif colombard, zachtheid van de chardonnay. Anderhalf. Geen oogstjaar. 12,5%.

C1000

ROSÉ

ARGENTINIË
TANGUERO, MALBEC SHIRAZ ROSÉ 2008 € 3,99

 Terecht populair Argentijns druivenduo voor sappige machorosé. 13%.

AUSTRALIË
DE BORTOLI, SACRED HILL, ROSÉ 2008 € 4,49

Sappig (snoepjes)fruit. Anderhalf. 12,5%.

HARDYS STAMP OF AUSTRALIA, € 5,29
SOUTH EASTERN AUSTRALIA, GRENACHE SHIRAZ ROSÉ 2007

Zoetig snoepjesfruit. 12%.

CHILI
ALPACA, RAPEL VALLEY, € 4,99
CABERNET SAUVIGNON ROSÉ 2008

Feestelijke rosé vol sappig rood fruit. 13,5%.

FRANKRIJK
BUZET, MERLOT CABERNET ROSÉ 2007 € 4,29

Buzet rood is nogal streng, maar in rosé, meestal te vrolijk, is wat strengheid op z'n plaats. Ingetogen rood fruit. 13%.

DOMAINE LA CIGALE, € 3,49
VIN DE PAYS DES SABLES DU GOLFE DU LION, ROSÉ GRIS

Van zekere familie Timmerman. Zachtfruitig. Zo zachtfuitig zelfs dat het wat wee wordt en bijna naar niks smaakt. Geen oogstjaar. 12%.

DUC DE TERMES CUVÉE SÉLECTIONNÉE, € 3,99
CÔTES DE SAINT-MONT 2007

Laf fruit, geniepige zuren. 12,5%.

ROSÉ FRANKRIJK - SPANJE

HUISWIJN ROSÉ, DROOG, € 2,99
ROOD FRUIT, MILD EN SAPPIG (LITER)

Van grenache, cinsault en syrah uit Zuid-Frankrijk. Vol sappig rood fruit. Prima in al z'n eenvoud. Mede door de prijs 🚲. Geen oogstjaar. 12%.

HUISWIJN ROSÉ, HALFZOET, SOEPEL, € 2,99
FRIS EN ZACHTZOET (LITER)

Van tannat, cabernet en merlot uit Zuidwest-Frankrijk. Ook vol sappig rood fruit en natuurlijk friszoet. Ruim. Mede door de prijs 🚲. Geen oogstjaar. 12%.

JEAN BALMONT, VIN DE PAYS DU VAL DE LOIRE, € 3,29
CABERNET FRANC ROSÉ 2007

Begint vrolijk, vol sappig fruit, eindigt helaas met een snoepjesachtig zoetje. Anderhalf. 11%.

MARSIGNY, CRÉMANT DE BOURGOGNE, ROSÉ € 9,99

Van pinot noir en gamay. Prima strakke fruitige belletjes-rosé. Zie ook hun wit! 12%.

MISSION ST. VINCENT, BORDEAUX ROSÉ 2007 € 4,49

Zacht rood snoepjesfruit. 12%.

SPANJE
BODEGAS OSBORNE, SOLAZ, € 4,99
VINO DE LA TIERRA DE CASTILLA, ROSADO 2007

Van druiven shiraz, petit verdot en merlot. Leuk idee, al heeft het niks met Spanje van doen, lullig uitgevoerd. Smaakt naar limonade met aardbeienaroma. Heel, heel klein. 13%.

CAMPO LAVILLA, NAVARRA ROSADO 2007 € 2,99

Vaal zuurtjesfruit. 13%.

ROSÉ SPANJE

SPANJE RIBERA DEL GUADIANA VALDEGRACIA, € 3,79
MILD, DROOG EN ZACHTFRUITIG (LITER)

Druif tempranillo. Stoer, droog, stevig fruit en kruiden, zou ik zeggen. Ruige rosé vol sap en pit. Heel ruim. Geen oogstjaar. 13%.

VIÑA BAIDA, CAMPO DE BORJA, ROSADO 2007 € 2,79

Tot voor kort was het leven mooi en overzichtelijk. Je kookte wat te eten en daar trok je een fles wijn bij open. Welke wijn? Nou, gewoon, waar je zin in had. Heden ten dage gaat dat niet meer zomaar. Er zijn kenners en die zeggen streng lelijke woorden als 'wijn-spijscombinatie'. Wat je drinkt, daar moet over nagedacht worden. Er is zelfs iemand op gepromoveerd. En denk je mee te kunnen praten door 'wit bij vis, rood bij vlees!' te roepen, dan wordt je vierkant uitgelachen. Want dat is me achterhaald! Mwa. Klopt nog steeds voor 99 procent hoor, met wat uitzonderingen als weelderig wit bij fazant met zuurkool en lichtvoetig rood bij Provençaalsige vis. Niet dat je bij die zuurkool geen rood door de keel krijgt, trouwens. Maar zuurkool op niveau, die choucroute heet, wordt gezien als een Elzasser verworvenheid en kijk eens aan wat ze wijntechnisch doen in de Elzas: voornamelijk wit. En in de Provence? Rosé en vrolijk rood. De wijn van de streek past bij het gerecht van de streek omdat ze die wijn gewend zijn. Gelukkig weet niemand wat ze in Campo de Borja eten, dus kun je deze opgewekte zachte rosado vol rijp kersenfruit schenken bij alles. Ook lekker bij niks, trouwens. 13,5%.

VINA MONTESA, SOMONTANO ROSADO 2007 € 4,79

Uit Somontano, Noordoost-Spanje, van de Spaanse tempranillo en bordeauxdruif cabernet sauvignon. Poepiesjiek. Retelekker. Heel ruim. 13%.

ROSÉ ZUID-AFRIKA

ZUID-AFRIKA

DIE RIVIERKLOOF, ROBERTSON, ROSÉ 2008 € 3,99

Niet bepaald sóepel fruitig. Anderhalf.

GOLDEN KAAN, WESTERN CAPE, PINOTAGE ROSÉ 2008 € 5,29

Vol stevig rood fruit. 12%.

KAAPSE VREUGD, WESKAAP, ROSÉ 2007 € 2,79

(Snoepjes)rosé. 12%.

NO HOUSE WINE, DROË ROSÉ UIT SUID-A., € 4,99
PINOTAGE ROSÉ

Wijn met een goed doel, zie pagina 125, maar geen goede wijn. Dun, limonadeachtig. 13,5%.

ROOD

ARGENTINIË

LA SIEGA, RED WINE € 2,79

Zacht fruit. Beetje droppig, maar voor zo weinig geld moet je ook niet zeuren. Geen oogstjaar, maar volgens een stickertje op mijn proeffles zat er 2008 in. Anderhalf. 12,5%.

TANGUERO, MALBEC 2007 € 3,99

Slank en sjiek, elegant en vrolijk, en met bredgeschouderde tannines onder het rode fruit.

TRAPICHE VARIETALS, MENDOZA, € 4,99
CABERNET SAUVIGNON 2007

Begint goed, slank en sappig, maar blijkt dan achter het keurige cabernetuiterlijk niet helemaal zuiver op de graat en wat plakkerig te eindigen. 13,5%.

TRAPICHE VARIETALS, MENDOZA, MERLOT 2007 € 4,99

Pezig en gespierd, krachtig fruit, maar ook deze blijkt bij nauwkeurige inspectie niet te deugen. Een vleug merlotleer, jawel, maar leer van Ersatz-kwaliteit, aan elkaar geplakt met een inferieure kloon van bisonkit. 13,5%.

AUSTRALIË

HARDYS STAMP OF AUSTRALIA, € 5,29
SOUTH EASTERN AUSTRALIA, CABERNET MERLOT 2007

Reuzesaai, maar vol rijp donker fruit. 13,5%.

HARDYS STAMP OF AUSTRALIA, € 5,29
SOUTH EASTERN AUSTRALIA, SHIRAZ CABERNET SAUVIGNON 2007

Zacht donker fruit en drop. 14%.

ROOD CHILI

CHILI
ALPACA, CENTRAL VALLEY, CARMENÈRE 2007 € 4,99

Waarom moeten ze mij altijd hebben? Laatst weer, bij Hartog, de beste bakker van Nederland. Zoals immer stond er een rij op de stoep als in het voormalig Oostblok voor een bakkerij met de laatste vijf verdroogde kadetjes voor de ganse Communistische Heilstaat. En wie pikt die ietwat versleten negermijnheer eruit om een aalmoes te vragen? Mij weer! Zou hij me om twintig centen mogen vragen? 'Precies twintig cent?', vroeg ik. Nou, ietsje meer mocht natuurlijk ook, mijnheer. Dus daar ik ging ik weer. Twee piek, alstublieft, en wilt u misschien ook een saucijzenbroodje of zo? Idem met lieden met prachtige doch volstrekt niet kloppende verhalen over auto's die kapot zijn, pinpasjes die nog thuis liggen en geld dat ze nu dus nodig hebben voor een treinkaartje, of een paar aangelopen alcoholist die me steevast om 'wat geld voor een warm kopje koffie' vraagt, met als allermooiste laatst een ietwat aan lager wal geraakte maharadja met onberispelijke tulband, keurig geknipte zwarte baard en snor met krullen, en een te groot oud jasje, zo snel ratelend in dat Engels met India's accent dat ze in Britse comedyseries zo graag nadoen, dat ik 'm eerst niet eens verstond. Na wat spraakverwarring bleek dat ik iets op m'n voorhoofd had, *'brings very lucky, sir, you happy!'* en, mocht hij m'n hand zien? *'Long life line, you happy very old many children!'*, en hij wilde weten wanneer ik geboren was – *'you Fishy, lucky sign, sir!'* – en nog wat en schreef toen op zo'n geel memovelletje dat ik 20 november dit jaar en volgend nog happier en luckier zou zijn dan anders maar dat ik in de zomer te lazy was, wat natuurlijk bij de meeste mensen wel klopt, maar bij mij niet want dan proef ik met het schompes aan deze gids tot heil van wijndrinkend Nederland. Hoe dan ook, ik vermoedde of met zo'n waanzinnige moordzuchtige radja uit een oud Kuifje-album te maken te hebben of met een zakkenroller met omhaal, maar nee. Na veel memovelletjes haalde hij wat foto's uit z'n portefeuille:

ROOD CHILI

'These poor India children sir, in orphanage, you help them with your richness, sir!' Goed, je weet dan dat je euro's nooit bij die kinderen komen, maar alstublieft. Hij keek getroffen naar mijn schamele munten, als een kunstverzamelaar die een poster van Van Gogh's *Aardappeleters* aangeboden krijgt: *'Sorry, only paper money, sir, please!'* Nou, hij had er een mooie voorstelling van gemaakt, dus vooruit, een vijfje. Nop. *'Only twenty, or more, my good sir!'* En hij pakte weer één van z'n talloze gele memoblokvelletjes en schreef 20, 40, 60... en was zowaar oprecht teleurgesteld en droop zonder groeten af toen good sir 'm steeds luider en duidelijker zei dat het echt bij vijf piek bleef en dat-ie daar verdomde blij mee mocht wezen. Een paar weken later trof ik een collega van hem die het voor niet minder dan vijftig deed. *'Or hundred, hunderdfifty, you very lucky, sir!'* Ongetwijfeld worden al die lieden na gedane arbeid ergens opgewacht door hun Rolls met chauffeur en heb ik me weer reuze bij de neus laten nemen, zij het gelukkig wel slechts voor vijf piek. Thuis trek ik dan maar weer een fles van deze manhaftige, opulente carmenère open – kost slechts een aalmoes, en *you very, very happy!* – en overpeins voor de zoveelste keer mijn karma. Ben ik de Goedheid Zelve of gewoon een sul? 14,5%.

ANDES PEAKS, RAPEL VALLEY, € 4,29
CABERNET SAUVIGNON 2007

Wat kunstmatig smakende cabernet, geurend naar cassisfruit en lego. 13,5%.

ANDES PEAKS, RAPEL VALLEY, MERLOT 2007 € 4,29

Donker fruit en skai. 13,5%.

ANDES PEAKS, SYRAH 2007 € 4,29

Bouquet van plastic bloemen en stevig donker fruit, stoere tannines, beetje zuur end. 13,5%.

ROOD CHILI - EUROPA

CHILI, CENTRAL VALLEY, SOEPEL, € 3,99
FRUITIG EN KRACHTIG (LITER)

Van cabernet sauvignon en merlot. Inderdaad soepele, fruitige en krachtige Chileense 'bordeaux'. Heel ruim. Geen oogstjaar. 13,5%.

LA COCOTERA, VALLE CENTRAL, MERLOT 2007 € 2,99

Van de vermaarde producent Cono Sur, zie bij Mitra. Simpele, maar sappig fruitige en zeer smakelijke merlot waar menig achter duur hout weggetimmerde topmerlot een puntje aan kan zuigen. 13%.

VIÑA MAR DE CASABLANCA RESERVA, € 5,79
CASABLANCA VALLEY, PINOT NOIR 2007

Rood fruit, kruidig, mooi helder van smaak. Smaakt stukken lichter dan je op grond van het alcoholpercentage zou verwachten. 14,5%.

VIÑA MAR DE CASABLANCA RESERVA, € 5,79
MAIPO VALLEY, MERLOT 2006

Sappig rood fruit, vleug leer. Heel ruim. 14%.

EUROPA
HUISWIJN ROOD, FRUITIG, ROND EN SOEPEL (LITER) € 2,99

Compositie van druivensoorten uit het Middellandse-Zeegebied, en heet dan ook *vin de table mélange de vins de différents pays de la Communauté Européenne*. De inhoud is zoals je kunt verwachten wat onbestemd, al is er de hoop dat in de nabije toekomst een eventuele kans op de mogelijkheid van een plan voor een karaktervolle smaak wordt bereikt, maar inderdaad fruitig, rond en soepel.

ROOD FRANKRIJK

FRANKRIJK
Bordeaux

BARON DE LESTAC, BORDEAUX 2006 € 4,75

Doodskist met wat fruit. Adelverkalking. 12,5%.

Languedoc-Roussillon

BARON DE MONLERY, CORBIÈRES 2007 € 1,99 🍷

Kost een drol, is van adel, en smaakt nog naar corbières ook! Anderhalf 🍷. 12,5%.

Rhône

DOMAINE DU COLOMBIER, € 4,99 🍷🍷🍷
CÔTES DU RHÔNE VILLAGES CHUSCLAN 2007

Zoveel chocola, het lijkt wel een luxe bonbon! Verder veel rijp fruit en wat specerijen. 14%.

ECLAT DU RHÔNE, CÔTES DU RHÔNE 2007 € 3,99 🍷

Sappig fruit, piets aangebrand. Anderhalf 🍷. 13,5%.

Vin de pays

JEAN BALMONT, VIN DE PAYS D'OC, € 3,29 🍷🍷
CABERNET SAUVIGNON 2007

🚲 't Is een heel ander stuk van Frankrijk, maar lijkt door druif cabernet op bordeaux. Wel een vrolijke en sappig-fruitige bordeaux. Heel ruim 🍷🍷. Mede door de lage prijs 🚲. 13,5%.

JEAN BALMONT, VIN DE PAYS D'OC, MERLOT 2007 € 3,29 🍷🍷

🚲 Sappige merlot vol donker fruit en zoals dat gaat met merlot, een vleugje leer. Heel ruim 🍷🍷. Mede door de lage prijs 🚲. 13,5%.

LA MAROUETTE, VIN DE PAYS D'OC, MERLOT 2007 € 4,39 🍷

Enthousiast verhaal in ons moers taal hoe natuurvriendelijk dit wel niet is en hoeveel inspanning het de 'vigneron'

ROOD FRANKRIJK - ITALIË

vergt. Tsja. Vorig jaar heel kaal en karig, dit jaar hebben ze toch maar wat van de biologisch begeleide druifjes ín de fles gedaan. 13%.

Zuidwest

DUC DE TERMES CUVÉE SÉLECTIONNÉE, € 3,99
CÔTES DE SAINT-MONT 2006

Niet om nou meteen blij naar de winkel te rennen, maar beter dan weleer. Wat fruit zowaar! Is verder een soort landelijk en wat tobberig achterneefje van bordeaux. Anderhalf. 13%.

MADIRAN, TERROIRS DE TILHET 2005 € 4,99

Bijproduct van de dropindustrie. Heel klein. 13%.

ROC DU BEL AIR, BERGERAC CUVÉE SPÉCIALE, € 3,49
MERLOT-CABERNET SAUVIGNON 2007

Dun en mager. 12%.

ITALIË

CALATRASI, D'ISTINTO, SICILIA, SHIRAZ 2006 € 4,99

Dun, zurig. 13,5%.

D'ISTINTO, PUGLIA, PRIMITIVO 2006 € 5,79

Van de firma Calatrasi. Terwijl 2005 nogal stug was, zit deze 2006 vol vrolijk rood fruit. Wat specerijen, hap tannine... Hartverwarmend tijdens lange winteravonden, maar ook geschikt voor pittoreske Italiaansige zomerdiners met de hele familie in de tuin. Prima. 13,5%.

I TRE CIPRESSI, CHIANTI 2007 € 4,79

Piets strenger dan de 2006 maar lekker streng is niet vies, zeg ik altijd maar. Toch, niet dan? Precies. Ik bedoel maar. Rood fruit, dat landelijke weerbarstige, met in de afdronk wat olijven en cipressen. 12,5%.

ROOD ITALIË - SPANJE

ITALIË ROSSO DEL SALENTO, KARAKTERISTIEK, € 3,99
FRUITIG EN KRACHTIG 2007 (LITER)

Lichtvoetiger dan de donkere 2006, rood fruit nu, geen bittere chocola, wel nog een plezant pittig bittertje. Wel weer heel lekker en inderdaad zeer karaktervol. Van druif negro amaro, de bittere donkere. 13%.

SAN SILVESTRO, PIEMONTE, BARBERA OTTONE I 2007 € 4,49

Niet de ware barbera, maar doet elk jaar wat beter z'n best. Na 'fruitig' in 2006 is deze 2007 karakteristiek kersenfruitig. Nu nog die lichtzinnige vrolijkheid en meer frisse zuren en die vleug zwarte truffel en ochtendmist. Heel ruim. 12,5%.

SARTIRANO, BAROLO 2004 € 11,99

Wat sappig rood fruit op een basis van mistroostige maandagochtend met heel veel vervelende dingen die echt moeten, als je eindelijk na veel godslasterlijke taal het kwijte fietssleuteltje hebt gevonden. En blijken beide banden lek. 13,5%.

VILLA GIORGIA, MERLOT DELLE VENEZIE 2006 € 2,79

Vorig jaar een piets fruit, niet helemaal fris, nu dood. 11,5%.

SPANJE

BODEGAS OSBORNE, SOLAZ, VINO DE LA TIERRA € 4,99
DE CASTILLA, MERLOT TEMPRANILLO 2005

Hard, kaal, uitgedroogd. 14%.

BODEGAS OSBORNE, SOLAZ, VINO DE LA TIERRA € 4,99
DE CASTILLA, SHIRAZ TEMPRANILLO 2005

Donker fruit, wrang. 13,5%.

CAMPO LAVILLA, NAVARRA, TEMPRANILLO 2007 € 2,99

In één keer van 2004 (gids vorig jaar) naar 2007! Van 'duister fruit, sippe tannine, anderhalf' naar – tsja helaas niet meer dan sappig fruitig met helaas een wat wrang end. 13%.

ROOD SPANJE

EL BIO, NAVARRA, TEMPRANILLO 2007 € 3,99

Ja, leven met aandacht voor het milieu is mooi, maar vraag niet wat het kost! En de vraag is altijd: schiet het netto wat op? Je hebt de auto laten staan om je in tram en trein onzedelijk te laten betasten door een motorisch gestoorde zakkenroller, komt na een lange dag met slechts een tofu-lunch thuis in je koude woning waar slechts hier en daar een bestraffend en kil spaarlamppitje brandt om iets met onbespoten snijbiet te doen wat het grauwogende huisgezin beoordeelt als 'het smaakt weer als snot, maar iets minder erg dan gister' waarna je in je Max-Havelaarpyjama van biodynamisch verbouwde en huisgekloste brandnetels eindelijk de broeierige rust van de hooikist zoekt. Gelukkig is er dan altijd nog El Bio, volstrekt verantwoorde gelukzaligheid in driekwart-literdoses! Smaakt als biologisch en landelijk in uw mooiste dromen – en zonder de kater van de harde werkelijkheid. Biologisch, maar dat had u al gedacht door die leuke naam. Heel ruim. 14%.

MESA MAYOR, RIOJA TEMPRANILLO 2007 € 3,49

Niet biologisch, maar even troostrijk smakend naar idyllisch platteland. Heel ruim. 13,5%.

SEÑORIO DE LOS LLANOS, VALDEPEÑAS, RESERVA 2004 € 3,99

Al zeker een kwart eeuw betrouwbaar hetzelfde: zacht fruit met wat hout-en-vanille d'r omheen. 12,5%.

SPANJE RIBERA DEL GUADIANA, STEVIG, KRUIDIG, VOL EN FRUITIG 2007 (LITER) € 3,99

Wijngebied Ribera del Guadiana ligt in Extremadura, aan de grens met Portugal. En daar maken ze wijn, want je moet toch wat met die druiven. Tegenwoordig nemen ze het verwerken van druiven tot wijn wat serieuzer, en dat proef je. Veel vrolijk rood fruit van druif tempranillo, vleug cacao, vooruitstrevende tannines. 13%.

ROOD SPANJE - ZUID-AFRIKA

VIÑA ALEZA, TORO, SELECCIÓN 2007 € 4,99

Van tinta de toro oftewel tempranillo. De 2006 was heerlijk, en als je ruikt lijkt deze ook weer een bek vol hartverwarmend kersenfruit en cacao te gaan geven, maar hij smaakt lang zo gul niet. Desalniettemin nog steeds niet te versmaden. 13,5%.

VIÑA BAIDA, CAMPO DE BORJA 2007 € 2,79

Mensen gaan met vakantie. Dom, maar wat wil je, zo zijn ze, zelfs je beste vrienden. 'Wat heb je gedaan?' vraag je als ze weer veilig terug zijn. Niks dus. Ja, op het strand gelegen, cultuur bezocht, breezers gezopen, zichzelf gevonden, even helemaal weggeweest. En lekkere wijn gedronken? 'Hebben ze daar wijn dan?' Ik krijg zo af en toe de indruk dat ik de verkeerde mensen ken. Oftewel: fuck het reisbureau en fiets naar de plaatselijke C1000. Ook dit jaar weer biedt deze campo de borja meer vakantieplezier dan de duurste meerdaagse geheel verzorgde reis met interessante excursies. Iets technischer gezegd: vrolijk feestelijk fruitig rood voor bijna niets, van druif garnacha of grenache zoals ze in Frankrijk zeggen. 13,5%.

VINA MONTESA, SOMONTANO, € 4,79
CABERNET SAUVIGNON 2006

Slanke Spaanse 'bordeaux' vol fruit. 13,5%.

ZUID-AFRIKA
DIE KROON, WESKAAP, DROË ROOI 2007 € 1,95

Stevig fruit, vergist met oude kaplaarzen en een scheut accuzuur. 13,5%.

DIE RIVIERKLOOF, ROBERTSON, SHIRAZ 2007 € 4,39

Deftig smakende shiraz vol rijp fruit. Ruim. 14%.

ROOD ZUID-AFRIKA

GOLDEN KAAN, WESTERN CAPE, € 5,29
CABERNET SAUVIGNON 2006
Beetje fruit, beetje aards, nogal kapsones, beetje vlak en dun. Anderhalf ♟. 13,5%.

GOLDEN KAAN, WESTERN CAPE, PINOTAGE 2005 € 5,29
Met echte ouwerwetse rubberstank en smaak. 13,5%.

GOLDEN KAAN, WESTERN CAPE, SHIRAZ 2006 € 5,29
Onbestemd zacht donker fruit. 14%.

KAAPSE VREUGD, WESKAAP, DROË ROOI 2006 € 2,99
Beetje fruit, beetje rubber, fiks wat drop. Half ♟. 13,5%.

NO HOUSE WINE, DROË ROOD UIT SUID-A, € 4,99
CABERNET MERLOT
Fruitig. Anderhalf ♟. Geen oogstjaar. 13,5%.

ORANJERIVIER WYNKELDERS, € 3,49
SHIRAZ/CABERNET SAUVIGNON 2007
Stevig donker fruit, specerijen, aards. Ruim ♟♟. 14,5%.

SPIER, COLOURS, WESTERN CAPE, MERLOT 2007 € 4,49
Correcte stevige merlot. Donker fruit, vleug leer. 14,5%.

ZUID-AFRIKA WESTKAAP, SOEPEL, € 3,99
BESSIG EN VOLFRUIT (LITER)
Vol stevig donker fruit, met bessen van de cabernet en peper van de syrah. Heel ruim ♟♟. Geen oogstjaar. 13,5%.

DE BESTE WIJNEN VAN C1000

Wit

1	**Domaine des Hautes Noëlles,** muscadet sèvre & maine sur lie 2007 Frankrijk - Loire	€ 4,79	🍷🍷🍷🍷 🚲
2	**Jean Balmont, vin de pays du val de loire,** chardonnay 2007 Frankrijk - Vin de pays	€ 3,29	🍷🍷🍷 🚲
3	**Viña Montesa, somontano, chardonnay 2007** Spanje	€ 4,79	🍷🍷🍷 🚲
4	**Marsigny, crémant de bourgogne, blanc de noirs** Frankrijk - Bourgogne	€ 9,99	🍷🍷🍷 🚲
5	**Tanguero, mendoza, chardonnay 2008** Argentinië	€ 3,99	🍷🍷🍷

Rosé

1	**Viña Baida, campo de borja, rosado 2007** Spanje	€ 2,79	🍷🍷🍷🍷 🚲
2	**Tanguero, malbec shiraz rosé 2008** Argentinië	€ 3,99	🍷🍷🍷 🚲
3	**Vina Montesa, somontano rosado 2007** Spanje	€ 4,79	🍷🍷🍷 🚲
4	**Alpaca, rapel valley,** cabernet sauvignon rosé 2008 Chili	€ 4,99	🍷🍷🍷 🚲
5	**Marsigny, crémant de bourgogne, rosé** Frankrijk	€ 9,99	🍷🍷🍷 🚲

Rood

1	**Alpaca, central valley, carmenère 2007** Chili	€ 4,99	🍷🍷🍷🍷🍷 🚲
2	**Viña Baida, campo de borja 2007** Spanje	€ 2,79	🍷🍷🍷🍷 🚲
3	**Tanguero, malbec 2007** Argentinië	€ 3,99	🍷🍷🍷🍷 🚲
4	**La Cocotera, valle central, merlot 2007** Chili	€ 2,99	🍷🍷🍷 🚲
5	**Mesa Mayor, rioja tempranillo 2007** Spanje	€ 3,49	🍷🍷🍷 🚲

COOP

▷ Spreiding: landelijk
▷ Aantal filialen: 88 Coop, 55 CoopCompact, 40 SuperCoop en 62 neutraal.
▷ Marktaandeel: 2,4%
▷ Voor meer informatie: www.coop.nl

Het kan zijn dat sommige wijnen uit dit hoofdstuk niet te koop zijn bij Coop en CoopCompact, maar slechts bij SuperCoop, dat een uitgebreider en breder assortiment heeft.

Er zijn 143 wijnen geproefd, waarvan:
▷ Wit   53
▷ Rosé 26
▷ Rood 64

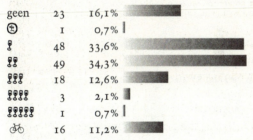

Waardering in aantal wijnen en als percentage van het assortiment

WIT

ARGENTINIË

GRAFFIGNA, SAN JUAN, CHARDONNAY 2007 € 3,99

Redelijk sappige doorsneechardonnay. 13,5%.

INTIS, SAN JUAN, SAUVIGNON BLANC 2008 € 3,15

Zuurtjesfruit. 13%.

AUSTRALIË

HARDY'S VARIETAL RANGE, € 4,49
SOUTH EASTERN AUSTRALIA, CHARDONNAY 2007

Sappig fruit, maar riekt ook enigszins naar teenslippers. Ruim ♀. 13,5%.

HARDYS NOTTAGE HILL, € 6,69
SOUTH AUSTRALIA, CHARDONNAY 2007

Zachtfruitig met plastic bouquet. Anderhalf ♀. 13,5%.

HARDYS STAMP OF AUSTRALIA, SOUTH EASTERN € 5,25
AUSTRALIA, RIESLING GEWURZTRAMINER 2007

Zuurballensop van een kouwe kermis. 11,5%.

HARDYS STAMP OF AUSTRALIA, € 5,25
SOUTH EASTERN AUSTRALIA, SEMILLON CHARDONNAY 2007

Zachtfruitig met kunstbloemenbouquet. 13%.

HARDYS STAMP OF AUSTRALIA, € 4,99
SOUTH EASTERN AUSTRALIA, SEMILLON SAUVIGNON BLANC 2007

Zachtfruitig met iets frissigs van de sauvignon. Niet bepaald een eenheid geworden, de twee druiven. 12,5%.

HUISWIJN, AUSTRALIË WIT (LITER) € 3,99

South Eastern Australia. Simpel maar zacht (snoepjes)fruitig. Anderhalf ♀. Geen oogstjaar. 13%.

WIT AUSTRALIË - CHILI

JACKAROO, SOUTH EASTERN AUSTRALIA, € 4,99
CHARDONNAY 2006

Zacht (snoepjes)fruit, beetje belegen. Anderhalf 🍷. 12,5%.

MCGUIGAN ESTATE, SOUTH EASTERN AUSTRALIA, € 5,49
CHARDONNAY 2005

Kijk eens naar het alcoholgehalte? Precies. Oftewel: Pas op, laagalcoholisch! Niet dat we daar tegen zijn, maar het mot wel lekker wezen. En dat is ook hier het manco: er zit een leegte in de wijn, en hij smaakt onnatuurlijk, plasticachtig zelfs. Wel heeft hij ook fruit en is een van de betere laagalcoholische wijnen. Desalniettemin welgemeend advies voor wie minder alcohol blieft: koop lekkere echte wijn en drink daar een kwart minder van dan u van deze zou gaan drinken. Komt u ook uit op die 9,5%. Bij Hoogvliet hebben ze de gewoonalcoholische variant; zie ook hun shiraz, pagina 361. Geen oogstjaar. 9,5%.

SUNNY MOUNTAIN, CHARDONNAY 2007 € 2,99

Kunststofbouquet – van gerecyclede vuilniszakken waarschijnlijk. Met inhoud. 13,5%.

WILLOWBANK DE BORTOLI, € 3,99
SÉMILLON CHARDONNAY 2007

Ruikt goed, maar ik mis dit jaar de sjieke sémillon. Eindigt in vulgair snoepjesfruit. Netaan 🍷🍷. 13%.

CHILI
GAMMA, CASABLANCA VALLEY, CHARDONNAY 2008 € 4,99

Biowijn. Sappig fruitig, al zit hij wel wat heel ruim in de grapefruits. Heel ruim 🍷🍷. 14%.

GATO NEGRO, CENTRAL VALLEY, € 4,19
SAUVIGNON BLANC 2008

Fris snoepjesfruit. 13%.

WIT CHILI - FRANKRIJK

INDOMITA VARIETAL, CENTRAL VALLEY, € 3,69
SAUVIGNON BLANC 2007

Smaakt nou niet bepaald overtuigend naar sauvignon, maar oppassend fruitig. Krap. 12%.

ISLA NEGRA RESERVA, VALLE CENTRAL, € 4,99
CHARDONNAY 2007

Zuurtjesfruit. 13%.

DUITSLAND
DEINHARD, RHEINHESSEN, RIESLING CLASSIC 2007 € 4,59

Scherp, met armageddonafdronk. 12,5%.

FRANKRIJK
Bordeaux
ARNOZAN RÉSERVE DES CHARTRONS, BORDEAUX 2007 € 4,49

Frisfruitig, althans qua geur. Verder niet proeven als uw glazuur u lief is.

CHÂTEAU DU BALLANDREAU, ENTRE-DEUX-MERS 2007 € 4,49

Zuurtjesfruit. 12%.

Bourgogne
BOURGOGNE CHARDONNAY 2007 € 4,99

Van de coöp te Buxy, sinds jaar en dag vermaard vanwege z'n prima bourgognes zonder poespas. Chardonnay die, ook op dit instapniveau, onmiskenbaar bourgogne is. Sappig, fijn van zuren, verleidelijk. 13%.

CHABLIS 2007 € 8,50

Van de Union des Viticulteurs de Chablis. Keurige sappigfruitige en toch strakke chablis. 12,5%.

WIT FRANKRIJK

Champagne

DE MONTPERVIER GRANDE RÉSERVE, € 17,99
CHAMPAGNE BRUT

Keurig, zachtfruitig, beschaafd van prijs. Maar champagne, dat was toch van die liederlijke losbandigheid, te drinken uit muiltjes van courtisanes? 12%.

DE MONTPERVIER GRANDE RÉSERVE, € 17,99
CHAMPAGNE DEMI-SEC

Zachtzoet, echt demi dus, met vriendelijk fruit. Moscato d'asti (zie ITALIË WIT bij Appie en Dirk) is lekkerder en goedkoper. 12%.

Elzas

KASTELBOURG, ALSACE, € 5,45
GEWURZTRAMINER RÉSERVE 2007

Niet de ware, maar beter dan voorheen. Rozengeur en voordeelfruit. 13%.

KASTELBOURG, ALSACE, PINOT BLANC RÉSERVE 2007 € 4,10

Grijzemuizenzachtfruitig. Netaan. 12%.

Vin de pays

HUISWIJN WIT DROOG, € 2,89
VIN DE PAYS DES CÔTES DE GASCOGNE (LITER)

Frisfruitig met flink wat zuurtjes. Geen oogstjaar. 11,5%.

HUISWIJN WIT HALFZOET, € 3,19
VIN DE PAYS DES CÔTES DE GASCOGNE (LITER)

Zachtfruitig met een bescheiden zoetje. Geen oogstjaar. Anderhalf. 11,5%.

WIT FRANKRIJK - ITALIË

JEAN LOUIS CEVENNE, € 2,69
VIN DE PAYS DES CÔTES DE GASCOGNE, BLANC DE BLANCS 2006

Chenetkloon van druiven colombard en ugni blanc. Voor z'n leeftijd nog redelijk fris zuurtjesfruit. 12%.

JEAN SABLENAY, VIN DE PAYS DE L'ILE DE BEAUTÉ, € 3,15
CHARDONNAY 2007

Zonnige zachtfruitige chardonnay met wat kruiderij. Heel ruim. Mede door de lage prijs. 13%.

JEAN SABLENAY, VIN DE PAYS DU VIGNOBLE DE FRANCE, € 3,15
SAUVIGNON BLANC 2007

Frisfruitig. Beetje kaal. Netaan. 12%.

SENSAS, VIN DE PAYS DES VIGNOBLES DE FRANCE, € 3,99
SAUVIGNON 2007

Suffe en niet helemaal frisse sauvignon. 11,5%.

Zuidwest
SAINT-MONT CUVÉE SPECIALE, BOISERAIE 2007 € 3,79

Ik zou zelf niet voor ananas hebben gekozen, maar: fruitiger dan het was. 12,5%.

HONGARIJE
DUNAVÁR CONNOISSEUR COLLECTION, € 3,29
PINOT GRIS 2007

Zuurtjesfruit en zwavel. 12%.

ITALIË
CANEI, VINO FRIZZANTE € 2,99

Schuimt, zoetig, riekt als een scheef dichtgeknoopte vrijgezel die elke vrijdag opnieuw ontdekt dat het openbare badhuis sinds 1997 een grandcafé is. 8,5%.

WIT ITALIË - SPANJE

MARTINI, PROSECCO € 6,99

Met kroonkurk! Alsof je een pijpje pils opentrekt. Geef mij dat pilsje dan maar. Schuimt beter, smaakt beter. Vaagfruitig, dit. 10,5%.

MONTALTO, SICILIA, GRECANICO-CHARDONNAY 2007 € 4,99

Vol fruit, kruiden en zomerzon. Heel ruim. 13%.

SERENATA, SICILIA, GRILLO 2007 € 3,99

Sappig fruit, beetje kruidig. Heel ruim. 13%.

TERRAZANO, VERDICCHIO DEI CASTELLI € 3,65
DI JESI CLASSICO 2007

Sappig fruitig, zonnig kruidig. Heel ruim. 12%.

VILLA MONDI, SOAVE € 2,99

Karton dat lang in de regen heeft gelegen. Plus het fruit van één eenzame druif. 12%.

SPANJE

CASTILLO DE LAS ALMENAS, VALENCIA, MOSCATEL € 3,29

Rafelrandschroefdop. Muskaatdruivig. Zoet. 15%.

FREIXENET, ASH TREE ESTATE, € 3,99
VINO DE LA TIERRA DE CASTILLA, CHARDONNAY MACABEO 2007

Zuurtjesfruit. 12%.

FREIXENET, CAVA CARTA NEVADA SEMI SECO € 8,99

Ruikt als de taartjes bij iemand die al heel lang wacht of er misschien toch iemand op z'n verjaardagspartijtje komt. 11,5%.

FREIXENET, CORDON NEGRO SECO CAVA € 8,99

Hard en kaal, droppig zoetje. Schuimt. 11,5%.

WIT SPANJE - ZUID-AFRIKA

NAVAJAS, RIOJA BLANCO 2007 € 3,99

Zachtfruitig, specerijen. Grappig anders. Heel ruim. 12,5%.

PENASCAL, VINO DE LA TIERRA DE CASTILLA Y LEÓN, € 5,29
SAUVIGNON BLANC 2007

Vriendelijke, zij het ietwat suffige, sauvignon. Anderhalf. 13,5%.

ZUID-AFRIKA

BERG SCHADUW, WESTERN CAPE, € 3,99
SAUVIGNON BLANC 2008

Beetje snoepjesachtig, maar wel een sappige sauvignon. Netaan. 12,5%.

GOLDEN KAAN, WESTERN CAPE, CHARDONNAY 2006 € 5,29

Zacht snoepjesfruitig. Ruim. 13,5%.

HOOP HUIS, WESTERN CAPE, CHENIN BLANC 2008 € 2,89

Zacht snoepjesfruit. 13,5%.

HUISWIJN ZUID-AFRIKA WEST-KAAP CHENIN (LITER) € 3,85

Simpel maar zacht frisfruitig. Anderhalf. Geen oogstjaar. 12,5%.

SCHOONDAL, WESTERN CAPE, CAPE WHITE 2008 € 2,15

Fris snoepjesfruit. De citroenen in de afdronk zijn wel erg fris. Half. 11,5%.

SPIER, DISCOVER, WESTERN CAPE, € 4,99
CHENIN BLANC/COLOMBARD 2008

Zuurtjesfruit. 12%.

WIT ZUID-AFRIKA

TWO OCEANS, WESTERN CAPE, € 4,49
CHENIN BLANC SAUVIGNON BLANC 2008

Perensnoepjesfruit. 11,5%.

VEELPLESIER, PRIVATE SELECTION, € 5,99
WESTERN CAPE, CHARDONNAY 2008

Synthetisch fruit en een dot alcohol. 13%.

COOP

ROSÉ

ARGENTINIË
GRAFFIGNA, SAN JUAN, SHIRAZ ROSÉ 2007 € 4,09

(Snoepjes)fruit. Anderhalf. 13,5%.

AUSTRALIË
HARDYS STAMP OF AUSTRALIA, € 5,29
SOUTH EASTERN AUSTRALIA, GRENACHE SHIRAZ ROSÉ 2007

Zoetig snoepjesfruit. 12%.

HARDYS VARIETAL RANGE, € 4,49
SOUTH EASTERN AUSTRALIA, ROSÉ 2007

Zacht (snoepjes)fruit. Anderhalf. 12%.

WILLOWBANK, SOUTH EASTERN AUSTRALIA, ROSÉ 2008 € 3,99

Van de firma De Bortoli. Stevig (snoepjes)fruit. Anderhalf. 12,5%.

CHILI
GAMMA, VALLE CENTRAL, SYRAH ROSÉ 2008 € 4,99

Biologische rosé vol stevig rood fruit en pittige kruidigheid. Heel ruim. 14%.

QUÉ MAS ROSÉ 2008 € 2,35

Volbloedige warme bordeauxachtige rosé, rijk aan kleur, geur en smaak, breed opgezet door Bob Ross in zijn betere dagen. Herfstrosé. 13,5%.

EUROPA
JEAN LOUIS CEVENNE, ROSÉ € 2,75

Jean Louis oogst waar het hem uitkomt. Spanje, Frankrijk, of, zoals nu weer, in de afvoerputjes van de Europese wijnplas. Lichtschimmelig zuurtjesfruit vind je daar. Geen oogstjaar. 12,5%.

ROSÉ FRANKRIJK - SPANJE

FRANKRIJK

CHAMPAGNE DE MONTPERVIER, ROSÉ BRUT € 18,79

Ernstig, natuurlijk, roze én belletjes, maar alleszins drinkbaar. 12%.

DIAMARINE CUVÉE SPECIALE, € 3,99
CÔTES VAROIS EN PROVENCE 2007

Zachtfruitig, vlak. 13%.

HUISWIJN ROSÉ HALFZOET, VIN DE PAYS € 3,29
DU COMTÉ TOLOSAN (LITER)

Friszoet, vrolijk, beet. Gezellig mollig. Geen oogstjaar. 12%.

HUISWIJN ROSÉ, VIN DE PAYS DU € 3,15
COMTÉ TOLOSAN (LITER)

Betrouwbaar, maar niet saai. Lekker en vol sappig rood fruit. Geen oogstjaar. 12%.

SAINT-MONT CUVÉE SPECIALE, BOISERAIE 2007 € 3,99

Fruitig, kruidig op zeer basaal niveau. 12,5%.

ITALIË

CORTE OLIVI, CHIARETTO BARDOLINO CLASSICO 2007 € 4,65

Licht, vrolijk, vol sappig rood fruit. Heel ruim. 12%.

MONTALTO, SICILIA, NERO D'AVOLA ROSATO 2007 € 4,99

Breedgeschouderd van kleur, geur en smaak, tevens invoelend en begrijpend en vol fruit. 13%.

SPANJE

BIANTE, CAMPO DE BORJA, ROSADO 2007 € 2,69

Van druif garnacha. Vol rijp en zacht kersenfruit. Heel ruim. 13,5%.

ROSÉ SPANJE - ZUID-AFRIKA

BODEGAS OSBORNE, SOLAZ, € 4,99
VINO DE LA TIERRA DE CASTILLA, ROSADO 2007

Van druiven shiraz, petit verdot en merlot. Leuk idee, al heeft het niks met Spanje van doen, lullig uitgevoerd. Smaakt naar limonade met aardbeienaroma. Heel, heel klein. 13%.

FREIXENET, ASH TREE ESTATE, € 3,99
VINO DE LA TIERRA DE CASTILLA, BOBAL CABERNET 2007

Van de producent van de vieze cava's. Keurige rosé vol sappig fruit, op zoek naar een eigen karakter. Heel ruim. 13%.

PENASCAL, VINO DE LA TIERRA DE CASTILLA Y LEÓN, € 5,29
TEMPRANILLO-SHIRAZ ROSÉ WINE 2007

Sappig fruitig. 12%.

VEGA LIBRE, UTIEL-REQUENA 2006 € 2,25

Rosado van puur bobal, zie de rode Vega Libre. Nog steeds fruitig, maar op leeftijd, vermoeid. Niet meer ruim, niet meer het omfietsen waard. We kijken uit naar de 2007. Of 2008, al naar gelang wanneer u dit leest. Onbegrijpelijk: zo goedkoop en lekker, en u laat het stomweg staan! 12%.

ZUID-AFRIKA

BERG SCHADUW, WESTERN CAPE, PINOTAGE ROSÉ 2008 € 3,99

Zuurtjesfruit. 13,5%.

GOLDEN KAAN, WESTERN CAPE, PINOTAGE ROSÉ 2008 € 5,29

Vol stevig rood fruit. 12%.

HOOP HUIS, ROSÉ 2008 € 2,90

Zacht snoepjesfruit. 14%.

ROSÉ ZUID-AFRIKA

LANDENWIJN ZUID-AFRIKA, WEST-KAAP, € 3,85
PINOTAGE ROSÉ (LITER)
Vol stevig (snoepjes)fruit. Anderhalf 🍷. 14%.

SCHOONDAL, CAPE ROSÉ 2008 € 1,99
Niet helemaal schoongewassen snoepjesdruif. 12%.

SPIER, DISCOVER, WESTERN CAPE, ROSÉ 2008 € 4,99
Snoepjesfruit, maar wel heel zacht en vriendelijk snoepjesfruit. 14%.

TWO OCEANS, WESTERN CAPE, SHIRAZ ROSÉ 2008 € 4,49
Zacht (snoepjes)fruit. Anderhalf 🍷. 11,5%.

ROOD

ARGENTINIË

GRAFFIGNA, SAN JUAN, MALBEC 2007 € 3,99
Donker fruit, bordeauxachtige strengheid. 13,5%.

LA FINCA, MENDOZA, UCO VALLEY, MALBEC 2007 € 4,99
Donker fruit, met wat harde kantjes. Anderhalf 🍷. 12,5%.

TANGO DUO, RED WINE € 2,59
Meer drop dan fruit. Geen oogstjaar, maar proeffles was de 2008. 12,5%.

AUSTRALIË

HARDYS NOTTAGE HILL, CABERNET SHIRAZ 2006 € 6,99
Sappig donker fruit. 14%.

HARDYS STAMP OF AUSTRALIA, € 5,29
SOUTH EASTERN AUSTRALIA, SHIRAZ CABERNET SAUVIGNON 2007
Zacht donker fruit en drop. 14%.

HARDYS VARIETAL RANGE, € 4,79
SOUTH EASTERN AUSTRALIA, MERLOT 2007
Zacht donker fruit, vleug leer. 13,5%.

HUISWIJN, DRY RED AUSTRALIË, € 3,95
SOEPEL EN FRUITIG (LITER)
Onbestemd fruitig, wat droppig. Anderhalf 🍷. 13,5%.

JACKAROO, SOUTH EASTERN AUSTRALIA, SHIRAZ 2005 € 4,99
Zacht donker (snoepjes)fruit, drop, alcohol. Anderhalf 🍷. 14,5%.

ROOD AUSTRALIË - CHILI

MCGUIGAN, SOUTH EASTERN AUSTRALIA, SHIRAZ 2005 € 5,99

'Met minder alcohol dan onze gewone wijnen.' Inderdaad. 9,5%. Hoe ze dat gelukt is wordt niet verteld, maar geur en smaak zijn heel behoorlijk. Maar net als bij wit, er zit een lege ruimte in de wijn. Er mist meer dan de alcohol. Letterlijk: de alcohol laat je geuren en smaken ook beter proeven. Bij Hoogvliet hebben ze de gewoonalcoholische variant; zie ook hun shiraz, pagina 361. 9,5%.

SUNNY MOUNTAIN, SOUTH EAST AUSTRALIA, DRY RED € 3,05

Zachtfruitig. Dun. Netaan. Geen oogstjaar. 13,5%.

WILLOWBANK, SOUTH EASTERN AUSTRALIA, € 3,99
SHIRAZ CABERNET 2007

Zacht donker fruit. Nogal droppig. 13,5%.

YELLOW TAIL, SOUTH EASTERN AUSTRALIA, SHIRAZ 2006 € 4,99

Heel commercieel, maar wel geslaagd zacht zoet rijp donker fruit. Niet heel genuanceerd. Heel ruim. 14%.

BULGARIJE

DOMAINE BOYAR, THRACIAN VALLEY, MERLOT 2007 € 3,19

Beetje fruitig de laatste jaren, maar doet toch nog steeds voornamelijk denken aan de gloriedagen van de Communistische Heilstaat. Drinken bij *Good Bye, Lenin!* Heel, heel klein. 13%.

CHILI

GAMMA, RAPEL VALLEY, MERLOT 2007 € 4,99

Charmante, lichtvoetige biomerlot vol vrolijk fruit. 14,5%.

GATO NEGRO, CABERNET SAUVIGNON 2007 € 4,25

Vriendelijk, zachtfruitig. Weinig pit, vergeleken met de 2006. 13,5%.

ROOD CHILI - FRANKRIJK

GATO NEGRO, CENTRAL VALLEY, MERLOT 2007 € 4,25

Soepel zachtfruitig. 13,5%.

HUISWIJN CHILI ROOD, CENTRAL VALLEY, € 3,85
CABERNET SAUVIGNON 2007 (LITER)

Slanke cabernet met donker fruit en bescheiden tannine. Heel ruim. 14%.

INDOMITA RESERVA, MAIPO VALLEY, € 4,99
CABERNET SAUVIGNON 2006

Bekvol keurig donker fruit. Heel ruim. 14,5%.

INDOMITA VARIETAL, MAIPO VALLEY, € 3,85
CABERNET SAUVIGNON 2007

Vol rijp en sappig cabernetfruit, dat zoals u weet aan zwarte bessen doet denken. 14%.

ISLA NEGRA RESERVA, VALLE CENTRAL, MERLOT 2007 € 4,99

Soepel en slank, donker fruit, lekker leerluchtje. Ruim. 13%.

QUÉ MAS, CENTRAL VALLEY, CABERNET MERLOT 2007 € 2,30

Simpele maar sappige elegante 'bordeaux' uit Chili. Prima. Geen geld. Lekker lelijk etiket ook. 14%.

FRANKRIJK
Beaujolais
BEAUJOLAIS 2007 € 3,99

Van de *Cave de Bully en Beaujolais*. Met schroefdop! Zuurtjesfruitig. 12,5%.

Bordeaux
ARNOZAN RÉSERVE DES CHARTRONS, BORDEAUX 2006 € 4,49

Wel wat fruit, maar in essentie een dunnig, knorrig bordeauxtje. Anderhalf.

ROOD FRANKRIJK

CHÂTEAU DAVID, BEAULIEU, € 3,99
BORDEAUX SUPERIEUR 2006

Ook dit jaar weer: deftige bordeaux met lekker veel bessenfruit. 13%.

CHÂTEAU PESSANGE, MÉDOC 2007 € 4,65

Goedgemanierde bordeaux volgens de boekjes. Sappig bessenfruit, laurier, elegant. Beetje streng en zo hoort dat ook. 12%.

MALESAN, BORDEAUX 2006 € 5,99

Vieilli en fûts de chêne. Was best een aardige bordeaux geweest als ze die eikenhoutveroudering hadden nagelaten. Goed fruit, te veel hout, verbitterde tannines. Anderhalf. 12,5%.

Bourgogne
BOURGOGNE PINOT NOIR VIEILLES VIGNES 2007 € 5,55

Van de verenigde wijnboeren uit Buxy. Naast zeer serieuze bourgognes geproefd, waarna deze vrolijk de avond won. Sappig fruit, echt pinot, echt bourgogne. Licht, helder, subtiel. Koelen. 13%.

Vin de pays
CACHET, SOUTH OF FRANCE, € 4,69
VIN DE PAYS D'OC, CABERNET-SHIRAZ 2007

Donker fruit met wat raspende tannine die naargeestig nablijft. 12,5%.

HUISWIJN ROOD, VIN DE PAYS DE L'AUDE, € 3,15
FRUITIG EN SOEPEL (LITER)

Zo fruitig als een onrijpe braam. 12,5%.

ROOD FRANKRIJK - ITALIË

JEAN LOUIS CEVENNE, VIN DE PAYS D'OC, € 2,75
CABERNET-SYRAH 2007

Kaal, dropjesachtig. Krap. 13,5%.

JEAN SABLENAY, VIN DE PAYS D'OC, € 3,09
CABERNET SAUVIGNON 2007

Sappig donker fruit. Fiks wat tannine. 13,5%.

JEAN SABLENAY, VIN DE PAYS D'OC, MERLOT 2007 € 3,09

Vriendelijk fruitig. Piets droppig. 13,5%.

SENSAS, VIN DE PAYS D'OC, CABERNET-SYRAH 2007 € 3,99

Kale cabernet. 13%.

Zuidwest

BUZET, MERLOT CABERNET 2007 € 3,99

Er zijn nogal wat buzets. Deze heeft een schroefdop, en een mooi etiketje uit 1953. Cabernet blijkt voor beide cabernets te staan, sauvignon en de franc, de stijl is bordeaux. Sappig fruitig zowaar dit jaar! Nog nooit meegemaakt bij Buzet. 12,5%.

SAINT-MONT CUVÉE SPECIALE, BOISERAIE 2006 € 3,99

Wat meer fruit, minder stoffige kruiden dan weleer. 13%.

ITALIË

CALATRASI, TERRALE, SICILIA, NERO D'AVOLA 2007 € 3,99

Niet de meest gulle nero d'avola. Donker fruit, specerijen, dat wel. 13%.

HUISWIJN ITALIË, MARCHE, SANGIOVESE, € 3,75
SOEPEL 2007 (LITER)

Lekker eigenwijs, vol sappig rood fruit. Mede door de lage prijs. 12%.

ROOD ITALIË - SPANJE

MONTALTO, SICILIA, SANGIOVESE-SYRAH 2007 € 4,99

Slank als goede chianti, plus pit en peper van de syrah. 13,5%.

SENSI, CHIANTI 2007 € 4,25

Zurig fruit. Drinken bij verpieterde pizza. 12,5%.

SERENATA, SICILIA, NERO D'AVOLA 2007 € 3,99

Vol rijp zacht donker fruit. 13%.

SPANJE
BIANTE, CAMPO DE BORJA, TINTO 2007 € 2,49

Smaakt zoals je hoopt dat beaujolais smaakt. Barstensvol vrolijk kersenfruit. Gratis. Kopen. Koelen. 13,5%.

BODEGAS OSBORNE, SOLAZ, € 4,99
VINO DE LA TIERRA DE CASTILLA, MERLOT TEMPRANILLO 2005

Hard, kaal, uitgedroogd. 14%.

BODEGAS OSBORNE, SOLAZ, € 4,99
VINO DE LA TIERRA DE CASTILLA, SHIRAZ TEMPRANILLO 2005

Donker fruit, wrang. 13,5%.

CASTILLO DE ALMANSA, ALMANSA, RESERVA 2004 € 4,49

Klassieke hout-en-vanillereserva, met gelukkig ook veel zacht fruit. Ruim. 14%.

CASTILLO DE OLITE, NAVARRA, RESERVA 2000 € 5,99

Oud fruit, oud hout, specerijen en de geur van een herfstig bos. Oftewel: stijl klassieke rioja. Een goed gemaakt exemplaar, dit. Heel ruim. 12,5%.

CASTILLO DE PASTORES, VALDEPEÑAS CRIANZA 2004 € 3,99

Fruit en hout, kaal en wrang. 13%.

ROOD SPANJE

ESTOLA, LA MANCHA, RESERVA 2004 € 4,15

De eeuwige reserva, al talloze jaren ieder oogstjaar hetzelfde: een kistje wat wee fruit. Ruim.

FINCA DE LABARCA, RIOJA JOVEN 2007 € 3,55

Schimmelig. 13%.

FREIXENET, ASH TREE ESTATE, € 3,99
VINO DE LA TIERRA DE CASTILLA, SHIRAZ MONASTRELL 2006

Somber donker fruit. 13,5%.

HUISWIJN SPANJE (LITER) € 3,69

Tempranillo uit Valencia. Zonnig zachtfruitig. Ruim. Geen oogstjaar. 13,5%.

MARQUÉS DE ALMONACID, CARIÑENA 2007 € 2,99

Sappig kersenfruit, beetje cacao, minder uitbundig vrolijk dan vorige jaren, maar ook serieuzer nog een plezier. Mede door de lage prijs. 13%.

NAVAJAS, RIOJA TINTO 2007 € 3,99

Zachtfruitig. De crianza – met hout dus – is te koop bij Dekamarkt. 13%.

VAL DE UGA, SOMONTANO, GARNACHA SYRAH 2007 € 4,49

Wat minder deftig dan de 2006, maar zeker zo vrolijk. Sappig kersenfruit, specerijen. Slank, elegant, een plezier. 13,5%.

VEGA LIBRE, UTIEL-REQUENA 2007 € 2,25

Rood fruit en wat specerijen, vriendelijk, sappig, maar helaas niet de charme van de 2006 die vorig jaar het omfietsen waard was. Desalniettemin prima voor zo weinig geld. Koelen is een goed idee. 12%.

ROOD VERENIGDE STATEN - ZUID-AFRIKA

VERENIGDE STATEN
HILLS OF CALIFORNIA, CABERNET SAUVIGNON 2006   € 2,69

Winegums en drop, maar ook echt fruit. 13%.

ZUID-AFRIKA
BERG SCHADUW, RUBY CABERNET/CINSAUT 2007   € 3,89

Sappig rood fruit. Met een vleug remsporenbouquet, dat wel. 13%.

GOLDEN KAAN, WESTERN CAPE,   € 5,29
CABERNET SAUVIGNON 2006

Beetje fruit, beetje aards, nogal kapsones, beetje vlak en dun. Anderhalf 🍷. 13,5%.

GOLDEN KAAN, WESTERN CAPE, PINOTAGE 2005   € 5,29

Met echte ouwerwetse rubberstank en smaak. 13,5%.

HUISWIJN ZUID-AFRIKA (LITER)   € 3,85

Stevig donker fruit, aards. Anderhalf 🍷. Geen oogstjaar. 14%.

SCHOONDAL, WESTERN CAPE, CAPE RED 2007   € 2,39

Ze worden zeldzaam, maar ze zijn er nog, de wijnen met die ouwerwetsche authentiek Zuid-Afrikaanse smaak van een schimmelige regenjas! 13,5%.

SPIER, DISCOVER, WESTERN CAPE,   € 4,99
PINOTAGE SHIRAZ 2007

Rijp donker fruit, aards. 14%.

TWO OCEANS, WESTERN CAPE,   € 4,49
CABERNET SAUVIGNON MERLOT 2007

Sappige Zuid-Afrikaanse bordeaux. Ruim 🍷🍷. 13,5%.

ROOD ZUID-AFRIKA

VEELPLESIER, WESTERN CAPE, CLASSICAL RED 2007 € 4,10 🍷🍷

Rijp donker fruit, beetje aards. 13,5%.

VINEZ, CABERNET SAUVIGNON SHIRAZ 2006 € 5,09 🍷🍷🍷

Max Havelaar/Fairtrade, biologisch. Al de derde keer deze 2006 in de gids en hij houdt zich goed. Wel elk jaar wat minder vrolijk en uitbundig. Schort niks aan, maar de pit is eruit. Niet meer heel ruim 🍷🍷🍷 en niet meer het omfietsen waard. Rijp donker fruit, aards. 13%.

DE BESTE WIJNEN VAN COOP

Wit

1 **Bourgogne chardonnay 2007** — € 4,99
   Frankrijk - Bourgogne

2 **Chablis 2007** — € 8,50
   Frankrijk - Bourgogne

3 **De Montpervier grande réserve, champagne brut** — € 17,99
   Frankrijk - Champagne

4 **De Montpervier grande réserve, champagne demi-sec** — € 17,99
   Frankrijk - Champagne

5 **Jean Sablenay, vin de pays de l'ile de beauté, chardonnay 2007** — € 3,15
   Frankrijk - Vin de pays

Rosé

1 **Qué Mas rosé 2008** — € 2,35
   Chili

2 **Biante, campo de borja, rosado 2007** — € 2,69
   Spanje

3 **Huiswijn rosé, vin de pays du comté tolosan (liter)** — € 3,15
   Frankrijk

4 **Huiswijn rosé halfzoet, vin de pays du comté tolosan (liter)** — € 3,29
   Frankrijk

5 **Gamma, valle central, syrah rosé 2008** — € 4,99
   Chili

Rood

1 **Bourgogne pinot noir vieilles vignes 2007** — € 5,55
   Frankrijk - Bourgogne

2 **Biante, campo de borja, tinto 2007** — € 2,49
   Spanje

3 **Val de Uga, somontano, garnacha syrah 2007** — € 4,49
   Spanje

4 **Qué Mas, central valley, cabernet merlot 2007** — € 2,30
   Chili

5 **Marqués de Almonacid, cariñena 2007** — € 2,99
   Spanje

DAGWINKEL/TROEFMARKT

▷ Spreiding: landelijk
▷ Aantal filialen: 300 actieve zelfstandig ondernemers
▷ Marktaandeel: 3,0%
▷ Voor meer informatie: www.troefmarkt.nl
  en http://dagwinkel.uwsupermarkt.nl

Er zijn 20 wijnen geproefd, waarvan:
▷ Wit   7
▷ Rosé   4
▷ Rood   9

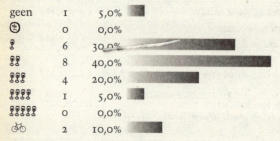

geen	1	5,0%
☺	0	0,0%
♀	6	30,0%
♀♀	8	40,0%
♀♀♀	4	20,0%
♀♀♀♀	1	5,0%
♀♀♀♀♀	0	0,0%
🚲	2	10,0%

Waardering in aantal wijnen en als percentage van het assortiment

WIT

ARGENTINIË
TIERRA BUENA, MENDOZA, CHARDONNAY 2008 € 4,99 ♟♟♟

Sappig, sjiek en slank. 13%.

AUSTRALIË
WILLOWBANK DE BORTOLI, SÉMILLON € 4,99 ♟♟
CHARDONNAY 2007

Ruikt goed, maar ik mis dit jaar de sjieke sémillon.
Eindigt in vulgair snoepjesfruit. Netaan ♟♟. 13%.

CHILI
GATO NEGRO, CENTRAL VALLEY, € 4,99 ♟
SAUVIGNON BLANC 2008

Fris snoepjesfruit. 13%.

ITALIË
MONTALTO, SICILIA, GRECANICO-CHARDONNAY 2007 € 5,29 ♟♟

Vol fruit, kruiden en zomerzon. Heel ruim ♟♟. 13%.

SPANJE
FREIXENET, ASH TREE ESTATE, € 3,99 ♟
VINO DE LA TIERRA DE CASTILLA, CHARDONNAY MACABEO 2007

Zuurtjesfruit. 12%.

ZUID-AFRIKA
HEERENKLOOF, WESTERN CAPE, € 4,55 ♟
CHENIN BLANC/CHARDONNAY 2008

Snoepjesfruit.

SPIER, DISCOVER, WESTERN CAPE, € 4,99
CHENIN BLANC/COLOMBARD 2008

Zuurtjesfruit. 12%.

ROSÉ

ITALIË
MONTALTO, SICILIA, NERO D'AVOLA ROSATO 2007   € 5,29

Breedgeschouderd van kleur, geur en smaak, tevens invoelend en begrijpend en vol fruit. 13%.

SPANJE
FREIXENET, ASH TREE ESTATE,   € 3,99
VINO DE LA TIERRA DE CASTILLA, BOBAL CABERNET 2007

Van de producent van de vieze cava's. Keurige rosé vol sappig fruit, op zoek naar een eigen karakter. Heel ruim. 13%.

ZUID-AFRIKA
HEERENKLOOF, WESTERN CAPE, PINOTAGE ROSÉ 2008   € 4,55

Snoepjesfruit.

SPIER, DISCOVER, WESTERN CAPE, ROSÉ 2008   € 4,99

Snoepjesfruit, maar wel heel zacht en vriendelijk snoepjesfruit. 14%.

ROOD ARGENTINIË - SPANJE

ROOD

ARGENTINIË
TIERRA BUENA, MENDOZA, € 4,99
CABERNET SAUVIGNON 2007

Goed, maar meer keurig médocachting dan viriele eerdere jaren. Prima, maar beetje braaf. Heel ruim ♟♟♟. 13%.

AUSTRALIË
WILLOWBANK, SOUTH EASTERN AUSTRALIA, € 4,99
SHIRAZ CABERNET 2007

Zacht donker fruit. Nogal droppig. 13,5%.

CHILI
GATO NEGRO, CABERNET SAUVIGNON 2007 € 4,99

Vriendelijk, zachtfruitig. Weinig pit, vergeleken met de 2006. 13,5%.

ITALIË
MONTALTO, SICILIA, SANGIOVESE-SYRAH 2007 € 5,29

Slank als goede chianti, plus pit en peper van de syrah. 13,5%.

SPANJE
BIANTE, CAMPO DE BORJA, TINTO 2007 € 2,99

Smaakt zoals je hoopt dat beaujolais smaakt. Barstensvol vrolijk kersenfruit. Gratis. Kopen. Koelen. 13,5%.

FREIXENET, ASH TREE ESTATE, € 3,99
VINO DE LA TIERRA DE CASTILLA, SHIRAZ MONASTRELL 2006

Somber donker fruit. 13,5%.

PENASCAL, VINO DE LA TIERRA DE CASTILLA Y LEÓN, € 5,49
SYRAH 2006

Fruitig, ietsje wrang en dun. Anderhalf ♟. 13,5%.

ROOD ZUID-AFRIKA

ZUID-AFRIKA

HEERENKLOOF, WESTERN CAPE, € 4,99
CABERNET SAUVIGNON 2007

Ouderwetse Zuid-Afrikaan met elastiekjesgeur. Beetje fruit, dun.

SPIER, DISCOVER, WESTERN CAPE, € 4,99
PINOTAGE SHIRAZ 2007

Rijp donker fruit, aards. 14%.

DE BESTE WIJNEN VAN DAGWINKEL/TROEFMARKT

Wit

1 **Tierra Buena, mendoza, chardonnay 2008** € 4,99
   Argentinië

2 **Willowbank de Bortoli, sémillon chardonnay 2007** € 4,99
   Australië

3 **Montalto, sicilia, grecanico-chardonnay 2007** € 5,29
   Italië

4 **Freixenet, Ash Tree Estate, vino de la tierra** € 3,99
   de castilla, chardonnay macabeo 2007
   Spanje

5 **Heerenkloof, western cape,** € 4,55
   chenin blanc/chardonnay 2008
   Zuid-Afrika

Rosé

1 **Montalto, sicilia, nero d'avola rosato 2007** € 5,29
   Italië

2 **Freixenet, Ash Tree Estate,** € 3,99
   vino de la tierra de castilla, bobal cabernet 2007
   Spanje

3 **Spier, discover, western cape, rosé 2008** € 4,99
   Zuid-Afrika

4 **Heerenkloof, western cape, pinotage rosé 2008** € 4,55
   Zuid-Afrika

Rood

1 **Biante, campo de borja, tinto 2007** € 2,99
   Spanje

2 **Tierra Buena, mendoza,** € 4,99
   cabernet sauvignon 2007
   Argentinië

3 **Montalto, sicilia, sangiovese-syrah 2007** € 5,29
   Italië

4 **Freixenet, Ash Tree Estate, vino de la tierra** € 3,99
   de castilla, shiraz monastrell 2006
   Spanje

5 **Gato Negro, cabernet sauvignon 2007** € 4,99
   Chili

DEEN

▷ Spreiding: Noord-Holland
▷ Aantal filialen: 56
▷ Marktaandeel: 1,9%
▷ Voor meer informatie: 0229 - 25 21 00 of www.deen.nl

Er zijn 110 wijnen geproefd, waarvan:
▷ Wit   38
▷ Rosé 20
▷ Rood 52

geen	18	16,4%
⊛	1	0,9%
♟	31	28,2%
♟♟	36	32,7%
♟♟♟	22	20,0%
♟♟♟♟	1	0,9%
♟♟♟♟♟	1	0,9%
🚲	16	14,5%

Waardering in aantal wijnen en als percentage van het assortiment

WIT

ARGENTINIË
SANTA MARTA, CHARDONNAY 2008 € 4,59

Slank, sappig, welopgevoed. Prima. 13%.

AUSTRALIË
HUISWIJN, AUSTRALIË WIT (LITER) € 3,99

South Eastern Australia. Simpel maar zacht (snoepjes)fruitig. Anderhalf. Geen oogstjaar. 13%.

SUNNY MOUNTAIN, CHARDONNAY 2007 € 2,59

Kunststofbouquet – van gerecyclede vuilniszakken waarschijnlijk. Met inhoud. 13,5%.

WILLOWBANK DE BORTOLI, € 4,50
SÉMILLON CHARDONNAY 2007

Ruikt goed, maar ik mis dit jaar de sjieke sémillon. Eindigt in vulgair snoepjesfruit. Netaan. 13%.

CHILI
GAMMA, CASABLANCA VALLEY, CHARDONNAY 2008 € 4,89

Biowijn. Sappig fruitig, al zit hij wel wat heel ruim in de grapefruits. Heel ruim. 14%.

INDOMITA VARIETAL, CENTRAL VALLEY, € 3,69
SAUVIGNON BLANC 2007

Smaakt nou niet bepaald overtuigend naar sauvignon, maar oppassend fruitig. Krap. 12%.

VIÑA MAIPO, VALLE CENTRAL, CHARDONNAY 2007 € 3,90

Schraal fruit, met armetierige zuren. 13%.

FRANKRIJK
Bourgogne

BOURGOGNE CHARDONNAY 2007 € 5,39

Van de coöp te Buxy, sinds jaar en dag vermaard vanwege z'n prima bourgognes zonder poespas. Chardonnay die, ook op dit instapniveau, onmiskenbaar bourgogne is. Sappig, fijn van zuren, verleidelijk. 13%.

CHABLIS 2007 € 7,99

Van de Union des Viticulteurs de Chablis. Keurige sappigfruitige en toch strakke chablis. 12,5%.

MÂCON-VILLAGES 2007 € 4,99

Ook van de *Vignerons des Grandes Vignes*, maar hier lees je dat slechts in de kleine lettertjes. Vriendelijke zachtfruitige chardonnay. 12,5%.

Champagne

DE MONTPERVIER GRANDE RÉSERVE, € 15,99
CHAMPAGNE BRUT

Keurig, zachtfruitig, beschaafd van prijs. Maar champagne, dat was toch van die liederlijke losbandigheid, te drinken uit muiltjes van courtisanes? 12%.

DE MONTPERVIER GRANDE RÉSERVE, € 15,99
CHAMPAGNE DEMI-SEC

Zachtzoet, echt demi dus, met vriendelijk fruit. Moscato d'asti (zie ITALIË WIT bij Appie en Dirk) is lekkerder en goedkoper. 12%.

Elzas

KASTELBOURG, ALSACE, € 5,99
GEWURZTRAMINER RÉSERVE 2007

Niet de ware, maar beter dan voorheen. Rozengeur en voordeelfruit. 13%.

WIT FRANKRIJK

KASTELBOURG, ALSACE, PINOT BLANC RÉSERVE 2007 € 4,19

Grijzemuizenzachtfruitig. Netaan. 12%.

Loire
TOURAINE SAUVIGNON 2007 € 3,59

Volgens de kleine lettertjes van Jean Sablenay. 2006 was te zacht, 2007 is weer te fris. Die Klei heeft toch altijd wat te zeiken. Netaan.

Vin de pays
DOMAINE CAZILHAC DES CAPITELLES, € 3,99
VIN DE PAYS D'OC, SAUVIGNON-GRENACHE 2007

Meer grenache dan sauvignon, en nog meer onbestemd simpel zachtfruitig. Netaan. 12%.

HUISWIJN WIT DROOG, VIN DE PAYS € 3,29
DES CÔTES DE GASCOGNE (LITER)

Frisfruitig met flink wat zuurtjes. Geen oogstjaar. 11,5%.

JEAN LOUIS CEVENNE, € 2,69
VIN DE PAYS DES CÔTES DE GASCOGNE, BLANC DE BLANCS 2006

Chenetkloon van druiven colombard en ugni blanc. Voor z'n leeftijd nog redelijk fris zuurtjesfruit. 12%.

JEAN SABLENAY, VIN DE PAYS DE L'ILE DE BEAUTÉ, € 2,99
CHARDONNAY 2007

Zonnige zachtfruitige chardonnay met wat kruiderij. Heel ruim. Mede door de lage prijs. 13%.

JEAN SABLENAY, VIN DE PAYS DU VIGNOBLE DE FRANCE, € 2,99
SAUVIGNON BLANC 2007

Frisfruitig. Beetje kaal. Netaan. 12%.

WIT FRANKRIJK - OOSTENRIJK

SENSAS, VIN DE PAYS DES VIGNOBLES DE FRANCE, SAUVIGNON 2007 € 4,39

Suffe en niet helemaal frisse sauvignon. 11,5%.

Zuidwest
SAINT-MONT CUVÉE SPECIALE, BOISERAIE 2007 € 3,99

Ik zou zelf niet voor ananas hebben gekozen, maar: fruitiger dan het was. 12,5%.

ITALIË
CANEI, VINO FRIZZANTE € 2,99

Schuimt, zoetig, riekt als een scheef dichtgeknoopte vrijgezel die elke vrijdag opnieuw ontdekt dat het openbare badhuis sinds 1997 een grandcafé is. 8,5%.

TERRAZANO, VERDICCHIO DEI CASTELLI DI JESI CLASSICO 2007 € 3,79

Sappig fruitig, zonnig kruidig. Heel ruim. 12%.

VENETIO, PROSECCO VENETO FRIZZANTE € 4,39

Schuimt. Niet voor consumptiedoeleinden bedoeld. 10,5%.

VILLA MONDI, SOAVE € 2,99

Karton dat lang in de regen heeft gelegen. Plus het fruit van één eenzame druif. 12%.

OOSTENRIJK
WINZER KREMS, SANDGRUBE 13, GRÜNER VELTLINER 2007 € 5,25

Echt duidelijk is het niet, maar dit is een iets andere dan die bij Gall te koop is, maar wel dezelfde als die van Jumbo. Uiteindelijk komt het op hetzelfde neer. Frisfruitig, beetje kruidig, zuurtjes in de afdronk. Anderhalf. 12,5%.

WIT SPANJE - ZUID-AFRIKA

SPANJE

CASTILLO DE LAS ALMENAS, VALENCIA, MOSCATEL € 3,39
Rafelrandschroefdop. Muskaatdruivig. Zoet. 15%.

GRAN ESPAÑOSO CAVA BRUT € 5,60
Was 🍷🍷🍷 🚲, is dit jaar behoorlijk wat centen duurder en wat veel erger is, minder goed. Minder fruit, beetje kunstmatig, en een vervelend bittertje. Jammer! 11,5%.

GRAN ESPAÑOSO, CAVA SEMI SECO € 5,60
Dezelfde met een fris zoetje. 11,5%.

ZUID-AFRIKA

BERG SCHADUW, WESTERN CAPE, € 3,99
SAUVIGNON BLANC 2008
Beetje snoepjesachtig, maar wel een sappige sauvignon. Netaan 🍷🍷. 12,5%.

DANIE DE WET, ROBERTSON, CHARDONNAY 2008 € 4,49
Armzalig snoepjesfruit. 12,5%.

DANIE DE WET, ROBERTSON, SAUVIGNON BLANC 2008 € 4,49
Zuurballenfruit. 11,5%.

ELANDSBERG, ROBERTSON, CHARDONNAY 2008 € 3,99
Zacht (snoepjes)fruit.

ELANDSBERG, ROBERTSON, COLOMBAR 2008 € 3,99
Fris (snoepjes)fruitig.

HOOP HUIS, WESTERN CAPE, CHENIN BLANC 2008 € 2,39
Zacht snoepjesfruit. 13,5%.

WIT ZUID-AFRIKA

HUISWIJN ZUID-AFRIKA WEST-KAAP CHENIN (LITER) € 3,99 🍷

Simpel maar zacht frisfruitig. Anderhalf 🍷. Geen oogstjaar. 12,5%.

SCHOONDAL, WESTERN CAPE, CAPE WHITE 2008 € 1,99

Fris snoepjesfruit. De citroenen in de afdronk zijn wel erg fris. Half 🍷. 11,5%.

ROSÉ

ARGENTINIË
SANTA MARTA, ROSÉ MALBEC SHIRAZ 2008 € 4,59

Zoals gewoonlijk thuis in de categorie 'er is rood met minder kracht en kleur.' Niet subtiel, wel een bekvol stevig fruit. 13%.

AUSTRALIË
WILLOWBANK, SOUTH EASTERN AUSTRALIA, ROSÉ 2008 € 4,50

Van de firma De Bortoli. Stevig (snoepjes)fruit. Anderhalf. 12,5%.

CHILI
GAMMA, VALLE CENTRAL, SYRAH ROSÉ 2008 € 3,89

Biologische rosé vol stevig rood fruit en pittige kruidigheid. Heel ruim. 14%.

QUÉ MAS ROSÉ 2008 € 2,19

Volbloedige warme bordeauxachtige rosé, rijk aan kleur, geur en smaak, breed opgezet door Bob Ross in zijn betere dagen. Herfstrosé. 13,5%.

VIÑA MAIPO, VALLE CENTRAL, MERLOT ROSÉ 2008 € 3,90

Zuurtjesfruit. Bijtzuren. 12,5%.

EUROPA
JEAN LOUIS CEVENNE, ROSÉ € 2,69

Jean Louis oogst waar het hem uitkomt. Spanje, Frankrijk, of, zoals nu weer, in de afvoerputjes van de Europese wijnplas. Lichtschimmelig zuurtjesfruit vind je daar. Geen oogstjaar. 12,5%.

ROSÉ FRANKRIJK - SPANJE

FRANKRIJK

CHAMPAGNE DE MONTPERVIER, ROSÉ BRUT € 17,99

Ernstig, natuurlijk, roze én belletjes, maar alleszins drinkbaar. 12%.

HUISWIJN ROSÉ HALFZOET, € 3,29
VIN DE PAYS DU COMTÉ TOLOSAN (LITER)

Friszoet, vrolijk, beet. Gezellig mollig. Geen oogstjaar. 12%.

HUISWIJN ROSÉ, € 3,29
VIN DE PAYS DU COMTÉ TOLOSAN (LITER)

Betrouwbaar, maar niet saai. Lekker en vol sappig rood fruit. Geen oogstjaar. 12%.

JEAN SABLENAY, VIN DE PAYS DU VAL DE LOIRE, € 2,99
CABERNET FRANC ROSÉ 2007

Goed van geur, je ruikt zelfs wat cabernet franc, maar helaas snoepjesachtig zoet in de mond. 11%.

SAINT-MONT CUVÉE SPECIALE, BOISERAIE 2007 € 3,99

Fruitig, kruidig op zeer basaal niveau. 12,5%.

ITALIË
VENETIO, RABOSO, ROSATO MARCA TREVIGIANA € 4,39

Maar: Canei is nog erger! 11%.

SPANJE
DONA VICTORIA, CAMPO DE BORJA, ROSADO 2007 € 3,59

Van druif garnacha. Vol rijp en zacht kersenfruit. Heel ruim. 13,5%.

GRAN ESPAÑOSO CAVA BRUT ROSADO € 5,60

Ook deze roze cava is minder dan vorig jaar, smaakt ook een beetje plasticachtig. 11,5%.

ROSÉ SPANJE - ZUID-AFRIKA

PEÑASCAL, VINO DE AGUJA ROSADO € 4,29

Ik weet niet of de Portugezen bij het voetballen en de Olympische Spelen nog iets van belang hebben gedaan, maar in het produceren van weerzinwekkende rosés in afzichtelijke flessen zijn ze ongeëvenaard. Doet je vermoeden dat het verder toch ook niet zo heel goed gaat met dat land. 12%.

TESORO, BULLAS, MONASTRELL ROSADO 2007 € 2,79 ☷

 Vol ruig rokerig rood fruit. 12,5%.

VEGA LIBRE, UTIEL-REQUENA 2006 € 2,19 ☷

Rosado van puur bobal, zie de rode Vega Libre. Nog steeds fruitig, maar op leeftijd, vermoeid. Niet meer ruim ☷☷, niet meer het omfietsen waard. We kijken uit naar de 2007. Of 2008, al naar gelang wanneer u dit leest. Onbegrijpelijk: zo goedkoop en lekker, en u laat het stomweg staan! 12%.

ZUID-AFRIKA

ELANDSBERG, ROBERTSON, ROSÉ 2008 € 3,99 ☷

Fruitig, maar wat sombertjes. Anderhalf ☷.

LANDENWIJN ZUID-AFRIKA, WEST- € 3,99 ☷
KAAP, PINOTAGE ROSÉ (LITER)

Vol stevig (snoepjes)fruit. Anderhalf ☷. 14%.

SCHOONDAL, CAPE ROSÉ 2008 € 1,99

Niet helemaal schoongewassen snoepjesdruif. 12%.

ROOD ARGENTINIË - CHILI

ROOD

ARGENTINIË
SANTA MARTA, CABERNET SAUVIGNON 2006 € 4,59

Prima cabernet, goedgespierd, vol sappig fruit, waar we eigenlijk zonder meer blij mee zouden moeten zijn, ware het niet dat daar de wetenschap is dat hij vorig jaar nog heel veel lekkerder was. 13%.

TANGO DUO, RED WINE € 2,49

Meer drop dan fruit. Geen oogstjaar, maar proeffles was de 2008. 12,5%.

AUSTRALIË
HUISWIJN, DRY RED AUSTRALIË, € 3,99
SOEPEL EN FRUITIG (LITER)

Onbestemd fruitig, wat droppig. Anderhalf. 13,5%.

SUNNY MOUNTAIN, SOUTH EAST AUSTRALIA, DRY RED € 2,89

Zachtfruitig. Dun. Netaan. Geen oogstjaar. 13,5%.

WILLOWBANK, SOUTH EASTERN AUSTRALIA, € 4,50
SHIRAZ CABERNET 2007

Zacht donker fruit. Nogal droppig. 13,5%.

CHILI
GAMMA, RAPEL VALLEY, MERLOT 2007 € 4,99

Charmante, lichtvoetige biomerlot vol vrolijk fruit. 14,5%.

HUISWIJN CHILI ROOD, CENTRAL VALLEY, € 3,99
CABERNET SAUVIGNON 2007 (LITER)

Slanke cabernet met donker fruit en bescheiden tannine. Heel ruim. 14%.

ROOD CHILI - FRANKRIJK

INDOMITA RESERVA, MAIPO VALLEY, € 4,99
CABERNET SAUVIGNON 2006

Bekvol keurig donker fruit. Heel ruim. 14,5%.

QUÉ MAS, CENTRAL VALLEY, CABERNET MERLOT 2007 € 2,19

Simpele maar sappige elegante 'bordeaux' uit Chili. Prima. Geen geld. Lekker lelijk etiket ook. 14%.

VIÑA MAIPO, VALLE CENTRAL, CARMENÈRE 2007 € 3,90

Niks carmenère. Dropwijn! 13%.

VIÑA MAR DE CASABLANCA RESERVA, € 4,99
MAIPO VALLEY, MERLOT 2006

Sappig rood fruit, vleug leer. Heel ruim. 14%.

FRANKRIJK
Bordeaux
CHÂTEAU DAVID, BEAULIEU, € 3,99
BORDEAUX SUPERIEUR 2006

Ook dit jaar weer: deftige bordeaux met lekker veel bessenfruit. 13%.

CHÂTEAU ROC DE LUSSAC, LUSSAC SAINT-ÉMILION 2007 € 5,99

Aanbevolen door Giovanna Thomas, beste jonge sommelière van Frankrijk in 2001. Giovanna heeft een wat morbide smaak. Hooguit schenken als de Addams family komt eten. 13%.

Bourgogne
BOURGOGNE PINOT NOIR VIEILLES VIGNES 2007 € 5,79

Van de verenigde wijnboeren uit Buxy. Naast zeer serieuze bourgognes geproefd, waarna deze vrolijk de avond won. Sappig fruit, echt pinot, echt bourgogne. Licht, helder, subtiel. Koelen. 13%.

ROOD FRANKRIJK

MÂCON 2007 € 4,99

Wat fruit, verder dun en zurig. 12,5%.

Languedoc-Roussillon

LES BARRES, SAINT-CHINIAN 2007 € 2,99

Vriendelijk fruitig. 13,5%.

ROCFLAMBOYANT LA GRANDE RÉSERVE, FITOU 2005 € 6,39

Van de coöp Mont-Tauch, waarvan we bij Hema en Mitra ook ander Zuid-Frans van tegenkomen. Dit is een eikenhouten versie van ouwe stokken en dat hebben ze goed gedaan: weinig hout en veel fruit van de bejaarde wijnranken. Wat specerijen erbij, vleug herfstig kreupelhout, zo kenmerkend voor fitou: prima. Echte ouderwetse fitou. Niet de soepelste of de gezelligste, wel lekker karaktervol. Heel ruim. 13,5%.

Vin de pays

DOMAINE CAZILHAC DES CAPITELLES, € 3,99
VIN DE PAYS D'OC, MERLOT 2007

Simpel soepel merlotje. Netaan. 12,5%.

HUISWIJN ROOD, VIN DE PAYS DE L'AUDE, € 3,29
FRUITIG EN SOEPEL (LITER)

Zo fruitig als een onrijpe braam. 12,5%.

JEAN LOUIS CEVENNE, VIN DE PAYS D'OC, € 2,69
CABERNET-SYRAH 2007

Kaal, dropjesachtig. Krap. 13,5%.

JEAN SABLENAY, VIN DE PAYS D'OC, € 2,99
CABERNET SAUVIGNON 2007

Sappig donker fruit. Fiks wat tannine. 13,5%.

JEAN SABLENAY, VIN DE PAYS D'OC, MERLOT 2007 € 2,99

Vriendelijk fruitig. Piets droppig. 13,5%.

ROOD FRANKRIJK - SPANJE

SENSAS, VIN DE PAYS D'OC, CABERNET-SYRAH 2007 € 4,39

Kale cabernet. 13%.

Zuidwest
SAINT-MONT CUVÉE SPECIALE, BOISERAIE 2006 € 3,99

Wat meer fruit, minder stoffige kruiden dan weleer. 13%.

ITALIË
BISANZIO, MONTEPULCIANO D'ABRUZZO 2007 € 2,99

Beetje fruit. 12%.

CALATRASI, D'ISTINTO, SICILIA, SHIRAZ 2006 € 4,99

Dun, zurig. 13,5%.

SENSI, CHIANTI 2007 € 3,99

Zurig fruit. Drinken bij verpieterde pizza. 12,5%.

VILLA MONDI, BARDOLINO 2007 € 2,99

Aangebrand fruit, waterig. 12%.

OOSTENRIJK
WINZER KREMS, SANDGRUBE 13, € 5,25
BLAUER ZWEIGELT 2006

Rood fruit, specerijen, vrolijk, eigenzinnig. Leuke aparte wijn. Een beetje koelen. 13%.

SPANJE
CASTILLO DE ALMANSA, ALMANSA, RESERVA 2004 € 4,99

Klassieke hout-en-vanillereserva, met gelukkig ook veel zacht fruit. Ruim. 14%.

CASTILLO DE PASTORES, VALDEPEÑAS CRIANZA 2004 € 3,69

Fruit en hout, kaal en wrang. 13%.

ROOD SPANJE

ESTOLA, LA MANCHA, RESERVA 2004 — € 3,99 🍷

De eeuwige reserva, al talloze jaren ieder oogstjaar hetzelfde: een kistje wat wee fruit. Ruim 🍷.

FINCA DE LABARCA, RIOJA CRIANZA 2005 — € 4,99 🍷

Ouderwetse hout-en-vanillerioja. Niet de sjiekste. Anderhalf 🍷. 14%.

FINCA DE LABARCA, RIOJA JOVEN 2007 — € 3,39

Schimmelig. 13%.

HUISWIJN SPANJE (LITER) — € 3,99 🍷🍷

Tempranillo uit Valencia. Zonnig zachtfruitig. Ruim 🍷🍷. Geen oogstjaar. 13,5%.

MARQUÉS DE ALMONACID, CARIÑENA 2007 — € 2,99 🍷🍷🍷

🚲 Sappig kersenfruit, beetje cacao, minder uitbundig vrolijk dan vorige jaren, maar ook serieuzer nog een plezier. Mede door de lage prijs 🚲. 13%.

MARQUÉS DE ALMONACID, CARIÑENA, CRIANZA 2005 — € 3,89 🍷🍷🍷

🚲 Sappig kersenfruit, vrolijke specerijen, smeuïge cacao, breedgezaagd eikenhout. Het verschil met andere crianza's? Fruitfruitfruit. Heel ruim 🍷🍷🍷. 13,5%.

MARQUÉS DE ALMONACID, CARIÑENA, RESERVA 2003 — € 4,89 🍷🍷

Rijp kersenfruit, specerijen, hout. Heel ruim 🍷🍷. 13,5%.

TESORO, BULLAS, MONASTRELL TINTO 2007 — € 2,89 🍷🍷🍷

🚲 Murcia, Zuidoost-Spanje. Druif: de hartverwarmende monastrell. Donkerder fruit dan de 2006, meer tannine ook, extra cacao en specerijen dit jaar. Wat stoerder kortom, maar net zo spannend en lekker. Heel ruim 🍷🍷🍷. 13,5%.

ROOD SPANJE - ZUID-AFRIKA

VEGA LIBRE, UTIEL-REQUENA 2007 € 2,19

Rood fruit en wat specerijen, vriendelijk, sappig, maar helaas niet de charme van de 2006 die vorig jaar het omfietsen waard was. Desalniettemin prima voor zo weinig geld. Koelen is een goed idee. 12%.

VERENIGDE STATEN
HILLS OF CALIFORNIA, CABERNET SAUVIGNON 2006 € 2,59

Winegums en drop, maar ook echt fruit. 13%.

ZUID-AFRIKA
BERG SCHADUW, RUBY CABERNET/CINSAUT 2007 € 3,99

Sappig rood fruit. Met een vleug remsporenbouquet, dat wel. 13%.

DANIE DE WET, ROBERTSON, € 4,49
CABERNET SAUVIGNON/MERLOT 2005

De familie De Wet maakt hier al wijn sinds 1698. Armzalig resultaat voor drie eeuwen ervaring. Donker fruit met bittere remsporenafdronk. 14%.

DANIE DE WET, ROBERTSON, PINOTAGE 2006 € 4,49

Pinotage ligt ze beter. Rijp donker fruit. 14,5%.

ELANDSBERG, ROBERTSON, CABERNET € 4,99
SAUVIGNON 2007

Vol sappig bessenfruit. Heel ruim. 14,5%.

ELANDSBERG, ROBERTSON, MERLOT 2007 € 4,99

Stoere, heel aardse merlot met veel rijp donker fruit. Ruim. 14%.

ELANDSBERG, ROBERTSON, PINOTAGE 2007 € 4,99

Vriendelijke pinotage vol rood fruit. Ruim. 14%.

ROOD ZUID-AFRIKA

ELANDSBERG, ROBERTSON, SHIRAZ 2007   € 4,99 ♟♟

Sappige peperige shiraz vol rijp donker fruit. Heel ruim ♟♟.
14,5%.

HOOP HUIS, WESTERN CAPE, DROË ROOI 2007   € 2,69 ♟♟

Simpel, maar sappig fruitig. Stuk beter dan het was. Geen geld. 14%.

HUISWIJN ZUID-AFRIKA (LITER)   € 3,99 ♟♟

Stevig donker fruit, aards. Anderhalf ♟. Geen oogstjaar. 14%.

SCHOONDAL, WESTERN CAPE, CAPE RED 2007   € 1,99

Ze worden zeldzaam, maar ze zijn er nog, de wijnen met die ouwerwetsche authentiek Zuid-Afrikaanse smaak van een schimmelige regenjas! 13,5%.

VINEZ, CABERNET SAUVIGNON SHIRAZ 2006   € 4,69 ♟♟♟

Max Havelaar/Fairtrade, biologisch. Al de derde keer deze 2006 in de gids en hij houdt zich goed. Wel elk jaar wat minder vrolijk en uitbundig. Schort niks aan, maar de pit is eruit. Niet meer heel ruim ♟♟♟ en niet meer het omfietsen waard. Rijp donker fruit, aards. 13%.

DE BESTE WIJNEN VAN DEEN

Wit

1 **Bourgogne chardonnay 2007** € 5,39
   Frankrijk - Bourgogne

2 **Santa Marta, chardonnay 2008** € 4,59
   Argentinië

3 **Chablis 2007** € 7,99
   Frankrijk - Bourgogne

4 **De Montpervier grande réserve, champagne brut** € 15,99
   Frankrijk - Champagne

5 **De Montpervier grande réserve,** € 15,99
   champagne demi-sec
   Frankrijk - Champagne

Rosé

1 **Qué Mas rosé 2008** € 2,19
   Chili

2 **Tesoro, bullas, monastrell rosado 2007** € 2,79
   Spanje

3 **Huiswijn rosé halfzoet,** € 3,29
   vin de pays du comté tolosan (liter)
   Frankrijk

4 **Huiswijn rosé, vin de pays du comté tolosan (liter)** € 3,29
   Frankrijk

5 **Dona Victoria, campo de borja, rosado 2007** € 3,59
   Spanje

Rood

1 **Bourgogne pinot noir vieilles vignes 2007** € 5,79
   Frankrijk - Bourgogne

2 **Qué Mas, central valley, cabernet merlot 2007** € 2,19
   Chili

3 **Tesoro, bullas, monastrell tinto 2007** € 2,89
   Spanje

4 **Marqués de Almonacid, cariñena 2007** € 2,99
   Spanje

5 **Marqués de Almonacid, cariñena, crianza 2005** € 3,89
   Spanje

DEKAMARKT

▷ Spreiding: Drenthe, Flevoland, Friesland, Noord-Holland, Overijssel en Zuid-Holland
▷ Aantal filialen: 85
▷ Marktaandeel: 2,1%
▷ Voor meer informatie: 0251 - 27 66 66 of www.dekamarkt.nl

Er zijn 161 wijnen geproefd, waarvan:
▷ Wit   50
▷ Rosé 27
▷ Rood 84

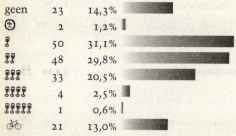

geen	23	14,3%
⊕	2	1,2%
♀	50	31,1%
♀♀	48	29,8%
♀♀♀	33	20,5%
♀♀♀♀	4	2,5%
♀♀♀♀♀	1	0,6%
🚲	21	13,0%

Waardering in aantal wijnen en als percentage van het assortiment

WIT AUSTRALIË - CHILI

WIT

AUSTRALIË

AUSTRALIË, BOERENLANDWIJN (LITER) € 3,79

Uit North West Victoria. Zacht fruit, niet subtiel, wel een bekvol. Beetje snoepjesachtig en meer alcohol dan goed voor 'm is: fikse naverbranding in de slokdarm. Anderhalf. 14,5%.

BOERENLANDWIJN AUSTRALIË WIT (LITER) € 3,79

South Eastern Australia. Simpel maar zacht (snoepjes)fruitig. Anderhalf. Geen oogstjaar. 13%.

SUNNY MOUNTAIN, CHARDONNAY 2007 € 2,99

Kunststofbouquet – van gerecyclede vuilniszakken waarschijnlijk. Met inhoud. 13,5%.

WILLOWGLEN, CHARDONNAY 2007 € 4,49

Van de firma De Bortoli. Slank en sappig. 13%.

WILLOWGLEN, SÉMILLON CHARDONNAY 2007 € 4,49

Van de firma De Bortoli. Zachtfruitig, dit jaar helaas niet sjiek streng dankzij de sémillon maar met een klein ordinair zoetje. Netaan. 13%.

YELLOW TAIL, SOUTH EASTERN AUSTRALIA, € 4,69
CHARDONNAY 2007

Rijp zoet snoepjesachtig, maar wel een bekvol. 13,5%.

CHILI

GAMMA, CASABLANCA VALLEY, CHARDONNAY 2008 € 4,99

Biowijn. Sappig fruitig, al zit hij wel wat heel ruim in de grapefruits. Heel ruim. 14%.

WIT CHILI - FRANKRIJK

GATO NEGRO, CENTRAL VALLEY, € 4,19
SAUVIGNON BLANC 2008

Fris snoepjesfruit. 13%.

INDOMITA VARIETAL, CENTRAL VALLEY, € 3,69
SAUVIGNON BLANC 2007

Smaakt nou niet bepaald overtuigend naar sauvignon, maar oppassend fruitig. Krap. 12%.

ISLA NEGRA RESERVA, VALLE CENTRAL, € 4,99
CHARDONNAY 2007

Zuurtjesfruit. 13%.

VIÑA MAIPO, VALLE CENTRAL, CHARDONNAY 2007 € 3,89

Schraal fruit, met armetierige zuren. 13%.

FRANKRIJK
Bourgogne
BOURGOGNE CHARDONNAY 2007 € 4,99

Van de coöp te Buxy, sinds jaar en dag vermaard vanwege z'n prima bourgognes zonder poespas. Chardonnay die, ook op dit instapniveau, onmiskenbaar bourgogne is. Sappig, fijn van zuren, verleidelijk. 13%.

CHABLIS 2007 € 7,49

Van de Union des Viticulteurs de Chablis. Keurige sappigfruitige en toch strakke chablis. 12,5%.

Champagne
DE MONTPERVIER GRANDE RÉSERVE, € 17,99
CHAMPAGNE BRUT

Keurig, zachtfruitig, beschaafd van prijs. Maar champagne, dat was toch van die liederlijke losbandigheid, te drinken uit muiltjes van courtisanes? 12%.

FRANKRIJK

Elzas
KASTELBOURG, ALSACE, PINOT BLANC RÉSERVE 2007 € 3,99

Grijzemuizenzachtfruitig. Netaan. 12%.

Loire
TOURAINE SAUVIGNON 2007 € 3,39

Volgens de kleine lettertjes van Jean Sablenay. 2006 was te zacht, 2007 is weer te fris. Die Klei heeft toch altijd wat te zeiken. Netaan.

Vin de pays
FRANKRIJK, BOERENLANDWIJN (LITER) € 3,79

Vin de pays d'oc, van grenache blanc en marsanne. Wat een prachtdruiven hebben ze daar toch in Zuid-Frankrijk. En soms kunnen ze er ook nog lekkere wijn van maken. Dik, fruitig, kruidig, spannend. 12%.

HUISWIJN WIT DROOG, € 3,29
VIN DE PAYS DES CÔTES DE GASCOGNE (LITER)

Frisfruitig met flink wat zuurtjes. Geen oogstjaar. 11,5%.

HUISWIJN WIT HALFZOET, € 3,29
VIN DE PAYS DES CÔTES DE GASCOGNE (LITER)

Zachtfruitig met een bescheiden zoetje. Geen oogstjaar. Anderhalf. 11,5%.

HUISWIJN WIT ZOET, € 3,19
VIN DE PAYS DES CÔTES DE GASCOGNE (LITER)

Zachtfruitig, vriendelijk zoetig. Geen oogstjaar. Anderhalf. 11,5%.

WIT FRANKRIJK - ITALIË

HUISWIJN WIT, € 3,29
VIN DE PAYS DES CÔTES DE GASCOGNE (LITER)

'*6 vins*' staat er op het etiket, waarvan dit nummer 4 is, droog fruitig. Klopt. Wel wat zuurtjesachtig fruit. Anderhalf. 11,5%.

JEAN LOUIS CEVENNE, € 2,69
VIN DE PAYS DES CÔTES DE GASCOGNE, BLANC DE BLANCS 2006

Chenetkloon van druiven colombard en ugni blanc. Voor z'n leeftijd nog redelijk fris zuurtjesfruit. 12%.

JEAN SABLENAY, VIN DE PAYS DE L'ILE DE BEAUTÉ, € 3,15
CHARDONNAY 2007

Zonnige zachtfruitige chardonnay met wat kruiderij. Heel ruim. Mede door de lage prijs. 13%.

JEAN SABLENAY, VIN DE PAYS DU VIGNOBLE DE FRANCE, € 3,15
SAUVIGNON BLANC 2007

Frisfruitig. Beetje kaal. Netaan. 12%.

SENSAS, VIN DE PAYS DES VIGNOBLES DE FRANCE, € 3,99
SAUVIGNON 2007

Suffe en niet helemaal frisse sauvignon. 11,5%.

TOUR CARET, BLANC, VIN DE PAYS D'OC 2006 € 3,49

Smaakt naar een heel zielig zuurtje. 12,5%.

ITALIË
CANEI, VINO FRIZZANTE € 2,99

Schuimt, zoetig, riekt als een scheef dichtgeknoopte vrijgezel die elke vrijdag opnieuw ontdekt dat het openbare badhuis sinds 1997 een grandcafé is. 8,5%.

WIT ITALIË - SPANJE

MARTINI, PROSECCO € 6,79

Met kroonkurk! Alsof je een pijpje pils opentrekt. Geef mij dat pilsje dan maar. Schuimt beter, smaakt beter. Vaagfruitig, dit. 10,5%.

MONTALTO, SICILIA, GRECANICO-CHARDONNAY 2007 € 4,99

Vol fruit, kruiden en zomerzon. Heel ruim. 13%.

MONTALTO, SICILIA, PINOT GRIGIO 2007 € 4,99

Sappig zachtfruitig. Heel ruim. 13%.

RAPIDO WHITE, TREBBIANO D'ABRUZZO 2006 € 3,29

Scootertje op 't etiket, schroefdop... Hip Italië. De inhoud daarentegen is een beetje belegen. Wellicht biedt een vers jaar meer plezier, want de rode versie is best aardig. 12,5%.

VENETIO, PROSECCO VENETO FRIZZANTE € 3,45

Schuimt. Niet voor consumptiedoeleinden bedoeld. 10,5%.

VILLA MONDI, SOAVE € 2,99

Karton dat lang in de regen heeft gelegen. Plus het fruit van één eenzame druif. 12%.

SPANJE

FREIXENET, CAVA CARTA NEVADA SEMI SECO € 8,49

Ruikt als de taartjes bij iemand die al heel lang wacht of er misschien toch iemand op z'n verjaardagspartijtje komt. 11,5%.

FREIXENET, CORDON NEGRO SECO CAVA € 8,49

Hard en kaal, droppig zoetje. Schuimt. 11,5%.

WIT SPANJE - ZUID-AFRIKA

GRAN ESPAÑOSO CAVA BRUT € 5,60

Was 🍷🍷🍷 🚲, is dit jaar behoorlijk wat centen duurder en wat veel erger is, minder goed. Minder fruit, beetje kunstmatig, en een vervelend bittertje. Jammer! 11,5%.

GRAN ESPAÑOSO, CAVA SEMI SECO € 5,60

Dezelfde met een fris zoetje. 11,5%.

VAL DE UGA, SOMONTANO, CHARDONNAY 2007 € 4,69

Sappig fruitig zonder aanstellerij. Heel ruim 🍷🍷. 13%.

VERENIGDE STATEN

SUTTER HOME, CHARDONNAY 2006 € 4,29

Kunststofchardonnay. 13%.

ZUID-AFRIKA

BERG SCHADUW, WESTERN CAPE, SAUVIGNON BLANC 2008 € 3,99

Beetje snoepjesachtig, maar wel een sappige sauvignon. Netaan 🍷🍷. 12,5%.

DANIE DE WET, ROBERTSON, CHARDONNAY 2008 € 4,39

Armzalig snoepjesfruit. 12,5%.

DANIE DE WET, ROBERTSON, SAUVIGNON BLANC 2008 € 4,39

Zuurballenfruit. 11,5%.

HOOP HUIS, WESTERN CAPE, CHENIN BLANC 2008 € 2,89

Zacht snoepjesfruit. 13,5%.

HUISWIJN ZUID-AFRIKA WEST-KAAP CHENIN (LITER) € 3,85

Simpel maar zacht frisfruitig. Anderhalf 🍷. Geen oogstjaar. 12,5%.

WIT ZUID-AFRIKA

KLEINRIVIER, WESTERN CAPE, CHARDONNAY 2006 € 4,49 ♀

Was in gids 2008 slank, sjiek en sappig, heel ruim ♀♀, is nu nogal belegen. 12,5%.

KLEINRIVIER, WESTERN CAPE, CHENIN BLANC 2007 € 4,49 ♀♀

Frisgeurend, volsmakend. Ruim ♀♀. 13%.

KLEINRIVIER, WESTERN CAPE, SAUVIGNON BLANC 2007 € 5,19 ♀♀♀

Prima voorjaarsfrisse sauvignon. Druiven, pasgemaaide gazons, blauwe hemel... 12,5%.

SCHOONDAL, WESTERN CAPE, CAPE WHITE 2008 € 2,15

Fris snoepjesfruit. De citroenen in de afdronk zijn wel erg fris. Half ♀. 11,5%.

ZAMA, WESTERN CAPE, CHARDONNAY 2007 € 3,69 ♀♀

Bekvol sappig fruit. 13,5%.

ZUID-AFRIKA, BOERENLANDWIJN (LITER) € 3,79

Chenin uit West-Kaap – een wijngebied dat ook wel Wes-Kaap, Weskaap of Western Cape heet. Zuur! 12%.

DEKAMARKT

ROSÉ

AUSTRALIË
WILLOWGLEN, SOUTH EASTERN AUSTRALIA, ROSÉ 2008 € 4,49

Van de firma De Bortoli. Stevig (snoepjes)fruit. 12,5%.

CHILI
GAMMA, VALLE CENTRAL, SYRAH ROSÉ 2008 € 4,99

Biologische rosé vol stevig rood fruit en pittige kruidigheid. Heel ruim. 14%.

QUÉ MAS ROSÉ 2008 € 2,19

Volbloedige warme bordeauxachtige rosé, rijk aan kleur, geur en smaak, breed opgezet door Bob Ross in zijn betere dagen. Herfstrosé. 13,5%.

VIÑA MAIPO, VALLE CENTRAL, MERLOT ROSÉ 2008 € 3,89

Zuurtjesfruit. Bijtzuren. 12,5%.

EUROPA
JEAN LOUIS CEVENNE, ROSÉ € 2,69

Jean Louis oogst waar het hem uitkomt. Spanje, Frankrijk, of, zoals nu weer, in de afvoerputjes van de Europese wijnplas. Lichtschimmelig zuurtjesfruit vind je daar. Geen oogstjaar. 12,5%.

FRANKRIJK
CHAMPAGNE DE MONTPERVIER, ROSÉ BRUT € 18,79

Ernstig, natuurlijk, roze én belletjes, maar alleszins drinkbaar. 12%.

FRANKRIJK, BOERENLANDWIJN (LITER) € 3,79

Vin de pays d'oc, van druiven syrah, grenache en cinsaut. Zachtfruitig. 12%.

ROSÉ FRANKRIJK - ITALIË

HUISWIJN ROSÉ HALFZOET, € 3,29 🍷🍷🍷
VIN DE PAYS DU COMTÉ TOLOSAN (LITER)

 Friszoet, vrolijk, beet. Gezellig mollig. Geen oogstjaar. 12%.

HUISWIJN ROSÉ, € 3,29 🍷🍷🍷
VIN DE PAYS DU COMTÉ TOLOSAN (LITER)

Nummer 2 van de serie '6 vins', fris fruitig. Charmante landelijkheid. En dat is wat anders dan landerigheid. Eerlijke, oprechte rosé zoals onze voorvaderen het dronken, toen we nog met onze vloot de wereldzeeën beheersten, maar zelf lekker thuis konden zitten, met zo'n rosé bij het stapelen van de goudstukken die onze kapiteins binnen hadden gebracht. 12%.

HUISWIJN ROSÉ, € 3,29 🍷🍷🍷
VIN DE PAYS DU COMTÉ TOLOSAN (LITER)

Betrouwbaar, maar niet saai. Lekker en vol sappig rood fruit. Geen oogstjaar. 12%.

IBIDUM, VIN DE PAYS D'OC, GRENACHE-SYRAH 2006 € 3,99 🍷

Ruikt fruitig, smaakt fruitig, maar kijkaan, er is ook altijd wat: eindigt zuur. 12,5%.

JEAN SABLENAY, VIN DE PAYS DU VAL DE LOIRE, € 3,15 🍷
CABERNET FRANC ROSÉ 2007

Goed van geur, je ruikt zelfs wat cabernet franc, maar helaas snoepjesachtig zoet in de mond. 11%.

ITALIË
ITALIË, BOERENLANDWIJN (LITER) € 3,79 🍷🍷

Vol rood fruit, aards, stoer en zoals dat heet zondoorstoofd. Heel ruim 🍷🍷. 11,5%.

ROSÉ ITALIË - SPANJE

MONTALTO, SICILIA, NERO D'AVOLA ROSATO 2007 € 4,49

Breedgeschouderd van kleur, geur en smaak, tevens invoelend en begrijpend en vol fruit. 13%.

PORTUGAL
MATEUS, VINHO DE MESA ROSÉ € 4,39

Schuimt als afwasmiddel. Riekt ook zo, heeft toch ook wat fruitgeur en laat de tong uitgebeten schoon achter. Geen oogstjaar. 11%.

MESSIAS ROSÉ € 3,49

Jammer. Niet echt vies. Smaakt naar karton en regenwater. Met zegel achterop dat je de garantie geeft dat dit echte Messias rosé met de appellation *'vinho regional beiras'* is. Geen oogstjaar. 11%.

SPANJE
FREIXENET, CAVA ROSADO SECO € 8,49

Ruikt naar behangerslijm. U weet wel, zo'n emmer klodderig grijs spul, alsof je het hebt opgehaald bij de inseminatiegroothandel, waardoor alles aan elkaar plakt, behalve het behang aan de muur. 12%.

GRAN ESPAÑOSO CAVA BRUT ROSADO € 5,60

Ook deze roze cava is minder dan vorig jaar, smaakt ook een beetje plasticachtig. 11,5%.

TESORO, BULLAS, MONASTRELL ROSADO 2007 € 2,89

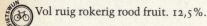Vol ruig rokerig rood fruit. 12,5%.

VAL DE UGA, SOMONTANO ROSADO 2007 € 4,69

Van tempranillo en cabernet sauvignon. Sappig, vrolijk, lang, zuiver en elegant. Heel ruim. 13,5%.

ROSÉ SPANJE - ZUID-AFRIKA

VEGA LIBRE, UTIEL-REQUENA 2006 € 2,25

Rosado van puur bobal, zie de rode Vega Libre. Nog steeds fruitig, maar op leeftijd, vermoeid. Niet meer ruim, niet meer het omfietsen waard. We kijken uit naar de 2007. Of 2008, al naar gelang wanneer u dit leest. Onbegrijpelijk: zo goedkoop en lekker, en u laat het stomweg staan! 12%.

ZUID-AFRIKA

BERG SCHADUW, WESTERN CAPE, PINOTAGE ROSÉ 2008 € 3,99

Zuurtjesfruit. 13,5%.

DANIE DE WET, ROBERTSON, ROSÉ 2008 € 4,39

Zachtfruitig. 14%.

HOOP HUIS, ROSÉ 2008 € 2,90

Zacht snoepjesfruit. 14%.

KLEINERIVIER, WESTERN CAPE, ROSÉ 2007 € 4,99

Vol sappig rood fruit. Heel ruim. 13,5%.

LANDENWIJN ZUID-AFRIKA, WEST- € 3,85
KAAP, PINOTAGE ROSÉ (LITER)

Vol stevig (snoepjes)fruit. Anderhalf. 14%.

SCHOONDAL, CAPE ROSÉ 2008 € 1,99

Niet helemaal schoongewassen snoepjesdruif. 12%.

ROOD

ARGENTINIË
TANGO DUO, RED WINE € 2,35

Meer drop dan fruit. Geen oogstjaar, maar proeffles was de 2008. 12,5%.

AUSTRALIË
AUSTRALIË, BOERENLANDWIJN (LITER) € 3,79

Uit North West Victoria Vineyards, van druiven merlot, ruby cabernet en cabernet sauvignon. Fruitig, beetje dun en zuur – zeker voor Australische begrippen. Geen oogstjaar. Anderhalf 🍷. 14%.

BOERENLANDWIJN, DRY RED AUSTRALIË, € 3,79
SOEPEL EN FRUITIG (LITER)

Onbestemd fruitig, wat droppig. Anderhalf 🍷. 13,5%.

SUNNY MOUNTAIN, SOUTH EAST AUSTRALIA, DRY RED € 3,05

Zachtfruitig. Dun. Netaan 🍷. Geen oogstjaar. 13,5%.

WILLOWGLEN, SOUTH EASTERN AUSTRALIA, € 4,49
CABERNET MERLOT 2007

Van de firma De Bortoli. Australische bordeauxachtige. Bessenfruit, weinig sjeu en charme. Krap 🍷🍷. 13,5%.

WILLOWGLEN, SOUTH EASTERN AUSTRALIA, € 4,49
MERLOT 2007

Van de firma De Bortoli. Simpel suffig fruitig. Anderhalf 🍷. 13,5%.

ROOD AUSTRALIË - CHILI

WILLOWGLEN, SOUTH EASTERN AUSTRALIA, € 4,49
PETITE SIRAH 2006

Van de firma De Bortoli. Stevig donker fruit, leer. Stoer, naar Willowglenmaatstaven. Jammer van de wat benepen afdronk. Heel ruim. 13,5%.

WILLOWGLEN, SOUTH EASTERN AUSTRALIA, € 4,49
SHIRAZ CABERNET 2007

Van de firma De Bortoli. Zacht donker fruit. Nogal droppig. 13,5%.

YELLOW TAIL, MERLOT 2007 € 4,99

Overbloezend rijp fruit, doorzakbankleer, cacao. Soepele allemansvriend. 13,5%.

YELLOW TAIL, SOUTH EASTERN AUSTRALIA, SHIRAZ 2006 € 4,99

Heel commercieel, maar wel geslaagd zacht zoet rijp donker fruit. Niet heel genuanceerd. Heel ruim. 14%.

CHILI

BOERENLANDWIJN CHILI ROOD, CENTRAL VALLEY, € 3,79
CABERNET SAUVIGNON 2007 (LITER)

Slanke cabernet met donker fruit en bescheiden tannine. Heel ruim. 14%.

CHILI, BOERENLANDWIJN (LITER) € 3,79

Cabernet sauvignon uit Central Valley. Bekvol rijp cassisfruit. Wel een beetje fruitella-achtig. 14%.

GAMMA, RAPEL VALLEY, MERLOT 2007 € 4,99

Charmante, lichtvoetige biomerlot vol vrolijk fruit. 14,5%.

GATO NEGRO, CABERNET SAUVIGNON 2007 € 4,25

Vriendelijk, zachtfruitig. Weinig pit, vergeleken met de 2006. 13,5%.

ROOD CHILI

GATO NEGRO, CENTRAL VALLEY, MERLOT 2007 € 4,25

Soepel zachtfruitig. 13,5%.

INDOMITA RESERVA, MAIPO VALLEY, € 4,99
CABERNET SAUVIGNON 2006

Bekvol keurig donker fruit. Heel ruim. 14,5%.

INDOMITA SELECTED VARIETAL, MAIPO VALLEY, € 4,29
CABERNET SAUVIGNON 2006

Keurige slanke sappige cabernet vol rijp bessenfruit. 14,5%.

INDOMITA SELECTED VARIETAL, MAIPO VALLEY, € 4,29
MERLOT 2006

Verleidelijke slanke sappige merlot vol rijp donker fruit met een vleug duur leer. 14,5%.

INDOMITA VARIETAL, MAIPO VALLEY, € 3,85
CABERNET SAUVIGNON 2007

Vol rijp en sappig cabernetfruit, dat zoals u weet aan zwarte bessen doet denken. 14%.

ISLA NEGRA RESERVA, VALLE CENTRAL, € 4,99
CARMENÈRE 2007

Sappig besfruit, rokerig, spannend. 13%.

ISLA NEGRA RESERVA, VALLE CENTRAL, MERLOT 2007 € 4,99

Soepel en slank, donker fruit, lekker leerluchtje. Ruim. 13%.

QUÉ MAS, CENTRAL VALLEY, CABERNET MERLOT 2007 € 2,19

Simpele maar sappige elegante 'bordeaux' uit Chili. Prima. Geen geld. Lekker lelijk etiket ook. 14%.

VIÑA MAIPO, VALLE CENTRAL, CARMENÈRE 2007 € 3,85

Niks carmenère. Dropwijn! 13%.

ROOD FRANKRIJK

FRANKRIJK
SAINT-LAURAND, COLLECTION PRIVÉE, € 2,99
VIN ROUGE DE FRANCE

Simpel, met wat rood fruit. Ruim 🍷. 11%.

Beaujolais
BEAUJOLAIS 2007 € 3,99

Van de *Cave de Bully en Beaujolais*. Met schroefdop! Zuurtjesfruitig. 12,5%.

Bordeaux
CHÂTEAU CHILLAC, BORDEAUX 2007 € 3,99

Riekt kaal en ongezellig, eindigt ook zo. Ertussenin zit wat donker fruit. 11,5%.

CHÂTEAU DAVID, BEAULIEU, € 3,99
BORDEAUX SUPERIEUR 2006

Ook dit jaar weer: deftige bordeaux met lekker veel bessenfruit. 13%.

CHÂTEAU PESSANGE, MÉDOC 2007 € 4,79

🚲 Goedgemanierde bordeaux volgens de boekjes. Sappig bessenfruit, laurier, elegant. Beetje streng en zo hoort dat ook. 12%.

Bourgogne
BOURGOGNE PINOT NOIR VIEILLES VIGNES 2007 € 5,55

🚲 Van de verenigde wijnboeren uit Buxy. Naast zeer serieuze bourgognes geproefd, waarna deze vrolijk de avond won. Sappig fruit, echt pinot, echt bourgogne. Licht, helder, subtiel. Koelen. 13%.

Languedoc-Roussillon
RESERVE DU SUD, CORBIÈRES 2006 € 4,29

Fruitig, kruidig, beetje dun. Anderhalf 🍷. 12,5%.

ROOD FRANKRIJK

RESERVE DU SUD, FITOU 2003　　　　　　　　　€ 4,29

Beetje fruitig, beetje kruidig, beetje dun. Suf en saai. Anderhalf. 12,5%.

RESERVE DU SUD, MINERVOIS 2005　　　　　　€ 3,99

Vaag fruitig, riekt naar rottende groente. Vreemd, al die verschillende oogstjaren hier. 12,5%.

Rhône

DOMAINE DE LA VIOLETTE,　　　　　　　　　€ 5,25
CÔTES DU RHÔNE VILLAGES CHUSCLAN 2007

Van een zekere mijnheer Louis Chinieu, 143 kilo schoon aan de haak, hart en ziel van de plaatselijke gemeenschap, in de wijde omtrek geroemd om zijn ontdekking dat als je maar immer door blijft drinken, je nimmer een kater krijgt, en om het feit dat hij gedaan heeft gekregen dat je op je donorcodicil ook kunt aangeven dat je je lever wilt nalaten als *foie gras*. Gebotteld door de Cave des Vignerons de Chusclan, die al sinds 1964 in de Vettelevertoptien staan, en dus ook mijnheer Chinieu's druifjes tot verrukkelijke wijn verwerken, vol heerlijk rijp fruit met pit en beet. 14%.

JEAN VALRÉAS, CÔTES DU RHÔNE 2006　　　　€ 3,59

Was ooit heerlijk, waarna een tijd helaas slechts wat belegen jaargangen in het schap stonden, maar smaakt nu weer als vanouds dus hoera. Prima stoere maar wellevende landelijke rhône voor geen geld. Ruim. 13,5%.

JEAN VALRÉAS, CÔTES DU RHÔNE VILLAGES,　　€ 4,69
CUVÉE PRESTIGE 2006

Prima – maar mist die landelijke zonovergoten charme van z'n kompaan hierboven. 14%.

JEAN VALRÉAS, CÔTES DU VENTOUX 2006　　　€ 3,25

Sappig donker fruit, stevige tannines. 13,5%.

ROOD FRANKRIJK

Vin de pays

DOMAINE BRUNET, VIN DE PAYS D'OC, PINOT NOIR 2007 € 3,99

Niks pinot noir: vaag droppig Zuid-Frans. 13%.

FRANKRIJK, BOERENLANDWIJN, € 3,79
VIN DE PAYS D'OC (LITER)

Fruitig, maar met een vleug verlepte groente. 12,5%.

HUISWIJN ROOD, VIN DE PAYS DE L'AUDE (LITER) € 3,29

'6 vins', staat er op. Dit is nummero 1, vol, fruitig. Fruitig, niet heel vol, en met een wat sombere ondertoon. Blijft wat mokkend na. Anderhalf ♟. 12%.

HUISWIJN ROOD, VIN DE PAYS DE L'AUDE, € 3,15
FRUITIG EN SOEPEL (LITER)

Zo fruitig als een onrijpe braam. 12,5%.

IBIDUM, VIN DE PAYS D'OC, MERLOT 2006 € 3,99

Hippe fles, suffe wijn. Netaan ♟. 13%.

JEAN LOUIS CEVENNE, VIN DE PAYS D'OC, € 2,69
CABERNET-SYRAH 2007

Kaal, dropjesachtig. Krap ♟. 13,5%.

JEAN SABLENAY, VIN DE PAYS D'OC, € 2,85
CABERNET SAUVIGNON 2007

Sappig donker fruit. Fiks wat tannine. 13,5%.

JEAN SABLENAY, VIN DE PAYS D'OC, MERLOT 2007 € 3,09

Vriendelijk fruitig. Piets droppig. 13,5%.

JEAN VALRÉAS, VIN DE PAYS DES BOUCHES DU RHÔNE € 2,79

Fruitig, kruidig, soepel, simpel. Ruim ♟. 13%.

ROOD FRANKRIJK - ITALIË

MERLOT, VIN DE PAYS D'OC 2007 € 2,59

Van de Celliers de l'Iliade. Fruitig, droppig. 13%.

SENSAS, VIN DE PAYS D'OC, CABERNET-SYRAH 2007 € 3,99

Kale cabernet. 13%.

TOUR CARET, VIN DE PAYS D'OC, MERLOT 2006 € 3,49

Donker fruit, sombere tannine. Anderhalf. 13%.

Zuidwest

BUZET, MERLOT CABERNET 2005 € 3,99

Er zijn nogal wat buzets. Deze heeft een schroefdop, en een mooi etiketje uit 1953. Cabernet blijkt voor beide cabernets te staan, sauvignon en de franc. Rijp donker fruit, maar verder kaal en benepen. Het probleem met *Les Vignerons de Buzet* is dat ze een Grote Médocachtige Wijn willen maken. Probeer toch eens charmante landwijn, jongens! Anderhalf. 13,5%. Elders heeft men al de 2007.

ITALIË

ITALIË, BOERENLANDWIJN (LITER) € 3,79

Sangiovese uit de Marche. Dat proef je, maar nors en wrang. 12,5%.

ITYNERA, SALENTO ROSSO 2005 € 2,39

Had een jaar geleden nog wat tannine om op te bijten, nu een beetje wee. 13%.

MONTALTO, SICILIA, NERO D'AVOLA 2007 € 4,99

Slanker dan de 2006, en dat doet 'm goed. Vol sappig donker fruit. 13,5%.

MONTALTO, SICILIA, SANGIOVESE-SYRAH 2007 € 4,99

Slank als goede chianti, plus pit en peper van de syrah. 13,5%.

ROOD ITALIË - SPANJE

RAPIDO RED, PUGLIA, SANGIOVESE 2006 € 3,29 🍷🍷

Scootertje op 't etiket, schroefdop... Hip Italië. De inhoud is ook bescheiden charmant. Stevig rood fruit, hap tannine. Voor bij de betere pizza. 13%.

SPANJE

CASTILLO DE PASTORES, VALDEPEÑAS CRIANZA 2004 € 3,99 🍷

Fruit en hout, kaal en wrang. 13%.

CASTILLO DE PASTORES, € 6,20 🍷
VALDEPEÑAS GRAN RESERVA 2001

Saaie plankjesreserva. Wel met wat fruit. Beetje wrang. Anderhalf 🍷. 13%.

CASTILLO DE PASTORES, VALDEPEÑAS RESERVA 2003 € 4,45 🍷

Saaie plankjesreserva. Wel met wat fruit. Wrang droog end. 13%.

EL PIANO, JUMILLA GRAN RESERVA 2002 € 4,39 🍷

Oud hout, hard fruit. Heel krapaan 🍷. Hoogvliet verkoopt de 2001. Lood om oud ijzer. 13%.

ESTOLA, LA MANCHA, RESERVA 2004 € 4,29 🍷

De eeuwige reserva, al talloze jaren ieder oogstjaar hetzelfde: een kistje wat wee fruit. Ruim 🍷.

FINCA DE LABARCA, RIOJA CRIANZA 2005 € 4,95 🍷

Ouderwetse hout-en-vanillerioja. Niet de sjiekste. Anderhalf 🍷. 14%.

HUISWIJN SPANJE (LITER) € 3,69 🍷🍷

Tempranillo uit Valencia. Zonnig zachtfruitig. Ruim 🍷🍷. Geen oogstjaar. 13,5%.

ROOD SPANJE

NAVAJAS, RIOJA CRIANZA 2004 € 6,99

Jaja, ze bestaan nog. Ouderwetsche hout-en-vanillerioja's. Niet de charme van de 2003, ze zijn wat uitgeschoten met het zaagsel. 12,5%.

NAVAJAS, RIOJA TINTO 2007 € 3,99

Zachtfruitig. De crianza – met hout dus – is te koop bij Dekamarkt. 13%.

SPANJE, BOERENLANDWIJN (LITER) € 3,79

Tempranillo, merlot en garnacha uit Extremadura. Oftewel een liter vol zacht rijp rood fruit op Spaanse grondslag. Plus wat tannine om het geheel niet te soepel te maken. Prima in al z'n eenvoud. 13,5%.

TESORO, BULLAS, MONASTRELL TINTO 2007 € 2,89

Murcia, Zuidoost-Spanje. Druif: de hartverwarmende monastrell. Donkerder fruit dan de 2006, meer tannine ook, extra cacao en specerijen dit jaar. Wat stoerder kortom, maar net zo spannend en lekker. Heel ruim. 13,5%.

VAL DE UGA, SOMONTANO, CABERNET SAUVIGNON 2006 € 4,69

Niet zo uitbundig meer als een jaar geleden, maar nog steeds een karaktervolle slanke cabernet. 13,5%.

VAL DE UGA, SOMONTANO, GARNACHA SYRAH 2007 € 4,69

Wat minder deftig dan de 2006, maar zeker zo vrolijk. Sappig kersenfruit, specerijen. Slank, elegant, een plezier. 13,5%.

VEGA LIBRE, UTIEL-REQUENA 2007 € 2,25

Rood fruit en wat specerijen, vriendelijk, sappig, maar helaas niet de charme van de 2006 die vorig jaar het omfietsen waard

ROOD VERENIGDE STATEN - ZUID-AFRIKA

was. Desalniettemin prima voor zo weinig geld. Koelen is een goed idee. 12%.

VERENIGDE STATEN
HILLS OF CALIFORNIA, CABERNET SAUVIGNON 2006 € 2,69

Winegums en drop, maar ook echt fruit. 13%.

SUTTER HOME, CABERNET SAUVIGNON 2005 € 4,29

Riekt als immer naar limonadesiroop, maar net als het vermaarde oogstjaar 2003, niet meer naar kots. Verder een beetje wrang, dun, zoetig en ook verder de Gesel van het Huishouden. 12,5%.

ZUID-AFRIKA
BERG SCHADUW, RUBY CABERNET/CINSAUT 2007 € 3,89

Sappig rood fruit. Met een vleug remsporenbouquet, dat wel. 13%.

DANIE DE WET, ROBERTSON, CABERNET SAUVIGNON/MERLOT 2005 € 4,39

De familie De Wet maakt hier al wijn sinds 1698. Armzalig resultaat voor drie eeuwen ervaring. Donker fruit met bittere remsporenafdronk. 14%.

DANIE DE WET, ROBERTSON, PINOTAGE 2006 € 4,39

Pinotage ligt ze beter. Rijp donker fruit. 14,5%.

HOOP HUIS, WESTERN CAPE, DROË ROOI 2007 € 2,79

Simpel, maar sappig fruitig. Stuk beter dan het was. Geen geld. 14%.

HUISWIJN ZUID-AFRIKA (LITER) € 3,79

Stevig donker fruit, aards. Anderhalf 🍷. Geen oogstjaar. 14%.

ROOD ZUID-AFRIKA

KLEINERIVIER, STELLENBOSCH, € 6,99
RESERVE CABERNET SAUVIGNON PINOTAGE 2006

Intrigerend: zelfde etiket als die hieronder, zelfde achtetiket met zelfde uitleg als hieronder, maar deze *reserve* heet Kleinerivier. En het is geen drukfout, want ook in het embleempje waarop bij de andere wijnen staat *'Kleinrivier fine wines'*, is hier te lezen dat het een fijne wijn is van Kleinerivier. Rijp bessenfruit, wat hout, strenger dan de Kleinrivieren. 14,5%.

KLEINRIVIER, STELLENBOSCH, € 5,99
CABERNET SAUVIGNON MERLOT 2006

'Basket pressed', wat zoals trouwe lezers en drinkers weten betekent dat de *'druiwe'*, *'die met die hand geoes is by optimale rypheid'*, daarna in de kelder tot wijn zijn gemaakt volgens *'tradisionele wynbereidings metodes, wat mandjie perse insluit'*. Oftewel, geperst in een ouderwetse houten pers, in het Engels de *basket press*. Perst volgens sommige boeren net zo goed als de meest geavanceerde tonnen kostende Vaslinpers, volgens andere nog beter. Let op: *'die wyn mag 'n afsaksel toon als gevolg van minimum filtrasie'*. Oftewel: nauwelijks gefilterd, dus er is kans op wat droesem oftewel depot. Diverse deeltjes klonteren in de loop van de tijd aan elkaar en bezinken. Die deeltjes kan de producent er uit filteren, maar dan haal je ook geur en smaak weg. 'Je kleedt de wijn uit', zoals een wijnboer het ooit zei. Elk jaar smaakt hier anders en het is altijd weer een plezier. Meer rood fruit nu, sappiger, soepeler – tot je aan de stoere aardse afdronk komt. Heel ruim. 14,5%.

KLEINRIVIER, STELLENBOSCH, € 6,99
CABERNET SAUVIGNON SHIRAZ 2006

Basket pressed. Stoer en stevig fruit. Nog wat jong en ontoegankelijk. 14%.

ROOD ZUID-AFRIKA

KLEINRIVIER, STELLENBOSCH, PINOTAGE 2005 € 6,99

Basket pressed. Heel rijp rood fruit, rokerig, cacao, heel rijpe tannine. Wel een wat branderig eind, wat ook geen wonder is gezien het alcoholpercentage. Voor 15% valt me de branderigheid nog reuze mee. Heel ruim. 15(!)%.

KLEINRIVIER, STELLENBOSCH, SYRAH 2007 € 6,79

Basket pressed. Rood fruit, specerijen, rokerig. Lijkt heel zacht en soepel, maar biedt toch beet. Van de firma Kracht & Verfijning. 14%.

KLEINRIVIER, WESTERN CAPE, PINOTAGE/MERLOT 2007 € 4,49

Basket pressed. Vol rijp fruit, leer van de merlot, mooie tannine, sjieke wijn vol kracht, met dat wat aardse dat zo karakteristiek is voor Zuid-Afrikaans rood. Ruim. 14%.

SCHOONDAL, WESTERN CAPE, CAPE RED 2007 € 2,39

Ze worden zeldzaam, maar ze zijn er nog, de wijnen met die ouwerwetsche authentiek Zuid-Afrikaanse smaak van een schimmelige regenjas! 13,5%.

ZAMA, WESTERN CAPE, € 3,69
CABERNET SAUVIGNON SHIRAZ 2007

Stevig fruitig, aards. 14,5%.

ZUID-AFRIKA, WEST-KAAP, BOERENLANDWIJN (LITER) € 3,79

Stevig donker fruit, vleug cacao, beetje aards. Boers, inderdaad. In de goede zin des woords. 13,5%.

DE BESTE WIJNEN VAN DEKAMARKT

Wit

1. **Bourgogne chardonnay 2007** — € 4,99
   Frankrijk - Bourgogne

2. **Frankrijk, boerenlandwijn (liter)** — € 3,79
   Frankrijk - Vin de pays

3. **Kleinrivier, western cape, sauvignon blanc 2007** — € 5,19
   Zuid-Afrika

4. **Chablis 2007** — € 7,49
   Frankrijk - Bourgogne

5. **De Montpervier grande réserve, champagne brut** — € 17,99
   Frankrijk - Champagne

Rosé

1. **Qué Mas rosé 2008** — € 2,19
   Chili

2. **Tesoro, bullas, monastrell rosado 2007** — € 2,89
   Spanje

3. **Huiswijn rosé halfzoet,** — € 3,29
   vin de pays du comté tolosan (liter)
   Frankrijk

4. **Huiswijn rosé, vin de pays du comté tolosan (liter)** — € 3,29
   Frankrijk

5. **Huiswijn rosé, vin de pays du comté tolosan (liter)** — € 3,29
   Frankrijk

Rood

1. **Bourgogne pinot noir vieilles vignes 2007** — € 5,55
   Frankrijk - Bourgogne

2. **Val de Uga, somontano, garnacha syrah 2007** — € 4,69
   Spanje

3. **Domaine de la Violette,** — € 5,25
   côtes du rhône villages chusclan 2007
   Frankrijk - Rhône

4. **Kleinrivier, stellenbosch, syrah 2007** — € 6,79
   Zuid-Afrika

5. **Qué Mas, central valley, cabernet merlot 2007** — € 2,19
   Chili

DIRCK III

▷ Spreiding: landelijk
▷ Aantal filialen: 30
▷ Voor meer informatie: www.dirckIII.nl

Er zijn 190 wijnen geproefd, waarvan:
▷ Wit 69
▷ Rosé 25
▷ Rood 96

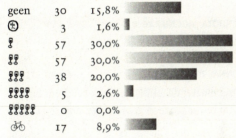

geen	30	15,8%
☹	3	1,6%
♟	57	30,0%
♟♟	57	30,0%
♟♟♟	38	20,0%
♟♟♟♟	5	2,6%
♟♟♟♟♟	0	0,0%
⚲	17	8,9%

Waardering in aantal wijnen en als percentage van het assortiment

WIT

ARGENTINIË
PAMPAS DEL SUR SELECT, MENDOZA, € 2,99
CHARDONNAY-CHENIN 2008

🚴 Druif chenin komt van Loirewijngaarden, maar u kent 'm wellicht beter onder z'n Zuid-Afrikaanse naam steen of droë steen. Steen is meestal onbestemd frisfruitig. Loire-chenin geeft veel weerbarstiger wijn. Hier doet de chenin Loire-achtig z'n best. Heel plezierig, wat pit en beet bij het zachte sappige fruit van de chardonnay. 13%.

PASOS DE TANGO, MENDOZA, VIOGNIER 2008 € 3,59

Zachtfruitig. Anderhalf. 13%.

VIÑA PLATA, CHARDONNAY 2008 € 3,99

Chardonnay die met plezier dagelijks het park rondrent en ook verder op de lijn let, maar toch gezellig *Sex and the city't*. 13%.

AUSTRALIË
DE BORTOLI SERO, KING VALLEY, € 8,99
CHARDONNAY PINOT GRIGIO 2006

Fruitig, kruidig. 13%.

DE BORTOLI SERO, MOSCATO 2007 € 7,99

Moscato d'asti-achtig (zie italië wit hier en bij Albert Heijn): zoet, licht, muskaatdruiven. Maar dan niet zo lekker friszoet als moscato. 8%.

HARDY'S VARIETAL RANGE, € 3,99
SOUTH EASTERN AUSTRALIA, CHARDONNAY 2007

Sappig fruit, maar riekt ook enigszins naar teenslippers. Ruim. 13,5%.

WIT AUSTRALIË - CHILI

YELLOW TAIL, SOUTH EASTERN AUSTRALIA, € 4,99
CHARDONNAY 2007

Rijp zoet snoepjesachtig, maar wel een bekvol. 13,5%.

CHILI
CASA DEL RIO VERDE, VALLE CENTRAL, € 3,79
CHARDONNAY 2007

Simpel zachtfruitig. 13%.

CASA DEL RIO VERDE, VALLE CENTRAL, € 3,79
SAUVIGNON BLANC 2007

Frisfruitig, maar ook wat verlepte sla in het bouquet. 12,5%.

DIEGO, CHARDONNAY 2007 € 2,99

Uit muffe kartonnen dozen gewrongen. 13%.

DOÑA DOMINGA RESERVA, COLCHAGUA VALLEY, € 4,99
SAUVIGNON BLANC – VIOGNIER 2008

Gaat goed samen, het frisse van sauvignon met de zachte, rijpe smaak van viognier. Smaakt sjiek, als een goedgemutste pouilly-fumé met een heel zachtaardig gemoed. Heel ruim. 13%.

DOÑA DOMINGA, COLCHAGUA VALLEY, € 6,99
CHARDONNAY SEMILLON OLD VINES 2008

De meeste wijn is jong op z'n best, maar de wijnstok wordt juist beter met de jaren. Vandaar dat trotse *old vines (vieilles vignes* zeggen ze in Frankrijk): een oude wijnrank geeft minder, maar beter smakende druiven. De wortels graven met de jaren dieper en dieper, en wat ze aan voedsel binnenhalen hoeft over minder druiven verdeeld. De smaak wordt dus intenser. Proef maar deze Chileen met z'n klassiek Australische druivencombi. De zachte, luxe smaak van de chardonnay plus dat lekker weerbarstige van druif sémillon. Zacht, rijp en vol spannende geuren en smaken. Deftige wijn. 13,5%.

WIT CHILI - FRANKRIJK

ISLA NEGRA RESERVA, VALLE CENTRAL, € 4,89
CHARDONNAY 2007
Zuurtjesfruit. 13%.

SANTA RITA 120, VALLE CENTRAL, CHARDONNAY 2007 € 5,99
Zachtfruitig. 14%.

SANTA RITA 120, VALLE DE LONTUE, € 5,99
SAUVIGNON BLANC 2007
Zacht frisfruitig. 13,5%.

DUITSLAND
DEINHARD, RHEINHESSEN, RIESLING CLASSIC 2007 € 4,79
Scherp, met armageddonafdronk. 12,5%.

KENDERMANN, SAUVIGNON BLANC 2007 € 4,99
Frisfruitig.

FRANKRIJK
CARRÉ DE VIGNE, € 2,79
VIN DE TABLE DE FRANCE, BLANC (LITERPAK)
Curieus: ruikt en smaakt als zurig appelsap. 11%.

FRENCH RENAISSANCE, CLASSIC WHITE, VIN DE TABLE € 3,49
Geen oogstjaar. Simpel zachtfruitig. Anderhalf 🍷. 11%.

Bordeaux
PAVOIS D'OR, SAUTERNES 2006 (375 ML) € 6,79
Sjiek zoet, met de geur van dure abrikozen. Heel ruim 🍷🍷🍷.
13,5%.

VALOMBREUSE, BORDEAUX BLANC MOELLEUX 2007 € 3,19
Zoetig. Waterig. 11,5%.

WIT FRANKRIJK

VALOMBREUSE, BORDEAUX BLANC SEC 2007 € 6,99

Muffruitig. 🍷. 12%.

Bourgogne

JOSEPH DROUHIN, BOURGOGNE CHARDONNAY 2006 € 6,99 🍷🍷🍷

Chardonnay kan naar boter ruiken, lezen we in boekjes. Klinkt raar, maar klopt. Soms naar ranzige boter, zo'n aangebroken pakje, vergeten in een hoekje van een studentenhuisijskast; soms – en dat bedoelen de boekjes en ruiken we hier – naar een gezonde kluit boter, die net begint te smelten in de pan. Verder een sjieke slanke wijn met sappig fruit. Lekker lesmateriaal om chardonnay te leren kennen. 13%.

MÂCON-VILLAGES 2007 € 5,49 🍷

Zachtfruitig. Tamelijk vlak. Anderhalf 🍷. 12,5%.

POUILLY-FUISSÉ 2007 € 12,99 🍷🍷

Van de *Vignerons des Grandes Vignes*. Onbestemde maar zachtfruitige chardonnay. 13%.

RENÉ CLÉMENT, BOURGOGNE CHARDONNAY 2007 € 5,99

Les 2: nogmaals boter, maar nu ranzig. 12,5%.

Champagne

VINCENT DE NEULY, € 18,49 🍷
GRANDE RÉSERVE, CHAMPAGNE BRUT

Er bestaan mensen die die blikken dingetjes boven op de champagnekurken verzamelen, wist u dat? Jaja, Onze Lieve Heer heeft vreemde kostgangers. In mijn boek *Tot op de bodem* heb ik daar lelijke dingen over gezegd, lees maar bij muselet, maar nu heb ik toch maar mooi zelf deze *plaquemuselet* – want zo heten die dingetjes – bewaard... Want in plaats van zoals gebuikelijk het merk van de bijbehorende belletjeswijn, staat er een charmant plaatje op van mannen in de vatenkelder. Daarmee hebben we meteen het leukste

WIT FRANKRIJK

gehad. Simpele schuimwijn, voor *brut* vreemd zoetig. Curieus. Als wijn anderhalf 🍷, als champagne geen knip voor de neus waard. 12%.

VINCENT DE NEULY, GRANDE RÉSERVE, € 18,49 🍷
CHAMPAGNE DEMI-SEC

Idem, maar dan... droog! Krijg nou wat: verkeerd geëtiketteerd. 12%.

Elzas

ARTHUR METZ, PINOT BLANC 2007 € 3,99 🍷🍷

Vol vriendelijk sappig fruit, maar niet helemaal zuiver op de graat. Krapaan 🍷🍷. 12%.

GEWURZTRAMINER LES CIGOGNES 2007 € 6,99 🍷

Van de familie Beck, die al wijn maakt sinds 1596. Hmm. Het is natuurlijk lief dat de dorpsgenoten al vier eeuwen bemoedigend zeggen 'al doende leert men', maar misschien wordt het toch ook eens tijd om een beroepskeuzetest te doen. Of zou het gewoon een kwestie van inteelt en verval zijn? Riekt gewurzerig, maar is verder nogal dun en vlak. 12,5%.

RITZENTHALER, ALSACE, PINOT GRIS 2007 € 5,49 🍷🍷🍷

Vol sappig en zacht abrikozenfruit. 13%.

VEUVE ROTH, ALSACE, RIESLING 2007 € 5,49 🍷

Druivig. Anderhalf 🍷. 12%.

Languedoc-Roussillon

MUSCAT DE BEAUMES DE VENISE, OR PUR € 8,99 🍷🍷🍷

Ruikt en smaakt naar muskaatdruiven. Heel zoet. Geen oogstjaar. 15%.

WIT FRANKRIJK

Loire

COLLECTION RÉMY PANNIER, € 3,69
TOURAINE, SAUVIGNON 2006

Er is sauvignon die bewaard kan worden. Deze hoort daar niet bij. In het verleden frisfruitig geweest, nu voornamelijk muf en gemelijk. 12%.

DOMAINE 'LA GEMIÈRE', SANCERRE 2007 € 9,99 ♟♟

Van zekere Daniel Millet en zonen. Correcte sancerre, strak in het fruit. Heel ruim ♟♟. 12,5%.

MUSCADET SÈVRE ET MAINE SUR LIE 2007 € 3,39 ♟

Helaas! Was eerdere jaren prima, is nu vlak en kaal. 12%.

VAN REMOORTERE, MENETOU-SALON 2007 € 8,39 ♟♟

Frisfruitig. 12,5%.

Vin de pays

BARON D'ARIGNAC, VIN DE PAYS DE GERS 2007 € 2,29

Kijkkijk, de vooruitgang aanschouwelijk verbeeld: elk jaar ietsje minder weerzinwekkend, wat hiero gebrouwen wordt. Bevat dit jaar zelfs sporen van snoepjesfruit! 11,5%.

BARON DE LANCE, € 2,79
VIN DE PAYS DES CÔTES DE GASCOGNE 2006

Oordeel in gids 2008 over deze 2006: gemaakt van perensnoepjescolombard, zwavel en een gevonden beurs druifje. ZUUR! Uiteraard heeft iedereen 'm links laten liggen, zodat hij nu zachtjes ruftend in het schap staat te overlijden. 12%.

DOMAINE DE LISCHETTO, € 4,99 ♟♟
VIN DE PAYS DE L'ÎLE DE BEAUTÉ, CHARDONNAY 2007

Fruitig, kruidig, sappig. Heel ruim ♟♟. 12,5%.

WIT FRANKRIJK - ITALIË

J.P. CHENET BLANC DE BLANCS, € 3,19
VIN DE PAYS DES CÔTES DE GASCOGNE 2007

Frisfruitig. 11,5%.

J.P. CHENET BLANC MOELLEUX, € 3,19
VIN DE PAYS DES CÔTES DE THAU 2007

Zoetig. 11,5%.

LA CHASSE DU PAPE, € 4,59
VIN DE PAYS D'OC, CHARDONNAY 2006

Onbestemd vaag fruitig. Niet helemaal okselfrisse afdronk. Netaan. 11,5%.

Zuidwest

CARRIEU CUVÉE SÉLECTIONÉE, SAINT-MONT 2007 € 3,99

Fruitig. Treffende overeenkomst met een blik ananas. 12,5%.

FLEURON DE BARADAT, € 3,99
CUVÉE SÉLECTIONNÉE, SAINT MONT 2007

'Ons geheim? We voegen wat blikken ananas toe.' 12,5%.

GRIEKENLAND

CRETA OLYMPIAS WINERY, SAMOS € 5,99

Mierzoete muskaatwijn. 15%.

ITALIË

ARALDICA, MOSCATO D'ASTI 2007 € 4,79

Piets onzuiver, verder nog steeds vrolijk geurend naar muskaatdruiven, deze moscato d'asti uit Piemonte. Friszoet, lichtmousserend, vrolijk. Mist pittige bittertje van de ware, maar toch veel plezier voor geen geld. Zie pagina 41 voor uitleg. 5%.

CAMPAGNOLA, SOAVE CLASSICO 2007 € 4,29

Simpel zachtfruitig. Netaan. 12,5%.

WIT ITALIË - PORTUGAL

MARTINI, PROSECCO € 6,49

Met kroonkurk! Alsof je een pijpje pils opentrekt. Geef mij dat pilsje dan maar. Schuimt beter, smaakt beter. Vaagfruitig, dit. 10,5%.

VILLA CORNARO, PINOT GRIGIO 2007 € 2,99

Poging tot frisfruitig. Nogal kaal en dun. Heel, heel klein. 11,5%.

OOSTENRIJK
ZANTHO, BURGENLAND, GRÜNER VELTLINER 2007 € 6,49

Al vijf eeuwen voor wij in beestenvellen stiekem bij Lobith Nederland probeerden binnen te komen, maakten de Kelten wijn in Oostenrijk. Een goed millennium later waren het de kloosters, veelal gesticht door cisterciënzers uit Bourgogne, die enthousiast wijnranken aanplantten. Monnikenwerk kan heel plezierig zijn. Sinds een jaar of tien is Oostenrijkse wijn, in Nederland met name dankzij pionier Regina Meij, www.imperialwijnkoperij.nl, je van het, vooral in de Michelinnige horeca. Zo'n zeventig procent van alle Oostenrijkse wijn is wit en dé witte druif is de grüner veltliner, die heel grofweg gesproken smaakt als een soort kruidige sauvignon. Proef maar. Geurt en smaakt tevens naar druiven en sappige peren. Fris en toch zacht. Prima. Onbegrijpelijk waarom dan ook nog die snoepjesdoos hierboven in het schap staat. Heel ruim. Und: mit Vino-Lok! (zie pagina 272 voor uitleg wat dat nou weer voor nieuwlichterij is). 12%.

PORTUGAL
FIUZA, NATIVE, RIBATEJANO, € 3,99
CHARDONNAY FERNÃO PIRES 2007

Zachtfruitig, kruidig, pittig. Grappig anders. Zie ook hun rood! 12,5%.

WIT PORTUGAL - SPANJE

GATÃO, VINHO VERDE € 4,29

Schuimt een beetje, stinkt een beetje, beetje fruitig, piepklein zoetje. 8,5%.

SPANJE

CODORNÍU, CAVA BRUT, RESERVA RAVENTÓS € 10,99

Sappige cava vol zacht fruit, eindigt helaas wat droppig. 11,5%.

ESTRELLA DE MURVIEDRO, VALENCIA, MOSCATEL € 3,79

Friszoete muskaatdruiven. 10%.

FREIXENET, CAVA CARTA NEVADA SEMI SECO € 8,29

Ruikt als de taartjes bij iemand die al heel lang wacht of er misschien toch iemand op z'n verjaardagspartijtje komt. 11,5%.

FREIXENET, CORDON NEGRO SECO CAVA € 8,29

Hard en kaal, droppig zoetje. Schuimt. 11,5%.

MONASTERIO DE PALAZUELOS, RUEDA, VERDEJO 2007 € 5,49

Frisfruitig, kruidig, sappig. Heel ruim. 12,5%.

NAVAJAS, RIOJA BLANCO 2007 € 3,99

Zachtfruitig, specerijen. Grappig anders. Heel ruim. 12,5%.

OLIVELLA FERRARI, CAVA BRUT RESERVA € 5,99

Fruitig, droog. Heel ruim. 11,5%.

OLIVELLA FERRARI, CAVA RESERVA SEMI SECO € 5,99

'Semi seco' betekent in de praktijk meestal 'bijna mierzoet', maar is hier echt 'halfdroog'. Fruitig. Heel ruim. 11,5%.

WIT VERENIGDE STATEN - ZUID-AFRIKA

VERENIGDE STATEN
GRAND CIRCLE, CALIFORNIA, CHARDONNAY 2006 € 5,39

Zachtfruitig, maar nogal belegen. Beetje muf. Netaan. 13,5%.

ZUID-AFRIKA
DROSTDY-HOF, WESTERN CAPE, € 4,49
STEEN CHENIN BLANC 2007

Simpel, beetje snoepjesfruit. Anderhalf. 12%.

HANEPOOT, WES-KAAP, € 2,99
EFFE SOET VRUGTIGE WITWYN 2007

Waterig soet. 12%.

LUSHOF THE ESTATE, STELLENBOSCH, € 9,29
CHARDONNAY 2007

Volvette chardonnay met sappig fruit. Heel ruim. 13,5%.

NEDERBURG, WESTERN CAPE, € 5,99
SAUVIGNON BLANC CHARDONNAY 2007

Meer sauvignon (frisfruitig) dan chardonnay (zachtfruitig). 13%.

POST HOUSE, STELLENBOSCH, CHENIN BLANC 2007 € 11,99

Witte loiredruif chenin heet in Zuid-Afrika steen of droë steen. Tenminste, tot voor kort. Nu noemen steeds meer producenten die hogere ambities hebben dan de min of meer frisfruitige oppervlakkigheid van droë steen 'm beleefd chenin. Hier is zelfs een chenin met hout! En niet zo'n beetje. Hele zagerijen ruik ik. Zit er ook nog fruit bij, waar wijn tenslotte van gemaakt dient te worden? Wat lucht en we weten het. Wijn krijgt lucht door 'm klaterend in een karaf te plonzen en er worden ook apparaatjes uitgevonden die je op de flessenhals kunt zetten – wat zelden werkt en altijd gedoe en gemors geeft – maar al proevend werkt de aloude methode het

WIT ZUID-AFRIKA

best. We gieten het proefglas leeg in een ander glas, en weer terug, en zo nog een paar keer. Nee, niet zo voorzichtig! Met een mooie pisboog door de lucht het andere glas in. Met wat ervaring gaat dat zonder morsen. En kijkaan: veel sappig fruit, met de houtgeur als achtergrond. Duur ruikende wijn is het nu, weelderig als sjieke chardonnay, maar zijnde droë steen – pardon, chenin – een beetje streng en lekker anders. 14%.

TALL HORSE, CHARDONNAY 2006 € 3,99

Dikke sappige doorsneechardonnay met een giraffe op het etiket. Een kamerolifantje was toepasselijker geweest.

TALL HORSE, SAUVIGNON BLANC 2008 € 3,99

Sappig frisfruitig.

ROSÉ

ARGENTINIË
SELECT PAMPAS DEL SUR, MENDOZA, € 2,99
MERLOT/MALBEC ROSÉ 2008

Vol stevig rood fruit. 13%.

AUSTRALIË
COOPERS CROSSING, € 3,99
SOUTH EASTERN AUSTRALIA, ROSÉ 2008

Outback wine. Rood (limonade)fruit. 12,5%.

HARDYS VARIETAL RANGE, € 4,15
SOUTH EASTERN AUSTRALIA, ROSÉ 2007

Zacht (snoepjes)fruit. Anderhalf. 12%.

CHILI
DIEGO, ROSÉ CABERNET € 2,99

Stevig fruit, maar niet helemaal fris. Geen oogstjaar. 13,5%.

SANTA RITA 120, VALLE DEL MAIPO, € 5,99
CABERNET SAUVIGNON ROSÉ 2007

Stevig (snoepjes)fruit, weinig charme. Anderhalf. 13,5%.

FRANKRIJK
BARON DE LANCE, VIN DE PAYS D'OC, ROSÉ 2007 € 2,79

Zuurtjesfruit. 12%.

BARON DE LANCE, VIN DE PAYS D'OC, € 2,79
ROSÉ GRENACHE CONSAULT 2007

Snoepjesfruit. Kaal, vlak. 12%.

CARRIEU CUVÉE SÉLECTIONÉE, SAINT-MONT 2007 € 3,99

Fruitig, kruidig. Heel eenvoudig, maar beter dan het was. 12,5%.

ROSÉ FRANKRIJK - ITALIË

CAVE GENOUILLY, BOURGOGNE PINOT NOIR 2007 € 6,99
Dun en zuur. 12,5%.

COLLECTION RÉMY PANNIER, ROSÉ D'ANJOU 2007 € 2,79
Zuurtjesfruit. Zoetig. 10,5%.

FLEURON DE BARADAT, € 3,99
CUVÉE SÉLECTIONNÉE, SAINT MONT 2007
Zuurballenrosé. 12,5%.

FUMET DE PROVENCE, CÔTES DE PROVENCE 2007 € 3,99 ♀
Beetje vlak, maar fruitig. Anderhalf ♀. 12,5%.

J.P. CHENET, VIN DE PAYS D'OC, € 3,19 ♀
CINSAULT-GRENACHE 2007
Fris (snoepjes)fruitig. 12,5%.

MUSCAT DE BEAUMES DE VENISE, OR ROSÉ € 9,99 ♀♀♀
Kien hoor, een modegevoelige roze variant. Ruikt en smaakt ook naar muskaatdruiven. Heel zoet. Geen oogstjaar. 15%.

ITALIË
CODICE, SALENTO ROSATO 2007 € 2,49
Zwavelig (snoepjes)fruit. 13%.

SCALINI, MARCA TREVIGIANA, RABOSO ROSATO € 5,49 ☹
In 2012 komt het Einde der Tijden, wist u dat? En het armageddon ruikt zoals dit schuimend goedje. Teneinde niet al vóór 2012 aan mijn Einde te komen, niet geproefd. Geen oogstjaar. 11%.

PORTUGAL
MATEUS, VINHO DE MESA ROSÉ € 4,29

Schuimt als afwasmiddel. Riekt ook zo, heeft toch ook wat fruitgeur en laat de tong uitgebeten schoon achter. Geen oogstjaar. 11%.

SPANJE
BODEGAS OSBORNE, SOLAZ, € 4,79
VINO DE LA TIERRA DE CASTILLA, ROSADO 2007

Van druiven shiraz, petit verdot en merlot. Leuk idee, al heeft het niks met Spanje van doen, lullig uitgevoerd. Smaakt naar limonade met aardbeienaroma. Heel, heel klein. 13%.

CAMPO NUEVO, NAVARRA ROSADO 2007 € 2,99

Vol rood fruit van druif garnacha oftewel grenache. 12,5%.

CODORNÍU, CAVA BRUT, PINOT NOIR € 10,99

Sjieksmakende cava vol zacht en sappig fruit. 12%.

ESTRELLA DE MURVIEDRO, VALENCIA € 3,79

Van druiven muscat de alejandría en garnacha. De druivenfamilie muscat is heel groot, met allerhande verschillende toevoegsels en achternamen, garnacha is de druif die beter bekend is onder de Franse naam grenache, al is hij van oorsprong Spaans. Friszoet. Heel ruim. 10%.

OLIVELLA FERRARI, CAVA BRUT ROSÉ € 5,99

Meer lichtrood dan rosé, stevig fruit, wel wat snoepjesachtig. Netaan. 11,5%.

VIÑA FORONDA, CAMPO DE BORJA, ROSADO 2007 € 2,49

Prima rosé vol vrolijk sappig fruit. 13,5%.

ROSÉ ZUID-AFRIKA

ZUID-AFRIKA
STELLAR ORGANICS, SHIRAZ ROSÉ 2008 € 4,99

Fairtrade/Max Havelaar en biologisch én zacht en zuiver en sappig fruitig. Wat wil een mens nog meer? Heel ruim. 13%.

TALL HORSE, PINOTAGE ROSÉ 2008 € 3,99

Met een giraffe op het etiket. Dat schijnt goed te verkopen, een beest op het etiket, al had het hier beter een beest uit Toon Tellegen kunnen zijn, dol op taart. Vol stevig rood fruit, piets petit-four-achtig in afdronk.

ROOD

ARGENTINIË

NIETO SENETINER RESERVA, MENDOZA, MERLOT 2006 € 6,29

Deftige merlot met sappig fruit, wat hout en fiks tannine. 14%.

PAMPAS DEL SUR SELECT, MENDOZA, € 2,99
SHIRAZ-MALBEC 2008

De luxeversie, kruidiger en zachter, met wat peperige shiraz. Heel ruim. Mede door de weggeefprijs. 13%.

PAMPAS DEL SUR, MENDOZA, RED WINE € 2,49

Geen oogstjaar, maar volgens een stickertje heb ik de verse oogst 2008 in handen. Rijp rood fruit hier, een vleug dure handtas, lange afdronk, smakend naar meer. Koelen is een goed idee. Heel ruim en door de weggeefprijs. 12,5%.

PASOS DE TANGO, MENDOZA, MALBEC 2008 € 3,59

Simpel, maar vol fruit. Anderhalf. 13%.

SANTA ISABEL, MENDOZA, CABERNET SAUVIGNON 2006 € 4,99

Volgens de kleine lettertjes afkomstig van Bodegas Nieto Senetiner. Simpel maar sappig fruitig. 13%.

VIÑA PLATA, MENDOZA, MALBEC 2007 € 3,99

Omdat je toch wat moet zeggen op zulke treurige bijeenkomsten als feesten en partijtjes vol wildvreemd volk vraagt men me wel eens waar ik m'n dagelijks brood mee verdien. M'n antwoord wordt moeizaam verteerd: maakt-ie een geintje, of bestaat dat echt, iemand die de kost verdient met zuipen? Daarna tracht men me of richting bekend terrein te loodsen: 'Dus, uh, u handelt in wijn, dan?' of men houdt het geheel maar onverklaarbaar en zegt: 'Oh, ik ben zelf ook dol op een wijntje!' Wijntje. Wijntje! Het mag, vooruit,

ROOD AUSTRALIË - CHILI

spottend gebruikt worden als omschrijving van een literpak liebfraumilch, tweeliterfles lambrusco à € 1,99 of soortgelijk product van een malafide nonvaleur, maar verder hebben we het over het resultaat van een jaar lang hard werken en zeggen we wijn. WIJN. En dat drinken we niet uit een glaasje maar uit een glas, terwijl 'flesje' voorbehouden is aan lieden die de magnum (anderhalveliterfles) het standaardformaat vinden. En om het helemaal duidelijk te maken schenken we de roemer vol met dit breedgeschouderde vrolijkfruitige machorood. 13%.

AUSTRALIË

COOPERS CROSSING, CABERNET MERLOT 2007 € 3,99
Slank, bessenfruit. Krap. 13,5%.

DE BORTOLI SERO, KING VALLEY, € 8,99
MERLOT SANGIOVESE 2006
Grappige druivencombinatie. Werkt goed: een soort heel zachte fruitige chianti. Heel ruim. 14%.

HARDYS STAMP OF AUSTRALIA, € 5,19
SOUTH EASTERN AUSTRALIA, SHIRAZ CABERNET SAUVIGNON 2007
Zacht donker fruit en drop. 14%.

YELLOW TAIL, MERLOT 2007 € 4,99
Overbloezend rijp fruit, doorzakbankleer, cacao. Soepele allemansvriend. 13,5%.

CHILI

CASA DEL RIO VERDE, VALLE CENTRAL, MERLOT 2007 € 3,79
Simpele, zachte merlot. 13%.

DIEGO, MERLOT € 2,99
Vrolijke sappige merlot met pit! Geen oogstjaar. Heel ruim. 13%.

ROOD CHILI

DOÑA DOMINGA, ANDES VINEYARD, € 7,99
GRAN RESERVA, CARMENÈRE 2007

Goede wijn, vol rijp donker fruit, maar heeft weinig met carmenère van doen. 14%.

DOÑA DOMINGA, COLCHAGUA VALLEY, € 4,99
CABERNET SAUVIGNON CARMENÈRE OLD VINES 2008

Dit is ook niet de meest uitgesproken carmenère, maar hij heeft wel stukken meer sjeu dan de vorige. Benevens sappig fruit en verfijning en tannines die drinken met hun pink omhoog. Heel ruim. 13,5%.

ISLA NEGRA RESERVA, VALLE CENTRAL, MERLOT 2007 € 4,99

Soepel en slank, donker fruit, lekker leerluchtje. Ruim. 13%.

SANTA RITA 120, VALLE DEL RAPEL, € 5,99
CARMÉNÈRE/CABERNET FRANC/CABERNET SAUVIGNON 2005

Rokerig carmenère, cassisfruit, slank – 'Ja meid, nog steeds maatje 38!' – giechelende zuren. Beschaafd, niks mis mee, maar niet meeslepend. 14%.

SANTA RITA MEDALLA REAL, € 12,49
VALLE DEL MAIPO, CABERNET SAUVIGNON 2005

Cassisfruit, plankje hout, tannines die beleefd vragen: 'Permitteert u dat ik aanwezig ben?' Keurig, wat geconcentreerder dan die hieronder. 14%.

SANTA RITA RESERVA, VALLE DEL MAIPO, € 8,39
CABERNET SAUVIGNON 2005

'Memorable every time', beweert Santa Rita op elk achteretiket. Tsja. Als niemand anders wat aardigs over je wijnen zegt moet je het zelf maar doen, nietwaar, Rita? Want Rita's wijnen zijn allesbehalve memorabel. Correcte brave doorsneewijnen met keurig een plooi in de broek en de scheiding

ROOD DUITSLAND - FRANKRIJK

kaarsrecht, die je meteen weer vergeten bent. Hier in de variant cassisfruit met wat hout. Slank en beschaafd, maar dus nogal grijzemuizerig. 14%.

DUITSLAND
KENDERMANN, PFALZ, DORNFELDER 2006 € 4,99 ☙

Somber fruit. Anderhalf ☙. 12%.

FRANKRIJK
CARRÉ DE VIGNE, € 2,79
VIN DE TABLE DE FRANCE, ROUGE (LITERPAK)

Riekt wat zurig, biedt toch ook wat fruit. 11%.

FRENCH RENAISSANCE, CLASSIC RED, VIN DE TABLE € 3,49 ☙

Geen oogstjaar. Fruitig, droppig, simpel. Anderhalf ☙. 12%.

Beaujolais
DOMAINE DE PIERRE FEU, BEAUJOLAIS-VLLAGES 2007 € 4,99 ☙☙

Van de Caves de Bel Air. Vriendelijk fruitig. 12,5%.

HOSPICES DE BEAUJEU, BROUILLY, € 6,99 ☙
CUVÉE ANNE DE MILLIÈRE 2007

En dan staat er ook nog op dat het voor het Hospices de Beaujeu – *'Fondés en 1240'* – gebotteld is door het Domaine de la Grange-Charton, en dat dit fles 1002 is. Advies: wantrouw wijnen met Heel Lange Namen. Uitzonderingen daargelaten: hoe meer gelul, hoe minder inhoud. Op de lekkerste beaujolais die er is staat simpel *Beaujolais*. En de naam van de wijnboer, Yvon Métras. Dit hele stuk proza echter is niet meer dan vaag fruitig. 12,5%.

VINCENT BARON, MORGON 2006 € 6,49 ☙

Mistroostig donker fruit. 12,5%.

ROOD FRANKRIJK

Bordeaux

BARON DE BRANE, MARGAUX 2004 € 18,99

In tegenstelling tot de pretentieuze Les Granges en Mouton-Cadet hier even verderop, is dit wel een echt sjieke bordeaux. Bessenfruit, cederhout, slank. Wel wat hardvochtige tannines. 13%.

CHANTECAILLE, BORDEAUX SUPÉRIEUR 2005 € 3,69

Interessant: krek dezelfde wijn is bij Dirk van den Broek te koop, maar dan met een ander etiket. Ietwat knorrig bordeauxtje, met wat meer fruit dan die hierboven. Anderhalf. 12,5%.

CHÂTEAU BRIE-CAILLOU, MÉDOC CRU BOURGEOIS 2005 € 6,49

Kaal, vlak. 13%.

CHÂTEAU DE MUSSET, LALANDE DE POMEROL 2004 € 10,49

Beetje fruit, beetje hard. Anderhalf. 12%.

CHÂTEAU FOURCAS HOSTEN, LISTRAC MÉDOC 1999 € 12,99

Klassieke, wat boerse bordeaux op leeftijd. Herfstgeuren, maar nog veel fruit. Heel ruim. 12,5%.

CHÂTEAU LA FLEUR POITOU, € 5,99
LUSSAC-SAINT-ÉMILION 2005

Donker fruit, leer. Beetje dun en wrang. 13,5%.

CHÂTEAU LAFITTE-CARCASSET, € 11,99
SAINT-ÉSTEPHE CRU BOURGEOIS 2002

Bessen, herfstbos, wat dun en wrang. Anderhalf. 12,5%.

CHÂTEAU ROC DE BOISSEAU, € 13,99
SAINT-ÉMILION GRAND CRU 2004

Sjiek, slank, fruit, duur geurend hout. 13%.

ROOD FRANKRIJK

LES GRANGES DES DOMAINES € 9,99
EDMOND DE ROTHSCHILD, HAUT-MÉDOC 2004

Pretentieuze bordeaux met weinig fruit en veel harde tannine. Oftewel: kouwe kak. 13%.

MOUTON CADET, BORDEAUX 2005 € 8,19

Veel pretenties, maar is niet meer dan een wat hard bordeauxtje met een armoedige afdronk. 13%.

PIERRE ESPIRAC, BORDEAUX 2006 € 4,99

Kaal, hard. 12,5%.

VALOMBREUSE, BORDEAUX 2007 € 3,19

En nog een onvriendelijke bordeaux. Geen idee waarom dit hele rijtje in het schap staat. Waarom niet gewoon één lekkere, Dirck? 12%.

Bourgogne

BOURGOGNE GRAND ORDINAIRE 2006 € 3,99

Louis Changarnier, staat er in trotse krulletters. Handelaar te Beaune, volgens de kleine lettertjes, die z'n flessen laat bottelen door zekere L.V., bekend van '*Opsporing verzocht*', zie ook de pinot noir bij Vin de pays rood. Raspend rood fruit, schraal. Netaan. 12,5%.

BOURGOGNE HAUTES CÔTES DE BEAUNE 2006 € 5,99

Gebotteld in Beaune door alweer iemand uit de politieberichten, namelijk C.H.C., voor François Guillemier, die juist weer met adres en al vermeld staat. Fruitig, beetje wrang, heeft niks met bourgogne van doen. 12,5%.

CHÂTEAU DE SASSAGNY, € 7,39
BOURGOGNE PINOT NOIR 2006

Vieilles vignes, oftewel ouwe wijnstokken, staat er ook nog op. Oudere wijnstokken geven als verteld op pagina 215 minder, maar betere druiven. Helaas is het geen beschermde term, dus de ene wijnboer noemt z'n stokken van twintig jaar al oud, de ander bewaart die omschrijving voor het perceeltje dat z'n overgrootvader heeft geplant voor hij naar de loopgraven ging om nimmer terug te keren. Rood fruit, nogal kaal en hard. Bio, dat wel. 12,5%.

Languedoc-Roussillon
CHÂTEAU DE LUC, CORBIÈRES LES MURETS 2005 — € 6,99

'Vin élevé en fût de chêne'. Opgevoed in eikenhout. Doet me altijd het ergste vermoeden. Wat zal het zijn? Rustiek met schrootjes betimmerd, als het barretje in de SM-kelder met de skaie krukken en huiswijn *Alte Weintradition*, een dure vanillesaus van nieuw eiken of gewoon een hap zaagsel? Maar kijkaan, het zit zowaar eens een keertje mee. Hout, inderdaad, maar het degelijk soort eikenhout waar de VOC z'n schepen van timmerde, en veel sappig fruit en kruiden erbij. Ouderwetse charme. Ruim. 13%.

LES AMANDIERS, COTEAUX DU LANGUEDOC 2007 — € 3,79

Heel eenvoudig, maar vriendelijk fruitig. 13%.

PECH DU MOULIN, RESERVE DU MOULIN, COTEAUX DU LANGUEDOC 2006 — € 3,79

Beetje streng en afstandelijk, maar mooi rijp fruit. Heel ruim. 13%.

Rhône
CHEVALIER D'ALEYRAC, SAINT-MAURICE, CÔTES DU RHÔNE VILLAGES 2006 — € 4,99

Fruitig, maar het is wel rottend ooft van een schurftige groenteboer. 14%.

ROOD FRANKRIJK

CÔTES DU RHÔNE 2006 € 2,59

In de fles gedaan door een zekere François Mercier. Een rhône inderdaad, maar wel een heel basale. Fruitig, kruidig. Niet slecht, wel heel eenvoudig. 12,5%.

LA CHASSE DU PAPE, € 4,59
CÔTES DU RHÔNE, TRADITION 2007

Fruitig, kruidig. Sappiger en opgewekter dan eerdere jaren, nog steeds verbitterd in de afdronk. Anderhalf. 13,5%.

LES COSTES, CROZES-HERMITAGE 2006 € 8,49

Stevig fruitig, boers. 13%.

Vin de pays

BARON D'ARIGNAC, VIN DE PAYS D'OC 2006 € 2,29

Had een jaar geleden voor het eerst in z'n lange en droeve geschiedenis wat fruit op de knoken, maar dat is er nu afgesleten. 12,5%.

BARON DE LANCE, VIN DE PAYS D'OC, MERLOT 2007 € 2,79

Gemaakt van hele harde, ouwe dropjes. 12,5%.

FLEURON DE BARADAT, € 3,99
CUVÉE SÉLECTIONNÉE, SAINT MONT 2006

Kruidig en landelijk achterneefje van bordeaux. Netaan.

J.P. CHENET, VIN DE PAYS D'OC, CABERNET-SYRAH 2007 € 3,19

Rond en rijp. 14(!)% dan ook. Dat voel je helaas een beetje branden. Anderhalf. 14%.

J.P. CHENET, VIN DE PAYS D'OC, MERLOT 2007 € 3,19

Simpel als immer, maar wel vol sappig fruit dit jaar. 13%.

LE PINVERT, VIN DE PAYS D'OC, MERLOT 2007 (LITER) € 3,59

Fruit en drop. 13,5%.

ROOD FRANKRIJK - ITALIË

PIAT D'OR ROUGE, VIN DE PAYS D'OC € 4,29

Geen oogstjaar. Volgens het etiket elegant, soepel en fruitig. Soepel en fruitig klopt. 12,5%.

PINOT NOIR, VIN DE PAYS D'OC 2006 € 4,99

In de fles gedaan door P.V. te Quincié voor Louis Changarnier. Oftewel gebotteld door iemand die slechts bij z'n crimineleninitialen bekend is voor een of andere handelaar annex dozensjouwer. Niks met pinot noir van doen, wel fruitig. Anderhalf. 13%.

GRIEKENLAND
MAVRODAPHNE OF PATRAS, SWEET RED WINE € 4,29

Bestaat ook in het Duits, zie Mitra, pagina 488. De inhoud is identiek. 15%.

HONGARIJE
EGRI BIKAVÉR 2005 € 3,99

'Quality Wine. Hungarian Magic!' Klinkt als de huiswijn van Borat. Smaakt ook zo. Gemaakt in een roestige fabriek waar ze ook pruimenjam en accuzuur produceren, en alles voor 't gemak in één ketel bereiden. Ook wel bekend als Stierenbloed, wat het ergste doet vrezen betreffende de gezondheidstoestand van de plaatselijke veestapel. 12%.

ITALIË
ANTICHI BORGHI, CHIANTI 2007 € 4,49

Niet dat je er nou blij van wordt, maar ook zeker niet de treurigste chianti in deze gids. Beetje misnoegd rood fruit. Anderhalf. 12,5%.

ARALDICA, REVELLO, BAROLO 2004 € 16,99

Nooit echt een gezellige wijn, barolo. De Italiaanse versie van fundamentalistische médoc. Deze heeft nog wel wat fruit op de strenge tannines. 13,5%.

ROOD ITALIË

CODICI, SALENTO ROSSO 2007 € 2,49

Keurig fruitig, maar niet op het omfietsniveau van de 2005 en 2006. Netaan. 13,5%.

CONTINI, MONTEPULCIANO D'ABRUZZO 2006 € 2,89

Wat mismoedig fruit. Dun. 12%.

IL CONTADINO, PUGLIA, PRIMITIVO 2006 € 3,99

Het is wat de ene helft van u wil zijn, lieve lezers, en wat de andere helft wil hebben: een man met stijl. Ja, nee, sorry, u bent/hebt er natuurlijk eentje, maar ik bedoel nu even al die andere lezers. Waaraan herkennen we de man met stijl? En vooral: waaraan de man zonder? Kijk hoe hij barbecuet. Schort met een mop of dikke tieten d'rop, een fijne plastic bak met vakjes vol vlees van de kiloknaller, knakworsten en hamburgers uit een pak, sla, hoezo sla? Kratten bier! Nee, dan Ons Soort Medemensen. Weber, dooraderde entrecotes van de vleesjuwelier, zeeduivel, scampi, fusionmarinades, groentenspiesjes, zeekraal, gestoomde groene asperges. En omfietsrosé, veel koude omfietsrosé en koelkoelkoel parelend lichtrood. Ja? Dacht u? Hoort barbecue niet een rauw oerfestijn te zijn zonder verfijning? Of dient de barbecuer bekeken te worden zoals de koloniale overheerser naar de inboorlingen loensde: 'Curieus, die primitieve gewoonten'? Als u daarover gaat nadenken, wordt het niks met dat barbecuen. En dat was nou ook weer niet de bedoeling. Doe dus als Aristoteles. Nee, dat is niet de Griek om de hoek, maar een Griek van Vroeger, en hij was de uitvinder van de Gulden Middenweg. Arie Stoteles (maakte mijn leraar Grieks immer hetzelfde grapje) hield de barbecue simpel, zonder fratsen, maar wel goed. Dus: vlees van Ons Soort Dieren, die een gelukkig onbespoten vegetarisch leven hebben geleid, en koel ruig rood. Zoals daar is deze uit de hak van Italië, boordevol zonnig zacht donker fruit met wat exotische specerijgeuren. 13%.

ROOD ITALIË - OOSTENRIJK

LE CHIANTIGIANE, CHIANTI RISERVA 2004 € 5,29

Wat sombere, maar degelijke riserva met redelijk wat rood fruit. 13%.

PICCINI, CHIANTI CLASSICO, RISERVA 2005 € 9,49

Tobberige chianti met asfaltgeuren en wrange tannines, maar ook fruit. 13%.

PICCINI, VILLA AL CORTINI, € 19,99
BRUNELLO DI MONTALCINO 2003

Ach, beste Dirck III, hou daar toch mee op! Zet toch lekker een simpele sappige sangiovese in het schap in plaats van deze gemankeerde beroemdheden waarvan je het alleen maar aan je gal krijgt! Wijn gaat om plezier, niet om Vermaarde Appellations! Deze biedt nog wel wat donker fruit, maar is verder voornamelijk van duchtig geteerde bielzen vervaardigd. 13,5%.

VILLA ROMANTI, VALPOLICELLA RIPASSO € 6,99
CLASSICO SUPERIORE 2006

Kersenfruit, stoffige tannine. Anderhalf . 13,5%.

OOSTENRIJK
ZANTHO, BURGENLAND, BLAUFRÄNKISCH 2006 € 6,49

Hoe het druiftechnisch zit met die blaufränkisch wordt in de boeken niet heel duidelijk beschreven, wat betekent dat niemand het weet. Er wordt gezegd dat het al ver voor de middeleeuwen de gewoonte was om druivensoorten te verdelen in fränkische en de rest. De fränkische was de naam voor de beste soorten, de druiven die uit het Frankische rijk kwamen. Wel bekend: diverse lekkere wijnen van druif blaufränkisch geproefd in de loop der jaren, en ook dit is er weer eentje. Rijp bessenfruit, specerijen, slank, sappig. Mit Vino-lok! (zie pagina 272. 13%.

ROOD PORTUGAL - SPANJE

PORTUGAL
FIUZA, NATIVE, RIBATEJANO, € 3,99
TOURIGA NACIONAL CABERNET SAUVIGNON 2006

Een wijnimporteur prees onderlaatst zijn nieuwontdekte Portugees rood poëtisch aan als het 'bloed van de aarde' en noemde het de laatste oerwijnen in een wereld vol gelikte glossywijnen. Mooi gezegd, maar ondertussen zijn we wel reuzeblij dat Portugese wijnen toch een beetje opgestuwd zijn in de vaart der volkeren en niet meer zo oerknoestig zijn als weleer, en dat steeds meer Portugese wijnboeren begrijpen dat het karaktervolle bloed der aarde van hun inheemse, karaktervolle druiven niet per se naar een uitgewoonde asbak hoeft te smaken, maar, zoals deze en die van die importeur (Sauter) ook karaktervol kan smaken met veel stoer fruit en specerijen en met slechts een beschaafde hoeveelheid van die Neanderthaltannines. 12,5%.

VIDIGAL, DÃO 2005 € 3,29

Donker fruit, kruiderij, beetje dun, beetje zuur. 13%.

SPANJE
ABRAZO DEL TORO, CRIANZA, CARIÑENA 2005 € 4,59

Vijftig procent garnacha, vijftig procent tempranillo, zegt het etiket, maar dat moet zijn veertig procent garnacha, veertig procent tempranillo, twintig procent hout. Oftewel: lekker kersenfruit verpakt in hout. Heel ruim. 13,5%.

BODEGAS OSBORNE, SOLAZ, € 4,79
VINO DE LA TIERRA DE CASTILLA, MERLOT TEMPRANILLO 2005

Hard, kaal, uitgedroogd. 14%.

CAMPO NUEVO, NAVARRA, TEMPRANILLO 2007 € 2,99

Vol vrolijk fruit, vleug specerijen. Koelen kan. 13,5%.

ROOD SPANJE

CASTILLO DE ALMANSA, ALMANSA, RESERVA 2004 € 4,49 ♟♟

Klassieke hout-en-vanillereserva, met gelukkig ook veel zacht fruit. Ruim ♟♟. 14%.

ESTOLA, LA MANCHA, RESERVA 2004 € 3,69 ♟

De eeuwige reserva, al talloze jaren ieder oogstjaar hetzelfde: een kistje wat wee fruit. Ruim ♟.

FAUSTINO V, RIOJA RESERVA 2002 € 11,99 ♟♟

Veel tannine, weinig fruit. Kouwe kak. Maar netaan ♟♟. 13%.

FAUSTINO VII, RIOJA 2004 € 6,79 ♟

Goedkoop hout, beetje fruit. 13%.

MONTETORO, TORO JOVEN 2006 € 3,29 ♟♟

Vol rijp donker fruit. 13,5%.

NAVAJAS, RIOJA TINTO 2007 € 3,99 ♟♟

Zachtfruitig. De crianza – met hout dus – is te koop bij Dekamarkt. 13%.

SEÑORIO DE LOS LLANOS, VALDEPEÑAS, RESERVA 2004 € 3,59 ♟♟

Al zeker een kwart eeuw betrouwbaar hetzelfde: zacht fruit met wat hout-en-vanille d'r omheen. 12,5%.

VIÑA ALBALI, VALDEPEÑAS, GRAN RESERVA 1999 € 6,99 ♟♟

Traditionele hout-en-vanillespanjool. Verrassend veel fruit, zeker gezien z'n leeftijd. Heel ruim ♟♟. 13%.

VIÑA FORONDA, CAMPO DE BORJA, CRIANZA 2005 € 3,99 ♟♟♟

Vol goedlachs kersenfruit, vleug hout. 13,5%.

VIÑA FORONDA, CAMPO DE BORJA, RESERVA 2003 € 4,99 ♟♟♟

Nog meer uitgelaten kersenfruit, nu met iets meer hout, wat steviger. 13,5%.

ROOD SPANJE - ZUID-AFRIKA

VIÑA FORONDA, CAMPO DE BORJA, TINTO 2007 € 2,49

Vol speels kersenfruit en verder niks. En dat is ook niet nodig. Koelen is een goed idee. 13,5%.

VERENIGDE STATEN

GRAND CIRCLE, CALIFORNIA, € 5,39
CABERNET SAUVIGNON 2005

Cassisfruit. De winegumversie. Niet de jongste meer. 13,5%.

WESTERN CELLARS, CALIFORNIA, € 2,39
CABERNET SAUVIGNON 2007

Winegum met wat onkruidverdelger. 12,5%.

ZUID-AFRIKA

DE GRENDEL TIJGERBERG, DURBANVILLE, MERLOT 2006 € 14,99

Veel rijp donker fruit, karakteristiek aardse geuren en smaak Zuid-Afrika. Niet heel gezellige wijn, wel goed. 14,5%.

DROSTDY-HOF, WESTERN CAPE, CAPE RED 2007 € 4,49

Stevig fruit, vleug authentiek Zuid-Afrikaanse rubbergeur. Anderhalf . 13,5%.

KAMSBERG, SWARTLAND, BUSHVINE, € 4,99
TINTA BAROCCA 2006

Tinta barocca. Lees op pagina 424 wat dat nou weer is. In de praktijk hiero: rijp donker fruit, peper, pit en macho-tannines en reuzegezellig. Proef ook hun prima shiraz/malbec, te koop bij Dirk van den Broek. Heel ruim .

KANONKOP KADETTE, STELLENBOSCH 2005 € 8,49

'Een versnit wijn', oftewel een assemblage van diverse druivensoorten. 'Versneden' heette dat ook hier vroeger, al werd dat woord vooral denigrerend gebruikt, gemengd met minder zuivere zaken. Niks mis met dit instapmodel van het beroemde Kanonkop (zie pagina 320 en 321 voor hun andere

ROOD ZUID-AFRIKA

wijnen. Sappig fruit, fiks wat tannine, beetje aards: een deftige Zuid-Afrikaan. 14%.

LUSHOF THE ESTATE, STELLENBOSCH, MERLOT 2005 € 9,99

Fruit met veel hout. Zuid-Afrikaanse poging tot ongezellige médoc. Zou het wat worden met wegleggen? Ik betwijfel het. Wedden dat het fruit verdwijnt en slechts het hout resteert? 15(!)%.

NEDERBURG, WESTERN CAPE, € 6,99
CABERNET SAUVIGNON SHIRAZ 2006

Stevig fruit, vleug kaplaarzen. 14,5%.

STELLAR ORGANICS, WESTERN CAPE, MERLOT 2008 € 4,99

Fairtrade/Max Havelaar, biologisch. Charmante soepele merlot vol rood fruit met wat leer dat hier vegetarisch verantwoord is, want een bijproduct van de merlot. 13,5%.

STELLAR ORGANICS, WESTERN CAPE, PINOTAGE 2008 € 4,99

Fairtrade/Max Havelaar. Echt pinotage, echt Zuid-Afrikaans, met die wat aardse geur, verder echter ongekend vrolijk en springerig. Koelen is een goed idee. 13,5%.

TALL HORSE, WESTERN CAPE, MERLOT 2006 € 3,99

Fruitig. Beetje saai. Beetje belegen. Netaan.

TALL HORSE, WESTERN CAPE, PINOTAGE 2006 € 3,99

Vriendelijk fruitig. Beetje belegen. Netaan.

TALL HORSE, WESTERN CAPE, SHIRAZ 2007 € 3,99

Stoer en sappig fruit. Jong en opgewekt. Ruim. 14%.

ROOD ZWITSERLAND

ZWITSERLAND
CAVE ST.-PIERRE, DÔLE DU VALAIS 2007　　　€ 6,99

Een vriendin van me heeft kennis aan een Zwitser: 'Heerlijk, die Zwitserse wijn! Net iets voor jou: licht, fruitig, vrolijk!' Ik weet het, maar ik weet ook waar zij aan voorbijgaat: dat die lichtvoetige wijn zwaar aan de prijs is. Haar zorg niet, want haar Edelweissminnaar heeft behalve een lekker lijf ook heel veel poen, maar ik heb geen van beide dus let op de centjes. Voorzover er bekende Zwitserse wijnen zijn, zijn dat fendant (druif chasselas) en dôle (pinot noir en gamay). Beide komen uit Valais, waar bijna de helft van de Zwitserse wijngaarden ligt. Deze, van druiven gamay en pinot noir, is inderdaad lichtvoetig rood fruit met wat specerijengeur. Apart, grappig anders. 13%.

DE BESTE WIJNEN VAN DIRCK III

Wit

1 **Doña Dominga, colchagua valley,** € 6,99
   chardonnay semillon old vines 2008
   Chili

2 **Post House, stellenbosch, chenin blanc 2007** € 11,99
   Zuid-Afrika

3 **Pampas del Sur select, mendoza,** € 2,99
   chardonnay-chenin 2008
   Argentinië

4 **Estrella de Murviedro, valencia, moscatel** € 3,79
   Spanje

5 **Araldica, moscato d'asti 2007** € 4,79
   Italië

Rosé

1 **Viña Foronda, campo de borja, rosado 2007** € 2,49
   Spanje

2 **Stellar Organics, shiraz rosé 2008** € 4,99
   Zuid-Afrika

3 **Muscat de Beaumes de Venise, or rosé** € 9,99
   Frankrijk

4 **Codorníu, cava brut, pinot noir** € 10,99
   Spanje

5 **Campo Nuevo, navarra rosado 2007** € 2,99
   Spanje

Rood

1 **Viña Plata, mendoza, malbec 2007** € 3,99
   Argentinië

2 **Stellar Organics, western cape, merlot 2008** € 4,99
   Zuid-Afrika

3 **Stellar Organics, western cape, pinotage 2008** € 4,99
   Zuid-Afrika

4 **Viña Foronda, campo de borja, tinto 2007** € 2,49
   Spanje

5 **Campo Nuevo, navarra, tempranillo 2007** € 2,99
   Spanje

DIRK VAN DEN BROEK

▷ Spreiding: landelijk
▷ Aantal filialen: 95
▷ Marktaandeel: 4,2%
▷ Voor meer informatie: 0346 - 58 15 20
of info@dirkvandenbroek.nl

Filialen van Dirk van den Broek vindt u in Amsterdam, Midden- en Oost-Nederland (51), in Rotterdam en omgeving (Bas van der Heijden, 27), in Leiden en omgeving (Digros-supermarkten, 17) en in Amsterdam, Den Haag en Katwijk.

Er zijn 86 wijnen geproefd, waarvan:
▷ Wit   29
▷ Rosé   14
▷ Rood   43

geen	14	16,3%
⊕	1	1,2%
🍷	24	27,9%
🍷🍷	29	33,7%
🍷🍷🍷	16	18,6%
🍷🍷🍷🍷	1	1,2%
🍷🍷🍷🍷🍷	1	1,2%
🚲	20	23,3%

Waardering in aantal wijnen en als percentage van het assortiment

WIT

ARGENTINIË

PAMPAS DEL SUR RESERVE, MENDOZA, VIOGNIER 2008 € 3,99

Niet bepaald de meest verfijnde of subtiele viognier, wel een brede bekvol zacht rijp fruit met bloesemgeur, en daar gaat het tenslotte om. Mede door de prijs 🚲. 13,5%.

PAMPAS DEL SUR SELECT, MENDOZA, € 2,99
CHARDONNAY-CHENIN 2008

Druif chenin komt van Loirewijngaarden, maar u kent 'm wellicht beter onder z'n Zuid-Afrikaanse naam steen of droë steen. Steen is meestal onbestemd frisfruitig. Loire-chenin geeft veel weerbarstiger wijn. Hier doet de chenin Loire-achtig. Heel plezierig, wat pit en beet bij het zachte sappige fruit van de chardonnay. 13%.

CHILI

ALTO PLANO RESERVA, CHARDONNAY 2007 € 3,19

Vriendelijke chardonnay vol sappig fruit. 13%.

ARTÍNJO, CENTRAL VALLEY, PREMIADO BLANCO 2008 € 2,99

Zacht snoepjesfruit. Anderhalf 🍷.

EL CERILLO, COLCHAGUA VALLEY, € 4,99
CHARDONNAY SEMILLON 2008

Sappig fruitig. 13,5%.

GATO NEGRO, CENTRAL VALLEY, € 4,19
SAUVIGNON BLANC 2008

Fris snoepjesfruit. 13%.

WIT CHILI - FRANKRIJK

ISLA NEGRA RESERVA, VALLE CENTRAL, € 4,99
CHARDONNAY 2007

Zuurtjesfruit. 13%.

RENGO ABBEY, MAULE VALLEY, € 4,99
SAUVIGNON BLANC 2008

Fris zuurtjesfruit. Brr.

RENGO ABBEY, RAPEL VALLEY, CHARDONNAY 2007 € 4,99

Zachtfruitig.

FRANKRIJK
Elzas
ARTHUR METZ, PINOT BLANC 2007 € 3,99

Vol vriendelijk sappig fruit, maar niet helemaal zuiver op de graat. Krapaan. 12%.

RITZENTHALER, ALSACE, PINOT GRIS 2007 € 5,49

Vol sappig en zacht abrikozenfruit. 13%.

Loire
MUSCADET SÈVRE ET MAINE SUR LIE 2007 € 3,39

Helaas! Was eerdere jaren prima, is nu vlak en kaal. 12%.

Vin de pays
BARON D'ARIGNAC, VIN DE PAYS DE GERS 2007 € 2,29

Kijkkijk, de vooruitgang aanschouwelijk verbeeld: elk jaar ietsje minder weerzinwekkend, wat hiero gebrouwen wordt. Bevat dit jaar zelfs sporen van snoepjesfruit! 11,5%.

BARON DE LANCE, € 2,79
VIN DE PAYS DES CÔTES DE GASCOGNE 2006

Oordeel in gids 2008 over deze 2006: gemaakt van peren-snoepjescolombard, zwavel en een gevonden beurs druifje.

WIT FRANKRIJK - ITALIË

ZUUR! Uiteraard heeft iedereen 'm links laten liggen, zodat hij nu zachtjes ruftend in het schap staat te overlijden. 12%.

DOMINIQUE DUCLOS, VIN DE PAYS DE L'ÎLE DE BEAUTÉ, € 3,39 ♟♟
CHARDONNAY 2007

 Vrolijke sappige chardonnay vol fruit. Heel ruim ♟♟. Mede door de lage prijs 🚲. 13%.

DOMINIQUE DUCLOS, € 3,39 ♟
VIN DE PAYS DU VAL DE LOIRE, SAUVIGNON 2007

Vriendelijk fruitig, maar weinig met sauvignon van doen. Anderhalf ♟. 11,5%.

EASY DRINKER, € 3,49 ♟
VIN DE PAYS DES CÔTES DE GASCOGNE 2007

Geen omfietswijn ondanks de gezellige fiets op het etiket, maar vriendelijk frisfruitig. Anderhalf ♟. 10,5%.

J.P. CHENET BLANC DE BLANCS, € 3,19 ♟
VIN DE PAYS DES CÔTES DE GASCOGNE 2007

Frisfruitig. 11,5%.

J.P. CHENET BLANC MOELLEUX, € 3,19 ♟
VIN DE PAYS DES CÔTES DE THAU 2007

Zoetig. 11,5%.

ITALIË
ANTERRA, CHARDONNAY DELLE VENEZIE 2007 € 4,69

Heel knap: wijn die naar helemaal niks smaakt. 12%.

ANTERRA, PINOT GRIGIO DELLE VENEZIE 2007 € 4,69

Wijn die bijna naar niks smaakt. Bijna, want een pietsje stank. 12%.

WIT ITALIË - ZUID-AFRIKA

IL PADRINO, SICILIA, GRILLO 2007   € 3,49

Snoepjesfruitig, kruidig. Niet helemaal fris. 13%.

VILLA SCACCHI, SOAVE 2007   € 2,89

Waarom iedere supermarkt meent z'n klanten te moeten lastigvallen met een bedompte soave is me een raadsel. 11,5%.

SPANJE
NAVAJAS, RIOJA BLANCO 2007   € 3,99

Zachtfruitig, specerijen. Grappig anders. Heel ruim. 12,5%.

VERENIGDE STATEN
WESTERN CELLARS, CALIFORNIA,   € 2,69
COLOMBARD CHARDONNAY 2006

Met Amerikaanse wijn zit het zo: of het is indrukwekkend maar zo godsliederlijk duur dat het slechts in de kelders ligt van lieden die wijnflessen kopen ter compensatie van het feit dat ze nooit postzegels mochten verzamelen laat staan ooit kennis hebben gehad aan een jongen/meisje/ al was het maar een lieve cavia om je betraand verdriet toe te fluisteren, of het is... dit, riekend naar het soort plastic speelgoed dat blijkens paniekerige advertenties echt heus helemaal niet zo levensbedreigend is voor de volksgezondheid. Gaat u maar rustig slapen, maar wilt u wel even melden als u het aangeschaft hebt, dan zal het door personeel in van die isolerende astronautenpakken worden afgevoerd, waarbij u en uw woning plus aanpalende panden voor alle zekerheid vernietigd zullen worden, dank u voor uw medewerking. 12%.

ZUID-AFRIKA
KAMSBERG, SWARTLAND,   € 2,64
BUSHVINE CHENIN BLANC 2008

Ingetogen, strak, afstandelijk, maar onmiskenbaar poepiesjiek. Blijkt na even verder ruiken echter reuzegezellig, vol zacht fruit met een vleug honing en pasgewassen wollen

WIT ZUID-AFRIKA

trui. Karaktervol, bijzonder, lekker anders. Bushvine is een ouderwetse snoeimethode, en de Australische of Zuid-Afrikaanse producent die het op z'n etiket zet, geeft er dan ook mee aan dat de wijn afkomstig is van een oude wijngaard met laag rendement. Weinig druiven, maar wel goede met veel smaak. 12%.

KWV, WESTERN CAPE, CHARDONNAY 2007 € 4,29

Minder snoepjesfruit en meer chardonnay dit jaar. Van ruim naar heel ruim. 14%.

SONGLOED, WES KAAP, DROË STEEN 2007 € 2,99

Vrolijk en frisfruitig, vol rijpe druifjes. Sappig. Meer smoel dan de gemiddelde anonieme droë steen. Heel ruim. 12,5%.

SPIER, DISCOVER, WESTERN CAPE, € 4,99
CHENIN BLANC/COLOMBARD 2008

Zuurtjesfruit. 12%.

ROSÉ

ARGENTINIË
LAS MARÍAS, MERLOT ROSÉ 2007 € 2,99

Niet bepaald subtiel, maar wel lekker aanwezig, deze stoere rosé barstensvol rijp fruit. Heel ruim. Mede door de prijs 🚲. 14,5%.

CHILI
RENGO ABBEY, CENTRAL VALLEY, € 4,99
CABERNET SAUVIGNON ROSÉ 2008

Stevig (snoepjes)fruit.

FRANKRIJK
BARON DE LANCE, VIN DE PAYS D'OC, € 2,79
ROSÉ GRENACHE CONSAULT 2007

Snoepjesfruit. Kaal, vlak. 12%.

COLLECTION RÉMY PANNIER, ROSÉ D'ANJOU 2007 € 2,79

Zuurtjesfruit. Zoetig. 10,5%.

CÔTES DE PROVENCE 2007 € 3,29

Elk jaar wat minder weerzinwekkend, dus niet meer geschikt als huiswijn voor op horrorcamping. 13,5%.

DOMAINE LA CIGALE, VIN DE PAYS DES € 3,49
SABLES DU GOLFE DU LION, ROSÉ GRIS

Van zekere familie Timmerman. Zachtfruitig. Zo zachtfuitig zelfs dat het wat wee wordt en bijna naar niks smaakt. Geen oogstjaar. 12%.

DOMINIQUE DUCLOS, VIN DE PAYS DU € 3,99
VAL DE LOIRE, CABERNET ROSÉ 2007

Goed fris en sappig van geur, maar komt daarna helaas met wat limonadefruit aanzetten. 11%.

ROSÉ FRANKRIJK - ZUID-AFRIKA

EASY RRINKER, VIN DE PAYS DU COMTÉ TOLOSAN 2007   € 3,49

Fruitig, kruidig. Anderhalf 🍷. 11,5%.

J.P. CHENET, VIN DE PAYS D'OC,   € 3,19
CINSAULT-GRENACHE 2007

Fris (snoepjes)fruitig. 12,5%.

SPANJE
BODEGAS OSBORNE, SOLAZ,   € 4,99
VINO DE LA TIERRA DE CASTILLA, ROSADO 2007

Van druiven shiraz, petit verdot en merlot. Leuk idee, al heeft het niks met Spanje van doen, lullig uitgevoerd. Smaakt naar limonade met aardbeienaroma. Heel, heel klein 🍷. 13%.

PUCELA, VINO DE LA TIERRA DE CASTILLA Y LEÓN,   € 3,99
TEMPRANILLO 2007

Frisser en lichter dan onderstaande Santo Emilio, verder net zo opgewekt ruimschoots voorzien van sappig rood fruit. 13%.

SANTO EMILIO, CAMPO DE BORJA, ROSADO 2007   € 2,99

Niet zo'n lekkere rosé als hun rood is (zie pagina 258), mag er desalniettemin wezen, met al z'n vrolijke sappige fruit. 13,5%.

ZUID-AFRIKA
SPIER, DISCOVER, WESTERN CAPE, ROSÉ 2008   € 4,99

Snoepjesfruit, maar wel heel zacht en vriendelijk snoepjesfruit. 14%.

TALL HORSE, PINOTAGE ROSÉ 2008   € 3,99

Met een giraffe op het etiket. Dat schijnt goed te verkopen, een beest op het etiket, al had het hier beter een beest uit Toon Tellegen kunnen zijn, dol op taart. Vol stevig rood fruit, piets petit-four-achtig in afdronk.

ROOD ARGENTINIË - CHILI

ROOD

ARGENTINIË

PAMPAS DEL SUR RESERVE, € 3,99
MENDOZA, PINOT NOIR 2008

Een pinot noir van niks, wel vriendelijk zachtfruitige wijn, zij het ietwat droppig. Heel ruim. 13,5%.

CHILI

ARTÍNJO, CENTRAL VALLEY, PREMIADO TINTO 2007 € 2,99

Vriendelijke bekvol fruit.

BONITA, MERLOT 2006 € 2,69

Prima leermerlot, sappig, helder en vrolijk Heel ruim. 12,5%.

EL CERILLO, COLCHAGUA VALLEY, € 4,99
CABERNET SAUVIGNON CARMENÈRE 2007

Geen carmenère te bespeuren, maar gezellige bekvol sappig fruit. 13,5%.

GATO NEGRO, CABERNET SAUVIGNON 2007 € 4,25

Vriendelijk, zachtfruitig. Weinig pit, vergeleken met de 2006. 13,5%.

ISLA NEGRA RESERVA, VALLE CENTRAL, MERLOT 2007 € 4,99

Soepel en slank, donker fruit, lekker leerluchtje. Ruim. 13%.

RENGO ABBEY, CENTRAL VALLEY, € 4,99
CABERNET SAUVIGNON 2007

Goed opgevoede, met twee woorden sprekende, het juiste handje gevende cabernet met charmant fruit en goedgeklede tannines. Heel ruim.

ROOD CHILI - FRANKRIJK

SIETE VIÑAS, CABERNET SAUVIGNON 2006 — € 2,59

Vriendelijke cabernet vol sappig fruit. Voor de prijs meer dan prima. 13%.

SIETE VIÑAS, MERLOT 2007 — € 2,59

Simpele maar vriendelijke merlot vol sappig fruit. Meer pit dan de wat ingeslapen 2006, dus nu het omfietsen waard, mede door zijn weggeefprijs. Ruim 🍷🍷. 13%.

FRANKRIJK
Bordeaux

CHANTECAILLE, BORDEAUX SUPÉRIEUR 2005 — € 3,69

Interessant: krek dezelfde wijn is bij Dirck III te koop, maar dan met een ander etiket. Ietwat knorrig bordeauxtje, met wat meer fruit dan die hierboven. Anderhalf 🍷. 12,5%.

CHÂTEAU BELLERIVE, MÉDOC, CRU BOURGEOIS 2006 — € 3,69

Ondanks dat 'médoc, cru bourgeois' simpelweg een klein wat wrang bordeauxtje. 12%.

CHÂTEAU PUISSEGUIN LA RIGODRIE, PUISSEGUIN SAINT-ÉMILION 2006 — € 5,99

Kijk, weer een raadsel de wereld uit. En wel dit: van de wijnboer die nog ouderwets hoogstpersoonlijk het vat in stapt om schillen en sap van de gistende wijn goed te mengen voor kleur en extractie, wordt gezegd dat dat tevens aanleiding is voor zijn jaarlijkse bad. De vraag was alleen altijd: neemt de wijnboer dat bad voor hij in het vat springt, of daarna? Hier, dankzij het aloude nobele Château Puisseguin la Rigodrie, weten we het. Erna, zodat hij dan weer een jaar lang vervuilen kan om ook de volgende oogst weer dat kenmerkende aroma van authentiek ongewassen boerenlijf mee te geven. Verder ook nog wat fruit. 12,5%.

ROOD FRANKRIJK

Languedoc-Roussillon
CÔTES DU ROUSSILLON 2006 (LITER) € 2,45

Besnorde bijlmoordenaarkameraad van die hierboven, wat opgewekter, zij het vlak en simpel. 13%.

Rhône
LES GRANGES, CÔTES DU RHÔNE RÉSERVE 2007 € 3,99

Fruit, kruiderij, cacao: keurige sappige rhône. Heel ruim. 14%.

Vin de pays
BARON D'ARIGNAC, VIN DE PAYS D'OC 2006 € 2,29

Had een jaar geleden voor het eerst in z'n lange en droeve geschiedenis wat fruit op de knoken, maar dat is er nu afgesleten. 12,5%.

BARON DE LANCE, VIN DE PAYS D'OC, MERLOT 2007 € 2,79

Gemaakt van hele harde, ouwe dropjes. 12,5%.

DOMAINE DELCELLIER, VIN DE PAYS D'OC 2007 € 5,49

Zonnige en sappige biologische wijn van druiven carignan, tempranillo, cinsaut, grenache en merlot. Heel ruim. 12,5%.

DOMAINE LA CIGALE, € 3,49
VIN DE PAYS DES SABLES DU GOLFE DU LION, MERLOT

Van zekere familie Timmerman. Keurige sappige merlot vol stevig donker fruit. Geen oogstjaar. 13,5%.

DOMINIQUE DUCLOS, € 3,39
VIN DE PAYS D'OC, CABERNET SAUVIGNON 2007

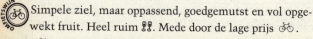
Simpele ziel, maar oppassend, goedgemutst en vol opgewekt fruit. Heel ruim. Mede door de lage prijs. 13,5%.

ROOD FRANKRIJK - SPANJE

DOMINIQUE DUCLOS, VIN DE PAYS D'OC, MERLOT 2007 € 3,39

Als immer vrolijk sappige merlot die mede door zijn prijs het omfietsen waard is. Heel ruim. 13,5%.

FRANÇOIS DULAC, VIN DE PAYS D'OC, € 3,59
MERLOT 2007 (LITER)

Fruit en drop. 13,5%.

J.P. CHENET, VIN DE PAYS D'OC, CABERNET-SYRAH 2007 € 3,19

Rond en rijp. 14(!)% dan ook. Dat voel je helaas een beetje branden. Anderhalf. 14%.

J.P. CHENET, VIN DE PAYS D'OC, MERLOT 2007 € 3,19

Simpel als immer, maar wel vol sappig fruit dit jaar. 13%.

ITALIË
ANTERRA, CABERNET SAUVIGNON DELLE VENEZIE 2007 € 4,69

Niet helemaal fris, wel wat fruit. 12,5%.

ANTERRA, MERLOT DELLE VENEZIE 2007 € 4,69

Simpel zachtfruitig, nogal dun, niet helemaal fris. 12,5%.

CODICI, SALENTO ROSSO 2007 € 2,49

Keurig fruitig, maar niet op het omfietsniveau van de 2005 en 2006. Netaan. 13,5%.

PICCINI, CHIANTI 2006 € 3,99

Riekt wat somber, heeft wel wat fruit. Anderhalf. 12,5%.

SPANJE
CAMPO NUEVO, NAVARRA, TEMPRANILLO 2007 € 2,99

Vol vrolijk fruit, vleug specerijen. Koelen kan. 13,5%.

ROOD SPANJE

CRISTOBAL COLOMBO 1492, NAVARRA, € 4,69 🍷🍷🍷
TEMPRANILLO 2007

Opgewekte wijn, vrolijk geurend naar zon en buitenlucht, voorzien van veel pittig rood fruit, b.b.h.h., van alle gemakken voorzien, biedt zich tegen geringe vergoeding aan om uw leven op te vrolijken. Is op z'n best na een kort verblijf in de ijsemmer. Heel ruim 🍷🍷🍷. 13%.

INITIUM, NAVARRA 2007 € 4,89 🍷🍷🍷🍷🍷

De 2006 (een jaar lang nauwgezet regelmatig herproefd – 'wat is de korting als ik per gros bestel?' – nog steeds heerlijk) was gecomponeerd uit tempranillo plus wat cabernet en merlot, deze 2007 moet het doen zonder druif cabernet. Maakt niet uit. Ook weer heerlijk. Pietsje zachter, maar ook nu weer lekker rijp fruit, dat stoffige van een lange zonnige dag in de wijngaard, die vleug specerijen en tabak, die heldere smaak die zo opgewekt langs je tong kabbelt...
Eigenlijk 🍷🍷🍷🍷🍷🍷🍷! 13%.

NAVAJAS, RIOJA TINTO 2007 € 3,99 🍷🍷

Zachtfruitig. De crianza – met hout dus – is te koop bij Dekamarkt. 13%.

SANTO EMILIO, CAMPO DE BORJA, CRIANZA 2005 € 3,99 🍷🍷🍷

Beetje hout, maar vooral veel vrolijk kersenfruit. 13,5%.

SANTO EMILIO, CAMPO DE BORJA, € 4,59 🍷🍷🍷
CRIANZA RESERVA 2005

Wat meer hout, maar ook meer goedgemutst fruit. 13,5%.

SANTO EMILIO, CAMPO DE BORJA, TINTO 2007 € 2,49 🍷🍷🍷🍷

Vol vrolijk sappig fruit. Noemt zich rood, maar is in feite een soort superieure rosé. 13,5%.

ROOD SPANJE - ZUID-AFRIKA

SEÑORIO DE LOS LLANOS, VALDEPEÑAS, RESERVA 2004   € 3,59

Al zeker een kwart eeuw betrouwbaar hetzelfde: zacht fruit met wat hout-en-vanille d'r omheen. 12,5%.

VERENIGDE STATEN
WESTERN CELLARS, CALIFORNIA,   € 2,39
CABERNET SAUVIGNON 2007

Winegum met wat onkruidverdelger. 12,5%.

ZUID-AFRIKA
DROSTDY-HOF, WESTERN CAPE, CAPE RED 2007   € 4,49

Zachtfruitig, beetje aards. Anderhalf. 13,5%.

KAMSBERG, BUSHVINE, SWARTLAND,   € 3,99
SHIRAZ/MALBEC 2007

Karaktervolle machowijn vol stevig paars fruit, met mooi wat stoffige geuren – nee, niet schrikken, dat is lekker hier – en weerbarstige tannines. Drinkt ook hun wit! En hun barocca, te koop bij Dirck III. 14%.

SONGLOED, SHIRAZ 2007   € 3,89

Ook hier weer: je proeft de druif en je proeft het land, de wijngaard. Peperig shiraz met het aardse van Zuid-Afrika. Sappig fruit met pit en beet. Heel ruim. 13,5%.

SONGLOED, WES KAAP, MERLOT 2007   € 3,89

Geurt een stuk beschaafder dan eerdere jaren – komt door *'die geure van vanielje die deurskemer'* – maar heeft daarna in z'n *'sagte palet'* toch dat stoere aardse van Zuid-Afrika. Oftewel: fruitig, helder, zacht – met ballen. Heel ruim. 12,5%.

ROOD ZUID-AFRIKA

SONGLOED, WES KAAP, PINOTAGE 2007 € 3,59 🍷🍷🍷

🚲 De 2005 was zacht en vriendelijk, 2006 stoer en stevig, deze 2007 heeft iets van beide. Sappig rood fruit, maar ook ruige aardse pinotagegeuren. Heel ruim 🍷🍷🍷 voor die prachtcombinatie. 12,5%.

SPIER, DISCOVER, WESTERN CAPE, € 4,99 🍷🍷
PINOTAGE SHIRAZ 2007
Rijp donker fruit, aards. 14%.

VINEZ, CABERNET SAUVIGNON SHIRAZ 2006 € 4,89 🍷🍷🍷

Max Havelaar/Fairtrade, biologisch. Al de derde keer deze 2006 in de gids en hij houdt zich goed. Wel elk jaar wat minder vrolijk en uitbundig. Schort niks aan, maar de pit is eruit. Niet meer heel ruim 🍷🍷🍷 en niet meer het omfietsen waard. Rijp donker fruit, aards. 13%.

DE BESTE WIJNEN VAN DIRK VAN DEN BROEK

Wit

1. **Kamsberg, swartland, bushvine chenin blanc 2008** € 2,64 🍷🍷🍷 🚲
Zuid-Afrika

2. **Pampas del Sur select, mendoza, chardonnay-chenin 2008** € 2,99 🍷🍷🍷 🚲
Argentinië

3. **Pampas del Sur reserve, mendoza, viognier 2008** € 3,99 🍷🍷🍷 🚲
Argentinië

4. **Ritzenthaler, alsace, pinot gris 2007** € 5,49 🍷🍷🍷
Frankrijk - Elzas

5. **Songloed, wes kaap, droë steen 2007** € 2,99 🍷🍷 🚲
Zuid-Afrika

Rosé

1. **Santo Emilio, campo de borja, rosado 2007** € 2,99 🍷🍷🍷 🚲
Spanje

2. **Pucela, vino de la tierra de Castilla y León, tempranillo 2007** € 3,99 🍷🍷🍷 🚲
Spanje

3. **Las Marías, merlot rosé 2007** € 2,99 🍷🍷
Argentinië

4. **Tall Horse, pinotage rosé 2008** € 3,99 🍷🍷
Zuid-Afrika

5. **Rengo Abbey, central valley, cabernet sauvignon rosé 2008** € 4,99 🍷🍷
Chili

Rood

1. **Initium, navarra 2007** € 4,89 🍷🍷🍷🍷🍷 🚲
Spanje

2. **Santo Emilio, campo de borja, tinto 2007** € 2,49 🍷🍷🍷🍷 🚲
Spanje

3. **Campo Nuevo, navarra, tempranillo 2007** € 2,99 🍷🍷🍷 🚲
Spanje

4. **Songloed, wes kaap, pinotage 2007** € 3,59 🍷🍷🍷 🚲
Zuid-Afrika

5. **Songloed, shiraz 2007** € 3,89 🍷🍷🍷 🚲
Zuid-Afrika

EM-TÉ

▷ Spreiding: Noord-Braband en Zeeland
▷ Aantal filialen: 50
▷ Marktaandeel: 0,6%
▷ Voor meer informatie: 0416 - 54 25 00 of www.em-te.nl

Helaas kon Em-Té dit jaar door reorganisatie
van het assortiment geen wijnen insturen.

GALL & GALL

▷ Spreiding: landelijk
▷ Aantal filialen: 520
▷ Voor meer informatie: www.gall.nl

Er zijn 280 wijnen geproefd, waarvan:
▷ Wit   101
▷ Rosé   28
▷ Rood 151

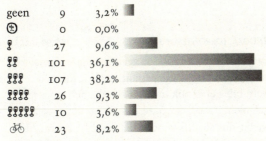

geen	9	3,2%
⊕	0	0,0%
♀	27	9,6%
♀♀	101	36,1%
♀♀♀	107	38,2%
♀♀♀♀	26	9,3%
♀♀♀♀♀	10	3,6%
🚲	23	8,2%

Waardering in aantal wijnen en als percentage van het assortiment

WIT

ARGENTINIË

ALAMOS, MENDOZA, CHARDONNAY 2007 € 7,99

Van de vermaarde familiefirma Catena. In de jaren tachtig hadden we Dolly-Partonchardonnays, inmiddels is slank in de mode. Geen bossen hout maar een vleug, geen overrijp zoet fruit maar lekker sappig met fris een beetje citrus, geen alcoholgehalte op maltwhiskyniveau. Maar wees gerust, het is ook weer geen Twiggychardonnay. Als ze eens goed in de aanbieding is, zou ik er zeker voor omfietsen. Heel ruim. 13,5%.

ALAMOS, MENDOZA, TORRONTES 2007 € 7,99

Ook van Catena. Druif torrontés is geen familie van, maar ruikt wel als muscat – de droge variant, zoals je die in de Elzas aantreft, hoewel er ook mensen zijn die het aan aftershave doet denken. Goedgemaakte wijn, maar die muscatgeur is erg aanwezig, dus slechts voor de liefhebber daarvan. Al naar gelang in een glas gieten of na het scheren in de huid masseren. 13%.

ARGENTO, MENDOZA, CHARDONNAY 2007 € 4,99

Van Bodegas Esmeralda. Sappig fruit, beetje hout – Frans en Amerikaans eiken, aldus de gebruiksaanwijzing. Welopgevoede opgewekte *goodlookin'* chardonnay die je mee kunt nemen naar een picknick, maar waar je ook bij een staatsbanket prima mee voor de dag kunt komen. 13%.

ARGENTO, MENDOZA, SAUVIGNON BLANC 2006 € 4,99

Van Bodegas Esmeralda. In de herfst van z'n leven, en sauvignon zonder lentegeur, da's niks. Anderhalf. 13%.

WIT ARGENTINIË - AUSTRALIË

CATENA, MENDOZA, CHARDONNAY 2006 € 13,49

Menigeen knijpt zich de handen al dicht bij het idee later onsjes fijne vleeschwaren te mogen afwegen in vader en moeders *Ambachtelijke Slagerij – Superieure Slavinken & Gehaktballen uit Eigen Keuken –* of anderszins een fijne tuitknak als cadeautje te mogen verpakken in het ouderlijke *Sigarenmagazijn 't Hoekje – Ook voor uw tramkaarten, krasloten en blote blaadjes, tevens officieel afleverpunt voor klein nucleair afval alsmede liposuctierestantenrecycling.* Wat moet je dan wel niet in je noppen zijn als je Laura Catena heet en weet dat je als je groot bent mee mag werken in het immense bedrijf van vader Nicolás, 'de pionier van de Argentijnse wijnbouw'? Precies. En dat proeven we. Prima wijnen maken vader en dochter. Met deze bevinden we ons op het ossehazen/cohibaniveau. Bij familielid witte bourgogne wordt de laatste tien, twaalf eeuwen vermeld van welke wijngaard de druiven komen en al kun je hier nog niet tot op de vierkante meter de herkomst achterhalen, op het achteretiket staat wel vermeld van welke wijngaarden de wijn komt. Slank, sappig fruit, deftig hout. Imponerend zonder vulgair te zijn. 'M effe in een karaf kieperen doet 'm goed. Drinken bij damast en georven tafelzilver. 14%.

AUSTRALIË
PENFOLDS, KOONUNGA HILL, € 9,49
SOUTH AUSTRALIA, CHARDONNAY 2006

Wat zomertijd betreft zit het zo. Je hebt voorstanders en je hebt tegenstanders. De tegenstanders bewegen zich monkelend door het leven, gekleed in een grauwe regenjas met strak aangesnoerde ceintuur, danwel tegenstribbelend in een vrolijk windjek gestoken, aangeschaft door hun vrouw, betreffende wie ze zich nu al dertig jaar afvragen of dat indertijd wel zo'n goed besluit was, het huwelijk. De

WIT AUSTRALIË

tegenstanders zijn overal tegen, zolang ze het niet zelf hebben bedacht, dus ook tegen de zomertijd, al weten ze niet precies waarom. De voorstanders zijn er van diverse pluimage. Categorie A kan je precies vertellen wie de zomertijd heeft verzonnen en waarom in vredesnaam, wanneer en waar hij voor het eerst is ingevoerd, en welke landen nu aan zomertijd doen, en hoezo, voorzien van grafiekjes waarop zichtbaar hoeveel het oplevert uitgedrukt in naar keuze CO_2-uitstoot tot op de bodymassindex nauwkeurig, spaarlampen, vliegkilometers, frikadelgebruik en voortplantingsgewoonten per inwoner. Categorie B heeft geen idee, maar geniet van het wonder dat het langzaamaan steeds langer licht is en nu ineens zomaar een heel uur erbij! En zet de barbecue vast buiten. Categorie C na een maand overal ontijds arriveren: o natuurlijk! Het is weer zomertijd! Zoals u van ons gewend bent, hebben we voor elk wat wils aan wijn. Althans voor de voorstanders, de tegenstanders houden het of het nu vriest of dooit, bij regen of zonneschijn immer op een glaasje Chenet – 'ik vind dat je het minstens drie jaar moet wegleggen' – op zaterdagavond – 'nee echt, als je de kurk er goed in doet gaat zo'n fles weken mee, en dat groengrijzige pluizige spul kan geen kwaad, maar als je het niet lust kun je het uit je glas scheppen en in het pindabakje leggen'. Voor de rest, of u nu net door hebt dat het zomertijd is, er met volle teugen van geniet of al jaren een volstrekt verstoord bioritme hebt omdat u maar niet kunt onthouden of de klok nou voor- of achteruit moet, maar om de paar weken ineens denkt dat u het wel weet en de wekker resoluut drie uur terugzet of vijf uur voor, want dan klopt het na al die vergissingen weer, toch (toch?): drinkt Penfolds Koonunga Hill chardonnay, sjiek slank complex Australisch wit, want daar komt u altijd goed mee voor de dag, hoe te laat, te vroeg of volstrekt verdwaald u ook bent. *Any time, any place.* 13,5%.

WIT AUSTRALIË

PENFOLDS, RAWSON'S RETREAT, € 6,99
SOUTH EASTERN AUSTRALIA, RIESLING 2007

De buren hadden pech, laatst. Van wat er hier ten burele van de *Superwijngids* aan proefflessen over de vloer komt, wordt het merendeel onder vriendelijk hoongelach over de bijbehorende wijnwinkelier uitgegoten, waarna we hem met het foldertje van een loopbaanadviesbureau en een bemoedigende schop onder het achterste uit het pand laten verwijderen. Verder drinken we alles zelf op. Toch, soms, als er ook na het ontbijt nog over is, willen we in een vlaag van goedertierenheid wel eens wat goedbevonden flessen in de omliggende portieken uitzetten, opdat de buren ook eens kunnen ruiken aan wat voor hen door de erfzonde niet is weggelegd. Als een ouderwetse melkboer zet de jongste bediende overal één, twee flessen op de stoep. Gemeenlijk komen de buren de volgende dag, de morsige pet schuchter ronddraaiend in de handen, eerbiedig bedanken voor onze goedgeefsheid. Laatst echter kwam niemand zijn dank betuigen. Nu scheelt dat in het desinfecteren van de stoep, maar we waren toch enigszins verbaasd over deze plotselinge regressie van normen en waarden. Regulier buurtonderzoek (artikel 156 sub c van de interne geweldsinstructie) bracht echter de oplossing aan het licht. De proefflessen in kwestie waren Duits, en men had gemeend met een kennismakingsactie van de buurtsuper van doen te hebben. Aldaar schaft de ons omringende goegemeente namelijk literpakken liebfraumilch aan als het loon binnen is en zodoende verkeren ze in de aangeschoten mening dat alle Duitse wijn een euro de liter kost en dat deze Duitse flessen dus nooit van ons konden komen. Minder regulier buurtonderzoek wees vervolgens trouwens uit dat men de liebfraumilch veel lekkerder vond dan 'de toch wel zure wijn van Mijnheer'. Ach ja. Zoet, de primaire oersmaak. Nu moeten we eerlijk zeggen dat we die flessen niet voor niets hadden geparkeerd in de portalen van de omringende behoeftige tweeverdieners (ja, echt, lieve lezers, ze moeten állebei wérken; velen van hen moeten hun kinderen zelfs per bákfiets naar school laten brengen!). Want ook heel duur zoet is zoet en dus niet te zuipen. En heel veel andere Duitse wijn is misschien wel heel hoogstaand, maar gezellig drinken is het niet. Oftewel en kortom, zoals immer hebben wij voor alles de juiste en stijlvolle oplossing. Bent u de liebfraumlich ontstegen, maar verlangt u er stiekem wel eens naar terug, maar dan nu op grachtengordelniveau: drink dit. Riesling uit Australië. De sjiek van de beste Duitse riesling gecombineerd met het gezellige sappige fruit van Australië. 12%.

PENFOLDS, RAWSON'S RETREAT, € 6,99
SOUTH EASTERN AUSTRALIA, SEMILLON CHARDONNAY 2006

Iedereen vraagt verbaasd, zoals in de aloude wasmiddelreclame: 'Hoe krijg jij je witte wijn zo lekker?' 'Door een beetje van druif sémillon! Dat geeft net de extra diepgang en ruggengraat aan die vrolijke chardonnay!' 13,5%.

PETER LEHMANN OF THE BAROSSA, € 8,99
BAROSSA, CHARDONNAY 2007

Stom aanstellerig model fles met godbetert ook nog een ingeblazen klavertje. Alle reden dus om 'm in het schap te laten staan, ware het niet dat de inhoud alleszins verteerbaar is. Stijlvolle en tevens gezellige chardonnay met wat hout en ook verder van alle gemakken voorzien. Verre van de doorsnee vette *Aussiechard*. 13%.

PETER LEHMANN, WEIGHBRIDGE, € 6,99
SOUTH AUSTRALIA, UNOAKED CHARDONNAY 2006

Ongeëikt, zeggen de Vlamingen. Sappig fruit met beet en een karakteristiek Australisch vleugje mint. Spannend en lang. Heel ruim. 13%.

WIT AUSTRALIË - CHILI

SHINGLEBACK, MCLAREN VALE, CELLAR € 8,99 ♝♝♝
DOOR CHARDONNAY 2007

Volgens het achteretiket verpatst wijnmaker John Davey wat speciale wijnen aan passerende vrinden. *'Hi Bruce!'* Voor wie niet dagelijks z'n kelderdeur passeert heeft hij nu deze wijn gebotteld en de wijde wereld in gestuurd. *'G'day mate!'*. Tsja. We fietsen er niet voor om, wat ook door de prijs komt, maar, marketingverhaal of niet, een sympathieke slanke chardonnay. 13,5%.

WOLF BLASS EAGLEHAWK, € 4,99 ♝♝
SOUTH EASTERN AUSTRALIA, CHARDONNAY 2007

Wat Wolf zelf betreft, zie Australië Wit bij Mitra. Wat de wijn betreft: ongecompliceerde bekvol sappig fruit. Richting ♝♝♝. 14%.

WOLF BLASS RED LABEL, € 6,99 ♝♝
SOUTH EASTERN AUSTRALIA, CHARDONNAY 2006

Fruit, maar nogal suf en alcoholisch. 13,5%.

WOLF BLASS YELLOW LABEL, € 8,49 ♝♝♝
SOUTH AUSTRALIA, CHARDONNAY 2006

Traditionele volvette Australische chardonnay-met-hout. 13,5%.

BRAZILIË
OVEJA NEGRA, PINOT GRIGIO-RIESLING 2007 € 5,49 ♝♝

Hmm. Twee druiven die elkaar zo te proeven niet liggen. Frisfruitig, maar het smaakt wat rommelig. 13%.

CHILI
CASA LAPOSTOLLE CUVÉE ALEXANDRE, € 20,99 ♝♝♝♝
CASABLANCA VALLEY, ATALAYAS VINEYARDS, CHARDONNAY 2007

Nogmaals retenduur, maar hier proef je het er ook aan af. Fraai betimmerd fruit van de groentenjuwelier. Reuze indrukwek-

WIT CHILI

kend met alles d'rop en d'ran. Heel knap gemaakt. Niet voor niets de huiswijn van m'n cosmetisch chirurg. 14,5%.

CASA LAPOSTOLLE, RAPEL VALLEY, € 11,99
SAUVIGNON BLANC 2007

Reteduur, alcoholisch en meurt naar verlepte sla. Een kwestie van sauvignonasse. (Zie pagina 459). 14,5%.

CHI, VALLE CENTRAL, SAUVIGNON BLANC € 3,99

Gall & Gall Huisselectie. Frisfruitig, maar helaas ook een vleug niet meer helemaal kakelverse groente. Geen oogstjaar. Anderhalf. 13%.

CHILENSIS, CENTRAL VALLEY, CHARDONNAY 2007 € 3,99

Sappig fruitig. Heel ruim. 13,5%.

OVEJA NEGRA, CHARDONNAY-VIOGNIER 2007 € 5,49

Geen viognier gezien, maar vriendelijk zachtfruitig en een beetje kruidig. Heel ruim.

PALO ALTO RESERVA, MAULE VALLEY, € 8,49
SAUVIGNON BLANC 2008

Stinkt en smaakt naar sauvignonasse (zie pagina 459) oftewel kool die al een tijdje in de goot ligt. En ze doen ook nog iets goeds voor de Natuur. Niet dat er iets mis is met de natuur, zolang er een negentiende-eeuws gietijzeren hek omheen zit en het park heet, maar dat je Goed doet dat zet je toch niet op je etiket? Goed doe je in stilte. Burp. 13,5%.

VALDIVIESO BARREL RESERVA, € 7,99
CASABLANCA VALLEY, CHARDONNAY 2007

Keurige zachtfruitige chardonnay-met-hout. 14%.

WIT CHILI - DUITSLAND

VALDIVIESO RESERVA, € 14,49
CASABLANCA VALLEY, SAUVIGNON BLANC 2007

Aarzelt tussen fris- en zachtfruitig. Keurige wijn, maar sauvignon van lik-me-vestje. Ruim. 13,5%.

VALDIVIESO, CENTRAL VALLEY, CHARDONNAY 2008 € 5,99

Zachtfruitig, maar een beetje hard richting end. Anderhalf. 13,5%.

VALDIVIESO, CENTRAL VALLEY, SAUVIGNON BLANC 2008 € 5,99

Zachtfruitig. Niet onaardig, maar geen sauvignon. Anderhalf. 12,5%.

VIÑA LA ROSA RESERVA, LA PALMA, RAPEL € 7,99
VALLEY, CHARDONNAY 2007

Zachtfruitig met een beschaafd beetje hout. Heel ruim. 13,5%.

VIÑA LA ROSA, LA PALMA, CACHAPOAL € 5,79
VALLEY, CHARDONNAY 2008

Zachtfruitig, piets snoepjesachtig. 13,5%.

VIÑA LA ROSA, LA PALMA, CACHAPOAL VALLEY, € 5,79
SAUVIGNON BLANC 2008

Fris snoepjesfruitig met een zoetje. Een sauvignon van niks, als wijn nog net krap. 13,5%.

DUITSLAND
DR. LOOSEN, BLAU SCHIEFER, € 10,49
MOSEL-SAAR-RUWER, RIESLING TROCKEN 2006

Godfried Bomans heeft ooit eens geschreven dat in Duitsland iedereen die niet professor is als een kneusje wordt beschouwd. Nou vooruit, doctor, dat kan er ook nog mee door. Je werd ook op je zeergeleerde titel aangesproken en je vrouw heette Frau Professor. En had je een wijndomein, dan deelde dat ook in de academische eer. Tiep op Google 'dr' en 'weingut' in, en je krijgt de indruk dat iedere Duitser die doorgeleerd heeft in de wijn zit. Niet dat het overal zo formeel toe gaat. De huidige eigenaar van Weingut Dr. Loosen laat zich gewoon Ernst noemen, want, zou Bridget Jones zeggen, dat is zijn naam en daarom heet hij zo. De Loosens maken al ruim twee eeuwen wijn, hier aan de Moezel, maar pas onder de bevlogen en enthousiaste Ernst worden er wijnen van wereldfaam gemaakt. Zijn recept is het recept van alle goede wijnboeren: lage rendementen, aandacht voor elk detail, puur en zuiver werken zodat de wijn naar wijngaard en druif smaakt. Dé Duitse druif is de riesling, die hier al sinds de Romeinse tijd groeit, en, zo aan de noordkant van het lint om de aarde waar druiven kunnen groeien, hier ook op z'n best is. Hij kan behoorlijk wat kou verdragen (voordat Gorbatsjov veel wijngaarden liet rooien opdat Russen weer gewoon eau-de-cologne en spiritus konden drinken, had Rusland meer riesling dan Duitsland) en in het koele klimaat rijpt hij langzaam, wat zorgt voor veel extract van geuren en smaken en vrolijkfrisse zuren. De kunst van Duitse wijn: evenwicht tussen zuren en zoet. Droge wijn heeft het frisse zoet van rijpe druiven, in zelfs de zoetste wijn proef je die heldere zuren. Proef maar in dit prima droge instapmodel van de Dr. 12%.

FRANCONIA, FRANKEN 2007 €7,99

19 januari 1663. Londenaar Samuel Pepys (u kent zijn prachtige dagboeken toch?) is op bezoek bij een rijke kennis, mijnheer Povey, en bewondert zijn flessen wijn, afgesloten met een prop geolied linnen of een glazen stop. Later kwam de kurk, al bleef nog tot in het begin van de negentiende eeuw zo'n glazen stop in gebruik. Niet ideaal, want hij moet perfect passen. Dat blijkt ook in de 21ste eeuw nog niet zo makkelijk. De Duitse firma Alcoa kwam trots met de Vino-lok, een glazen flessenstop – nooit meer 'kurk'! – maar wat blijkt bij nadere inspectie? De stop kan niet zonder kunststof hulp!

WIT DUITSLAND - FRANKRIJK

Er zit een lelijk plastic afsluitringetje om! Gelukkig was de onderliggende wijn uit Franken allesbehalve onbeholpen. Frisfruitig, lichtkruidig, wat koolzuurbelletjes, geurend als druiven in de zonnige wijngaard. Duits op z'n best. De ideale wijn voor de luxere picknick en zeker niet alleen omdat het zo handig is als iedereen de kurkentrekker heeft vergeten. 11%.

MOSELLAND, MOSEL, PINOT BLANC CLASSIC 2007 € 5,49

Lichtfruitig met wat harde hoekjes.

MOSELLAND, MOSEL, PINOT GRIS CLASSIC 2007 € 5,49

Zachtfruitig. Anderhalf. 12,5%.

MOSELLAND, MOSEL, RIESLING CLASSIC 2007 € 5,49

Fris druivig rieslingfruit, met een zoetje. 11,5%.

FRANKRIJK
Bordeaux
CHÂTEAU ROC DE CAZADE, BORDEAUX 2006 € 5,79

Frisfruitig. Netaan. 12,5%.

Bourgogne
BLASON DE BOURGOGNE, CHABLIS 2006 € 11,99

Correct, zij het een zeer klein chablisje. Heel ruim. 12,5%.

BLASON DE BOURGOGNE, MÂCON-VILLAGES, CHARDONNAY 2007 € 5,79

Zachtfruitig, sappig. Heel ruim. 13%.

BOUCHARD AÎNÉ & FILS, BOURGOGNE CHARDONNAY 2006 € 8,49

Zachtfruitig met helaas wat niet meer helemaal verse groente in het bouquet. Anderhalf. 13%.

WIT FRANKRIJK

BOUCHARD AÎNÉ & FILS, € 12,99
BOURGOGNE HAUTES-CÔTES DE NUITS 'LES CLOÎTRES' 2007

Welopgevoede slanke en fruitige burgermansbourgogne.
12,5%.

DOMAINE SAINTE-CLAIRE, € 18,99
CHABLIS VIEILLES VIGNES 2006

En dan staat er ook nog Jean-Marie Brocad op het etiket, maar zo is het wel mooi, qua hoeveelheid namen. Wijn hoort Domaine Zus-en-Zo te heten of chablis van mijnheer of mevrouw Quelquechose, maar niet alles bij elkaar en dan nog allerhande breedsprakig proza. Correcte chablis, die verder weinig te melden heeft. 13%.

LA CHABLISIENNE, CHABLIS CUVÉE L.C. 2006 € 13,99

Interessant achteretiket. Meestal biedt het achteretiket iets wervends als 'eeuwenoude tradities', 'nobele druivensoorten', 'lekker bij vlees, vis of zomaar bij vrienden', hier wordt in 714 talen vermeld dat het product sulfiet bevat. Iets wat voor elke wijn geldt, en dus niks zegt. Hoeveel sulfiet, dat is belangrijk. Ook weer een keurige chablis, trouwens, maar niet de ware. Niet dat geheime smaakje, niet die geur als die zomerse hooiberg waarin je voor de eerste keer kuste. 12,5%.

Champagne

PIPER-HEIDSIECK, CHAMPAGNE BRUT € 32,99

Correcte lichte champagne. Maar daar kopen we geen champagne voor, om correct te zijn. Weelderige liederlijkheid willen we, schandelijke losbandigheid. 12%.

PIPER-HEIDSIECK, € 32,99
CHAMPAGNE CUVÉE SUBLIME, DEMI-SEC

Ruikt goed, echt champagne, vol van smaak. Echt demi-sec – halfdroog – niet mierzoet. 12%.

FRANKRIJK

Elzas

ANDRÉ STUBER, RÉSERVE, ALSACE, PINOT BLANC 2007 € 5,99

Het Propagandabureau van de Elzas en zijn Wijnen, Pittoreske Vakwerkhuisjes met Geraniums en niet te vergeten de Zuurkool, vraagt af en toe vriendelijk of ze me nog op enigerlei wijze van informatie kunnen voorzien 'om de Elzas onder de aandacht te brengen'. Welja. Mits ze bij de informatie nou ook eens wat wijn hebben. Want daar schort het nogal aan in de Elzas. Niet *an sich*, zoals ze daar zeggen: flessen zat. Maar helaas blijkt maar al te vaak dat die flessen óf niet te zuipen danwel volstrekt oninteressant zijn óf een godsvermogen kosten. De combinatie is trouwens ook niet zeldzaam. Maar kijkaan, de wonderen zijn de wereld nog niet uit en hier hebben we precies wat we willen. Karakteristiek Elzas, met dat bloemige, kruidige geurtje, in dit geval verder voorzien van het sappige fruit van druif pinot blanc. En bovenal: puur, zuiver, slank, zonder laffe zoetjes of andere aanstellerij. En dat alles voor een keurige prijs. Heel ruim. 12,5%.

ANDRÉ STUBER, RÉSERVE, ALSACE, PINOT GRIS 2007 € 8,39

Nog zo'n prima Elzasser. Duurder, want pinot gris is hoger in rang dan familielid blanc en dus altijd duurder, maar in dit geval ook rijker van smaak. Een luxe fruitmand, vooral ruim voorzien van perziken en abrikozen, om eens technisch te worden qua fruit. En ook hier, wat zeker bij de vaak overbloezend zwoele pinot gris een zeldzaamheid is: slank en strak. Oftewel zoals m'n proefnotitie in klad luidde: errug lekker. 13%.

ANDRÉ STUBER, RÉSERVE, ALSACE, RIESLING 2007 € 5,99

Riesling is bijna altijd wat moeizamer, maar toch goed frisfruitig. Heel ruim 12%.

WIT FRANKRIJK

JEAN BAPTISTE ADAM, RÉSERVE, € 5,99
ALSACE, PINOT BLANC 2006

Zacht, vriendelijk, sappig. Goed, maar meer het traditionele mollige model. 12,5%.

JEAN BAPTISTE ADAM, RÉSERVE, € 10,49
ALSACE, PINOT GRIS 2006

En dat geldt ook voor deze. Prima pinot gris, rijk voorzien van fruit met een plezant bittertje, keurig zoals het hoort. Gezapig, naast de atletische Stuber. 13%.

WOLFBERGER, ALSACE, GEWURZTRAMINER 2007 € 9,99

Met wijnen, lieve cursisten, zit het zo: 't zijn net mensen. Je hebt er die echt niet deugen, dus met een grote loden kogel aan hun enkel plantsoenen moeten aanharken respectievelijk door de plee worden getrokken. Je hebt de uitgelezen elite, waar menigeen naar opkijkt zonder te bedenken dat poeha zelden gezellig of lekker is en je hebt de grote groep van doorsneesukkels die een flesje Chenet kopen omdat ze daar een keer van hebben gehoord. En het net als zijzelf altijd heel voorspelbaar hetzelfde is, en dat is wel zo veilig, want je weet wat je hebt maar niet wat je krijgt, zegt u nou zelf, toch, niet dan? Toch, soms, dromen zulke mensen stiekem ook wel eens van stoute dingen. Niet van wat niet deugt, want dat is echt eng, maar van verboden weelde, zoals daar is de buurvrouw die haar lippen zo rood stift, en deze gewurztraminer, vol rijp fruit, geurend naar een rozentuin, dik en zacht en verleidelijk als buurvrouws décolleté en met een zweem van zoet, wijn waarvan je weet dat het niet mag zoiets ordinair lekkers, maar vooruit, één keer in je leven moet je toch het burgermansbestaan ontstijgen, ook al is het in de verkeerde richting? Doe maar dus. 13%.

WIT FRANKRIJK

Loire

CELLIERS DES BRANGERS, € 12,99
MENETOU-SALON PLAISIR DES BRANGERS 2006

Keurige burgermanssauvignon. 13%.

DOMAINE GAUDRY, € 13,99
POUILLY-FUMÉ LES LONGUES ECHINES 2007

Aristocratische, afstandelijke (goede sauvignon is lekker streng) loiresauvignon. 12,5%.

DOMAINE MILLET, SANCERRE 2006 € 15,99

Keurige maar wat sullige loiresauvignon. 12%.

LES HAUTES-LIEUX, TOURAINE, SAUVIGNON 2006 € 7,49

Ruikt niet gek, maar smaakt niet fris genoeg. 13%.

ROGER CHAMPAULT, SANCERRE 'LES PIERRES' 2007 € 13,99

Keurige sancerre. Iets zachter dan de sauvignon hieronder, onnodig veel duurder. 12,5%.

VALLÉE LOIRE, TOURAINE SAUVIGNON 2007 € 5,49

Prima frisse, sappige sauvignon. In een goeie loiresauvignon hoor je iets te ruiken dat op kalk, op krijt lijkt, en verdomd, jawel. Niet het krijt dat over het schoolbord krast, maar krijt zoals de kust bij Dover, met frisse buitenlucht en zilte zeewind. 12%.

VALLÉE LOIRE, VOUVRAY MOELLEUX, € 7,39
CHENIN BLANC 2007

Vouvray kan droog, *sec*, zijn, maar liever plukt men zo laat mogelijk overrijpe druiven met veel suiker zodat de zuren tegenwicht krijgen van fris druivenzoet. De traditionele stijl heet *sec tendre*: net niet droog. Steeds zoeter wordend komen daarna *demisec, moelleux en doux*. De laatste twee komen alleen in mooie, warme jaren voor, en die zijn hier in de

WIT FRANKRIJK

noordelijk gelegen Loire zeldzaam. Veel Vouvray is helaas ziekelijk zoetzwavelig, maar de ware is prachtig. En kan heel mooi oud worden. Witte wijn wordt geconserveerd door alcohol, zuren en eventueel suiker. Wel, er is geen druif die zoveel zuren heeft als de chenin blanc oftewel pineau de la loire, zoals hij hier in z'n geboortegrond heet. Die zuren zorgen ervoor dat ook zo'n zeventig jaar oude vouvray nog vief en fris is. Gelukkig is deze ook nu al lekker, en geurt karakteristiek naar chenin, wat betekent dat-ie doet denken aan sappige peren, bloesem, een pas gewassen dure wollen trui, nootjes en een vleug honing. In de loop van de jaren gaan geur en smaak meer richting die honing, worden rijper en rijker, maar blijven die fruitige, bloesemachtige frisheid houden. 12,5%.

Vin de pays

ARROGANT FROG, VIN DE PAYS D'OC, € 5,49
CHARDONNAY-VIOGNIER 2007

Snoepjesfruitig. Netaan. 13,5%.

ARROGANT FROG, VIN DE PAYS D'OC, € 5,49
SAUVIGNON BLANC 2007

Overdreven stuivend van geur (sauvignon is altijd 'stuivend'), wat vlak van smaak. Droog. Krap. 12,5%.

DOMAINE MILLIAS, VIN DE PAYS D'OC, € 5,99
CHARDONNAY-GRENACHE 2007

Op zichzelf prima biologische wijn, die helaas het karakter mist om het verder te schoppen, want niet heel uitgesproken chardonnay, noch echt Zuid-Frans. 13,5%.

WIT FRANKRIJK - GRIEKENLAND

LA GASCOGNE PAR ALAIN BRUMONT, VIN DE PAYS € 5,99
DES CÔTES DE GASCOGNE, GROS MANSENG-SAUVIGNON 2007

Zeker niet de slechtste frisfruitige gascogne, al groeien er
zo te ruiken wel erg veel ananassen in de wijngaarden. Heel
ruim. 12,5%.

LES COLIMONTS, VIN DE PAYS D'OC, CHARDONNAY 2006 € 4,99

Patserig overdadig voorzien van rijp fruit, maar kijk eens aan:
ook welopgevoede bescheiden frisse zuren waardoor prima
gezelschap. 13%.

LES VIGNALS, VIN DE PAYS DES CÔTES DE GASCOGNE, € 4,99
COLOMBARD-SAUVIGNON 2007

Verfrissend fruitig, licht, droog, sappig. Heel ruim. 11,5%.

YELLOW JERSEY, VIN DE PAYS D'OC, CHARDONNAY 2007 € 5,99

Curieus: klein flesje waar ze volgens het etiket toch driekwart liter in hebben weten te stouwen. Economisch gezien
heel kien, want je kunt meer flesjes kwijt in je vrachtauto's
en op het schap, maar verder minder slim. Je denkt met een
halflitertje van doen te hebben, dus rekent meteen om: negen
piek de driekwartliter! En dan pak je het toch op om te zien
waarom een wijn in vredesnaam *'Gele trui'* heet (wordt niet
uitgelegd), en merk je van doen te hebben met een plastic
flesje! Huu, weg ermee! Echte mannen drinken niet uit plastic. Echte vrouwen ook niet, trouwens. Toch geproefd, toen
niemand keek: saaie doorsneechardonnay, zachtfruitig. 13%.

GRIEKENLAND
BOUTARI, SAMOS € 7,39

Mierzoete muskaatwijn. Drinken als uw suikertante er met
een glibberige Griek met hangsnor vandoor is gegaan met wie
ze stikgelukkig toch nog negen kinderen heeft geproduceerd
zodat alle hoop op enige erfenis definitief verkeken is. 15%.

WIT ITALIË

ITALIË

FARNESE FARNETO VALLEY, € 4,99 ♟♟
TERRE DI CHIETI, CHARDONNAY 2007

Sappig fruitig, pittig kruidig. Heel ruim ♟♟. 13%.

INYCON, SICILIA, CHARDONNAY 2006 € 5,49

Niksige, vlakke chardonnay. Zachtfruitig, nogal muf. 13,5%.

INYCON, SICILIA, PINOT GRIGIO 2007 € 5,49

Smaakt zoals zoveel pinot grigio naar niks. Vaag wat fruit, nogal zuur. 12,5%.

LA BATTISTINA, GAVI 2007 € 7,99 ♟♟

Zachtfruitig, slank, sappig. Heel ruim ♟♟. 12%.

LA VIS, SIMBOLI, TRENTINO, PINOT GRIGIO 2007 € 7,39 ♟♟

Deze pinot grigio smaakt ook naar niks, maar is wel vriendelijk zachtfruitig. Er is echter ook altijd wat: een klein laf zoetje op 't end vergalt het simpele plezier een beetje. Nog maar net ♟♟.

MASI LEVARIE, SOAVE 2007 € 7,49 ♟♟♟

Nogmaals druif garganega, maar nu solo. Ook weer lekker eigenwijs, en heeft van alles net wat meer.

MASI MODELLO, BIANCO DELLE VENEZIE 2007 € 6,49 ♟♟

Van soavedruif garganega met wat pinot grigio en pinot bianco. Sappig fruitig, grappig eigenwijs weerbarstig. Heel ruim ♟♟. 12%.

MONCARO, VERDICCHIO DEI CASTELLI € 4,99 ♟♟
DI JESI CLASSICO 2007

Zachtfruitig, lichtkruidig, sappig. 12%.

WIT ITALIË - NIEUW-ZEELAND

PLANETA, SICILA, LA SEGRETA 2007 € 8,99 ♟♟

Van druiven grecanico, chardonnay en nog wat andere druiven, die anoniem wensen te blijven, als we het niet erg vinden. Vinden we wel, en ook de wijn is net niet je dat. Ja, vriendelijk zacht en sappig plus een beetje kruiden, waardoor alleszins te hachelen, maar ook behept met ietwat snoepjesachtig zoet waardoor helaas pindakaas net niet ♟♟♟ en zodoende wat prijzig. 13%.

PLANETA, SICILIA, CHARDONNAY 2006 € 23,99 ♟♟

Veel hout, veel alcohol. Goed, ook veel fruit, maar waarom ons nou gevraagd wordt vijftig harde guldens neer te tellen voor iets dat je ook kunt huisvlijten door aan chardonnay van een euro of vijf een scheutje wodka toe te voegen en 'm uit een sigarenkistje te drinken, ontgaat me. 14%.

NIEUW-ZEELAND
BLIND RIVER, MARLBOROUGH, € 13,99 ♟♟♟♟
SAUVIGNON BLANC 2007

Best wel jammer eigenlijk dat je als eenzame innemer door de belastingdienst als zzp-er wordt gezien, zelfstandige zonder personeel. Ik weet namelijk prima met personeel om te gaan. Een vriendin in loondienst ging gebukt onder niet-functionerende airconditioning, maar knapte dankzij verblijf op balkon in gezelschap van deze fles weer helemaal op. Nee, ik weet niet of de belasting het als aftrekbare arbeidsvitamine ziet, wel dat als je dit met je baas deelt loonsverhoging, promotie en een plaatsje met uitzicht op die leuke collega op wie je al lang een oogje hebt, gegarandeerd zijn. Wel even nagaan of baas niet per abuis een zoetekauw is, want zoals het goede sauvignon betaamt is deze sappige Nieuw-Zeelander strakdroog en voorzien van voorjaarsfrisse zuren. Door de prijs niet 🚲, maar dat is als u binnenkort assistent-vice-directeur bent geen probleem meer. 13%.

WIT NIEUW-ZEELAND - OOSTENRIJK

MATAHIWI, HAWKES BAY, SAUVIGNON BLANC 2007 € 11,99

Nog zo eentje, nog een klasse fijner en subtieler. Niet goedkoop, nee, maar als u nou eens wilt weten wat ze daar kunnen in Nieuw-Zeeland, spring onverwijld op de directiefiets. En neem dan meteen een fles van hun pinot noir mee (zie pagina 312). 12%.

MOUNT VERNON, MARLBOROUGH, € 9,49
SAUVIGNON BLANC 2007

Nog een prima strakke sauvignon, maar van en voor een lager kader. 13%.

MOUNT VERNON, MARLBOROUGH, € 9,49
UNOAKED CHARDONNAY 2007

Vreemd: chardonnay met sauvignonkarakter! 13,5%.

OOSTENRIJK

WEINGARTEN PFARRE WEISSENKIRCHEN, € 12,99
WACHAU, GRÜNER VELTLINER SMARAGD 2006

In Wachau, dat kleine maar belangrijke wijndistrict, hebben ze een aparte indeling voor de droge witte wijnen, zoals hier grüner veltliner: *Steinfeder*, voor de lichtste wijnen, maximaal 10,7% om jong te drinken; *Federspiel*, maximaal 11,9%, zo'n vijf jaar bewaren; *Smaragd*, genoemd naar de autochtone groene hagedis die dol is op warme zonnige plekjes. Vol, minimaal 12,5%, vaak meer, kan lang rijpen. Deze smaragd is vriendelijk zachtfruitig en ernstig aan de prijs. Heel ruim. 13%.

WEINGARTEN WEISSENKIRCHEN, WACHAU, € 8,39
GRÜNER VELTLINER STEINFEDER 2007

Frisfruitig, sappig, droog. 11%. Hé, elf procent! Maar hierboven stond toch? Ja, maar het op het etiket vermelde alcoholgehalte mag wat afwijken van de werkelijkheid, binnen

WIT OOSTENRIJK - SPANJE

de marge van een half procent. 10,7% mag je dus 10,5 of 11% noemen.

WINZER KREMS, GRÜNER VELTLINER € 6,39 🍷
RIED SANDGRUBE 2007

Bepaald duidelijk is het niet, maar dit is een iets andere dan die bij Jumbo te koop is, al komt het uiteindelijk wel op hetzelfde neer. Frisfruitig, druivig, kruidig – en helaas een beetje snoepjesachtig end. Anderhalf 🍷. 12,5%.

SPANJE
BODEGAS JULIAN CHIVITE, PARADOR, € 5,99 🍷🍷
NAVARRA, CHARDONNAY 2007

Frisfruitig, sappig. 12,5%.

PALACIO PIMENTEL, RUEDA, VERDEJO 2007 € 6,99 🍷🍷🍷

Vrolijk frisfruitig, pittig kruidig, sappig. 12,5%.

PALACIO PIMENTEL, RUEDA, VERDEJO VIURA 2007 € 5,99 🍷🍷

Wat zachter, minder pit. Heel ruim 🍷🍷. 12,5%.

SUMARROCA, PENEDÉS, CHARDONNAY 2007 € 5,99 🍷

Weinig chardonnay, veel fris fruit. Beetje hard. Anderhalf 🍷. 13%.

TORRES GRAN VIÑA SOL, PENEDÈS, CHARDONNAY 2007 € 10,49 🍷🍷🍷

Zachtfruitig, beetje kruidig. 13,5%.

TORRES VIÑA SOL, CATALUNYA 2007 € 7,49 🍷🍷

Frisfruitig, kruidig, beetje kaal, beetje hard. Heel krapaan 🍷🍷. 11,5%.

VIÑA BADE, RIAS BAIXAS, ALBARIÑO 2007 € 8,99 🍷🍷

Frisfruitig, licht kruidig, beetje zuurtjesachtig. 12%.

WIT SPANJE - ZUID-AFRIKA

VIÑAS DEL VERO, SOMONTANO, CHARDONNAY 2007 € 5,49

Zachtfruitig, sappig, elegant. 13,5%.

VIÑAS DEL VERO, SOMONTANO, € 5,49
CHARDONNAY MACABEO 2007

Simpeler, minder elegant, maar wat meer pit. Heeft ook z'n charme. Heel ruim. 12,5%.

ZUID-AFRIKA

BOLAND KELDER, PAARL, CHARDONNAY 2007 € 6,99

Grofgebekt, beetje branderig ook. 13,5%.

BOLAND KELDER, PAARL, € 4,99
CHARDONNAY CHENIN BLANC 2006

Suffig zachtfruitig, smaakt alsof hij een slopende kwaal onder de leden heeft. 13%.

KROON VAN ORANJE, PAARL, CHARDONNAY 2007 € 5,49

Zachtfruitig. 13,5%.

KUMALA, WESTERN CAPE, € 4,99
COLOMBARD CHARDNNAY 2008

Fris snoepjesfruitig. Anderhalf. 13%.

LANZERAC, STELLENBOSCH, CHARDONNAY 2007 € 12,49

Beetje patserige, maar wel sappige – ik weet eigenlijk niet of dat wel een tegenstelling is – chardonnay met veel fruit en fors hout. 14%.

MOOI FONTEYN, WESKAAP, DROË STEEN 2007 € 2,99

Heel simpel frisfruitig. 12,5%.

WIT ZUID-AFRIKA

TOKARA, STELLENBOSCH, CHARDONNAY 2006 € 18,99

Zachtfruitige chardonnay met veel duursmakend hout. Heel ruim. 14%.

TOKARA, ZONDERNAAM, WESTERN CAPE, € 9,39
CHARDONNAY 2007

Keurige chardonnay met veel fruit en beschaafd wat hout. 14%.

TOKARA, ZONDERNAAM, WESTERN CAPE, € 9,39
SAUVIGNON BLANC 2007

Wijn met venijn, althans in de staart: ruikt voorjaarsfris, maar smaakt zwaar en eindigt wat branderig alcoholisch. 14%.

VAN LOVEREN PRIVATE CELLAR, ROBERTSON, € 5,99
LIGHT WHITE SEMILLON 2008

Light White Weight Watchers Wine. Waar moet het met de wereld naar toe? Van druiven geoogst in januari (maart is normaal) met nog weinig suikers in de druif en zodoende weinig alcohol in de wijn. Smaakt als een verstandig dieet. 9%.

VAN LOVEREN, ROBERTSON, SAUVIGNON BLANC 2008 € 6,39

Nee, dan deze. Anderhalf procent minder alcohol, en voorjaarsfris van begin tot end. Qua stijl halverwege uitbundige Nieuw-Zeelander en strakke sancerre. Drie piek goedkoper, ook nog. 12,5%.

Z-AF, ROBERTSON, STEEN-CHARDONNAY € 3,99

Gall & Gall Huisselectie. Sappig fruitig. Geen oogstjaar. 12,5%.

ROSÉ

ARGENTINIË
ARGENTO, MENDOZA, MALBEC ROSÉ 2007 € 4,99

Van Bodegas Esmeralda. De mededeling 'drie maanden eik' doet je effe verschieten, maar niks an de hand. Geen splinter geproefd, louter vriendelijk rood fruit. Stoer maar lichtvoetig. 13%.

AUSTRALIË
WOLF BLASS, SOUTH EASTERN AUSTRALIA, € 4,99
EAGLEHAWK ROSÉ 2006

Nog behoorlijk vief en fruitig voor z'n leeftijd. Toch, wacht liever op een vers jaar. 13%.

CHILI
OVEJA NEGRA, CENTRAL VALLEY, ROSÉ 2007 € 5,49

Niet zo apart, intrigerend en onvergetelijk als het etiket belooft, maar een prima frisse rosé vol sappig rood fruit. 13,5%.

VALDIVIESO, CENTRAL VALLEY, € 5,99
CABERNET SAUVIGNON ROSÉ 2007

Vriendelijk fruitig. 13,5%.

VIÑA LA ROSA, LA PALMA, CACHAPOAL VALLEY, € 5,79
MERLOT-CABERNET SAUVIGNON 2008

Zacht (snoepjes)fruitig. 13,5%.

FRANKRIJK
ARROGANT FROG, VIN DE PAYS D'OC, SYRAH ROSÉ 2007 € 5,49

Vol sappig rood fruit. Beetje snoepjesachtig. 13%.

ROSÉ FRANKRIJK

BOUGRIER, ROSÉ D'ANJOU 2007 — € 4,79

Je kunt ook nergens meer van op aan, heden ten dage: zelfs rosé d'anjou riekt niet meer gegarandeerd naar zwavel, zuurtjes en zwemmerseczeem. Zomaar zoetsappig fruitig, deze! 11%.

CHÂTEAU DE L'AMAURIGUE, CÔTES DE PROVENCE 2007 — € 6,99

Net zo subtiel van geur als de licht roze kleur je doet hopen. Tevens sappig, verfijnd en complex, terwijl toch ook voor simpele lieden als ikzelf een te begrijpen plezier. Heel ruim. 13,5%.

CHÂTEAU LA MOUTÈTE, VIEILLES VIGNES, CÔTES DE PROVENCE 2007 — € 11,99

Ik zeg maar zo: het kost wat, maar dan heb je ook wat. Wat dan? Sjieke slanke subtiele (alweer!) en toch lekker wegklokkende sappig roodfruitige rosé met een toef kruiderij. 13%.

CHÂTEAU VILLERAMBERT JULIEN, MINERVOIS 2007 — € 6,99

Niet beter dan die hierboven, wel anders, wat pittiger, wat meer beet, maar een sympathiek stuk goedkoper, dus daarom is hier wel sprake van 🚲. Toch, mocht het er van af kunnen, koop ook eens bovenstaande, al was het maar om te ontdekken dat er ook côtes de provence rosé is die niet in een softenonfles zit en die niet naar een defect chemisch toilet smaakt. 13,5%.

CLOS PUJOL, CABARDÈS, MERLOT-SYRAH 2006 — € 5,79

Nog vol stevig sappig fruit, maar toch, de middelbare leeftijd met zijn gebreken nadert. Wacht op de verse 2007 of zelfs '08, afhankelijk van wanneer u dit leest ('09, '11, '31?). 13%.

ROSÉ FRANKRIJK - ITALIË

DOMAINE DE L'HERMITAGE, L'ORATOIRE, BANDOL 2007 € 12,49

Van Gérard Duffort, die ons ook al zo blij maakt met de Château la Moutète, zie hierboven. Net zoiets als dat, maar nog wat welopgevoeder en luxueuzer. Heel ruim. 13,5%.

DOMAINE LUC, VIN DE PAYS D'OC, € 5,49
CABERNET SAUVIGNON 2007

Lenige, pezige cabernet met strakgetrainde *sixpackstomach*. Gelukkig ook vol sappig rood fruit en plezier. 13%.

LES CLOS DE PAULILLES, COLLIOURE 2007 € 7,39

Niet strakgetraind, wel zeer goedgespierd, met een mooi randje vet. Oftewel, lekkere bekvol stoer sappig rood fruit. Kruidig. En dan niet als een verstoft Oisterwijks kruidenrekje, maar echt Zuid-Frans zonnig kruidig. Voor deze gids proef ik 'm voor het eerst, maar ik kan op grond van langdurige ervaring zeggen dat deze rosé jaar in jaar uit een groot plezier is. Heel ruim. 13%.

LOUIS BERNARD, CÔTES DU RHÔNE 2007 € 5,79

Sappig (snoepjes)fruitig. Anderhalf. 13,5%.

PIPER-HEIDSIECK, CHAMPAGNE BRUT ROSÉ SAUVAGE € 38,99

Rosé? Eerder lichtrood! Mooi rood fruit, goed strak in de zuren. Heel ruim. 12%.

ITALIË
INYCON, SICILIA, CABERNET SAUVIGNON ROSÉ 2007 € 5,49

Bedompt zuurtjesfruit. 12,5%.

MASI MODELLO, ROSATO DELLE VENEZIE 2007 € 6,49

Vol sappig fruit. 12%.

ROSÉ NIEUW-ZEELAND - SPANJE

NIEUW-ZEELAND
MATAHIWI, HAWKES BAY, ROSÉ 2007 € 9,99

Hè getver! Om niet te zeggen k*t en f**k en potjandosie. Excuus, maar had op grond van zeer bevredigende kennismaking met rood en wit alle hoop op een prachtrosé, maar nop. Niet slecht, maar kan niet in de schaduw staan van. Zacht rijp fruit, beetje zoetig. Heel ruim, objectief gezien, maar – sorry. 13%.

PORTUGAL
CASAL MENDES, ROSÉ € 3,99

Sommige wijn drink je, andere, zoals deze Casa Mental, brengt je tot existentiële vragen. Waartoe zijn wij hier op Aarde, hoe zit het met de Graancirkels, moeten we ons nou wel of niet ingraven om met kalasjnikovs en 100.000 blikken witte-bonen-in-tomatensaus 2012 af te wachten of een Einddatum naar keuze, wat was er eerder, de kurk of de kurkentrekker, en heeft het leven hoe dan ook wel zin als er zoiets bestaat als deze Casa Mendes? Oftewel, wat is de diepere bedoeling van de Portugese medemens om dit soort rosés de wijde wereld in te sturen? Wel heel netjes van ze om het in zulke afzichtelijke flesjes te bottelen dat elk weldenkend christenmens er verre van blijft. Zwak exemplaar dit, trouwens. Een zweem van voetschimmel in het bouquet en je hebt meer de indruk afwasmiddel te drinken dan wijn, maar niet echt *mindboggling* goor. Jammer. Een gemiste kans. Desalniettemin blijft de smaak je wel even bij. De wijnkenners die schrijven dat een lange afdronk een kenmerk is van Hoge Wijnen, hebben zich blijkbaar nooit in dit segment van de markt verdiept. Geen oogstjaar. 10,5%.

SPANJE
BARCELÓ, VINO DE LA TIERRA DE CASTILLA € 3,49
Y LEÓN, TEMPRANILLO ROSADO 2007

Vol sappig (snoepjes)fruit. Netaan. 12%.

ROSÉ SPANJE - ZUID-AFRIKA

TORRES DA CASTA, CATALUNYA, ROSADO 2007 € 7,49

Vol stevig, sappig rood fruit. Heel ruim. 13%.

VIÑAS DEL VERO, SOMONTANO, € 5,49
CABERNET SAUVIGNON TEMPRANILLO ROSADO 2007

Met rosé weet je het maar nooit. Dat geldt voor alle wijn waar je nog niet intiem mee kennis hebt gemaakt, maar toch met name bij rosé. Want zo aan de buitenkant ziet het er feestelijk en dorstigmakend uit, dat vrolijke roze, maar hoe zal het bevallen in het glas? Wel, prima, hier. Deftigsmakende rosé om u tegen te zeggen. Geen geld voor zoveel rooskleurige luxe. 13,5%.

ZUID-AFRIKA

BOLAND KELDER, PAARL, SHIRAZ ROSÉ 2007 € 4,99

Vriendelijk fruitig. 12,5%.

KROON VAN ORANJE, PAARL, SHIRAZ ROSÉ 2008 € 5,49

Fris (snoepjes)fruitig. Anderhalf. 12%.

KUMALA, WESTERN CAPE, ROSÉ 2007 € 4,99

Simpel frisfruitg. Netaan. 13%.

VAN LOVEREN, ROBERTSON, SHIRAZ ROSÉ 2007 € 5,99

Grappig precies, 13,3%. Zachtfruitig, beetje belegen. Fles met een kurk; onder schroefdop blijft wijn frisser. 13,3%.

Z-AF, WES KAAP, PINOTAGE ROSÉ € 3,99

Gall & Gall Huisselectie. Vol zacht rood fruit. Soepel vriendelijk. Geen oogstjaar. Heel ruim. 13,5%.

ROOD

ARGENTINIË

ALAMOS, MENDOZA, CABERNET SAUVIGNON 2006 € 7,99

Van het vermaarde familiebedrijf Catena. Deftige en tevens gezellige Argentijnse bordeaux zonder hout of andere aanstellerij. 13,5%.

ALAMOS, MENDOZA, MALBEC 2007 € 7,99

Van Catena. Dé rode druif van Argentinië is de malbec, aldaar in 1852 ingevoerd uit Zuidwest-Frankrijk, waar hij oorspronkelijk vandaan komt, door een zekere Don Miguel Aime Pouget. In Zuidwest-Frankrijk vind je een heel klein beetje malbec in Bordeaux, nog minder langs de Loire – Touraine – waar hij cot heet of côt, hoewel er ook druivengeleerden zijn die zeggen dat dat juist z'n officiële naam is, en wat meer in Cahors, waar cot of malbec auxerrois heet. Smaakt aldaar overal anders, en nergens zoals in Argentinië. Zo, nou heeft u ook eens wat te vertellen op een gezellig avondje onder het genot van een goed glas wijn. Zoals deze, waarin je proeft dat goedgemaakte wijn niet alleen naar de druif smaakt maar ook naar de omgeving waar die druiven groeiden. En dat malbec een soort machomerlot is. Bessenfruit en leer hebben ze gemeen, maar malbec is de James-Bondversie. Gespierd, strakgetraind, goedgemanierd. Ruim. 13,5%.

ARGENTO, MENDOZA, MALBEC 2007 € 4,99

Van Bodegas Esmeralda. Ook een 007-huiswijn. Slank, lenig, sportief, Sappig donker fruit, specerijen, om ook eens iets zinnigs te zeggen. 13%.

ARGENTO, MENDOZA, SHIRAZ 2007 € 4,99

Van Bodegas Esmeralda. Slank en fruitig, landelijker dan de merlot. 13%.

ROOD ARGENTINIË - AUSTRALIË

CATENA, MENDOZA, CABERNET SAUVIGNON 2004 € 13,49 🍷🍷🍷

Terwijl ze in Europa de wijnwetgeving juist proberen te vereenvoudigen, opdat wijnen zich ook overzichtelijk 'merlot, Frankrijk' kunnen noemen, wordt de herkomstnaamgeving elders juist subtieler. Behalve het land in ieder geval het gebied, en, in dit geval, de wijngaarden – *La Pirámide en Domingo* – waarbij ook nog keurig wordt vermeld waar die liggen en op welke hoogte. De wijn zelf is een Argentijnse médoc met beschaafd wat hout. Goed, maar niet spannend. Koop voor het geld liever bijna drie flessen Argentomalbec. 14%.

CATENA, MENDOZA, MALBEC 2006 € 13,49 🍷🍷🍷

Van vier wijngaarden op grote hoogte: 1000 tot 1600 meter. Hoe hoger, hoe koeler, dus als je de hoogte in kan, kan je ook in een warm klimaat nog wijnen maken die niet naar aangebrande jam ruiken. Harmonieuzer dan bovenstaande cabernet, deze malbec, mooi fruit, maar toch ook hier: meer keurig dan lekker. Heel ruim 🍷🍷🍷. 14%.

TARQUINO, MENDOZA, MALBEC SHIRAZ 2007 € 3,99 🍷🍷

Van Bodegas Esmeralda. Sappig donker fruit. 13%.

AUSTRALIË

AUS, SOUTH EASTERN AUSTRALIA, SHIRAZ-MERLOT € 3,99 🍷🍷

Gall & Gall Huisselectie. Soepel, maar niet té. Geen oogstjaar. Heel ruim 🍷🍷. 13,5%.

LEASINGHAM BIN 61, CLARE VALLEY, SHIRAZ 2004 € 16,99 🍷🍷🍷

De *Aus* hierboven is Australische wijn zoals we 'm sinds jaar en dag kennen. Mollig, mild, makkelijk. Maar er is meer, *Down Under*, en er komt ook steeds meer. Steeds meer wijnen een eigen, uitgesproken karakter. Zoals deze, donker, duister, dreigend. De wijnversie van *Wuthering Heights*. Drinken als de winterwind door de schoorsteen loeit en de

ROOD AUSTRALIË

flakkerende vlammen geheimzinnige schaduwen door de kamer doen spoken. 13,5%.

LEASINGHAM WINES, MAGNUS, € 11,49
CLARE VALLEY, SHIRAZ 2006

Maar mocht u bang in het donker zijn, dan is er ook deze opgewekte shiraz vol sappig bramenfruit. 13,5%.

PENFOLDS, RAWSON'S RETREAT, € 10,49
SOUTH AUSTRALIA, SHIRAZ CABERNET 2006

Of deze, met wat meer pit en peper. 13,5%.

PENFOLDS, RAWSON'S RETREAT, € 6,99
SOUTH EASTERN AUSTRALIA, SHIRAZ CABERNET 2007

Prima slanke uitvoering van de klassiek-Australische druivencombi shiraz-cabernet sauvignon. Beetje vlak van geur, maar heerlijk fruit. 13,5%.

PETER LEHMANN OF THE BAROSSA, CLANCY'S RED, € 11,49
SHIRAZ, CABERNET SAUVIGNON AND MERLOT 2005

Gezellig praatgraag etiket op de achterkant dat onbescheiden weet te melden dat deze driekwartliter tot *'the world's great wine drinking experiences'* hoort, en *'Australia's Legendary Red'* is. Dat is wat overdreven, maar het is wel helemaal wat je verwacht bij het luxueuzere Australische rood. Kamerbreed aanwezig, gezellig je schouder uit de kom kloppend, fiks gewicht, overdonderend rijp fruit. Niet subtiel, wel een zeer sympathieke bekvol wijn.

PETER LEHMANN OF THE BAROSSA, € 15,49
THE FUTURES, SHIRAZ 2006

Peter Lehmann mag dan een beetje vol van zichzelf zijn, zie hierboven, en het zodoende missen, maar z'n wijn heeft het wel: stijl. Shiraz die naar meer dan shiraz ruikt, shiraz met

ROOD AUSTRALIË

smoel en panache. Slank, sappig bessenfruit, dure tannine, mint. 14,5%.

PETER LEHMANN, BAROSSA, SHIRAZ GRENACHE 2005 € 8,99

Kijk, een Australische rhône! Hoewel shiraz vooropstaat, wat betekent dat hij in de meerderheid is, proef je vooral grenache. Lekker kersenfruit dus. 14,5%.

PETER LEHMANN, WEIGHBRIDGE, SOUTH AUSTRALIA, € 7,49
CABERNET SAUVIGNON/MERLOT 2006

De *weighbridge* is waar de wijnmakers – *vignerons*, zegt het etiket – van Peter Lehmann bij elkaar komen om zich na gedane arbeid nogmaals vol te laten lopen. Is dit een prima wijn voor, want makkelijk, vriendelijk en sappig fruitig. 13,5%.

SHINGLEBACK, MCLAREN VALE, € 9,99
CELLAR DOOR SHIRAZ 2006

Zie hun wit (zie pagina 269) voor uitleg van die kelderdeur in de naam. Gezellige sappige shiraz zonder poespas maar met peper en rijp fruit. Helaas wel fors aan de prijs; voor de helft zou ik zeker omfietsadvies geven. Heel ruim. 14%.

WOLF BLASS EAGLEHAWK, € 4,99
SOUTH EASTERN AUSTRALIA, SHIRAZ 2006

Soepel donker fruit met helaas een wat snoepjesachtige afdronk. 14%.

WOLF BLASS PRESIDENT SELECTION, € 13,49
SOUTH AUSTRALIA, CABERNET SAUVIGNON 2005

Duidelijk meer McCain dan Obama. Gewoon, recht door zee, een bekvol fruit en hout. Niet dat presidenten of wijnen nou zoveel diepgang moeten hebben, maar humor en wat relativeringsvermogen, dat zou wel fijn zijn. 14,5%.

ROOD AUSTRALIË - CHILI

WOLF BLASS RED LABEL, SOUTH EASTERN AUSTRALIA, € 6,99
HIRAZ CABERNET SAUVIGNON 2006

Soepel, zoetig en mollig. Onbeholpen dikkerd. 13,5%.

WOLF BLASS YELLOW LABEL, SOUTH AUSTRALIA, € 8,49
CABERNET SAUVIGNON 2006

Ruikt als keurige Australische bessencabernet, eindigt wat fruitella-achtig. 14%.

BRAZILIË
MIOLO CUVÉE GUISEPPE, VALE DOS VINHEDOS, € 11,99
CABERNET SAUVIGNON MERLOT 2005

Ruikt als ouderwetse médoc en smaakt ook wat knoestig. Heeft ook z'n charme, zij het niet à raison van twaalf piek. Wel veel fruit. Heel ruim. 14%.

OVEJA NEGRA, FRONTEIRA, € 5,49
TEMPRANILLO-TOURIGA 2006

Brazilië?! Maar daar maken ze toch alleen maar biobrandstof? Ook wijn dus. Heel grappige wijn zelfs, in ieder geval deze slanke en toch breedgeschouderde rode. Hij komt uit wijngebied Fronteira, aan de grens met Uruguay, en is gemaakt van de Spaanse druif tempranillo en de Portugese touriga. Fruit, specerijen, beetje weerbarstig. Lekker anders. Voor bij de sjiekere barbecue? Heel ruim. 14%.

CHILI
CASA LAPOSTOLLE CUVÉE ALEXANDRE, € 25,99
COLCHAGUA VALLEY, APALTA VINEYARD, MERLOT 2006

Van alle gemakken voorzien, waarbij inbegrepen vijftien procent carmenère. Hoewel zeer zacht, zwoel en comfortabel, geurend nar duur leer als een doorzakbank, helaas ook een zeer suffe en saaie wijn. Huiswijn voor mensen die alles al hebben. De verveling druipt er vanaf. 15%.

ROOD CHILI

CASA LAPOSTOLLE, RAPEL VALLEY, MERLOT 2006 € 11,99

Duursmakende slanke merlot vol bessenfruit. Heel ruim. 14,5%.

CHI, VALLE CENTRAL, CABERNET SAUVIGNON MERLOT € 3,99

Gall & Gall Huisselectie. Prima sappige Chileense 'bordeaux' vol donker fruit met een vleug merlotleer. Geen oogstjaar. 14%.

CHILENSIS, CENTRAL VALLEY, € 3,99
CABERNET SAUVIGNON 2006

Sympathiek, slank en sappig. 14%.

OVEJA NEGRA, CENTRAL VALLEY, € 5,49
CABERNET SAUVIGNON-SYRAH 2006

Niet zo apart als hun Braziliaanse wijn, maar wel lekker. Sappig fruit, door de syrah ruim voorzien van peper en kruidigheid. Heel ruim. 14%.

PALO ALTO RESERVA, MAULE VALLEY, € 8,49
CABERNET SAUVIGNON-CARMENÈRE-SYRAH 2007

'Open 15 minuten voor schenken'. Kijk, daar word ik nou altijd weer een beetje blij van. Het is natuurlijk van een schrikbarende stompzinnigheid dat een modern geoutilleerd wijnbedrijf zoiets onzinnigs adviseert, maar het betekent dat ik niet geheel en al overbodig ben, en nog eens kan uitleggen dat al zeker dertig jaar geleden, en vele malen nadien, in een heus laboratorium door echte onderzoekers in witte jassen is aangetoond dat het helemaal nergens op slaat. Ontkurk een fles, en of je 'm nou een kwartier, een uur, een dag laat staan, er gebeurt niets, niemendal. Wil je een wijn lucht geven, teneinde geur en smaak los te laten komen, dan moet je schenken. Zelfs simpelweg een glas inschenken helpt al. De wijn klotst in het glas, zuurstof klokklokklokt de fles in. Nog meer lucht, om te kijken wat er gebeurt met geur en smaak?

ROOD CHILI

Wals de wijn in het glas of plons de fles leeg in een karaf. Bij jonge wijn met weinig geur, wijn die 'dicht' zit, legt de wijnboer z'n ene hand op het glas, pakt met de andere de steel en schudt tot het schuimt. Hand van het glas en meteen je neus erin. Werkt goed. Deze sierlijke, heldere wijn had het overigens allemaal niet nodig. Sappig bessenfruit van de cabernet, wat leer van de merlot, dat rokerige carmenèreluchtje, het was er allemaal. Plus nog veel meer, en alles tezamen tot een mooi geheel gewrocht. 13,5%.

VALDIVIESO BARREL RESERVA, € 7,99
CENTRAL VALLEY, CABERNET SAUVIGNON 2006

Het achteretiket kondigt een *'delicate touch of oak'* aan en inderdaad: keurig bescheiden wat hout te midden van het rijpe fruit. Deftige wijn. Heel ruim ♟♟♟. 14%.

VALDIVIESO BARREL RESERVA, € 7,99
CENTRAL VALLEY, MERLOT 2006

Ook dit is een keurige wijn met bescheiden wat hout, maar hij mist de sjieke sjeu van die hierboven. Krap ♟♟♟. 14%.

VALDIVIESO ÉCLAT, MAULE VALLEY, RED WINE 2005 € 15,99

Van ouwe carignan (!) met daarbij *'its natural rhône partners, mourvèdre and syrah'*. Kijk, daar word je nou blij van. Niks mis met een goede cabernet of merlot, maar een mens wil ook wel eens een andere druif zien. En proeven, dus bij de blijdschap de angst: hebben ze er wel wat van weten te brouwen? En jawel: prima. Goed, iets domweg vrolijks maken is ze nog wat te hoog gegrepen, maar ze hebben hun best gedaan. Helder rood fruit, kruidig, zonnig, lichtvoetig. Bedenk wel dat u voor hetzelfde geld drie flessen Zuid-Franse omfietswijn kunt kopen van grofweg dezelfde druivenmix, maar weet ook dat dit zeker de moeite waard is om eens te proeven. 13,5%.

ROOD CHILI

VALDIVIESO RESERVA, CENTRAL VALLEY, CARMENÈRE 2006 € 12,99 🍷🍷🍷

Keurige, zelfs iets te keurige, en zeker veel te dure carmenère. 14%.

VALDIVIESO RESERVA, CENTRAL VALLEY, SYRAH 2004 € 12,99 🍷🍷

Donker fruit, maar riekt helaas ook naar maggi. 14%.

VALDIVIESO SINGLE VINEYARD RESERVE, COLCHAGUA VALLEY, CABERNET FRANC 2004 € 14,99 🍷🍷🍷🍷🍷

Cabernet franc, dat is de druif van rode loirewijn, en je vindt cabernet-francwijn in Noordoost-Italië. Waar hij verder ter wereld is aangeplant, zoals in Bordeaux, wordt hij meestal bescheiden op de achtergrond gebruikt naast merlot en zijn zoon cabernet sauvignon. Grotendeels cabernet franc is slechts Cheval Blanc, de bordeaux die tegen het eind van de film *Sideways* op zo'n ongewone plaats wordt gedronken (nee, meer vertel ik niet, ga maar kijken, verplichte film voor iedere wijndrinker). En hier hebben er dus eentje. De familieverwantschap met cabernet sauvignon is onmiskenbaar, maar vader franc is subtieler, kruidiger, landelijker. Geen cassis, maar meer rood fruit. In dit geval verder voorzien van een beetje hout. 14%.

VALDIVIESO, CASABLANCA VALLEY, PINOT NOIR RESERVA 2006 € 12,99 🍷🍷🍷🍷

Echt pinot noir, zacht en subtiel, met een vleug hout. Prima, maar molliger, ronder en minder spannend dan de Nieuw-Zeelandse Matahiwi (zie pagina 312). 13,5%.

VALDIVIESO, CENTRAL VALLEY, MALBEC 2007 € 5,99 🍷🍷

Streng en naar Chileense begrippen nogal mager. Netaan 🍷🍷. 13%.

ROOD CHILI

VALDIVIESO, CENTRAL VALLEY, MERLOT 2007 € 5,99

Zacht en vriendelijk. 13,5%.

VIÑA LA ROSA, LA CAPITANA BARREL RESERVE, € 9,99
CACHAPOAL VALLEY, CARMENÈRE 2006

Deftige wijn-met-wat-hout. Goedgemaakt, maar heeft niks met carmenère van doen. Saai en nietszeggend. Geldt ook voor de wat fruitiger 2007. 14,5%.

VIÑA LA ROSA, LA PALMA GRAN RESERVA, € 13,49
RAPEL VALLEY, MERLOT 2006

Vreemd, bij gran reserva verwacht je toch iets op leeftijd, geen prille 2006. Gelukkig (hoewel...) smaakt hij wel als een gran reserva, met dat beetje zurige belegen luchtje. Verder veel fruit en uiteraard wat hout, want zonder een bos te kappen kun je geen gran reserva maken. 14,5%.

VIÑA LA ROSA, LA PALMA RESERVE, € 7,99
RAPEL VALLEY, MERLOT 2006

Vriendelijke merlot met wat meer pit en minder hout. Geldt ook voor de wat slankere 2007. 14,5%.

VIÑA LA ROSA, LA PALMA, CACHAPOAL VALLEY, € 5,79
CABERNET SAUVIGNON 2007

Heel vriendelijke zachtaardige cabernet. Richting ♀♀♀. 14%.

VIÑA LA ROSA, LA PALMA, CACHAPOAL VALLEY, € 5,79
MERLOT 2007

Vriendelijke, mollige merlot met rijp zacht fruit en een portie laurierdrop. Richting ♀♀♀. 14%.

ROOD FRANKRIJK

FRANKRIJK
Beaujolais

MOMMESIN, BEAUJOLAIS-VILLAGES € 6,99 🍷
VIEILLES VIGNES 2006

Donker fruit, cacao, nogal dun. Niet bepaald gezellige beaujolais. Netaan 🍷. 12,5%.

MOMMESIN, CHÂTEAU DE PIERREUX, BROUILLY 2007 € 9,99 🍷

Rood fruit, zure bek. Netaan 🍷. 13%.

MOMMESIN, DOMAINE DE LA PRESLE, FLEURIE 2007 € 11,99 🍷

Rood fruit, beetje zuur end. 13%.

Bordeaux

CHÂTEAU CARUEL, CÔTES DE BOURG 2006 € 7,49 🍷

Dun en wat wrang. Anderhalf 🍷. 12,5%.

CHÂTEAU DE L'ABBAYE, HAUT-MÉDOC 2006 € 9,99 🍷🍷

Slank, sappig, vriendelijk. Beetje te vriendelijk voor médoc. Weinig diepgang. Heel ruim 🍷🍷. 13%.

CHÂTEAU DE PANIGON, MÉDOC CRU BOURGEOIS 2006 € 7,49 🍷🍷🍷

Niet bepaald uitbundig, streng zelfs, maar niet onsympathiek. Bessenfruit met degelijk ouderwets hout. 12%.

CHÂTEAU FOURCAS DUPRÉ, LISTRAC-MÉDOC 2002 € 15,99 🍷🍷

Brave, wat boerse médoc met nog jeugdig bessenfruit. Heel ruim 🍷🍷. 12,5%.

CHÂTEAU FRANC BIGAROUX, € 16,99 🍷
SAINT-ÉMILION GRAND CRU 2005

Riekt aangebrand en naar maggi. 13%.

ROOD FRANKRIJK

CHÂTEAU LE BARRAIL, MÉDOC 2004 — € 10,99

Herfstgeur tussen het cassisfruit – de middelbare leeftijd, nietwaar – en wat hout. Beetje streng, maar mooi helder van smaak. 13,5%.

CHÂTEAU LE BOURDIEU, MÉDOC CRU BOURGEOIS 2004 — € 11,79

In het filiaal van een grote slijterijketen kocht ik lang, lang geleden een fles médoc. ƒ 7,98. Ja, guldens had je toen nog. Gouden florijnen, die rinkelend, fonkelend in het tl-licht, over de toonbank rolden. Een paar maanden later kwam de médoc zelfs in de reclame: 'Nu voor slechts ƒ 7,98!'. De herfst bracht een nieuwe oogst van mijn médoc. Het etiket was veranderd. De wijn ook, bleek thuis. Hard en dun. En 1982 zou volgens iedereen juist rijker en rijper en in alle opzichten superieur zijn aan 1981! Ik las de kleine lettertjes onder aan het etiket. Dit was wijn van een heel andere boer die heel ergens anders in de Médoc op een château met dezelfde naam heel andere wijn maakte. Ik belde het hoofdkantoor van de winkel, want hier wilde ik meer van weten. Ze hadden 1982 niet van hetzelfde château kunnen krijgen, maar de naam was zo ingeburgerd in het assortiment dat ze verder in de Médoc hadden gezocht tot ze een château met dezelfde naam tegenkwamen. Hoezo, minder goede wijn? Het is ook een echte médoc, hoor! Jaren later schreef ik erover in mijn eerste boek. En nu, decennia later, zie ik bij een andere grote wijnwinkelketen deze Bourdieu. Nieuwsgierig leg ik hem in het mandje van mijn rollator. Zou het dezelfde zijn als die uit mijn zonnige jeugd? Geen idee, maar hij lijkt er wel weemoedig veel op. Dat sappige, wat strenge cassisfruit, die deftige tannine waarop het zo plezierig kauwen was, die heldere afdronk... Pret met diepgang. Heel ruim. 13%.

CHÂTEAU LILIAN LADOUYS, SAINT-ESTÈPHE 2003 — € 18,99

Nieuwe-Wereldwijnen, wijnen van buiten het oude Europa, zijn zo populair omdat ze handzaam naar de druivensoor-

ROOD FRANKRIJK

ten heten. Cabernet sauvignon en merlot in plaats van bordeaux, médoc, puisseguin-st-émilion, saint-estèphe... Wat ook meespeelt: ze zijn zo zacht en vriendelijk. Van druiven gerijpt onder warmere zon dan je in Zuidwest-Frankrijk vindt. Toch, zo'n echt klassieke bordeaux, hecht doortimmerd, ouderwets vakwerk... Proef een glas en je voelt je meteen de burgemeester van een Swiebertjesdorp. Plicht gedaan, ambtsketen af, haardvuur aan, en nu samen met de notaris en de dokter een goede fles ontkurken. Niks luxueus nieuw hout, geen pogingen om wuft op Chili of Australië te lijken, een bordeaux vol bessen, cederhout, vleug herfstgeur en degelijke principes. Streng maar rechtvaardig. 12,5%.

CHÂTEAU MAILLARD, GRAVES 2005 € 7,49

Graves is het oergebied van Bordeaux. Tweeduizend jaar geleden maakte men hier al wijn. Het is de wieg van wat de Britten liefkozend *claret* noemden. De lichte, subtiele rode bordeaux. De eerste wijnen die onder châteaunaam de wereld veroverden waren graves. Lees maar in het dagboek van Samuel Pepys (een onmisbaar plezier in de boekenkast, maar er is ook www.pepysdiary.com) op 10 april 1663, over 'Ho Bryan', waarmee hij Haut-Brion bedoelde, in 1885 als enige niet-médoc toegelaten tot de grands crus classés. Vraag maar aan Thomas Jefferson, dé Amerikaanse president volgens velen: *'the finest bordeaux'*. Koop maar een fles van deze Maillard 2005. Fijn rood fruit. Een vleug tabak. Net wat tannine voor pit en beet. Heerlijk. Heel ruim. 12,5%.

CHÂTEAU PAUILLAC, PAUILLAC 2005 € 17,99

Prima bordeaux met fruit en beet, maar mist klasse en verfijning. 13,5%.

CHÂTEAU ROC DE CAZADE RÉSERVE, BORDEAUX 2006 € 5,79

Rijp bessenfruit, slank. Keurige bordeaux. Heel ruim. 12,5%.

ROOD FRANKRIJK

CHÂTEAU SÉNEJAC, HAUT-MÉDOC € 16,99
CRU BOURGEOIS 2004

Ja, ook voor een kwart van de prijs is er haut-médoc cru bourgeois te vinden, maar die blijkt bij nadere kennismaking slechts een hologig bordeauxtje, terwijl dit het echte werk is. Zwoel maar verfijnd parfum van bessen, nog meer fruit in de smaak, rechtschapen tannines. Helder, elegant, lang. Lekker streng. 12%.

CHÂTEAU TOUR CANON, LALANDE DE POMEROL 2005 € 14,99

Weelderig parfum van rijp fruit, vleug duur leer. Rijk van geur en smaak, toch mooi strak. 13,5%.

LE CLOÎTRE DU CHÂTEAU PRIEURÉ-LICHINE, € 24,99
MARGAUX 2004

Geproefd en herproefd, maar: riekt naar fruitella cassissnoepjes! Daar zit je toch ook niet op te wachten als je je goeie geld hebt neergeteld voor zo'n fles heuse margaux! Verder een keurige bordeaux. 13%.

LE SEUIL DE MAZEYRES, POMEROL 2005 € 18,99

Lijkt licht, maar er zit meer in dan je bij eerste kennismaking denkt. Charmant en subtiel. 13%.

Bourgogne

BLASON DE BOURGOGNE, MÂCON-VERZÉ, GAMAY 2007 € 6,99

Vriendelijk doch wat simpel familielid van de beaujolais, ook druif gamay. Opgewekt roodfruitig, maar, als gezegd, wat onbenullig. 12,5%.

BOUCHARD AÎNÉ & FILS, € 12,99
BOURGOGNE HAUTES-CÔTES DE BEAUNE 'LES PRIEURÉS' 2007

Beetje somber rood fruit, meer licht dan slank, kruidig. 13%.

ROOD FRANKRIJK

BOUCHARD AÎNÉ & FILS, € 9,49
BOURGOGNE PINOT NOIR 2007

Sappig rood fruit, beetje kruidig. Heel ruim. 12,5%.

Languedoc-Roussillon

CHÂTEAU ARTOS LACAS, CORBIÈRES LES FALAISES 2006 € 5,79

Echte corbières heeft een stalluchtje. Bij ouderwetse corbières gaat dat richting mestvaalt die weleens geruimd mag worden, hier heb je de indruk het erf op te lopen van een sjieke hereboer die in onberispelijk tweed op je afkomt. Vleug buitenlucht verpakt in prachtig rijp donker fruit. Lekker, zij het een beetje gladjes. 13%.

CHÂTEAU DE JAU, CÔTES DU ROUSSILLON VILLAGES € 6,49

Lekker rijp fruit, goed kruidig, beetje weerbarstig. Wijn waar je op kunt kauwen. Heel ruim. 13%.

FR, CÔTES DU ROUSSILLON € 3,99

Huisselectie, volgens de schroefdop. Oftewel, Galls sjieke versie van de supermarkthuiswijnliter. En zo smaakt-ie ook. De zonnige stoerkruidige geur van roussillon verpakt in sappig rijp fruit. Prima. Geen oogstjaar. 13,5%.

LE CLOCHER, SAINT-SATURNIN, € 5,29
COTEAUX DU LANGUEDOC 2007

Van de Cave des Vignerons de Saint-Saturnin. Soepel fruitig, beetje kruidig. Richting. 13%.

LES CLOS DE PAULILLES, COLLIOURE 2001 € 12,49

Ik ken verschillende lieden die uit hun dak gaan bij zulke oudere wijnen – hoewel zij het 'net voorbij de puberteit' noemen – maar, hoewel ik het nog steeds prima wijn vind – is voor mij echt een grens, dat geef ik niet zomaar – vind ik dat dat die zeven jaar wachten niet echt iets hebben toegevoegd. Ja, herfstgeur, maar daarentegen zijn we fruit en pit en beet

ROOD FRANKRIJK

kwijtgeraakt. Diverse jaren op diverse leeftijden geproefd van deze collioure uit het aller-zuidoostelijkste puntje van Frankrijk, en jonger is-ie zeker ♟♟♟♟. 13%.

Loire
DOMAINE DES FONTENYS, BOURGUEIL 2006   € 8,49   ♟♟♟

Niet echt bourgueil, wel een sappige loirewijn, wat neerkomt op een soort vrolijke lichtvoetige bordeaux met rood fruit. Druif hier is cabernet franc, de vader van de beroemde cabernet sauvignon. In veel bordeaux zit, naast cabernet sauvignon en merlot, een pietsje tot soms een kwart, of een heel enkele keer nog meer, cabernet franc. Andersom mag in sommig loirerood ook wat cabernet sauvignon worden gebruikt. 12,5%.

Rhône
CAVE DE TAIN, CROZES-HERMITAGE,   € 9,49   ♟♟
LES HAUTS DE PAVIÈRES 2005

Sappig donker fruit – heeft alleen niks met crozes van doen. Of beter gezegd, lijkt helaas op heel veel andere crozes, namelijk naar niks, en is verre van de ware crozes-hermitage, die toch echt een kleine broer kan zijn van hermitage, de wijn van die stoere rots in een bocht van de rivier de Rhône bij Tain. 12,5%.

DOMAINE LES RIZANNES, CÔTES DU RHÔNE 2007   € 6,49   ♟♟♟

Keurige, iets strenge, biologische rhône van zekere Louis Bernard. Sappig fruit, zonnige kruidengeuren. 14,5%.

E. GUIGAL, CÔTES DU RHÔNE 2004   € 11,49   ♟♟♟

Heremijntijd, wat een geld voor een simpel rhônetje! Ja, dat komt, dit is een rhônetje van de familie Guigal, wereldvermaard door hun noordelijke rhônes, met name hun côte-rôtie's, waar je voor elfeneenhalve euro misschien net aan

mag ruiken. Hun eenvoudige familielid ruikt ook niet kwaad.
Keurige rhône, strak in het fruit. Prima. Maar wel te duur.

LA LAUNE, CAIRANNE, CÔTES DU RHÔNE-VILLAGES 2005 € 7,39

Van de Cave de Cairanne. Sappig kersenfruit, vleug chocola
(ja heus!), specerijen. Krachtig, maar subtiele geuren. 13,5%.

LE BOIS DU PAPILLON, CÔTES DU RHÔNE 2006 € 4,99

Ook *made by* Louis Bernard. Stevig donker fruit. Netaan.
13%.

LOUIS BERNARD, CÔTES DU RHÔNE 2007 € 5,79

Nog een wijn van Louis, nu met z'n naam groot op etiket en
schroefdop. Iets sappiger en fruitiger. Ruim. 14%.

LOUIS BERNARD, CÔTES DU RHÔNE-VILLAGES 2007 € 6,99

Piets zachter, geenszins de extra euro waard.

TOUVENT, CÔTES DU VENTOUX 2006 € 3,99

Van de Cave TerraVentoux. Simpel, maar vriendelijk fruitig.
13,5%.

VACQUEYRAS 2005 € 7,99

Geflest door de geheimzinnige EMB, postcode 84136C. Kien
van EMB: hij of zij zet op het etiket *Cru des Côtes du Rhône*.
Zo weten we dat vacqueyras een côtes du rhône is en dat
het een bijzondere côtes du rhône is, een cru. Op zichzelf
een nikszeggende term, maar het suggereert *premier cru* en
grand cru, begrippen die in Bourgogne, Bordeaux, Elzas wel
een officiële status genieten. Niet dat de Rhône geen rangen
en standen kent: onderaan hebben we de côtes-du-rhône-
zonder-meer, wijn die overal uit het gebied, de *appellation*
Côtes du Rhône kan komen. Daarboven staan de côtes-du-
rhône-villages, uit wijngaarden rond bepaalde dorpen, dan
komen de côtes-du-rhône-villages met de naam van het dorp

ROOD FRANKRIJK

in kwestie erbij, en tot slot de wijnen die zo sjiek zijn dat de naam van dorp alleen al genoeg is om eerbiedig te knikken. Hoewel: dat overkomt eigenlijk slechts het beroemdste dorp: Châteauneuf-du-Pape. Gigondas wordt minder onderdanig benaderd en nieuweling vacqueyras nauwelijks. Vacqueyras is eigenlijk bekender doordat het samen met bourgueil de meest fout gespelde wijnnaam is. Achter het etiket in dit geval: keurige kruidige rhône vol stevig donker kersenfruit. Netaan ♟♟♟. 13,5%.

Vin de pays

ARROGANT FROG LILY PAD NOIR, € 7,49 ♟♟
VIN DE PAYS D'OC, PINOT NOIR 2007

Sappigfruitige 'bourgogne' uit Zuid-Frankrijk. Eindigt wat stroef, mist de helderheid en opgewektheid van de ware pinot noir. Heel ruim ♟♟ desalniettemin. 13%.

ARROGANT FROG RESERVE, VIN DE PAYS D'OC, € 7,99 ♟
GRENACHE-SYRAH-MOURVÈDRE 2006

Gelikt Zuid-Frans uit Zuid-Frankrijk. Gladjakker zonder inhoud met hout en stroeve tannines. Zoals zo vaak bij een 'réserve' of anderszins genaamde 'speciale cuvée': ze hebben het te mooi willen maken. Anderhalf ♟. 13,5%.

ARROGANT FROG RIBET RED, VIN DE PAYS D'OC, € 5,49 ♟♟
CABERNET SAUVIGNON MERLOT 2007

Sappigfruitige 'bordeaux' uit Zuid-Frankrijk.

DOMAINE MILLIAS, VIN DE PAYS D'OC, € 5,99 ♟♟♟♟
SYRAH-GRENACHE 2007

Nee, biologisch is niet zaligmakend, en ja, er zijn nog steeds biowijnen die naar ongewassen geitenwollen sokken en mottige baarden ruiken, al is dat veel minder dan tien, vijftien jaar geleden, maar: dit is mooi wel de enige van dit rijtje vin de pays d'ocs die echt naar wijn smaakt! Wijn die leeft en je verrast doet ruiken en proeven en waardoor je een blije grijns rond je blauw uitgeslagen tanden krijgt. Niks afstandelijk 'donkerfruitig' of 'sappigfruitig', dit ruikt naar zomerzon en buitenlucht en plezier. 13,5%.

DOMAINE SABATHÉ, VIN DE PAYS D'OC, MERLOT 2007 € 4,99 ♟♟
Keurige maar onbestemde zachtfruitige merlot. 13,5%.

LES COLIMONTS, VIN DE PAYS D'OC, € 4,99 ♟♟
CABERNET SAUVIGON 2007

Sappige cabernet met wat stroeve tannines. 13%.

LES COLIMONTS, VIN DE PAYS D'OC, MERLOT 2007 € 4,99 ♟♟
Sappige merlot met vriendelijke tannines. Heel ruim ♟♟. 13%.

YELLOW JERSEY, VIN DE PAYS D'OC, MERLOT 2006 € 5,99 ♟
Net als wit in een klein petflesje. Simpele maar sappige merlot. Anderhalf ♟. 13%.

Zuidwest

CHÂTEAU BOUSCASSÉ, MADIRAN 2002 € 13,49 ♟♟♟♟
Madiranpionier Alain Brumont mag dit dan eigenlijk een veel betere wijngaard vinden dan die van het vermaarde Montus, de opbrengst heeft meer van landelijke médoc dan van madiran. Subtiel van geur, veel fruit en stevige tannine. 14%.

CHÂTEAU MONTUS, MADIRAN 2002 € 17,99 ♟♟♟
Rouwdouwerig soort médoc met veel kracht en tannines, maar geen zier charme. Als wijn ♟♟♟, als madiran is het niks. Echte madiran? Die van Laplace, te koop bij Sauter (www.sauterwijnen.nl (043-3637799/036-6914852). Wel de allersimpelste kopen, hogerop gaan ze moeilijk doen met hout en zo. 14,5%.

ITALIË
A-MANO, PUGLIA, PRIMITIVO 2006 € 7,39

Iedereen – nee, niet u natuurlijk, maar mensen die u per ongeluk kent en die u toch gewoon groet en die u op hun manier het beste gunt, want zo nobel bent u – al die andere mensen dus die van plan zijn voor Kerst of anderszins eens uit te pakken en zich daartoe door een gluiperige slijter een fles schurftige châteauneuf-du-pape in de handen gaan laten duwen: doe het niet. Koop dit, en wees voor het eerst in uw leven gelukkig. Zwoel, zacht en geheimzinnig als de Zuid-Italiaanse nachten (Puglia is de 'hak' van Italië), geurend naar specerijen en fruitbomen. 13,5%.

ALASIA, BARBERA D'ASTI 2006 € 5,49

Niet de ware barbera, maar doet z'n best, met wat eigenwijs rood fruit. 14%.

FARNESE FARNETO VALLEY, € 4,99
MONTEPULCIANO D'ABRUZZO 2006

Nogal karakterloos, maar voorzien van sappig donker fruit. 13%.

FARNESE FARNETO VALLEY, € 4,99
TERRE DI CHIETI, SANGIOVESE 2007

Nogal gladjes, maar heeft sappig rood fruit. Heel ruim. 13%.

FATTORIA DEL CERRO, ROSSO DI MONTEPULCIANO 2006 € 10,99

Rood fruit, stroeve tannines. Heel ruim. 13%.

INYCON, SICILIA, CABERNET SAUVIGNON 2006 € 5,49

Simpele sappige cabernet zonder karakter. Had ook een vin de pays d'oc kunnen zijn. 13%.

ROOD ITALIË

LA PODERINA, ROSSO DI MONTEPULCIANO 2006 € 16,99 ♟♟

Vleugje maggi, donker fruit, recalcitrante tannines. 13,5%.

LEONARDO, CHIANTI 2007 € 7,39 ♟♟

Simpel, maar vrolijk fruitig. Beetje kruidig. Heel ruim ♟♟. 12,5%.

LEONARDO, CHIANTI RISERVA 2004 € 13,99 ♟♟

En hoewel ze via een geheim Toscaans procedé, dat slechts op het doodsbed rochelend van vader op zoon wordt doorgegeven, er in hun duistere kelders in slagen alle vrolijkheid uit de chianti te verwijderen, zodat hij als misantrope riserva de markt op kan, is hier wat misgegaan en proeven we zowaar nog wat fruit. 13%.

MASI, CAMPOFIORIN, ROSSO DEL VERONESE 2005 € 14,99 ♟♟♟♟

Een specialiteit van Masi, waar ze mee begonnen in 1964. Ze laten wijn hergisten door gedroogde druiven toe te voegen. Tsja, je moet toch wat op de lange winteravonden. Droog, nogal streng, en net als de amarone van een charmante ouderwetse gestrengheid. 13%.

MASI, COSTASERA, AMARONE CLASSICO 2005 € 32,99 ♟♟♟♟

Amarone is iets ingewikkelds van gedroogde druiven die vaak riekt naar boerenjongens (niet Reviaanse, maar die krenten op alcohol) maar, zoals hier, ook droog kan zijn. En ouderwets smaakt, met een zekere charmante strengheid. Waarom hij zo belachelijk duur is ontgaat me, maar hij is stukken beter dan de gemiddelde amarone, en die kost ook veel geld. 15%.

MASI, FRESCARIPA, BARDOLINO CLASSICO 2007 € 7,99 ♟♟♟

Nee, dit is geen perverse grap. Ja, dit is bardolino, en ja, hij krijgt ♟♟♟. Want nee, hij smaakt niet naar opgeweilde limonade van een kinderfeestje dat eindigde op de Eerste Hulp en waar ook verder van alles mis ging. Dit is de ware. Lichtvoetig maar met pit en beet en veel vrolijk fruit van druiven corvina rondinella en molinara. Toegelaten tot de vrolijke actiegroep 'Lekker anders!'. Vreemde fout: het achteretiket beveelt aan 18 graden lauw te serveren. Nu moet je dat nooit doen en al helemaal niet met zo'n wijn als deze. Lekker koelen, of, mocht u dat te ver gaan, op traditionele kamertemperatuur: zo'n zestien graden. Want u weet, kamertemperatuur is een begrip van ver voor de uitvinding van de centrale verwarming. 12%.

MASI, MODELLO ROSSO DEL VENEZIE 2006   € 6,49

Van refosco raboso en nog wat plaatselijke hangdruiven. Donker fruit, beetje dreigend, maar bij nadere kennismaking weliswaar wat weerbarstig maar ook sappig, helder en vrolijk. Past ook in de feestelijke categorie 'Lekker anders!'. 12%.

PLANETA, CERASUOLO DI VITTORIA 2005   € 14,49

Cerasuolo di Vittoria is de eerste DOCG van Sicilië. Was sinds 1973 DOC, Italiaans voor wat de Fransen appellation contrôlée noemen, en werd met ingang van oogst 2005 bevorderd tot DOCG, Denominazione di Origine Controllata e Garantita, waar strengere regels gelden. Druiven hier zijn nero d'avola, de donkere van Avola, het uiterste zuidpuntje van Sicilië, in de provincie Siracusa, en frappato, waarvan niet meer wordt verteld dan dat het een niet heel bijzondere druif is die voor wat frisheid en rood fruit kan zorgen in een gezamenlijk optreden met nero d'avola. Klopt, kunnen we hier proeven. Zonnig rood fruit naast de donkere kracht van de nero d'avola. Zie voor meer informatie www.planeta.it/ENG/Cerasuolo_ing.pdf. Door de prijs eigenlijk geen 🚲, maar lekker toch gedaan, in de hoop dat het de dames en heren wijninkopers aanmoedigt om meer van zulke gezellige karaktervolle wijnen in hun assortimenten op te nemen. En mocht geld geen rol spelen, laat de heer Gall, of de heer Gall,

ROOD ITALIË - NIEUW-ZEELAND

dan weten zich terstond te vervoegen bij de personeelsingang teneinde fiks wat dozen af te leveren.

PLANETA, SICILIA, LA SEGRETA 2007 € 8,99

Van nero d'avola en merlot 'and other french vines'. Vooral vol van de geheimzinnige zwoele donkere geuren van nero d'avola. Rijp donker fruit, specerijen, sappig. Heel ruim. 13,5%.

PLANETA, SICILIA, MERLOT 2004 € 25,99

Sappige, lekker eigenwijs smakende merlot – met een piets petit verdot. Fruitig, kruidig, plezierig. Beslist eens voor omfietsen als ze vijfenzeventig procent korting geven. Ruim. 14%.

PLANETA, SICILIA, SYRAH 2005 € 25,99

Nog zo eentje. Zonnige, sappigfruitige syrah, met fiks wat tannine, maar waarom je daar nou een schrijversmaandloon, of, zoals een bevriende advocaat zei, 'vijf minuten hard werken', voor neer moet leggen, is me volstrekt onduidelijk. Ruim. 14%.

NIEUW-ZEELAND
MATAHIWI ESTATE, WAIRARAPA, PINOT NOIR 2006 € 14,49

Heppu ook zo de schurft aan het televisieweerbericht? Ja hè? Vast schatten van mensen, Marion de Hond en haar mannen, die aandoenlijke roodharige stotteraar en Krol met z'n wiebelbenen, maar het emmert maar aan. Wat kan mij het schelen wat voor weer het was? Ik weet wat voor weer het was, ik ben er zelf doornat van geregend. Ik wil weten wat voor weer het wórdt. En nee, gelieve geen doorwrochte analyse betreffende de dooimogelijkheden in de Balkan of het effect van een anticycloon op de telegraafpalen in Zuid-Turkmenistan. Ik ben toch hier? Als ik daar was keek ik daar wel naar de plaatselijke Gerrit Hiemstra. Grommend zap ik de zenders langs, zoekend naar een fijne film met natuurrampen in de tussentijd. En zul je altijd zien, tegen de tijd dat de Hollywoodlava is gestold en de ijstijd gesmolten, heeft Sascha de Boer de KNMI-kliek weer aangelijnd en afgevoerd en weet ik nog niks. Is het morgen nou roséweer of staat de barometer op ruig rood? Want dat willen we weten, daar draait het om in het leven op de derde planeet rond de zon. Goed, je hebt aardbewoners die weer of geen weer een fles Chenet kopen en het is maar goed dat ze niet weten hoe gruwelijk hun dat zal opbreken bij het einde der tijden, maar u en ik, wij trekken ons weliswaar niets aan van onzinnige adviezen betreffende wijn&etencombinaties, maar wat het weer betreft zijn we graag van alle markten thuis. Dat doen we door het jaar rond zuinig en oppassend te leven en van het geld dat we zodoende overhouden Nieuw-Zeelandse pinot noir te kopen. Rood fruit, subtiel, sappig, sjiek en slank. Bourgogne op z'n best is beter, maar vind maar eens bourgogne op z'n best. Een speld in een hooiberg, lieve lezers. Hartverwarmend tijdens een maartse sneeuwstormpje, en na een kort verblijf in de ijsemmer verfrissend tijdens de eerste dag op balkon of terras. Wat voor weer het wordt? Matahiwiweer! En neem ook eens die voorjaarsfrisse witte als aperitief. Drink daar een fles van en de barometer staat gegarandeerd op lentebriesje met mooie wattenwolken in de Wedgwoodblauwe lucht (zie pagina 282). 13%.

SPANJE
ALTOS DE CUCO, YECLA, MONASTRELL/   € 4,99
SYRAH/TEMPRANILLO 2006

Stoer en donker, kruiden en specerijen, maar helaas iets tam. We missen de sigarenrook, zo kenmerkend voor monastrell, dat is het! Mochten we een volgend jaar merken dat de verleiding van grote cubanen toch te groot is gebleken, dan fietsen we er graag voor om. 14%.

ROOD SPANJE

BARCELÓ, VINO DE LA TIERRA DE CASTILLA Y LEÓN, € 3,29
TEMPRANILLO 2006

Karaktervol Spaans vol sappig fruit met stevige tannine maar gelukkig zonder hout. 13,5%.

BODEGAS JULIAN CHIVITE, NAVARRA, € 5,99
PARADOR CRIANZA 2004

Druiven tempranillo, garnacha en cabernet sauvignon na twaalf maanden opsluiting in Frans eikenhout. Degelijke wijn met sappig rood fruit en wat duur hout. 12,5%.

BODEGAS JULIAN CHIVITE, NAVARRA, € 7,99
PARADOR RESERVA 2001

Druif tempranillo met wat cabernet sauvignon, na een jaar in Frans en Amerikaans eikenhout. Deftige wijn met sappig rood fruit en wat meer hout. 12,5%.

ERA COTANA, RIOJA 2007 € 4,49

Ongewassen vaalfruitig riojaatje met rauwe tannine. 12,5%.

SUMMARROCA, PENEDÉS, TEMPRANILLO 2005 € 5,99

Riojadruif tempranillo, strak in het houten pak gestoken. Gelikt, maar goed fruit. 13,5%.

TORRES CELESTE, RIBERA DEL DUERO CRIANZA 2005 € 15,99

Met een fijn etiket met de plaatselijke sterrenhemel, de Poolster precies middenin, en de Kleine Beer met Poolster nogmaals op de kurk. Keurig verzorgde verpakking voor een griezelig keurige wijn met veel donker fruit en duursmakend hout. Goedgemaakt, maar eng netjes. Trekt voor het zitten vast even nuffig de broek op, om de plooi erin te houden en voelt snel of de scheiding nog wel kaarsrecht door de brillantine loopt. Poedelepaksie, zou Joop ter Heuls vriendin Pien als proefnotitie neerpennen. Druif is tempranillo, die ze hier tinto fino noemen. 14,5%.

ROOD SPANJE

TORRES CORONAS, CATALUNYA, TEMPRANILLO 2005   € 9,99

Tempranillo, met, zegt het achteretiket, veertien procent cabernet sauvignon. Torres doet mee aan de nieuwste mode bij grote wijnfabrikanten: op het achteretiket laten weten dat je CO_2-neutraal bent of, zoals hier, bijdraagt aan de bescherming van de plaatselijke flora en fauna. De wijn ondertussen smaakt naar z'n druivensoorten en is een knorrige kruising tussen rioja en bordeaux. Tsja, Torres, daar schieten we ook niet veel mee op, als we allemaal met een glas hiervan en een pesthumeur blij motten wezen met een door jou beschermd oorwurmpje. Maak liever eens iets vrolijk lekkers, dan worden we allemaal vanzelf goed voor mens en dier! 13,5%.

TORRES RESERVA GRAN SANGRA DE TORO,   € 11,49
CATALUNYA 2003

Net als de gewone Stierenbloed hieronder van garnacha en cariñena, grenache en carignan in 't Frans, maar nu met vijftien procent syrah. Het geheel verpakt in hout. Tsja. Correct, vandaar, maar volstrekt nietszeggend en zeer ongezellig. Een dure grijze muis. Kantoorwijn voor hoger kader met spekzolen en afzaksokken. 13,5%.

TORRES SALMOS, PRIORAT 2005   € 27,99

Met op het achteretiket een verhaal waarin sommige letters goud zijn gekleurd, die samen dan www.secretsalmos.es spellen, alwaar je een griezelige monnik en stemmige muziek aantreft. Wat er verder achter steekt weet ik niet, ik heb geen tijd, ik moet proeven en dan naar m'n volgende fles, maar het belooft een mix van Harry Potter en de Da Vincicode, hoewel het ook kan zijn dat je naar een pornosite wordt gelokt waar heel enge dingen met koorknaapjes of artisjokken gebeuren. De wijn onderwijl is bloedrood, heeft donker fruit en deftig hout. Een soort Spaanse médoc van het inquisitietype. 14,5%.

ROOD SPANJE

TORRES SANGRA DE TORO, CATALUNYA 2006 € 7,49

Zachtfruitig, beetje kruidig. Een Spaanse côtes du rhône, zeg maar. En dat is-ie ook, qua druivensoorten. 13,5%.

VIÑA SALCEDA, RIOJA CRIANZA 2004 € 9,49

Moderne houtrioja, maar een houtrioja. Rijper fruit en steviger tannines dan de ouderwetsche flagellantenvariant, maar strandt desalniettemin in splintertannines. 13%.

VIÑA SALCEDA, RIOJA RESERVA 2002 € 13,49

Iets zachter fruit + wat meer hout = netto van hetzelfde laken een pak als bovenstaand. 13%.

VIÑAS DEL VERO, COLECCIÓN SINGLE VINEYARD, € 10,49
SOMONTANO, CABERNET SAUVIGNON LOS SASOS 2003

Karaktervolle Spaanse cabernet met fiks hout maar ook veel fruit. Een moderne *Grande* met ouderwetse allure. 14%.

VIÑAS DEL VERO, SOMONTANO, € 5,99
GARNACHA SYRAH 2006, 2007

Lekker rijp rood fruit met precies genoeg hout (drie maanden Frans eiken, zegt het etiket, maar het gaat om wat je proeft, de verhouding tussen fruit en hout). Biologisch. 13,5%.

VIÑAS DEL VERO, SOMONTANO, € 5,99
SELECCIÓN VARIETAL, MERLOT 2005

Ach jé, dat zie ik nou zo vaak in mijn praktijk: gaan ze het te mooi willen maken en halen ze daarmee al het plezier d'r uit. Meer Spanje dan merlot, en da's mooi, je proeft de herkomst, maar waarom al dat hout? Dat maakt 'm veel te serieus voor z'n bestwil. Heel ruim, dat nog wel. 14%.

ROOD SPANJE - VERENIGDE STATEN

VIÑAS DEL VERO, SOMONTANO, € 5,49
TINTO SYRAH GARNACHA 2007

Nee, dan deze, vol ongecompliceerd sappig rood fruit, met gezellig een onhygiënische vleug stallucht, die het geheel, net als bij parfum, spannend en verleidelijk maakt. Heel ruim. 14%.

VERENIGDE STATEN
DE LOACH, RUSSIAN RIVER VALLEY, PINOT NOIR 2006 € 15,99

Echt pinot noir, ruikt heel zacht en zwoel, maar blijkt helaas behoorlijk alcoholisch. Ja, dat zie ik, zult u nu zeggen, maar het zit 'm niet in het percentage, in de hoeveelheid alcohol, maar in de balans, of je het proeft. Je zou het zo op het eerste gezicht niet zeggen, maar alcohol is net zoiets als hout. Hoe meer wijn de wijn is, hoe meer hout en alcohol hij kan hebben. Genoeg stevige wijnen met 14,5% waar je niks van merkt. Hier echter brandt het je de bek uit. Jammer. 14,5%.

IRONSTONE VINEYARDS, CALIFORNIA, MERLOT 2005 € 8,99

Ze werken hier natuurvriendelijk, en het is dan ook een heel zachtmoedige merlot, vol rijp rood fruit. Lief, maar mist wel pit. Heel ruim. 13,5%.

IRONSTONE VINEYARDS, LODI, € 8,99
OLD VINE ZINFANDEL 2005

Lodi is de appellation, en het Californische plaatsje Lodi noemt zich *'Zinfandel Capital of the World.'* Als ik toch zo bezig was, zou ik meteen *Zinfandel Capital of the Universe* zeggen, dat klinkt veel beter. Op Mars hebben ze water gevonden, maar vooralsnog is er in dit tijd-ruimtecontinuüm slechts hiero zinfandel aangetroffen, dus kun je je totdat de eerste vliegende schotels met flessen van elders landen, straffeloos uitroepen tot Zinhoofdstad van het Universum. Lekker geheimzinnig klinkend woord ook, *Zinfandel*. Lekker geheimzinnig is helaas niet van toepassing op deze wijn.

ROOD ZUID-AFRIKA

Voorspelbaar zoetig geurend naar aardbeien als kantoorzin. Probeert nog wat indruk te maken met gespierde tannine opgekweekt met zo'n fijn Tel-Sellapparaat, doch tevergeefs. Te zoetig. Zet voor een interplanetaire vergelijkende proeverij liever Ravenswood in, gewoon het instapmodel de *Vintners Blend*. Zoek via www.wijninfo.nl de importeurs die u kunnen vertellen waar dat lekkers te koop is. Heel ruim ♟♟. 14,5%.

ZUID-AFRIKA

BEYERSKLOOF, STELLENBOSCH, PINOTAGE 2006 € 7,99

Vriendelijke pinotage vol zacht rood fruit. 14%.

BEYERSKLOOF, STELLENBOSCH, € 13,99
SYNERGY CAPE BLEND 2004

Van 57 procent cabernet sauvignon, 38 procent pinotage en 5 procent merlot. Bejaarde rode wijn, waar ook vandaan, gaat naar herfstbos ruiken. Het verschil is dat de ene wijn sneller oud is dan de andere. Deze is er vroeg bij. Riekt nog niet helemaal naar een desolaat Ollie B. Bommel najaarswoud, en heeft nog fiks fruit. Smaakt al wat rollatorachtig, maar is wel een krasse bejaarde met stoere charme. 14%.

BOLAND KELDER WINEMAKERS SELECTION, € 9,99
PAARL, CABERNET SAUVIGNON 2004

Hu, een *winemakers selection*! Ik word altijd wat schichtig bij zulke varianten op de term 'speciale cuvée'. Betekent meestal dat ze aan het knutselen zijn geslagen met dure eikenhouten vaten. En jawel hoor. Gelukkig hebben ze zich ingehouden. En het is keurige wijn, op zichzelf net zo goed als hun gewone cabernet, zij het dat diens charme zorgvuldig is weggetimmerd. 14,5%.

BOLAND KELDER, PAARL, CABERNET SAUVIGNON 2007 € 6,99

Rijp bessenfruit, aards, slank. Landelijke sjiek. Zuid-Afrikaanse médoc met een vriendelijk karakter. 14%.

ROOD ZUID-AFRIKA

BOLAND KELDER, PAARL, € 4,99
CABERNET SAUVIGNON SHIRAZ 2007

Ha, met achteretiket in het Zuid-Afrikaans! Prachtig klinkt dat en ze hebben zulke mooie woorden. *'Spanwerk en volhoubare kwaliteit vorm die hoeksteen van Boland Kelder se sukses.'* Ik kan zelden de verleiding weerstaan wat te citeren. Maar nu eens proeven of deze aanloklike wyn met 'n diep boergonje rooi kleur ook echt die glas vul met geure van mokka en vanilla. Jewel. Maar vooral rijp donker fruit, en dat zo karakteristieke aardse toontje van Zuid-Afrikaans rood. Heel ruim. 13,5%.

BOSCHKLOOF, STELLENBOSCH, € 11,49
CABERNET SAUVIGNON MERLOT 2005

Wat gelikte Zuid-Afrikaanse médoc. 14,5%.

BOUWLAND, STELLENBOSCH, € 8,39
CABERNET SAUVIGNON MERLOT 2004

Domein dat is gekocht door de werkers in de wijngaard. Mooi, maar over het algemeen maak je betere wijn met een dronken kop dan een nobele inborst. Deftige Zuid-Afrikaanse médoc met helaas een wat wrange afdronk. 13,5%.

GROOT CONSTANTIA, CONSTANTIA ROOD 2006 € 8,49

Van 30 procent cabernet sauvignon, 25 procent shiraz, 19 procent merlot, 10 procent pinotage, 10 procent cabernet franc en 6 procent malbec. Ik hoop dan altijd dat het niet klopt, dat het samen ineens 97 of 101 procent blijkt, maar nee, dat gebeurt slechts bij de broertjes Rohel die hun Zuid-Franse *Red Pif* (roje gok) maken van 74 procent carignan en 24 procent grenache. En... 1 procent amour. Lief hè? (www.vinumentis.com, importeur www.wijnvriend.nl). Maar deze vermaarde Zuid-Afrikaan dus. Keurige slanke wijn, met zacht fruit en bescheiden wat tannine. 14%.

ROOD ZUID-AFRIKA

GROOT CONSTANTIA, CONSTANTIA, € 13,49
CABERNET SAUVIGNON 2006

Eerste wijndomein van Zuid-Afrika, in 1685 begonnen door Simon van der Stel, VOC-gouverneur van de Kaap. Keurige cabernet met beschaafd bessenfruit en deftige tannines. Goedgemanierd, maar nogal saai. Mist die ruige VOC-mentaliteit. 14%.

GROOT CONSTANTIA, CONSTANTIA, SHIRAZ 2005 € 13,49

Zacht donker fruit, peperig. 14%.

KANONKOP KADETTE, STELLENBOSCH 2005 € 9,79

Pinotage met cabernet en merlot. Sappig rood fruit, stoere tannines, aards. Ruig is een te ruim bemeten compliment, maar is zeker stoer en onmiskenbaar Zuid-Afrikaans. 14%.

KANONKOP, SIMONSBERG STELLENBOSCH, € 25,99
PAUL SAUER 2003

Kijk, dat is nog eens een achteretiket: 63 procent cabernet sauvignon, 31 procent cabernet franc, 6% merlot. Vierenhalve dag in open gistingsvaten, temperatuur 28 graden, elke twee uur pigeage (de naar boven drijvende plak schillen, steeltjes enzovoort, terugduwen in het gistende druivensap, zie voor een live verslag mijn *Tot op de bodem*), *breeding:* 25 maanden vaten van *French Nevers*. Plus een grafiek betreffende de levensloop: *bottle shock* (de wijn kan wat in de war zijn, niet optimaal smaken door het flesssen): begin 2005, *optimum drinking* stijgt heel langzaam van 2008 tot het in 2018 op z'n hoogst is. We wachten af. Voor het moment een bordeauxachtige Zuid-Afrikaan met fiks nieuw hout en heel veel zacht rijp fruit. Oftewel: ondanks dit verslag vanuit de *Intensive Care:* alles oké, maar niet bepaald spannend, niks eigens Zuid-Afrikaans. 13,5%.

ROOD ZUID-AFRIKA

KANONKOP, SIMONSBERG STELLENBOSCH, € 20,99
PINOTAGE 2004

En nog zo'n informatief achteretiket! Leeftijd van de wijngaard, opbrengst per hectare, weersomstandigheden, bodemsoort, niet geïrrigeerd... Plus ook hier een grafiekje met daarop de drinkverwachting van de wijn. De lijn stijgt, daalt even begin 2005 – *bottle shock* – maar als de wijn hersteld is van het bottelen stijgt de lijn verder om begin 2008 aan te komen in het segment *Optimum drinking*. Daarna stijgt hij langzaam nog iets om rond 2012 aan te komen bij z'n hoogtepunt van *Optimum drinking*, dat hier een plateau is waar hij nog zeker tot 2019 verblijft. Wel jammer dat aftakeling en ondergang niet in kaart worden gebracht. Op het moment van proeven vol zacht, heel rijp fruit, plus vleug cacao – hoe dat nou steeds in al die wijn komt... 14,5%.

KROON VAN ORANJE, PAARL, € 5,49
CABERNET SAUVIGNON 2007

Vol rijp donker fruit, aards. Niet heel fijngevoelig, wel prima gezelschap bij de *braai*. 14%.

KROON VAN ORANJE, PAARL, PINOTAGE 2006 € 5,49

Donker fruit met wat hout. Beetje wrang. 14%.

KUMALA, WESTERN CAPE, MERLOT-PINOTAGE 2007 € 4,99

Rijp donker fruit, stevige tannine. 14%.

LANZERAC, STELLENBOSCH, MERLOT 2006 € 15,49

Keurige fruitige merlot. 14,5%.

MOOI FONTEYN, WESKAAP, DROË ROOI 2007 € 2,99

Zachtfruitig, aards. Heel simpel, maar correct. Anderhalf. 13,5%.

ROOD ZUID-AFRIKA

RUITERSVLEI, PAARL, € 5,79
CINSAUT CABERNET SAUVIGNON 2006

Vol sappig rood fruit, met wat pit en beet van de cabernet. Richting 🍷🍷🍷. 13%.

TOKARA, STELLENBOSCH 2004 € 25,99

Van 69 procent cabernet sauvignon, 14 procent merlot, 11 procent petit verdot, 6 procent cabernet franc. Oftewel een heel klassieke médoc danwel zeer bijdetijdse navolger daarvan. Prima gelukt, met een heel eigen, aardse, onmiskenbaar Zuid-Afrikaanse draai aan het klassieke concept. Jong nog. 14,5%.

TOKARA, ZONDERNAAM, STELLENBOSCH, RED 2005 € 8,99

Stoer met stevige tannine, maar ook veel subtiele geuren en smaken tussen het breedgeschouderde fruit. Heel ruim 🍷🍷🍷. 14%.

TOKARA, ZONDERNAAM, STELLENBOSCH, SHIRAZ 2004 € 11,49

Nog zo'n bink met een klein hartje, met meer specerijen, en droger, peperiger, pittiger. Heel ruim 🍷🍷🍷14%.

VAN LOVEREN, ROBERTSON, € 5,99
CABERNET SAUVIGNON SHIRAZ 2006

Rijp donker fruit, stevige tannine. Beetje gelikt. Heel ruim 🍷🍷. 14%.

Z-AF, WES KAAP, MERLOT-PINOTAGE € 3,99

Rijp sappig fruit, vleug merlotleer, aards. Van de Gall & Gall Huisselectie. Geen oogstjaar. Heel ruim 🍷🍷. 13,5%.

DE BESTE WIJNEN VAN GALL & GALL

Wit

1 **Penfolds, rawson's retreat,** € 6,99
   south eastern australia, semillon chardonnay 2006
   Australië

2 **Penfolds, Koonunga Hill,** € 9,49
   South Australia, chardonnay 2006
   Australië

3 **Matahiwi, hawkes bay, sauvignon blanc 2007** € 11,99
   Nieuw-Zeeland

4 **Catena, mendoza, chardonnay 2006** € 13,49
   Argentinië

5 **Vallée Loire, vouvray moelleux, chenin blanc 2007** € 7,39
   Frankrijk - Loire

Rosé

1 **Château Villerambert Julien, minervois 2007** € 6,99
   Frankrijk

2 **Château la Moutète, vieilles vignes,** € 11,99
   côtes de provence 2007
   Frankrijk

3 **Domaine de l'Hermitage, l'oratoire, bandol 2007** € 12,49
   Frankrijk

4 **Viñãs del Vero, somontano,** € 5,49
   cabernet sauvignon tempranillo rosado 2007
   Spanje

5 **Argento, mendoza, malbec rosé 2007** € 4,99
   Argentinië

Rood

1 **Matahiwi Estate, wairarapa, pinot noir 2006** € 14,49
   Nieuw-Zeeland

2 **Planeta, cerasuolo di vittoria 2005** € 14,49
   Italië

3 **Château Lilian Ladouys, saint-estèphe 2003** € 18,99
   Frankrijk - Bordeaux

4 **Le Seuil de Mazeyres, pomerol 2005** € 18,99
   Frankrijk - Bordeaux

5 **Valdivieso Single Vineyard reserve,** € 14,99
   colchagua valley, cabernet franc 2004
   Chili

GOLFF

▷ Spreiding: landelijk, met uitzondering van Flevoland en Limburg
▷ Aantal filialen: 67
▷ Marktaandeel: 1,0%
▷ Voor meer informatie: www.prismafood.nl

Helaas kon Golff dit jaar door reorganisatie van het assortiment geen wijnen insturen.

HEMA

▷ Spreiding: Nederland, België en Duitsland
▷ Aantal filialen: 344 (Nederland), 59 (België), 9 (Duitsland), 1 (Luxemburg)
▷ Voor meer informatie: 020 - 311 44 11 of www.hema.nl

Een aantal kleine Hema-filialen heeft slechts een beperkt wijnassortiment; wijn is ook te bestellen via www.hema.nl.

Er zijn 80 wijnen geproefd, waarvan:
▷ Wit 29
▷ Rosé 15
▷ Rood 36

geen	0	0,0%
⊕	0	0,0%
♀	2	2,5%
♀♀	21	26,3%
♀♀♀	37	46,3%
♀♀♀♀	9	11,3%
♀♀♀♀♀	11	13,8%
🚲	40	50,0%

Waardering in aantal wijnen en als percentage van het assortiment

WIT

ARGENTINIË
FINCA BELTRAN DUO, MENDOZA, € 5,50
CHENIN-CHARDONNAY 2008

Van de alomtegenwoordige familie Zuccardi (zie Argentinië bij Jumbo, Natuurwinkel, Super de Boer). Vrolijk sappig fruit, beetje kruidig... Allemansvriend met verrassende kantjes. 13%.

VIÑAS DE BARRANCAS, MENDOZA, CHARDONNAY 2008 € 5,00

Prima lenige en sappige chardonnay, maar niet op het niveau van eerdere jaren. 13%.

AUSTRALIË
MILESTONE, SOUTH EASTERN AUSTRALIA, € 5,00
CHARDONNAY 2008

Gezellige mollige chardonnay.

CHILI
VALGRANDE DE CHILE, CENTRAL € 4,50
VALLEY, CHARDONNAY 2007

Keurige sappige chardonnay. 13%.

DUITSLAND
BLOOM, MOSEL-SAAR-RUWER, RIESLING 2006 € 4,50

Vriendelijk friszoet. 8,5%.

FRANKRIJK
Bourgogne
CAVE DE VIRÉ, MÂCON-CHARDONNAY 2007 € 6,50

Kijk, nu staat het ook groots op het etiket, en met voetnoot achterop: dit is chardonnaywijn van chardonnaydruiven geoogst rond het plaatsje Chardonnay in Mâcon. Het is allerminst zeker dat Chardonnay het geboortedorp is van de

WIT FRANKRIJK

beroemdste witte druif, maar toch: chardonnay uit Chardonnay! En een hele lekkere ook nog, zo slank en droog en naturel is hij. Puur sappige chardonnay. De oervorm. Het rolmodel. Hoewel die hier onder, product van generaties lang goede manieren leren, er ook mag wezen. Proef ze eens naast elkaar, en dan nog een buitenlander er bij, de Barrancas of de Milestone of zo. Lekker leerzaam. 13%.

CHARLES GRUBER, € 7,50
BOURGOGNE CHARDONNAY VIEILLES VIGNES 2007

Bij mij in de gang hangt een schilderij. Een stilleven, met een gouden lijst. Mooi! vinden mensen die het zien. Van wie is het, vragen ze. Van mij, zeg ik verbaasd. Eerlijk gekocht hoor! En het is geen schilderij, maar een poster. En ik laat ze zien hoe de poster met punaises tegen de achterkant van de goudgeverfde lijst is geprikt. De mensen zeggen niks, maar je merkt: ze vinden het een stuk minder mooi, nu het niet een echt schilderij van een Beroemd Kunstenaar blijkt. Met wijn is het net zoiets, ontdekte de wetenschap. De wetenschap liet mensen wijnen proeven. Proefpersonen, inderdaad. Dure wijnen en goedkope. Welke vonden ze de lekkerste? De duurste. Grap van de wetenschap: die had de prijsplakkertjes gewisseld. Op goedkoop hadden ze iets als € 59,95 geplakt, op duur een huiswijnliterprijs. Vertel dat het kostbaar en exquise is, en men vindt het lekker. Mensen proeven niet met hun neus, maar met hun ogen of oren. Maar nu. Eigen onderzoek. Ik ben ook een proefpersoon, en heb dus veel proefflessen in huis. Geproefde flessen die lekker zijn gaan naar vrienden en buren. Die zijn daar reuzeblij mee, en terecht. Als ze weer nuchter zijn bellen ze om te bedanken en soms te vragen waar de wijn te koop is, want deze was wel heel bijzonder lekker! Maar dan. Ik krijg ook dure proefflessen en als ik die prijzen vertel, wordt er teleurgesteld opgehangen. Zo duur? Nee, dan hoeft het niet, als het uit de eigen portemeniks moet komen. Stom? Gierig, typisch Hollands? Misschien,

WIT FRANKRIJK

maar bij zo'n 99 procent van die proefflessen denk ik zelf ook: prima wijn, maar om daar nou een vuistvol tientjes voor neer te leggen... Ik ken genoeg heerlijke wijn van vier, vijf, acht euro. Veel duurder moet ook écht veel lekkerder zijn, wil ik het kopen en aanprijzen. En allerbest is natuurlijk de fijne combi 'duursmakend voor een koopje', zoals we die hier hebben. Chardonnay die meer is dan chardonnay, namelijk bourgogne. Goede bourgogne heeft geuren en smaakjes die je elders niet vindt. Het gaat meer om de hoeveelheid en het geheel van die geuren en smaken dan dat het zinnig is die allemaal apart te benoemen, maar eentje van een lezer vond ik wel heel mooi: deze bourgogne deed haar – onder andere – denken aan de geur van een ouderwets kadetje, wat ze in de hoofdstad een 'fijntje' noemen. Brood, gist, wordt vaak genoemd bij de pogingen witte bourgogne te beschrijven, maar kadetje is natuurlijk veel beter. Verder zit het verschil met de chardonnays buiten Bourgogne 'm in mooie zuren en finesse en allure. Aristocratische allure, ordinair lekker. Eigenlijk 😊😊😊😊😊😊! 12,5%.

Loire

CAVES DE LA TOURANGELLE, € 5,00 😊😊😊😊
TOURAINE GRANDE RÉSERVE SAUVIGNON 2007

En dan ineens, tot ieders verbazing, is het zo'n dag dat iedereen zegt: 'Poepoe, nounou, het is nu toch wel echt warm!' en zich de zakdoek uitwringt na het opmoppen van de zweetdruppels op het aangezicht en waarop na de middagpauze de koelte van het stoffig kantoor weldadig aanvoelt. En kijk, de chef kijkt ook steeds naar buiten, dus wie weet, als we braaf zijn, mogen we misschien wel een uurtje eerder naar huis, waar moeder de vrouw misschien al wel haar genopte zomerjurk heeft aangetrokken, en waar, in een koelemmer vol vrolijk tinkelende ijsblokjes zo'n lichtgroene, lentefrisse, fruitige, strakdroge fles supersauvignon wacht. Net als de 2006 een sauvignon die de meeste sancerres – ook druif

WIT FRANKRIJK

sauvignon, maar dan met meer kapsones – het schaamrood op de arrogante kaken brengt. Een populaire druif, sauvignon, inmiddels zo ongeveer overal ter wereld aangeplant, maar de ware sauvignon, volmaakt in z'n eenvoud, proef je zelden. Deze is zeldzaam perfect. 12%.

Rhône

CLAIRETTE DE DIE TRADITION € 6,50

Eigenlijk niet echt rhônewijn, want een behoorlijk stuk ten oosten, maar nog minder iets anders, dus vandaar toch immer hier. En ook zachtzoet vriendelijk bellenblazend, geurend en smakend naar rijpe muskaatdruiven met een opgewekt humeur. Ja, zoete wijn is fout, maar als u het dan toch niet kunt laten, bega uw zonde aan deze of de moscato d'asti van Appie of Dirk. Gaat u in ieder geval in stijl naar de verdoemenis. 7%.

Vin de pays

CHAMPS DU MOULIN, VIN DE PAYS DES CÔTES € 4,50
DE GASCOGNE, COLOMBARD CHARDONNAY 2007,

Niet zo omfietsachtig lekker als de 2006, maar nog steeds vrolijke wijn vol sappig fruit met pittige kruiderij en mooie slanke zuren. 11,5%.

ENSEDUNA, VIN DE PAYS € 5,50
DES COTEAUX D'ENSERUNE, MARSANNE 2007

Vol sappig fruit, kruidig, vleug anijs. Pit, vol en fris. 12%.

HUISWIJN WIT DROOG € 3,00

Vin de pays des côtes de gascogne van colombard en gros manseng. Plezierig frisfruitig, maar niet zo sappig en kruidig als vorig jaar. Geen oogstjaar. 11,5%.

WIT FRANKRIJK

HUISWIJN WIT HALF-ZOET € 3,00

Nogmaals vin de pays des côtes de gascogne van colombard en gros manseng. Heet halfzoet, maar, waarde zoetekauwen, 'kwartzoet', 'heel zacht', of 'mild' is een betere omschrijving. Geen oogstjaar. 11,5%.

PARFUMS DE FRANCE, VIN DE PAYS D'OC 2007 € 3,50

Vol sappig fruit. Heel ruim. 12%.

VIGNOBLE BEAULIEU, COTEAUX DU € 5,50
LANGUEDOC PICPOUL DE PINET 2007

'De muscadet van Zuid-Frankrijk'. Oftewel: 'U bent gewaarschuwd'. Want zo'n feest is dat niet, de gemiddelde muscadet. Maar net zoals er deugdzame muscadet is, heb je ook picpoul die een rein en oplettend leven leidt, vol zeewindfris fruit en wat kruiderij. 12,5%.

Zuidwest

CHÂTEAU BELINGARD, BERGERAC SEC 2007 € 5,50

Van sauvignon, die in goede gevallen immer 'frisfruitig' heet, plus sémillon om het geheel wat kamerolifantjesvet en diepgang te geven. 12%.

CHÂTEAU BELINGARD, € 5,50
CÔTES DE BERGERAC MOELLEUX 2006

'Moelleux', dat is een term die we voornamelijk kennen van het soort halfzoet waarmee pilaarheiligen en andere scheefdichtgeknoopte masochisten zichzelf knallende katers bezorgen, dus we benaderden deze fles met een scheef en wantrouwig oog. Maar kijkaan! De wonderen zijn de wereld nog niet uit. Moelleux zoals moelleux ooit bedoeld was, voor de mens zich liet verleiden tot zonde en zwavel. Sjieksmakend lichtzoet van sappig fruit met de smaak van idyllische zomerdagen. Heel ruim. 11,5%.

WIT ITALIË

ITALIË
DARIA, VERDICCHIO DEI CASTELLI € 7,50
DI JESI SUPERIORE 2007

'*Verdicchio dei castelli di jesi classico superiore.*' Tsja, dan denk je toch ook: 'Laat ik het maar overzichtelijk op sauvignon houden'? Daarbij nog het manco dat een zekere mijnheer Fazi-Battaglia in 1952 meende dat het een goed idee was de fles voor z'n verdicchio te modelleren naar Gina Lollobrigida. Toentertijd werkte het, want mensen reden ook in een mintgroene Buick met staartvinnen en wisten dus niet beter, maar de laatste paar decennia associeert ieder weldenkend mens die wulpse fles met de kantine van een louche bordeel. Toch, de tijden veranderen. Serieuze verdicchioproducenten bottelen het werk hunner handen in een fatsoenlijke fles. Hadden ze niet hoeven doen, want retrokitsch is reuzehip, maar goed. Veel belangrijker echter: deze blijkt zelfs ongekend lekker. Fris als een lentemorgen, sappig, fruitig, spannend, karaktervol, meeslepend, verleidelijk als La Lollobrigida... Al na één glas onthoud je die moeilijke naam feilloos: verdikkio, wat lekker! Heel ruim. 13%.

LA MASSERIA, SALENTO 2007 € 5,50

Van druiven van malvasia, bombino en verdeca. Als u wilt weten hoe dat zit, had u de gids 2008 maar moeten kopen. Ja, ik herhaal mezelf nog wel eens, maar nu niet, want deze Masseria is zo mogelijk nog lekkerder dan vorig jaar, zijnde wederom kamerbreed luxueus geurend naar Duizend-en-eennacht, en dan nu nog frisser en helderder van smaak. Eén van de bijzonderste wijnen van deze gids. 12,5%.

SOTTO IL CIPRESSO, € 6,50
PROSECCO FRIZZANTE MARCA TREVIGIANA

Niet de slechtste prosecco, maar lullig voel je je natuurlijk wel, eenzaam nippend aan je trendy belletjeswijn terwijl

WIT ITALIË - SPANJE

iedereen om je heen gelukkig, mooi en succesvol La Masseria zit te hijsen. 10,5%.

SOTTO IL CIPRESSO, VINO BIANCO D'ITALIA € 3,50

Van druif trebbiano, die als voornaamste kenmerk heeft dat hij geen voorname kenmerken heeft. Zachtfruitig, beetje kruidig. Heel ruim. 12%.

OOSTENRIJK
GRÜNER VELTLINER, RIED SANDGRUBE 2007 € 5,50

Frisfruitig, beetje kruidig, zuurtjes in de afdronk. Anderhalf. 12,5%.

SPANJE
COPA SABIA, CAVA BRUT RESERVA EMOCIÓN € 7,50

Paniek in de tent! Of althans in menig lezershuishouden: de Hema hep een andere cava! En, schrijven de verontruste lezers, u van de *Superwijngids* en eigen ervaring gebaseerd op fors innemen leerde ons immers dat de ouwe cava van de Hema zo prima was, schuimwijn voor geen geld, niet zoals de doorsneecava forse zuren met een laf zoetje, maar de ware cava, stevig fruitig met iets aards, dus nou zitten we mooi, mijnheer *Superwijngids*, met zonder die cava van de Hema, en wat moeten we nu? Wel, beste trouwe lezers, verheugt u: de nieuwe Hemacava is zo mogelijk nog lekkerder! 11,5%.

ESTRELLA, VALENCIA, € 3,50
VINO BLANCO DULCE DE MOSCATEL 2007

Je moet natuurlijk niet op de zaken vooruitlopen, want je weet immers maar nooit, maar laten we wel wezen: de kans dat het één dezer winters nog van een Elfstedentocht komt, is niet heel groot. Nu zal u dat misschien een rotzorg zijn, omdat u nooit hebt leren schaatsen en vol trauma zit over hoe koud het was en hoe eng glad, krabbelend achter de keukenstoel, en hoe vaak je viel en dat iedereen je uitlachte

WIT SPANJE

terwijl ze snel voorbijzoefden, achteloos, één arm achter de rug, de ander zwaaiend voor snelheid, alsof ze Ard Schenk zelluf waren, de stomme opscheppers, terwijl je tranen aan je wimpers vastvroren en je rode vingers tintelden en je niets liever wilde dan naar huis gaan, naar de warme kachel en je nieuwe lego, gekregen van Sinterklaas, maar niemand hoorde je, zo snel waren ze steeds voorbij. En nu bent u groot, en u wrijft zich gnuivend de handen, met dat geniepige lachje waardoor u zo op Mr. Bean lijkt, u verkneukelend dat er weer geen Elfstedentocht was, en misschien wel nooit meer komen zal ook. En terwijl u grootse plannen bedenkt om nog meer aan het broeikaseffect bij te dragen, knipt u een lekker wijntje open dat precies bij uw karakter past en bij het nieuws over stijgende CO_2-uitstoot, smog in Peking, lichtgevendgroen afvalwater van de chemische industrie, fijnstof, files, opstijgende vliegtuigen, verdwijnende regenwouden en bovenal smeltende gletsjers en ijskappen. En mocht het niet zo ernstig met u gesteld zijn, maar bent u wel zo'n viespeuk die van zoete wijn houdt, troost u hiermee. Als immer: niks bijzonders, maar goedgemaakt zoet dat zo fris naar muskaatdruiven ruikt en ook nog voor geen geld, daar geven we graag omfietsadvies bij, in de hoop ooit ook eens zo'n potloodventende drinker van pakken liebfraumilch die beslissende stap naar een reiner leven te zien doen. 10%.

VIÑA DUCARO, CAMPO DE BORJA, BLANCO 2007   € 3,00

Vol vriendelijk sappig fruit. Mede door de prijs 🚲. Heel ruim. 13,5%.

W', RUEDA, VERDEJO VIURA 2007   € 5,50

Je moet natuurlijk niet op de zaken vooruitlopen, want je weet immers maar nooit, maar laten we wel wezen: de kans dat het één dezer winters nog van een Elfstedentocht komt is niet heel groot. En blij toe, want waar dient dat toe, die klerekou? Goed, al te warm is ook niet fijn, maar verder is

WIT ZUID-AFRIKA

het enige positieve aan de winter dat het voorjaar erop volgt. Ach Lieve Heer, ontwaken in de stille vroegte en dat het niet zoals in die kutwinter stikkedonker is, maar al licht, en zonnig, en dat je opstaat en de balkondeuren opendoet en het blijkt nog een beetje fris, maar met alle belofte van zo'n heerlijke eerste Hollandse lentedag, die naar terrasjes ruikt en vol blauwe lucht is met hier en daar zo'n dikke wattenwolk als uit een kinderboekje van vroeger. Nee, geen jenever als ontbijt vandaag. Een fles vrolijke, fruitige, lichtvoetige witte lentewijn die naar bloesem ruikt of wat het ook is dat ruikt als de donshaartjes in jouw nek in de zomerzon. Heel ruim ♀♀♀. 12,5%.

ZUID-AFRIKA

ARENDSVLEI, WESTERN CAPE, CHARDONNAY 2008 € 4,00 ♀♀

Vriendelijke chardonnay vol sappig fruit. Stuk zachter dan de frisse 2007. Heel ruim ♀♀. 13,5%.

SUID-AFRIKAANSE DROË WITWYN € 3,50 ♀♀

Vriendelijk zacht(snoepjes)fruitig. Geen oogstjaar. 13%.

SUID-AFRIKAANSE DROË WITWYN (DRIELITERPAK) € 10,00 ♀♀

En nogmaals vriendelijk zacht fruit. Simpel maar oké. Geen oogstjaar. 13%.

ROSÉ

ARGENTINIË
VIÑAS DE BARRANCAS, ARGENTINA, € 5,00
ROSÉ MALBEC SHIRAZ 2007

 Wat meer metro- dan machorosé dit jaar, verder sappig als immer. 13%.

FRANKRIJK
CHÂTEAU BELINGARD, BERGERAC ROSÉ 2007 € 5,50

Degelijke rosé van cabernet sauvignon en merlot. Beetje bordeauxig, beetje serieus, maar achter de strenge façade klotst sappig fruit. 12,5%.

DOMAINE DE BACHELLERY, € 5,00
VIN DE PAYS D'OC, PINOT NOIR 2007

Rosé, dat zie je weinig in Bourgogne. Heel begrijpelijk. Het levert weinig op. De liefhebber wil rood, met alle verleidelijke geuren en smaken, geen bleek aftreksel. Toch maakt de bourgogneboer soms rosé. In de jaren dat z'n rood wat concentratie mist: 'De wijn heeft naar verhouding wat weinig vaste stoffen – schillen, pitjes – dus ik laat wat sap naar een andere tank vloeien, zodat de hoeveelheid schillen enzovoort naar verhouding groter wordt. En dat sap in die andere tank? Dat wordt rosé. *Saigner*, bloeden, noemen we dat. *Rosé saignée.*' Heerlijke rosé. Maar hij is er dus alleen in regenachtige jaren met verwaterde druiven. En dan nog vaak zo weinig dat je 'm alleen ter plaatse kunt genieten. Gelukkig is er nu een fantastische vervanging. Het onvolprezen Zuid-Franse Domaine de Bachellery biedt ook een rosé van rode bourgognedruif pinot noir. Vol fris rood fruit, opwekkend, zijdezacht. Verrukkelijk. En stukken goedkoper dan bourgognerosé. Je portemonnaie hoeft er niet voor te bloeden. Heel ruim. 12,5%.

ROSÉ FRANKRIJK - SPANJE

DOMAINE DE BACHELLERY, € 4,50
VIN DE PAYS DES COTEAUX DU LIBRON, PERLES DE ROSÉ

Van syrah, grenache en cinsaut. De 2006 was het omfietsen waard. Deze heeft geen oogstjaar en is wat minder verleidelijk, zij het wel nog steeds zacht en vriendelijk, vol sappig fruit en bloesemgeur. 12%.

DOMAINE SAINT-MARTIN, CÔTES DU RHÔNE 2007 € 5,50

Van 65 procent syrah en 35 procent grenache. Lichtvoetig, vrolijk, verleidelijk. Heel ruim. 13%.

ENSEDUNA, VIN DE PAYS DES COTEAUX D'ENSERUNE, € 5,50
CABERNET FRANC 2007

Sappig rood fruit. 13%.

PARFUMS DE FRANCE, VIN DE PAYS D'OC 2007 € 3,50

Opgewekte rosé vol sappig fruit. Heel ruim. 12,5%.

ITALIË

SOTTO IL CIPRESSO, VINO ROSATO D'ITALIA € 3,50

Van de Zuid-Italiaanse druif negroamaro. Vol vrolijk sappig fruit, met pittig wat specerijen. Heel, heel ruim. Mede door de prijs. 12%.

SPANJE

COPA SABIA, CAVA BRUT ROSÉ € 7,50

Rood fruit, aards, sappig. Strakdroog. Heel ruim. 11,5%.

É, VINO DE LA TIERRA DE CASTILLA € 5,50
Y LEÓN, TEMPRANILLO 2007

Niet zo verrukkelijk als de 2006, niettemin een prima sappigfruitige rosé. 13,5%.

ROSÉ SPANJE - ZUID-AFRIKA

HUISWIJN ROSÉ € 3,00

Vol zacht en vriendelijk fruit van kersengarnacha uit Noordoost-Spanje. 13%.

VIÑA DUCARO, CAMPO DE BORJA, ROSADO 2007 € 3,00

Piets minder dan de 2006, maar nog altijd een groot feest voor geen geld. Vol zacht en sappig fruit van druif garnacha, beetje peper d'r over voor wat pit, vol en toch mooi helder. Heel ruim. 13,5%.

ZUID-AFRIKA

ARENDSVLEI, WESTERN CAPE, SYRAH ROSÉ 2008 € 4,00

Vrolijke sappige rosé vol rood fruit. Helaas wat snoepjesachtig. 12,5%.

SUID-AFRIKAANSE ROSÉWYN € 3,50

Vrolijk fruitig. 13,5%.

SUID-AFRIKAANSE ROSÉWYN (DRIELITERPAK) € 10,00

Vriendelijk fruitig. Beetje limonade-achtig. 13,5%.

ROOD

ARGENTINIË
FINCA BELTRAN DUO, MENDOZA, € 5,50
TEMPRANILLO-MALBEC 2007

Van de alomtegenwoordige familie Zuccardi (zie Argentinië bij Jumbo, Natuurwinkel, Super de Boer). Meer vriendelijk fruitige tempranillo dan stoere malbec. 13%.

VIÑAS DE BARRANCAS, ARGENTINA, € 5,00
CABERNET SAUVIGNON 2007

Hm. Keurige slanke cabernet, daar niet van, maar verre van de overweldigende oercabernet van vorige oogstjaren. Lezers vragen wel eens hoe ik in zulke gevallen zo zeker weet dat de wijn minder is. Kan het niet zo zijn dat ik minder ben? Nee. Ten eerste ben ik Onfeilbaar en ten tweede ga ik mezelf bij wijn die in enen een stuk minder is dan vorige jaren verzenuwd controleren. Ik ontkurk een fles uit eigen voorraad. In de eigen voorraad liggen louter lievelingswijnen, wijnen die ik heel vaak drink en door-en-door ken. Smaakt die ook niet of heel anders, dan ben ik niet in orde. Tank ik de lievelingsfles als immer gelukzalig leeg, dan ligt de fout bij de proeffles. (Wat ik al wist, want alle andere wijnen uit dezelfde proefsessie beantwoordden keurig aan de verwachtingen, maar het zekere voor het onzekere, nietwaar?) Blijkt daarna de aangevraagde herproeffles krek zo te smaken, dan ligt de fout bij de wijn. Of fout: als gezegd een prima cabernet, maar dit jaar blijkbaar niet in topvorm. 13%.

VIÑAS DE BARRANCAS, ARGENTINA, MALBEC 2007 € 5,00

Ja, een glas minder dan de 2006, maar we gaan niet zitten zeiken, toch? Behalve ik dan. Dus ja, net een pietsje minder slank, sjiek, elegant en verleidelijk. Desalniettemin werd ik er onprofessioneel blij van. 13%.

ROOD AUSTRALIË

AUSTRALIË
KANOOGA, BAROSSA, SHIRAZ 2004 € 8,50

Shiraz uit Barossa heeft nogal de neiging naar afgewerkte motorolie te smaken, of, in wat wellicht de gunstiger gevallen zijn, als winegums gemarineerd in huisgestookt vuurwater. Het kan ook anders, lieve lezers! Bekvol fruit, kanten zuren, denim tannines, vleug mint. Geen Monty-Pythonaussie (http://www.phespirit.info/montypython/australian_table_wines.htm), maar karaktervol Australisch op z'n best. 14%.

KANOOGA, COONAWARRA, € 8,50
CABERNET SAUVIGNON 2005

Het is al vaker verteld, ik weet het, maar wonderbaarlijk blijft het. Je ruikt de wijn, en ineens ben je daar weer, toen, twintig jaar terug. Of is het al meer? Rijp donker fruit, ja, stoer, aards, een vleugje munt, teer ook, zeggen de boeken, al bespeur ik dat niet, wel kracht, karakter, iets stoffigs, veel zon. Ik ruik het. Straks. Nu ben ik eerst nog even ineens weer daar, bij die wat schimmige slijter aan de Amsterdamse Admiraal de Ruyterweg en weet waarom ik daar was, voor de tweedehandskledingbeurs in de kerk verderop, en zie ineens de oude mevrouw weer voor me die me de zijden dassen gaf van haar overleden man. De wijn nu is minder rouwdouwerig, helderder, beter dan toen. Maar onmiskenbaar zichzelf. Consistent karakter uit Coonawarra. Twee Schotten, de broertjes Riddoch, ontdekten, op zoek naar goud, Coonawarra. Coonawarra ligt in South Australia, precies op de grens met New South Wales, zo'n kleine honderd kilometer van de kust. De Riddochs plantten er eerst allerhande fruit, pas eind negentiende eeuw ontdekte men dat wijndruiven het er heel goed deden. Een Bordeauxachtig klimaat, en goed terroir. Ja, dat Franse begrip waarmee alle eigenschappen van een wijngaard worden bedoeld bestaat ook hier. Beroemdst van het Coonawarraterroir is de terra rossa: roodbruine kleigrond,

ROOD AUSTRALIË - FRANKRIJK

die je ook in het Spaanse La Mancha en Noord-Afrika vindt. Hier betreft het een streep grond van zestien bij anderhalve kilometer. Volgens de één – ongetwijfeld eigenaar van terra-rossawijngaarden – is dit het echte Coonawarraterroir, volgens anderen – precies – zijn andere stukken grond minstens zo goed, en is het daar waar de grond grijs is zelfs beter. Wie gelijk heeft? Het maakt me eigenlijk niks uit. Het leuke is dat je ook hier terroir hebt, dat dezelfde druif in verschillende omstandigheden verschillende wijnen geeft, en dat men zich daar bewust van is en dat tot uiting laat komen in de wijnen. Wijnen die naar meer smaken dan druiven die met technisch vernuft tot wijn zijn gemaakt. Geen wonder dat ik me met m'n neus in zo'n Coonawarra ineens weer twintig jaar jonger voel. 13,5%.

MILESTONE, SOUTH EASTERN AUSTRALIA, SHIRAZ 2008 € 5,00

Bekvol onmiskenbaar Australische shiraz, maar dan wel in een frisse, vrolijke versie. Prachtig rijp fruit, vrolijke zuren. Ruim.

CHILI
VALGRANDE DE CHILE, CENTRAL VALLEY, € 4,50
CARMENÈRE 2006

Elk jaar hetzelfde: vriendelijk fruitig, niks mis mee, maar verre van de Ware Carmenère. Heel ruim. 13,5%.

FRANKRIJK
Bordeaux

CHÂTEAU BELLERIVES DUBOIS, € 6,00
BORDEAUX SUPÉRIEUR 2005

Laatstleden was er weer een wijnveiling bij Christie´s in Amsterdam. Vroeger kwam ik er vaak. Om te proeven en soms een gerijpt kistje 'van-alles-wat' in de wacht te slepen. Deze veiling was echter van een andere orde. Het grote werk. Ik bladerde de catalogus door en begon al na een paar pagina's flessen van nog geen € 200 als koopjes te zien, of dacht: 'Duizend piek voor een fles Lafite 2003? Voor vijfhonderd meer heb ik Latour 1928! Maar die moet wel binnenkort op, terwijl ik voor een halve ton een dozijn Pétrus 1982 heb in de bloei van z'n leven...' Ja, het zijn me prijzen. Zou iemand ooit die wijnen drinken of hebben die flessen aan het eind van hun bestaan slechts veilingzalen gezien, en nooit een glas van binnen? Je vreest het, want dit is geen wijn om te drinken meer, dit is naam, zeldzaamheid, beleggingswaarde, prestige. Tuurlijk, er zal ook best lekkere wijn bij zitten. Vraag maar Michael Broadbent, *grand old man* van Christie's wijnafdeling, die ze allemaal heeft geproefd, alle grote namen van zo ongeveer alle oogstjaren van minstens afgelopen eeuw – en dan overdrijf ik nou eens niet. Prachtig kan Broadbent de charme van klassieke bordeaux beschrijven, zelfs een bourgognezuiplap als ik leest het verlekkerd. Slank, schoon, helder, elegant... Goed, dit is niet op dat niveau, maar wel in die stijl – en dan bedoel ik stijl. 12,5%.

CHÂTEAU FOURREAU, BORDEAUX 2006 € 4,50

En nog zo eentje. Effe wat lucht – kieper ze in karaf, emmer of badkuip – doet ze goed. 13%.

Languedoc-Roussillon
MONT TAUCH, CORBIÈRES LES 15 2007 € 7,50

Donker fruit, beetje kruidig. Oftewel: op zichzelf keurig Zuid-Frans rood, heel ruim, maar mist dat ruige, landelijke corbièresgeurtje en is ook verder tamelijk vlak. 13,5%.

MONT TAUCH, FITOU LES 12 2007 € 7,50

Was jaar in jaar uit een weelderig feest, maar is in 2007 ernstig de weg kwijt. Ja, prima te drinken, vol rijp donker fruit, ik geef niet zomaar, maar de 2006 scoorde... 14%.

ROOD FRANKRIJK

Rhône

CHAT-EN-OEUF, CÔTES DU VENTOUX 2006 € 5,00

Een beetje lezer weet het van vorig jaar of heeft het zelf al door, want zo kien bent u wel, toch? Maar voor de Boek&Plaatkneusjes die per abuis door de ballotage zijn geglipt: *chat en oeuf*, kat op ei, kijk maar op het etiket, aanschouwelijk onderwijs, nietwaar, dat klinkt voor de goede verstaander dus als châteauneuf, waar het dan ook op lijkt, zij het een stuk lekkerder en vrolijker en gezelliger. Purrrfect! 14%.

DOMAINE SAINT-MARTIN, CÔTES DU RHÔNE 2006 € 5,50

Je moet natuurlijk niet op de zaken vooruitlopen, want je weet immers maar nooit, maar laten we wel wezen: de kans dat het één dezer winters nog van een Elfstedentocht komt, is niet heel groot. Toch wel jammer, eigenlijk, vindt u ook niet? Want het had wel wat, ergens, ergens daar ver weg in het Noorden, terwijl wij lekker warm thuis zaten, met af en toe een blik op de tv, of er al dooien gevallen waren, of een andere gezellige ramp. Winter moet natuurlijk niet te lang duren, want even is het sprookjesachtig wit, op een stille zondagochtend, maar daarna rijdt het verkeer alles tot een grijze blubberbrij en komen de kinderen snotverkouden en te vies om aan te pakken thuis. En zul je straks de verwarmingsrekening zien! Maar op die ene avond van die zo sprookjesachtig begonnen zondag, als alles nog wit is en in de betoverde stilte de dikke sneeuwvlokken vallen, buiten een eenzame Leger-des-Heilssoldaat gezellig door de sneeuw knerpt en wij binnen zitten, bijna weer verliefd, de kinderen naar bed, ja, dan is het mooi, de winter. Nog even deze laatste fles, en dan hopen dat het morgen dooit, zodat we kunnen aperitieven met de net zo sublieme rosé van deze heilige. Karaktervolle subtiele rhône. 13%.

ROOD FRANKRIJK

LA FERME DE GICON, CÔTES DU RHÔNE 2007 € 4,50

Prima sappige rhône met zonnige kruidige geuren. 13,5%.

Vin de pays

CHAMPS DE MOULIN, VIN DE PAYS DE VAUCLUSE, € 4,50
GRENACHE SYRAH 2006

Vriendelijk en vrolijk, rood fruit, beetje kruidig. 12,5%.

DOMAINE DE BACHELLERY, VIN DE PAYS D'OC, € 4,50
CABERNET FRANC / SYRAH 2007

🚲 Kijkaan. Rood fruit van de cabernet franc, peper van de syrah, specerijen en zonnigheid van Zuid-Frankrijk, de zwoele verleiding van Bachellery. 12,5%.

DOMAINE DE BACHELLERY, VIN DE PAYS D'OC, € 4,50
CABERNET SAUVIGNON 2007

Zuid-Franse bordeauxig vol sappig fruit. 12,5%.

DOMAINE DE BACHELLERY, VIN DE PAYS D'OC, € 4,50
GRENACHE 2007

🚲 Als altijd de lekkerste van het rijtje Bachellery. Rood fruit, kruiden, lichtvoetig, helder, subtiel. 12,5%.

DOMAINE DE BACHELLERY, VIN DE PAYS D'OC, € 4,50
MERLOT 2007

🚲 Heerlijke zwoele, gevaarlijk lekkere merlot. 12,5%.

ENSEDUNA, VIN DE PAYS DES COTEAUX D'ENSERUNE, € 5,50
MARSELAN 2007

Marselan is een kruising tussen cabernet sauvignon en grenache noir, en laat zien dat de combinatie van twee prima druiven niet een nog betere druif oplevert, maar een nakomeling zonder karakter. Stevig fruitig, dat wel. Heel ruim.

ROOD FRANKRIJK - ITALIË

PARFUMS DE FRANCE, VIN DE PAYS D'OC 2007 € 3,50

Vol sappig fruit. Heel ruim. 12,5%.

ITALIË

LA MASSERIA, PUGLIA, PRIMITIVO 2006 € 6,00

Je moet natuurlijk niet op de zaken vooruitlopen, want je weet immers maar nooit, maar laten we wel wezen: de kans dat het één dezer winters nog van een Elfstedentocht komt, is niet heel groot. En dat is maar goed ook, want het is me toch een bezopen onderneming. Wie waagt zich nu aan een schaatstocht zonder elk half uur een koek-en-zopie met de allerbeste snert-en-jenever en na uiterlijk anderhalf, twee uur een dorpskroeg om u tegen te zeggen, vol pronte deernen met grote borden boerenkoolstamppot-met-rookworst-van-blije-varkens en nog meer jenever, en bier, en waar je nog mag roken, en de kachel snort, en het zo goed toeven is dat je denkt: ik ben toch gek ook, het is mooi geweest, biljarten met zo'n blonde Tjitske, dat is pas sport, laten ze toch allemaal in de dooi zakken met hun gekluun? Hartverwarmende gedachtes, en gelijk heeft u. Desalniettemin, al komt er geen Elfstedentocht, geniet nog even van het stamppotseizoen, voor de lente uitbreekt, en drink er hartverwarmend rood bij. Zoals daar is dit wonder uit de hak van Italië. Koop ook het schap witte Masseria (zie pagina 331) leeg. 13,5%.

SOTTO IL CIPRESSO, VINO ROSSO D'ITALIA € 3,50

Van sangiovese, montepulciano en negro amaro. Ouderwetse Italiaanse landwijn vol rood fruit en plezante weerbarstigheid zoals je 'm altijd al eens hoopte te ontmoeten. 12%.

TESORUCCIO, MONTEPULCIANO D'ABRUZZO 2006 € 5,00

En nog zo'n idyllische fles vol zomeravondgeuren, maar dan landadelwijn op palazzoniveau. 13%.

ROOD ITALIË - SPANJE

TESORUCCIO, SANGIOVESE, IGT CHIETI 2007   € 5,00

Ook smakend naar voorvaderlijke landerijen vol pittoreske lijfeigenen met mooie dochters, maar dan meer met lentelunchgeuren. 13%.

SPANJE

ALTO CRUZ ROBLE, RIBERA DEL DUERO 2006   € 8,50

Ja, er zijn goedkoper wijnen in de wereld, maar komop, het is maar één keer woensdag in de week, of op welke dag u dit leest, dus doe eens gek. Of gek: €8,50, wat is dat nog, behalve achttien gulden? Een druppel benzine in de tank, hoeveel een aandeel stijgt of daalt in een minuut, wat u kwijt bent aan uw advocaat terwijl hij 'uhhh' zegt. Terwijl je hier een hele dag plezier aan hebt. Zodat je 'm lekker toch koopt, tegen verstandelijk geredeneer in, en wederom vreugde in het huisgezin brengt, als je ze ieder zo'n fles *roble,* Spaans voor 'korte opsluiting in eikenhouten vat' naast hun bordje zet. En dan de vrolijke 'plop' van de kurken, het ruiken en proeven, het besluit dat wat lucht de wijn goed doet en het vrolijk geklater in de karaffen daarna, het nogmaals volschenken van de glazen: 'ik ruik bramen langs zo'n stoffig zomers W.G. van de Hulst-landweggetje', 'met een vleug beschaafd bescheiden hout', 'plus goedgetrainde tannines'. En tot slot, na een verkwikkend dutje, opnieuw naar de winkel om in te slaan teneinde al die vreugde tijdens lunch en avondmaal nogmaals te genieten. 13,5%.

AMPLIO, LA MANCHA, GRACIANO 2007   € 5,50

Graciano, dat is een rode druif uit Rioja, waarvan de wijn volgens Jancis Robinson in haar boek *Vines, Grapes and Wines* voortreffelijk, delicaat, aromatisch, krachtig geurend is, volgens Nicolaas Klei op werkbezoek (jaja) in Navarra vol kersenachtig fruit, pit, karakter, lengte, eindelijk iets lekkers na al die uitgedroogde houtmeuk. Want dat was halverwege

ROOD SPANJE

de jaren negentig, en de Spaanse revolutie, waarbij werd ontdekt dat je ook wijn kunt maken zonder wrakhout toe te voegen, was nog ver weg. De graciano die ik toen proefde was een experiment. Graciano heeft weinig opbrengst, de druiven rijpen laat en zijn vatbaar voor ziekten. Veel graciano is zodoende gerooid. Je kunt er echter wel heel lekkere aparte wijn van maken, dus zodoende is en wordt er hier en daar weer wat van aangeplant in Rioja en Navarra. Goed idee. Proef maar. Biologisch, ook nog. Heel ruim ♀♀♀. 13,5%.

CANTARRANES RESERVA, ALICANTE, MONASTRELL 2002   € 3,50   ♀♀♀

Ouderwets en knoestig, een vleug zomervakantietreinbiels – teer en hout in de zon – veel fruit nog, twinkelende oogjes in de verweerde kop. 13,5%.

HUISWIJN ROOD   € 3,00   ♀♀♀

Noordoost-Spanje, garnacha en tempranillo. Vol vrolijk kersenfruit, plus veel meer dan je dacht dat je voor drie euro zou krijgen. Geen oogstjaar. Heel ruim ♀♀♀. 13%.

PRIMI, RIOJA 2007   € 5,00   ♀♀♀♀

Lichter dan 2006. Met z'n heldere smaak vol fruit en kruidige geurtjes zonder meer het omfietsen waard, maar mist dat extra verleidelijke waardoor hij vorige jaren ♀♀♀♀♀ was. Nu gewoon heel goed, toen fantastisch. Ja, muggenziften kan hij, die Klei. 13%.

R', TINTA DE TORO 2007   € 5,50   ♀♀♀

Prima hippe Spanjaard vol heerlijk kersenfruit. Heel ruim ♀♀♀. 14%.

SALUDO, NAVARRA 2006   € 4,50   ♀♀♀

Welkom in Navarra, betekent dat. Nog steeds heerlijk, deze 2006 van zestig jaar oude garnachastokken. Lenige wijn met veel intens sappig kersenfruit en lekker wat

ROOD SPANJE - ZUID-AFRIKA

rijpe tannine. Richting 🍷🍷🍷🍷. En ook nog voor een weggeefprijs. 13,5%.

VIÑA DUCARO, CAMPO DE BORJA, TINTO 2007 € 3,00 🍷🍷🍷🍷🍷

Van druif garnacha uit Noordoost-Spanje. 🍷🍷🍷🍷🍷, niet omdat het zo'n complexe diepgravende wijn is waar je uren aan kunt ruiken voor zelfs maar een slok te nemen, een meditatiewijn zoals de Italianen dat noemen, maar 🍷🍷🍷🍷🍷 omdat hij in al z'n eenvoud perfect is. Puur en zuiver, en van begin tot eind, van geur tot afdronk klopt alles. Heerlijk sappig soepel fruit, met wat peper en specerijen voor de pit, heldere zuren voor de frisheid, net een hapje tannine opdat het niet té soepel is. 13,5%.

ZUID-AFRIKA
ARENDSVLEI, PINOTAGE-CINSAULT 2006 € 4,00 🍷🍷🍷

Vrolijk rood fruit, goedgemutste kruiderij, lichtvoetige tannine, zonnige afdronk. 13,5%.

SUID-AFRIKAANSE DROË ROOIWYN € 3,50 🍷🍷🍷

Donker sappig fruit, aards, kruidig, stoer – en de vriendelijkheid zelve. 14%.

SUID-AFRIKAANSE DROË ROOIWYN (DRIELITERPAK) € 10,00 🍷🍷🍷

Het hoeft in het vaderland maar even richting echt lenteweer te gaan en menigeen slaat door. Korte rokjes worden uit de mottenballen gehaald, het oudroest van de barbecue gebikt en plannen gemaakt voor lange avonden doorzakken met vrienden. Prima idee. Als we allemaal bij elkaar op schoot gaan zitten passen we met behulp van een schoenlepel best met z'n allen op het balkon, en het helpt ook tegen de kou, want zo warm blijkt zo'n lente-avond nou ook weer niet te zijn, behalve voor degene die een synthetisch dekbed omgeslagen heeft en te dicht bij de barbecue is gaan zitten. Gelukkig hadden de kinderen hun hele arsenaal aan

ROOD ZUID-AFRIKA

waterkanonnen en soakblasters al klaargezet, dus dat liep nog net goed af. Hèhè, iedereen een glaasje tegen de schrik. Mmm, nou, ze hadden gelijk hoor, bij *Kassa!* dat dit prima wijn is, in zo'n pak. Stoer, aards en verder veel, rijp ruig fruit. Lekker goedkoop ook, en als je het eenmaal open hebt gepeuterd is het reuzenpret, glaasjes voltanken uit zo'n kraantje. En omgerekend nog geen euroriks de fles! 14%.

DE BESTE WIJNEN VAN HEMA

Wit

1 **La Masseria, salento 2007** Italië	€ 5,50	
2 **Cave de Viré, mâcon-chardonnay 2007** Frankrijk - Bourgogne	€ 6,50	
3 **Charles Gruber,** **bourgogne chardonnay vieilles vignes 2007** Frankrijk - Bourgogne	€ 7,50	
4 **Caves de la Tourangelle,** **touraine grande réserve sauvignon 2007** Frankrijk - Loire	€ 5,00	
5 **Estrella, valencia,** **vino blanco dulce de moscatel 2007** Spanje	€ 3,50	

Rosé

1 **Huiswijn rosé** Spanje	€ 3,00	
2 **Viña Ducaro, campo de borja, rosado 2007** Spanje	€ 3,00	
3 **Domaine de Bachellery, vin de pays d'oc,** **pinot noir 2007** Frankrijk	€ 5,00	
4 **Viñas de Barrancas, argentina,** **rosé malbec shiraz 2007** Argentinië	€ 5,00	
5 **Domaine Saint-Martin, côtes du rhône 2007** Frankrijk	€ 5,50	

Rood

1 **Viña Ducaro, campo de borja, tinto 2007** Spanje	€ 3,00	
2 **Domaine de Bachellery, vin de pays d'oc,** **grenache 2007** Frankrijk - Vin de pays	€ 4,50	
3 **Chat-en-oeuf, côtes du ventoux 2006** Frankrijk - Rhône	€ 5,00	
4 **Tesoruccio, montepulciano d'abruzzo 2006** Italië	€ 5,00	
5 **Tesoruccio, sangiovese, igt chieti 2007** Italië	€ 5,00	

HOOGVLIET

- Spreiding: Gelderland, Noord-Holland Utrecht en Zuid-Holland
- Aantal filialen: 57
- Marktaandeel: 1,9%
- Voor meer informatie: www.hoogvliet.com

Er zijn 131 wijnen geproefd, waarvan:
- Wit 46
- Rosé 25
- Rood 60

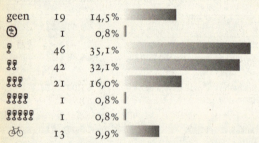

Waardering in aantal wijnen en als percentage van het assortiment

WIT ARGENTINIË - CHILI

WIT

ARGENTINIË
GRAFFIGNA, SAN JUAN, CHARDONNAY 2007 € 3,99

Redelijk sappige doorsneechardonnay. 13,5%.

AUSTRALIË
HARDYS STAMP OF AUSTRALIA, € 5,29
SOUTH EASTERN AUSTRALIA, SEMILLON CHARDONNAY 2007

Zachtfruitig met kunstbloemenbouquet. 13%.

HUISWIJN, AUSTRALIË WIT (LITER) € 3,99

South Eastern Australia. Simpel maar zacht (snoepjes)fruitig. Anderhalf 🍷. Geen oogstjaar. 13%.

MCGUIGAN ESTATE, SOUTH AUSTRALIA, € 5,99
CHARDONNAY 2006

Vrolijke sappige chardonnay. Bij Coop hebben ze een laagalcoholische variant, zie ook hun shiraz, zie pagina 361. 12,5%.

SUNNY MOUNTAIN, CHARDONNAY 2007 € 2,99

Kunststofbouquet – van gerecyclede vuilniszakken waarschijnlijk. Met inhoud. 13,5%.

YELLOW TAIL, SOUTH EASTERN AUSTRALIA, € 4,99
CHARDONNAY 2007

Rijp zoet snoepjesachtig, maar wel een bekvol. 13,5%.

CHILI
ESPIRITU DE CHILE, VALLE CENTRAL, € 4,99
SAUVIGNON BLANC 2006

Heeft weinig met sauvignon van doen, was een jaar geleden vriendelijk zachtfruitig, nu uitgeblust. 13,5%.

WIT CHILI - FRANKRIJK

GATO NEGRO, CENTRAL VALLEY, € 4,19
SAUVIGNON BLANC 2008

Fris snoepjesfruit. 13%.

INDOMITA VARIETAL, CENTRAL VALLEY, € 3,69
SAUVIGNON BLANC 2007

Smaakt nou niet bepaald overtuigend naar sauvignon, maar oppassend fruitig. Krap. 12%.

FRANKRIJK
Bourgogne
BOURGOGNE CHARDONNAY 2007 € 5,50

Van de coöp te Buxy, sinds jaar en dag vermaard vanwege z'n prima bourgognes zonder poespas. Chardonnay die, ook op dit instapniveau, onmiskenbaar bourgogne is. Sappig, fijn van zuren, verleidelijk. 13%.

CHABLIS 2007 € 8,50

Van de Union des Viticulteurs de Chablis. Keurige sappigfruitige en toch strakke chablis. 12,5%.

Champagne
DE MONTPERVIER GRANDE RÉSERVE, € 15,99
CHAMPAGNE BRUT

Keurig, zachtfruitig, beschaafd van prijs. Maar champagne, dat was toch van die liederlijke losbandigheid, te drinken uit muiltjes van courtisanes? 12%.

DE MONTPERVIER GRANDE RÉSERVE, € 15,99
CHAMPAGNE DEMI-SEC

Zachtzoet, echt demi dus, met vriendelijk fruit. Moscato d'asti (zie ITALIË WIT bij Appie en Dirk) is lekkerder en goedkoper. 12%.

WIT FRANKRIJK

Elzas

KASTELBOURG, ALSACE, € 5,45 ♟♟
GEWURZTRAMINER RÉSERVE 2007

Niet de ware, maar beter dan voorheen. Rozengeur en voordeelfruit. 13%.

KASTELBOURG, ALSACE, PINOT BLANC RÉSERVE 2007 € 3,99 ♟♟

Grijzemuizenzachtfruitig. Netaan ♟♟. 12%.

KASTELBOURG, ALSACE, RIESLING RÉSERVE 2007 € 3,99 ♟

Frisfruitig met zuurtjes. 12%.

Loire

TOURAINE SAUVIGNON 2007 € 3,39 ♟♟

Volgens de kleine lettertjes van Jean Sablenay. 2006 was te zacht, 2007 is weer te fris. Die Klei heeft toch altijd wat te zeiken. Netaan ♟♟.

Vin de pays

HUISWIJN WIT DROOG, € 2,89 ♟
VIN DE PAYS DES CÔTES DE GASCOGNE (LITER)

Frisfruitig met flink wat zuurtjes. Geen oogstjaar. 11,5%.

HUISWIJN WIT HALFZOET, € 3,19 ♟
VIN DE PAYS DES CÔTES DE GASCOGNE (LITER)

Zachtfruitig met een bescheiden zoetje. Geen oogstjaar. Anderhalf ♟. 11,5%.

JEAN LOUIS CEVENNE, VIN DE PAYS € 2,69
DES CÔTES DE GASCOGNE, BLANC DE BLANCS 2006

Chenetkloon van druiven colombard en ugni blanc. Voor z'n leeftijd nog redelijk fris zuurtjesfruit. 12%.

WIT FRANKRIJK - ITALIË

JEAN SABLENAY, VIN DE PAYS DE L'ILE DE BEAUTÉ,   € 3,15
CHARDONNAY 2007

 Zonnige zachtfruitige chardonnay met wat kruiderij. Heel ruim. Mede door de lage prijs 🚲. 13%.

JEAN SABLENAY, VIN DE PAYS DU VIGNOBLE DE FRANCE,   € 3,15
SAUVIGNON BLANC 2007

Frisfruitig. Beetje kaal. Netaan. 12%.

SENSAS, VIN DE PAYS DES VIGNOBLES DE FRANCE,   € 3,99
SAUVIGNON 2007

Suffe en niet helemaal frisse sauvignon. 11,5%.

ITALIË
CANEI, VINO FRIZZANTE   € 2,99

Schuimt, zoetig, riekt als een scheef dichtgeknoopte vrijgezel die elke vrijdag opnieuw ontdekt dat het openbare badhuis sinds 1997 een grandcafé is. 8,5%.

MARTINI, PROSECCO   € 6,49

Met kroonkurk! Alsof je een pijpje pils opentrekt. Geef mij dat pilsje dan maar. Schuimt beter, smaakt beter. Vaagfruitig, dit. 10,5%.

MONTALTO, SICILIA, GRECANICO-CHARDONNAY 2007   € 4,99

Vol fruit, kruiden en zomerzon. Heel ruim. 13%.

MONTALTO, SICILIA, PINOT GRIGIO 2007   € 4,89

Sappig zachtfruitig. Heel ruim. 13%.

TERRAZANO, VERDICCHIO DEI CASTELLI   € 3,65
DI JESI CLASSICO 2007

Sappig fruitig, zonnig kruidig. Heel ruim. 12%.

WIT ITALIË - ZUID-AFRIKA

VENETIO, PROSECCO VENETO FRIZZANTE € 3,45

Schuimt. Niet voor consumptiedoeleinden bedoeld. 10,5%.

SPANJE

FREIXENET, ASH TREE ESTATE, € 3,99
VINO DE LA TIERRA DE CASTILLA, CHARDONNAY MACABEO 2007

Zuurtjesfruit. 12%.

FREIXENET, CAVA CARTA NEVADA SEMI SECO € 8,29

Ruikt als de taartjes bij iemand die al heel lang wacht of er misschien toch iemand op z'n verjaardagspartijtje komt. 11,5%.

FREIXENET, CORDON NEGRO SECO CAVA € 8,29

Hard en kaal, droppig zoetje. Schuimt. 11,5%.

GRAN ESPAÑOSO CAVA BRUT € 5,60

Was 🍷🍷🍷 🚲, is dit jaar behoorlijk wat centen duurder en wat veel erger is, minder goed. Minder fruit, beetje kunstmatig, en een vervelend bittertje. Jammer! 11,5%.

GRAN ESPAÑOSO, CAVA SEMI SECO € 5,60

Dezelfde met een fris zoetje. 11,5%.

ZUID-AFRIKA

BERG SCHADUW, WESTERN CAPE, € 3,99
SAUVIGNON BLANC 2008

Beetje snoepjesachtig, maar wel een sappige sauvignon. Netaan 🍷🍷. 12,5%.

DANIE DE WET, ROBERTSON, SAUVIGNON BLANC 2008 € 4,45

Zuurballenfruit. 11,5%.

GOLDEN KAAN, WESTERN CAPE, CHARDONNAY 2006 € 5,29

Zacht snoepjesfruitig. Ruim 🍷. 13,5%.

WIT ZUID-AFRIKA

GOLDEN KAAN, WESTERN CAPE, € 5,29
SAUVIGNON BLANC 2007

Vleug frisse sauvignongeur, zacht snoepjesfruit. Anderhalf 🍷.
12%.

HOOP HUIS, WESTERN CAPE, CHENIN BLANC 2008 € 2,89

Zacht snoepjesfruit. 13,5%.

HUISWIJN ZUID-AFRIKA WEST-KAAP CHENIN (LITER) € 3,85

Simpel maar zacht frisfruitig. Anderhalf 🍷. Geen oogstjaar.
12,5%.

ROOIBERG WINERY, CHARDONNAY 2007 € 4,49

Zachtfruitig. 14%.

ROOIBERG WINERY, CHENIN BLANC 2008 € 3,69

Snoepjesfruitig. 12,5%.

SCHOONDAL, WESTERN CAPE, CAPE WHITE 2008 € 2,15

Fris snoepjesfruit. De citroenen in de afdronk zijn wel erg fris.
Half 🍷. 11,5%.

TWO OCEANS, WESTERN CAPE, € 4,49
CHENIN BLANC SAUVIGNON BLANC 2008

Perensnoepjesfruit. 11,5%.

VEELPLESIER, PRIVATE SELECTION, € 5,99
WESTERN CAPE, CHARDONNAY 2008

Synthetisch fruit en een dot alcohol. 13%.

WILDLIFE, AFRICAN WHITE 2007 € 3,49

Kauwgomballensop. 12,5%.

ROSÉ

ARGENTINIË
GRAFFIGNA, SAN JUAN, SHIRAZ ROSÉ 2007   € 3,99

(Snoepjes)fruit. Anderhalf. 13,5%.

CHILI
ESPIRITU DE CHILE, VALLE CENTRAL,   € 4,99
CABERNET SAUVIGNON ROSÉ 2007

Keurige sappige rosé vol rood fruit. 13,5%.

QUÉ MAS ROSÉ 2008   € 2,35

Volbloedige warme bordeauxachtige rosé, rijk aan kleur, geur en smaak, breed opgezet door Bob Ross in zijn betere dagen. Herfstrosé. 13,5%.

EUROPA
JEAN LOUIS CEVENNE, ROSÉ   € 2,75

Jean Louis oogst waar het hem uitkomt. Spanje, Frankrijk, of, zoals nu weer, in de afvoerputjes van de Europese wijnplas. Lichtschimmelig zuurtjesfruit vind je daar. Geen oogstjaar. 12,5%.

FRANKRIJK
CHAMPAGNE DE MONTPERVIER, ROSÉ BRUT   € 19,49

Ernstig, natuurlijk, roze én belletjes, maar alleszins drinkbaar. 12%.

HUISWIJN ROSÉ HALFZOET, VIN DE PAYS   € 3,29
DU COMTÉ TOLOSAN (LITER)

Friszoet, vrolijk, beet. Gezellig mollig. Geen oogstjaar. 12%.

ROSÉ FRANKRIJK - SPANJE

HUISWIJN ROSÉ, VIN DE PAYS DU € 3,15
COMTÉ TOLOSAN (LITER)

Betrouwbaar, maar niet saai. Lekker en vol sappig rood fruit. Geen oogstjaar. 12%.

JEAN SABLENAY, VIN DE PAYS DU VAL DE LOIRE, € 3,15
CABERNET FRANC ROSÉ 2007

Goed van geur, je ruikt zelfs wat cabernet franc, maar helaas snoepjesachtig zoet in de mond. 11%.

ITALIË

MONTALTO, SICILIA, NERO D'AVOLA ROSATO 2007 € 4,99

Breedgeschouderd van kleur, geur en smaak, tevens invoelend en begrijpend en vol fruit. 13%.

VENETIO, RABOSO, ROSATO MARCA TREVIGIANA € 4,20

Maar: Canei is nog erger! 11%.

SPANJE

BIANTE, CAMPO DE BORJA, ROSADO 2007 € 2,49

Van druif garnacha. Vol rijp en zacht kersenfruit. Heel ruim. 13,5%.

BODEGAS OSBORNE, SOLAZ, € 4,99
VINO DE LA TIERRA DE CASTILLA, ROSADO 2007

Van druiven shiraz, petit verdot en merlot. Leuk idee, al heeft het niks met Spanje van doen, lullig uitgevoerd. Smaakt naar limonade met aardbeienaroma. Heel, heel klein. 13%.

FREIXENET, ASH TREE ESTATE, € 3,99
VINO DE LA TIERRA DE CASTILLA, BOBAL CABERNET 2007

Van de producent van de vieze cava's. Keurige rosé vol sappig fruit, op zoek naar een eigen karakter. Heel ruim. 13%.

ROSÉ SPANJE - ZUID-AFRIKA

FREIXENET, CAVA ROSADO SECO € 9,49

Ruikt naar behangerslijm. U weet wel, zo'n emmer klodderig grijs spul, alsof je het hebt opgehaald bij de inseminatiegroothandel, waardoor alles aan elkaar plakt, behalve het behang aan de muur. 12%.

GRAN ESPAÑOSO CAVA BRUT ROSADO € 5,60

Ook deze roze cava is minder dan vorig jaar, smaakt ook een beetje plasticachtig. 11,5%.

TESORO, BULLAS, MONASTRELL ROSADO 2007 € 2,89

Vol ruig rokerig rood fruit. 12,5%.

VEGA LIBRE, UTIEL-REQUENA 2006 € 2,25

Rosado van puur bobal, zie de rode Vega Libre. Nog steeds fruitig, maar op leeftijd, vermoeid. Niet meer ruim, niet meer het omfietsen waard. We kijken uit naar de 2007. Of 2008, al naar gelang wanneer u dit leest. Onbegrijpelijk: zo goedkoop en lekker, en u laat het stomweg staan! 12%.

ZUID-AFRIKA

BERG SCHADUW, WESTERN CAPE, PINOTAGE ROSÉ 2008 € 3,99

Zuurtjesfruit. 13,5%.

DANIE DE WET, ROBERTSON, ROSÉ 2008 € 4,55

Zachtfruitig. 14%.

GOLDEN KAAN, WESTERN CAPE, PINOTAGE ROSÉ 2008 € 5,29

Vol stevig rood fruit. 12%.

HOOP HUIS, ROSÉ 2008 € 2,90

Zacht snoepjesfruit. 14%.

ROSÉ ZUID-AFRIKA

LANDENWIJN ZUID-AFRIKA, € 3,85
WEST-KAAP, PINOTAGE ROSÉ (LITER)

Vol stevig (snoepjes)fruit. Anderhalf 🍷. 14%.

ROOIBERG WINERY, ROBERTSON, PINOTAGE ROSÉ 2007 € 3,99

Niet ☹, want dat is voor nog erger, maar wel gemaakt van hele enge vieze kinderlokkersnoepjes. 13,5%.

SCHOONDAL, CAPE ROSÉ 2008 € 1,99

Niet helemaal schoongewassen snoepjesdruif. 12%.

TWO OCEANS, WESTERN CAPE, SHIRAZ ROSÉ 2008 € 4,49

Zacht (snoepjes)fruit. Anderhalf 🍷. 11,5%.

ROOD ARGENTINIË - AUSTRALIË

ROOD

ARGENTINIË

GRAFFIGNA, SAN JUAN, MALBEC 2007 € 3,99

Donker fruit, bordeauxachtige strengheid. 13,5%.

GRAFFIGNA, SAN JUAN, SHIRAZ 2007 € 3,99

Rijp donker sappig fruit, peperig. Bekvol. Heel ruim. 14%.

TANGO DUO, RED WINE € 2,59

Meer drop dan fruit. Geen oogstjaar, maar proeffles was de 2008. 12,5%.

AUSTRALIË

HARDYS STAMP OF AUSTRALIA, € 5,29
SOUTH EASTERN AUSTRALIA, CABERNET MERLOT 2007

Reuzesaai, maar vol rijp donker fruit. 13,5%.

HARDYS STAMP OF AUSTRALIA, SOUTH EASTERN € 5,29
AUSTRALIA, SHIRAZ CABERNET SAUVIGNON 2007

Zacht donker fruit en drop. 14%.

HUISWIJN, DRY RED AUSTRALIË, € 3,95
SOEPEL EN FRUITIG (LITER)

Onbestemd fruitig, wat droppig. Anderhalf. 13,5%.

MCGUIGAN ESTATE, LIMESTONE COAST, SHIRAZ 2005 € 5,99

Rood fruit, helder peper. Bij Coop hebben ze de laag-alcoholische variant, zie ook hun chardonnay, zie pagina 143. 13,5%.

SUNNY MOUNTAIN, SOUTH EAST AUSTRALIA, DRY RED € 3,05

Zachtfruitig. Dun. Netaan. Geen oogstjaar. 13,5%.

ROOD AUSTRALIË - CHILI

YELLOW TAIL, MERLOT 2007 € 4,99

Overbloezend rijp fruit, doorzakbankleer, cacao. Soepele allemansvriend. 13,5%.

CHILI
ESPIRITU DE CHILE, VALLE CENTRAL, € 4,99
CABERNET SAUVIGNON 2005

Net als de 2006(!) vorig jaar een keurige fruitige en nogal saaie cabernet. Heel ruim. 13,5%.

ESPIRITU DE CHILE, VALLE CENTRAL, CARMENÈRE 2006 € 4,99

Deze is stukken spannender. Specerijen, rokerige geuren, stoffige steengrond in de hete zon... Alles op een basis van rijp fruit. Heel ruim. 14%.

GATO NEGRO, CABERNET SAUVIGNON 2007 € 4,25

Vriendelijk, zachtfruitig. Weinig pit, vergeleken met de 2006. 13,5%.

HUISWIJN CHILI ROOD, CENTRAL VALLEY, € 3,85
CABERNET SAUVIGNON 2007 (LITER)

Slanke cabernet met donker fruit en bescheiden tannine. Heel ruim. 14%.

INDOMITA RESERVA, MAIPO VALLEY, € 4,99
CABERNET SAUVIGNON 2006

Bekvol keurig donker fruit. Heel ruim. 14,5%.

INDOMITA VARIETAL, MAIPO VALLEY, € 3,85
CABERNET SAUVIGNON 2007

Vol rijp en sappig cabernetfruit, dat zoals u weet aan zwarte bessen doet denken. 14%.

ROOD CHILI - FRANKRIJK

QUÉ MAS, CENTRAL VALLEY, CABERNET MERLOT 2007 € 2,30

Simpele maar sappige elegante 'bordeaux' uit Chili. Prima. Geen geld. Lekker lelijk etiket ook. 14%.

FRANKRIJK
Beaujolais
BEAUJOLAIS 2007 € 3,99

Van de *Cave de Bully en Beaujolais*. Met schroefdop! Zuurtjesfruitig. 12,5%.

BEAUJOLAIS-VILLAGES 2007 € 4,59

Van de *Cave des Vignerons de Bel Air*. Zuurtjesfruitig. 12,5%.

Bordeaux
CHÂTEAU DAVID, BEAULIEU, € 3,99
BORDEAUX SUPERIEUR 2006

Ook dit jaar weer: deftige bordeaux met lekker veel bessenfruit. 13%.

CHÂTEAU PESSANGE, MÉDOC 2007 € 4,65

Goedgemanierde bordeaux volgens de boekjes. Sappig bessenfruit, laurier, elegant. Beetje streng en zo hoort dat ook. 12%.

CHÂTEAU ROC DE LUSSAC, LUSSAC SAINT-ÉMILION 2007 € 6,15

Aanbevolen door Giovanna Thomas, beste jonge sommelière van Frankrijk in 2001. Giovanna heeft een wat morbide smaak. Hooguit schenken als de Addams family komt eten. 13%.

Bourgogne
BOURGOGNE PINOT NOIR VIEILLES VIGNES 2007 € 5,55

Van de verenigde wijnboeren uit Buxy. Naast zeer serieuze bourgognes geproefd, waarna deze vrolijk de avond won. Sappig fruit, echt pinot, echt bourgogne. Licht, helder, subtiel. Koelen. 13%.

ROOD FRANKRIJK

Vin de pays

HUISWIJN ROOD, VIN DE PAYS DE L'AUDE, € 3,15
FRUITIG EN SOEPEL (LITER)

Zo fruitig als een onrijpe braam. 12,5%.

J.P. CHENET, VIN DE PAYS D'OC, CABERNET-SYRAH 2007 € 3,19

Rond en rijp. 14(!)% dan ook. Dat voel je helaas een beetje branden. Anderhalf. 14%.

JEAN LOUIS CEVENNE, € 2,75
VIN DE PAYS D'OC, CABERNET-SYRAH 2007

Kaal, dropjesachtig. Krap. 13,5%.

JEAN SABLENAY, VIN DE PAYS D'OC, € 3,09
CABERNET SAUVIGNON 2007

Sappig donker fruit. Fiks wat tannine. 13,5%.

JEAN SABLENAY, VIN DE PAYS D'OC, MERLOT 2007 € 3,09

Vriendelijk fruitig. Piets droppig. 13,5%.

LANDENWIJN FRANKRIJK ROOD, € 3,85
VIN DE PAYS DU COMTÉ TOLOSAN (LITER)

Wat somber donker fruit. Geen oogstjaar. 12%.

MERLOT, VIN DE PAYS D'OC 2007 € 2,59

Van de Celliers de l'Iliade. Fruitig, droppig. 13%.

Zuidwest

BUZET, MERLOT CABERNET 2007 € 3,99

Er zijn nogal wat buzets. Deze heeft een schroefdop, en een mooi etiketje uit 1953. Cabernet blijkt voor beide cabernets te staan, sauvignon en de franc, de stijl is bordeaux. Sappig fruitig zowaar dit jaar! Nog nooit meegemaakt bij Buzet. 12,5%.

ROOD ITALIË - SPANJE

ITALIË

MONTALTO, SICILIA, NERO D'AVOLA 2007 € 4,89 🍷🍷🍷

Slanker dan de 2006, en dat doet 'm goed. Vol sappig donker fruit. 13,5%.

MONTALTO, SICILIA, SANGIOVESE-SYRAH 2007 € 4,89 🍷🍷🍷

Slank als goede chianti, plus pit en peper van de syrah. 13,5%.

SENSI, CHIANTI 2007 € 4,25

Zurig fruit. Drinken bij verpieterde pizza. 12,5%.

VILLA ROMANTI, ROSSO PICENO 2006 € 3,49 🍷

Donker fruit, beetje dun. 12%.

VILLA VERA, PIAVE, MERLOT 2005 € # 🍷

Ruikt alsof hij het niet lang meer maakt. Piets wanhopig fruit nog. 12%.

SPANJE

BODEGAS OSBORNE, SOLAZ, € 4,99 🍷
VINO DE LA TIERRA DE CASTILLA, SHIRAZ TEMPRANILLO 2005

Donker fruit, wrang. 13,5%.

CASTILLO DE OLITE, NAVARRA, RESERVA 2000 € 5,99 🍷🍷

Oud fruit, oud hout, specerijen en de geur van een herfstig bos. Oftewel: stijl klassieke rioja. Een goed gemaakt exemplaar, dit. Heel ruim 🍷🍷. 12,5%.

CASTILLO DE PASTORES, VALDEPEÑAS CRIANZA 2004 € 3,99 🍷

Fruit en hout, kaal en wrang. 13%.

CASTILLO DE PASTORES, VALDEPEÑAS RESERVA 2003 € 4,45 🍷

Saaie plankjesreserva. Wel met wat fruit. Wrang droog end. 13%.

ROOD SPANJE

EL PIANO, JUMILLA GRAN RESERVA 2001 € 4,49

Met een gouden netje om de fles, wat fijne herinneringen oproept aan setjes houten pindabakjes, zitkuilen, oranje behang met grote bloemen, bakkebaarden, plateauzolen en blokjes kaas met gember aan een prikkertje met de Hollandse vlag. Kortom, de tijd dat iets als Mouth & McNeal nog een wereldhit kon scoren en gran reserva poepiesjiek was. Helaas smaakt deze reserva niet zoals het behoort naar wee fruit en afvalhout, maar naar fruit, drop en asfalt. Alles wordt minder. Zelfs nostalgie. Heel, heel klein. 13%. Dekamarkt verkoopt de iets minder barse 2002.

ESTOLA, LA MANCHA, RESERVA 2004 € 4,15

De eeuwige reserva, al talloze jaren ieder oogstjaar hetzelfde: een kistje wat wee fruit. Ruim.

FINCA DE LABARCA, RIOJA JOVEN 2007 € 3,55

Schimmelig. 13%.

FREIXENET, ASH TREE ESTATE, € 3,99
VINO DE LA TIERRA DE CASTILLA, SHIRAZ MONASTRELL 2006

Somber donker fruit. 13,5%.

NAVAJAS, RIOJA TINTO 2007 € 3,99

Zachtfruitig. De crianza – met hout dus – is te koop bij Dekamarkt. 13%.

SEÑORIO DE LOS LLANOS, VALDEPEÑAS, RESERVA 2004 € 3,59

Al zeker een kwart eeuw betrouwbaar hetzelfde: zacht fruit met wat hout-en-vanille d'r omheen. 12,5%.

TESORO, BULLAS, MONASTRELL TINTO 2007 € 2,89

Murcia, Zuidoost-Spanje. Druif: de hartverwarmende monastrell. Donkerder fruit dan de 2006, meer tannine

ROOD SPANJE - ZUID-AFRIKA

ook, extra cacao en specerijen dit jaar. Wat stoerder kortom, maar net zo spannend en lekker. Heel ruim 🍷🍷🍷. 13,5%.

VEGA LIBRE, UTIEL-REQUENA 2007 € 2,25 🍷🍷

Rood fruit en wat specerijen, vriendelijk, sappig, maar helaas niet de charme van de 2006 die vorig jaar het omfietsen waard was. Desalniettemin prima voor zo weinig geld. Koelen is een goed idee. 12%.

VERENIGDE STATEN
HILLS OF CALIFORNIA, CABERNET SAUVIGNON 2006 € 2,69 🍷

Winegums en drop, maar ook echt fruit. 13%.

ZUID-AFRIKA
BERG SCHADUW, RUBY CABERNET/CINSAUT 2007 € 3,89 🍷🍷

Sappig rood fruit. Met een vleug remsporenbouquet, dat wel. 13%.

DANIE DE WET, ROBERTSON, € 4,45 🍷
CABERNET SAUVIGNON/MERLOT 2005

De familie De Wet maakt hier al wijn sinds 1698. Armzalig resultaat voor drie eeuwen ervaring. Donker fruit met bittere remsporenafdronk. 14%.

DANIE DE WET, ROBERTSON, PINOTAGE 2006 € 4,30 🍷🍷

Pinotage ligt ze beter. Rijp donker fruit. 14,5%.

GOLDEN KAAN, WESTERN CAPE, € 5,29 🍷🍷
CABERNET SAUVIGNON 2006

Beetje fruit, beetje aards, nogal kapsones, beetje vlak en dun. Anderhalf 🍷. 13,5%.

GOLDEN KAAN, WESTERN CAPE, PINOTAGE 2005 € 5,29 🍷

Met echte ouwerwetse rubberstank en smaak. 13,5%.

ROOD ZUID-AFRIKA

HOOP HUIS, WESTERN CAPE, DROË ROOI 2007 € 2,79

Simpel, maar sappig fruitig. Stuk beter dan het was. Geen geld. 14%.

HUISWIJN ZUID-AFRIKA (LITER) € 3,85

Stevig donker fruit, aards. Anderhalf 🍷. Geen oogstjaar. 14%.

ROOIBERG WINERY, ROBERTSON, € 4,99
CABERNET SAUVIGNON 2007

Hèhè, die 2004 – drie jaar lang in de gids gestaan – is eindelijk op! Of de inkoper van Hoogvliet heeft dapper m'n advies ter harte genomen en dat winkellijk zelf opgedronken, of het is met ander obscuur afval naar een zielig derdewereldland verscheept danwel verpatst aan nieuwbakken Oostblokmiljardairs: 'Ouwe houtwijn, baie goed!' Hoe dan ook, hier is dan de verse 2007. Hmm. Armzalig fruit met splinters. Die zien we hier nog wel jaarlijks terug tot 2011. Netaan 🍷. 14%.

ROOIBERG WINERY, ROBERTSON, SELECTED RED 2006 € 3,99

Simpel, wat onbehouwen, maar fruitig. Met ouwerwetse rubberstankie! 13,5%.

SCHOONDAL, WESTERN CAPE, CAPE RED 2007 € 2,15

Ze worden zeldzaam, maar ze zijn er nog, de wijnen met die ouwerwetsche authentiek Zuid-Afrikaanse smaak van een schimmelige regenjas! 13,5%.

TWO OCEANS, WESTERN CAPE, € 4,49
CABERNET SAUVIGNON MERLOT 2007

Sappige Zuid-Afrikaanse bordeaux. Ruim 🍷🍷. 13,5%.

WILDLIFE, WESTERN CAPE, AFRICAN RED 2007 € 3,49

Stevig fruit, beetje aards en rauw. 13,5%.

DE BESTE WIJNEN VAN HOOGVLIET

Wit

1. **Bourgogne chardonnay 2007** — € 5,50
   Frankrijk - Bourgogne

2. **Mcguigan Estate, south australia, chardonnay 2006** — € 5,99
   Australië

3. **Chablis 2007** — € 8,50
   Frankrijk - Bourgogne

4. **De Montpervier grande réserve, champagne brut** — € 15,99
   Frankrijk - Champagne

5. **De Montpervier grande réserve, champagne demi-sec** — € 15,99
   Frankrijk - Champagne

Rosé

1. **Qué Mas rosé 2008** — € 2,35
   Chili

2. **Biante, campo de borja, rosado 2007** — € 2,49
   Spanje

3. **Tesoro, bullas, monastrell rosado 2007** — € 2,89
   Spanje

4. **Huiswijn rosé, vin de pays du comté tolosan (liter)** — € 3,15
   Frankrijk

5. **Huiswijn rosé halfzoet, vin de pays du comté tolosan (liter)** — € 3,29
   Frankrijk

Rood

1. **Bourgogne pinot noir vieilles vignes 2007** — € 5,55
   Frankrijk - Bourgogne

2. **Qué Mas, central valley, cabernet merlot 2007** — € 2,30
   Chili

3. **Tesoro, bullas, monastrell tinto 2007** — € 2,89
   Spanje

4. **Château Pessange, médoc 2007** — € 4,65
   Frankrijk - Bordeaux

5. **Espiritu de Chile, valle central, carmenère 2006** — € 4,99
   Chili

JAN LINDERS

▷ Spreiding: Gelderland, Limburg, Noord-Brabant
▷ Aantal filialen: 53
▷ Marktaandeel: 1,0%
▷ Voor meer informatie: 0485 - 349911 of www.janlinders.nl

Er zijn 116 wijnen geproefd, waarvan:
▷ Wit   37
▷ Rosé   23
▷ Rood   56

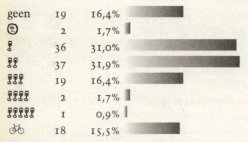

geen	19	16,4%
⊕	2	1,7%
♀	36	31,0%
♀♀	37	31,9%
♀♀♀	19	16,4%
♀♀♀♀	2	1,7%
♀♀♀♀♀	1	0,9%
🚲	18	15,5%

Waardering in aantal wijnen en als percentage van het assortiment

WIT

ARGENTINIË
GRAFFIGNA, SAN JUAN, CHARDONNAY 2007 € 3,99

Redelijk sappige doorsneechardonnay. 13,5%.

AUSTRALIË
LANDENWIJN, AUSTRALIË WIT (LITER) € 3,89

South Eastern Australia. Simpel maar zacht (snoepjes)fruitig. Anderhalf. Geen oogstjaar. 13%.

SUNNY MOUNTAIN, CHARDONNAY 2007 € 2,89

Kunststofbouquet – van gerecyclede vuilniszakken waarschijnlijk. Met inhoud. 13,5%.

WILLOWBANK DE BORTOLI, € 4,39
SÉMILLON CHARDONNAY 2007

Ruikt goed, maar ik mis dit jaar de sjieke sémillon. Eindigt in vulgair snoepjesfruit. Netaan. 13%.

YELLOW TAIL, SOUTH EASTERN AUSTRALIA, € 4,99
CHARDONNAY 2007

Rijp zoet snoepjesachtig, maar wel een bekvol. 13,5%.

CHILI
GAMMA, CASABLANCA VALLEY, CHARDONNAY 2008 € 4,99

Biowijn. Sappig fruitig, al zit hij wel wat heel ruim in de grapefruits. Heel ruim. 14%.

GATO NEGRO, CENTRAL VALLEY, € 4,19
SAUVIGNON BLANC 2008

Fris snoepjesfruit. 13%.

VIÑA MAIPO, VALLE CENTRAL, CHARDONNAY 2007 € 3,89

Schraal fruit, met armetierige zuren. 13%.

FRANKRIJK
Bourgogne

BOURGOGNE CHARDONNAY 2007 € 5,49

Van de coöp te Buxy, sinds jaar en dag vermaard vanwege z'n prima bourgognes zonder poespas. Chardonnay die, ook op dit instapniveau, onmiskenbaar bourgogne is. Sappig, fijn van zuren, verleidelijk. 13%.

CHABLIS 2007 € 8,99

Van de Union des Viticulteurs de Chablis. Keurige sappigfruitige en toch strakke chablis. 12,5%.

Elzas

KASTELBOURG, ALSACE, GEWURZTRAMINER RÉSERVE 2007 € 5,59

Niet de ware, maar beter dan voorheen. Rozengeur en voordeelfruit. 13%.

KASTELBOURG, ALSACE, PINOT BLANC RÉSERVE 2007 € 3,99

Grijzemuizenzachtfruitig. Netaan. 12%.

KASTELBOURG, ALSACE, RIESLING RÉSERVE 2007 € 3,99

Frisfruitig met zuurtjes. 12%.

Loire

TOURAINE SAUVIGNON 2007 € 3,49

Volgens de kleine lettertjes van Jean Sablenay. 2006 was te zacht, 2007 is weer te fris. Die Klei heeft toch altijd wat te zeiken. Netaan.

Vin de pays

HUISWIJN WIT DROOG, VIN DE PAYS DES CÔTES DE GASCOGNE (LITER) € 3,19

Frisfruitig met flink wat zuurtjes. Geen oogstjaar. 11,5%.

WIT FRANKRIJK

HUISWIJN WIT HALFZOET, € 3,19
VIN DE PAYS DES CÔTES DE GASCOGNE (LITER)

Zachtfruitig met een bescheiden zoetje. Geen oogstjaar. Anderhalf. 11,5%.

HUISWIJN WIT ZOET, € 3,19
VIN DE PAYS DES CÔTES DE GASCOGNE (LITER)

Zachtfruitig, vriendelijk zoetig. Geen oogstjaar. Anderhalf. 11,5%.

JEAN LOUIS CEVENNE, VIN DE PAYS € 2,39
DES CÔTES DE GASCOGNE, BLANC DE BLANCS 2006

Chenetkloon van druiven colombard en ugni blanc. Voor z'n leeftijd nog redelijk fris zuurtjesfruit. 12%.

JEAN SABLENAY, VIN DE PAYS DE L'ILE DE BEAUTÉ, € 2,99
CHARDONNAY 2007

Zonnige zachtfruitige chardonnay met wat kruiderij. Heel ruim. Mede door de lage prijs. 13%.

JEAN SABLENAY, VIN DE PAYS DU VIGNOBLE DE FRANCE, € 2,99
SAUVIGNON BLANC 2007

Frisfruitig. Beetje kaal. Netaan. 12%.

SENSAS, VIN DE PAYS DES VIGNOBLES DE FRANCE, € 3,99
SAUVIGNON 2007

Suffe en niet helemaal frisse sauvignon. 11,5%.

Zuidwest

SAINT-MONT CUVÉE SPECIALE, BOISERAIE 2007 € 3,99

Ik zou zelf niet voor ananas hebben gekozen, maar: fruitiger dan het was. 12,5%.

WIT HONGARIJE - SPANJE

HONGARIJE
DUNAVÁR CONNOISSEUR COLLECTION, € 3,49
PINOT BLANC 2007

Ruikt min of meer onschuldig naar snoep, maar pas op de afdronk! 12%.

ITALIË
CANEI, VINO FRIZZANTE € 2,69

Schuimt, zoetig, riekt als een scheef dichtgeknoopte vrijgezel die elke vrijdag opnieuw ontdekt dat het openbare badhuis sinds 1997 een grandcafé is. 8,5%.

MONTALTO, SICILIA, GRECANICO-CHARDONNAY 2007 € 4,79

Vol fruit, kruiden en zomerzon. Heel ruim. 13%.

VENETIO, PROSECCO VENETO FRIZZANTE € 3,99

Schuimt. Niet voor consumptiedoeleinden bedoeld. 10,5%.

VILLA MONDI, SOAVE € 2,89

Karton dat lang in de regen heeft gelegen. Plus het fruit van één eenzame druif. 12%.

SPANJE
CASTILLO DE LAS ALMENAS, VALENCIA, MOSCATEL € 2,99

Rafelrandschroefdop. Muskaatdruivig. Zoet. 15%.

FREIXENET, CORDON NEGRO SECO CAVA € 8,99

Hard en kaal, droppig zoetje. Schuimt. 11,5%.

GRAN ESPAÑOSO CAVA BRUT € 5,60

Was 🚲, is dit jaar behoorlijk wat centen duurder en wat veel erger is, minder goed. Minder fruit, beetje kunstmatig, en een vervelend bittertje. Jammer! 11,5%.

WIT SPANJE - ZUID-AFRIKA

GRAN ESPAÑOSO, CAVA SEMI SECO € 5,60

Dezelfde met een fris zoetje. 11,5%.

ZUID-AFRIKA

BERG SCHADUW, WESTERN CAPE, SAUVIGNON BLANC 2008 € 3,99

Beetje snoepjesachtig, maar wel een sappige sauvignon. Netaan. 12,5%.

DANIE DE WET, ROBERTSON, CHARDONNAY 2008 € 4,29

Armzalig snoepjesfruit. 12,5%.

DANIE DE WET, ROBERTSON, SAUVIGNON BLANC 2008 € 4,29

Zuurballenfruit. 11,5%.

HOOP HUIS, WESTERN CAPE, CHENIN BLANC 2008 € 2,49

Zacht snoepjesfruit. 13,5%.

LANDENWIJN ZUID-AFRIKA WEST-KAAP CHENIN (LITER) € 3,89

Simpel maar zacht frisfruitig. Anderhalf. Geen oogstjaar. 12,5%.

SCHOONDAL, WESTERN CAPE, CAPE WHITE 2008 € 1,99

Fris snoepjesfruit. De citroenen in de afdronk zijn wel erg fris. Half. 11,5%.

ROSÉ

AUSTRALIË
WILLOWBANK, SOUTH EASTERN AUSTRALIA, ROSÉ 2008   € 4,39

Van de firma De Bortoli. Stevig (snoepjes)fruit. Anderhalf. 12,5%.

CHILI
GAMMA, VALLE CENTRAL, SYRAH ROSÉ 2008   € 4,99

Biologische rosé vol stevig rood fruit en pittige kruidigheid. Heel ruim. 14%.

QUÉ MAS ROSÉ 2008   € 2,19

Volbloedige warme bordeauxachtige rosé, rijk aan kleur, geur en smaak, breed opgezet door Bob Ross in zijn betere dagen. Herfstrosé. 13,5%.

VIÑA MAIPO, VALLE CENTRAL, MERLOT ROSÉ 2008   € 3,80

Zuurtjesfruit. Bijtzuren. 12,5%.

EUROPA
JEAN LOUIS CEVENNE, ROSÉ   € 2,69

Jean Louis oogst waar het hem uitkomt. Spanje, Frankrijk, of, zoals nu weer, in de afvoerputjes van de Europese wijnplas. Lichtschimmelig zuurtjesfruit vind je daar. Geen oogstjaar. 12,5%.

FRANKRIJK
CHAMPAGNE DE MONTPERVIER, ROSÉ BRUT   € 16,99

Ernstig, natuurlijk, roze én belletjes, maar alleszins drinkbaar. 12%.

ROSÉ FRANKRIJK - SPANJE

HUISWIJN ROSÉ HALFZOET, € 3,19
VIN DE PAYS DU COMTÉ TOLOSAN (LITER)

 Friszoet, vrolijk, beet. Gezellig mollig. Geen oogstjaar. 12%.

HUISWIJN ROSÉ, € 3,19
VIN DE PAYS DU COMTÉ TOLOSAN (LITER)

 Betrouwbaar, maar niet saai. Lekker en vol sappig rood fruit. Geen oogstjaar. 12%.

JEAN SABLENAY, VIN DE PAYS DU VAL DE LOIRE, € 2,99
CABERNET FRANC ROSÉ 2007

Goed van geur, je ruikt zelfs wat cabernet franc, maar helaas snoepjesachtig zoet in de mond. 11%.

SAINT-MONT CUVÉE SPECIALE, BOISERAIE 2007 € 3,99

Fruitig, kruidig op zeer basaal niveau. 12,5%.

ITALIË

CANEI, VINO FRIZZANTE € 2,69

Schuimt als een dolle hond, smaakt wat zoet, riekt naar velpon, kots en iemand die principieel tegen haarwassen is. 8,5%.

MONTALTO, SICILIA, NERO D'AVOLA ROSATO 2007 € 3,99

Breedgeschouderd van kleur, geur en smaak, tevens invoelend en begrijpend en vol fruit. 13%.

VENETIO, RABOSO, ROSATO MARCA TREVIGIANA € 3,99

Maar: Canei is nog erger! 11%.

SPANJE
BIANTE, CAMPO DE BORJA, ROSADO 2007 € 2,39

Van druif garnacha. Vol rijp en zacht kersenfruit. Heel ruim. 13,5%.

ROSÉ SPANJE - ZUID-AFRIKA

GRAN ESPAÑOSO CAVA BRUT ROSADO € 5,60

Ook deze roze cava is minder dan vorig jaar, smaakt ook een beetje plasticachtig. 11,5%.

TESORO, BULLAS, MONASTRELL ROSADO 2007 € 2,99

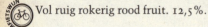 Vol ruig rokerig rood fruit. 12,5%.

VEGA LIBRE, UTIEL-REQUENA 2006 € 1,99

Rosado van puur bobal, zie de rode Vega Libre. Nog steeds fruitig, maar op leeftijd, vermoeid. Niet meer ruim, niet meer het omfietsen waard. We kijken uit naar de 2007. Of 2008, al naar gelang wanneer u dit leest. Onbegrijpelijk: zo goedkoop en lekker, en u laat het stomweg staan! 12%.

ZUID-AFRIKA

BERG SCHADUW, WESTERN CAPE, PINOTAGE ROSÉ 2008 € 3,89

Zuurtjesfruit. 13,5%.

DANIE DE WET, ROBERTSON, ROSÉ 2008 € 4,29

Zachtfruitig. 14%.

ELANDSBERG, ROBERTSON, ROSÉ 2008 € 3,99

Fruitig, maar wat sombertjes. Anderhalf.

HOOP HUIS, ROSÉ 2008 € 2,69

Zacht snoepjesfruit. 14%.

LANDENWIJN ZUID-AFRIKA, WEST-KAAP, PINOTAGE ROSÉ (LITER) € 3,89

Vol stevig (snoepjes)fruit. Anderhalf. 14%.

SCHOONDAL, CAPE ROSÉ 2008 € 1,99

Niet helemaal schoongewassen snoepjesdruif. 12%.

ROOD ARGENTINIË - CHILI

ROOD

ARGENTINIË
GRAFFIGNA, SAN JUAN, MALBEC 2007　　　　　€ 3,99

Donker fruit, bordeauxachtige strengheid. 13,5%.

TANGO DUO, RED WINE　　　　　€ 2,49

Meer drop dan fruit. Geen oogstjaar, maar proeffles was de 2008. 12,5%.

AUSTRALIË
LANDENWIJN, DRY RED AUSTRALIË,　　　　　€ 3,89
SOEPEL EN FRUITIG (LITER)

Onbestemd fruitig, wat droppig. Anderhalf. 13,5%.

SUNNY MOUNTAIN, SOUTH EAST AUSTRALIA, DRY RED　　€ 2,89

Zachtfruitig. Dun. Netaan. Geen oogstjaar. 13,5%.

WILLOWBANK, SOUTH EASTERN AUSTRALIA,　　€ 4,39
SHIRAZ CABERNET 2007

Zacht donker fruit. Nogal droppig. 13,5%.

YELLOW TAIL, MERLOT 2007　　　　　€ 4,99

Overbloezend rijp fruit, doorzakbankleer, cacao. Soepele allemansvriend. 13,5%.

CHILI
GAMMA, RAPEL VALLEY, MERLOT 2007　　　　€ 4,99

Charmante, lichtvoetige biomerlot vol vrolijk fruit. 14,5%.

GATO NEGRO, CABERNET SAUVIGNON 2007　　　€ 4,25

Vriendelijk, zachtfruitig. Weinig pit, vergeleken met de 2006. 13,5%.

ROOD CHILI - FRANKRIJK

GATO NEGRO, CENTRAL VALLEY, MERLOT 2007 € 4,19

Soepel zachtfruitig. 13,5%.

INDOMITA RESERVA, MAIPO VALLEY, € 4,99
CABERNET SAUVIGNON 2006

Bekvol keurig donker fruit. Heel ruim. 14,5%.

INDOMITA VARIETAL, MAIPO VALLEY, € 3,85
CABERNET SAUVIGNON 2007

Vol rijp en sappig cabernetfruit, dat zoals u weet aan zwarte bessen doet denken. 14%.

LANDENWIJN CHILI ROOD, CENTRAL VALLEY, € 3,89
CABERNET SAUVIGNON 2007 (LITER)

Slanke cabernet met donker fruit en bescheiden tannine. Heel ruim. 14%.

QUÉ MAS, CENTRAL VALLEY, CABERNET MERLOT 2007 € 2,19

Simpele maar sappige elegante 'bordeaux' uit Chili. Prima. Geen geld. Lekker lelijk etiket ook. 14%.

VIÑA MAIPO, VALLE CENTRAL, CARMENÈRE 2007 € 3,89

Niks carmenère. Dropwijn! 13%.

FRANKRIJK
Beaujolais
BEAUJOLAIS-VILLAGES 2007 € 3,99

Van de *Cave des Vignerons de Bel Air*. Zuurtjesfruitig. 12,5%.

Bordeaux
CHÂTEAU DAVID, BEAULIEU, € 3,99
BORDEAUX SUPERIEUR 2006

Ook dit jaar weer: deftige bordeaux met lekker veel bessenfruit. 13%.

ROOD FRANKRIJK

CHÂTEAU PESSANGE, MÉDOC 2007 € 4,99

Goedgemanierde bordeaux volgens de boekjes. Sappig bessenfruit, laurier, elegant. Beetje streng en zo hoort dat ook. 12%.

CHÂTEAU ROC DE LUSSAC, LUSSAC SAINT-ÉMILION 2007 € 5,99

Aanbevolen door Giovanna Thomas, beste jonge sommelière van Frankrijk in 2001. Giovanna heeft een wat morbide smaak. Hooguit schenken als de Addams family komt eten. 13%.

Bourgogne
BOURGOGNE PINOT NOIR VIEILLES VIGNES 2007 € 5,69

Van de verenigde wijnboeren uit Buxy. Naast zeer serieuze bourgognes geproefd, waarna deze vrolijk de avond won. Sappig fruit, echt pinot, echt bourgogne. Licht, helder, subtiel. Koelen. 13%.

Languedoc-Roussillon
LES BARRES, SAINT-CHINIAN 2007 € 2,99

Vriendelijk fruitig. 13,5%.

Vin de pays
HUISWIJN ROOD, VIN DE PAYS DE L'AUDE, € 2,99
FRUITIG EN SOEPEL (LITER)

Zo fruitig als een onrijpe braam. 12,5%.

J.P. CHENET, VIN DE PAYS D'OC, CABERNET-SYRAH 2007 € 3,09

Rond en rijp. 14(!)% dan ook. Dat voel je helaas een beetje branden. Anderhalf. 14%.

JEAN LOUIS CEVENNE, VIN DE PAYS D'OC, € 2,69
CABERNET-SYRAH 2007

Kaal, dropjesachtig. Krap. 13,5%.

ROOD FRANKRIJK

JEAN SABLENAY, VIN DE PAYS D'OC, € 2,99
CABERNET SAUVIGNON 2007

Sappig donker fruit. Fiks wat tannine. 13,5%.

JEAN SABLENAY, VIN DE PAYS D'OC, MERLOT 2007 € 2,99

Vriendelijk fruitig. Piets droppig. 13,5%.

JEAN SABLENAY, VIN DE PAYS D'OC, SYRAH 2007 € 2,99

Vol stoer en sappig fruit. Heel ruim. Mede door de lage prijs 🚲. 13%.

LANDENWIJN FRANKRIJK ROOD, € 3,59
VIN DE PAYS DU COMTÉ TOLOSAN (LITER)

Wat somber donker fruit. Geen oogstjaar. 12%.

MERLOT, VIN DE PAYS D'OC 2007 € 2,19

Van de Celliers de l'Iliade. Fruitig, droppig. 13%.

SENSAS, VIN DE PAYS D'OC, CABERNET-SYRAH 2007 € 3,99

Kale cabernet. 13%.

Zuidwest

BUZET, MERLOT CABERNET 2007 € 3,99

Er zijn nogal wat buzets. Deze heeft een schroefdop, en een mooi etiketje uit 1953. Cabernet blijkt voor beide cabernets te staan, sauvignon en de franc, de stijl is bordeaux. Sappig fruitig zowaar dit jaar! Nog nooit meegemaakt bij Buzet. 12,5%.

SAINT-MONT CUVÉE SPECIALE, BOISERAIE 2006 € 3,99

Wat meer fruit, minder stoffige kruiden dan weleer. 13%.

ROOD ITALIË - SPANJE

ITALIË

MONTALTO, SICILIA, NERO D'AVOLA 2007 € 4,79

Slanker dan de 2006, en dat doet 'm goed. Vol sappig donker fruit. 13,5%.

SENSI, CHIANTI 2007 € 3,99

Zurig fruit. Drinken bij verpieterde pizza. 12,5%.

VILLA MONDI, BARDOLINO 2007 € 2,89

Aangebrand fruit, waterig. 12%.

SPANJE

BIANTE, CAMPO DE BORJA, TINTO 2007 € 2,39

Smaakt zoals je hoopt dat beaujolais smaakt. Barstensvol vrolijk kersenfruit. Gratis. Kopen. Koelen. 13,5%.

CASTILLO DE PASTORES, VALDEPEÑAS CRIANZA 2004 € 3,49

Fruit en hout, kaal en wrang. 13%.

CASTILLO DE PASTORES, V € 5,59
ALDEPEÑAS GRAN RESERVA 2001

Saaie plankjesreserva. Wel met wat fruit. Beetje wrang. Anderhalf. 13%.

CASTILLO DE PASTORES, VALDEPEÑAS RESERVA 2003 € 3,99

Saaie plankjesreserva. Wel met wat fruit. Wrang droog end. 13%.

ESTOLA, LA MANCHA, RESERVA 2004 € 3,99

De eeuwige reserva, al talloze jaren ieder oogstjaar hetzelfde: een kistje wat wee fruit. Ruim.

FINCA DE LABARCA, RIOJA CRIANZA 2005 € 4,99

Ouderwetse hout-en-vanillerioja. Niet de sjiekste. Anderhalf. 14%.

ROOD SPANJE

FINCA DE LABARCA, RIOJA JOVEN 2007 €3,39

Schimmelig. 13%.

FREIXENET, ASH TREE ESTATE, €3,99 🍷🍷
VINO DE LA TIERRA DE CASTILLA, SHIRAZ MONASTRELL 2006

Somber donker fruit. 13,5%.

HUISWIJN TINTO SPANJE (LITER) €3,59 🍷🍷

Tempranillo uit Valencia. Zonnig zachtfruitig. Ruim 🍷🍷. Geen oogstjaar. 13,5%.

MARQUÉS DE ALMONACID, CARIÑENA 2007 €2,99 🍷🍷🍷

🚲 Sappig kersenfruit, beetje cacao, minder uitbundig vrolijk dan vorige jaren, maar ook serieuzer nog een plezier. Mede door de lage prijs 🚲. 13%.

MARQUÉS DE ALMONACID, CARIÑENA, CRIANZA 2005 €3,69 🍷🍷🍷

🚲 Sappig kersenfruit, vrolijke specerijen, smeuïge cacao, breedgezaagd eikenhout. Het verschil met andere crianza's? Fruitfruitfruit. Heel ruim 🍷🍷🍷. 13,5%.

TESORO, BULLAS, MONASTRELL TINTO 2007 €2,99 🍷🍷🍷

🚲 Murcia, Zuidoost-Spanje. Druif: de hartverwarmende monastrell. Donkerder fruit dan de 2006, meer tannine ook, extra cacao en specerijen dit jaar. Wat stoerder kortom, maar net zo spannend en lekker. Heel ruim 🍷🍷🍷. 13,5%.

VEGA LIBRE, UTIEL-REQUENA 2007 €1,99 🍷🍷

Rood fruit en wat specerijen, vriendelijk, sappig, maar helaas niet de charme van de 2006 die vorig jaar het omfietsen waard was. Desalniettemin prima voor zo weinig geld. Koelen is een goed idee. 12%.

ROOD VERENIGDE STATEN - ZUID-AFRIKA

VERENIGDE STATEN

HILLS OF CALIFORNIA, CABERNET SAUVIGNON 2006 € 2,39

Winegums en drop, maar ook echt fruit. 13%.

ZUID-AFRIKA

BERG SCHADUW, RUBY CABERNET/CINSAUT 2007 € 3,89

Sappig rood fruit. Met een vleug remsporenbouquet, dat wel. 13%.

DANIE DE WET, ROBERTSON, € 4,29
CABERNET SAUVIGNON/MERLOT 2005

De familie De Wet maakt hier al wijn sinds 1698. Armzalig resultaat voor drie eeuwen ervaring. Donker fruit met bittere remsporenafdronk. 14%.

DANIE DE WET, ROBERTSON, PINOTAGE 2006 € 4,29

Pinotage ligt ze beter. Rijp donker fruit. 14,5%.

ELANDSBERG, ROBERTSON, MERLOT 2007 € 4,79

Stoere, heel aardse merlot met veel rijp donker fruit. Ruim. 14%.

ELANDSBERG, ROBERTSON, PINOTAGE 2007 € 4,79

Vriendelijke pinotage vol rood fruit. Ruim. 14%.

HOOP HUIS, WESTERN CAPE, DROË ROOI 2007 € 2,79

Simpel, maar sappig fruitig. Stuk beter dan het was. Geen geld. 14%.

LANDENWIJN ZUID-AFRIKA (LITER) € 3,89

Stevig donker fruit, aards. Anderhalf. Geen oogstjaar. 14%.

ROOD ZUID-AFRIKA

SCHOONDAL, WESTERN CAPE, CAPE RED 2007 € 1,99

Ze worden zeldzaam, maar ze zijn er nog, de wijnen met die ouwerwetsche authentiek Zuid-Afrikaanse smaak van een schimmelige regenjas! 13,5%.

DE BESTE WIJNEN VAN JAN LINDERS

Wit

1	**Bourgogne chardonnay 2007** Frankrijk - Bourgogne	€ 5,49	
2	**Chablis 2007** Frankrijk - Bourgogne	€ 8,99	
3	**Jean Sablenay, vin de pays de l'ile de beauté, chardonnay 2007** Frankrijk - Vin de pays	€ 2,99	
4	**Castillo de las Almenas, valencia, moscatel** Spanje	€ 2,99	
5	**Jean Sablenay, vin de pays du vignoble de france, sauvignon blanc 2007** Frankrijk - Vin de pays	€ 2,99	

Rosé

1	**Qué Mas rosé 2008** Chili	€ 2,19	
2	**Biante, campo de borja, rosado 2007** Spanje	€ 2,39	
3	**Tesoro, bullas, monastrell rosado 2007** Spanje	€ 2,99	
4	**Huiswijn rosé halfzoet, vin de pays du comté tolosan (liter)** Frankrijk	€ 3,19	
5	**Huiswijn rosé, vin de pays du comté tolosan (liter)** Frankrijk	€ 3,19	

Rood

1	**Bourgogne pinot noir vieilles vignes 2007** Frankrijk - Bourgogne	€ 5,69	
2	**Biante, campo de borja, tinto 2007** Spanje	€ 2,39	
3	**Qué Mas, central valley, cabernet merlot 2007** Chili	€ 2,19	
4	**Marqués de Almonacid, cariñena 2007** Spanje	€ 2,99	
5	**Tesoro, bullas, monastrell tinto 2007** Spanje	€ 2,99	

JUMBO

▷ Spreiding: landelijk
▷ Aantal filialen: 118
▷ Marktaandeel: 4,4%
▷ Voor meer informatie: 0413 - 38 02 00
of www.jumbosupermarkten.nl

Er zijn 244 wijnen geproefd, waarvan:
▷ Wit   82
▷ Rosé   37
▷ Rood 125

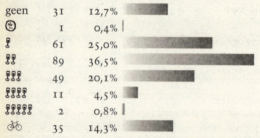

geen	31	12,7%
☻	1	0,4%
♀	61	25,0%
♀♀	89	36,5%
♀♀♀	49	20,1%
♀♀♀♀	11	4,5%
♀♀♀♀♀	2	0,8%
🚲	35	14,3%

Waardering in aantal wijnen en als percentage van het assortiment

WIT

ARGENTINIË
FUZION, MENDOZA, CHENIN-CHARDONNAY 2008 € 3,99

Van de familie Zuccardi, die op het achteretiket vertelt dat ze hun werknemers niet uitbuiten. Da's mooi van ze, hoewel zakelijk gezien natuurlijk niet zo kien. Ze maken ook biologische wijnen, die te koop zijn bij De Natuurwinkel (zie vanaf pagina 521). Prima wijnen. Deze, van zeventig procent chenin blanc en verder chardonnay, is vriendelijk zachtfruitig, minder strak dan de 2007. Ruim ♢♢. 13%.

GATO NEGRO, MENDOZA, BRUT € 7,69

Snoepjesfruitschuimwijn. Anderhalf ♢. 12,5%.

INCA, TORRONTÉS CHARDONNAY 2007 € 4,75

Dit jaar wel heel erg indringend, die muskaatgeur van de torrontés. Uitgesproken wijn: liefhebbers van de droge muscats uit de Elzas zullen er mee weglopen, anderen zullen er voor weglopen. Zelf de proeffles steeds weer achter aan de rij gezet tot ik het niet meer kon uitstellen. Ik mag het dan niet lekker vinden, het is karakteristieke torrontés en de wijn zit goed in elkaar dus: heel ruim ♢♢. 13%.

INTIS, SAN JUAN, SAUVIGNON BLANC 2008 € 3,15

Zuurtjesfruit. 13%.

AUSTRALIË
HARDY'S VARIETAL RANGE, € 4,49
SOUTH EASTERN AUSTRALIA, CHARDONNAY 2007

Sappig fruit, maar riekt ook enigszins naar teenslippers. Ruim ♢. 13,5%.

WIT AUSTRALIË

HARDYS NOTTAGE HILL, € 6,39
SOUTH AUSTRALIA, CHARDONNAY 2007

Zachtfruitig met plastic bouquet. Anderhalf. 13,5%.

HARDYS SAILING, SOUTH EASTERN AUSTRALIA, € 3,99
COLOMBARD CHARDONNAY 2006

'A Hardys family member is never far away from a sail boat.'
Riekt naar een plastic speelgoedbootje. 12%.

HARDYS STAMP OF AUSTRALIA, € 8,49
SOUTH EASTERN AUSTRALIA, PINOT NOIR-CHARDONNAY,
AUSTRALIAN SPARKLING WINE 2006

Brave belletjeswijn vol zacht fruit. 11,5%.

HARDYS STAMP OF AUSTRALIA, SOUTH EASTERN € 5,25
AUSTRALIA, RIESLING GEWURZTRAMINER 2007

Zuurballensop van een kouwe kermis. 11,5%.

HARDYS STAMP OF AUSTRALIA, € 5,25
SOUTH EASTERN AUSTRALIA, SEMILLON SAUVIGNON BLANC 2007

Zachtfruitig met iets frissigs van de sauvignon. Niet bepaald een eenheid geworden, de twee druiven. 12,5%.

HUISWIJN, AUSTRALIË WIT (LITER) € 3,75

South Eastern Australia. Simpel maar zacht (snoepjes)fruitig. Anderhalf. Geen oogstjaar. 13%.

SUNNY MOUNTAIN, CHARDONNAY 2007 € 2,59

Kunststofbouquet – van gerecyclede vuilniszakken waarschijnlijk. Met inhoud. 13,5%.

WILDERNESS VALLEY DRY WHITE, € 3,99
SOUTH EASTERN AUSTRALIA, VERDELHO

Fruitig, licht kruidig, heel zacht en mild. Verdelho is een Portugese druif, alleen zijn de druivenprofessoren er niet zeker

WIT AUSTRALIË - CHILI

van of de Australische verdelho echt verdelho is, of alleen maar per abuis zo genoemd is. Heel ruim 🍷🍷. Mede door de prijs 🚲. Geen oogstjaar. 13,5%.

WILDERNESS VALLEY SEMILLON € 3,99 🍷🍷
CHARDONNAY AUSTRALIË
Zachtfruitig.

YELLOW TAIL, SOUTH EASTERN AUSTRALIA, € 4,99 🍷🍷
CHARDONNAY 2007
Rijp zoet snoepjesachtig, maar wel een bekvol. 13,5%.

CHILI
GAMMA, CASABLANCA VALLEY, CHARDONNAY 2008 € 4,99 🍷🍷
Biowijn. Sappig fruitig, al zit hij wel wat heel ruim in de grapefruits. Heel ruim 🍷🍷. 14%.

GATO NEGRO, CENTRAL VALLEY, € 4,19 🍷
SAUVIGNON BLANC 2008
Fris snoepjesfruit. 13%.

HUISWIJN CHILI WIT, CENTRAL VALLEY, € 3,75
SAUVIGNON BLANC 2007 (LITER)
Beetje kunstmatig, maar frisfruitig. Anderhalf 🍷. 13,5%.

INDOMITA VARIETAL, CENTRAL VALLEY, € 3,69 🍷🍷
SAUVIGNON BLANC 2007
Smaakt nou niet bepaald overtuigend naar sauvignon, maar oppassend fruitig. Krap 🍷🍷. 12%.

ISLA NEGRA RESERVA, VALLE CENTRAL, € 4,99 🍷
CHARDONNAY 2007
Zuurtjesfruit. 13%.

WIT CHILI - FRANKRIJK

MONTGRAS MG RESERVA, CHARDONNAY 2007 € 6,79

Keurige sappige chardonnay. Heel ruim. 14,5%.

VIÑA MAIPO, VALLE CENTRAL, CHARDONNAY 2007 € 3,69

Schraal fruit, met armetierige zuren. 13%.

DUITSLAND
MOSELLAND, RIESLING AUSLESE 2006 € 4,99

Zoet. Klein. 8%.

MOSELLAND, RIESLING KABINETT 2007 € 3,79

Zoetig. Klein. 8,5%.

MOSELLAND, RIESLING SPÄTLESE 2006 € 4,29

Zoeterder. Klein. 8,5%.

FRANKRIJK
Bordeaux
CHÂTEAU DU BALLANDREAU, ENTRE-DEUX-MERS 2007 € 4,49

Zuurtjesfruit. 12%.

Bourgogne
CHABLIS 2007 € 8,50

Van de Union des Viticulteurs de Chablis. Keurige sappigfruitige en toch strakke chablis. 12,5%.

LIONEL BRUCK, BOURGOGNE CHARDONNAY 2007 € 6,39

De jaren tachtig zijn voorbij, voorgoed voorbij, en dat is iets waar we nog steeds heel dankbaar voor mogen zijn. Een decennium dat kan worden samengevat in willekeurig welke aflevering van *The A-Team*, waarin vrouwen met *powershoulderjasjes* en een koningspoedelkapsel belaagd worden door schurken met een bril met panoramaruiten, kun je beter verdringen. Toch was het in één opzicht een mooie tijd. Wijn was net zo overzichtelijk als een aflevering van het *A-Team*.

WIT FRANKRIJK

Chardonnay, cab, merlot. Niks geen moeilijke appellations, duidelijkheid! De vreugde duurde maar kort. Met name door wijnneuzen als ik, die blije gelovigen vroegen: 'en van welke chardonnay wordt u zo gelukkig?' 'Uh... zijn er meer dan?' Ja. Net zoveel als er wijnboeren zijn. En als het goed is, smaken ze allemaal anders, omdat goede wijn behalve naar druif ook naar wijngaard ruikt. Zoals deze, die onmiskenbaar uit Bourgogne komt, zo verfijnd en helder. En, dat hebben we dan wel weer aan de jaren tachtig te danken, er staat op dat het een chardonnay is, terwijl je dat vroeger maar diende te weten van bourgogne. 13,5%.

MONTAGNY PREMIER CRU 2007 € 9,75

Van de coöp van Buxy. Sierlijk, sappig, subtiel – en ook domweg lekker fruitig. 13%.

Champagne

DE MONTPERVIER GRANDE RÉSERVE, € 17,99
CHAMPAGNE BRUT

Keurig, zachtfruitig, beschaafd van prijs. Maar champagne, dat was toch van die liederlijke losbandigheid, te drinken uit muiltjes van courtisanes? 12%.

DE MONTPERVIER GRANDE RÉSERVE, € 17,99
CHAMPAGNE DEMI-SEC

Zachtzoet, echt demi dus, met vriendelijk fruit. Moscato d'asti (zie ITALIË WIT bij Appie en Dirk) is lekkerder en goedkoper. 12%.

PIPER-HEIDSIECK, CHAMPAGNE BRUT € 28,49

Correcte lichte champagne. Maar daar kopen we geen champagne voor, om correct te zijn. Weelderige liederlijkheid willen we, schandelijke losbandigheid. 12%.

WIT FRANKRIJK

Elzas

KASTELBOURG, ALSACE, € 5,19
GEWURZTRAMINER RÉSERVE 2007

Niet de ware, maar beter dan voorheen. Rozengeur en voordeelfruit. 13%.

KASTELBOURG, ALSACE, PINOT BLANC RÉSERVE 2007 € 3,89

Grijzemuizenzachtfruitig. Netaan. 12%.

Loire

DOMINIQUE PABIOT, LA TOUR SILEX, € 8,99
POUILLY-FUMÉ 2007

Keurige maar behoorlijk suffe sauvignon. 13%.

Rhône

CLAIRETTE DE DIE TRADITION 'COMTE ARMAND' € 5,69

Van druif muscat, en dat proef je. Vriendelijk friszoet. Heel ruim. 7,5%.

Vin de pays

ESPRIT DE NIJINSKY, VIN DE PAYS D'OC, € 4,99
VIGNELAURE CLASSIC CHARDONNAY 2007

Nijinski is hier geen balletjongen, maar een racepaard, getraind door Vincent O'Brien, u weet wel, de 'grootste racepaardentrainer van de twintigste eeuw', en, hoewel geloof ik alle Ieren O'Brien heten, vast familie van de wijnboer, die David O'Brien heet. Net als de 2006 een sappige chardonnay zonder aanstellerij. Beetje slanker. 13,5%.

GRAND SUD, VIN DE PAYS D'OC, € 3,99
CHARDONNAY 2007 (LITER)

Snoepjesfruit. Heel klein. 13%.

WIT FRANKRIJK

HUISWIJN WIT DROOG, € 3,19 🍷
VIN DE PAYS DES CÔTES DE GASCOGNE (LITER)

Frisfruitig met flink wat zuurtjes. Geen oogstjaar. 11,5%.

HUISWIJN WIT HALFZOET, € 3,19 🍷
VIN DE PAYS DES CÔTES DE GASCOGNE (LITER)

Zachtfruitig met een bescheiden zoetje. Geen oogstjaar.
Anderhalf 🍷. 11,5%.

HUISWIJN WIT ZOET, € 3,19 🍷🍷
VIN DE PAYS DES CÔTES DE GASCOGNE (LITER)

Zachtfruitig, vriendelijk zoetig. Geen oogstjaar. Anderhalf 🍷.
11,5%.

JEAN DU SUD, VIN DE PAYS DE L'ILE DE BEAUTÉ, € 2,99 🍷🍷
CHARDONNAY 2007

Zonnige zachtfruitige chardonnay met wat kruiderij. Heel
ruim 🍷🍷. Mede door de lage prijs 🚲. 13%.

JEAN DU SUD, VIN DE PAYS DU VIGNOBLE DE FRANCE, € 2,99 🍷🍷
SAUVIGNON BLANC 2007

Frisfruitig. Beetje kaal. Netaan 🍷🍷. 12%.

JEAN LOUIS CEVENNE, VIN DE PAYS DES CÔTES € 2,69
DE GASCOGNE, BLANC DE BLANCS 2006

Chenetkloon van druiven colombard en ugni blanc. Voor z'n
leeftijd nog redelijk fris zuurtjesfruit. 12%.

Zuidwest
BOSREDON, BERGERAC SEC 2007 € 4,19 🍷🍷

Fris en sappig fruit. Mooi droog, toch vol van smaak.
Ruim 🍷🍷. 12%.

WIT FRANKRIJK - ITALIË

BOSREDON, MONBAZILLAC 2005 (375 ML) € 4,99

Zoet wit uit Bergerac. Sjiek zoet, dit. Verfijnd, niks plakkerigs, klein bittertje zoals het hoort. Ruim 🍷🍷🍷. Niet duur voor goed zoet. 13,5%.

SAINT-MONT CUVÉE SPECIALE, BOISERAIE 2007 € 3,99

Ik zou zelf niet voor ananas hebben gekozen, maar: fruitiger dan het was. 12,5%.

GRIEKENLAND
CAVINO, SAMOS MUSCAT, LIKEURWIJN € 5,99

Zoet. 15%.

ITALIË
ARALDICA, MOSCATO D'ASTI 2007 € 6,59

Voor voetnoten zie pagina 41 (Albert Heijn). Friszoet, heel zacht. Mist dat veelgevraagde kleine bittertje, daarentegen wel in een designfles waar de buren met hun lawaaichampagne bij de oliebollen niet van terug hebben. Geen 🚲, maar toch, koop maar. U doet er meer mensen plezier mee dan met laffe prosecco of kiloknallerpoepel. Voor wie echt antizoet is nog een fles cava van de Hema en klaar is uw feest. Geen geld en toch reuzegelukkig. 5%.

ARALDICA, PIEMONTE, CORTESE 2007 € 4,39

Sappig fruit, zonnige kruiderij plus een vleug anijs. Richting 🍷🍷🍷. Mist net dat beetje extra voor 🚲, maar zeker aanbevolen. 11,5%.

CANEI, VINO FRIZZANTE € 2,99 ⊕

Schuimt, zoetig, riekt als een scheef dichtgeknoopte vrijgezel die elke vrijdag opnieuw ontdekt dat het openbare badhuis sinds 1997 een grandcafé is. 8,5%.

WIT ITALIË

CASTELTORRE, PINOT GRIGIO DELLE VENEZIE 2007 € 2,99
Fruitig. Helaas wel hard, groen en onrijp fruit. 12%.

DUCALE, VERDICCHIO DEI CASTELLI € 3,29 ♊
DI JESI CLASSICO 2007
Sappig fruitig, zonnig kruidig. Heel ruim ♊. 12%.

FIORELLI, GRAN DESSERT € 3,39
Zoete kwaliteitsbelletjes, aldus het etiket. Grofstoffelijk muskaatschuim, blijkt in de praktijk. Voor als het om de knal gaat. 7%.

MEZZACORONA, TRENTINO, CHARDONNAY 2007 € 5,49 ♀
Zachtfruitig. Anderhalf ♀. 12,5%.

MEZZACORONA, TRENTINO, PINOT GRIGIO 2007 € 4,99 ♀
Wat lichter zachtfruitig. Anderhalf ♀. 12,5%.

MONTALTO, SICILIA, GRECANICO-CHARDONNAY 2007 € 4,99 ♊
Vol fruit, kruiden en zomerzon. Heel ruim ♊. 13%.

SAN SILVESTRO, PIEMONTE, CORTESE, ADELASIA 2007 € 4,49 ♀
Druivig, licht kruidig, vleug anijs. Klinkt niet gek, maar van alles weinig: nogal dunne wijn. Anderhalf ♀. 11,5%.

SERENATA, SICILIA, GRILLO 2007 € 3,99 ♊
Sappig fruit, beetje kruidig. Heel ruim ♊. 13%.

VENETIO, PROSECCO VENETO FRIZZANTE € 3,99
Schuimt. Niet voor consumptiedoeleinden bedoeld. 10,5%.

VILLA MONDI, SOAVE € 2,99
Karton dat lang in de regen heeft gelegen. Plus het fruit van één eenzame druif. 12%.

WIT NIEUW-ZEELAND - SPANJE

NIEUW-ZEELAND

LITTLE GRAZER, PRIVATE BIN, MARLBOROUGH, € 5,49
SAUVIGNON BLANC 2007

Onmiskenbaar Nieuw-Zeelands, fris en met exotisch fruit. Slechts kniesoren als ik neuzelen dat het allemaal wat kunstmatig is. Heel ruim. 13%.

VILLA MARIA, PRIVATE BIN, MARLBOROUGH, € 8,19
SAUVIGNON BLANC 2008

Frisfruitig. Heel ruim. 13%.

OOSTENRIJK

WINZER KREMS, SANDGRUBE 13, € 5,25
GRÜNER VELTLINER 2007

Echt duidelijk is het niet, maar dit is een iets andere dan die bij Gall te koop is, al komt het uiteindelijk wel op hetzelfde neer. Frisfruitig, beetje kruidig, zuurtjes in de afdronk. Anderhalf. 12,5%.

PORTUGAL

PORCA DE MURÇA, DOURO BRANCO 2007 € 4,25

Ruikt wat vlak, maar smaakt naar sappig fruit met een vleug specerijen. En proef hun rood! 12,5%.

SPANJE

CASTILLO DE LAS ALMENAS, VALENCIA, MOSCATEL € 3,19

Rafelrandschroefdop. Muskaatdruivig. Zoet. 15%.

CASTILO DE AINZÓN, VINO DE MESA BLANCO 2007 € 2,49

Vrolijk sappig zachtfruitig. Heel ruim. Proef hun rosé en rood! 12,5%.

WIT SPANJE - ZUID-AFRIKA

CONDADO REAL, € 3,69
VINO DE LA TIERRA CASTILLA Y LEÓN, VERDEJO-VIURA 2007

Zachtfruitig, beetje kruidig, nogal mat. Anderhalf 🍷. Voor de druivensoorten, zie pagina 43, 44. 12%.

GRAN ESPAÑOSO CAVA BRUT € 5,69

Was 🍷🍷🍷 🚲, is dit jaar behoorlijk wat centen duurder en wat veel erger is, minder goed. Minder fruit, beetje kunstmatig, en een vervelend bittertje. Jammer! 11,5%.

GRAN ESPAÑOSO, CAVA SEMI SECO € 5,69

Dezelfde met een fris zoetje. 11,5%.

VAL DE UGA, SOMONTANO, CHARDONNAY 2007 € 4,69

Sappig fruitig zonder aanstellerij. Heel ruim 🍷🍷. 13%.

ZUID-AFRIKA

BERG SCHADUW, WESTERN CAPE, € 3,79
SAUVIGNON BLANC 2008

Beetje snoepjesachtig, maar wel een sappige sauvignon. Netaan 🍷🍷. 12,5%.

BRADGATE, STELLENBOSCH, € 5,99
CHENIN BLANC SAUVIGNON BLANC 2007

Onrijp groen fruit. Erg frisfruitig dus. 13,5%.

BURGERSHOF, ROBERTSON, CHARDONNAY 2008 € 4,65

Zachtfruitig.

BURGERSHOF, ROBERTSON, CHENIN BLANC 2007 € 4,19

Jaartje ouder dan z'n kompanen, maar fit en vief en pittigfruitig. 12,5%.

WIT ZUID-AFRIKA

BURGERSHOF, ROBERTSON, SAUVIGNON BLANC 2008 € 4,65

Vriendelijker frisfruitig dan de assertieve 2007. Heel ruim.

DANIE DE WET, ROBERTSON, CHARDONNAY 2008 € 3,99

Armzalig snoepjesfruit. 12,5%.

EAGLE CREST, CHENIN BLANC € 5,25
CHARDONNAY VIOGNIER 2008

Zachtfruitig. 14%.

HOOP HUIS, WESTERN CAPE, CHENIN BLANC 2008 € 2,75

Zacht snoepjesfruit. 13,5%.

HUISWIJN ZUID-AFRIKA WEST-KAAP CHENIN (LITER) € 3,75

Simpel maar zacht frisfruitig. Anderhalf. Geen oogstjaar. 12,5%.

NEDERBURG LYRIC, WESTERN CAPE, € 5,25
SAUVIGNON BLANC-CHENIN BLANC-CHARDONNAY 2008

Zachtfruitig, kruidig. 11%.

SCHOONDAL, WESTERN CAPE, CAPE WHITE 2008 € 1,99

Fris snoepjesfruit. De citroenen in de afdronk zijn wel erg fris. Half. 11,5%.

ROSÉ ARGENTINIË - CHILI

ROSÉ

ARGENTINIË

FUZION, MENDOZA, SHIRAZ ROSÉ 2008 € 3,99

Vol sappig rood fruit. 13,5%.

INCA, CALCHAGUI VALLEY, MALBEC ROSADO 2006 € 4,75

Stoer en stevig donker fruit en ja, helaas pindakaas ook beetje zoetig, maar houdt zich kranig. Afgezien van dat zoetige prima, voor een rosé op leeftijd. 13,5%.

AUSTRALIË

HARDYS STAMP OF AUSTRALIA, € 5,25
SOUTH EASTERN AUSTRALIA, GRENACHE SHIRAZ ROSÉ 2007

Zoetig snoepjesfruit. 12%.

HARDYS VARIETAL RANGE, € 4,49
SOUTH EASTERN AUSTRALIA, ROSÉ 2007

Zacht (snoepjes)fruit. Anderhalf. 12%.

CHILI

GAMMA, VALLE CENTRAL, SYRAH ROSÉ 2008 € 4,99

Biologische rosé vol stevig rood fruit en pittige kruidigheid. Heel ruim. 14%.

GATO NEGRO, CENTRAL VALLEY, € 3,99
CABERNET MERLOT ROSÉ 2007

Vol stevig (snoepjes)fruit. Netaan. 13%.

QUÉ MAS ROSÉ 2008 € 2,29

Volbloedige warme bordeauxachtige rosé, rijk aan kleur, geur en smaak, breed opgezet door Bob Ross in zijn betere dagen. Herfstrosé. 13,5%.

ROSÉ CHILI - FRANKRIJK

VIÑA MAIPO, VALLE CENTRAL, MERLOT ROSÉ 2008 € 3,69

Zuurtjesfruit. Bijtzuren. 12,5%.

DUITSLAND
MOSELLAND, PINOT NOIR ROSÉ 2007 € 4,29

De 2006 had wat zoetig fruit, maar meurde helaas naar zweetsokken van iemand die slechts één paar bezit, deze 2007 baadt z'n voeten wekelijks in limonade. Vooruitgang is betrekkelijk. 12%.

FRANKRIJK
BOSREDON, BERGERAC ROSÉ 2007 € 4,19

Beschaafde, goed strakke rosé met veel rood fruit. 12,5%.

CHAMPAGNE DE MONTPERVIER, ROSÉ BRUT € 19,49

Ernstig, natuurlijk, roze én belletjes, maar alleszins drinkbaar. 12%.

ESPRIT DE NIJINSKY, VIN DE PAYS DES € 4,99
COTEAUX DU VERDON, VIGNELAURE CLASSIC ROSÉ 2007

Zie bij rood de geschiedenis van Vignelaure. Dit is nog niet de vignelaurerosé van ooit, maar de kleur is alvast goed. Smaakt net zo slank en verfijnd als hij eruitziet. Op de goede weg naar de wonderbare wederopstanding, kortom. 12,5%.

GRAND SUD, VIN DE PAYS D'OC, € 3,99
MERLOT ROSÉ 2007 (LITER)

Onbestemde dunne droppige roze merlot. Netaan. 12%.

HUISWIJN ROSÉ HALFZOET, € 3,25
VIN DE PAYS DU COMTÉ TOLOSAN (LITER)

Friszoet, vrolijk, beet. Gezellig mollig. Geen oogstjaar. 12%.

ROSÉ FRANKRIJK - ITALIË

HUISWIJN ROSÉ, € 3,15
VIN DE PAYS DU COMTÉ TOLOSAN (LITER)

 Betrouwbaar, maar niet saai. Lekker en vol sappig rood fruit. Geen oogstjaar. 12%.

JEAN DU SUD, VIN DE PAYS DU VAL € 2,99
DE LOIRE, CABERNET FRANC ROSÉ 2007

Goed van geur, je ruikt zelfs wat cabernet franc, maar helaas snoepjesachtig zoet in de mond. 11%.

LA CHASSE DU PAPE, VIN DE PAYS D'OC, € 4,99
SYRAH ROSÉ 2007

Riekt een beetje naar koeienvlaai, maar heeft ook wat afgedankt fruit in de aanbieding. 12,5%.

LES MASTELS, COTEAUX DU LANGUEDOC, € 4,49
SAINT SATURNIN 2007

Lichtkruidig, sappigfruitig. Helaas ook iets snoepjesachtig. Heel ruim. 13%.

PIPER-HEIDSIECK, CHAMPAGNE BRUT ROSÉ SAUVAGE € 32,49

Rosé? Eerder lichtrood! Mooi rood fruit, goed strak in de zuren. Heel ruim. 12%.

ITALIË

CORTE OLIVI, CHIARETTO BARDOLINO CLASSICO 2007 € 4,65

Licht, vrolijk, vol sappig rood fruit. Heel ruim. 12%.

MEZZACORONA, TRENTINO, LAGREIN ROSATO 2007 € 4,99

Fruitig, maar wat stug. Anderhalf. 12,5%.

VENETIO, RABOSO, ROSATO MARCA TREVIGIANA € 3,99

Maar: Canei is nog erger! 11%.

SPANJE

BIANTE, CAMPO DE BORJA, ROSADO 2007 € 2,49

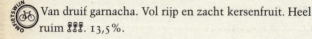Van druif garnacha. Vol rijp en zacht kersenfruit. Heel ruim. 13,5%.

CASTILO DE AINZÓN, CAMPO DE BORJA, € 2,49
OLD VINE GARNACHA ROSADO 2007

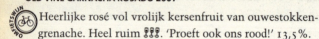Heerlijke rosé vol vrolijk kersenfruit van ouwestokken-grenache. Heel ruim. 'Proeft ook ons rood!' 13,5%.

CONDADO REAL, VINO DE LA TIERRA € 3,69
CASTILLA Y LEÓN, ROSADO 2007

Vriendelijk zachtfruitig. 13%.

GRAN ESPAÑOSO CAVA BRUT ROSADO € 5,69

Ook deze roze cava is minder dan vorig jaar, smaakt ook een beetje plasticachtig. 11,5%.

TESORO, BULLAS, MONASTRELL ROSADO 2007 € 2,69

Vol ruig rokerig rood fruit. 12,5%.

VAL DE UGA, SOMONTANO ROSADO 2007 € 4,69

Van tempranillo en cabernet sauvignon. Sappig, vrolijk, lang, zuiver en elegant. Heel ruim. 13,5%.

VEGA LIBRE, UTIEL-REQUENA 2006 € 1,99

Rosado van puur bobal, zie de rode Vega Libre. Nog steeds fruitig, maar op leeftijd, vermoeid. Niet meer ruim, niet meer het omfietsen waard. We kijken uit naar de 2007. Of 2008, al naar gelang wanneer u dit leest. Onbegrijpelijk: zo goedkoop en lekker, en u laat het stomweg staan! 12%.

ROSÉ VERENIGDE STATEN - ZUID-AFRIKA

VERENIGDE STATEN

ERNEST & JULIO GALLO FAMILY TURNING LEAF, € 5,99
CALIFORNIA SHIRAZ ROSÉ 2007

Riekt naar een doodgereden snoepje. 13%.

ERNEST & JULIO GALLO FAMILY, € 4,89
CALIFORNIA DRY ROSÉ, SHIRAZ 2007

'*Crisp and dry*' volgens het etiket. Je wilt er toch niet aan denken hoe iets dan smaakt wat volgens hén smaakt als de huiswijn van Jamin. 13%.

ZUID-AFRIKA

BERG SCHADUW, WESTERN CAPE, PINOTAGE ROSÉ 2008 € 3,79

Zuurtjesfruit. 13,5%.

BURGERSHOF, ROBERTSON, € 4,19
CABERNET SAUVIGNON ROSÉ 2008

Vol sappig fruit.

HOOP HUIS, ROSÉ 2008 € 2,75

Zacht snoepjesfruit. 14%.

LANDENWIJN ZUID-AFRIKA, € 3,75
WEST-KAAP, PINOTAGE ROSÉ (LITER)

Vol stevig (snoepjes)fruit. Anderhalf ☕. 14%.

NEDERBURG, WESTERN CAPE, ROSÉ 2007 € 5,25

Hoeft eigenlijk niet besproken, want zit in een fles waar geen weldenkend mens – en dat bent u toch allemaal, lieve lezers? – mee gezien wil worden, maar vooruit, volledigheidshalve. (Snoepjes)fruitig. 12%.

SCHOONDAL, CAPE ROSÉ 2008 € 1,99

Niet helemaal schoongewassen snoepjesdruif. 12%.

ROOD

ARGENTINIË

FUZION, MENDOZA, SHIRAZ CABERNET 2007 € 3,99

Van zeventig procent shiraz, verder cabernet sauvignon. Donker fruit met wat stoers van de shiraz. 13,5%.

FUZION, MENDOZA, TEMPRANILLO-MALBEC 2007 € 3,99

Van iets dat zich Fuzion, laat staan fuZion noemt, verwacht je het ergste, maar kijkaan: ook deze van zeventig procent tempranillo – rood fruit, specerijen – en verder malbec – rokerig, leer – is prima. 13%.

INCA, BARBERA MERLOT 2006 € 4,99

Meer keurige merlot dan vrolijke barbera. Krap. 13,5%.

INCA, CABERNET MALBEC 2006 € 5,99

Keurige malbec, wat wil zeggen dat het smaakt als breedgeschouderde merlot. 13,5%.

INTIS, SAN JUAN, MALBEC 2007 € 3,15

Niet bijster intelligente, maar vriendelijk fruitige malbec. Donker fruit, wat leer. Netaan. 13%.

TANGO DUO, RED WINE € 2,39

Meer drop dan fruit. Geen oogstjaar, maar proeffles was de 2008. 12,5%.

AUSTRALIË

HARDYS NOTTAGE HILL, CABERNET SHIRAZ 2006 € 6,39

Sappig donker fruit. 14%.

HARDYS STAMP OF AUSTRALIA, € 5,25
SOUTH EASTERN AUSTRALIA, CABERNET MERLOT 2007

Reuzesaai, maar vol rijp donker fruit. 13,5%.

ROOD AUSTRALIË

HARDYS VARIETAL RANGE, € 4,49 🍷🍷
SOUTH EASTERN AUSTRALIA, MERLOT 2007

Zacht donker fruit, vleug leer. 13,5%.

HARDYS VARIETAL RANGE, € 4,49 🍷🍷
SOUTH EASTERN AUSTRALIA, SHIRAZ 2006

Slanke, welopgevoede shiraz. Nogal saai, dat ook ja. 13,5%.

HARDYS, SOUTH EASTERN AUSTRALIA, € 6,39 🍷🍷
NOTTAGE HILL, CABERNET SHIRAZ 2006

Suf en saai met dropjesafdronk. Krap 🍷🍷. 14%.

HUISWIJN, DRY RED AUSTRALIË, € 3,75 🍷
SOEPEL EN FRUITIG (LITER)

Onbestemd fruitig, wat droppig. Anderhalf 🍷. 13,5%.

SUNNY MOUNTAIN, SOUTH EAST AUSTRALIA, DRY RED € 2,89 🍷

Zachtfruitig. Dun. Netaan 🍷. Geen oogstjaar. 13,5%.

WILDERNESS ESTATE DRY RED, € 3,49 🍷🍷
SOUTH EASTERN AUSTRALIA, SHIRAZ

Pittige shiraz vol rijp donker fruit. Heel ruim 🍷🍷. Mede door de prijs 🚲. Geen oogstjaar. 13,5%.

YELLOW TAIL, MERLOT 2007 € 4,99 🍷🍷🍷

Overbloezend rijp fruit, doorzakbankleer, cacao. Soepele allemansvriend. 13,5%.

YELLOW TAIL, SOUTH EASTERN AUSTRALIA, SHIRAZ 2006 € 4,99 🍷🍷

Heel commercieel, maar wel geslaagd zacht zoet rijp donker fruit. Niet heel genuanceerd. Heel ruim 🍷🍷. 14%.

BULGARIJE

DOMAINE BOYAR, THRACIAN VALLEY, MERLOT 2007 € 3,19

Beetje fruitig de laatste jaren, maar doet toch nog steeds voornamelijk denken aan de gloriedagen van de Communistische Heilstaat. Drinken bij *Good Bye, Lenin!* Heel, heel klein. 13%.

CHILI

GAMMA, RAPEL VALLEY, MERLOT 2007 € 4,99

Charmante, lichtvoetige biomerlot vol vrolijk fruit. 14,5%.

GATO NEGRO, CABERNET SAUVIGNON 2007 € 4,25

Vriendelijk, zachtfruitig. Weinig pit, vergeleken met de 2006. 13,5%.

GATO NEGRO, CENTRAL VALLEY, MERLOT 2007 € 4,25

Soepel zachtfruitig. 13,5%.

HUISWIJN CHILI ROOD, CENTRAL VALLEY, € 3,75
CABERNET SAUVIGNON 2007 (LITER)

Slanke cabernet met donker fruit en bescheiden tannine. Heel ruim. 14%.

INDOMITA RESERVA, MAIPO VALLEY, € 4,99
CABERNET SAUVIGNON 2006

Veel van alles – rijp bessenfruit, breed uitwaaierende geuren én smaken, gespierde tannines – maar brengt het beschaafd. Helder en slank. 14,5%.

INDOMITA RESERVA, MAIPO VALLEY, € 4,99
CABERNET SAUVIGNON 2006

Bekvol keurig donker fruit. Heel ruim. 14,5%.

ROOD CHILI - DUITSLAND

INDOMITA VARIETAL, MAIPO VALLEY, € 3,85
CABERNET SAUVIGNON 2007

Vol rijp en sappig cabernetfruit, dat zoals u weet aan zwarte bessen doet denken. 14%.

ISLA NEGRA RESERVA, € 4,99
VALLE CENTRAL, CARMENÈRE 2007

Beetje dun, beetje te braaf, maar doet wel z'n best spannend naar carmenère te geuren. Ruim. 13%.

ISLA NEGRA RESERVA, VALLE CENTRAL, MERLOT 2007 € 4,99

Soepel en slank, donker fruit, lekker leerluchtje. Ruim. 13%.

MONTGRAS MG RESERVE, CABERNET SAUVIGNON 2007 € 6,79

Keurige cabernet vol sappig fruit. Heel ruim. 14%.

MONTGRAS MG, MERLOT 2007 € 4,89

Prima merlot met sappig fruit en wat leer. Richting. 14%.

QUÉ MAS, CENTRAL VALLEY, CABERNET MERLOT 2007 € 2,29

Simpele maar sappige elegante 'bordeaux' uit Chili. Prima. Geen geld. Lekker lelijk etiket ook. 14%.

VIÑA MAIPO, VALLE CENTRAL, CARMENÈRE 2007 € 3,69

Niks carmenère. Dropwijn! 13%.

DUITSLAND
MOSELLAND, MOSEL-SAAR-RUWER, DORNFELDER 2006 € 4,29

Het goede nieuws: niet slechter dan hij een jaar geleden was. Het slechte nieuws: daar word je dus nog steeds niet heel blij van. Droppig en dor. 12%.

FRANKRIJK
Beaujolais

BEAUJOLAIS-VILLAGES 2007 € 4,49

Van de *Cave des Vignerons de Bel Air*. Zuurtjesfruitig. 12,5%.

JEAN-MICHEL LOURMARIN, BROUILLY 2006 € 6,99

Donker fruit. Ontsierd door sombere tannines. 12,5%.

JEAN-MICHEL LOURMARIN, REGNIÉ 2007 € 5,99

Niet de ware beaujolais, maar hij doet z'n best. Vol vrolijk rood fruit. Heel ruim. 12,5%.

Bordeaux

CHÂTEAU DAVID, BEAULIEU, € 3,69
BORDEAUX SUPERIEUR 2006

Ook dit jaar weer: deftige bordeaux met lekker veel bessenfruit. 13%.

CHÂTEAU DU BREUIL, HAUT-MÉDOC € 7,49
CRU BOURGEOIS 2005

Bessenfruit, deftige tannine, maar helaas ook een vleug asfalt, waarop diverse snoezige diertjes zijn doodgereden door beschonken bestuurders. Anderhalf. 12,5%.

CHÂTEAU DU LUC, CÔTES DE BOURG 2007 € 5,25

Slank, wat fruit, beetje kaal, niet de vrolijkste. Ben jij een licht wanhopige weduwvrouw, die ook van nurks zwijgen houdt, kom dan eens mijn sigarenbandjesverzameling bekijken. Krapaan. 12,5%.

CHÂTEAU LAMOUR, SAINT-ÉMILION GRAND CRU 2006 € 13,99

De 2005 was duur en droefgeestig, deze 2006 is beslist veel opgewekter en charmanter. Rood fruit, helder slank, mooi rijpe tannine... Hij blijft wel veels te duur. Heel ruim. 13%.

ROOD FRANKRIJK

CHÂTEAU PESSANGE, MÉDOC 2007 € 4,65 🍷🍷🍷

Goedgemanierde bordeaux volgens de boekjes. Sappig bessenfruit, laurier, elegant. Beetje streng en zo hoort dat ook. 12%.

CHÂTEAU VIEUX CANTELAUBE, SAINT-ÉMILION 2006 € 6,99 🍷🍷

Vriendelijke bordeaux vol sappig merlotfruit. Heel ruim 🍷🍷. 13%.

Bourgogne

BOURGOGNE PINOT NOIR VIEILLES VIGNES 2007 € 5,55 🍷🍷🍷🍷🍷

Van de verenigde wijnboeren uit Buxy. Naast zeer serieuze bourgognes geproefd, waarna deze vrolijk de avond won. Sappig fruit, echt pinot, echt bourgogne. Licht, helder, subtiel. Koelen. 13%.

LIONEL BRUCK, BOURGOGNE PINOT € 6,39 🍷🍷
NOIR VIEILLES VIGNES 2005

Bedoelt het goed, dat proef je, maar mist de charme van de ware bourgogne. Zou hij jong beter zijn? Hm, ik weet het niet. Het fruit doet z'n best, maar die stroeve tannines... 12,5%.

Languedoc-Roussillon

CHÂTEAU DU PETIT PIGEONNIER, CORBIÈRES 2006 € 3,29 🍷🍷🍷

Sappig fruit, zonnige kruidigheid. 13%.

CHÂTEAU SEIGNEURIE DE MURVIEL, € 3,99 🍷
COTEAUX DU LANGUEDOC 2006 (LITER)

Simpel Zuid-Frans met donker fruit en ietwat rauwe tannine. Anderhalf 🍷. 13,5%.

DEVALBERT, COTEAUX DU LANGUEDOC 2006 € 3,29 🍷🍷

Grande réserve, opgevoed in *fûts de chêne*. Donker fruit, kruidig. 13%.

ROOD FRANKRIJK

DOMAINE BOUSQUET, LATOUR DE FRANCE € 4,99 ♟♟♟
CÔTES DU ROUSSILLON VILLAGES 2007

Ruige roussillon met hart van goud. Of beter gezegd rijp donker fruit en tijm en rozemarijn en zonneschijn. 13,5%.

DOMAINE SAINT-LAURENT, SAINT-CHINIAN 2006 € 4,15 ♟♟

Karakteristiek Zuid-Frans, met z'n rode fruit, kruiden en specerijen, maar wel wat streng. Met een bronzen medaille! Dan moet je wel erg weinig zelfvertrouwen hebben, om dat te etaleren. Zoveel moeite kost het in het algemeen niet om goud te winnen, dus brons betekent dat je echt een sneue sukkel bent. Maar: hier heel ruim ♟♟! En daar gaat het om. 12,5%.

LES BARRES, SAINT-CHINIAN 2007 € 2,99 ♟♟

Vriendelijk fruitig. 13,5%.

LES MASTELS, COTEAUX DU LANGUEDOC, € 4,49 ♟♟♟
SAINT SATURNIN 2007

Rood fruit, soepel en vrolijk. Niks bijzonders. Gewoon, lekker! En dat is al zeldzaam genoeg. 13%.

Rhône
CÔTES DU RHÔNE VILLAGES 2007 € 3,25

Van de *Union des vignerons des côtes du rhône*. Wat fruit, wrang. 14%.

CUVÉE ECUSSON, CÔTES DU RHÔNE 2007 € 2,39

Scharminkelig rhônetje. 13,5%.

DOMAINE DE LA GRIVELIÈRE, € 3,99 ♟♟
PÈRE ANSELME, CÔTES DU RHÔNE 2007

Ruikt goed, rijp kersenfruit, cacao, smaakt minder. Alcoholisch. 14,5%.

ROOD FRANKRIJK

LA CHASSE DU PAPE, CÔTES DU RHÔNE, € 4,99
TRADITION 2007

Fruitig, kruidig. Sappiger en opgewekter dan eerdere jaren, nog steeds verbitterd in de afdronk. Anderhalf. 13,5%.

Vin de pays

DOMAINE BRUNET, VIN DE PAYS D'OC, PINOT NOIR 2007 € 3,99

Niks pinot noir: vaag droppig Zuid-Frans. 13%.

EXCELLENCE, VIN DE PAYS D'OC, € 3,99
CABERNET SAUVIGNON 2007

Simpel soepel cabernetje. 13%.

EXCELLENCE, VIN DE PAYS D'OC, MERLOT 2007 € 3,99

Riekt wat ruig, smaakt soepel. 13,5%.

GRAND SUD, VIN DE PAYS D'OC, MERLOT 2007 (LITER) € 3,99

Onbestemde dunne droppige merlot. Netaan. 13,5%.

HUISWIJN ROOD, VIN DE PAYS DE L'AUDE, € 2,99
FRUITIG EN SOEPEL (LITER)

Zo fruitig als een onrijpe braam. 12,5%.

J.P. CHENET, VIN DE PAYS D'OC, CABERNET-SYRAH 2007 € 3,19

Rond en rijp. 14(!)% dan ook. Dat voel je helaas een beetje branden. Anderhalf. 14%.

JEAN DU SUD, VIN DE PAYS D'OC, € 2,99
CABERNET SAUVIGNON 2007

Sappig donker fruit. Fiks wat tannine. 13,5%.

JEAN DU SUD, VIN DE PAYS D'OC, MERLOT 2007 € 2,99

Vriendelijk fruitig. Piets droppig. 13,5%.

ROOD FRANKRIJK

JEAN DU SUD, VIN DE PAYS D'OC, SYRAH 2007 € 2,99

Vol stoer en sappig fruit. Heel ruim. Mede door de lage prijs. 13%.

JEAN LOUIS CEVENNE, VIN DE PAYS D'OC, € 2,69
CABERNET-SYRAH 2007

Kaal, dropjesachtig. Krap. 13,5%.

LANDENWIJN FRANKRIJK ROOD, € 3,75
VIN DE PAYS DU COMTÉ TOLOSAN (LITER)

Wat somber donker fruit. Geen oogstjaar. 12%.

Zuidwest

BOSREDON, BERGERAC 2006 € 4,19

Was ooit goed, boerde toen gestaag achteruit richting smaakprofiel ondersteschapbordeaux, hervond zich in oogstjaar 2003. Net als wit en rosé geen, maar keurig en beschaafd voorzien van bessenfruit, wat laurier en welopgevoede tannine, zoals het een buur van bordeaux betaamt. 12,5%.

BUZET, MERLOT CABERNET 2007 € 3,89

Er zijn nogal wat buzets. Deze heeft een schroefdop, en een mooi etiketje uit 1953. Cabernet blijkt voor beide cabernets te staan, sauvignon en de franc, de stijl is bordeaux. Sappig fruitig zowaar dit jaar! Nog nooit meegemaakt bij Buzet. 12,5%.

SAINT-MONT CUVÉE SPECIALE, BOISERAIE 2006 € 3,99

Wat meer fruit, minder stoffige kruiden dan weleer. 13%.

TUGUETS, MADIRAN 2004 € 4,79

Jaartje ouder, dertig cent duurder. Heeft nog steeds niks van doen met madiran, deze sombere plattelandsneef van bordeaux, maar heeft wel veel succes als huiswijn bij de plaatselijke euthanasiedienst. Netaan. 13%.

ITALIË

CONVIVIALE, MONTEPULCIANO D'ABRUZZO 2006 € 5,49

Immer wat onbehouwen, hier ook nog dun. 13,5%.

CONVIVIALE, PUGLIA, NEGROAMARO 2006 € 5,49

Als je maar wilt en echt je best doet, kun je zelfs van druif negroamaro nog nietszeggende wat dunne zurige wijn maken. 13%.

CONVIVIALE, SALENTO, PRIMITIVO 2006 € 5,49

En als je dan toch bezig bent, stroop je even je mouwen op om te laten zien dat primitivo ook naar aardbeiensnoepjes kan smaken. Wat op zichzelf overigens wel knap is: primitivo is dezelfde druif als de Californische zinfandel, of ze hebben beide dezelfde Kroatische voorvader, daar is men nog niet helemaal uit, en rafelrandzinfandel kan net zo viezelig naar aardbeiensiroop smaken. 14%.

GABBIA D'ORO, SICILIA, NERELLO MASCALESE 2007 € 3,89

 Geen geld voor een slanke, karaktervolle Italiaan. Rood fruit en specerijen. 13%.

HUISWIJN ITALIË, MARCHE, SANGIOVESE, SOEPEL 2007 (LITER) € 3,75

Lekker weerbarstig, vol sappig rood fruit. Mede door de lage prijs ⚲. 12%.

MEZZACORONA, TEROLDEGO ROTALIANO 2007 € 4,99

Teroldego, dat is een druif die in Teroldego Rotaliano vrolijk fruitig rood levert. En in dit geval dit jaar met donkerder fruit komt aanzetten. Toch wat minder overzichtelijk dan het even leek. 12,5%.

ROOD ITALIË

MEZZACORONA, TRENTINO, LAGREIN 2007 € 4,99

Over lagrein weten de druivenprofessoren weinig te melden. Deze firma weet er ook weinig van te bakken. Deze jaargang had net zo goed een brave cabernet kunnen zijn, met z'n beetje strenge fruit. 13%.

MEZZACORONA, TRENTINO, MARZEMINO 2007 € 5,49

Sappig fruitig, nogal nietszeggend. 13%.

MEZZACORONA, TRENTINO, PINOT NERO 2006 € 6,49

Vriendelijk sappig fruitig. 13%.

MONTALTO ORGANIC, SICILIA, NERO D'AVOLA 2007 € 5,49

13% Nero d'avola zoals we 'm graag tegenkomen. Donker, spannend, breedgeschouderd, en tegelijk onderhoudend, vol boeiende geuren en smaken.

MONTALTO, SICILIA, SANGIOVESE-SYRAH 2007 € 4,99

Slank als goede chianti, plus pit en peper van de syrah. 13,5%.

PIAN D'OR, BARBERA D'ASTI 2006 € 4,99

Grappige ouderwetse, wat boerse barbera vol fruit en vriendelijke tannine. Geef 'm effe wat lucht door 'm in een karaf of groot glas te plonzen, dan komen die grappige landelijke barberageuren van rood fruit en – jawel, m'n lievelingsproefterm! – kreupelhout los. Met kreupelhout bedoel ik herfstig. Niet herfstig als een chagrijnige bordeaux met adelverkalking die richting crematorium rollatort, maar herfstig als in 'ochtendwandeling bij prachtweer terwijl de zon tussen de wattenwolken schijnt en overal gouden en rode bladeren dwarrelen en je de ene glanzendglimmend opgepoetste kastanje na de andere vindt, waarbij je peinst wat een prachtalinea's wijlen Wina Born zou kunnen schrijven over zo'n wandeling in Piemonte, op zoek naar truffels'. Want daar komt barbera vandaan, uit Truffelland. 13,5%.

ROOD ITALIË - PORTUGAL

SENSI, CHIANTI 2007 € 3,49

Zurig fruit. Drinken bij verpieterde pizza. 12,5%.

SERENATA, SICILIA, NERO D'AVOLA 2007 € 3,99

Vol rijp zacht donker fruit. 13%.

MAROKKO
BONASSIA, BENI M'TIR, MERLOT 2007 € 3,99

Wat is hier gebeurd? Geurde in vorige jaren als *all the perfumes of Arabia* en is nu bijna zo vruchteloos als Lady Macbeth. Donker fruit, beetje kaal en hard. Anderhalf. 13%.

OOSTENRIJK
WINZER KREMS, SANDGRUBE 13, € 5,25
BLAUER ZWEIGELT 2006

 Rood fruit, specerijen, vrolijk, eigenzinnig. Leuke aparte wijn. Een beetje koelen. 13%.

PORTUGAL
PORCA DE M URÇA, DOURO TINTO 2006 € 4,25

Wij van de wijnschrijverij hadden een vader die vroeger ook stukjes schreef, zij het wat stichtelijker, dus eigenlijk geen Echt Werk had, zoals diverse familieleden uitentreure zorgelijk vaststelden, maar daardoor wel gezellig veel thuis was. Dat betekende dat hij kon helpen met Legokastelen bouwen of ons meenam naar Artis of met de pont het IJ over, want dat was me toen nog een belevenis. En onze moeder vond dat ook heel prettig, want dat was ze van huis uit gewend, waar ze, net als mijn vader trouwens, ook een vader had gehad met werk aan huis – opa Schiedam, die handelde in jenever, of, zoals hij zelf zei, 'makelaar in spiritualiën' was – en daardoor tevens inzetbaar voor divers huishoudelijk werk. Niet dat de opa's nou heel veel hoefden doen, want ze waren van de tijd toen er nog dienstmeisjes waren en de middenstand nog bezorgde, maar de opa's waren thuis en konden dus ingeschakeld worden om kleden te helpen kloppen en meubilair te versjouwen voor de grote schoonmaak. Aan de andere kant: als klusser had je niks aan de opa's, ze konden nog geen spijker in de muur slaan en opa Gelderland ontbood zelfs al de dorpstimmerman als er een verse gloeilamp ingedraaid moest worden. Zijn zoon, mijn vader, heeft ook nimmer een hamer gehanteerd, maar hij kon wel boodschappen doen. Ik mocht altijd mee. Naar de slager, de groentenboer, de melkhandel en de kruidenier die inmiddels supermarkt heette en heel moderne dingen te koop had, zoals wijn in pakken. 'Albert Heijn heeft Nederland wijn leren drinken', lees je vaak, en dat begon, eind jaren zestig met de pakken Pinard in wit, rosé en rood. En later, toen ik groot genoeg was om zelfstandig te boodschappen, ging ik ook naar de twee slijterijen om wijn te kopen die echt in flessen zat. Eigenlijk was alles te duur voor mij, maar ze hadden wel Portugezen voor een koopje. *Garrafeira's*, heten ze, wat Portugees is voor 'verstofte ouwe meuk'. Maar mooi dat je wel voor zeven gulden of zo een veertien jaar oude wijn kon kopen! Mooie herinneringen. En mooi dat de Portugezen niet mijmeren over vroeger, maar welgemoed moderne wijnen zijn gaan maken. Ouderwets karaktervol, maar dan verpakt in veel fruit. Deze 2006 was vorig jaar goed en is nog steeds heel goed. Zesentwintig cent duurder geworden, maar dat mag de pret niet drukken. Slank, sjiek, helder. Rijp bessenfruit, cacao, specerijen. Deftige landwijn, als de opa's in hun tweedpak en met pet. 13%.

SPANJE
BIANTE, CAMPO DE BORJA, TINTO 2007 € 2,49

Smaakt zoals je hoopt dat beaujolais smaakt. Barstensvol vrolijk kersenfruit. Gratis. Kopen. Koelen. 13,5%.

ROOD SPANJE

CASTILLO DE AINZÓN, CAMPO DE BORJA, € 2,49 🍷🍷🍷🍷
OLD VINE GARNACHA TINTO 2007

 Heerlijk beetje kruidig rood vol vrolijk kersenfruit van ouwestokkengrenache. 'Proeft ook onze rosado!' 13,5%.

CASTILLO DE ALMANSA, ALMANSA, RESERVA 2004 € 4,49 🍷🍷

Klassieke hout-en-vanillereserva, met gelukkig ook veel zacht fruit. Ruim 🍷🍷. 14%.

CASTILLO DE MONÓVAR RESERVA, € 3,45 🍷🍷🍷🍷
ALICANTE, TINTO MONASTRELL 2001

 Een echte reserva, verpakt in een rol kippengaas, en bijna gratis, zoals het hoort. Pas wel op, dit is geen reserva van wee tempranillofruit, maar een knoestige reserva van onverschrokken monastrellfruit, gelooid in de zomerzon als een ouwe boer met wat ruwe manieren maar een hart van goud. Van een zekere Salvador Poveda; zie ook diens Viña Vermeta 2001 bij Spar en Super de Boer en de Valle del Mañan 2003 en 2004 bij Plus. 13,5%.

CASTILLO DE PASTORES, VALDEPEÑAS CRIANZA 2004 € 2,99 🍷

Fruit en hout, kaal en wrang. 13%.

CONDADO REAL, VINO DE LA TIERRA CASTILLA Y LEÓN, € 3,69 🍷🍷
TEMPRANILLO 2006

Vol kersenfruit. 13%.

DON SALINAS, ALICANTE, € 3,99 🍷🍷🍷
MONASTRELL GRAN RESERVA 1999

Beetje aan het uitdrogen, maar toch nog fiks wat fruit en ouderwetse charme. Geen geld. Van Salvador Poveda van de Castillo de Monóvar even hiervoor. 13,5%.

ROOD SPANJE

FINCA DE LABARCA, RIOJA CRIANZA 2005 € 4,99 🍷

Ouderwetse hout-en-vanillerioja. Niet de sjiekste. Anderhalf 🍷. 14%.

FINCA DE LABARCA, RIOJA JOVEN 2007 € 3,55

Schimmelig. 13%.

FINCA DE LABARCA, RIOJA RESERVA 2003 € 7,49 🍷

Miezerige ouderwetse hout-en-vanillerioja. 14%.

FREIXENET, ASH TREE ESTATE, € 3,99 🍷🍷
VINO DE LA TIERRA DE CASTILLA, SHIRAZ MONASTRELL 2006

Somber donker fruit. 13,5%.

HUISWIJN SPANJE (LITER) € 3,59 🍷🍷

Tempranillo uit Valencia. Zonnig zachtfruitig. Ruim 🍷🍷. Geen oogstjaar. 13,5%.

IMPERIAL TOLEDO RESERVA, € 3,69 🍷
LA MANCHA, TEMPRANILLO 2002

Tot stand gekomen dankzij de gecombineerde inspanningen van houtzagerij en fruitkwekerij. Het hout heeft de overhand. Anderhalf 🍷. 13%.

INITIUM, NAVARRA 2007 € 4,49 🍷🍷🍷🍷🍷

De 2006 (een jaar lang nauwgezet regelmatig herproefd – 'wat is de korting als ik per gros bestel?' – nog steeds heerlijk) was gecomponeerd uit tempranillo plus wat cabernet en merlot, deze 2007 moet het doen zonder druif cabernet. Maakt niet uit. Ook weer heerlijk. Pietsje zachter, maar ook nu weer lekker rijp fruit, dat stoffige van een lange zonnige dag in de wijngaard, die vleug specerijen en tabak, die heldere smaak die zo opgewekt langs je tong kabbelt...
Eigenlijk 🍷🍷🍷🍷🍷🍷! 13%.

ROOD SPANJE

MARQUÉS DE ALMONACID, CARIÑENA 2007 € 2,99

Sappig kersenfruit, beetje cacao, minder uitbundig vrolijk dan vorige jaren, maar ook serieuzer nog een plezier. Mede door de lage prijs 🚲. 13%.

MARQUÉS DE ALMONACID, CARIÑENA, CRIANZA 2005 € 3,89

Sappig kersenfruit, vrolijke specerijen, smeuïge cacao, breedgezaagd eikenhout. Het verschil met andere crianza's? Fruitfruitfruit. Heel ruim. 13,5%.

MARQUÉS DE ALMONACID, CARIÑENA, RESERVA 2003 € 4,89

Rijp kersenfruit, specerijen, hout. Heel ruim. 13,5%.

TESORO, BULLAS, MONASTRELL TINTO 2007 € 2,69

Murcia, Zuidoost-Spanje. Druif: de hartverwarmende monastrell. Donkerder fruit dan de 2006, meer tannine ook, extra cacao en specerijen dit jaar. Wat stoerder kortom, maar net zo spannend en lekker. Heel ruim. 13,5%.

VAL DE UGA, SOMONTANO, € 4,69
CABERNET SAUVIGNON 2006

Niet zo uitbundig meer als een jaar geleden, maar nog steeds een karaktervolle slanke cabernet. 13,5%.

VAL DE UGA, SOMONTANO, GARNACHA SYRAH 2007 € 4,69

Wat minder deftig dan de 2006, maar zeker zo vrolijk. Sappig kersenfruit, specerijen. Slank, elegant, een plezier. 13,5%.

VEGA LIBRE, UTIEL-REQUENA 2007 € 1,99

Rood fruit en wat specerijen, vriendelijk, sappig, maar helaas niet de charme van de 2006 die vorig jaar het omfietsen waard was. Desalniettemin prima voor zo weinig geld. Koelen is een goed idee. 12%.

ROOD VERENIGDE STATEN - ZUID-AFRIKA

VERENIGDE STATEN

GALLO FAMILY TURNING LEAF, CALIFORNIA, € 7,19
CABERNET SAUVIGNON 2006

Ruikt naar gekloonde gentechwinegums. 13,5%.

GALLO FAMILY TURNING LEAF, € 7,19
CALIFORNIA, PINOT NOIR 2006

Gruwelijk verminkte pinot noir in een heel enge sciencefictionfilm. 13%.

HILLS OF CALIFORNIA, CABERNET SAUVIGNON 2006 € 2,39 ♀

Winegums en drop, maar ook echt fruit. 13%.

ZUID-AFRIKA

BERG SCHADUW, RUBY CABERNET/CINSAUT 2007 € 3,79 ♀♀

Sappig rood fruit. Met een vleug remsporenbouquet, dat wel. 13%.

BRADGATE, STELLENBOSCH, € 5,99 ♀♀♀
CABERNET SAUVIGNON MERLOT 2006

Stoere bekvol donker fruit, met een beetje hout en dat karakteristiek aardse smaakje van Zuid-Afrikaans rood. 13,5%.

BRADGATE, STELLENBOSCH, SYRAH 2005 € 5,99 ♀♀♀

Ook hier wat hout, maar verder vooral karakteristiek smakend naar syrah en naar Zuid-Afrika. Drink er eens een Australiër naast en u weet wat ik bedoel. Overeenkomsten en verschillen. Heel ruim ♀♀♀. 14%.

BURGERSHOF, ROBERTSON, € 4,99
CABERNET SAUVIGNON/SHIRAZ 2007

Dun limonadefruit. 14,5%.

BURGERSHOF, ROBERTSON, PINOTAGE 2007 € 4,99 ♀

Snoepjesfruit, wat remsporen in de afdronk. 13,5%.

ROOD ZUID-AFRIKA

DANIE DE WET, ROBERTSON, € 3,99
CABERNET SAUVIGNON/MERLOT 2005

De familie De Wet maakt hier al wijn sinds 1698. Armzalig resultaat voor drie eeuwen ervaring. Donker fruit met bittere remsporenafdronk. 14%.

DANIE DE WET, ROBERTSON, PINOTAGE 2006 € 3,99

Pinotage ligt ze beter. Rijp donker fruit. 14,5%.

EAGLE CREST, SWARTLAND, € 5,49
CABERNET SAUVIGNON MERLOT 2007

Bij Eagle Crest maken ze wijn met ballen. Stoer. Ruig. Nietsontziend. Harley-Davidsonwijn. Zelfs hun wijn van deze twee toch zeer beschaafde bordeauxdruiven smaakt naar *Route 66*. Mocht u dat beangstigen: mijn oude, kippige, motorrijdende leraar Latijn zei altijd dat het geluid van een Harley net zo mooi was als een fuga van Bach. 14%.

EAGLE CREST, SWARTLAND, SHIRAZ MALBEC 2006 € 5,25

Soms kun je je dingen afvragen. Betreffende God, je belastingformulier, of wij de enigen zijn in het heelal, hoe het komt dat er zo weinig echt goede leverworst is en waarom je een knoopsgat in je linkerrevers hebt. Waarom, waarom, waarom? Waarom niet. Het zijn de wetten van de natuur. Moeder Natuur. En Vader Cultuur. Leg je jasje eens op tafel en sla je revers terug. Krijg nou wat! Het reversknoopsgat blijkt te passen in het hele rijtje knoopsgaten ter linkerzijde! Ga nou eens naar het museum. Het echte museum, met schilderijen van vroeger, niet die modieuze kladderkunst. Daar zie je zeventiende- en achttiende-eeuwse mannen in kleren waar wij niet aan kunnen tippen, want vroeger was alles beter, al hadden ze toen geen auto's en creditcards, laat staan de *Superwijngids*. Die kleren hebben knoopsgaten van onder tot boven. En prachtknopen aan de andere kant. Sla een bovenstukje van zo'n jas om, en je hebt een revers. Een revers

ROOD ZUID-AFRIKA

met knoopsgaten. Daar hebben wij er nog één van over, van die knoopsgaten van het glorieuze verleden. Wees blij dat je dat nog hebt, één knoopsgat, dat niet alles teloor is gegaan, en troost je met een fles van deze wijn die doet denken aan ruige motorjekken, achtennegentig procent cacaochocolade, inktzwarte inkt, maar ook bespiegelingen biedt in de vorm van rood fruit, bloesem en heimwee naar het voorjaar. 14%.

EAGLE CREST, SWARTLAND, TINTA BAROCCA 2006 € 4,99

Tinta barroca is een rode druif uit de Douro, Noord-Portugal. Veel zon is lang niet voor elke druif goed, maar deze kan het hebben, net zoals hij goed tegen de droogte kan. Hij voelt zich zodoende dan ook zeer senang in het hete Zuid-Afrika, waar hij tinta barocca heet. Zoek de spellingsverschillen. Krachtig, stoer, ruig, vol fruit en geuren van ongerepte zonovergoten wildernis. Dirck III heeft ook een prima barocca, zie pagina 242. 14%.

HOOP HUIS, WESTERN CAPE, DROË ROOI 2007 € 2,75

Simpel, maar sappig fruitig. Stuk beter dan het was. Geen geld. 14%.

HUISWIJN ZUID-AFRIKA (LITER) € 3,75

Stevig donker fruit, aards. Anderhalf. Geen oogstjaar. 14%.

NEDERBURG DUET, WESTERN CAPE, € 5,25
SHIRAZ PINOTAGE 2007

Sappig rood fruit, kruiden, beetje aards. Heel ruim. 13,5%.

SCHOONDAL, WESTERN CAPE, CAPE RED 2007 € 2,29

Ze worden zeldzaam, maar ze zijn er nog, de wijnen met die ouwerwetsche authentiek Zuid-Afrikaanse smaak van een schimmelige regenjas! 13,5%.

ROOD ZUID-AFRIKA

VEELPLESIER, WESTERN CAPE, CLASSICAL RED 2007 € 4,19

Rijp donker fruit, beetje aards. 13,5%.

VINEZ, CABERNET SAUVIGNON SHIRAZ 2006 € 4,69

Max Havelaar/Fairtrade, biologisch. Al de derde keer deze 2006 in de gids en hij houdt zich goed. Wel elk jaar wat minder vrolijk en uitbundig. Schort niks aan, maar de pit is eruit. Niet meer heel ruim en niet meer het omfietsen waard. Rijp donker fruit, aards. 13%.

DE BESTE WIJNEN VAN JUMBO

Wit

1 **Lionel Bruck, bourgogne chardonnay 2007** — € 6,39
   Frankrijk - Bourgogne

2 **Montagny premier cru 2007** — € 9,75
   Frankrijk - Bourgogne

3 **Bosredon, monbazillac 2005 (375 ml)** — € 4,99
   Frankrijk - Zuidwest

4 **Esprit de Nijinsky, vin de pays d'oc, vignelaure classic chardonnay 2007** — € 4,99
   Frankrijk - Vin de pays

5 **Araldica, moscato d'asti 2007** — € 6,59
   Italië

Rosé

1 **Qué Mas rosé 2008** — € 2,29
   Chili

2 **Biante, campo de borja, rosado 2007** — € 2,49
   Spanje

3 **Castilo de Ainzón, campo de borja, old vine garnacha rosado 2007** — € 2,49
   Spanje

4 **Tesoro, bullas, monastrell rosado 2007** — € 2,69
   Spanje

5 **Huiswijn rosé, vin de pays du comté tolosan (liter)** — € 3,15
   Frankrijk

Rood

1 **Initium, navarra 2007** — € 4,49
   Spanje

2 **Bourgogne pinot noir vieilles vignes 2007** — € 5,55
   Frankrijk - Bourgogne

3 **Biante, campo de borja, tinto 2007** — € 2,49
   Spanje

4 **Castillo de Ainzón, campo de borja, old vine garnacha tinto 2007** — € 2,49
   Spanje

5 **Castillo de Monóvar reserva, alicante, tinto monastrell 2001** — € 3,45
   Spanje

LIDL

▷ Spreiding: landelijk
▷ Aantal filialen: 314
▷ Marktaandeel: 4,0%
▷ Voor meer informatie: 035 - 528 74 00 of www.lidl.nl

Er zijn 35 wijnen geproefd, waarvan:
▷ Wit 12
▷ Rosé 4
▷ Rood 19

geen	14	40,0%
ⓛ	8	22,9%
♟	11	31,4%
♟♟	2	5,7%
♟♟♟	0	0,0%
♟♟♟♟	0	0,0%
♟♟♟♟♟	0	0,0%
🚲	0	0,0%

Waardering in aantal wijnen en als percentage van het assortiment

WIT

AUSTRALIË
SOUTH EASTERN AUSTRALIA, CHARDONNAY 2007 € 2,59

Zachtfruitig. 13%.

CHILI
CHARDONNAY SAUVIGNON BLANC, € 2,69
VALLE CENTRAL 2007

Simpel zachtfruitig. 13%.

VIAJERO, VALLE DE CURICÓ, SAUVIGNON BLANC 2007 € 2,79

Niet heel fris, niet heel fruitig, maar toch, een poging tot. 12,5%.

DUITSLAND
SPÄTLESE RHEINHESSEN 2007 € 1,89

Beetje zwavelig, beetje zoetig. 8,5%.

EUROPA
CAVENETA, WEISSWEIN, TAFELWEIN € 2,79
(ANDERHALVELITERPAK)

De tekst kan zo in het oeuvre van een onbegrepen dichter. *'Verschnitt von Weinen aus mehreren Ländern der Europäischen Gemeinschaft. Ein idealer Begleiter zu Pasta- und Geflügelgerichten oder zum Kochen in der feinen Küche.'* Ook de inhoud roept artistieke gevoelens op, want doet me denken aan wat ik De Knutselclub noemde, maar in feite een Hoogstaand Atelier voor Artistieke Vorming was, want mijn moeder had doorgeleerd in opvoeding en nam na haar pedagogische carrière ook in het grootbrengen van haar eigen kroost geen halve maatregelen. Gelukkig was De Knutselclub reuzegezellig. Je ontmoette er kinderen van allerlei andere scholen, en omdat het de jaren zeventig waren en artistieke

WIT FRANKRIJK - ITALIË

vrijheid hoogtij vierde, mochten we onze eigen individuele expressie volgen, wat er in onze interpretatie op neer kwam dat we geen reet uitvoerden en gezellig een eind weg ouwehoerden. Wel hadden we de strenge regel dat iedereen altijd wat snoep meenam. Ach, die geur van bergen goedkoop snoep tegen een achtergrond van olieverf, etszuren, peut, soldeer... Wijn vol nostalgie. Niet durven proeven. 9,5%.

FRANKRIJK
Bourgogne
CHABLIS 2006 € 6,19 ⓧ

Een heel klein chablisje, schreef ik in gids 2008 over deze 2006. Groeit vast op voor galg en rad, voorspelde ik. En inderdaad. Is zelfs al in de hel, getuige de zwavel. Wel nog wat onbestemd, armetierig fruit met de smaak van vergankelijkheid, zonde en te laat gekomen berouw. 12,5%.

Elzas
ALSACE, PINOT BLANC 2006 € 3,79

Dun, kaal, vlak. 12%.

ITALIË
PINOT GRIGIO PROVINCIA DI PAVIA 2007 € 3,49 ⓧ

Toegegeven, met goede wil is er wat fruit te vinden. Bouquet en afdronk doen verder voornamelijk denken aan een minder gezellige dag in de modderige loopgraven rond Ieper. 12%.

SOAVE CLASSICO 2006 € 2,79

De meeste wijn, en zeker simpele witte wijn, moet je niet wegleggen, want dan gaat het mis. Maar kijkaan, er zijn altijd uitzonderingen. Deze 2006 was een jaar geleden muf, vlak en kaal, en dat is-ie nog steeds! Niet vergaan tot azijn of afgewerkte biobrandstof, gewoon nog muf, kaal en vlak! Wijn, ik zeg het wel vaker, wijn blijft je verbazen. 11,5%.

WIT SPANJE - VERENIGDE STATEN

SPANJE
LA MANCHA, AIRÉN TROCKEN 2006 (LITER) € 2,49

Vorig jaar was er in deze 2006 nog wat vaal fruit te bespeuren, nu echter riekt hij als iemand die hoognodig begraven moet worden. Niet durven proeven. 12%.

VERENIGDE STATEN
BAYWOOD, CALIFORNIA, € 8,49
COLOMBARD CHARDONNAY 2006 (DRIELITERPAK)

Je hebt mannen die deugen en je hebt mannen die niet deugen. Die mannen vertellen moppen en dragen broeken met overal zakken. Als het een beetje meezit zijn ze getrouwd met een vrouw die ook een broek aanheeft, zonder overal zakken, maar wel veels te kort, wat driekwart heet en ook niet deugt. Kijk maar waarom. Wat moet je nou met die mannen? Verbannen naar een eng en onherbergzaam stuk wildernis, dat zou je met ze moeten, met die mannen in zo'n broek met oprits- en afritspijpen en overal die blaasbalgzakken buitenop. Want dat willen die mannen toch zo graag? Denken ze dat wij heus geloven dat ze met hun bleke kantoorhoofd net terug zijn van ontdekkingsreis? Want daar zijn die broeken voor, oorspronkelijk. Dat je allerhande nuttigs in die zakken doet. Kapmes, kompas, kinine tegen de knokkelkoorts, knikkers en kralen voor kannibalen. Hoewel Stanley en Livingstone het ook prima redden zonder zo'n broekvol. En dat die mannen zo'n broek dragen op de camping of in het bos, vooruit. Daar komen wij verstandige mensen toch niet, dus laat ze. En misschien is het handig, al die zakken, voor het boodschappenlijstje van moeder de vrouw en het springtouw of de draaitol van de kleine meid. Maar nee, je komt ze ook zomaar in de beschaafde wereld tegen. En waar is de zedenpolitie dan, als je ze nodig hebt? Precies. Dit is de huiswijn van die mannen. Echt iets voor hen, zo'n pak met handig kraantje. En het smaakt vertrouwd naar lego en snoepjes. 12,5%.

WIT ZUID-AFRIKA

ZUID-AFRIKA
CHENIN BLANC, PAARL 2007 € 2,69 🍷

Snoepjesfruitig. Krap 🍷. 13%.

ROSÉ

FRANKRIJK
COSTIÈRES DE NÎMES, ROSÉ 2006 € 2,89

De zon verdwijnt achter de wolken, een kille wind steekt op, de rosé kleurt vaalbruin en riekt naar het naad'rend einde. Hebt u dat nou ook, dat je van wijn zo poëtisch wordt? Overigens, een jaar geleden, in verse toestand dus, was deze 2006 ook niet te zuipen. 12,5%.

CÔTES DE ROUSSILLON 2007 (LITER) € 3,19

Dun en waterig. Ruikt als een snoepje dat eenzaam en alleen heel lang in de regen heeft gelegen, in een donker hoekje van een roestig industrieterrein. 13%.

PORTUGAL
PORTUGIESISCHER ROSÉWEIN, LIEBLICH (LITER) € 2,19

Tanden poetsen. Het schijnt verstandig, maar is het wel macho, zo braaf in de weer met het borsteltje en de stokertjes en het flosdraad? Moet niet gewoon één keer in de maand de borstel in het bierglas van gister om de bek te schrobben? En is het goedbeschouwd ook niet wat onbeleefd tegenover kok en sommelier, of die lieve vrienden, om direct na lunch of diner de nasmaak, de afdronk van al hun culinaire geploeter rigoureus weg te flossen? Precies. En, daar hebben die wijn-en-etencombikenners nog niet bij stilgestaan, hoe smaakt het *the morning after*, spoort dat wat er loskomt van tussen de kiezen wel een beetje met de ontbijtjenever? Van die vragen. Zelf vertrouwen we nog steeds die vriend die op weg was tandarts te worden en zeker wist dat spoelen met maltwhisky of armagnac toch ook heel bacteriëndodend is. En daarna voor het echte machomondgevoel gorgelen met deze Duitstalige rosé uit Portugal met foute schroefdop, waaronder het beste van Mateus en liebfraumilch verenigd. 10%.

ROSÉ VERENIGDE STATEN

VERENIGDE STATEN
BAYWOOD, ZINFANDEL ROSÉ 2007 € 2,59

Snoepjes, rioolwater, zoet en als apotheose bijtgrage zuren. Intrigerend en complex. 10,5%.

ROOD AUSTRALIË - FRANKRIJK

ROOD

AUSTRALIË
ROSECREEK, SOUTH EASTERN AUSTRALIA, € 2,99
CABERNET SAUVIGNON 2007

Fruitellafruitig als immer, maar riekt dit oogstjaar ook wat naar medicijnen van een ouderwetse pillendraaier met wrat en bochel. Krapaan.

SHIRAZ, SOUTH EASTERN AUSTRALIA 2006 € 3,59

Snoepjesfruit en drop. 14%.

CHILI
CIMAROSA, VALLE CENTRAL, € 2,99
CABERNET SAUVIGNON 2007

Simpele maar sappige cabernet. 13,5%.

CIMAROSA, VALLE CENTRAL, MERLOT 2007 € 2,69

Keurige merlot met leer. Wat dun, een beetje wrang dit jaar. Anderhalf. 13,5%.

EUROPA
CAVENETA, ROTWEIN, € 2,49
TAFELWEIN (ANDERHALVELITERPAK)

Net als wit getapt uit rioolbezinkputten her en der in Europa. Toch ook nog een vleug fruit, als van door hogerhand tot vernietiging verordonneerde aardbeienjam. 9,5%.

FRANKRIJK
Bordeaux
BORDEAUX 2006 € 2,09

Verdacht anonieme bordeaux, geen châteaunaam of niks, slechts een achteretiket met in drie talen een verhaal dat erop neerkomt dat je hier weliswaar niet Mouton of Lafitte in je knuistjes hebt, maar dat het niet veel scheelt. De kleine

ROOD FRANKRIJK - SPANJE

lettertjes laten ten slotte weten dat de wijn *'mis en bouteille/ tappet'* af is door een zeer Duits klinkende firma. Beetje fruit en veel drop. Schraal. 12,5%.

Languedoc-Roussillon

CORBIÈRES 2006 € 1,65

Fruit, kruiden en droeve dropjes uit een sinds lang vergeten roestig blikje. 12,5%.

COTEAUX DU LANGUEDOC 2006 € 1,39

Maar: wel lekker goedkoop! 13%.

CÔTES DU ROUSSILLON 2006 € 1,99

Fruitig, kruidig, nogal mager en schonkig. 13%.

Rhône

CÔTES DU RHÔNE 2007 € 2,29

Van *Les Caves de Louzière.* Fruitig, kruidig, simpel. Anderhalf. 13,5%.

SPANJE

BARCELIÑO, CATALUNYA 2004 € 3,99

Barrica, oftewel *oak aged*. Maar behalve dat hout ook veel rijp donker fruit. 13%.

BARÓN DEL CEGA, VALDEPEÑAS, GRAN RESERVA 1999 € 4,09

Heuse gran reserva. Met netje rond de fles en de hout-en-vanillegeur van ouwerwetse Spanjaard erin, al begint hij wel een oude, saggerijnig droge afdronk te krijgen. Anderhalf. 13%.

MEZQUIRIZ, VALDEPEÑAS, TEMPRANILLO 2006 € 2,89

Stevig fruit, beetje kaal en hard. Anderhalf. 13%.

ROOD SPANJE - VERENIGDE STATEN

VEGA DEL CEGA, VALDEPEÑAS, TINTO 2006 € 2,49

Vaal fruit, roestige tannines, droppig. 12,5%.

VERENIGDE STATEN
BAYWOOD, CALIFORNIA, RUBY CABERNET 2006 € 2,39

Je moet goed opletten en een beetje geluk hebben, maar dan zie je ze af en toe nog. Echte ouwe mannetjes. Ja, ik weet, daar zijn er genoeg van, verpleegtehuizen vol, maar ik bedoel het ware ouwerwetsche ouwe mannetje. Ze zijn er in verschillende variaties, maar vast kenmerk is een wat verfrommeld morsig te klein Inspecteur-Frosthoedje. Het mooiste exemplaar zag ik ooit in Overijssel. Op een landweggetje, te paard. Vale regenjas, boerse rode kop, al maanden vergeten het kunstgebit in te doen, blijmoedig de wereld inkijkend, en: klompen! Dat laatste is zeldzaam, maar zo eentje die ik om de zoveel tijd bij mij in de buurt tref, in stofjas met degelijke boodschappentas, gezellig in zichzelf mompelend langs een kapotgeknauwde bolknak, of, een wijk verderop, op een bankje met een vooroorlogse thermosfles naast zich, lachend om een mop die hij zichzelf verteld heeft, dat geeft de mens weer moed. Maar, hoe zonnig ik na zo'n mannetje weer door de wereld fiets, de toekomst zie ik duister in. Want zie de jeugd van tegenwoordig. De laatste mode in al z'n varianten tot ze twintig zijn, daarna strak in het pak, of, indien wat minder goed van start gegaan, ruim in het mintgroene double-breasted met stekeltjesgelhaar, allemaal voorzien van iPod, sportschoolabonnement en versterkende vitaminen. Hoe moeten die nu ooit echte ouwe mannetjes worden? Dat tuig is op hun negentigste waarschijnlijk nog net zo hip als hun achterkleinzoons! Of ze drinken dit en leggen binnen de kortste keren het loodje, postuum nog meurend naar het fruitellafruit en de doorlopen schoenzolen waar het van is gemaakt. Kortom: hoogste tijd om een paar van die mannetjes te vangen en te vriesdrogen, tot ze gekloond kunnen worden,

ROOD ZUID-AFRIKA

want we zullen er nog behoefte aan hebben in de toekomst, wat ik u brom. De jeugd mag dan wel van alles zuipen, snuiven en slikken, het recept om een oud mannetje te worden is toch: jonge jenever en goedkope sigaren. 12,5%.

ZUID-AFRIKA

PAARL, MERLOT 2007 € 3,29

Droppig, wrang. 14%.

PAARL, SHIRAZ CABERNET SAUVIGNON 2007 € 2,69

Rubberig, wrang. 14%.

SPRING VALLEY, PAARL, CABERNET SAUVIGNON 2006 € 2,69

Een jaar geleden zachtfruitig, deze 2006, nu uitdrogend. Remsporen in de afdronk. 14%.

WESTERN CAPE, PINOTAGE 2007 € 2,69

Snoepjesfruit, rubberig. Ook deze weer: niet direct voor consumptie geschikt, maar ook niet echt goor. Jammer. Gemiste kans. 14%.

DE BESTE WIJNEN VAN LIDL

Wit

1 **South eastern australia, chardonnay 2007** € 2,59
   Australië

2 **Chardonnay sauvignon blanc, valle central 2007** € 2,69
   Chili

3 **Chenin blanc, paarl 2007** € 2,69
   Zuid-Afrika

Rosé

Dat alle rosé hier zó vies is,
dat is toch best een prestatie.
Hulde, Lidl!

Rood

1 **Cimarosa, valle central,
   cabernet sauvignon 2007** € 2,99
   Chili

2 **Barceliño, catalunya 2004** € 3,99
   Spanje

3 **Côtes du Roussillon 2006** € 1,99
   Frankrijk - Languedoc-Roussillon

4 **Bordeaux 2006** € 2,09
   Frankrijk - Bordeaux

5 **Côtes du Rhône 2007** € 2,29
   Frankrijk - Rhône

MCD

▷ Spreiding: Gelderland, Noord-Brabant,
  Utrecht en Zuid-Holland
▷ Aantal filialen: 25 + 20 niet formulegebonden vestigingen
▷ Marktaandeel: 0,45% + groothandel Boon 0,7%
▷ Voor meer informatie: www.mcd-supermarkt.nl

Er zijn 99 wijnen geproefd, waarvan:
▷ Wit   30
▷ Rosé   17
▷ Rood   52

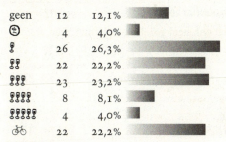

geen	12	12,1%
☻	4	4,0%
♟	26	26,3%
♟♟	22	22,2%
♟♟♟	23	23,2%
♟♟♟♟	8	8,1%
♟♟♟♟♟	4	4,0%
🚲	22	22,2%

Waardering in aantal wijnen en als percentage van het assortiment

WIT

AUSTRALIË

HUISWIJN, AUSTRALIË WIT (LITER) € 3,99

South Eastern Australia. Simpel maar zacht (snoepjes)fruitig. Anderhalf 🍷. Geen oogstjaar. 13%.

SUNNY MOUNTAIN, CHARDONNAY 2007 € 2,99

Kunststofbouquet – van gerecyclede vuilniszakken waarschijnlijk. Met inhoud. 13,5%.

CHILI

EL DESCANSO RESERVA, € 5,49
VALLE DE CURICÓ, CHARDONNAY 2007

Deftige maar toch ook heel gezellige wijn met zeer beschaafd fruit en een lange, vrolijke afdronk. 13,5%.

EL DESCANSO, VALLE CENTRAL, CHARDONNAY 2008 € 4,79

Vrolijk, sappig, welopgevoed. Heel ruim 🍷🍷🍷. 13,5%.

EL DESCANSO, VALLE CENTRAL, € 4,79
SAUVIGNON BLANC 2008

Vrolijke voorjaarsfrisse sauvignon. Heel ruim 🍷🍷. 13,5%.

INDOMITA VARIETAL, CENTRAL VALLEY, € 3,69
SAUVIGNON BLANC 2007

Smaakt nou niet bepaald overtuigend naar sauvignon, maar oppassend fruitig. Krap 🍷🍷. 12%.

VIÑA MAIPO, VALLE CENTRAL, CHARDONNAY 2007 € 3,89

Schraal fruit, met armetierige zuren. 13%.

FRANKRIJK
BOUQUET D'OR BRUT, VIN MOUSSEUX € 7,49

Riekt naar aangebrand plastic speelgoed met loszittende deeltjes, kan de peutergezondheid ernstig schaden, niet geschikt voor minderjarigen, bevat gewelddadige scènes. 11%.

Bourgogne
BOURGOGNE CHARDONNAY 2007 € 5,50

Van de coöp te Buxy, sinds jaar en dag vermaard vanwege z'n prima bourgognes zonder poespas. Chardonnay die, ook op dit instapniveau, onmiskenbaar bourgogne is. Sappig, fijn van zuren, verleidelijk. 13%.

Elzas
JEAN ROSEN, ALSACE, PINOT BLANC 2007 € 4,99

Vriendelijk zachtfruitig. Ruim. 12,5%.

JEAN ROSEN, GEWÜRZTRAMINER 2007 € 8,39

Gewurztraminer, de aftershave van de wijnwereld, is af en toe toch echt wijn. Heel deftige wijn zelfs, hier bij Jean Rosen. Dit jaar minder uitbundig, maar toch weer vol sappig fruit, geurend naar abrikozen, rozengeur en maneschijn. Geen geld voor gewurzbegrippen. 13%.

JEAN ROSEN, PINOT GRIS 2007 € 7,99

Rijker dan pinot blanc, dit jaar mooi slank. Ingetogen. Geen blingbling, een beschaafde edoch opulente fruitmand. Heel ruim. 13%.

JEAN ROSEN, RIESLING 2007 € 5,39

Frisfruitig, geen lachebekje, brildragend. 12%.

WIT FRANKRIJK

KASTELBOURG, ALSACE, PINOT BLANC RÉSERVE 2007 € 4,10

Grijzemuizenzachtfruitig. Netaan. 12%.

Vin de pays

CAVEAU, VIN DE PAYS DES CÔTES DE GASCOGNE € 2,49

Vlak en kaal met een afdronk van nat karton. Geen oogstjaar. 11,5%.

HUISWIJN WIT DROOG, € 2,89
VIN DE PAYS DES CÔTES DE GASCOGNE (LITER)

Frisfruitig met flink wat zuurtjes. Geen oogstjaar. 11,5%.

HUISWIJN WIT HALFZOET, € 3,19
VIN DE PAYS DES CÔTES DE GASCOGNE (LITER)

Zachtfruitig met een bescheiden zoetje. Geen oogstjaar. Anderhalf. 11,5%.

JEAN LOUIS CEVENNE, VIN DE PAYS DES CÔTES € 2,69
DE GASCOGNE, BLANC DE BLANCS 2006

Chenetkloon van druiven colombard en ugni blanc. Voor z'n leeftijd nog redelijk fris zuurtjesfruit. 12%.

JEAN SABLENAY, VIN DE PAYS DU VIGNOBLE DE FRANCE, € 3,15
SAUVIGNON BLANC 2007

Frisfruitig. Beetje kaal. Netaan. 12%.

Zuidwest

FLEUR D'OR, MONBAZILLAC 2006 (HALFLITERFLESJE) € 5,99

Met de complimenten van Iemand die een kwart eeuw geleden de Beste Sommelier ter Wereld was, maar deze wijn op 11 september 2007 nog geproefd heeft. Zo mooi als hij kan ik het niet zeggen, maar: sjiek-de-friemel zoet. U weet hopelijk dat zoete wijn, hoe goed ook, niet mag van God? 13%.

WIT ITALIË - ZUID-AFRIKA

ITALIË

CANEI, VINO FRIZZANTE € 2,99

Schuimt, zoetig, riekt als een scheef dichtgeknoopte vrijgezel die elke vrijdag opnieuw ontdekt dat het openbare badhuis sinds 1997 een grandcafé is. 8,5%.

MONTALTO, SICILIA, GRECANICO-CHARDONNAY 2007 € 4,99

Vol fruit, kruiden en zomerzon. Heel ruim. 13%.

MONTALTO, SICILIA, PINOT GRIGIO 2007 € 4,99

Sappig zachtfruitig. Heel ruim. 13%.

VENETIO, PROSECCO VENETO FRIZZANTE € 3,45

Schuimt. Niet voor consumptiedoeleinden bedoeld. 10,5%.

SPANJE

CAVEAU, LA MANCHA, AIRÈN € 2,49

Huiswijn van het Tenenkaasimperium. 11%.

ZUID-AFRIKA

BERG SCHADUW, WESTERN CAPE, € 3,99
SAUVIGNON BLANC 2008

Beetje snoepjesachtig, maar wel een sappige sauvignon. Netaan. 12,5%.

DRAKENKLOOF, CHENIN BLANC/CHARDONNAY 2008 € 4,49

Vriendelijk sappig zachtfruitig. Heel ruim.

HOOP HUIS, WESTERN CAPE, CHENIN BLANC 2008 € 2,89

Zacht snoepjesfruit. 13,5%.

€ 3,85

WIT ZUID-AFRIKA

HUISWIJN ZUID-AFRIKA WEST-KAAP CHENIN (LITER)

Simpel maar zacht frisfruitig. Anderhalf 🍷. Geen oogstjaar. 12,5%.

KAAPSE ROOS, CHENIN 2008 € 4,99 🍷🍷

Vol fris perenfruit. Heel ruim 🍷🍷.

ROSÉ

CHILI

EL DESCANSO, CENTRAL VALLEY, SHIRAZ ROSÉ 2008 € 4,79

Stoere bekvol fruit. 13%.

QUÉ MAS ROSÉ 2008 € 2,35

Volbloedige warme bordeauxachtige rosé, rijk aan kleur, geur en smaak, breed opgezet door Bob Ross in zijn betere dagen. Herfstrosé. 13,5%.

VIÑA MAIPO, VALLE CENTRAL, MERLOT ROSÉ 2008 € 3,80

Zuurtjesfruit. Bijtzuren. 12,5%.

EUROPA

JEAN LOUIS CEVENNE, ROSÉ € 2,75

Jean Louis oogst waar het hem uitkomt. Spanje, Frankrijk, of, zoals nu weer, in de afvoerputjes van de Europese wijnplas. Lichtschimmelig zuurtjesfruit vind je daar. Geen oogstjaar. 12,5%.

FRANKRIJK

BOUQUET D'OR BRUT, DRY ROSÉ € 7,49

De witte versie staat van overheidswege geregistreerd als een heel enge bedreiging van de geestelijke en lichamelijke volksgezondheid. En ook deze roze variant riekt als ruftende Teletubbies aan lager wal die leven van bukshag en wat ze verder in de goot vinden waar helaas ook blote blaadjes bij zijn. 11%.

HUISWIJN ROSÉ HALFZOET, € 3,29
VIN DE PAYS DU COMTÉ TOLOSAN (LITER)

Friszoet, vrolijk, beet. Gezellig mollig. Geen oogstjaar. 12%.

ROSÉ FRANKRIJK - SPANJE

HUISWIJN ROSÉ, € 3,15
VIN DE PAYS DU COMTÉ TOLOSAN (LITER)

 Betrouwbaar, maar niet saai. Lekker en vol sappig rood fruit. Geen oogstjaar. 12%.

JEAN SABLENAY, VIN DE PAYS DU VAL DE LOIRE, € 3,15
CABERNET FRANC ROSÉ 2007

Goed van geur, je ruikt zelfs wat cabernet franc, maar helaas snoepjesachtig zoet in de mond. 11%.

ITALIË
MONTALTO, SICILIA, NERO D'AVOLA ROSATO 2007 € 4,99

Breedgeschouderd van kleur, geur en smaak, tevens invoelend en begrijpend en vol fruit. 13%.

VENETIO, RABOSO, ROSATO MARCA TREVIGIANA € 4,20

Maar: Canei is nog erger! 11%.

SPANJE
BIANTE, CAMPO DE BORJA, ROSADO 2007 € 2,49

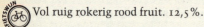 Van druif garnacha. Vol rijp en zacht kersenfruit. Heel ruim. 13,5%.

TESORO, BULLAS, MONASTRELL ROSADO 2007 € 2,89

Vol ruig rokerig rood fruit. 12,5%.

VEGA LIBRE, UTIEL-REQUENA 2006 € 2,25

Rosado van puur bobal, zie de rode Vega Libre. Nog steeds fruitig, maar op leeftijd, vermoeid. Niet meer ruim, niet meer het omfietsen waard. We kijken uit naar de 2007. Of 2008, al naar gelang wanneer u dit leest. Onbegrijpelijk: zo goedkoop en lekker, en u laat het stomweg staan! 12%.

ROSÉ ZUID-AFRIKA

ZUID-AFRIKA

BERG SCHADUW, WESTERN CAPE, PINOTAGE ROSÉ 2008　　€ 3,99

Zuurtjesfruit. 13,5%.

HOOP HUIS, ROSÉ 2008　　€ 2,90 ♢

Zacht snoepjesfruit. 14%.

KAAPSE ROOS, ROSÉ 2008　　€ 4,99 ♢♢

Heel vriendelijke zachtmoedige rosé vol zacht rijp fruit. Heel ruim ♢♢.

LANDENWIJN ZUID-AFRIKA,　　€ 3,85 ♢
WEST-KAAP, PINOTAGE ROSÉ (LITER)

Vol stevig (snoepjes)fruit. Anderhalf ♢. 14%.

ROOD

ARGENTINIË
TANGO DUO, RED WINE € 2,59

Meer drop dan fruit. Geen oogstjaar, maar proeffles was de 2008. 12,5%.

AUSTRALIË
HUISWIJN, DRY RED AUSTRALIË, € 3,95
SOEPEL EN FRUITIG (LITER)

Onbestemd fruitig, wat droppig. Anderhalf. 13,5%.

SUNNY MOUNTAIN, SOUTH EAST AUSTRALIA, DRY RED € 3,05

Zachtfruitig. Dun. Netaan. Geen oogstjaar. 13,5%.

CHILI
EL DESCANSO, VALLE CENTRAL, € 4,79
CABERNET SAUVIGNON 2008

Veel rood fruit, veel charme. Niet heel subtiel, wel erg lekker. 14%.

EL DESCANSO, VALLE CENTRAL, CARMENÈRE 2008 € 4,79

Net als de cabernet vol fruit en charme, maar een beetje tam en ik mis dat karakteristieke carmenèregeurtje, dus vandaar dat het geen omfietswijn is. 13,5%.

EL DESCANSO, VALLE CENTRAL, MERLOT 2008 € 4,79

Veel rijp bessenfruit, wat comfortabel leer, mooie heldere smaak die heel lang nablijft. Hoelang? Zeker tot de volgende slok... 14%.

HUISWIJN CHILI ROOD, CENTRAL VALLEY, € 3,85
CABERNET SAUVIGNON 2007 (LITER)

Slanke cabernet met donker fruit en bescheiden tannine. Heel ruim. 14%.

ROOD CHILI - FRANKRIJK

INDOMITA VARIETAL, MAIPO VALLEY, € 3,85
CABERNET SAUVIGNON 2007

Vol rijp en sappig cabernetfruit, dat zoals u weet aan zwarte bessen doet denken. 14%.

QUÉ MAS, CENTRAL VALLEY, CABERNET MERLOT 2007 € 2,30

Simpele maar sappige elegante 'bordeaux' uit Chili. Prima. Geen geld. Lekker lelijk etiket ook. 14%.

VIÑA MAIPO, VALLE CENTRAL, CARMENÈRE 2007 € 3,80

Niks carmenère. Dropwijn! 13%.

FRANKRIJK
Beaujolais
BEAUJOLAIS 2007 € 3,99

Van de *Cave de Bully en Beaujolais*. Met schroefdop! Zuurtjesfruitig. 12,5%.

BEAUJOLAIS-VILLAGES 2007 € 4,59

Van de *Cave des Vignerons de Bel Air*. Zuurtjesfruitig. 12,5%.

Bordeaux
CHÂTEAU DAVID, BEAULIEU, € 3,99
BORDEAUX SUPERIEUR 2006

Ook dit jaar weer: deftige bordeaux met lekker veel bessenfruit. 13%.

CHÂTEAU PESSANGE, MÉDOC 2007 € 4,65

Goedgemanierde bordeaux volgens de boekjes. Sappig bessenfruit, laurier, elegant. Beetje streng en zo hoort dat ook. 12%.

ROOD FRANKRIJK

CHÂTEAU PRADEAU, MAZEAU, €4,99
BORDEAUX GRANDE RÉSERVE 2007

Slank en sappig. Bessenfruit, beschaafde tannine. Gewoon, deftige bordeaux. 12,5%.

Bourgogne
BOURGOGNE PINOT NOIR VIEILLES VIGNES 2007 €5,55

🚲 Van de verenigde wijnboeren uit Buxy. Naast zeer serieuze bourgognes geproefd, waarna deze vrolijk de avond won. Sappig fruit, echt pinot, echt bourgogne. Licht, helder, subtiel. Koelen. 13%.

Languedoc-Roussillon
CHÂTEAU LA PAGEZE, €4,99
COTEAUX DU LANGUEDOC LA CLAPE 2007

🚲 Prachtwijn vol rood fruit, subtiel geurend naar het zonnige Zuid-Frankrijk. Deftige wijn voor geen geld. Eigenlijk !!!!!!! 13,5%.

CHÂTEAU ROUVIÈRE, MINERVOIS 2007 €3,99

🚲 Vrolijk rood fruit, kruiden en specerijen en een vleug cacao. Soepel en spannend. Feest voor geen geld.

CROUZET 'LES SARIETTES', €4,99
COTEAUX DU LANGUEDOC SAINT SATURNIN 2007

Prima te drinken, maar stukken minder dan de 2006. Vriendelijk rood fruit, kruiden. 13%.

DOMAINE DE COMBE GRANDE, CORBIÈRES 2007 €3,99

🚲 Sappig rood fruit, wat specerijen, piets cacao, lekkere hap tannine.

DOMAINE TRIANON, SAINT-CHINIAN 2007 €4,99

Stuk minder subtiel en spannend dan eerdere jaren, wel vol sappig donker fruit met fiks wat cacao. 13%.

ROOD FRANKRIJK

Rhône

CHAIS DU BÀTARD, CHÂTEAUNEUF DU PAPE 2006 € 12,39

Rijp donker fruit, specerijen, fiks wat alcohol. Ruikt verfijnder dan hij smaakt. Meer een stevige – en dure! – côtes du rhône dan de ware *pape*. 14%.

CHÂTEAU LA CROIX, CÔTES DU RHÔNE 2007 € 4,79

Donker rijp fruit, dure chocola, tannine om je tanden in te zetten. Heel ruim. 13,5%.

CROZES-HERMITAGE 'LES AFFÛTS' 2006 € 8,79

Sombere, wat verlopen crozes. Je ruikt en proeft wat noordrhônesyrah, maar ook wat maggi en barse tannine. 13%.

GRANDE RESERVE, CÔTES DU RHÔNE VILLAGES 2007 € 4,99

Soepeler dan de krachtige 2006, rood fruit in plaats van het stevige donkere fruit. Dit jaar zonder omfietsadvies, maar nog steeds een prima rhône. Heel ruim. 14%.

Vin de pays

CAVEAU, VIN DE PAYS D'OC € 2,49

Echte, ouderwets vaalfruitige wrange landwijn. Heel heel klein. Geen oogstjaar. 12,5%.

HUISWIJN ROOD, VIN DE PAYS DE L'AUDE, € 3,15
FRUITIG EN SOEPEL (LITER)

Zo fruitig als een onrijpe braam. 12,5%.

JEAN LOUIS CEVENNE, € 2,75
VIN DE PAYS D'OC, CABERNET-SYRAH 2007

Kaal, dropjesachtig. Krap. 13,5%.

JEAN SABLENAY, VIN DE PAYS D'OC, € 3,09
CABERNET SAUVIGNON 2007

Sappig donker fruit. Fiks wat tannine. 13,5%.

ROOD FRANKRIJK - ITALIË

JEAN SABLENAY, VIN DE PAYS D'OC, MERLOT 2007 € 3,09

Vriendelijk fruitig. Piets droppig. 13,5%.

LANDENWIJN FRANKRIJK ROOD, € 3,85
VIN DE PAYS DU COMTÉ TOLOSAN (LITER)

Wat somber donker fruit. Geen oogstjaar. 12%.

Zuidwest
BUZET, MERLOT CABERNET 2007 € 3,99

Er zijn nogal wat buzets. Deze heeft een schroefdop, en een mooi etiketje uit 1953. Cabernet blijkt voor beide cabernets te staan, sauvignon en de franc, de stijl is bordeaux. Sappig fruitig zowaar dit jaar! Nog nooit meegemaakt bij Buzet. 12,5%.

ITALIË
BORGOANTICO, PUGLIA ROSSO 2006 € 3,79

Licht, maar niet dun, en vol van geur en smaak. Zomerrood. Rijp fruit, specerijen, vleug chocola, een wijn voor bij de betere barbecue. En toch een keurige 12%.

MONTALTO, SICILIA, NERO D'AVOLA 2007 € 4,99

Slanker dan de 2006, en dat doet 'm goed. Vol sappig donker fruit. 13,5%.

MONTALTO, SICILIA, SANGIOVESE-SYRAH 2007 € 4,99

Slank als goede chianti, plus pit en peper van de syrah. 13,5%.

SENSI, CHIANTI 2007 € 4,25

Zurig fruit. Drinken bij verpieterde pizza. 12,5%.

VILLA MONDI, BARDOLINO 2007 € 2,99

Aangebrand fruit, waterig. 12%.

ROOD SPANJE

SPANJE

BIANTE, CAMPO DE BORJA, TINTO 2007 € 2,49

 Smaakt zoals je hoopt dat beaujolais smaakt. Barstensvol vrolijk kersenfruit. Gratis. Kopen. Koelen. 13,5%.

CASTILLO DE MORAL, VALDEPEÑAS, € 4,29
TEMPRANILLO, CRIANZA 2002

Beetje zacht fruit, wat hout: ouderwetse en inmiddels beetje belegen Spanjaard. Anderhalf. 13%.

CASTILLO DE MORAL, VALDEPEÑAS, € 4,99
TEMPRANILLO, RESERVA 2003

Tobberig fruit, mistroostig plankje hout, misnoegde tannines. 13%.

CASTILLO DE PASTORES, VALDEPEÑAS CRIANZA 2004 € 3,99

Fruit en hout, kaal en wrang. 13%.

CASTILLO DE PASTORES, € 6,20
VALDEPEÑAS GRAN RESERVA 2001

Saaie plankjesreserva. Wel met wat fruit. Beetje wrang. Anderhalf. 13%.

CASTILLO DE PASTORES, VALDEPEÑAS RESERVA 2003 € 4,45

Saaie plankjesreserva. Wel met wat fruit. Wrang droog end. 13%.

ESTOLA, LA MANCHA, RESERVA 2004 € 4,15

De eeuwige reserva, al talloze jaren ieder oogstjaar hetzelfde: een kistje wat wee fruit. Ruim.

FINCA DE LABARCA, RIOJA JOVEN 2007 € 3,55

Schimmelig. 13%.

ROOD SPANJE - ZUID-AFRIKA

TESORO, BULLAS, MONASTRELL TINTO 2007 € 2,89 🍷🍷🍷

Murcia, Zuidoost-Spanje. Druif: de hartverwarmende monastrell. Donkerder fruit dan de 2006, meer tannine ook, extra cacao en specerijen dit jaar. Wat stoerder kortom, maar net zo spannend en lekker. Heel ruim 🍷🍷🍷. 13,5%.

VEGA LIBRE, UTIEL-REQUENA 2007 € 2,25 🍷🍷

Rood fruit en wat specerijen, vriendelijk, sappig, maar helaas niet de charme van de 2006 die vorig jaar het omfietsen waard was. Desalniettemin prima voor zo weinig geld. Koelen is een goed idee. 12%.

VERENIGDE STATEN
HILLS OF CALIFORNIA, CABERNET SAUVIGNON 2006 € 2,69 🍷

Winegums en drop, maar ook echt fruit. 13%.

ZUID-AFRIKA
BERG SCHADUW, RUBY CABERNET/CINSAUT 2007 € 3,89 🍷🍷

Sappig rood fruit. Met een vleug remsporenbouquet, dat wel. 13%.

HOOP HUIS, WESTERN CAPE, DROË ROOI 2007 € 2,79 🍷🍷

Simpel, maar sappig fruitig. Stuk beter dan het was. Geen geld. 14%.

HUISWIJN ZUID-AFRIKA (LITER) € 3,85 🍷🍷

Stevig donker fruit, aards. Anderhalf 🍷. Geen oogstjaar. 14%.

KAAPSE ROOS, ROOIWYN 2008 € 4,99 🍷🍷

Vrolijk sappig rood fruit met een stoere aardse ondertoon. Heel ruim 🍷🍷.

DE BESTE WIJNEN VAN MCD

Wit

1. **Jean Rosen, gewurztraminer 2007** — € 8,39
   Frankrijk - Elzas

2. **El Descanso reserva,**
   valle de curicó, chardonnay 2007 — € 5,49
   Chili

3. **Bourgogne chardonnay 2007** — € 5,50
   Frankrijk - Bourgogne

4. **Fleur d'Or, monbazillac 2006 (halfliterflesje)** — € 5,99
   Frankrijk - Zuidwest

5. **El Descanso, valle central, chardonnay 2008** — € 4,79
   Chili

Rosé

1. **Qué Mas rosé 2008** — € 2,35
   Chili

2. **Biante, campo de borja, rosado 2007** — € 2,49
   Spanje

3. **Tesoro, bullas, monastrell rosado 2007** — € 2,89
   Spanje

4. **Huiswijn rosé, vin de pays du comté tolosan (liter)** — € 3,15
   Frankrijk

5. **Huiswijn rosé halfzoet,**
   vin de pays du comté tolosan (liter) — € 3,29
   Frankrijk

Rood

1. **Château Rouvière, minervois 2007** — € 3,99
   Frankrijk - Languedoc-Roussillon

2. **Château la Pageze,**
   coteaux du languedoc la clape 2007 — € 4,99
   Frankrijk - Languedoc-Roussillon

3. **Bourgogne pinot noir vieilles vignes 2007** — € 5,55
   Frankrijk - Bourgogne

4. **Biante, campo de borja, tinto 2007** — € 2,49
   Spanje

5. **Domaine de Combe Grande, corbières 2007** — € 3,99
   Frankrijk - Languedoc-Roussillon

MITRA

▷ Spreiding: landelijk
▷ Aantal filialen: 304
▷ Voor meer informatie: www.mitra.nl

Er zijn 289 wijnen geproefd, waarvan:
▷ Wit   105
▷ Rosé   32
▷ Rood 152

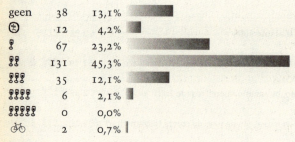

Waardering in aantal wijnen en als percentage van het assortiment

WIT ARGENTINIË

WIT

ARGENTINIË
C DRY WHITE SELECTION € 3,99

'De wijnmakers selecteren de beste druiven voor deze heerlijke wijn, die ze trots "C" noemen.' Weinig fantasie, of bij het leren van het alfabet niet heel ver gekomen. Als er zoiets staat als 'de beste druiven', zonder verder specifieke soorten te noemen, kun je er trouwens donder op zeggen dat dit de wijn is die ze maken van alle druiven die ze nog over hadden. Dat hoeft niet erg te zijn: een goede wijnboer maakt ook van z'n simpelste wijn een feestje. Dit zijn geen goede wijnboeren. Zachtfruitig, vlak. Netaan. 13%.

CALLIA ALTA RESERVA, SAN JUAN, € 6,99
CHARDONNAY-VIOGNIER-PINOT GRIS 2007
Snoepjesfruit met plastic bouquet. Krap. 12,5%.

CALLIA BELLA, SAN JUAN, CHARDONNAY 2007 € 5,99
Zuurtjesfruit. Netaan. 13,5%.

MON DOMAINE, ARGENTINA BLANCO, € 3,49
MENDOZA, CHARDONNAY/TORONTES
Spellen gaat moeizaam, wijnmaken beter: zachtfruitig met de kenmerkende muskaatgeur van druif torrontés (want zo schrijf je dat). Geen oogstjaar. 13%.

TRIVENTO RESERVE, MENDOZA, CHARDONNAY 2007 € 6,49
Zachtfruitig met hout. Krap. 14%.

TRIVENTO TRIBU, MENDOZA, CHARDONNAY 2008 € 5,29
Zachtfruitig. Krap. 13,5%.

WIT ARGENTINIË - CHILI

TRIVENTO TRIBU, MENDOZA, SAUVIGNON BLANC 2008 € 5,29

Frisfruitig. Krap 12,5%.

TRIVENTO, BRISA DE OTOÑO, MENDOZA 2007 € 7,99

'Tardio, late harvest', meldt een extra etiketje. Van druiven sauvignon blanc en viognier volgens het achteretiket. Plus *oak-aging*. 'Nounou, kraaienpootjes, liefdeshandvaten, eikveroudering... Daar helpt geen botox tegen, dat wordt cosmetisch ingrijpen.' Zoet. 13,5%.

TRIVENTO, MENDOZA, € 4,49
CHARDONNAY – TORRONTÉS 2008

Zachtfruitig, maar ruikt meer naar de zuurtjesafdeling dan naar torrontés. 13%.

AUSTRALIË

ANGOVE'S, BEAR CROSSING, € 5,99
SOUTH AUSTRALIA, CHARDONNAY 2006

Zachtfruitig. 13,5%.

HARDYS VARIETAL RANGE, € 5,99
SOUTH EASTERN AUSTRALIA, CHARDONNAY 2006

Zachtfruitig. 13%.

HARDYS VARIETAL RANGE, € 5,99
SOUTH EASTERN AUSTRALIA, SAUVIGNON BLANC 2007

Fris/zachtfruitig. 12%.

MON DOMAINE, AUSTRALIA WHITE, € 3,49
SOUTH EASTERN AUSTRALIA, SEMILLON/CHARDONNAY

Zacht(snoepjes)fruitig. Netaan. Geen oogstjaar. 13%.

CHILI
ARAUCO RESERVA, MAULE VALLEY, CHARDONNAY 2007 € 7,49

Zachtfruitig met wat zeepsop.

WIT CHILI

ARAUCO, CENTRAL VALLEY, SAUVIGNON BLANC 2007   € 4,99

Stinkt naar gas, doet een poging tot frisfruitig en komt dan geniepig terug met een gaslek in de afdronk. Zeer waarschijnlijk dus geen sauvignon, maar de infame druivensoort sauvignonasse, die volgens sommige druivenprofessoren heel in de verte verwant is aan de sauvignon, volgens anderen eigenlijk tocai friulano heet, in Chili ook wel sauvignon vert wordt genoemd en volgens iedereen een druif is om te vermijden. Maar ja, er groeit een heleboel sauvignonasse in Chili... 12,5%.

CONO SUR 20 BARRELS, CASABLANCA VALLEY, SAUVIGNON BLANC 2005   € 24,99

Keurige sauvignon. Wel wat alcoholisch en vijf keer te duur. 13,5%.

CONO SUR LIMITED RELEASE, BIO-BIO VALLEY, GEWURZTRAMINER 2007   € 6,99

Keurige gewurz, vol bloesemgeur. Heel ruim. 13,5%.

CONO SUR LIMITED RELEASE, CASABLANCA VALLEY, VIOGNIER 2007   € 6,99

Keurige viognier, geurend naar abrikozen, vol rijp fruit. Heel ruim. 13,5%.

CONO SUR RESERVE, CASABLANCA VALLEY, CHARDONNAY 2005   € 10,99

Bekvol fruit. Nogal alcoholisch. 13,5%.

CONO SUR, VALLE CENTRAL, CHARDONNAY 2007   € 5,49

Zachtfruitig. 13,5%.

CONO SUR, VALLE CENTRAL, CHARDONNAY 2008 (375 ML)   € 4,49

Zachtfruitig. 13,5%.

WIT CHILI - DUITSLAND

CONO SUR, VALLE CENTRAL, SAUVIGNON BLANC 2007   € 5,49

Fris zachtfruitig. Netaan. 13%.

MON DOMAINE, CHILE BLANCO,   € 3,49
CENTRAL VALLEY, SAUVIGNON BLANC

Een sauvignon met meer dan 13% alcohol dien je te wantrouwen. En terecht: frisfruitig, maar ontsierd door een fikse dot alcohol. Geen oogstjaar. 13,5%.

TOCONAO, VALLE CENTRAL,   € 4,49
SAUVIGNON BLANC/SEMILLON 2007

Zachtfruitig, maar riekt niet helemaal fris. 12,5%.

DUITSLAND

EISWEIN 2004 (375 ML)   € 12,49

Zoet. Beetje dun. 10,5%.

JACOB ZIMMERMAN, PFALZ,   € 9,99
BOCKENHEIMER GRAFENSTÜCK, BEERENAUSLESE 2005

Druivig. Zoet. Heel ruim. 8,5%.

MICHEL SCHNEIDER, PFALZ, PINOT BLANC CLASSIC 2007   € 4,99

Niet helemaal klassiek, want mist gifgroene chemische dampen, maar biedt wel wat zwavel en is zo bijtend scherp dat de tranen je in de ogen springen. 12,5%.

MICHEL SCHNEIDER, PFALZ, RIESLING CLASSIC 2007   € 4,99

Ook hier: niet de ware, niet dat echt intens kotsensgore, maar wel lekker muf met in bouquet en afdronk ouwe dweilen en wat rot fruit. Ook weer zo bijtend scherp dat je oren ervan gaan flapperen. 12%.

MICHEL SCHNEIDER, PFALZ, RIESLING LIEBLICH 2007   € 4,99

Snoepjesfruit. Zoet. 10%.

WIT DUITSLAND - FRANKRIJK

RUDOLF MÜLLER, MOSEL-SAAR-RUWER, € 5,49
RIESLING AUSLESE 2006
Zoet en scherp. 8,5%.

RUDOLF MÜLLER, MOSEL-SAAR-RUWER, € 4,99
RIESLING KABINETT 2006
Zachtfruitig, zoetje, bijt. 8,5%.

RUDOLF MÜLLER, MOSEL-SAAR-RUWER, € 4,99
RIESLING SPÄTLESE 2007
Zachtfruitig, zoet. 8,5%.

RUDOLF MÜLLER, MOSEL, € 4,99
BEREICH BERNKASTEL, RIESLING 2007 (LITER)
Beetje fruitig, beetje zoet. 8,5%.

RUDOLF MÜLLER, RHEINHESSEN, AUSLESE 2006 € 3,79
Zachtfruitig, zoeter. 10%.

RUDOLF MÜLLER, RHEINHESSEN, € 3,99
NIERSTEINER GUTES DOMTAL 2007 (LITER)
Beetje fruitig, beetje muf, beetje zoet, beetje scherp. 8,5%.

RUDOLF MÜLLER, RHEINHESSEN, SPÄTLESE 2007 € 3,99
Nogal muf, zoet, scherp. 8,5%.

FRANKRIJK
MORIN PÈRE & FILS, GRAND DUC, BLANC DE FRANCE € 3,99
Simpel, fruitig, beetje vlak. Anderhalf. 12%.

Bordeaux
CELLIER YVECOURT, BORDEAUX MOELLEUX 2006 € 5,49
Muf zoet. 11,5%.

WIT FRANKRIJK

CELLIER YVECOURT, BORDEAUX SAUVIGNON 2007 € 5,49

Schraal en kaal. 12%.

CELLIER YVECOURT, ENTRE-DEUX-MERS 2007 € 5,49

Meer fris dan fruitig. 12%.

CHEVALIER DE PASTEL, € 10,49 🍷
SAUTERNES 2006 (HALFLITERFLESJE)

Duur zoet. 13,5%.

GRAVES SUPÉRIEURES € 5,49 🍷

Van de *Chais Réunis*. Veel geld voor goedkoop zoet. Netaan 🍷. Geen oogstjaar. 12%.

Bourgogne
CHABLIS 2006 € 9,99 🍷

Gebotteld door S.C.A. L.C. Chablis. Met een schroefdop! Hip hoor, in zo'n klassiek gebied. Ruikt en smaakt naar chablis, dus vooruit, een klein 🍷, maar verder voornamelijk naar karton. 12,5%.

MORIN PÈRE & FILS, € 8,99 🍷🍷
BOURGOGNE CHARDONNAY DUC DE BOURGOGNE 2007

Slank, sappig, fruitig. Heel ruim 🍷🍷. 13%.

MORIN PÈRE & FILS, € 10,99 🍷🍷🍷
BOURGOGNE HAUTES-CÔTES-DE-NUITS 2007

Ook slank en sappig, maar sjieker, voller en verfijnder van smaak, langer nablijvend. 12,5%.

MORIN PÈRE & FILS, CHABLIS 2007 € 12,99 🍷🍷🍷

'Jaha,' zegt menig producent en verkoper van accuzuurchablis, 'echte chablis, hè? Die is droog. Retestrak!' Gelukkig is er ook echte chablis, die droog is maar die je kunt drinken

WIT FRANKRIJK

zonder dat de vullingen uit je kiezen vallen en je maagwand opnieuw vastgesoldeerd moet worden. Strak dus, maar met sappig fruit. Helaas wel wat saai, zoals alle wijnen van de brave Morin. 12%.

MORIN PÈRE & FILS, MÂCON-VILLAGES 2005 € 7,49

Vol zacht rijp fruit. Heel ruim. 13,5%.

MORIN PÈRE & FILS, RULLY 2006 € 11,99

Een brave firma, Morin vader & zonen. Niet de bourgognes van je dromen, zwoel, verleidelijk, schofterig lekker, maar wel elegante bourgognes die van elke appellation weer wat anders smaken en waar de duurdere flessen ook meer bieden. Nog weer wat meer diepgang dan de hautes-côtes-de-nuits hier even boven. Heel ruim. 13%.

MORIN PÈRE & FILS, SAINT-VÉRAN 2007 € 11,99

Hoewel deze juist weer wat simpeler is. Vol zacht rijp fruit. Heel ruim. 13%.

Elzas

DOPFF AU MOULIN, ALSACE, GEWURZTRAMINER 2006 € 12,49

Sappig fruit, bloemengeur, bittertje, fiks wat parfum. Gewurz zoals het hoort: hoerig. 13%.

DOPFF AU MOULIN, ALSACE, PINOT BLANC 2006 € 7,99

Fruitig, nogal vlak. Krapaan. 12,5%.

DOPFF AU MOULIN, ALSACE, PINOT GRIS RESERVE 2006 € 12,49

Sappig fruit, nogal simpel. 13%.

DOPFF AU MOULIN, ALSACE, RIESLING 2005 € 9,99

Sappig fruit, nogal groen, fiks wat zuren, beetje hard. Wel echt riesling... 12,5%.

WIT FRANKRIJK

VEILLEUR DE NUIT, ALSACE, PINOT BLANC 2007 € 5,99

Van de Cave de Turckheim. Sappig fruitig. 12%.

VEILLEUR DE NUIT, ALSACE, PINOT GRIS 2007 € 7,99

Van de Cave de Turckheim. Sappig fruitig. Voller, wat luxueuzer dan de pinot blanc. Heel ruim. 13%.

W. GISSELBRECHT, ALSACE, FRONHOLZ, € 12,99
GEWURZTRAMINER 2004

Sappig fruit, bloemengeur. Keurige gewurz. 13%.

W. GISSELBRECHT, ALSACE, € 13,99
GRAND CRU FRANKSTEIN, PINOT GRIS 2003

Vol sappig fruit, de abrikozen en perziken die je volgens de boekjes in pinot gris hoort te vinden, een klein bittertje. Klopt dus, niks mis mee, zij het dat het allemaal wat vlak is, niet de luxueuze weelderige orgiewijn die je verwacht bij grand cru pinot gris. 13%.

W. GISSELBRECHT, ALSACE, € 12,99
GRAND CRU FRANKSTEIN, RIESLING 2002

Niet schrikken: riekt een beetje naar benzine. Is dat nou biobrandstof? Nee. *Pétrol*, noemen de Fransen dat en kenners die menen Franse termen te moeten laten vallen om te tonen dat ze niet van de straat zijn. Het is een geur die oudere riesling soms krijgt en de echte kenners zijn er nog niet uit of dat nou karakteristiek riesling is of een fout. Mits met mate, een vleugje, zoals hier, heeft het wel wat. Intrigerend. Verder groen, druivig en strakdroog. 12%.

WIT FRANKRIJK

Languedoc-Roussillon

MONT TAUCH, € 8,49
MUSCAT DE RIVESALTES (HALFLITERFLESJE)

Ruikt en smaakt naar muskaatdruiven. Heel zoet. Wat krachtiger, wat minder plakkerig dan die hieronder. Heel ruim. Geen oogstjaar. 15,5%.

MUSCAT DE BEAUMES DE VENISE, OR PUR € 12,49

Hé, ruikt en smaakt ook naar muskaatdruiven. Heel zoet. Geen oogstjaar. 15%.

Loire

ACKERMAN, POUILLY-FUMÉ CHANTEGRIVE 2007 € 12,99

Beetje frisfruitig, verder dun, vlak, kaal, zuur. 12%.

Rhône

LA MULE DU PAPE, CÔTES DU RHÔNE 2006 € 4,99

Fruitig, kruidig, sappig. 13%.

Vin de pays

DOMAINE DE SALINE, VIN DE PAYS DE L'ILE DE BEAUTÉ, € 5,49
CHARDONNAY 2007

Fruitig en kruidig. Netaan. 12,5%.

DOMAINE DU GRAND SELVE, € 4,49
VIN DE PAYS D'OC, BLANC 2006

Fruitig, kruidig, nogal zuur. 12,5%.

DOMAINE DU GRAND SELVE, € 4,99
VIN DE PAYS D'OC, CHARDONNAY 2006

Simpel zachtfruitig. Anderhalf. 12,5%.

WIT FRANKRIJK - GRIEKENLAND

DOMAINE PREIGNES LE VIEUX, € 6,29
VIN DE PAYS D'OC, CHARDONNAY DU PETIT BOIS 2007
Sappig fruitig. Prijzig. 13%.

MON DOMAINE, FRANCE BLANC, € 3,49
VIN DE PAYS DU COMTÉ TOLOSAN
Geen oogstjaar. Frisfruitig. Nogal zuur. Netaan. 11,5%.

PREIGNES, VIN DE PAYS D'OC, CHARDONNAY 2004 € 6,99
Zachtfruitig. Belegen. 13%.

Zuidwest
CELLIER JEAN FORESTIER, € 4,99
CÔTES DE BERGERAC MOELLEUX 2006
Muf. Zoet. 11,5%.

COMTE DE CARANSAC, BERGERAC MOELLEUX € 4,49
Zoet. Geen oogstjaar. 11,5%.

LES COLOMBIÈRES, VIN DE PAYS DES CÔTES € 4,99
DE GASCOGNE, COLOMBARD-UGNI BLANC 2007
Frisfruitig, zij het voorzien van een overdaad aan citroenen.
Anderhalf. 12%.

SEIGNEURS DE MONBAZILLAC, MONBAZILLAC 2005 € 8,99
Sjiek zoet. Heel ruim. 13,5%.

GRIEKENLAND
OLYMPIAS, RETSINA € 4,99
Als dennenshampoo annex glibberige haarolie voor Snuf en
Snuitje wellicht het omfietsen waard, maar als wijn, met alle
respect voor eeuwenoude tradities, toch vooral te vermijden.
Rare jongens, die Grieken. Geen oogstjaar. 12%.

GRIEKENLAND - ITALIË

TSANTALI, VIN DE PAYS DE MAKEDONIA, € 5,99
IMIGLYKOS 2007

'Vriendelijke lichtzoete wijn voor uw bezoek' – drink zelf dus liever iets anders – 'voor uw maaltijd' – kookwijn dus – 'of elk gezellig moment' – voor lieden dus die de hele dag door alles naar binnen gieten waar maar alcohol in zit. Persoonlijk advies: laat liever in het schap staan, anders komt er niemand meer bij u op bezoek, zijn uw maaltijden verpest en is de gezelligheid voorgoed uit uw leven verdwenen. Ruikt als ranzige haarolie, smaakt niet bepaald okselfris. 11%.

ITALIË
CANTINA DI MONTEFIASCONE, EST! EST!! EST!!! € 4,99
DI MONTEFIASCONE 2006

'*Est! est!! est!!!*' Eén van de stomste namen uit de ganse wijnwereld. Het waarom en hoe ga ik u niet vertellen, er staat al genoeg onzin in deze gids, maar als u het per se wil weten: de desbetreffende legende staat op het achteretiket. In het Duits, ook nog. De wijn zelf is vaag fruitig en riekt naar een mottige hooiberg. 11,5%.

DUCA DI CASTELMONTE, CENT'ARE, SICILIA, € 5,99
INZOLIA-CHARDONNAY 2007

Fruitig, kruidig. 12,5%.

FAZI BATTAGLIA, € 7,99
VERDICCHIO DEI CASTELLI DI JESI CLASSICO 2007

Niet alleen in de beruchte fles – zie voor uitleg mijn *Tot op de bodem* – ook nog van de uitvinder van die fles. En tot overmaat van ramp voorzien van een opgerold stukje papier dat met plastic stro aan de flessenhals is gebonden. Dat zoiets niet verboden is, het is godgeklaagd. Plus nog een brede hals waar m'n super Screwpull-LM350-kurkentrekker niet omheen

WIT ITALIË

past. Een mens zou er van aan de drank gaan. Desalniettemin ook weer niet zo wanhopig geraakt dat ik me aan de vaagfruitige inhoud vergrepen heb. 12%.

MONTEGUELFO, ORVIETO CLASSICO 2006 € 4,99

Drinken bij een droef gedicht over verlepte groente. 12%.

MURARI, PINOT GRIGIO DELLE VENEZIE 2006 € 5,99 ⊛

Muf. Zompig. Duur!!! 11,5%.

MURARI, SOAVE 2006 € 5,29

Goedkoper en ook nog minder muf! 11,5%.

PELLEGRINO, PANTELLERIA PASSITO LIQUOROSO 2006 € 15,49 ♀♀♀

Riekt naar krentjes en rozijnen. Mierzoet. 15%.

SELLA & MOSCA, VERMENTINO DI SARDEGNA 2006 € 6,99 ♀

Frisfruitig, kruidig, niet de jongste meer. 12%.

TONINO € 4,29 ⊛

Wel een lekker korte naam. Op een extra etiketje wordt, heel voorkomend in het Nederlands, verteld dat 'Signor Tonino zelf het een wijn noemt', het spul uit Sicilië komt en 'altijd smaakt'. Smaken verschillen, zullen we maar zeggen. Zoet, en riekt naar afbijtmiddel uit de categorie met op de verpakking veel doodshoofden, kruisen in rode cirkels, Waarschuwingen met Uitroeptekens en voor het gemak ook alvast het telefoonnummer van de Stichting Orgaandonatie. 8%.

VILLA CERNA, VINSANTO DEL CHIANTI € 26,49 ♀
CLASSICO 1997 (HALFLITERFLESJE)

Zoet, maar ook wat schraal en uitgedroogd. 16,5%.

WIT NEDERLAND - OOSTENRIJK

NEDERLAND
APOSTELHOEVE, LOUWBERG MAASTRICHT, € 15,49
RIESLING 2007

Ja, ik weet het, het is een aardig idee, wijn uit Nederland, heuse wijngaarden in het laagland tussen de traag stromende rivieren. En alle Nederlandse wijnboeren die ik heb ontmoet bleken zeer enthousiaste, gedreven, vriendelijke mensen, maar toch, wat ik tot nog toe heb geproefd is hooguit goed genoeg om aan een buitenlandse zakenrelatie te geven, in de hoop dat-ie het samen met de klompen en het Delftsblauwe windmolentje op zolder in de doos 'goedbedoeld' wegbergt. Deze, Apostelhoeve, de beroemdste Nederlandse wijn, biedt niet meer aan fruit dan een trosje druiven uit de discountaanbieding en bijt nogal op 't end. Geef volgende keer maar weer gewoon jenever, brokkelkaas of Groninger metworst. Of een foto van Guus Hiddink. 11,5%.

NIEUW-ZEELAND
VILLA MARIA, PRIVATE BIN, EAST COAST, € 12,99
CHARDONNAY 2007

Zachtfruitig. 14%.

VILLA MARIA, PRIVATE BIN, MARLBOROUGH, € 12,99
SAUVIGNON BLANC 2007

Voorjaarsfrisse sauvignon met rijp sappig fruit, maar het smaakt, meer nog dan de chardonnay, wel heel technisch, gemaakt, bedacht in het laboratorium. Heel ruim. 13,5%.

OOSTENRIJK
GRÜNER VELTLINER, NIEDERÖSTERREICH 2006 € 6,49

Pas op: bijt! 11,5%.

WIT PORTUGAL - VERENIGDE STATEN

PORTUGAL

GAZELA, VINHO VERDE 2007 € 5,29

Toch schijnt het ter plekke wel drinkbaar te zijn, zegt men. 9%.

QUINT DE AZEVEDO, VINHO VERDE 2007 € 7,49

Maar ja, de mensen zeggen zoveel. Wel wat minder kaal en zuur dan de vorige. 11%.

SPANJE

ANTONIO BARBADILLO, VINO DE LA TIERRA DE CADIZ, € 3,99 ♟
PALOMINO FINA 2006

Zachtfruitig. Anderhalf ♟. 12%.

BODEGAS FRANCO-ESPAÑOLAS, RIOJA BORDÓN 2006 € 4,79 ♟

Simpel frisfruitig. Anderhalf ♟. 12,5%.

MOSCATEL, VALENCIA € 3,99 ♟♟

Simpel zoet. Geen oogstjaar. 15%.

RAIMAT, COSTERS DEL SEGRE, € 6,99 ♟♟
ALBARIÑO CHARDONNAY 2006

Fruitig, beetje hard. Maar netaan ♟♟. 13,5%.

RAIMAT, COSTERS DEL SEGRE, € 9,49 ♟♟
VIÑA 27, CHARDONNAY 2006

Zachtfruitig. 14%.

TORRES, CATALUNYA, VIÑA SOL 2007 € 7,99 ♟

Vlak, kaal. 11,5%.

VERENIGDE STATEN

CUTLER CREST, CALIFORNIA, CHARDONNAY 2006 € 4,49

Snoepjesfruit. 13%.

ZUID-AFRIKA

BAIE DANKIE, CHENIN-COLOMBARD € 3,99

Snoepjesfruit. Geen oogstjaar. 12,5%.

DOUGLAS GREEN, € 8,99
RESERVE SELECTION, WESTERN CAPE, CHARDONNAY 2007

Zachtfruitig met fiks wat hout. 14%.

DOUGLAS GREEN, VINEYARD SELECTION, € 6,99
WESTERN CAPE, CHENIN BLANC 2006

Zachtfruitig. 13,5%.

DOUGLAS GREEN, WESTERN CAPE, € 4,99
CHARDONNAY-VIOGNIER 2007

Sappig zachtfruitig met veel alcohol. 14%.

GOEDGENOEGEN, WESTERN CAPE, € 4,79
CLASSICAL WHITE 2007

Zuur. 12%.

MON DOMAINE, SUID AFRIKA, € 3,49
WESKAAP, CHENIN-COLOMBARD

Snoepjesfruit. Geen oogstjaar. 13%.

MON DOMAINE, SUID AFRIKA, WESKAAP, HANEPOOT € 3,49

Zoetig. Geen oogstjaar. 12%.

VEELPLESIER, PRIVATE SELECTION, € 5,99
WESTERN CAPE, CHARDONNAY 2008

Synthetisch fruit en een dot alcohol. 13%.

ROSÉ

ARGENTINIË

CALLIA BELLA, SAN JUAN, ROSÉ SHIRAZ 2007 € 5,99

Riekt naar motteballen, is zuur! Niet ⊕, omdat dat voor nog erger is, al komen we hier wel in de buurt van Heel Erg. 11,5%.

TRIVENTO TRIBU, MENDOZA, MALBEC ROSÉ 2008 € 5,29 ♉♉

Stevig fruitig. 12,5%.

AUSTRALIË

HARDYS VARIETAL RANGE, € 5,99 ♉
SOUTH EASTERN AUSTRALIA, ROSÉ 2007

'*Allways enjoy Hardys Wines in moderation!*' Geen probleem, ze zetten niet aan tot uitbundig geslemp. Veels te saai. Anderhalf ♉, deze wat snoepjesachtige rosé. 12%.

CHILI

CONO SUR, VALLE CENTRAL, MERLOT ROSÉ 2007 € 5,49 ♉

Fruitig. Beetje scherp. Netaan ♉. 13%.

TOCONAO, VALLE CENTRAL, MERLOT ROSÉ 2007 € 4,49 ♉

Niks met merlot van doen. Kruidig. Anderhalf ♉. 13%.

DUITSLAND

MICHEL SCHNEIDER, PFALZ, € 4,99
DORNFELDER ROSÉ LIEBLICH 2007

Beetje aards, zoetig snoepjesfruit. 11%.

FRANKRIJK

ACKERMAN, ROSÉ D'ANJOU LAMARTE 2007 € 4,99

Jammer, geen echt vieze. Zoet snoepjesfruit. 10,5%.

ROSÉ FRANKRIJK

CELLIER YVECOURT, BORDEAUX ROSÉ 2006 € 5,49

Treurig fruit, bitter end. 12%.

DOMAINE DU GRAND SELVE, € 4,99
VIN DE PAYS D'OC ROSÉ 2007

Zachtfruitig. 12%.

DOMAINE DU GRAND SELVE, € 4,49
VIN DE PAYS D'OC, MERLOT ROSÉ 2007

Minder zachtfruitig dan de vorige. 12%.

DOMAINE PREIGNES LE VIEUX, € 5,29
VIN DE PAYS D'OC, SYRAH DES PINS 2007

Stevig en sappig fruit. 13%.

LA MULE DU PAPE, CÔTES DU RHÔNE 2006 € 4,99

Net als die hierboven niet meer de jongste, maar nog vief en fruitig. Plus een beetje kruidig. 13%.

LES DOMAINES FABRE, CÔTES DE PROVENCE, € 5,99
CUVÉE VILLA GARREL 2006

In de beruchte weerzinwekkende gebochelde Provencefles, maar met zulke fijne poesieplaatjesachtige etiketten met krullen en goud, dat het aandoenlijk is van lelijkheid. Vaag fruitig, nogal dun. 12,5%.

LES SUZERAINS, TAVEL 2006 € 9,99

Fruitig, kruidig, maar de alcohol brandt je de bek uit. 13,5%.

MON DOMAINE, FRANCE ROSÉ, € 3,49
VIN DE PAYS D'OC, GRENACHE

Geen oogstjaar. Fruitig, beetje onrijp. 12%.

MORIN PÈRE & FILS, GRAND DUC, ROSÉ DE FRANCE € 3,99

Simpel, fruitig, beetje dun. Anderhalf 🍷. 12%.

ROSÉ ITALIË - SPANJE

ITALIË
CANEI, VINO FRIZZANTE € 4,29

Schuimt als een dolle hond, smaakt wat zoet, riekt naar velpon, kots en iemand die principieel tegen haarwassen is. 8,5%.

DUCA DI CASTELMONTE, CENT'ARE, SICILIA, ROSATO 2006 € 5,99

Jong, denk ik, een stoere, sappige rosé, maar deze 2006 is nu wat belegen. 12,5%.

SELLA & MOSCA, ALGHERO ROSÉ 2007 € 6,99

Alghero, dan zijn we op Sardinië. Ruikt helaas wat wee, smaakt stoer, fruitig, kruidig. Jammer van die geur, of beter het gebrek eraan. Netaan daardoor. 12%.

PORTUGAL
MATEUS, VINHO DE MESA ROSÉ € 5,29

Schuimt als afwasmiddel. Riekt ook zo, heeft toch ook wat fruitgeur en laat de tong uitgebeten schoon achter. Geen oogstjaar. 11%.

NOBILIS, BAIRRADA, DRY ROSÉ 2006 € 5,29

Overleden. 12%.

SPANJE
BODEGAS FRANCO-ESPAÑOLAS, RIOJA BORDÓN 2006 € 4,79

Belegen fruitig. 12,5%.

BODEGAS OSBORNE, ROSAFINO € 5,99

Rosé van sherryfirma Osborne. Rosé als sherry gemaakt, *rosé met 'n Bite!* Rosé met aftershave, zo te proeven. Prikt, brandt en ook uitwendig gebruik lijkt me niet raadzaam. 13,5%.

ROSÉ SPANJE - ZUID-AFRIKA

FORTIUS, NAVARRA ROSADO 2007 € 5,99

Stevig fruitig. 13,5%.

MON DOMAINE, ESPAÑA ROSADO, VALENCIA € 3,49

Vol sappig fruit. Ruim. Geen oogstjaar. 12%.

RAIMAT, COSTERS DEL SEGRE, ROSADO FRUTAL, € 8,49
CABERNET SAUVIGNON, MERLOT 2006

Belegen. Wacht op een vers jaar. 13%.

TORRES, CATALUNYA, DE CASTA ROSADO 2007 € 7,99

Fruitig, blijft wat bijtend na. Anderhalf. Idioot duur. 13%.

VERENIGDE STATEN

CUTLER CREEK, CALIFORNIA, ZINFANDEL ROSÉ 2006 € 4,49

Overleden. 10,5%.

ZUID-AFRIKA

BLOUBERG € 6,49

'*A fresh, lively rosé wine*', staat er in het handschrift van het soort meisjes die met glittertjesinkt schrijven en een rondje, of ernstiger nog, een hartje als punt op de i zetten. Daarbij ook nog in een weerzinwekkend flesje. Je moet wel volstrekt van de pot gerukt zijn wil je ook maar in de nabijheid van zoiets gezien worden. Wordt dan ook veel verkocht aan schuchterige lieden met toupet en spekzolen die het in feestverpakking – 'mag er zo'n mooie strik om juffrouw en dat u er krullen met een schaar in maakt?' – meetorsen naar hun schimmelige zolderkamertjes, om te mijmeren over hoe het zou zijn als er wel eens iemand op hun verjaardagspartijtje kwam, en, later op de avond, hoe het zou zijn als die iemand dat meisje van de archiefafdeling 'onbehandelde stukken' was, die altijd zo lief hartjes op haar i's zet. Mistroostig zoetig snoepjesfruitig.

ROSÉ ZUID-AFRIKA

DOUGLAS GREEN, WESTERN CAPE, € 4,99
PINOTAGE ROSÉ 2007

Zachtfruitig. 13%.

GOEDGENOEGEN, WESTERN CAPE, € 4,79
CLASSICAL ROSÉ 2007

Stevig fruitig. Anderhalf. 12,5%.

MON DOMAINE, SUID AFRIKA ROSÉ, WESKAAP € 3,49

Geen oogstjaar. Fruitig. Anderhalf. 12,5%.

ROOD

ARGENTINIË

C DRY RED SELECTION €3,99

Zie voor de curieuze naam ArgentiNIë wit. Droppig. 13,5%.

CALLIA ALTA RESERVA, SAN JUAN, €6,99
SHIRAZ-CABERNET FRANC-BONARDA 2007

Interessante druivencombinatie. Kun je een leuke wijn van maken. Volgend jaar dan maar misschien. Deze is onbestemd winegumfruitig met wat plakkerig nablijvende lijmtannine. Anderhalf. 14,5%.

CALLIA BELLA, SAN JUAN, SHIRAZ 2007 €5,99

Winegumfruit, maar fruit. Anderhalf. 14%.

MON DOMAINE, ARGENTINA, MENDOZA, €3,49
SYRAH/CABERNET SAVIGNON

Stoere peperige syrah met sjieke fruitige cabernet en lekker wat tannine om in te bijten. Prima. Geen oogstjaar. 13,5%.

SEPTIMA, MENDOZA, €6,49
MALBEC CABERNET SAUVIGNON 2005

Bekvol rijp donker fruit met deftige tannine. 14,5%.

TRIVENTO GOLDEN RESERVE, MENDOZA, MALBEC 2005 €14,49

Stevig fruit, veel hout. Heel ruim. 14%.

TRIVENTO RESERVE, MENDOZA, €6,49
CABERNET-MALBEC 2006

Stevig fruit, wat hout. Heel ruim. 13,5%.

TRIVENTO RESERVE, MENDOZA, SYRAH-MALBEC 2006 €6,49

Stoer fruit, peperig, beetje hout. Heel ruim. 13,5%.

ROOD ARGENTINIË - AUSTRALIË

TRIVENTO TRIBU, MENDOZA, BONARDA 2006 € 5,29
Fruitig, kruidig. Heel ruim. 13,5%.

TRIVENTO TRIBU, MENDOZA, BONARDA 2008 € 5,29
Bessenfruit. Heel ruim. 13%.

TRIVENTO TRIBU, MENDOZA, MALBEC 2006 € 5,29
Stevig fruit. Heel ruim. 13%.

TRIVENTO, MENDOZA, SHIRAZ-MALBEC 2007 € 4,49
Stevig fruitig. Heel ruim. 13%.

AUSTRALIË

ANGOVE'S, BEAR CROSSING, € 5,99
SOUTH AUSTRALIA, CABERNET MERLOT 2005
Vriendelijk fruitig, beetje dun. 13,5%.

ANGOVE'S, BEAR CROSSING, € 5,99
SOUTH AUSTRALIA, SHIRAZ 2007
Stevig fruitig, beetje suf en saai. 13,5%.

HARDYS VARIETAL RANGE, SHIRAZ 2005 € 5,99
Fruitig maar op leeftijd. 13,5%.

MON DOMAINE, AUSTRALIA, € 3,49
SHIRAZ-CABERNET-PETIT VERDOT
Kijk, een kangaroe op het etiket. Plus uitleg: ontdekkingsreizigers vroegen: 'Wat ben dat voor rare beesten?' Aboriginals antwoordden: 'Sorry, geen idee wat u zegt, we spreken geen Engels.' Oftewel in hun taal: 'Kangaroe.' Geen idee wat het met de wijn te maken heeft, maar fijn om te weten. En u hoeft die fles niet meer te kopen. Stevig fruitig, beetje droppig en onbenullig. Geen oogstjaar. 13,5%.

ROOD AUSTRALIË - CHILI

WOLF BLASS, SOUTH EASTERN AUSTRALIA, € 10,29
SHIRAZ CABERNET SAUVIGNON 2005

Stevig fruitig. 14%.

CHILI
ARAUCO RESERVA, MAULE VALLEY, € 7,49
CABERNET SAUVIGNON 2006

Stevig fruit, wat hard, rauw end. 13,5%.

ARAUCO RESERVA, MAULE VALLEY, CARMENÈRE 2006 € 7,49

Stevig fruit, maar streng, geen charme. 13,5%.

ARAUCO RESERVA, MAULE VALLEY, MERLOT 2006 € 7,49

Stevig, nogal hard, nurks. 13,5%.

ARAUCO, CENTRAL VALLEY, € 4,99
CABERNET SAUVIGNON 2006

Ietwat saaie, degelijke en redelijk stevige cabernet vol fruit. Krap. 13,5%.

ARAUCO, CENTRAL VALLEY, CARMENÈRE 2006 € 4,99

Zelfs een wat saaie carmenère is nog plezant gezelschap. Veel ruig fruit, iets rokeriges. 14%.

ARAUCO, CENTRAL VALLEY, MERLOT 2007 € 4,99

Beschaafde, slanke merlot. Niet meer, niet minder. Krap. 12,5%.

CONO SUR 20 BARRELS, CASABLANCA € 24,99
VALLEY, PINOT NOIR 2004

Keurige pinot noir met hout. Categorie 'knap gemaakt', niet categorie 'meeslepend verleidelijk lekker'. 14%.

ROOD CHILI

CONO SUR 20 BARRELS, € 24,99
COLCHAGUA VALLEY, MERLOT 2003

Vaak komt zo'n *limited edition* met te veel van het goede aanzetten, maar deze houdt het bescheiden. Lekker fruit, beetje duur hout, vol spannende geuren en smaken. 14,5%.

CONO SUR OCIO, CASABLANCA VALLEY, € 44,99
PINOT NOIR 2005

Veels te duur, maar een prima pinot noir vol subtiele geuren en smaken. 14%.

CONO SUR RESERVA, CASABLANCA VALLEY, € 11,99
PINOT NOIR 2006

Nog een sjieke en vrolijke pinot noir. 14%.

CONO SUR RESERVA, COLCHAGUA VALLEY, MERLOT 2005 € 10,99

Zeer deftige merlot, met welopgevoed fruit, spannende geuren, beschaafd wat hout, stevige maar goedgemanierde tannine. Richting ♀♀♀♀. 14%.

CONO SUR RESERVE, MAIPO VALLEY, € 10,99
CABERNET SAUVIGNON 2005

Curieus: bovenstaande twee heten reserva, deze reserve. Flesvorm en etiket zijn ook anders. Op de merlot een vrolijk fietsje, kenmerk van Cono Sur, hier geen fiets, wel de naam van de wijnmaker: Adolfo Hurtado. Onbestemde cabernet die niet eens zo erg naar cabernet smaakt. Stevig fruitige wijn, meer niet. Heel ruim ♀♀. 14%.

CONO SUR, COLCHAGUA VALLEY, € 8,49
CABERNET SAUVIGNON / CARMENÈRE 2007

Biologisch, oftewel van natuurvriendelijk verbouwde druifjes. Slank, vriendelijk fruitig, redelijk stevige tannine. 13%.

ROOD CHILI

CONO SUR, COLCHAGUA VALLEY, CARMENÈRE 2007 € 5,49

Wel veel gepraat over natuurvriendelijk enzovoort, maar nergens met zoveel woorden dat deze echt officieel bio is. Sappige carmenère vol rijp fruit, dat karakteristieke rokerige geurtje, lekkere kauwbare tannine. Prima. Ruim. 13,5%.

CONO SUR, COLCHAGUA VALLEY, PINOT NOIR 2007 € 8,49

Nog niet bio, maar wel op weg het te worden. Helder pinotfruit, behoorlijk kruidig, piets hard. Goed, maar de pinot noir hieronder heeft veel meer charme. 13%.

CONO SUR, VALLE CENTRAL, € 5,49
CABERNET SAUVIGNON 2007

Lekker fruit, maar een beetje dun. Heel ruim. 13,5%.

CONO SUR, VALLE CENTRAL, MERLOT 2007 € 5,49

Simpele, maar sympathieke merlot vol fruit met wat stoere tannines. Netaan. 13,5%.

CONO SUR, VALLE CENTRAL, PINOT NOIR 2007 € 6,49

Twee euro goedkoper dan die hierboven, maar dan heb je ook wat. Namelijk échte pinot noir. Nee, muggenzifters en zeikneuzen, het heeft niet de complexiteit en verfijning noch die subtiele, zwoele, ordinaire sletterigheid van bourgogne, maar dat heeft bourgogne zelf ook lang niet altijd. Zelfs niet altijd dat vrolijke rode fruit en die heldere sappige smaak die deze heeft. Heel ruim. 14%.

LOS VASCOS, COLCHAGUA, CABERNET SAUVIGNON 2005 € 8,49

Chileense cabernet van de baronnen De Rothschild. (Lafite) staat er tussen haakjes achter, opdat we wel weten dat het hier niet de rivaliserende clan van Mouton betreft, want die werden pas na lang ordinair emmeren in de jaren twintig *premier grand cru classé de bordeaux*, terwijl Lafite dat al sinds het begin, in 1855, was. Geen wonder dan ook dat

ROOD CHILI - FRANKRIJK

dit bordeauxig oogt qua etiket, qua geur en wat minder qua smaak, want veel sappig rijp fruit. Slank en deftig met goed opgevoede tannine. 14%.

MON DOMAINE, CHILE, € 3,49 🍷🍷🍷
CENTRAL VALLEY, CABERNET/MERLOT

Op het etiket een spugende lama (een dier op het etiket, dat verkoopt goed, weet de afdeling Marketing & Bedotterij). Op het achteretiket de mededeling dat 'onze vrolijke vriend' – blijkbaar de lama – deze wijn niet zal uitspugen! Nou, ik wel hoor. Niet omdat-ie vies is, maar omdat er nog heel veel andere flessen geproefd moeten worden. Deze lama is helder van smaak als een bescheiden edoch beschaafde bordeaux en heeft Chileens veel zacht fruit. Wel wat droppig end, waardoor slechts nipt 🍷🍷🍷. Geen oogstjaar. 14%.

TOCONOA, VALLE CENTRAL, € 3,49 🍷
CABERNET SAUVIGNON/MERLOT 2007

Beetje fruit, beetje wrang. Netaan 🍷. 13%.

DUITSLAND
MICHEL SCHNEIDER, PFALZ, DORNFELDER € 5,29 🍷🍷
IM BARRIQUE GEREIFT 2006

Bessenfruit met wat hout. 13%.

MICHEL SCHNEIDER, PFALZ, DORNFELDER LIEBLICH 2007 € 4,99 🍷

Harder dan je zou verwachten van *'lieblich'*. Fruit, tannine. Anderhalf 🍷. 11%.

FRANKRIJK
DOMAINE CAZAL-DU-BOSC, BUZET € 4,99 🍷🍷

Stevig fruitig. Geen oogstjaar. Ruim 🍷🍷. 13%.

MORIN PÈRE & FILS, GRAND DUC, ROUGE DE FRANCE € 3,99 🍷

Simpel, fruitig, beetje dun. Anderhalf 🍷. 12%.

ROOD FRANKRIJK

ROCHES D'HILLAC, BUZET 2005 € 6,49

Verfijnder stevig fruit dan de Cazal-du-Bosc. Heel ruim.
13,5%.

Beaujolais

CELLIER DES SAMSONS, BEAUJOLAIS 2006 € 4,99

Vriendelijk fruitig, zoals het hoort. Heel ruim. 12%.

CELLIER DES SAMSONS, BEAUJOLAIS-VILLAGES 2006 € 6,49

Iets steviger fruitig. Heel ruim. 12,5%.

CELLIER DES SAMSONS, FLEURIE 2006 € 11,49

Fruitig met diepgang. Heel ruim. 13%.

CELLIER DES SAMSONS, JULIÉNAS 2006 € 9,49

Plezierig rood fruit. Heel ruim. 13%.

CELLIER DES SAMSONS, MOULIN-A-VENT 2006 € 10,49

Donkerder fruit. Stevig, voor beaujolaisbegrippen. Heel
ruim. 13%.

Bordeaux

CELLIER YVECOURT, BORDEAUX 2006 € 5,49

Keurig bordeauxtje. 12,5%.

CHÂTEAU LA CHAPELLE-LESCOURS, € 17,99
SAINT-ÉMILION GRAND CRU 2005

Lekker hoor, dat rijpe donkere fruit met die aristocratische
heldere smaak van ouderwetsche bordeaux, maar wel wat
heel erg duur. Heel ruim. 12,5%.

CHÂTEAU LALANDE 'LES MOULINS', SAINT-JULIEN 2005 € 16,49

Nog zo'n bordeaux om u tegen te zeggen, al blijkt hij bij
nadere kennismaking gezellig genoeg om over te gaan op jij.
Rijp bessenfruit, elegant, helder. 13%.

ROOD FRANKRIJK

CHÂTEAU LAMOTHE, HAUT-MÉDOC € 13,99
CRU BOURGEOIS 2003

Simpel, maar zachtfruitig. 13%.

CHÂTEAU LES PRÊNES, BORDEAUX 2005 € 3,99

Suffig simpel bordeauxtje. Maar netaan. 12,5%.

CHÂTEAU LES VIEUX ORMES, € 11,99
LALANDE DE POMEROL 2005

Niet zo sjiek als je hoopt bij het zien van het woord pomerol, maar wel een luxueus smakende bordeaux met rijp fruit en hapklare tannines. 13%.

CHÂTEAU LYS DE BARDOULET, € 11,99
SAINT-ÉMILION GRAND CRU 2002

Ouderwetse charme en veel fruit. Kom daar nog eens om, tegenswoordigs. Heel ruim. 13%.

CHÂTEAU MAYNE BERTEAU, CÔTES DE BOURG 2003 € 5,49

Onbeduidend bordeauxtje met maggineus. Krap. 13%.

CHÂTEAU PICORON, CÔTES DE CASTILLON 2005 € 8,49

Stevig fruitig van smaak, riekt helaas wat naar maggi en dropjes. Krapaan daardoor. 13%.

CHÂTEAU PREUILLAC, MÉDOC CRU BOURGEOIS 2001 € 11,99

Aangebrand, uitgedroogd. Anderhalf. 12,5%.

LE COLOMBIER 'DE CHÂTEAU BROWN', € 16,99
PESSAC-LÉOGNAC 2002

Graves, want daar zijn we hier, geurt naar men zegt onder andere naar goede pijptabak. Hier is iets misgegaan: hij riekt huiselijk naar maggi. Wel veel fruit daarnaast. 12,5%.

ROOD FRANKRIJK

PRINCE GONZALVE DU PUY, SAINT-ÉMILION 2006 € 10,49

Klinkt indrukwekkend, blijkt niet meer dan een keurig bordeauxtje. 12,5%.

Bourgogne

MORIN PÈRE & FILS, BOURGOGNE 2006 € 8,99

Brave burgermansbourgogne. Fruitig. Heel ruim. 12,5%.

MORIN PÈRE & FILS, € 9,99
BOURGOGNE HAUTES-CÔTES-DE-BEAUNE 2006

Ook een brave burgermansbourgogne, maar meer bourgogne dan burgerman. Geurt echt naar pinot noir en is voller en tegelijk eleganter dan die hierboven. 13%.

MORIN PÈRE & FILS, € 9,99
BOURGOGNE HAUTES-CÔTES-DE-NUITS 2006

Ietsje strenger, iets meer tannine dan de beaune. 12,5%.

MORIN PÈRE & FILS, MÂCON 2007 € 6,99

Vrolijk rood fruit. Heel ruim. 12%.

MORIN PÈRE & FILS, MERCUREY 2005 € 14,99

Hetzelfde iets stoffige – nee, niet schrikken, dat is lekker! Het is stoffig zoals in stoffig pittoresk landweggetje tussen de wijngaarden op een prachtige zomerdag, niet stoffig als in 'stofnesten, kamergeleerde, spinnenwebben, in 1952 voor het laatst gelucht' – stoffig rood fruit als de mâcon, maar dan geconcentreerder en veelzijdiger van geur en smaak. 13%.

MORIN PÈRE & FILS, RULLY 2004 € 12,99

En nogmaals stoffig fruit, hier met kersen erbij. 13%.

MORIN PÈRE & FILS, SANTENAY 2005 € 15,99

Vrolijk en verfijnd, lichtvoetig en complex, vriendelijk fruitig en lekkere tannines. Heel ruim. 13%.

ROOD FRANKRIJK

Elzas

DOPFF AU MOULIN, ALSACE, € 12,49
ROUGE DES 2 CERFS, PINOT NOIR 2006

Fruitig, doch ernstig ontsierd door de geur van dropjes. Anderhalf. 12,5%.

Languedoc-Roussillon

CHÂTEAU DE RIBAUTÉ, CORBIÈRES 2005 € 5,49

Fruitig, cacao, soepel. Ruim. 12,5%.

DOMAINE SALABERT, SAINT-CHINIAN 2005 € 5,49

Fruitig, kruidig, beetje aangebrand, beetje dun. Anderhalf. 13%.

IVATY, COTEAUX DU LANGUEDOC 2006 € 4,49

Kruidig, simpel. Anderhalf. 13%.

MONT TAUCH, CORBIÈRES 2006 € 5,99

Fruitig, kruidig. 13%.

MONT TAUCH, CÔTES DU ROUSSILLON VILLAGES 2006 € 5,99

Rijp donker fruit, stevig, toch soepel. Heel ruim. 14,5%.

MONT TAUCH, FITOU 2007 € 5,99

Fruitig, kruidig. Heel ruim. 13%.

Rhône

LA MULE DU PAPE, CÔTES DU RHÔNE 2006 € 4,99

Fruitig, soepel. 13,5%.

LES SUZERAINS, CÔTES DU RHÔNE 2006 € 4,99

Fruitig, kruidig. Netaan. 13,5%.

LES SUZERAINS, CÔTES DU RHÔNE VILLAGES 2006 € 5,99

Stevig fruitig. 13,5%.

ROOD FRANKRIJK

LES SUZERAINS, CROZES-HERMITAGE 2004 € 11,49

Fruitig, soepel. 12,5%.

LES SUZERAINS, GIGONDAS 2005 € 13,99

Stevig, vol, fruitig, kruidig, soepel. Ruim. 14%.

LES SUZERAINS, VACQUEYRAS 2003 € 10,99

Belegen, maggigeur. Anderhalf. 14%.

Vin de pays
ABRAHAM 50, VIN DE PAYS D'OC, MERLOT 2006 € 7,99

Benepen merlot. Lullig cadeau. 13%.

DOMAINE DE SALINE, VIN DE PAYS DE L'ILE DE BEAUTÉ, € 5,49
PINOT NOIR 2005

Weinig met pinot van doen, maar vriendelijk fruitig en kruidig. 12,5%.

DOMAINE DU GRAND SELVE, € 4,49
VIN DE PAYS D'OC ROUGE 2006

Fruitig, kruidig, beetje aangebrand, beetje hard. 12,5%.

DOMAINE DU GRAND SELVE, € 4,99
VIN DE PAYS D'OC, MERLOT 2006

Vaag fruitig, dun. 12,5%.

DOMAINE PREIGNES LE VIEUX PRESTIGE, € 6,99
VIN DE PAYS D'OC, SYRAH DU PETIT PONT 2003

Suffe syrah met een hoop hout. Anderhalf. 12,5%.

DOMAINE PREIGNES LE VIEUX, VIN DE PAYS D'OC, € 5,29
CABERNET SAUVIGNON DU PARC 2007

Ruikt zo naar stoer leer dat ik drie keer keek of er toch echt niet 'merlot' of 'Greve' op het etiket stond. Verder stevig fruit. 13%.

ROOD FRANKRIJK - GRIEKENLAND

DOMAINE PREIGNES LE VIEUX, VIN DE PAYS D'OC, € 5,29
MERLOT DES TERRES NOIRES 2006

Beetje magere merlot. Anderhalf ♟. 13%.

DOMAINE PREIGNES LE VIEUX, € 5,29
VIN DE PAYS D'OC, SYRAH DES PINS 2007

Sappig en pittig donker fruit. Ruim ♟♟. 13%.

MON DOMAINE, FRANCE, € 3,49
VIN DE PAYS DES PYRENEES ORIENTALES

Fruitig, kruidig. Ruim ♟♟. 12,5%.

PREIGNES, VIN DE PAYS D'OC, € 6,49
GRAINS DE CABERNET FRANC 2007

Dit is de Preignes van Preignes le Vieux, zie effe hiervoor. Oprechte cabernet franc met sappig rood fruit en lenige tannine. 12,5%.

PREIGNES, VIN DE PAYS D'OC, PETIT VERDOT 2005 € 6,99

Nog een hippe telg van het Oude Preignes en wel van de lastige bordeauxdruif petit verdot. Stevig sappig fruitig als een machocabernet. Beetje belegen. Heel ruim ♟♟. 13%.

SARAH 50, VIN DE PAYS D'OC, MERLOT 2006 € 7,99

Benepen merlot. Kutcadeau. 13%.

Zuidwest
RIGAL, CAHORS 3ÈME TERRASSE 2005 € 5,99

Piets cahorssmaak, verder kaal en aangebrand. 12,5%.

GRIEKENLAND
MAVRODAFNE AUS PATRAS € 6,49

In de jaren zeventig stond in menig keukenkastje huisvrouwensherry, mierzoete *medium dry* om droef aan te nippen terwijl je naar de Bijlmerflat aan de overkant keek, met op

ROOD **GRIEKENLAND - ITALIË**

het dressoir de plastic rozen en niks *Blue Movie*. Dit is de Griekse versie van huisvrouwenport. Tenzij u van die roze muiltjes met zo'n pluizeballetje draagt en om half vier 's middags, nog steeds in uw duster, de galerij langszwalkt in de hoop achter een of andere deur een verse slof *Dame Blanche* of een vereenzaamde hunkerende buurman te scoren, wordt consumptie sterk ontraden. 15%.

TSANTALI, IMIGLYKOS 2006 € 5,99

Zoetig, dun. 11,5%.

HONGARIJE
SZEKSZÁRDI KADARKA 2004 € 4,49

Niet hardop zeggen, want het klinkt verdacht veel als de Hongaarse variant van de Dodende Toverspreuk uit Harry Potter. Niet openen ook, drinken is bijna net zo gevaarlijk. Is volgens het achteretiket een lichtzoete kwaliteitswijn, smaakt echter alsof de producent z'n recepten voor ersatzport en onkruidverdelger door elkaar gehusseld heeft. 11,5%.

ISRAËL
CARMEL, KING DAVID, SACRAMENTAL € 7,99

Met op het achteretiket de verklaring dat dit koosjer is, wat volgens joodse gabbers niet klopt, want als ik er met m'n gojse jatten aanzit, laat staan als ik 'm ontkurk en m'n gok in het glas steek, helemaal niet meer koosjer – zowel in de rabbijnse als in de Mokumse betekenis. Smaakt als roosvicee. 12,5%.

ITALIË
BATASIOLO, BARBERA D'ASTI 2005 € 7,99

Fruitig, kruidig, dun. Maar netaan. 13%.

BORGO DE'PAZZI, SANGIOVESE DI ROMAGNA 2006 € 5,29

Beetje fruit, beetje stoffig, beetje dun. Maar netaan. 12%.

ROOD ITALIË

CERULLI SPINOZZI, MONTEPULCIANO D'ABRUZZO 2006   € 5,29

Fruitig, stevig. 13%.

DUCA DI CASTELMONTE, CENT'ARE,   € 5,99
SICILIA, NERO D'AVOLA 2005

Rijp fruit, stevig. 13%.

FAZI BATTAGLIA, MARCHE SANGIOVESE 2005   € 7,99

Rood fruit, beetje rauw. 12%.

IL TRULLO, SALICE SALENTINO ROSSO 2005   € 5,99

Fruitig, niet helemaal fris. Anderhalf. 13%.

MONTEGUELFO, CHIANTI 2006   € 6,49

Fruitig met rauwe tannine. Anderhalf. 12,5%.

MONTEGUELFO, CHIANTI CLASSICO 2006   € 9,99

Wat meer fruit. Duur! Netaan. 13%.

MONTEVINO, VINO DA TAVOLA ROSSO (TWEELITERFLES)   € 6,49

Beetje ouwe-dweilenlucht, toch ook fruit. Netaan. 11%.

MURARI, BARDOLINO 2006   € 4,49

Kaal en dun. Piets fruit. Netaan. 11,5%.

MURARI, VALPOLICELLA 2006   € 5,29

Dun, hard. 11,5%.

SELCIALA, FASSATI, ROSSO DI MONTEPULCIANO 2006   € 12,49

Stevig, donker fruit, onbehouwen tannine. 13%.

SELLA & MOSCA, CANNONAU DI SARDEGNA 2005   € 6,99

Vrolijk rood fruit, gezellig wat tannine. Heel ruim. 13%.

ROOD ITALIË - MACEDONIË

TONINO, VINO FRIZZANTE GASSIFICATO € 4,29

Intrigerend mengsel van karamel, oploskoffie, winegums, toverballen en een fikse dosis aftershave. Toch, zo erg is het gesteld met de wereld, niet eens de slechtste in z'n soort. 8,5%.

VINO ROSSO DA TAVOLA € 7,99

Ex aequo met die hieronder de mooiste fles die ik ooit op m'n proeftafel heb gehad. In de vorm van een tros druiven! Als ooit die geur van ouwe dweilen gemarineerd in azijn te verwijderen is, ga ik 'm gebruiken als karaf. 11%.

VINO ROSSO DA TAVOLA € 9,99

In een fles in de vorm van Italië! Wat je dan stiekem hoopt is natuurlijk dat de producent je bij de neus neemt en er prima wijn in heeft gedaan. Helaas, nee. Riekt net zo voorspelbaar naar een pizzeria waar sinds de oprichting in 1968 niet meer is schoongemaakt als die hierboven. 11%.

MACEDONIË
MACEDONIAN ROYAL RESERVE 2005 € 5,99

Van druif kratosija – voor de diverse accenten zie *Kuifje en de scepter van Ottokar*. Met een fijn verhaal op de achterkant, waaronder de aandoenlijke mededeling dat de 1984 in 1987 uit vijfhonderd wijnen uit twintig landen, door een jury van twee dozijn internationale experts, stekeblind werd uitverkoren als beste wijn. Lief, zulke wapenfeiten – 'in 1974 nog werd zij bijna Miss Medemblik' – 'oud-biljartkampioen van café *De kreunende Zeug*' – 'tevens plaatsvervangend vice-secretaris van de plaatselijke kleinspoorvereniging' – 'in zijn vrije tijd was hij een groot verzamelaar van suikerzakjes'. Zachtfruitig, vaagkruidig, dun. 11,5%.

ROOD MAROKKO - SPANJE

MAROKKO
L'EXCELLENCE DE BONASSIA, BENI M'TIR, € 7,49
CABERNET SAUVIGNON – MERLOT 2006

Donker fruit met hout. Mist de charme van de 'gewone' Bonassia's, zie pagina 417, 576 en 638. 13,5%.

NIEUW-ZEELAND
VILLA MARIA, PRIVATE BIN, HAWKES BAY, € 12,99
MERLOT-CABERNET SAUVIGNON 2006

Slank en streng: wat te weinig fruit en wat te veel tannine. 13,5%.

OOSTENRIJK
BLAUER ZWEIGELT TROCKEN, NIEDERÖSTERREICH 2006 € 6,49

Zachtfruitig, kruidig. Apart, grappig. Heel ruim. 12,5%.

PORTUGAL
DUQUE DE VISEU, DÃO 2004 € 8,49

Rijp donker fruit, stevig. Heel ruim. 13,5%.

GRÃO VASCO, DÃO 2005 € 5,29

Donker fruit, piets kaal. Netaan. 12,5%.

VILA REGIA, DOURO 2004 € 5,49

Slank, deftig, bordeauxachtig. 13%.

SPANJE
BODEGAS FRANCO-ESPAÑOLAS, € 7,49
RIOJA BORDÓN CRIANZA 2003

Beschaafd fruitig met wat hout. Heel ruim. 13%.

BODEGAS FRANCO-ESPAÑOLAS, € 12,49
RIOJA BORDÓN GRAN RESERVA 1999

Beschaafd fruitig met degelijk ouderwetsch hout. Heel ruim. 13%.

ROOD SPANJE

BODEGAS FRANCO-ESPAÑOLAS, € 9,49
RIOJA BORDÓN RESERVA 2001

Beschaafd fruitig met fiks wat dor herfsthout. 13%.

BODEGAS FRANCO-ESPAÑOLAS, € 4,99
RIOJA, ROYAL CLARET 2006

Beschaafd fruitig. Heel ruim. 13%.

CASTILLO DEL MAGO CRIANZA, CALATAYUD, € 4,99
GARNACHA-TEMPRANILLO 2003

Vol rijp fruit. Zacht. Beetje hout. Ruim. 13,5%.

CENTACIÓN, ALICANTE, MONASTRELL 2006 € 4,99

Vol rijp donker fruit, kruidig, stevige tannine. Ruim. 14,5%.

CENTACIÓN, ALICANTE, SYRAH 2006 € 4,99

Vol rijp donker fruit, draai uit de pepermolen, stevige tannine. Ruim. 14%.

CONDESA DE LEGANZA CRIANZA, LA MANCHA 2003 € 5,49

Zacht fruit, beetje hout. 13,5%.

FAUSTINO V, RIOJA RESERVA 2002 € 13,99

Veel tannine, weinig fruit. Kouwe kak. Maar netaan.

FAUSTINO VII, RIOJA 2005 € 7,99

Veel tannine, weinig fruit. Veel naam, weinig wijn. Maar netaan.

FORTIUS, NAVARRA, GRAN RESERVA 1999 € 12,99

Met zo'n kippengaasnetje om de fles, iets waar ik altijd weer blij van word. Hout en wat belegen fruit à la ouderwetse rioja. 13,5%.

ROOD SPANJE - ZUID-AFRIKA

FORTIUS, NAVARRA, MERLOT 2004 € 9,99

Hout en fruit. 13,5%.

FORTIUS, NAVARRA, TEMPRANILLO 2005 € 5,99

Zacht fruitig, beetje hout. 13,5%.

MON DOMAINE, ESPAÑA, € 3,49
VINO DE LA TIERRA DE CASTILLA Y LEON

Stevig fruitig, beetje hard. Krapaan. 13%.

RAIMAT, COSTERS DEL SEGRE, ABADIA, CRIANZA 2004 € 8,49

Belegen, uitgeblust, droppig. Anderhalf. 13%.

RAIMAT, COSTERS DEL SEGRE, € 11,99
CABERNET SAUVIGNON 2004

Hout, fruit, nogal hard. Maar netaan. 13%.

RAIMAT, COSTERS DEL SEGRE, TEMPRANILLO 2002 € 12,49

Fruit en hout. 13%.

RAIMAT, COSTERS DEL SEGRE, € 6,99
TEMPRANILLO-CABERNET SAUVIGNON 2005

Stevig fruitig, nogal droppig. 13,5%.

TORRES, CATALUNYA, SANGRE DE TORO 2005 € 7,99

Stevig fruitig. Saai. 13,5%.

VERENIGDE STATEN
CUTLER CREST, CALIFORNIA, € 4,49
CABERNET SAUVIGNON 2006

Harde oude dropjes. 13,5%.

ZUID-AFRIKA
BAIE DANKIE, CINSAULT-PINOTAGE € 3,99

Stevig fruitig, vleug rubbergeur. Netaan. 13%.

ROOD ZUID-AFRIKA

DOUGLAS DREEN, WESTERN CAPE, € 4,99
CABERNET SAUVIGNON MERLOT 2005

Stevig fruit, beetje aards, goeie tannine. Heel ruim. 14%.

DOUGLAS GREEN, RESERVE SELECTION, € 8,99
WESTERN CAPE, MERLOT 2005

Sjieke merlot met iets te veel hout. Heel ruim. 14%.

DOUGLAS GREEN, RESERVE SELECTION, € 8,99
WESTERN CAPE, SHIRAZ 2005

Prima peperige shiraz. 14%.

DOUGLAS GREEN, VINEYARD CREATIONS, € 6,99
WESTERN CAPE, CABERNET SAUVIGNON 2006

Stoere cabernet, bessen, beetje aards, tannine met beet. Heel ruim. 14,5%.

DOUGLAS GREEN, WESTERN CAPE, SHIRAZ 2005 € 6,99

Lekker peperig shirazfruit, beetje aards, goeie tannine. Heel ruim. 14,5%.

DOUGLAS GREEN, WESTERN CAPE, € 4,99
SHIRAZ-VIOGNIER 2007

Stoer syrahfruit met de verfijnde bloemetjesgeur (ja, echt!) van de witte druif viognier. Vreemd, rode en witte druiven door elkaar, samen in één fles? Vroeger deed men het vaker. In Côte-Rôtie, noordelijke Rhône, nog steeds. De wijnen van de noordelijke Rhône – hermitage, cornas, st-joseph, condrieu... – zijn geliefd, hun druiven – syrah en viognier – ook, dus was het goedbeschouwd slechts een kwestie van afwachten tot die zeldzame côte-rôtiecombinatie van syrah met wat viognier navolging kreeg. 14%.

ROOD ZUID-AFRIKA

DOUGLAS GREEN, VINEYARD CREATIONS, € 6,99
WESTERN CAPE, PINOTAGE 2007

Sappig rood fruit, soepel, aards. Heel ruim 🍷🍷. 14%.

FRIESLAND, STELLENBOSCH, CLASSICAL RED 2004 € 8,99

Dun fruit, ouderwets rubberstankie. Anderhalf 🍷. 13,5%.

GOEDGENOEGEN, WESKAAP, CLASSICAL RED 2006 € 4,79

Stevig fruit, nogal grof. Anderhalf 🍷. 14%.

MON DOMAINE, SUID AFRIKA, € 3,49
WESKAAP, CINSAULT-PINOTAGE

Stoer, fruitig, aards. Beetje droppig helaas. Ruim 🍷🍷. 13%.

VEELPLESIER, PRIVATE SELECTION, € 5,99
WESTERN CAPE, RUBY CABERNET VINTAGE 2007

Onbestemd zachtfruitig. Netaan 🍷🍷. 14,5%.

DE BESTE WIJNEN VAN MITRA

Wit

1 **W. Gisselbrecht, alsace,** € 12,99
   grand cru frankstein, riesling 2002
   Frankrijk - Elzas

2 **Trivento, brisa de otoño, mendoza 2007** € 7,99
   Argentinië

3 **Mont Tauch, muscat de rivesaltes (halfliterflesje)** € 8,49
   Frankrijk - Languedoc-Roussillon

4 **Morin père & fils, bourgogne** € 10,99
   hautes-côtes-de-nuits 2007
   Frankrijk - Bourgogne

5 **Morin père & fils, rully 2006** € 11,99
   Frankrijk - Bourgogne

Rosé

1 **Mon domaine, España rosado, valencia** € 3,49
   Spanje

2 **Domaine du Grand Selve, vin de pays d'oc rosé 2007** € 4,99
   Frankrijk

3 **Douglas Green, western cape, pinotage rosé 2007** € 4,99
   Zuid-Afrika

4 **La Mule du Pape, côtes du rhône 2006** € 4,99
   Frankrijk

5 **Domaine Preignes le Vieux,** € 5,29
   vin de pays d'oc, syrah des pins 2007
   Frankrijk

Rood

1 **Cono Sur reserva, casablanca valley,** € 11,99
   pinot noir 2006
   Chili

2 **Château Lalande 'les moulins', saint-julien 2005** € 16,49
   Frankrijk - Bordeaux

3 **Cono Sur 20 barrels, casablanca valley,** € 24,99
   pinot noir 2004
   Chili

4 **Cono Sur 20 barrels, colchagua valley, merlot 2003** € 24,99
   Chili

5 **Cono Sur ocio, casablanca valley, pinot noir 2005** € 44,99
   Chili

NATUURVOEDINGSWINKELS

▷ Spreiding: landelijk
▷ Aantal filialen: 232 zelfstandige winkels
▷ Voor meer informatie: www.biologica.nl\eko-gids

Er zijn 79 wijnen geproefd, waarvan:
▷ Wit 19
▷ Rosé 10
▷ Rood 50

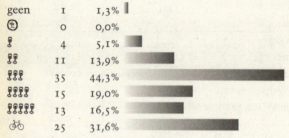

geen	1	1,3%
⊕	0	0,0%
🍷	4	5,1%
🍷🍷	11	13,9%
🍷🍷🍷	35	44,3%
🍷🍷🍷🍷	15	19,0%
🍷🍷🍷🍷🍷	13	16,5%
🚲	25	31,6%

Waardering in aantal wijnen en als percentage van het assortiment

De Natuurwinkel (zie pagina 521) is een supermarkt-
keten. Klanten van andere natuurvoedingswinkels
willen echter ook graag een gids om wegwijs te worden
in het biowijnschap. Kan dat? Eigenlijk niet: dit is de
Superwijngids, niet de wijnwinkelgids. Toch kan ik
een beetje helpen. Het kernassortiment wijnen van
De Natuurwinkel is namelijk ook in heel veel andere
natuurvoedingswinkels te koop. En importeurs van
biologische wijnen Lovian, Rossano en De Nieuwe
Band stuurden wijnen op die in het merendeel van de
natuurvoedingswinkels te koop zijn – en die soms ook
in filialen van De Natuurwinkel te vinden zijn. In die
zin zijn al die verschillende natuurvoedingswinkels toch
als een eenheid te beschouwen. Dus vandaar. Uiteraard
heeft niet elke winkel alle genoemde wijnen in het schap
staan, maar ook lang niet elk supermarktfiliaal biedt
het volledige assortiment van z'n keten. Ontbreekt net
die wijn waar u benieuwd naar was? Net doen als in
de supermarkten en vragen of ze 'm kunnen bestellen.
De genoemde prijzen zijn een globale indicatie van
de importeur en kunnen per winkel verschillen.

WIT

CHILI
PALIN, VALLE DE CASABLANCA, CHARDONNAY 2007 € 6,99

Sappigfruitige chardonnay met een klein grapefruitbittertje voor de pit. 14%.

DUITSLAND
CARTSTENS, JAHRGANGSSEKT 2006 € 5,25
(PAKJE VAN TWEE FLESJES VAN 200 ML)

Zachtfruitige schuimwijn. Tsja, dat moet ook bestaan, al was het vast niet Gods bedoeling. 11%.

FRANKRIJK
Elzas
PIERRE BERNHARD, ALSACE, GEWURZTRAMINER 2005 € 10,25

Nauwgezet man, die Pierre Bernhard. Op het achteretiket een schaal van 1 (droog) tot 10 (zoet), waarop deze bij 2 staat, de bodemsoort van wijngaard wordt vermeld (graniet), de leeftijd van de wijnranken (36 jaar in 2005). Kort, bondig, prima. En Pierre maakt ook zorgvuldig wijn. Rozegeur & maneschijngewurz, rijk van smaak en toch mooi droog. Puur, eerlijk, zuiver. Niet goedkoop, nee, maar vieze gewurz is ook duur.

PIERRE BERNHARD, ALSACE, PINOT BLANC 2007 € 7,95

Volgens de schaal op het achteretiket een 1: strakdroog. Blijkbaar telt de schaal slechts voor zijn eigen wijnen, en heeft mijnheer Bernhard nooit de witte bordeauxs van De Natuurwinkel geproefd. Of staan die op min 37? Slanke pinot, puur en zuiver. 13%.

PIERRE BERNHARD, ALSACE, RIESLING 2005 € 8,35

Allerdroogst, volgens de Bernhardschaal. En jawel. Droog, maar vol fruit. Plus een beetje benzinegeur. Ja echt. *Goût de*

WIT FRANKRIJK

pétrol, noemen ze het. Lang niet alle rieslings krijgen het, en de wetenschap is er ook nog niet uit of dat nou gewoon karakteristiek is voor wat oudere riesling, of eigenlijk een fout. Waarbij ook nog de richtingenstrijd speelt: is fout fout, en dus verwerpelijk, of is een beetje fout eigenlijk wel lekker? Het laatste natuurlijk. Mijn smaak is het niet, riesling, maar goed is-ie, deze met z'n strakke druivenfruit en dan heel subtiel dat pétrolluchtje. Puur, zuiver, spannend. Wijn waar je nog lang over kunt peinzen, terwijl je 'm nog steeds proeft, zoals ik nu, na dit allemaal te hebben overdacht en opgetiept met mijn éénvingersysteem. 12%.

VALENTIN ZÜSSLIN, ALSACE, € 15,99
GEWURZTRAMINER BOLLENBERG 2004

De familie Züsslin maakt al dertien generaties, sinds 1691, wijnen in dichte omhelzing met Moeder Aarde, en Valentin, van de huidige generatie geitenbreiers, werkt sinds 1997 officieel biodynamisch. En wat doet hij dat goed! Zelfs van gewurztraminer, een dellerige druif riekend naar pooiersaftershave, weet hij iets heel moois te maken. Heel rijk en rijp en weelderig, en toch subtiel en fris en bovenal heel puur en zuiver, geurend naar abrikozen van een klasse dat zelfs De Rijke Mensen zeggen: 'Nounou, Groentenjuwelier, het zijn me prijzen hoor, tegenwoordig! Maar ik neem er eentje, samen met me buuf, want hij ruikt beter dan m'n beste parfum.' Vandaar ook mijn omfietsadvies, want wat is nou zestien piek voor driekwart liter fruit en bloesem en de herinnering aan uw zonnige jeugd toen u nog op het dorpsschooltje achter Rozemarijntje met haar blonde krullen zat? Precies. Bovendien, de eerste de beste gewurztraminer die u aan louche peeskamertjes doet denken, kost ook algauw minstens de helft. Oftewel: prachtwijn. Zelfs ik heb de fles leeggedronken, en dat wil wat zeggen, want ik ben niet bepaald dol op elzaswijn en al helemaal niet op gewurztraminer. Eigenlijk. 14,5%.

FRANKRIJK - ITALIË

VALENTIN ZÜSSLIN, ALSACE, € 15,99
RIESLING BOLLENBERG 2006

Sterker nog: ik heb zelfs de riesling tot op de laatste druppel uit de fles gewrongen! Alle aristocratische klasse die ze altijd aan ries toedichten, maar hier nu eindelijk eens lekker verpakt in sappig fruit. Eigenlijk. 13%.

Languedoc-Roussillon
CHÂTEAU LIONEL FAIVRE, CORBIÈRES 2007 € 8,99

Van druiven grenache blanc en marsanne. Subtiel zacht fruit en een vleug anijs. 13,5%.

Rhône
CLAIRETTE DE DIE LA COMBA AROMATICA TRADITION € 11,95

Friszoete, mousserende rhônewijn. Vol muskaatdruiven zo te proeven. Niet te zoet, vrolijk van zuren. 7,5%.

Vin de pays
DOMAINE DELCELLIER, VIN DE PAYS DES € 7,49
CÔTES DE THONGUE, MÉLODIA 2007

De 2006 was van druiven muscat, macabeu en sauvignon blanc, deze 2007 van sauvignon blanc (frisse lentegeur), muscat a petits grains (druivig) en viognier (bloesem). 12,5%.

PETIT GRAIN DE BASSAC, MUSCAT PETIT GRAIN € 10,79
MOELLEUX, VIN DE PAYS DES CÔTES DE THONGUE 2007

Friszoet. Prima, maar een stuk minder geurig en subtiel dan vorige jaren. 12,5%.

ITALIË
SOLLATIO, SICILIA BIANCO 2007 € 5,99

Sappig zachtfruitig. Heel ruim. 12%.

WIT ITALIË

VILLA CONTADO, VENETO, PROSECCO 2007 — € 9,99

Prosecco is nog steeds reuze in de mode. Vraag me niet waarom, want het smaakt vaak naar niks, die Noordoost-Italiaanse schuimwijn van de gelijknamige druif. En dan bof je nog, met niks, want er is ook een fiks deel van de plaatselijke bevolking dat z'n belletjeswijn levert in de smaakvariant vlak, kaal, lafzoet en met in de afdronk louche hangzuren. Jawel, ik heb ook wel eens best wel lekkere prosecco geproefd, maar daar hing dan een prijskaartje aan dat ik dacht 'dan spaar ik wel even door voor goede champagne'. Zo'n weloverwogen, verstandige zienswijze moet je natuurlijk niet te berde brengen in een interview, want dat betekent dat de volgende dag alle Nederlandse importeurs zich met een doos flessen bij je dienstingang vervoegen, teneinde te laten proeven dat zij toch heus echt lekkere prosecco hebben. Jaja, de gootsteen heeft er nog oprispingen van. Maar er is altijd een uitzondering en die kwam in dit geval in de personen van de Fratelli X, die een keurige frisfruitige prosecco leverden voor een vriendschappelijke prijs. Het is echter nooit goed of het deugt niet en helaas had de flessenmaffia de onschuldige, hardwerkende broertjes X op een kwade avond meegelokt naar de plaatselijke seksboerderij, waar ze uiteindelijk om vier uur 's ochtends toeterzat en euforisch na het zien van blote borsten in het echt een wurgcontract tekenden voor de levering van 27.864.136 blauwe flessen, iets waar ze nog dagelijks spijt van hebben en ook in het hiernamaals zwaar voor zullen boeten. En daar zitten wij ondertussen mooi mee. Hadden we eindelijk een fatsoenlijke prosecco, kunnen we er door een weerzinwekkende fles niet met goed fatsoen mee voor de dag komen. Gelukkig heeft uw wijnprofessor voor alles een oplossing, en dat is een andere prosecco, en wel deze. Ietsje duurder dan die van de verdoemde broertjes, maar zeker zo lekker, al blijft het natuurlijk prosecco.

Biologisch, en bovenal: in een fatsoenlijke fles huizend. Heel ruim. 12%.

WIT ITALIË - SPANJE

VILLA CONTADO, VERONESE BIANCO 2007   € 7,99

Puur en zuiver als een bergbeekje, maar dan lekker naar wijn smakend. Een soort heel subtiele sauvignon blanc van zeer sjieke komaf, al is het qua druif heel wat anders. Heel ruim. En dan moet u z'n rode broer eens proeven (zie pagina 513). 12%.

OOSTENRIJK
BIOKULT, BURGENLAND, GRÜNER VELTLINER 2007   € 7,29

Biodynamische versie van zeer in de mode zijne Oostenrijkse druif. Prima uitvoering. En mode kan ook lekker zijn: frisfruitig, groenkruidig, sappig. 12%.

MEINKLANG, BURGENLAND, GRÜNER VELTLINER 2007   € 9,95

En nog zo één, ook biodynamisch, nu met een pietsje koolzuur en wat subtieler. Oostenrijks antwoord op de betere sauvignon. 12,5%.

SPANJE
CALIDEZ, AIRÉN 2007   € 3,95

Er is heel veel airén in Spanje, maar zelden tref je er eentje die ergens naar smaakt. Laat staan zo fruitig smaakt als deze! Heel ruim. 12%.

PARRA, LA MANCHA, AIRÉN 2007   € 4,99

En alsof het in enen niet op kan met 's werelds meest aangeplante druif: nog een prima airén! Ook vrolijk sappig fruitig, en geurend naar appeltjes zoals je ze zelden meer proeft. Simpel, puur, zuiver. Heel ruim. 12,5%.

PARRA, LA MESETA, LA MANCHA, AIRÉN   € 3,95
SAUVIGNON BLANC 2007

Vol fris en vriendelijk sappig fruit, vleugje venkel, plus een piets sauvignon met een lentebriesje. 12%.

ROSÉ

FRANKRIJK
CHÂTEAU AUGUSTE, CUVÉE MOULIN, € 6,95
BORDEAUX ROSÉ 2007

Net als hun rood nogal streng en rechtlijnig, al stoort dat minder in rosé, want je hebt niet die droogkloterige tannine van de rode uitvoering, en een beetje *weltschmerz* doet rosé wel goed. Oftewel: veel fruit, maar niet bepaald de leukste thuis. Heel ruim. 13%.

DELCELLIER, MÉLODIA, € 7,45
VIN DE PAYS DES CÔTES DE THONGUE 2007

Van cinsaut, syrah, tempranillo en cabernet sauvignon. Vrolijk makende prettigdroge rosé vol sappig fruit. Heel ruim. Slechts door de forse prijs niet 🚲. 12,5%.

DOMAINE DELCELLIER, VIN DE PAYS D'OC 2007 € 5,49

Van druiven cinsaut en syrah. Vriendelijk, vrolijk en fruitig op niveau. Wat zachter dan de Mélodia hieronder. Heel ruim.

OOSTENRIJK
MEINKLANG, PROSA, EIN PRICKELNDES GEDICHT € 9,95
IN ROSA, BURGENLAND, PINOT NOIR ROSÉ 2007

Fijn etiket met gezellige dichterlijke ontboezemingen, opgewekte kleur, pinot noir, biodynamisch van inborst – en zoals de misantroop in ons al vreesde, lang zo lekker niet als je tegen beter weten in toch hoopt. Geen kreupelrijm, maar poëzie is het ook niet bepaald. Simpel roodfruitig. Geen wonder dat je dan als kleine zelfstandige het bestaan wel eens als een tranendal ervaart. Of zoals collega Witteman het eens zei: zo boert de rauwe werkelijkheid ons dagelijks in het gelaat. 11%.

ROSÉ SPANJE

SPANJE

CALIDEZ, TEMPRANILLO 2007 € 3,95 🍷

Beetje stoffig fruit, zoals loiregamay dat ook kan hebben. Anderhalf 🍷. 12,5%.

COLINA VERDE, RIOJA ROSADO, GARNACHA 2007 € 6,99 🍷🍷🍷

Vol rijp fruit, met de geur van een natuurvriendelijk onderhouden wijngaard vol vlinders en aantrekkelijke oogstende lieden. 14%.

ESPAÑA, WIJN VAN DE WIJNBOER 2007 (LITER) € 5,45 🍷

Wat bestoft fruit. Anderhalf 🍷.

PARRA, LA MANCHA, TEMPRANILLO ROSÉ 2007 € 4,99 🍷

Sappig maar ook hier wat stoffig. Dat kan z'n charme hebben. Hier niet. Anderhalf 🍷. 12,5%.

PARRA, LA MESETA, LA MANCHA, TEMPRANILLO 2007 € 3,95 🍷🍷🍷

🚲 Maar kijkaan: hier hebben we sappig vrolijk fruit met net dat klein beetje zomersstoffige dat ook loiregamay zo grappig weerbarstig aantrekkelijk kan maken. 12,5%.

VERMADOR, ALICANTE, ROSADO 2007 € 5,95 🍷🍷🍷

🚲 Van La Bodega de Pinoso en monastrelldruiven. Ze droogde de theekopjes met een glimlach en een roodgeruite theedoek. Hoe heet deze stijlfiguur, en zo ja, is het wel dezelfde? Zo nee, waar moet je wijnglazen dan mee drogen? Natmaken in ieder geval met deze stoere, sappige, kruidige, zonnige en ook verder uiterst innemende rosé. Vergelijk 'm eens met de rosé uit het Zuid-Franse Bandol, waar ze monastrell mourvèdre noemen en er net zulke rosé van maken maar dan anders. Heel ruim 🍷🍷🍷. 12,5%.

ROOD

ARGENTINIË
LÁGRIMA DEL SUR, MENDOZA, € 5,75
CABERNET SAUVIGNON 2005

Niet bepaald subtiel, wel een bekvol fruit. Zachte tannine en heb ik jou daar: 15(!)%.

SOLUNA, PREMIUM MALBEC 2005 € 11,95

Fairtrade. Wat een luxe! Weten dat je ook nog goed doet, terwijl je wegzakt in deze luxueuze wijn vol weelderig zacht fruit, zo rijk en rijp dat het welhaast likeur lijkt, waarbij nog vleugjes chocolade en mokka plus voorzien van tannines die zich op zo'n fijn *Tell-Sell*masjien hebben strakgetraind. 14%.

SOLUNA, PREMIUM ORGANIC MALBEC 2005 € 12,95

Dezelfde als die hierboven maar dan net wat anders. Behalve Fairtrade – goed voor mensen – ook biologisch – goed voor druiven. *'Premium organic fair trade wine'* van Argentinië, jaja. Lees erover op www.matureandmore.com via code 3878, maar gewoon ontkurken en inschenken mag ook. Dezelfde decadente luxe als die hierboven, maar dan wat ruiger landelijker. Ruim. 14%.

CHILI
ANTIYAL, VALLE DEL MAIPO 2006 € 35,00

Dit jaar van 44 procent carmenère, 34 procent cabernet sauvignon, aangevuld met shiraz tot 100. Net iets anders dan de 2005. Biodynamisch boegbeeld van Chili, zie de documentaire *Kissed by the grape*, www.antiyal.com en talloze andere publicaties over deze exclusieve beroemdheid. En inderdaad, een heel sjieke, verfijnde, duursmakende wijn. Alleen, die vijfendertig piek, dat proef ik er niet aan af. Maar ik ben nu eenmaal te dom en soms zelfs te nuchter voor sjieke wijn. 14,3%.

ROOD CHILI - FRANKRIJK

KUYEN, VALLE DEL MAIPO 2006　　　　　　　　　　€ 16,50 ♟♟♟♟

Kuyen, dat klinkt bijna Nederlands. 'Pipo kuyen!' Maar nop jeugdsentiment, kuyen volgens Klukkluk inheems Chileens woord voor maan zijn. Uitgedokterde compositie van 66 procent syrah, 17 cabernet sauvignon en 17 carmenère, satijnzacht als Mamaloe's wangen, maar goedbeschouwd eigenlijk wat te gladjes, gemaakt om Dikke-Deuren te imponeren. 'Een wijntje, mijnheer! Een zallefje voor de tong! Kost wat, maar dan heb je ook wat!' 14,2%.

PALIN, VALLE CENTRAL, MERLOT 2007　　　　　　　€ 6,99 ♟♟♟♟

Slanke, welopgevoede, charmante merlot vol sappig donker fruit, geurend naar een vintage Louis-Vuittontas. 14,5%.

FRANKRIJK
Bordeaux

CHÂTEAU AUGUSTE, CUVÉE DU MOULIN,　　　　　　€ 7,95 ♟♟
BORDEAUX MERLOT 2006

Nogal strenge, slanke bordeaux. Heel ruim ♟♟. 12,5%.

CHÂTEAU AUGUSTE, CUVÉE DU MOULIN,　　　　　　€ 9,95
BORDEAUX SUPÉRIEUR 2006

Nog een nogal strenge, slanke bordeaux, nu met de beide cabernets naast de merlot. Heel ruim ♟♟. 13%.

L'ECUYER DE COURONNEAU,　　　　　　　　　　　€ 7,98 ♟♟
BORDEAUX SUPÉRIEUR 2006

Kijk, zo kan het ook! Nog niet het zonnetje in huis, maar in ieder geval fruit! Plus een vleug laurierdrop en forse maar rijpe tannine. 13,5%.

LA COCCINELLE DE LA GROLET, CÔTES DE BOURG 2004　€ 8,45 ♟♟♟

Vorig jaar heerlijk, heeft nu helaas wat fruit en charme verloren, eindigt wat droog. Biodynamisch. 13%.

ROOD FRANKRIJK

LA COCCINELLE DE LA GROLET, CÔTES DE BOURG 2005 € 8,45

Ouderwetse landadelbordeaux. Hoffelijk, beetje afstandelijk, rood fruit. Biodynamisch. Heel ruim. 13%.

Elzas

VALENTIN ZÜSSLIN, ALSACE, € 19,95
PINOT NOIR BOLLENBERG 2005

Biodynamisch. Mooi rijp fruit, maar jammer van dat hout en die concentratie en die serieuzigheid er omheen. Valentin maakt heerlijk wit, maar pinot noir is 'm te hoog gegrepen. Hij heeft het te mooi willen maken. En pinot noir moet je niet mooi willen maken. Pinot noir is subliem van z'n ordinaire retelekkere eige. Met pinot noir moet je, meer nog dan met alle andere druivensoorten, niks doen. En niets doen is zo moeilijk, dat bijna niemand het kan. Valentin, misschien ben je er te serieus voor, maar ga eens op bezoek bij Philippe Pacalet of Henri Roch die de ultieme lichtzinnige aangeschoten bourgognes maken. 13,5%.

Languedoc-Roussillon

CHÂTEAU LIONEL FAIVRE, CORBIÈRES 2007 € 8,99

Wegens succes bij onze moderne cliëntèle: ook dit jaar weer zonder dat ouderwetse corbièresstalluchtje! Louter geurend naar fruit en Provençaalse kruiden en zon. Heerlijk. Al had een subtiele vleug boerenerf wellicht gezorgd voor 🚲 ... 13,5%.

CHÂTEAU LIONEL FAIVRE, € 12,95
CORBIÈRES CUVÉE PRESTIGE 2004

De luxe versie, van carignan, syrah en grenache en enigszins rustiek betimmerd. Had van mij niet gehoeven, maar de lambrisering is opgetrokken uit keurig ouderwets hardhout: geen ordinaire vanillegeuren hier. Vorig jaar goed, deze 2004, nu nog zelfs beter. Rijp fruit en de geuren van het boerenland ten tijde van Ot en Sien. Mmm, als ze nou eens gewoon één wijn maakten, het beste van gewoon en prestige samen? 14%.

CHÂTEAU PECH-LATT, CORBIÈRES 2004 € 9,50

Is ook te koop bij Jumbo, al staat daar de vrolijke en jeugdige 2007 in het schap, voor € 5,69, 't is maar dat u het weet. De 2004 smaakte indertijd wat sombertjes en is dat nog steeds. Inmiddels ook wat op leeftijd. Desalniettemin nog fruitig en kruidig. De wijngaard bestaat sinds 784 en is volgens het achteretiket door de plaatselijke monniken geplant op aandringen van Karel de Grote, die daarbij de onsterfelijke maar helaas vaak vergeten woorden sprak: 'En jongens, denk eraan: opzuipen die handel! Wijn is er om te drinken, niet om in een kelder te leggen!' 13%.

Rhône

DOMAINE DU VIEUX CHÊNE, € 8,35
CUVÉE DES CAPUCINS, CÔTES DU RHÔNE 2006

Als het een andere druif blijkt te zijn sta ik mooi in m'n hemd, maar vooruit: vast veel mourvèdre hier, te ruiken aan die pittige kruidigheid en tabak. Verder donker fruit en *no-bullshit*-tannines. Oftewel: geen allemansvriend maar een Rhône om u en mijnheer tegen te zeggen. Zie ook hun vin de pays hieronder. 14%.

L'ARBRE DES VIGNES, CÔTES DU RHÔNE 2007 € 8,50

2006 was correct maar wat somber, deze 2007 is een stuk opgewekter, ruim voorzien van vrolijk rood fruit en zonnige kruiderij, met een fikse hap tannine. Ook verkrijgbaar als fijne voordeelverpakking: bag-in-box (drieliter, € 22,50). 13,5%.

ROOD FRANKRIJK

Vin de pays

DELCELLIER MÉLODIA, VIN DE PAYS D'OC 2007 €7,49 ⚛⚛⚛

Druiven merlot, carignan, cinsaut, grenache, cabernet sauvignon, syrah. Ja, misschien zijn het alle restjes, maar ze weten hier dan wel iets heel lekkers van de kliekjes te maken! Sappig heel rijp rood fruit met gezellig wat kruiden. Koelen is een goed idee. Heel ruim ⚛⚛⚛. 13,5%.

DOMAINE DELCELLIER, VIN DE PAYS D'OC 2007 €6,99 ⚛⚛⚛

Zonnige en sappige biologische wijn van druiven carignan, tempranillo, cinsaut, grenache en merlot. Heel ruim ⚛⚛⚛. 12,5%.

DOMAINE DELCELLIER, VIN DE PAYS €6,99 ⚛⚛⚛
DES CÔTES DE THONGUE, CABERNET SAUVIGNON 2007

Jaar in jaar uit door een dronken menigte verkozen tot vrolijkste cabernet sauvignon van dit deel van de Melkweg, schreef ik eerder, jaar in jaar uit het omfietsen waard. Maar niet dit jaar. Geproefd en herproefd, maar nop: goede karakteristiek Zuid-Franse wijn, vol rijp donker fruit, maar niet meer dan dat. 13,5%.

DOMAINE DELCELLIER, €6,99 ⚛⚛⚛⚛
VIN DE PAYS DES CÔTES DE THONGUE, MERLOT 2007

🚲 Ook hier: minder spectaculair dan de 2006 en eerdere jaren, maar minder minder, als u me volgen kunt, en zodoende nog steeds het omfietsen waard. Onmiskenbaar Zuid-Franse merlot barstensvol rijp fruit. 13,5%.

DOMAINE DELCELLIER, €6,99 ⚛⚛⚛⚛
VIN DE PAYS DES CÔTES DE THONGUE, SYRAH 2007

🚲 En de syrah is dit jaar ook geen ⚛⚛⚛⚛⚛, maar wel nog ruim ⚛⚛⚛⚛ oftewel errug lekker. Sappig fruit, peper, kruiden, zonnig. 13,5%.

ROOD FRANKRIJK

DOMAINE DU VIEUX CHÊNE, CUVÉE FRIANDE, € 6,25
VIN DE PAYS DE VAUCLUSE 2006

En na voor de zoveelste keer kletsnat geregend te zijn, uitgeglibberd in de grijze sneeuwprut op zo'n dag dat het niet licht wordt, geschiedt er zo vanaf half februari langzaam een wonder. Want kijk, m'n lief stapt om half acht niet meer in het stikkedonker op haar fiets richting werk, het lijkt deze onbewolkte dag zowaar bijna een beetje licht! Een paar weken later ís het een beetje licht, in de vroegte, we hoorden al een vogel om half zeven, en we denken, wanneer begint ook weer de zomertijd, dat ze ook met de zon nog aan thuiskomt? En dan nog even buiten zitten, met wit of rosé? Nee, daar is het nog net te donker en te fris voor. We houden het op rood. Maar dan wel één die naar de zomer smaakt. Hele reeksen rhônes en aanpalend Zuid-Frans geproefd toen het nog koud en donker was, en het merendeel was helemaal niet gek. Zo goed zelfs, dat ik vaak op het punt stond er een stukje over te schrijven, want het is toch prima wijn, wat zit je nou te miezemuizen, Klei, wachtend als een ouwe vrijster op de ware, wees hier toch blij mee! En toen kwam deze vin de pays vaucluse van Béatrice en Jean Claude Bouche en ik wist dat ik gelijk had gehad, met wachten. Deze had het. Negentig procent druif grenache, tien syrah, net als veel soortgenoten vol rijp kersenfruit, pittige kruidengeuren, een vleug chocola, lekker stevige tannine om op te kauwen, maar met dat nauwelijks uit te leggen beetje extra, dat je blijft ruiken en proeven en weet: dit is 'm, deze klopt helemaal, dit is LEKKER! Biologisch sinds 1996. Zie ook hun prima rhône hierboven! 14%.

DOMAINE MOULIN PIOT, COSTIÈRES DE NÎMES 2007 € 7,85

Niks mis mee, maar waarom zou je een wat bewolkte versie van bovenstaand zomergeluk kopen voor meer geld? 13,5%.

ROOD FRANKRIJK - OOSTENRIJK

LOUIS-MARIE, VIN DE PAYS D'OC, € 7,45
CABERNET FRANC 2007

Vorig jaar heerlijk, nu slechts gewoon lekker. Druif cabernet franc, dat is Loire, en, vooruit, ook een beetje Noordoost-Italie, maar hier in Zuid-Frankrijk zie je 'm zelden. Zou 'm eerlijk gezegd ook niet blind herkennen, want smaakt meer naar het zonnige Zuiden dan naar franc. Vriendelijk rood fruit, specerijen. 13,5%.

ITALIË
VILLA CONTADO, VERONESE ROSSO 2006 € 7,99

Vorig jaar heerlijk, nu iets zachter, iets bedaagder, maar nog steeds vol vrolijk rood fruit en nog steeds eigenlijk. 12,5%.

VILLA CONTADO, VERONESE ROSSO 2007 € 7,99

Wat lichtvoetiger nog dan de 2006. Bijna een stoere rosé! Net als de 2006 vrolijke helderrode wijn, van dat opgewekte rood waar je doorheen kunt kijken, rood vol springerig fruit, kersenpitten, rokerig als de betere barbecue, specerijen, een piets koolzuur, en een eigenwijze wat weerbarstige afdronk opdat het niet te soepel wordt. Koelen en jong drinken dus. Eigenlijk. Minstens. 12,5%.

OOSTENRIJK
BIOKULT, NIEDERÖSTERREICH, BLAUER ZWEIGELT 2006 € 8,49

Zweigelt, die ook wel zweigeltrebe of blauer zweigelt heet, zoals hier, is de populairste rode druif van Oostenrijk. Hij heet naar z'n schepper, dr. Zweigelt, een leerling en goede vriend van prof. dr. Frankenstein, die 'm in 1922 deed ontstaan uit een kruising tussen blaufränkisch, een druif waar niemand het fijne van weet, zie voor alle wilde verhalen mijn boek *Tot op de bodem*, en st-laurent, een druif die misschien oorspronkelijk uit de Elzas komt, maar nu slechts in Duitsland en vooral in Oostenrijk te vinden is. Stevig, sappig, don-

ROOD OOSTENRIJK - SPANJE

ker fruit, heeft soms wat van madiran, lees ik in m'n proefnotities bij het bescheiden rijtje zweigeltwijnen dat ik tot nu toe heb geproefd. Een slanke droge en een gerijpte zoete rosé van zweigelt waren ook heel geslaagd. Deze ook. Sappig vrolijk fruitig, pittige vleug specerijen, beetje tannine. Koelen. 13%.

MEINKLANG, BURGENLAND, ZWEIGELT 2007 € 12,00

Biodynamisch – *'nach dem Rhythmus der Gestirne'* – met veel fijn rood fruit, kruidig, een beetje streng. 13,5%.

SPANJE
CALIDEZ, TEMPRANILLO 2007 € 3,95

Stevig donker fruit, behoorlijk somber van aard en tannine. 13%.

CASA DE LA ERMITA, JUMILLA CRIANZA 2005 € 11,50

Sublieme monastrell die smaakt als een kruising tussen médoc en châteauneuf-du-pape van aristocratischen huize. De deftige bouw van médoc maar zonniger, landelijker, vrolijker, spannender, ruiger, kruidiger, vol specerijen en allerhande in het wild groeiend rood fruit met heldere zuren waardoor je altijd zin hebt in nog een slok, plus tanige, pezige tannine. Kan net als de beste médoc mooi oud worden. Jong nog nu. Spotgoedkoop. Eigenlijk . 14%.

CASTILLO DE VALDERO, € 4,95
TEMPRANILLO DO NAVARRA 2007

Vrolijk smakend naar rood fruit en zomerzon. 13%.

COLINA VERDE, RIOJA TINTO JOVEN 2007 € 6,99

Van tempranillo en garnacha. Rioja zoals het ook kan zijn. Niet geserveerd op wrakhout, niet gecomponeerd als eigentijdse 'boutiquewijn', niet compleet de weg kwijt en zodoende gespeend van alle karakter. Niets van dat al. Liederlijk lekker. Proefnotities voor boven de achttien op

ROOD SPANJE

aanvraag beschikbaar, thuisbezorgd in anonieme envelop. 13,5%.

CRISTOBAL COLOMBO 1492, NAVARRA, € 3,95 🍷🍷🍷
TEMPRANILLO 2007

🚲 Vrolijk geurend naar zon en buitenlucht, voorzien van veel pittig rood fruit. Heel ruim 🍷🍷🍷. 13%.

DOMINIO DE CASTILLO, LA MANCHA, GRACIANO 2007 € 5,45 🍷🍷🍷

🚲 Grappige, intrigerende wijn van druif graciano, lees het hoe en wat op pagina 345, 346. Rood fruit, specerijen, rokerig, spannend. Heel ruim 🍷🍷🍷. 13,5%.

DOMINIO DE CASTILLO, LA MANCHA, MERLOT 2007 € 5,45 🍷🍷

Meer Spanje dan merlot – en daar is absoluut niks mis mee. Vol vrolijk rood fruit. Heel ruim 🍷🍷. 13,5%.

DOMINIO DE CASTILLO, LA MANCHA, SYRAH 2007 € 5,45 🍷🍷

Vol stevig rijp donker fruit. Heel ruim 🍷🍷. 13,5%.

DOMINIO DE CASTILLO, LA MANCHA, € 5,45 🍷🍷🍷
TEMPRANILLO 2007

Kersen, van die grote stevige donkere. Beetje specerij, hap tannine. Prima. 13,5%.

ESPAÑA, WIJN VAN DE WIJNBOER (LITER) € 5,45 🍷🍷🍷

🚲 Rijp rood fruit, specerijen, zonneschijn, buitenlucht. Bijzonder vrolijk makende huiswijnliter, zolang je tenminste niet naar het etiket kijkt. Zo'n aanbeveling 'Proef de Spaanse zon in uw glas!', ondertekend door 'José', is slechts heerlijk retro als hij op een etiket staat dat mooi is van lelijkheid. Maar ja, kom daar nog eens om, in dit tijdperk van lay-out en design. Van druif tempranillo; vorig jaar uit La Mancha, nu afkomstig uit Navarra. Vorig jaar de 2006, nu zonder oogstjaar, al doen de code en de logica vermoeden dat het hier de 2007 betreft. Heel ruim 🍷🍷🍷. 13%.

FLOR DE GREALO, COSTERS DEL SEGRE, € 20,00 🍷🍷🍷🍷🍷
SERO-SUBZONA ARTESA 2005

Costers del Segre is een wijngebied in Catalonië, Noordoost-Spanje, waar naast wat jetsetdruiven als chardonnay en merlot gelukkig ook inheems Spaans aan de ranken hangt. Hier houden ze het qua druiven internationaal, merlot, cabernet sauvignon en syrah, maar de resulterende wijn smaakt allesbehalve voorspelbaar: diep donker, geheimzinnig geurend als een middernachtelijk woud, breedgeschouderd, krachtige tannines. Maar kijkaan: ook sappig rood fruit en als je 'm effe in een karaf parkeert bloeit er nog veel meer vriendelijks op. Maar wees gerust, een krachtpatser blijft het. Hij heeft ook een klein broertje, de Petit Grealo, zie een stukje verderop. 14%.

INITIUM, NAVARRA 2007 € 4,99 🍷🍷🍷🍷🍷

🚲 De 2006 (een jaar lang nauwgezet regelmatig herproefd – 'wat is de korting als ik per gros bestel?' – nog steeds heerlijk) was gecomponeerd uit tempranillo plus wat cabernet en merlot, deze 2007 moet het doen zonder druif cabernet. Maakt niet uit. Ook weer heerlijk. Pietsje zachter, maar ook nu weer lekker rijp fruit, dat stoffige van een lange zonnige dag in de wijngaard, die vleug specerijen en tabak, die heldere smaak die zo opgewekt langs je tong kabbelt... Eigenlijk 🍷🍷🍷🍷🍷🍷! 13%.

MONASTERIO DE SANTA ANA, JUMILLA, € 7,99 🍷🍷🍷🍷🍷
MONASTRELL – TEMPRANILLO 2007

🚲 Een enkele klimaatdeskundige weet het anders, al voorspellen die dan juist weer een IJstijd, wat ook niet direct een opwekkend vooruitzicht is, maar zo de couranten te lezen is het einde der tijden nabij. Niet dat er aan dit aardse

ROOD SPANJE

tranendal veel verloren gaat, als straks alles verboden is, maar
't is toch jammer. Een beetje onrechtvaardig, trouwens, dat
verbieden. Zo ben ik te stom om te kunnen autorijden, heb ik
roken nooit lekker leren vinden, vlieg niet want vind reizen
verschrikkelijk, heb het nooit koud dus stook milieubewust
en ben ook verder de biologische braafheid zelve, dus vindt u
dan ook niet dat ik recht heb op wat compensatie, in de vorm
van een op macrobiotische grondslag grootgebrachte lams-
bout, ossenhaas of rundermuis? Met daarbij niet een met
moeite op doktersrecept toegestaan glaasje, maar gewoon
een degelijke ouwerwetse liter wijn? Of twee, al naar het
uitkomt? Zoals bijvoorbeeld van deze van druif monastrell
oftewel mourvèdre en tempranillo met z'n sprookjesbos-
geuren, bessenfruit en landelijke tannines. Eigenlijk 𝄞𝄞𝄞𝄞𝄞𝄞𝄞.
Neem als tweede fles eens de Casa de la Ermita van even
hierboven. Nee, niet gaan zitten miezemuizen welke de beste
is, genieten van de overeenkomsten en de verschillen. 13,5%.

OM, MANUEL DE LA OSA 2004 € 16,99 𝄞𝄞𝄞𝄞

Wijn die misschien ook Mo heet, en uit La Mancha komt.
Het achteretiket bespaart me veel werk door te vertellen
dat het hier gaat om de elegante tempranillo en de fruitige
syrah, geurend naar, als ik het goed vertaal, de specerijen
van de cabernet franc, de viooltjes, als *violetas* tenminste is
wat Spanjaarden zeggen als ze viooltjes bedoelen, van druif
graciano en de zachte tannine van de merlot. Dat hebben ze
allemaal bij elkaar in vaten van Frans eikenhout gegooid en
na een tijdje kwam dit eruit. Tsja. Wel, goede wijn hoor, zoals
u al had gezien aan de vier 𝄞-en, barstensvol prachtig rijp
fruit, maarre... wel een beetje gelikt. Weinig smoel zogezegd.
Niet gegroeid in de natuur, maar verzonnen door een plas-
tisch chirurg. 14,5%.

NATUURVOEDINGSWINKELS

ROOD SPANJE

PARRA, LA MANCHA, TEMPRANILLO 2007 €3,99

Donkere volle maar toch ook heldere en spannende tempranillo. Cacao, beetje specerijen, rokerig. Plus veel fruit. Geen geld. 13%.

PARRA, LA MESETA, LA MANCHA, €3,95
TEMPRANILLO CABERNET SAUVIGNON 2007

De 2006 was puur tempranillo, hier is er een piepklein beetje cabernet bij gedaan. Resultaat: wat serieuzer. Stevig donker fruit. Niks mis mee, prima, kost ook niks, maar geef mij maar een vrolijke tempranillo. Keus genoeg hier. Heel ruim. 13%.

PETIT GREALO, COSTERS DEL SEGRE, €11,95
SERO-SUBZONA ARTESA 2005

De kleine broer van Flor de Grealo, zie een stukje hiervoor. Druiven merlot, cabernet sauvignon en syrah. Heeft veel weg van z'n grote broer, maar mist diens verrassende subtiliteit. Desalniettemin heel ruim, want hé, we gaan toch niet een beetje subtiliteit zitten zuipen? 14%.

QUADERNA VIA ESPECIAL, NAVARRA 2007 €6,99

Van tempranillo met tien procent cabernet sauvignon. Veel vrolijk fruit, wat specerij, lekkere hap tannine. 13,5%.

SINERGIA, VALENCIA, MONASTRELL 2007 €6,95

En alweer zo'n heerlijke wijn van prachtdruif monastrell met z'n stoere, wat rokerige bouquet. Voor monastrellbegrippen een heel vriendelijke, begrijpende, zachtmoedige uitvoering dit jaar. Rijp fruit, dure chocola. 14%.

VERMADOR, ALICANTE, MONASTRELL 2006 €6,98

Van La Bodega de Pinoso. Bekvol rijp donker fruit, maar in de geur een vleug azijnzuur. 14%.

ROOD SPANJE

VERMADOR, ALICANTE, MONASTRELL BARRICA 2006   € 6,98

Van La Bodega de Pinoso, en volgens achteretiket niet van monastrell barrica, maar van monastrell en syrah, die samen vier maanden in barricas, eikenhouten vaten, hebben doorgebracht voor ze de fles ingingen. Stoer donker fruit, kruidig, rustiek, beetje hout. Heel ruim. 14%.

DE BESTE WIJNEN VAN NATUURVOEDINGSWINKELS

Wit

1 **Valentin Züsslin, alsace, gewurztraminer bollenberg 2004** € 15,99
   Frankrijk - Elzas

2 **Valentin Züsslin, alsace, riesling bollenberg 2006** € 15,99
   Frankrijk - Elzas

3 **Pierre Bernhard, alsace, gewurztraminer 2005** € 10,25
   Frankrijk - Elzas

4 **Pierre Bernhard, alsace, riesling 2005** € 8,35
   Frankrijk - Elzas

5 **Calidez, airén 2007** € 3,95
   Spanje

Rosé

1 **Parra, la meseta, la mancha, tempranillo 2007** € 3,95
   Spanje

2 **Domaine Delcellier, vin de pays d'oc 2007** € 5,49
   Frankrijk

3 **Vermador, alicante, rosado 2007** € 5,95
   Spanje

4 **Delcellier, mélodia, vin de pays des côtes de thongue 2007** € 7,45
   Frankrijk

5 **Colina Verde, rioja rosado, garnacha 2007** € 6,99
   Spanje

Rood

1 **Initium, navarra 2007** € 4,99
   Spanje

2 **Sinergia, valencia, monastrell 2007** € 6,95
   Spanje

3 **Colina Verde, rioja tinto joven 2007** € 6,99
   Spanje

4 **Monasterio de Santa Ana, jumilla, monastrell – tempranillo 2007** € 7,99
   Spanje

5 **Villa Contado, veronese rosso 2006** € 7,99
   Italië

DE NATUURWINKEL

▷ Spreiding: landelijk
▷ Aantal filialen: 39 formulewinkels, 32 basiswinkels
▷ Voor meer informatie: www.denatuurwinkel.nl

Diverse wijnen van De Natuurwinkel zijn ook bij veel andere natuurvoedingswinkels te koop – en diverse van de in het vorige hoofdstuk vermelde wijnen staan ook bij De Natuurwinkel op het schap.

Er zijn 74 wijnen geproefd, waarvan:
▷ Wit   26
▷ Rosé   9
▷ Rood 39

geen	11	14,9%
☹	0	0,0%
♀	13	17,6%
♀♀	11	14,9%
♀♀♀	25	33,8%
♀♀♀♀	10	13,5%
♀♀♀♀♀	4	5,4%
🚲	16	21,6%

Waardering in aantal wijnen en als percentage van het assortiment

WIT

ARGENTINIË
VIDA ORGÁNICO, MENDOZA, CHARDONNAY 2008 € 6,99

Van de familia Zuccardi, wie kent ze niet, en zo ja zie www.familiazuccardi.com, uit Mendoza. Net een pietsje minder klasse én een euro duurder dan de 2007, dus vandaar dit jaar geen omfietsadvies, maar al met al nog steeds een heerlijke sappige goed droge elegante chardonnay. 13%.

CHILI
YCARO RESERVA, CASABLANCA VALLEY, CHARDONNAY 2008 € 6,99

Slank en sappig. Zou het met wat minder grapefruit d'r in nog verder schoppen.

DUITSLAND
EYMANN, PFALZ, RIESLING TROCKEN 2007 € 7,95

Het goede nieuws: een prima sappige fruitige riesling vol lentegeuren. Het slechte nieuws: lang zo verleidelijk vrolijk lekker niet als vorige jaren (de 2006 scoorde een officieel niet bestaande maar soms toch voorkomende). 12%.

MOSELLAND, MÜLLER-THURGAU 2007 € 6,29

Frisfruitig met een verdwaald zoetje. Heel ruim .

FRANKRIJK
Bordeaux
CHÂTEAU BARATET, BORDEAUX 2007 € 7,49

Voor de echt heel welwillende verstaander is er nog wat fruit te bespeuren, maar in feite dure doffe ellende. 12%.

CHÂTEAU CHAVRIGNAC, BORDEAUX 2007 € 7,49

Gemaakt van kinderarbeidcitroentjes, uitgeknepen door het wrede Grootkapitaal. 12%. Beperkt verkrijgbaar.

WIT FRANKRIJK

Elzas
DOMAINE EUGÈNE MEYER, PINOT BLANC 2007 € 9,99

Biodynamisch sinds 1969. Zo lang ken ik ze nog niet, maar de afgelopen vijf, zes jaar levert de familie Meyer steevast elke oogst een prachtpinot af, vol sappig fruit, zacht en vriendelijk, en sierlijk als een ballerina. 12%.

DOMAINE EUGÈNE MEYER, PINOT GRIS 2007 € 12,99

Familielid gris ruikt luxueus naar abrikozen en perziken, en spreidt z'n weelde hier heel verfijnd tentoon. Net als blanc heel puur en zuiver. 14%.

Loire
CHÂTEAU GAILLARD, TOURAINE SAUVIGNON 2007 € 7,29

2006 was hier na jaren droefenis en ellende ineens een frisvrolijke verademing, maar deze 2007 ruikt weliswaar niet gek, maar is log en zeker niet vrolijk lentefris. 13,5%.

VIGNOBLE DAUNY, SANCERRE LES CAILLOTTES 2007 € 14,25

In gids 2008 troffen we de belegen 2005, het jaar daarvoor de gebrekkige 2004 en nu kunnen we dus eindelijk eens proeven hoe de sancerre van mijnheer Dauny smaakt als hij kakelvers is. Wel, prima. Goed strakke sancerre vol voorjaarsgeur. Maar jong drinken dus. Iets wat voor praktisch alle wijn geldt, maar hier komt het verval wel heel snel. 12,5%.

Vin de pays
EMILIE D'ALBRET, VIN DE PAYS D'OC, CHARDONNAY € 5,99

Riekt naar appeltjes die het heel moeilijk hebben gehad. Geen oogstjaar. 13%.

MARGALH DE BASSAC, € 6,49
VIN DE PAYS CÔTES DU THONGUE 2007

Sappig fruitig, licht kruidig. 12,5%.

WIT FRANKRIJK - SPANJE

PETIT GRAIN DE BASSAC, MUSCAT PETIT GRAIN € 10,25
MOELLEUX, VIN DE PAYS DES CÔTES DE THONGUE 2007

Prima friszoet, vol geurige muskaatdruiven, maar een stuk minder subtiel en verleidelijk dan vorige jaren. 12,5%.

ITALIË
ERA, SICILIA, INZOLIA 2007 € 5,99

Beetje zepige neus, verder zachtfruitig. 12,5%.

MONCARO, VERDICCHIO DEI CASTELLI € 6,79
DI JESI CLASSICO 2007

Albert Heijn heeft Moncaro's reguliere wijnen, dit is hun biologische verdicchio met de malle lange naam. Zachtfruitig, kruidig, vleug anijs, pit en beet. Prima, ondanks de Rare Fles (zie pagina 331). 13%.

NATUVIN DEMETER, VINO BIANCO DEL LAZIO, € 6,49
DROOG EN LICHT 2007 (LITER)

Licht druivig, piets kruiderij.

PERLAGE, CHARDONNAY DEL VENETO 2007 € 7,99

Zuiver en helder, vol sappig fruit, maar niet de spanning en het plezier van eerdere jaren, toen hij ruim was, en slechts door de hoge prijs niet ⚲. 12%.

PROSECCO, VENETO € 6,99

Advies in gids 2008: mag zich wel eens wassen. Resultaat dit jaar: ruikt naar zeepsop. 11%.

SPANJE
CAMINO BLANCO, AIRÉN 2007 € 4,99

Zacht, puur, zuiver, maar het is precies appelsap. 12%.

WIT SPANJE - ZUID-AFRIKA

CAN VENDRELL DE LA CODINA, CAVA BRUT RESERVA € 12,99

Van Albet i Noya, een firma die er met al hun Bassie en Adriaan, al hun passie en aandacht bedoel ik voor natuurvriendelijk en ecologisch werken, toch in slaagt om zeer technisch smakende wijnen te maken. Klinisch, oftewel: niks mis mee maar er is ook geen bal aan. 12%.

MUNDO DE YUNTERO, AIRÉN 2007 € 5,49

Lijkt vriendelijk zachtfruitig, blijkt op 't end behoorlijk zuur. 12%.

NATUVIN HUISWIJN WIT LA MANCHA 2007 € 5,49

Sappig zachtfruitig.

SOL DE AGOSTO, LA MANCHA, AIRÉN 2007 € 4,99

Frisfruitig, kruidig, behoorlijk zuur. Netaan. 11,5%.

ZUID-AFRIKA
HEAVEN ON EARTH, WESTERN CAPE, € 7,95
ORGANIC SWEET WINE (375 ML)

Wat ze allemaal niet verzinnen: de druiven voor deze wijn hebben ze op een bedje van organische rooibosthee en stro laten indrogen alvorens ze tot wijn te laten gisten. Een beetje het idee van de Toscaanse vin santo dus, waar de trotse castello-eigenaar je gaarne meevoert naar een zolderkamer waar in het licht van de ondergaande zon talloze druiventrosen te drogen hangen, wat inderdaad een mooi gezicht is, al is het de vraag waarom hij al die moeite doet voor wijn die uiteindelijk slechts dient om koekies in te soppen. Ondertussen riekt deze intens naar abrikozen, en is voluptueus zoet zonder ordinair of plakkerig te zijn. Een luxueuze zoete wijn. Blijkt rooibosthee toch nog ergens goed voor te zijn. Geen oogstjaar. 11%.

WIT ZUID-AFRIKA

STELLAR ORGANIC WINERY, AFRICAN STAR, € 5,99
WESTERN CAPE, ORGANIC WHITE 2008

Fairtrade/Max Havelaar, biologisch. Van chenin en sauvignon, beide blanc. Simpel, maar oprecht sappig frisfruitig. Heel ruim. 12,5%.

STELLAR ORGANICS, € 6,49
WESTERN CAPE, CHENIN BLANC 2008

Fairtrade/Max Havelaar. *'Contains sulphites'* staat er tegenwoordig op het wijnetiket. Getver, wat is dat nou weer? Sulfiet, zwavel, doodt bacteriën en het bindt zich met zuurstof en voorkomt zo dat de wijn azijn wordt. We gebruiken het al eeuwen om bederf van levensmiddelen tegen te gaan. Dus ook in wijn, hét levensmiddel. De Europese wetgever heeft vastgelegd hoeveel: 160 milligram per liter in rode wijn, 210 mg/l in droge witte wijn en rosé, 260 in zoet wit en rosé en nog meer, 300, 400 mg/l in sommige heel rijke dessertwijnen. Maxima hoog genoeg voor memorabele katers. Toch, het kan ook zonder. Tijdens de gisting wordt van nature wat zwavel gevormd, maar je kunt wijn maken zonder het toe te voegen. Nodig: natuurlijk verbouwde druifjes, die zich in de wijngaard zonder bestrijdingsmiddelen staande hebben kunnen houden, en een heel hygiënisch werkende wijnboer. Het resultaat: wijn zoals deze Zuid-Afrikaanse chenin, geurend naar pasgeoogste rijpe druiven en notarisappeltjes. Heel ruim. 12,5%.

ROSÉ

ARGENTINIË
VIDA ORGÁNICO, MENDOZA, MALBEC ROSÉ 2008 € 6,99

Omfietswijn, dat is een aanrader, wijn die de omweg waard is, maar soms ook een beetje een kwestie van prijs/kwaliteitverhouding. Zo is deze 2008 net zo'n prima lichtrode machorosé die breedgeschouderd naar malbec smaakt als de 2007, maar hij is wel een euro duurder... Dus vandaar geen omfietsadvies. Speelt geld geen rol, spring op de fiets. Heel ruim. 13%.

CHILI
YCARO RESERVA, VALLE CENTRAL, SYRAH ROSÉ 2008 € 6,99

Vrolijk fruitig, zomers kruidig. Stoer, stevig, maar uitermate welgemanierd. Heel ruim. 14%.

FRANKRIJK
DOMAINE BASSAC, VIN DE PAYS DES CÔTES € 6,99
DE THONGUE, CABERNET SAUVIGNON 2007

Landadelcabernet vol vrolijk rood fruit. Heel ruim. 12%.

MARGALH DE BASSAC, VIN DE PAYS D'OC 2007 € 6,49

Ook van Bassac, deze vrolijke indrinker van de inheemse Zuid-Franse druiven carignan, cinsaut en grenache. Sappig, kruidig en lichtvoetig. Vraag alleen: vijftig cent – een ouderwetse harde gulden – duurder geworden en het was al niet goedkoop, dus is hij nog wel het omfietsen waard? Biologisch wijnmaken is arbeidsintensiever en dus altijd wat duurder, maar toch. Nou vooruit, besloot ik na nog een fles. En u moet maar denken, als u veel biologische wijn drinkt, heeft u een excuus om de aanschaf van die spaarlampen met hun kille licht wat uit te stellen. Heel ruim. 12,5%.

ROSÉ SPANJE - ZUID-AFRIKA

SPANJE

CAMINO ROSADO, LA MANCHA 2007 € 4,99

Frisfruitig. Beetje limonadeachtig. Anderhalf. 13%.

NATUVIN BIO-HUISWIJN ROSÉ, € 5,45
FRIS FRUITIG 2007 (LITER)

De 2006 kwam uit La Mancha, in midden-Spanje, van druiven tempranillo en cencibel, wat overigens twee namen voor eenendezelfde druif zijn. Deze is gemaakt van modieuze monastrell en komt uit Alicante, Zuidoost-Spanje. Lichtroze, vrolijk, plezant en meer diepgang, meer pit en beet dan je van zo'n lichtgekleurde rosé verwacht. 13%.

SOL DE AGOSTO, LA MANCHA, € 4,99
GARNACHA ROSADO 2007

Beetje dun en zuur. 12,5%.

ZUID-AFRIKA

STELLAR ORGANIC WINERY, AFRICAN STAR, € 5,99
WESTERN CAPE, ORGANIC ROSÉ 2008

Fairtrade/Max Havelaar, biologisch. Druif is shiraz. Wijn is vol rijp rood fruit, aards, heeft pit. 13%.

STELLAR ORGANICS, WESTERN CAPE, SHIRAZ ROSÉ 2008 € 5,99

Fairtrade/Max Havelaar, biologisch. Nog zo één, ietsje stoerder en strakker. 13%.

ROOD ARGENTINIË - CHILI

ROOD

ARGENTINIË
VIDA ORGÁNICO, MENDOZA, € 6,99
BONARDA SANGIOVESE 2007

Van de famili Zuccardi, zie ARGENTINIË WIT. Grappig druivenduo, geen grappige wijn. Gewoon braaf en keurig vriendelijk zachtfruitig. 13%.

VIDA ORGÁNICO, MENDOZA, € 6,99
CABERNET SAUVIGNON 2007

De 2006 was heerlijk, zweefde het glas uit, deze 2007 is een stuk zwaarwichtiger. Mopperend donker fruit, beetje aangebrand. 13,5%.

VIDA ORGÁNICO, MENDOZA, MALBEC 2007 € 6,99

Ook hier: prima malbec, donker fruit, leer, gespierde tannine, maar verre van de charme van de 2006. 13,5%.

CHILI
YCARO RESERVA, COLCHAGUA VALLEY, € 6,99
CARMENÈRE 2007

Goede carmenère smaakt als oercabernet met een heel dure opvoeding. Het bessenfruit van cabernet, met specerijen, iets rokerigs en, in dit geval, overdonderend rijp fruit. 14,5%.

YCARO RESERVA, VALLE CENTRAL, € 6,99
CABERNET SAUVIGNON 2007

Net zo welgemanierd, maar verder het tegendeel van een stramme médoc. Sappig fruit, lenig. 14,5%.

ROOD FRANKRIJK

FRANKRIJK
CUVÉE ELISE € 4,99

Eten weggooien mag niet, maar dit valt niet (meer?) onder de consumeerbare goederen, dus, beste Natuurwinkel, spuit het met de giertank over de landerijen. Geen oogstjaar. 11,5%.

Bordeaux
CHÂTEAU BARATET, BORDEAUX SUPÉRIEUR 2005 € 7,49

Beetje droefgeestig fruit, wrang. 12,5%.

CHÂTEAU CHAVRIGNAC, BORDEAUX 2006 € 8,79

Somber, riekt aangebrand, als een butsig zwartgeblakerd pannetje op het roestige Etnafornuisje in een huishouden waar iemand al heel lang door niemand betreurd heel dood ligt te wezen. 12,5%.

CHÂTEAU MOULIN DE PEYRONIN, BORDEAUX 2006 € 8,49

Een jaar geleden nog wat ouderwetse charme, nu dor en uitgedroogd. 12%.

Loire
CHÂTEAU GAILLARD, TOURAINE GAMAY 2007 € 7,29 ♟♟♟

Vreemde producent: jarenlang smaakte zowel hun wit als rood naar een druilerige zondagmiddag in bejaardentehuis *Vroeger was het niet veel beter*, in 2006 kwamen ze ineens met een prima lentefrisse sauvignon, wat gezien de tobberige 2007 blijkbaar een vergissing was, terwijl rood in 2006 vertrouwd mistroostig smaakte en nu in 2007 in enen helemaal senang is, vol vrolijk sappig rood fruit, rokerig en een beetje stoffig zoals dat hoort in loiregamay, dus niet huis-, tuin- en keukenstof, maar het stof van een charmant landweggetje te midden van de natuurvriendelijke landerijen onder de zomerzon. 12,5%.

ROOD FRANKRIJK

Rhône

LA GRAND RIBE, € 8,99 🍷🍷
CÔTES DU RHÔNE VIEILLES VIGNES 2005

Brave rhône met wat lichtgewicht fruit en vriendelijke kruidigheid. Heel ruim 🍷🍷. 13,5%.

Vin de pays

DOMAINE BASSAC, VIN DE PAYS DES CÔTES DE € 6,99 🍷🍷🍷
THONGUE, CABERNET SAUVIGNON 2007

Helaas, helaas: keurige wijn, maar niks van de karaktervolle vrolijkheid van eerdere jaren. 13,5%.

DOMAINE BASSAC, VIN DE PAYS DES CÔTES € 6,99 🍷🍷🍷🍷
DE THONGUE, MERLOT 2007

🚲 Niet op het 🍷🍷🍷🍷🍷🍷-niveau van de 2006, maar daarom nog wel een heel lekkere onmiskenbaar Zuid-Franse merlot vol zacht en vriendelijk fruit. 13,5%.

DOMAINE BASSAC, VIN DE PAYS € 6,99 🍷🍷🍷🍷
DES CÔTES DE THONGUE, SYRAH 2007

🚲 Ook hier: geen 2006, wel een fijne pittige syrah vol zonnige kruiderij. 13,5%.

DOMAINE MESTRE GROTTI, VIN DE PAYS DE L'AUDE 2007 € 4,99 🍷🍷🍷🍷🍷

🚲 En nog zo eentje! Voorheen te koop bij Plus. Ieder jaar een beetje anders, ieder jaar een groot feest. Archetype Zuid-Franse landwijn vol rood fruit en zomervakantiegeuren uit de tijd van je eerste liefde en toen alles nog volmaakt was. Wou dat ze allemaal zo lekker waren. In lente en zomer is koelen een goed idee. En als u daaraan gewend bent, gewoon mee doorgaan ook al is het geen zomertijd meer. Eigenlijk 🍷🍷🍷🍷🍷🍷.

ROOD FRANKRIJK - ITALIË

EMILIE D'ALBRET, VIN DE PAYS D'OC, CABERNET SAUVIGNON € 5,99

Riekt mistroostig naar cabernet, kaal, wrang, zuur. Geen oogstjaar. 13%.

EMILIE D'ALBRET, VIN DE PAYS D'OC, MERLOT € 5,99

Somber donker fruit, kaal. Geen oogstjaar. 13%.

MARGALH DE BASSAC, VIN DE PAYS D'OC 2007 € 6,49

En voor slechts een halve euro meer heb je deze, vol fruit en vrolijkheid! 13%.

NATUVIN, VIN DE PAYS DU GARD, SOEPEL EN GEURIG 2006 (LITER) € 6,49

Zuinig fruitig. Anderhalf. 12,5%.

ITALIË

BOTTEGHINO, CHIANTI 2007 € 7,89

Landelijk, boers, fiks wat zuren – klinkt niet sympathiek, is het toch. Echte ouderwetse chianti, met rood fruit en die zo karakteristieke, wat weerbarstige tannine. 12,5%.

CASANOVA, MONTEPULCIANO D'ABRUZZO 2004 € 7,99

Een jaar geleden charmant en rustiek, geurend naar rood fruit en specerijen. Dat is niet allemaal verleden tijd, maar de jaren beginnen wel te tellen. Het fruit is aan het verdwijnen, hij droogt uit. 13%.

ERA, SICILIA, SYRAH 2007 € 6,49

Sombere syrah met wat onbehouwen donker fruit. Anderhalf. 13%.

ROOD ITALIË

NATUVIN DEMETER, VINO ROSSO DEL LAZIO € 6,49 🍷🍷🍷
STEVIG EN KRUIDIG 2007 (LITER)

Biodynamisch. Steviger en donkerder dan de 2006, kruidiger ook. Lijkt wat korzelig, maar blijkt bij nader inzien – even wat lucht geven – de karaktervolle vriendelijkheid zelve, vol subtiele geuren en smaken die doen denken aan een idyllisch Italië. En, zoals ook elders gezegd, maar voor de zekerheid hier nogmaals: 'even wat lucht geven' betekent niet de kurk eruit trekken en dan een uur ongedurig gaan duimen draaien, maar de fles leegklotsen in een karaf of iets anders waar een liter wijn in past. Heel ruim 🍷🍷🍷. 13%.

PERLAGE, CABERNET DEL VENETO 2007 € 6,99 🍷🍷🍷

Van cabernets sauvignon & franc. Vol sappig bessenfruit. Wat zachter dan de 2006, maar ook minder pit. 12%.

PERLAGE, MARCHE SANGIOVESE 2007 € 6,49 🍷🍷🍷

Zacht, veel fruit, iets aards, vrolijk. Veel chianti – ook druif sangiovese – kan er wat van leren. Ook deze is zachter dan de 2006, maar smaakt daardoor ook luxueuzer. Heel ruim 🍷🍷🍷. En ja, het is te prijzig voor 🚲, zei ik altijd, maar fietst u er nou toch maar eens voor om. Goede sangiovese is zeldzaam, tenslotte, en vaak nog veel duurder dan deze. 12,5%.

PERLAGE, MERLOT DEL VENETO 2007 € 6,99 🍷

Het etiket is lelijker, de wijn serieuzer. Niks meer 'de vrolijkste merlot van deze gids en verre omstreken'. Grotewijnpretenties, zwaarwichtige tannines. Bah. Zonde. Anderhalf 🍷, terwijl het in vorige jaren ruim 🍷🍷🍷 was, en slechts door de prijs niet 🚲. 12%.

ROOD PORTUGAL - SPANJE

PORTUGAL
QUINTA DA ESTEVEIRA RESERVA, € 8,99 ♛♛
VINHO DE QUINTA, DOURO 2005

Rood fruit, kruiden, hout en zekere rustieke charme. Heel ruim ♛♛. 13%.

SPANJE
CAMINO, TEMPRANILLO 2007 € 4,99 ♛♛

Waar dit nou precies vandaan komt is niet duidelijk, maar lekker is het wel. Rood fruit, specerijen, pit. Heel ruim ♛♛. 12,5%.

INITIUM, NAVARRA 2007 € 5,49 ♛♛♛♛♛

De 2006 (een jaar lang nauwgezet regelmatig herproefd – 'wat is de korting als ik per gros bestel?' – nog steeds heerlijk) was gecomponeerd uit tempranillo plus wat cabernet en merlot, deze 2007 moet het doen zonder druif cabernet. Maakt niet uit. Ook weer heerlijk. Pietsje zachter, maar ook nu weer lekker rijp fruit, dat stoffige van een lange zonnige dag in de wijngaard, die vleug specerijen en tabak, die heldere smaak die zo opgewekt langs je tong kabbelt... Eigenlijk ♛♛♛● ♛♛♛! 13%.

MUNDO DE YUNTERO, LA MANCHA 2007 € 5,79 ♛

Van tempranillo met vijf procent syrah en net zoveel garnacha. Zacht fruit, wat tannine. Anderhalf ♛. 13%.

NATUVIN BIO, JUMILLA HUISWIJN ROOD 2007 (LITER) € 5,49 ♛♛♛

Soepel rood fruit, makkelijk toegankelijke allemansvriend, maar met pit en specerijen, puur en zuiver en oprecht. Huiswijnliter zoals huiswijnliters bedoeld zijn.

ROOD SPANJE - ZUID-AFRIKA

NATUVIN BIO, UTIEL-REQUENA VINO TINTO, € 6,49
KRACHTIG EN FRUITIG 2007 (LITER)

Ook dit jaar weer het omfietsen waard. Simpel, boers, landelijk, puur. Boer zoekt vrouw? Consument zoekt wijn! Hier is-ie! Eerlijk, betrouwbaar – en een beest in bed. Sorry. Rijp donker fruit, cacao, tannines om te zoenen, bedoel ik. Heerlijke huiswijnliter van druif tempranillo. 13%.

NAVARRSOTILLO NOEMUS, RIOJA TINTO 2007 € 6,99

Voor trouwe kijkers: dit is, ondanks de Rare Naam en het lelijke etiket, gewoon de Noemus die in vorige jaren gewoon Noemus heette. Niet zo goed als de 2006, maar altijd nog heel lekker. Gemaakt van zestig procent tempranillo, twintig procent garnacha en twintig procent mazuelo, wat Riojadialect is voor carignan. Rood fruit, specerijen, iets rokerigs... Prijkt al jaren op vele Sintverlanglijstjes en de Goedheiligman drinkt het zelf ook. 13,5%.

SOL DE AGOSTO, LA MANCHA, € 4,99
TEMPRANILLO Y GARNACHA 2007

Aangebrand, dun, zuur. 12%.

ZUID-AFRIKA

STELLAR ORGANIC WINERY, AFRICAN STAR, € 5,99
WESTERN CAPE, ORGANIC RED 2008

Fairtrade/Max Havelaar en biologisch. Van druif shiraz. Gezellig stoere shiraz met veel rood fruit, peper en specerijen. 13,5%.

STELLAR ORGANIC WINERY, AFRICAN STAR, € 6,49
WESTERN CAPE, PINOTAGE 2008

Fairtrade/Max Havelaar en biologisch. Opgewekt, sappig, landelijk. Heel ruim. 13,5%.

ROOD ZUID-AFRIKA

STELLAR ORGANICS, WESTERN CAPE, € 6,49
CABERNET SAUVIGNON 2007

Fairtrade/Max Havelaar. Biologisch. No sulphur added, geen sulfiet toegevoegd, zie voor uitleg hun wit. Hm. Puur en zuiver, zeker, maar niet bepaald het zonnetje in huis. Dof en somber. 13,5%.

STELLAR ORGANICS, WESTERN CAPE, MERLOT 2008 € 6,49

Fairtrade/Max Havelaar, biologisch, geen toegevoegd sulfiet. Heel vriendelijke, zachtfruitige merlot. 13,5%.

STELLAR ORGANICS, WESTERN CAPE, SHIRAZ 2006 € 6,49

Fairtrade/Max Havelaar, biologisch, geen toegevoegd sulfiet. Drie verschillende druiven, drie verschillende oogstjaren. Vol rijp donker fruit, niet bepaald karakteristiek shiraz, maar prima en ook na paar uur open nog goed. Heel ruim. 14%.

DE BESTE WIJNEN VAN DE NATUURWINKEL

Wit

1 **Heaven on Earth, western cape,** € 7,95
  organic sweet wine (375 ml)
  Zuid-Afrika

2 **Vida Orgánico, mendoza, chardonnay 2008** € 6,99
  Argentinië

3 **Domaine Eugène Meyer, pinot blanc 2007** € 9,99
  Frankrijk - Elzas

4 **Domaine Eugène Meyer, pinot gris 2007** € 12,99
  Frankrijk - Elzas

5 **Vignoble Dauny, sancerre les caillottes 2007** € 14,25
  Frankrijk - Loire

Rosé

1 **Natuvin bio-huiswijn rosé, fris fruitig 2007 (liter)** € 5,45
  Spanje

2 **Margalh de Bassac, vin de pays d'oc 2007** € 6,49
  Frankrijk

3 **Domaine Bassac, vin de pays des côtes** € 6,99
  de thongue, cabernet sauvignon 2007
  Frankrijk

4 **Stellar Organic Winery, african star,** € 5,99
  western cape, organic rosé 2008
  Zuid-Afrika

5 **Stellar Organics, western cape, shiraz rosé 2008** € 5,99
  Zuid-Afrika

Rood

1 **Domaine Mestre Grotti, vin de pays de l'aude 2007** € 4,99
  Frankrijk - Vin de pays

2 **Initium, navarra 2007** € 5,49
  Spanje

3 **Ycaro reserva, colchagua valley, carmenère 2007** € 6,99
  Chili

4 **Stellar Organics, western cape, merlot 2008** € 6,49
  Zuid-Afrika

5 **Domaine Bassac, vin de pays** € 6,99
  des côtes de thongue, merlot 2007
  Frankrijk - Vin de pays

NETTORAMA

- Spreiding: Drenthe, Gelderland, Limburg, Noord-Brabant, Overijssel, Utrecht en Zuid-Holland
- Aantal filialen: 28
- Marktaandeel: 1,42%
- Voor meer informatie: 0162 - 45 59 50 of www.nettorama.nl

Er zijn 53 wijnen geproefd, waarvan:
- Wit   17
- Rosé   9
- Rood   27

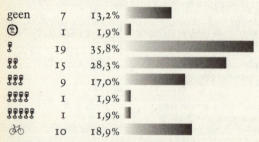

geen	7	13,2%
☻	1	1,9%
♀	19	35,8%
♀♀	15	28,3%
♀♀♀	9	17,0%
♀♀♀♀	1	1,9%
♀♀♀♀♀	1	1,9%
🚲	10	18,9%

Waardering in aantal wijnen en als percentage van het assortiment

WIT | AUSTRALIË - FRANKRIJK

WIT

AUSTRALIË

LANDENWIJN, AUSTRALIË WIT (LITER) € 3,49 ♀

South Eastern Australia. Simpel maar zacht (snoepjes)fruitig. Anderhalf ♀. Geen oogstjaar. 13%.

SUNNY MOUNTAIN, CHARDONNAY 2007 € 2,59

Kunststofbouquet – van gerecyclede vuilniszakken waarschijnlijk. Met inhoud. 13,5%.

CHILI

INDOMITA VARIETAL, CENTRAL VALLEY, € 3,69 ♀♀
SAUVIGNON BLANC 2007

Smaakt nou niet bepaald overtuigend naar sauvignon, maar oppassend fruitig. Krap ♀♀. 12%.

VIÑA MAIPO, VALLE CENTRAL, CHARDONNAY 2007 € 3,49 ♀

Schraal fruit, met armetierige zuren. 13%.

FRANKRIJK
Bourgogne

BOURGOGNE CHARDONNAY 2007 € 5,49 ♀♀♀♀

Van de coöp te Buxy, sinds jaar en dag vermaard vanwege z'n prima bourgognes zonder poespas. Chardonnay die, ook op dit instapniveau, onmiskenbaar bourgogne is. Sappig, fijn van zuren, verleidelijk. 13%.

CHABLIS 2007 € 7,95 ♀♀♀

Van de Union des Viticulteurs de Chablis. Keurige sappigfruitige en toch strakke chablis. 12,5%.

WIT FRANKRIJK - ZUID-AFRIKA

Elzas
KASTELBOURG, ALSACE, PINOT BLANC RÉSERVE 2007 € 3,79

Grijzemuizenzachtfruitig. Netaan. 12%.

Vin de pays
HUISWIJN WIT DROOG, € 2,99
VIN DE PAYS DES CÔTES DE GASCOGNE (LITER)

Frisfruitig met flink wat zuurtjes. Geen oogstjaar. 11,5%.

JEAN SABLENAY, VIN DE PAYS DE L'ILE DE BEAUTÉ, € 2,89
CHARDONNAY 2007

Zonnige zachtfruitige chardonnay met wat kruiderij. Heel ruim. Mede door de lage prijs. 13%.

JEAN SABLENAY, VIN DE PAYS DU VIGNOBLE DE FRANCE, € 2,89
SAUVIGNON BLANC 2007

Frisfruitig. Beetje kaal. Netaan. 12%.

ITALIË
CANEI, VINO FRIZZANTE € 2,99

Schuimt, zoetig, riekt als een scheef dichtgeknoopte vrijgezel die elke vrijdag opnieuw ontdekt dat het openbare badhuis sinds 1997 een grandcafé is. 8,5%.

SPANJE
CASTILLO DE LAS ALMENAS, VALENCIA, MOSCATEL € 2,99

Rafelrandschroefdop. Muskaatdruivig. Zoet. 15%.

ZUID-AFRIKA
BERG SCHADUW, WESTERN CAPE, € 3,55
SAUVIGNON BLANC 2008

Beetje snoepjesachtig, maar wel een sappige sauvignon. Netaan. 12,5%.

WIT ZUID-AFRIKA

DANIE DE WET, ROBERTSON, CHARDONNAY 2008 € 3,99
Armzalig snoepjesfruit. 12,5%.

DANIE DE WET, ROBERTSON, SAUVIGNON BLANC 2008 € 3,99
Zuurballenfruit. 11,5%.

HOOP HUIS, WESTERN CAPE, CHENIN BLANC 2008 € 2,79 🍷
Zacht snoepjesfruit. 13,5%.

HUISWIJN ZUID-AFRIKA WEST-KAAP CHENIN (LITER) € 3,85 🍷
Simpel maar zacht frisfruitig. Anderhalf 🍷. Geen oogstjaar. 12,5%.

ROSÉ

CHILI
QUÉ MAS ROSÉ 2008 € 2,19

Volbloedige warme bordeauxachtige rosé, rijk aan kleur, geur en smaak, breed opgezet door Bob Ross in zijn betere dagen. Herfstrosé. 13,5%.

VIÑA MAIPO, VALLE CENTRAL, MERLOT ROSÉ 2008 € 3,49

Zuurtjesfruit. Bijtzuren. 12,5%.

FRANKRIJK
HUISWIJN ROSÉ HALFZOET, € 2,99
VIN DE PAYS DU COMTÉ TOLOSAN (LITER)

Friszoet, vrolijk, beet. Gezellig mollig. Geen oogstjaar. 12%.

HUISWIJN ROSÉ, € 2,99
VIN DE PAYS DU COMTÉ TOLOSAN (LITER)

Betrouwbaar, maar niet saai. Lekker en vol sappig rood fruit. Geen oogstjaar. 12%.

JEAN SABLENAY, VIN DE PAYS DU VAL DE LOIRE, € 2,89
CABERNET FRANC ROSÉ 2007

Goed van geur, je ruikt zelfs wat cabernet franc, maar helaas snoepjesachtig zoet in de mond. 11%.

SPANJE
TESORO, BULLAS, MONASTRELL ROSADO 2007 € 2,69

Vol ruig rokerig rood fruit. 12,5%.

ROSÉ SPANJE - ZUID-AFRIKA

VEGA LIBRE, UTIEL-REQUENA 2006 € 1,99

Rosado van puur bobal, zie de rode Vega Libre. Nog steeds fruitig, maar op leeftijd, vermoeid. Niet meer ruim 👌👌, niet meer het omfietsen waard. We kijken uit naar de 2007. Of 2008, al naar gelang wanneer u dit leest. Onbegrijpelijk: zo goedkoop en lekker, en u laat het stomweg staan! 12%.

ZUID-AFRIKA

HOOP HUIS, ROSÉ 2008 € 2,79

Zacht snoepjesfruit. 14%.

LANDENWIJN ZUID-AFRIKA, WEST-KAAP, € 3,49
PINOTAGE ROSÉ (LITER)

Vol stevig (snoepjes)fruit. Anderhalf 🍷. 14%.

ROOD

AUSTRALIË
LANDENWIJN, DRY RED AUSTRALIË, € 3,49
SOEPEL EN FRUITIG (LITER)

Onbestemd fruitig, wat droppig. Anderhalf 🍷. 13,5%.

SUNNY MOUNTAIN, SOUTH EAST AUSTRALIA, DRY RED € 2,89

Zachtfruitig. Dun. Netaan 🍷. Geen oogstjaar. 13,5%.

CHILI
HUISWIJN CHILI ROOD, CENTRAL VALLEY, € 3,49
CABERNET SAUVIGNON 2007 (LITER)

Slanke cabernet met donker fruit en bescheiden tannine. Heel ruim 🍷🍷. 14%.

INDOMITA RESERVA, MAIPO VALLEY, € 4,99
CABERNET SAUVIGNON 2006

Bekvol keurig donker fruit. Heel ruim 🍷🍷. 14,5%.

QUÉ MAS, CENTRAL VALLEY, CABERNET MERLOT 2007 € 2,19

🚲 Simpele maar sappige elegante 'bordeaux' uit Chili. Prima. Geen geld. Lekker lelijk etiket ook. 14%.

VIÑA MAIPO, VALLE CENTRAL, CARMENÈRE 2007 € 3,49

Niks carmenère. Dropwijn! 13%.

FRANKRIJK
Bordeaux

CHÂTEAU DAVID, BEAULIEU, € 3,69
BORDEAUX SUPERIEUR 2006

Ook dit jaar weer: deftige bordeaux met lekker veel bessenfruit. 13%.

ROOD FRANKRIJK

CHÂTEAU PESSANGE, MÉDOC 2007 € 3,99

Goedgemanierde bordeaux volgens de boekjes. Sappig bessenfruit, laurier, elegant. Beetje streng en zo hoort dat ook. 12%.

Bourgogne
BOURGOGNE PINOT NOIR VIEILLES VIGNES 2007 € 5,49

Van de verenigde wijnboeren uit Buxy. Naast zeer serieuze bourgognes geproefd, waarna deze vrolijk de avond won. Sappig fruit, echt pinot, echt bourgogne. Licht, helder, subtiel. Koelen. 13%.

Vin de pays
DOMAINE BRUNET, VIN DE PAYS D'OC, PINOT NOIR 2007 € 3,99

Niks pinot noir: vaag droppig Zuid-Frans. 13%.

HUISWIJN ROOD, VIN DE PAYS DE L'AUDE, € 2,99
FRUITIG EN SOEPEL (LITER)

Zo fruitig als een onrijpe braam. 12,5%.

J.P. CHENET, VIN DE PAYS D'OC, CABERNET-SYRAH 2007 € 3,19

Rond en rijp. 14(!)% dan ook. Dat voel je helaas een beetje branden. Anderhalf 🍷. 14%.

JEAN LOUIS CEVENNE, VIN DE PAYS D'OC, € 2,69
CABERNET-SYRAH 2007

Kaal, dropjesachtig. Krap 🍷. 13,5%.

JEAN SABLENAY, VIN DE PAYS D'OC, € 2,89
CABERNET SAUVIGNON 2007

Sappig donker fruit. Fiks wat tannine. 13,5%.

JEAN SABLENAY, VIN DE PAYS D'OC, MERLOT 2007 € 2,89

Vriendelijk fruitig. Piets droppig. 13,5%.

ROOD FRANKRIJK - SPANJE

LANDENWIJN FRANKRIJK ROOD, € 3,49
VIN DE PAYS DU COMTÉ TOLOSAN (LITER)

Wat somber donker fruit. Geen oogstjaar. 12%.

SENSAS, VIN DE PAYS D'OC, CABERNET-SYRAH 2007 € 3,99

Kale cabernet. 13%.

ITALIË
SENSI, CHIANTI 2007 € 3,49

Zurig fruit. Drinken bij verpieterde pizza. 12,5%.

SPANJE
CASTILLO DE PASTORES, VALDEPEÑAS CRIANZA 2004 € 2,99

Fruit en hout, kaal en wrang. 13%.

ESTOLA, LA MANCHA, RESERVA 2004 € 3,49

De eeuwige reserva, al talloze jaren ieder oogstjaar hetzelfde: een kistje wat wee fruit. Ruim.

FINCA DE LABARCA, RIOJA JOVEN 2007 € 2,99

Schimmelig. 13%.

TESORO, BULLAS, MONASTRELL TINTO 2007 € 2,69

Murcia, Zuidoost-Spanje. Druif: de hartverwarmende monastrell. Donkerder fruit dan de 2006, meer tannine ook, extra cacao en specerijen dit jaar. Wat stoerder kortom, maar net zo spannend en lekker. Heel ruim. 13,5%.

VEGA LIBRE, UTIEL-REQUENA 2007 € 1,99

Rood fruit en wat specerijen, vriendelijk, sappig, maar helaas niet de charme van de 2006 die vorig jaar het omfietsen waard was. Desalniettemin prima voor zo weinig geld. Koelen is een goed idee. 12%.

ROOD ZUID-AFRIKA

ZUID-AFRIKA

BERG SCHADUW, RUBY CABERNET/CINSAUT 2007 € 3,55

Sappig rood fruit. Met een vleug remsporenbouquet, dat wel. 13%.

DANIE DE WET, ROBERTSON, PINOTAGE 2006 € 3,99

Pinotage ligt ze beter. Rijp donker fruit. 14,5%.

HOOP HUIS, WESTERN CAPE, DROË ROOI 2007 € 2,79

Simpel, maar sappig fruitig. Stuk beter dan het was. Geen geld. 14%.

LANDENWIJN ZUID-AFRIKA (LITER) € 3,49

Stevig donker fruit, aards. Anderhalf 🍷. Geen oogstjaar. 14%.

DE BESTE WIJNEN VAN NETTORAMA

Wit

1. **Bourgogne chardonnay 2007** — € 5,49
   Frankrijk - Bourgogne

2. **Chablis 2007** — € 7,95
   Frankrijk - Bourgogne

3. **Jean Sablenay, vin de pays de l'ile de beauté, chardonnay 2007** — € 2,89
   Frankrijk - Vin de pays

4. **Jean Sablenay, vin de pays du vignoble de france, sauvignon blanc 2007** — € 2,89
   Frankrijk - Vin de pays

5. **Castillo de las Almenas, valencia, moscatel** — € 2,99
   Spanje

Rosé

1. **Qué Mas rosé 2008** — € 2,19
   Chili

2. **Tesoro, bullas, monastrell rosado 2007** — € 2,69
   Spanje

3. **Huiswijn rosé halfzoet, vin de pays du comté tolosan (liter)** — € 2,99
   Frankrijk

4. **Huiswijn rosé, vin de pays du comté tolosan (liter)** — € 2,99
   Frankrijk

5. **Vega Libre, utiel-requena 2006** — € 1,99
   Spanje

Rood

1. **Bourgogne pinot noir vieilles vignes 2007** — € 5,49
   Frankrijk - Bourgogne

2. **Qué Mas, central valley, cabernet merlot 2007** — € 2,19
   Chili

3. **Tesoro, bullas, monastrell tinto 2007** — € 2,69
   Spanje

4. **Château Pessange, médoc 2007** — € 3,99
   Frankrijk - Bordeaux

5. **Château David, beaulieu, bordeaux superieur 2006** — € 3,69
   Frankrijk - Bordeaux

PLUS

▷ Spreiding: landelijk
▷ Aantal filialen: 287
▷ Marktaandeel: 6,0%
▷ Voor meer informatie: 030 - 221 92 11
of www.plussupermarkt.nl

Er zijn 212 wijnen geproefd, waarvan:
▷ Wit   68
▷ Rosé 35
▷ Rood 109

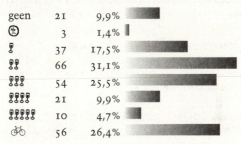

geen	21	9,9%
☻	3	1,4%
♀	37	17,5%
♀♀	66	31,1%
♀♀♀	54	25,5%
♀♀♀♀	21	9,9%
♀♀♀♀♀	10	4,7%
🚲	56	26,4%

Waardering in aantal wijnen en als percentage van het assortiment

WIT

ARGENTINIË

TIERRA BUENA, MENDOZA, CHARDONNAY 2008 € 4,99

Sappig, sjiek en slank. 13%.

TIERRA BUENA, MENDOZA, € 5,99
CHARDONNAY RESERVA 2007

Vroeg me bij de 2006 bekommerd af of deze wijn niet te wulps en te weelderig was, of ik, als nuchter en sober wijnschrijver, u niet moest waarschuwen u in acht te nemen voor zulke zondige luxe. En kijk aan, op m'n wenken bediend: wat slanker, wat oppassender, minder mollig ook. Probleem: nog steeds verslavend lekker. 13,5%.

AUSTRALIË

BUSH CREEK, SOUTH EASTERN AUSTRALIA, € 5,49
CHARDONNAY 2007

Vriendelijk zachtfruitig. 13%.

BUSH CREEK, SOUTH EASTERN AUSTRALIA, € 3,99
VERDELHO 2007

Fruitig, licht kruidig, heel zacht en mild. Heel ruim.

HARDY'S VARIETAL RANGE, SOUTH EASTERN AUSTRALIA, € 4,79
CHARDONNAY 2007

Sappig fruit, maar riekt ook enigszins naar teenslippers. Ruim. 13,5%.

PLUS HUISWIJN AUSTRALIË DRY WHITE (LITER) € 3,99

South Eastern Australia. Simpel maar zacht (snoepjes)fruitig. Anderhalf. Geen oogstjaar. 13%.

WIT AUSTRALIË - CHILI

SUNNY MOUNTAIN, CHARDONNAY 2007 € 2,99

Kunststofbouquet – van gerecyclede vuilniszakken waarschijnlijk. Met inhoud. 13,5%.

YELLOW TAIL, SOUTH EASTERN AUSTRALIA, € 5,19
CHARDONNAY 2007

Rijp zoet snoepjesachtig, maar wel een bekvol. 13,5%.

CHILI
CAMPAÑERO, CENTRAL VALLEY, CHARDONNAY 2008 € 3,59

Vorig jaar volfruitig, bijna wulps, nu verfrissend en pittig als een lentebries. Vrolijk zonder poespas. Heerlijk. Luxe voor geen geld. Heel ruim. 13,5%.

EL DESCANSO RESERVA, VALLE CENTRAL, € 5,49
CHARDONNAY VIOGNIER 2007

Vreemd is het niet dat viognier zo in opkomst is en zelfs in de meest afgelegen achterbuurtakkertjes van deze planeet wordt aangeplant, want ja, je kunt er mooie wijn van maken. Maar makkelijk is het niet. Achteloos gemaakte viognier van jonge stokken smaakt vaak naar niks, of op z'n best onbestemd zachtfruitig. Anderen doen juist te veel hun best, oogsten de druiven overrijp en verpakken het resultaat ten overvloede in veel duur nieuw eikenhout. De ware viognier, geurend naar het fruit en de bloemen die de trouwe ouwe tuinman elke ochtend eerbiedig de ontbijtkamer binnenbrengt, terwijl door de open tuindeuren de geur van een volmaakte zomerdag en vele hectares goed onderhouden ongerepte natuur in privé-bezit binnenzweeft, zo'n viognier vind je slechts in zijn gebied van herkomst, Condrieu. En ook daar is de ware zeldzaam. Dit is niet de ware, maar lekker is hij wel. Fruit, bloesemgeur, zacht. Veel van alles, maar het wordt zeer beschaafd en bescheiden gebracht. 13,5%.

WIT CHILI - FRANKRIJK

EL DESCANSO RESERVA, VALLE DE CURICÓ, € 5,49
CHARDONNAY 2007

Deftige maar toch ook heel gezellige wijn met zeer beschaafd fruit en een lange, vrolijke afdronk. 13,5%.

EL DESCANSO, VALLE CENTRAL, CHARDONNAY 2008 € 4,79

Vrolijk, sappig, welopgevoed. Heel ruim. 13,5%.

EL DESCANSO, VALLE CENTRAL, € 4,79
SAUVIGNON BLANC 2008

Vrolijke voorjaarsfrisse sauvignon. Heel ruim. 13,5%.

GAMMA, CASABLANCA VALLEY, CHARDONNAY 2008 € 4,99

Biowijn. Sappig fruitig, al zit hij wel wat heel ruim in de grapefruits. Heel ruim. 14%.

HUISWIJN, CHILEENSE CHARDONNAY, € 3,99
CENTRAL VALLEY 2008

Vol rijp en sappig chardonnayfruit. 'De lente in uw glas!' Dat klinkt als een oubollige jarenvijftigreclame en zo onbezorgd vrolijk smaakt hij ook. Heel ruim. 13,5%.

INDOMITA VARIETAL, CENTRAL VALLEY, € 3,69
SAUVIGNON BLANC 2007

Smaakt nou niet bepaald overtuigend naar sauvignon, maar oppassend fruitig. Krap. 12%.

FRANKRIJK
BOUQUET D'OR BRUT, VIN MOUSSEUX € 7,49

Riekt naar aangebrand plastic speelgoed met loszittende deeltjes, kan de peutergezondheid ernstig schaden, niet geschikt voor minderjarigen, bevat gewelddadige scènes. 11%.

WIT FRANKRIJK

Bordeaux
CHÂTEAU PRADEAU, MAZEAU, € 4,99
BORDEAUX BLANC SEC 2007

Zeer deftig frisfruitig. 12,5%.

Bourgogne
BOURGOGNE CHARDONNAY 2007 € 5,50

Van de coöp te Buxy, sinds jaar en dag vermaard vanwege z'n prima bourgognes zonder poespas. Chardonnay die, ook op dit instapniveau, onmiskenbaar bourgogne is. Sappig, fijn van zuren, verleidelijk. 13%.

LES SERINGAS, CHABLIS 2007 € 9,39

Van de Union des Viticulteurs de Chablis. Keurige sappigfruitige en toch strakke chablis. 12,5%.

Champagne
DE MONTPERVIER GRANDE RÉSERVE, € 18,39
CHAMPAGNE BRUT

Keurig, zachtfruitig, beschaafd van prijs. Maar champagne, dat was toch van die liederlijke losbandigheid, te drinken uit muiltjes van courtisanes? 12%.

DE MONTPERVIER GRANDE RÉSERVE, € 18,39
CHAMPAGNE DEMI-SEC

Zachtzoet, echt demi dus, met vriendelijk fruit. Moscato d'asti (zie ITALIË WIT bij Appie en Dirk) is lekkerder en goedkoper. 12%.

Elzas
JEAN ROSEN, ALSACE, PINOT BLANC 2007 € 4,99

Vriendelijk zachtfruitig. Ruim. 12,5%.

WIT FRANKRIJK

JEAN ROSEN, GEWURZTRAMINER 2007 € 8,39

Gewurztraminer, de aftershave van de wijnwereld, is af en toe toch echt wijn. Heel deftige wijn zelfs, hier bij Jean Rosen. Dit jaar minder uitbundig, maar toch weer vol sappig fruit, geurend naar abrikozen, rozengeur en maneschijn. Geen geld voor gewurzbegrippen. 13%.

JEAN ROSEN, PINOT GRIS 2007 € 7,99

Rijker dan pinot blanc, dit jaar mooi slank. Ingetogen. Geen blingbling, een beschaafde edoch opulente fruitmand. Heel ruim. 13%.

JEAN ROSEN, RIESLING 2007 € 5,39

Frisfruitig, geen lachebekje, brildragend. 12%.

KASTELBOURG, ALSACE, PINOT BLANC RÉSERVE 2007 € 3,99

Grijzemuizenzachtfruitig. Netaan. 12%.

Languedoc-Roussillon

MAS DE FÉLINES, PICPOUL DE PINET, COTEAUX DU LANGUEDOC 2007 € 4,99

Zachtfruitig, lichtkruidig. 12,5%.

Loire

ERIC LOUIS, SANCERRE 2007 € 9,39

Sappige maar wat saaie sauvignon met inderdaad wat sancerretrekjes. 12,5%.

Vin de pays

CERCLE DE LA GRAPPE, VIN DE PAYS DE L'ÎLE DE BEAUTÉ, CHARDONNAY 2007 € 3,89

Zonnige zachtfruitige lichtkruidige chardonnay. Heel ruim. Mede door de lage prijs. 13%.

WIT FRANKRIJK

CERCLE DE LA GRAPPE, VIN DE PAYS € 3,89
DU VIGNOBLE DE FRANCE, SAUVIGNON BLANC 2007

Frisfruitig. Beetje kaal. Netaan. 12%.

GRAND SUD, VIN DE PAYS D'OC, € 4,29
CHARDONNAY 2007 (LITER)

Snoepjesfruit. Heel klein. 13%.

HUISWIJN WIT DROOG, € 2,89
VIN DE PAYS DES CÔTES DE GASCOGNE (LITER)

Frisfruitig met flink wat zuurtjes. Geen oogstjaar. 11,5%.

HUISWIJN WIT HALFZOET, € 3,19
VIN DE PAYS DES CÔTES DE GASCOGNE (LITER)

Zachtfruitig met een bescheiden zoetje. Geen oogstjaar.
Anderhalf. 11,5%.

JEAN LOUIS CEVENNE, VIN DE PAYS DES CÔTES € 2,69
DE GASCOGNE, BLANC DE BLANCS 2006

Chenetkloon van druiven colombard en ugni blanc.
Voor z'n leeftijd nog redelijk fris zuurtjesfruit. 12%.

Zuidwest

DUC DE MEYNAN CUVÉE SÉLECTIONNÉE, € 4,49
SAINT-MONT 2007

Ananassen in me wijn! 12,5%.

FLEUR D'OR, MONBAZILLAC 2006 (HALFLITERFLESJE) € 5,99

Met de complimenten van Iemand die een kwart eeuw geleden de Beste Sommelier ter Wereld was, maar deze wijn op 11 september 2007 nog geproefd heeft. Zo mooi als hij kan ik het niet zeggen, maar: sjiek-de-friemel zoet. U weet hopelijk dat zoete wijn, hoe goed ook, niet mag van God? 13%.

WIT ITALIË

ITALIË

CANEI, VINO FRIZZANTE € 2,99 ⓘ

Schuimt, zoetig, riekt als een scheef dichtgeknoopte vrijgezel die elke vrijdag opnieuw ontdekt dat het openbare badhuis sinds 1997 een grandcafé is. 8,5%.

LA FORNARINA, PROSECCO MARCA TREVIGIANA € 4,99

Heel duur is het niet, maar als u uw gasten een stukje nat karton geeft om op te sabbelen hebben ze voor nog minder geld dezelfde smaaksensatie. En ja, ook dan ziet u ze zeker nooit meer terug. 10,5%.

LA FORNARINA, PROSECCO VENETO FRIZZANTE € 4,99

Schuimt. Niet voor consumptiedoeleinden bedoeld. 10,5%.

MARTINI, PROSECCO € 6,99 ♀

Met kroonkurk! Alsof je een pijpje pils opentrekt. Geef mij dat pilsje dan maar. Schuimt beter, smaakt beter. Vaagfruitig, dit. 10,5%.

MONTALTO, SICILIA, GRECANICO-CHARDONNAY 2007 € 4,99 ♀♀

Vol fruit, kruiden en zomerzon. Heel ruim ♀♀. 13%.

MONTALTO, SICILIA, PINOT GRIGIO 2007 € 4,99 ♀♀

Sappig zachtfruitig. Heel ruim ♀♀. 13%.

MOSAICO, MARCHE BIANCO 2007 € 3,99 ♀

Poging tot zachtfruitig.

MOSAICO, VERDICCHIO DEI CASTELLI € 3,99 ♀♀
DI JESI CLASSICO 2007

Sappig fruitig, zonnig kruidig. Heel ruim ♀♀. 12%.

WIT ITALIË - SPANJE

VILLA MONDI, SOAVE € 2,99

Karton dat lang in de regen heeft gelegen. Plus het fruit van één eenzame druif. 12%.

NIEUW-ZEELAND
AQUS, SAUVIGNON BLANC 2007 € 6,99 🍷🍷🍷

Keurige frisse sauvignon vol sappig fruit, gelukkig niet zo overheersend als veel Nieuw-Zeelanders. 13%.

OOSTENRIJK
GRÜNER VELTLINER, NIEDERÖSTERREICH 2007 € 5,49 🍷🍷

Frisfruitig, beetje kruidig, zuurtjes in de afdronk. Anderhalf 🍷. 12,5%.

SPANJE
CASTILLO DE LAS ALMENAS, VALENCIA, MOSCATEL € 3,49 🍷🍷🍷

Kunststofkurk. Muskaatdruivig. Friszoet. 10%.

FREIXENET, CAVA CARTA NEVADA SEMI SECO € 9,49

Ruikt als de taartjes bij iemand die al heel lang wacht of er misschien toch iemand op z'n verjaardagspartijtje komt. 11,5%.

FREIXENET, CORDON NEGRO SECO CAVA € 9,49

Hard en kaal, droppig zoetje. Schuimt. 11,5%.

GRAN ESPAÑOSO CAVA BRUT € 5,60 🍷🍷

Was 🍷🍷🍷 🚲, is dit jaar behoorlijk wat centen duurder en wat veel erger is, minder goed. Minder fruit, beetje kunstmatig, en een vervelend bittertje. Jammer! 11,5%.

GRAN ESPAÑOSO, CAVA SEMI SECO € 5,60 🍷🍷

Dezelfde met een fris zoetje. 11,5%.

WIT SPANJE - ZUID-AFRIKA

MARQUÉS DE CÁCERES, RIOJA BIANCO 2007 € 5,95

Beschaafd frisfruitig. Heel ruim. 12%.

VAL DE UGA, SOMONTANO, CHARDONNAY 2007 € 4,69

Sappig fruitig zonder aanstellerij. Heel ruim. 13%.

VP VAYA PASADA, RUEDA 2007 € 4,79

Vaya pasada! Wat een plezier, betekent dat, vertelt het etiket. U geeft het natuurlijk niet graag toe, beste lezer, maar ook u kent, in de krochten van uw kennissenkring, het soort mensen dat wanneer u met een fijne fles aan komt zetten, zegt: 'Oh, een wijntje?! Ja graag! Maar niet te zuur hoor.' Met zuur bedoelen ze alles wat niet mierzoet is, dus daar staat u mooi, met uw fles strakke kruidige rueda die zo uitgekiend bij het subtiele voorgerechtje past. Niet dat dat nou zo moeilijk was, want die Spaanse rueda is samen met de Oostenrijkse grüner veltliner hét hippe wit bij het sterrensegment van de horeca dat 'vernieuwend' bezig is, dus u hoefde uw culiglossy's maar te volgen. Lieve lezer, hou daar nou toch eens mee op, met dat culinair-vineus balanceren! Kies liever wijn die bij uw gasten past, dat is toch veel belangrijker? Schenk die mensen nou gewoon die moscatel hier effe boven en tank deze bloesemfrisse rueda zelf leeg met wat hooggestemde geestverwanten. 'Dat je dat lust!'. Ruim.

ZUID-AFRIKA

BERG SCHADUW, WESTERN CAPE, € 3,99
SAUVIGNON BLANC 2008

Beetje snoepjesachtig, maar wel een sappige sauvignon. Netaan. 12,5%.

DRAKENKLOOF RESERVE, CHARDONNAY 2007 € 5,49

Ruikt deftig, heeft sappig fruit, maar helaas ook ietwat branderige alcohol.

WIT ZUID-AFRIKA

DRAKENKLOOF, CHENIN BLANC/CHARDONNAY 2008 € 4,79 ♟♟
Vriendelijk sappig zachtfruitig. Heel ruim ♟♟.

DRAKENKLOOF, CHENIN BLANC/COLOMBARD 2008 € 4,79 ♟♟
Vol vriendelijk fris en sappig fruit. Heel ruim ♟♟.

HANEPOOT, WES-KAAP, EFFE SOET € 3,49
VRUGTIGE WITWYN 2007
Waterig soet. 12%.

HOOP HUIS, WESTERN CAPE, CHENIN BLANC 2008 € 2,99 ♟
Zacht snoepjesfruit. 13,5%.

HUISWIJN ZUID-AFRIKA DROE STEEN € 3,99 ♟
ZUID-AFRIKA WEST-KAAP CHENIN (LITER)
Simpel maar zacht frisfruitig. Anderhalf ♟. Geen oogstjaar. 12,5%.

HUISWIJN ZUID-AFRIKA WEST-KAAP CHENIN (LITER) € 3,85 ♟
Simpel maar zacht frisfruitig. Anderhalf ♟. Geen oogstjaar. 12,5%.

KAAPSE ROOS, CHENIN 2008 € 4,99 ♟♟
Vol fris perenfruit. Heel ruim ♟♟.

NEDERBURG LYRIC, WESTERN CAPE, € 5,49 ♟♟
SAUVIGNON BLANC-CHENIN BLANC-CHARDONNAY 2008
Zachtfruitig, kruidig. 11%.

SCHOONDAL, WESTERN CAPE, CAPE WHITE 2008 € 1,99
Fris snoepjesfruit. De citroenen in de afdronk zijn wel erg fris.
Half ♟. 11,5%.

SOMERLUST, ROBERTSON, CHARDONNAY 2008 € 4,99 ♟
Zacht (snoepjes)fruit.

ROSÉ

ARGENTINIË
TIERRA BUENA, MENDOZA, SHIRAZ RESERVA 2007　　€ 5,99

 Shiraz, met al z'n kracht en fruit en peper, maar meer sierlijk lenig dan breedgeschouderd. 13,5%.

TIERRA BUENA, ROSÉ MALBEC SHIRAZ 2007　　€ 4,99

Ach, hoe gebonden aan gewoonte is de mens! Keer op keer wrijft men ons onder de neus dat rosé dé wijn is voor zomerse dagen, want fris en vrolijk, en kijkt u toch eens dat kleurtje, mevrouw, mijnheer, is het niet puur qualifou? Zekerlijk. Maar spiek eens in de hoekjes van het etiket en wat zien we? 13,5% alcohol, 14% alcohol... Niet bepaald lichtgewicht wijn! Hoe komt het dan dat het toch zoveel frisser smaakt dan rood? Doordat er veel minder tannine in zit en bovenal: doordat we de rosé goed koelen. Neem de proef maar op de som, met deze stevige Argentijn, die het dit jaar overigens zeer beschaafd houdt op 13%.

AUSTRALIË
BUSH CREEK, SOUTH EASTERN AUSTRALIA ROSÉ 2008　　€ 5,49

Stevig (snoepjes)fruit. 12,5%.

HARDYS VARIETAL RANGE,　　€ 4,79
SOUTH EASTERN AUSTRALIA, ROSÉ 2007

Zacht (snoepjes)fruit. Anderhalf. 12%.

CHILI
EL DESCANSO, CENTRAL VALLEY, SHIRAZ ROSÉ 2008　　€ 4,79

Stoere bekvol fruit. 13%.

ROSÉ CHILI - FRANKRIJK

QUÉ MAS ROSÉ 2008 € 2,49

Volbloedige warme bordeauxachtige rosé, rijk aan kleur, geur en smaak, breed opgezet door Bob Ross in zijn betere dagen. Herfstrosé. 13,5%.

FRANKRIJK
BORDENEUVE, VIN DE PAYS DU COMTÉ TOLOSAN 2007 € 3,49

Nounounou, dat was me wat, nietwaar, die keer toen naar de Grote Stad, om *Queens Day* te vieren? Dolle pret. Jammer natuurlijk dat wederom op die dag bleek dat treinen ook in de file kunnen staan, waardoor u pas net op tijd in de Grote Stad was om niet al te laat weer terug te gaan. Tip voor volgende keer: een thermos (per persoon) lekkere wijn meenemen. Een thermos? Jawel. De thermos is bekend van thee en koffie, die er warm in blijven. Maar dat komt niet doordat de thermos warmte geeft. De thermos isoleert. Wat dus betekent dat hij niet alleen warme koffie warm houdt, maar ook koele rosé koel. Zoals daar is deze ogenschijnlijk simpele maar o zo schoferig lekkere landwijnrosé, geurend naar de tijd dat men al in het stof boog als iemand alleen maar 'oranje' zéi. Leg de avond tevoren in het vriesvak, opdat de flessen als u veels te vroeg voor uw gezondheid op Hare Majesteits Verjaardag uit de veren moet, goed koud zijn. In de thermos gieten, en mocht het Oranjezonnetje echt fiks schijnen, de thermos in die tas waarin u dingen ongezien door de bewakingspoortjes loodst. Nee, niet die onbetaalbaar prachtige Riedelglazen meenemen! Gewoon wat duralexjes. Al naar uw sociaal gevoel neemt u er wat extra mee, opdat u tijdens de vertraging niet de enige bent die uitgelaten door de coupés slingert. 11,5%.

CERCLE DE LA GRAPPE, VIN DE PAYS DU VAL DE LOIRE, € 3,89
CABERNET FRANC ROSÉ 2007

Ruikt goed, smaakt helaas wat snoepjesachtig zoet. 11%.

ROSÉ FRANKRIJK

CHAMPAGNE DE MONTPERVIER, ROSÉ BRUT € 19,49

Ernstig, natuurlijk, roze én belletjes, maar alleszins drinkbaar. 12%.

DIAMARINE CUVÉE SPECIALE, € 3,99
CÔTES VAROIS EN PROVENCE 2007

Zachtfruitig, vlak. 13%.

DUC DE MEYNAN CUVÉE SÉLECTIONNÉE, € 4,49
SAINT-MONT 2007

Zuurtjesfruit. 12,5%.

GRAND SUD, VIN DE PAYS D'OC, € 4,29
MERLOT ROSÉ 2007 (LITER)

Onbestemde dunne droppige roze merlot. Netaan. 12%.

GRIS DE GRIS, VIN DE PAYS DES SABLES € 4,79
DU GOLFE DU LION 2007

Mmmoeilijke appellationnaam, Rare Fles met ingeblazen beesten, etiket met Goud. Prachtig. Twee mogelijkheden. Of het is tegen alle verwachting in verrukkelijk, of het smaakt zoals het eruitziet, wat de vooroordelen bevestigt en dus ook fijn is. Nummer twee. Niet echt intens goor, maar wat muf snoepjesfruit met een afdronk van beschimmeld brood, dat is toch ook niet gek.

HUISWIJN ROSÉ HALFZOET, € 3,29
VIN DE PAYS DU COMTÉ TOLOSAN (LITER)

Friszoet, vrolijk, beet. Gezellig mollig. Geen oogstjaar. 12%.

HUISWIJN ROSÉ, € 3,15
VIN DE PAYS DU COMTÉ TOLOSAN (LITER)

Betrouwbaar, maar niet saai. Lekker en vol sappig rood fruit. Geen oogstjaar. 12%.

ROSÉ ITALIË - SPANJE

ITALIË

MONTALTO, SICILIA, NERO D'AVOLA ROSATO 2007 € 4,99 🍷🍷🍷

 Breedgeschouderd van kleur, geur en smaak, tevens invoelend en begrijpend en vol fruit. 13%.

MOSAICO, MARCHE ROSATO 2007 € 3,99 🍷🍷

Vrolijk ruig fruitig. Heel ruim 🍷🍷. 12,5%.

SPANJE

BODEGAS OSBORNE, ROSAFINO € 5,99 ☹

Rosé van sherryfirma Osborne. Rosé als sherry gemaakt, rosé met 'n Bite! Rosé met aftershave, zo te proeven. Prikt, brandt en ook uitwendig gebruik lijkt me niet raadzaam. 13,5%.

BODEGAS OSBORNE, SOLAZ, € 4,99 🍷
VINO DE LA TIERRA DE CASTILLA, ROSADO 2007

Van druiven shiraz, petit verdot en merlot. Leuk idee, al heeft het niks met Spanje van doen, lullig uitgevoerd. Smaakt naar limonade met aardbeienaroma. Heel, heel klein 🍷. 13%.

FREIXENET, CAVA ROSADO SECO € 11,49

Ruikt naar behangerslijm. U weet wel, zo'n emmer klodderig grijs spul, alsof je het hebt opgehaald bij de inseminatiegroothandel, waardoor alles aan elkaar plakt, behalve het behang aan de muur. 12%.

GRAN ESPAÑOSO CAVA BRUT ROSADO € 5,60 🍷🍷

Ook deze roze cava is minder dan vorig jaar, smaakt ook een beetje plasticachtig. 11,5%.

MARQUÉS DE CÁCERES, RIOJA ROSADO 2007 € 7,49 🍷🍷🍷

Van tempranillo en garnacha. Sappig rood fruit, beetje kruidig. Zeer wellevende rosé. 13,5%.

ROSÉ SPANJE - ZUID-AFRIKA

MORADOR, NAVARRA, GARNACHA ROSADO 2007 € 2,99

Nounounou, dat was me wat, nietwaar, wilde beesten kijken in Afrika, waar ze zomaar los lopen zonder hekje eromheen, of naar de Noordpool om zelf een bontjas bij elkaar te scharrelen, levend bij heuse Eskimo's in een iglo vol rauwe pinguïnlever, of gister helemaal naar de Grote Stad? Goed, u bent er bijna in gebleven, maar: een belevenis! Ja? Blij? Hou toch op. Scheer u weg. Belevenissen zijn niet leuk. Hoogtijdagen, idem dito. De gewone alledaagljjkse sleur, dat is een genot! Niks hossen met de menigte, niks je droomreis maken naar dat palmenstrand, niks eindelijk eens naar dat restaurant dat in de *Linda* staat en de *Privé* en waar de Quotevijfhonderd eet. Net zoals het Zwitserlevendroombeeld in de praktijk neerkomt op een ontijdige hartaanval: wat je je leven lang verlangt valt tegen. Doe je leven lang gewoon gewoon. En drink er gewoon wijn zonder gedoe bij. Zoals deze onalledaags domweg lekkere rosé. 12,5%.

TESORO, BULLAS, MONASTRELL ROSADO 2007 € 2,99

Vol ruig rokerig rood fruit. 12,5%.

VAL DE UGA, SOMONTANO ROSADO 2007 € 4,69

Van tempranillo en cabernet sauvignon. Sappig, vrolijk, lang, zuiver en elegant. Heel ruim. 13,5%.

VEGA LIBRE, UTIEL-REQUENA 2006 € 2,29

Rosado van puur bobal, zie de rode Vega Libre. Nog steeds fruitig, maar op leeftijd, vermoeid. Niet meer ruim, niet meer het omfietsen waard. We kijken uit naar de 2007. Of 2008, al naar gelang wanneer u dit leest. Onbegrijpelijk: zo goedkoop en lekker, en u laat het stomweg staan! 12%.

ZUID-AFRIKA
BERG SCHADUW, WESTERN CAPE, PINOTAGE ROSÉ 2008 € 3,99

Zuurtjesfruit. 13,5%.

ROSÉ ZUID-AFRIKA

DRAKENKLOOF, ROSÉ 2008 € 4,79 ♟♟

Stevig, fruitig, aards.

HOOP HUIS, ROSÉ 2008 € 2,99 ♟

Zacht snoepjesfruit. 14%.

HUISWIJN ZUID-AFRIKA DROË ROSE, € 3,99 ♟
WEST-KAAP, PINOTAGE ROSÉ (LITER)

Vol stevig (snoepjes)fruit. Anderhalf ♟. 14%.

KAAPSE ROOS, ROSÉ 2008 € 4,99 ♟♟

Heel vriendelijke zachtmoedige rosé vol zacht rijp fruit.
Heel ruim ♟♟.

LANDENWIJN ZUID-AFRIKA, € 3,85 ♟
WEST-KAAP, PINOTAGE ROSÉ (LITER)

Vol stevig (snoepjes)fruit. Anderhalf ♟. 14%.

NEDERBURG, WESTERN CAPE, ROSÉ 2007 € 5,49 ♟

Hoeft eigenlijk niet besproken, want zit in een fles waar geen
weldenkend mens – en dat bent u toch allemaal, lieve lezers?
– mee gezien wil worden, maar vooruit, volledigheidshalve.
(Snoepjes)fruitig. 12%.

SCHOONDAL, CAPE ROSÉ 2008 € 1,99

Niet helemaal schoongewassen snoepjesdruif. 12%.

SOMERLUST, ROBERTSON, ROSÉ 2008 € 4,99 ♟♟

Fruitig, maar nogal stug dit jaar. Anderhalf ♟.

ROOD

ARGENTINIË
PLUS, MENDOZA TINTO VOL EN KRACHTIG 2008 (LITER) € 3,99

Goedgespierd, strakgetraind, jong, lenig. Naast veel bessenfruit ook leer. Heel ruim.

TANGO DUO, RED WINE € 2,49

Meer drop dan fruit. Geen oogstjaar, maar proeffles was de 2008. 12,5%.

TIERRA BUENA, MENDOZA, CABERNET SAUVIGNON 2007 € 4,99

Goed, maar meer keurig médocachtig dan viriele eerdere jaren. Prima, maar beetje braaf. Heel ruim. 13%.

TIERRA BUENA, MENDOZA, MALBEC 2007 € 4,99

Prima wijn, lekker sappig fruit, maar ik mis het testosteron van de 2006. Desalniettemin betekent 'wat minder' hier nog altijd heel ruim. 13%.

TIERRA BUENA, MENDOZA, MERLOT 2007 € 4,99

Ietsje minder lekker dan de 2006 is hier nog steeds heel lekker. Slank en statig, prachtig fruit. 13%.

TIERRA BUENA, MENDOZA, SHIRAZ RESERVA 2007 € 5,99

Shiraz, met al z'n kracht en fruit en peper, maar meer sierlijk lenig dan breedgeschouderd. 13,5%.

AUSTRALIË
BUSH CREEK € 3,99

Pittige shiraz vol rijp donker fruit. Heel ruim.

ROOD AUSTRALIË

BUSH CREEK, SOUTH EASTERN AUSTRALIA, € 5,49
PETITE SIRAH 2007

Aparte druif, maar smaakt gewoon als de eerste de beste Australiër: beetje zoetig rijp fruit met wat vriendelijke tannine. 14%.

BUSH CREEK, SOUTH EASTERN AUSTRALIA, € 5,49
SHIRAZ CABERNET 2007

Ook onmiskenbaar Australisch, maar een wat luxere uitvoering. Heel ruim. 13,5%.

HARDYS VARIETAL RANGE, SOUTH EASTERN AUSTRALIA, € 4,79
CABERNET SAUVIGNON 2007

Zacht en beschaafd zwartebessenfruit. 13,5%.

HARDYS VARIETAL RANGE, SOUTH EASTERN AUSTRALIA, € 4,79
MERLOT 2007

Zacht donker fruit, vleug leer. 13,5%.

HUISWIJN, DRY RED AUSTRALIË, € 3,95
SOEPEL EN FRUITIG (LITER)

Onbestemd fruitig, wat droppig. Anderhalf. 13,5%.

YELLOW TAIL, MERLOT 2007 € 5,19

Overbloezend rijp fruit, doorzakbankleer, cacao. Soepele allemansvriend. 13,5%.

YELLOW TAIL, SOUTH EASTERN AUSTRALIA, SHIRAZ 2006 € 5,19

Heel commercieel, maar wel geslaagd zacht zoet rijp donker fruit. Niet heel genuanceerd. Heel ruim. 14%.

ROOD CHILI

CHILI

CAMPAÑERO, CENTRAL VALLEY, € 3,99
CABERNET SAUVIGNON 2008

Geen geld voor zoveel rijp bessenfruit met duursmakende hapklare tannines. 14%.

EL DESCANSO, CENTRAL VALLE DE COLCHAGUA, € 5,49
SHIRAZ RESERVA 2007

Rijp donker fruit, specerijen, mokka. Lijkt soepel en simpel, maar er zit veel onder het donkere oppervlak. Je blijft proeven om te ontdekken wat dat allemaal is. 14,5%.

EL DESCANSO, VALLE CENTRAL, € 4,79
CABERNET SAUVIGNON 2008

Veel rood fruit, veel charme. Niet heel subtiel, wel erg lekker. 14%.

EL DESCANSO, VALLE CENTRAL, CARMENÈRE 2008 € 4,79

Net als de cabernet vol fruit en charme, maar een beetje tam en ik mis dat karakteristieke carmenèregeurtje, dus vandaar dat het geen omfietswijn is. 13,5%.

EL DESCANSO, VALLE CENTRAL, € 5,49
CARMENÈRE RESERVA 2007

Carmenère zoals het moet: rijp donker fruit, iets rokerigs, stoer, spannend. Mooi helder van smaak en met tannines om op te kauwen. 13,5%.

EL DESCANSO, VALLE CENTRAL, MERLOT 2008 € 4,79

Veel rijp bessenfruit, wat comfortabel leer, mooie heldere smaak die heel lang nablijft. Hoelang? Zeker tot de volgende slok... 14%.

GAMMA, RAPEL VALLEY, MERLOT 2007 € 4,99

Charmante, lichtvoetige biomerlot vol vrolijk fruit. 14,5%.

ROOD CHILI - FRANKRIJK

HUISWIJN CABERNET SAUVIGNON (LITER) € 3,99

Jaar in jaar uit onovertroffen huisliter vol rijp bessenfruit lekkere tannines om op te kauwen. Geen oogstjaar, maar de proeffles, een tankmonster, liet weten van oogst 2008 te zijn. 14%.

INDOMITA RESERVA, MAIPO VALLEY, € 4,99
CABERNET SAUVIGNON 2006

Bekvol keurig donker fruit. Heel ruim. 14,5%.

INDOMITA VARIETAL, MAIPO VALLEY, € 4,99
CABERNET SAUVIGNON 2007

Vol rijp en sappig cabernetfruit, dat zoals u weet aan zwarte bessen doet denken. 14%.

QUÉ MAS, CENTRAL VALLEY, CABERNET MERLOT 2007 € 2,49

Simpele maar sappige elegante 'bordeaux' uit Chili. Prima. Geen geld. Lekker lelijk etiket ook. 14%.

FRANKRIJK

DUC DE MEYNAN, CUVÉE SÉLECTIONNÉE, € 4,49
SAINT-MONT 2006

Soort landelijke bordeaux met zeurderig karakter. Anderhalf. 13%.

Beaujolais
BEAUJOLAIS 2007 € 3,99

Van de *Cave de Bully en Beaujolais*. Met schroefdop! Zuurtjesfruitig. 12,5%.

Bordeaux
CHÂTEAU HAUT-BELLEGARDE, BORDEAUX 2007 € 3,99

Redelijk fruitig, wat sjofel bordeauxtje. Heel krapaan. 12,5%.

ROOD FRANKRIJK

CHÂTEAU PRADEAU, MAZEAU, € 4,99
BORDEAUX GRANDE RÉSERVE 2007

Slank en sappig. Bessenfruit, beschaafde tannine. Gewoon, deftige bordeaux. 12,5%.

CHÂTEAU ROCHES GUITARD, € 8,29
MONTAGNE-SAINT-ÉMILION 2007

Riekt wat geroosterd, smaakt deftig fruitig. De sjiekere barbecuewijn.

CHÂTEAU SAUMAN, CÔTES DE BOURG 2006 € 7,99

Bessenfruit, slank, stevige tannine. 13%.

Bourgogne
BOURGOGNE PINOT NOIR VIEILLES VIGNES 2007 € 5,49

Van de verenigde wijnboeren uit Buxy. Naast zeer serieuze bourgognes geproefd, waarna deze vrolijk de avond won. Sappig fruit, echt pinot, echt bourgogne. Licht, helder, subtiel. Koelen. 13%.

Languedoc-Roussillon
CHÂTEAU DE L'HORTE, € 7,49
CORBIÈRES RESÉRVE SPÉCIALE 2005

Gemaakt door Jean-Pierre Biard en – hé, dat lijkt wel Nederlands – Johanna van der Spek. Jawel. Zie www.chateaudelhorte.com. Nou, daar kan menig Franse inboorling nog een puntje aan zuigen. Prachtcorbières! Barstensvol fruit, beschaafde vleug hout, lekkere tannine, mooi helder en vloeiend. 14%.

CHÂTEAU DE L'HORTE, € 4,99
CORBIÈRES SÉLECTION DE LA PORTANELLE 2007

En ook deze mag er zijn. Heerlijk fruit, en wat ook deze het omfietsen waard maakt is dat alles klopt en op z'n plaats zit. Wijn is als muziek: de streek, het klimaat, de

ROOD FRANKRIJK

druiven – de melodie, de compositie, de noten – kunnen hetzelfde zijn, maar het is de uitvoering die het verschil maakt. Soms stop je peterselie in je oren, heel vaak zeg je 'best aardig' en soms pakt het je. Zoals hier. 12,5%.

PLUS

CHÂTEAU LA PAGEZE, € 4,99
COTEAUX DU LANGUEDOC LA CLAPE 2007

Prachtwijn vol rood fruit, subtiel geurend naar het zonnige Zuid-Frankrijk. Deftige wijn voor geen geld. Eigenlijk 🚲🚲🚲🚲🚲🚲! 13,5%.

CHÂTEAU ROUVIÈRE, MINERVOIS 2007 € 3,99

Vrolijk rood fruit, kruiden en specerijen en een vleug cacao. Soepel en spannend. Feest voor geen geld.

CROUZET 'LES SARIETTES', € 4,99
COTEAUX DU LANGUEDOC SAINT SATURNIN 2007

Prima te drinken, maar stukken minder dan de 2006. Vriendelijk rood fruit, kruiden. 13%.

DOMAINE DE COMBE GRANDE, CORBIÈRES 2007 € 3,99

Sappig rood fruit, wat specerijen, piets cacao, lekkere hap tannine.

DOMAINE SAINTE-SOPHIE, € 5,49
COTEAUX DU LANGUEDOC SAINT CHRISTOL 2007

Piets streng, wat afstandelijk? Geen bezwaar als bij nadere kennismaking zoveel lekkere geuren en smaken te beleven blijken. Slank en subtiel. Lid van Terra Vitis, dus ze zijn richting biologisch. Eigenlijk 🚲🚲🚲🚲🚲🚲. 13,5%.

DOMAINE TERRE ARDANTE, FITOU 2006 € 4,99

Echt karakteristiek fitou, met z'n kreupelhoutgeur, maar gelukkig ook ruim voorzien van rijp zacht fruit. 13%.

ROOD FRANKRIJK

DOMAINE TRIANON, SAINT-CHINIAN 2007 € 4,99

Stuk minder subtiel en spannend dan eerdere jaren, wel vol sappig donker fruit met fiks wat cacao. 13%.

MARQUIS DE L'HORTE, MINERVOIS, € 4,99
CUVÉE VIEILLES VIGNES 2007

Wijn van Château de L'Horte, zie even hiervoor. Ook een keurige slanke wijn vol sappig fruit. Minder Zuid-Franse kruidige geuren, des te meer erg lekker fruit en deftige tannines. 12,5%.

PLUS, FRANKRIJK, CORBIÈRES, SOEPEL 2007 (LITER) € 3,99

Vol soepel rijp fruit. Heel ruim. 12,5%.

PLUS, FRANKRIJK, CÔTES DU ROUSSILLON, € 3,99
SOEPEL 2007 (LITER)

Vol soepel rijp fruit, plus wat dure chocolade en specerijen. Goed, net als de corbièresliter, maar ze missen dit jaar karakter. Je proeft lekker algemeen Zuid-Frans, niet corbières en roussillon. Heel ruim. 13%.

Rhône

CHAIS DU BÀTARD, CHÂTEAUNEUF DU PAPE 2006 € 12,39

Rijp donker fruit, specerijen, fiks wat alcohol. Ruikt verfijnder dan hij smaakt. Meer een stevige – en dure! – côtes du rhône dan de ware *pape*. 14%.

CHÂTEAU LA CROIX, CÔTES DU RHÔNE 2007 € 4,79

Donker rijp fruit, dure chocola, tannine om je tanden in te zetten. Heel ruim. 13,5%.

CROZES-HERMITAGE 'LES AFFÛTS' 2006 € 8,79

Sombere, wat verlopen crozes. Je ruikt en proeft wat noordrhônesyrah, maar ook wat maggi en barse tannine. 13%.

ROOD FRANKRIJK

GRANDE RESERVE, CÔTES DU RHÔNE VILLAGES 2007 € 4,99

Soepeler dan de krachtige 2006, rood fruit in plaats van het stevige donkere fruit. Dit jaar zonder omfietsadvies, maar nog steeds een prima rhône. Heel ruim. 14%.

Vin de pays

CACHET, SOUTH OF FRANCE, € 4,99
VIN DE PAYS D'OC, CABERNET-SHIRAZ 2007

Donker fruit met wat raspende tannine die naargeestig nablijft. 12,5%.

CERCLE DE LA GRAPPE, VIN DE PAYS D'OC, € 3,89
CABERNET SAUVIGNON 2007

Sappig donker fruit. Fiks wat tannine. 13,5%.

CERCLE DE LA GRAPPE, VIN DE PAYS D'OC, MERLOT 2007 € 3,89

Vriendelijk fruitig. Piets droppig. 13,5%.

CERCLE DE LA GRAPPE, VIN DE PAYS D'OC, SYRAH 2007 € 3,89

Vol stoer en sappig fruit. Heel ruim. Mede door de lage prijs. 13%.

GRAND SUD, VIN DE PAYS D'OC, MERLOT 2007 (LITER) € 4,29

Onbestemde dunne droppige merlot. Netaan. 13,5%.

HUISWIJN ROOD, VIN DE PAYS DE L'AUDE, € 3,15
FRUITIG EN SOEPEL (LITER)

Zo fruitig als een onrijpe braam. 12,5%.

JEAN LOUIS CEVENNE, VIN DE PAYS D'OC, € 2,75
CABERNET-SYRAH 2007

Kaal, dropjesachtig. Krap. 13,5%.

ROOD FRANKRIJK - ITALIË

MAS DU PETIT AZEGAT, € 5,29
VIN DE PAYS DES BOUCHES DU RHÔNE 2007

Goedgehumeurde lichtvoetige Zuid-Franse landwijn in de beste zin des woords. Veel fruit, kruiden, zomerzon. Sierlijk en gezellig. Bio, overigens, dus reuze gezond voor mens, dier en milieu. 13,5%.

MERLOT, VIN DE PAYS D'OC 2007 € 2,29

Van de Celliers de l'Iliade. Fruitig, droppig. 13%.

ITALIË
BORGOANTICO, PUGLIA ROSSO 2006 € 3,79

In noordelijke wijngebieden zijn ze stiekem wel blij met dat warme Al-Goreklimaat, want de druiven worden eindelijk eens goed rijp, in plaats van ternauwernood. Zuidelijker echter kijkt men zorgelijk: met zoveel zon bouwen de druiven wel heel veel suikers op en dreigen de wijnen topzwaar en alcoholisch te worden. Waar vroeger 13,5% alcohol al fors gevonden werd, is 14, 14,5% nu doodgewoon. Heel zuidelijk, zoals bijvoorbeeld in de hak van Italië, kennen ze het probleem al langer, en ook de remedie: vroeger plukken. Minder suikers, meer zuren; frissere, minder zware wijnen. De kunst is natuurlijk, als immer, om tot een evenwichtige wijn te komen. Licht, maar niet dun, en vol van geur en smaak. Is ze hier op Borgoantico prima gelukt. Rijp fruit, specerijen, vleug chocola, een wijn voor bij de betere barbecue – en toch een keurige 12%. Zomerrood. 12%.

CORTE DEI GIUSTI, CHIANTI 2007 € 4,99

Zurig met nog net wat fruit. Drinken bij aangebrande ravioli uit blik. 12,5%.

CORTE DEI GIUSTI, CHIANTI 2007 € 4,99

Zurig fruit. Drinken bij verpieterde pizza. 12,5%.

ROOD ITALIË

CORTE DEI GIUSTI, CHIANTI RISERVA 2004 € 6,49

Stoffig, dor en zuur. 13%.

MONTALTO, COLLEZIONE DI FAMIGLIA, € 5,99 ♀♀♀
SICILIA, MERLOT 2006

Smaakt meer naar Sicilië dan naar merlot. Exotisch, zuidelijk, zonnig. Het is merlot – met rijp fruit en leer – maar met een eigenwijs eigen gezicht. 14,5%.

MONTALTO, SICILIA, NERO D'AVOLA 2007 € 4,99 ♀♀♀

Slanker dan de 2006, en dat doet 'm goed. Vol sappig donker fruit. 13,5%.

MONTALTO, SICILIA, SANGIOVESE-SYRAH 2007 € 4,99 ♀♀♀

Slank als goede chianti, plus pit en peper van de syrah. 13,5%.

MOSAICO, MARCHE SANGIOVESE 2007 € 3,99 ♀♀

Als een kleine chianti vol sappig rood fruit. Heel ruim ♀♀.

MOSAICO, ROSSO PICENO 2007 € 3,99 ♀♀

Somber, maar wel vol – uiteraard donker – fruit. 12,5%.

PLUS, ITALIË, MARCHE, SANGIOVESE, € 3,89 ♀♀
SOEPEL 2007 (LITER)

🚲 Nu nog een fiascomandje om die dikke fles, en je hebt een pizzeriachianti zoals een pizzeriachianti zou moeten zijn. Lekker een beetje weerbarstig, vol sappig rood fruit. Mede door de lage prijs – omgerekend naar driekwartliterfles € 2,99 – 🚲. 12%.

SOLEDORO, SALENTO ROSSO € 2,29 ♀♀

🚲 Rijp donker fruit en Zuid-Italiaanse warmte. Mede door weggeefprijs het omfietsen waard. Heel ruim ♀♀. Geen oogstjaar. 13%.

ROOD ITALIË - SPANJE

VILLA MONDI, BARDOLINO 2007 € 2,99

Aangebrand fruit, waterig. 12%.

MAROKKO
BONASSIA, BENI M'TIR, MERLOT 2007 € 4,49 ⚇

Wat is hier gebeurd? Geurde in vorige jaren als *all the perfumes of Arabia* en is nu bijna zo vruchteloos als Lady Macbeth. Donker fruit, beetje kaal en hard. Anderhalf ⚇. 13%.

SPANJE
ABADIA DE ARAGÓN, CARIÑENA 2007 € 3,49 ⚇⚇⚇

🚲 Sappig kersenfruit, beetje cacao, minder uitbundig vrolijk dan vorige jaren, maar ook serieuzer nog een plezier. Mede door de lage prijs 🚲. 13%.

ABADIA DE ARAGON, CARIÑENA, CRIANZA 2005 € 4,99 ⚇⚇⚇

🚲 Sappig kersenfruit, vrolijke specerijen, smeuïge cacao, breedgezaagd eikenhout. Het verschil met andere crianza's? Fruitfruitfruit. Heel ruim ⚇⚇⚇. 13,5%.

ABADÍA DE ARAGÓN, CARIÑENA, CRIANZA 2005 € 4,49 ⚇⚇⚇

🚲 Crianza, dat betekent 'met hout'. En jawel: deugdelijk betimmerd met eerstekwaliteit eikenhout. Maar u weet hoe het zit met hout: niks mis mee zolang er maar genoeg wijn tegenover staat. Weten ze hier: heel veel sappig kersenfruit achter de plankjes. Mede door de prijs 🚲. 13,5%.

ABADIA DE ARAGÓN, CARIÑENA, RESERVA 2003 € 5,99 ⚇⚇

Rijp kersenfruit, specerijen, hout. Heel ruim ⚇⚇. 13,5%.

ABADÍA DE ARAGÓN, CARIÑENA, RESERVA 2003 € 5,49 ⚇⚇

Rijp kersenfruit, specerijen, hout. Heel ruim ⚇⚇. 13,5%.

ROOD SPANJE

ABADÍA DE ARAGÓN, CARIÑENA, TINTO 2007 € 3,49 🍷🍷

 Nog meer kersenfruit, nu zonder hout, maar met gezellige tannines. Heel ruim 🍷🍷. Mede door de prijs 🚲. 13%.

BIANTE, CAMPO DE BORJA, TINTO 2007 € 2,49 🍷🍷🍷🍷

 Smaakt zoals je hoopt dat beaujolais smaakt. Barstensvol vrolijk kersenfruit. Gratis. Kopen. Koelen. 13,5%.

BODEGAS OSBORNE, SOLAZ, VINO DE LA TIERRA € 4,99 🍷
DE CASTILLA, SHIRAZ TEMPRANILLO 2005

Donker fruit, wrang. 13,5%.

CANADA ALTA, UTIEL-REQUENA, TEMPRANILLO 2007 € 3,99 🍷🍷

Vol vrolijk fruit. Heel ruim 🍷🍷. 13%.

CASTILLO DE ALMANSA, ALMANSA, RESERVA 2004 € 4,49 🍷🍷

Klassieke hout-en-vanillereserva, met gelukkig ook veel zacht fruit. Ruim 🍷🍷. 14%.

CASTILLO DE MORAL, VALDEPEÑAS, € 4,29 🍷
TEMPRANILLO, CRIANZA 2002

Beetje zacht fruit, wat hout: ouderwetse en inmiddels beetje belegen Spanjaard. Anderhalf 🍷. 13%.

CASTILLO DE MORAL, VALDEPEÑAS, € 4,99 🍷
TEMPRANILLO, RESERVA 2003

Tobberig fruit, mistroostig plankje hout, misnoegde tannines. 13%.

CONDE DE ALBETA, CAMPO DE BORJA, TINTO 2007 € 3,99 🍷🍷🍷

Garnacha en tempranillo, vol stevig kersenfruit, peper en specerijen. Heel ruim 🍷🍷🍷. 13,5%.

ROOD SPANJE

ESTOLA, LA MANCHA, RESERVA 2004 € 4,39 🍷

De eeuwige reserva, al talloze jaren ieder oogstjaar hetzelfde: een kistje wat wee fruit. Ruim 🍷.

GAMAZO, TORO, SELECCIÓN 2007 € 4,99 🍷🍷🍷

Van tinta de toro oftewel tempranillo. De 2006 was heerlijk, en als je ruikt lijkt deze ook weer een bek vol hartverwarmend kersenfruit en cacao te gaan geven, maar hij smaakt lang zo gul niet. Desalniettemin nog steeds niet te versmaden. 13,5%.

HUISWIJN SPANJE (LITER) € 3,69 🍷🍷

Tempranillo uit Valencia. Zonnig zachtfruitig. Ruim 🍷🍷. Geen oogstjaar. 13,5%.

HUISWIJN TEMPRANILLO SPANJE (LITER) € 3,99 🍷🍷

Tempranillo uit Valencia. Zonnig zachtfruitig. Ruim 🍷🍷. Geen oogstjaar. 13,5%.

INITIUM, NAVARRA 2007 € 4,49 🍷🍷🍷🍷🍷

De 2006 (een jaar lang nauwgezet regelmatig herproefd – 'wat is de korting als ik per gros bestel?' – nog steeds heerlijk) was gecomponeerd uit tempranillo plus wat cabernet en merlot, deze 2007 moet het doen zonder druif cabernet. Maakt niet uit. Ook weer heerlijk. Pietsje zachter, maar ook nu weer lekker rijp fruit, dat stoffige van een lange zonnige dag in de wijngaard, die vleug specerijen en tabak, die heldere smaak die zo opgewekt langs je tong kabbelt... Eigenlijk 🍷🍷🍷🍷🍷🍷🍷! 13%.

MARQUÉS DE CÁCERES, RIOJA 2004 € 8,49 🍷🍷🍷

Beschaafd zachtfruitig. 13,5%.

MORADOR, NAVARRA, TEMPRANILLO 2007 € 2,99 🍷🍷

Rood fruit, specerijen. Karakter. Heel ruim 🍷🍷. 13,5%.

ROOD SPANJE - ZUID-AFRIKA

PAGOS DE LABARCA, RIOJA JOVEN 2007 € 3,99

Schimmelig. 13%.

VAL DE UGA, SOMONTANO, € 4,69
CABERNET SAUVIGNON 2006

Niet zo uitbundig meer als een jaar geleden, maar nog steeds een karaktervolle slanke cabernet. 13,5%.

VAL DE UGA, SOMONTANO, GARNACHA SYRAH 2007 € 4,69

Wat minder deftig dan de 2006, maar zeker zo vrolijk. Sappig kersenfruit, specerijen. Slank, elegant, een plezier. 13,5%.

VALLE DEL MAÑAN, ALICANTE, RESERVA 2003 € 3,99

Ouderwets, beetje knoestig zelfs, maar voorzien van veel charme, rijp fruit, pittige specerijen en dat voor druif monastrell zo kenmerkende wolkje sigarenaroma. Van een zekere Salvador Poveda; zie ook diens Viña Vermeta 2001 bij Spar en Super de Boer en de Castillo de Monóvar 2001 bij Jumbo en Vomar. 13,5%.

VALLE DEL MAÑAN, ALICANTE, RESERVA 2004 € 3,79

Idem, wat afstandelijker. 13,5%.

VEGA LIBRE, UTIEL-REQUENA 2007 € 2,25

Rood fruit en wat specerijen, vriendelijk, sappig, maar helaas niet de charme van de 2006 die vorig jaar het omfietsen waard was. Desalniettemin prima voor zo weinig geld. Koelen is een goed idee. 12%.

ZUID-AFRIKA

BERG SCHADUW, RUBY CABERNET/CINSAUT 2007 € 3,99

Sappig rood fruit. Met een vleug remsporenbouquet, dat wel. 13%.

ROOD ZUID-AFRIKA

DANIE DE WET, ROBERTSON, € 4,45 ☝
CABERNET SAUVIGNON/MERLOT 2005

De familie De Wet maakt hier al wijn sinds 1698. Armzalig resultaat voor drie eeuwen ervaring. Donker fruit met bittere remsporenafdronk. 14%.

DANIE DE WET, ROBERTSON, PINOTAGE 2006 € 4,49 ☝☝

Pinotage ligt ze beter. Rijp donker fruit. 14,5%.

DRAKENKLOOF RESERVE, SHIRAZ 2007 € 5,49 ☝☝

Stoer donker fruit, peperig. Heel ruim ☝☝.

DRAKENKLOOF, PINOTAGE/SHIRAZ 2007 € 4,79 ☝☝

Rijp donker fruit, aards. Heel ruim ☝☝.

DRAKENKLOOF, ROOD 2007 € 4,79 ☝☝☝

Sappig rood fruit, aards. Simpel maar prima.

HOOP HUIS, WESTERN CAPE, DROË ROOI 2007 € 2,99 ☝☝

Simpel, maar sappig fruitig. Stuk beter dan het was. Geen geld. 14%.

HUISWIJN ROOIWIJN ZUID-AFRIKA (LITER) € 3,99 ☝☝

Stevig donker fruit, aards. Anderhalf ☝. Geen oogstjaar. 14%.

KAAPSE ROOS, ROOIWYN 2008 € 4,99 ☝☝

Vrolijk sappig rood fruit met een stoere aardse ondertoon. Heel ruim ☝☝.

NEDERBURG DUET, WESTERN CAPE, € 5,49 ☝☝
SHIRAZ PINOTAGE 2007

Sappig rood fruit, kruiden, beetje aards. Heel ruim ☝☝. 13,5%.

ROOD ZUID-AFRIKA

SCHOONDAL, WESTERN CAPE, CAPE RED 2007 € 1,99

Ze worden zeldzaam, maar ze zijn er nog, de wijnen met die ouwerwetsche authentiek Zuid-Afrikaanse smaak van een schimmelige regenjas! 13,5%.

SOMERLUST, ROBERTSON, SHIRAZ 2007 € 4,99 ♟♟♟

Stoere peperige shiraz vol rijp donker fruit. Heel ruim ♟♟. 14,5%.

VINEZ, CABERNET SAUVIGNON SHIRAZ 2006 € 4,99 ♟♟♟

Max Havelaar/Fairtrade, biologisch. Al de derde keer deze 2006 in de gids en hij houdt zich goed. Wel elk jaar wat minder vrolijk en uitbundig. Schort niks aan, maar de pit is eruit. Niet meer heel ruim ♟♟♟ en niet meer het omfietsen waard. Rijp donker fruit, aards. 13%.

DE BESTE WIJNEN VAN PLUS

Wit

1 **Tierra Buena, mendoza, chardonnay reserva 2007** € 5,99
   Argentinië

2 **Jean Rosen, gewurztraminer 2007** € 8,39
   Frankrijk - Elzas

3 **El Descanso reserva, valle central,** € 5,49
   chardonnay viognier 2007
   Chili

4 **El Descanso reserva, valle de curicó,** € 5,49
   chardonnay 2007
   Chili

5 **Bourgogne chardonnay 2007** € 5,50
   Frankrijk - Bourgogne

Rosé

1 **Tierra Buena, mendoza, shiraz reserva 2007** € 5,99
   Argentinië

2 **Bordeneuve, vin de pays du comté tolosan 2007** € 3,49
   Frankrijk

3 **Qué Mas rosé 2008** € 2,49
   Chili

4 **Morador, navarra, garnacha rosado 2007** € 2,99
   Spanje

5 **Tesoro, bullas, monastrell rosado 2007** € 2,99
   Spanje

Rood

1 **Château Rouvière, minervois 2007** € 3,99
   Frankrijk - Languedoc-Roussillon

2 **Initium, navarra 2007** € 4,49
   Spanje

3 **Château la Pageze,** € 4,99
   coteaux du languedoc la clape 2007
   Frankrijk - Languedoc-Roussillon

4 **Mas du petit Azegat,** € 5,29
   vin de pays des bouches du rhône 2007
   Frankrijk - Vin de pays

5 **Bourgogne pinot noir vieilles vignes 2007** € 5,49
   Frankrijk - Bourgogne

POIESZ

▷ Spreiding: landelijk
▷ Aantal filialen: 50
▷ Marktaandeel: 0,9%
▷ Voor meer informatie: 0515 - 428800 of
  www.poiesz-supermarkten.nl

Er zijn 43 wijnen geproefd, waarvan:
▷ Wit   13
▷ Rosé   8
▷ Rood   22

geen	11	25,6%
☻	1	2,3%
♀	15	34,9%
♀♀	10	23,3%
♀♀♀	4	9,3%
♀♀♀♀	1	2,3%
♀♀♀♀♀	1	2,3%
🚲	5	11,6%

Waardering in aantal wijnen en als percentage van het assortiment

WIT

AUSTRALIË
HARDY'S VARIETAL RANGE, € 4,49
SOUTH EASTERN AUSTRALIA, CHARDONNAY 2007

Sappig fruit, maar riekt ook enigszins naar teenslippers. Ruim. 13,5%.

SUNNY MOUNTAIN, CHARDONNAY 2007 € 2,99

Kunststofbouquet – van gerecyclede vuilniszakken waarschijnlijk. Met inhoud. 13,5%.

CHILI
GATO NEGRO, CENTRAL VALLEY, € 4,19
SAUVIGNON BLANC 2008

Fris snoepjesfruit. 13%.

INDOMITA VARIETAL, CENTRAL VALLEY, € 3,69
SAUVIGNON BLANC 2007

Smaakt nou niet bepaald overtuigend naar sauvignon, maar oppassend fruitig. Krap. 12%.

FRANKRIJK
Vin de pays
HUISWIJN WIT DROOG, € 2,89
VIN DE PAYS DES CÔTES DE GASCOGNE (LITER)

Frisfruitig met flink wat zuurtjes. Geen oogstjaar. 11,5%.

HUISWIJN WIT HALFZOET, € 3,19
VIN DE PAYS DES CÔTES DE GASCOGNE (LITER)

Zachtfruitig met een bescheiden zoetje. Geen oogstjaar. Anderhalf. 11,5%.

WIT FRANKRIJK - ZUID-AFRIKA

HUISWIJN WIT ZOET, € 3,19
VIN DE PAYS DES CÔTES DE GASCOGNE (LITER)

Zachtfruitig, vriendelijk zoetig. Geen oogstjaar. Anderhalf.
11,5%.

JEAN LOUIS CEVENNE, VIN DE PAYS DES CÔTES € 2,69
DE GASCOGNE, BLANC DE BLANCS 2006

Chenetkloon van druiven colombard en ugni blanc. Voor z'n leeftijd nog redelijk fris zuurtjesfruit. 12%.

ITALIË
CANEI, VINO FRIZZANTE € 2,99

Schuimt, zoetig, riekt als een scheef dichtgeknoopte vrijgezel die elke vrijdag opnieuw ontdekt dat het openbare badhuis sinds 1997 een grandcafé is. 8,5%.

ZUID-AFRIKA
BERG SCHADUW, WESTERN CAPE, € 3,99
SAUVIGNON BLANC 2008

Beetje snoepjesachtig, maar wel een sappige sauvignon. Netaan. 12,5%.

HANEPOOT, WES-KAAP, € 3,09
EFFE SOET VRUGTIGE WITWYN 2007

Waterig soet. 12%.

HOOP HUIS, WESTERN CAPE, CHENIN BLANC 2008 € 2,89

Zacht snoepjesfruit. 13,5%.

SCHOONDAL, WESTERN CAPE, CAPE WHITE 2008 € 2,15

Fris snoepjesfruit. De citroenen in de afdronk zijn wel erg fris. Half. 11,5%.

ROSÉ

ARGENTINIË
GRAFFIGNA, SAN JUAN, SHIRAZ ROSÉ 2007 € 3,99

(Snoepjes)fruit. Anderhalf. 13,5%.

AUSTRALIË
HARDYS VARIETAL RANGE, € 4,49
SOUTH EASTERN AUSTRALIA, ROSÉ 2007

Zacht (snoepjes)fruit. Anderhalf. 12%.

CHILI
VIÑA MAIPO, VALLE CENTRAL, MERLOT ROSÉ 2008 € 3,80

Zuurtjesfruit. Bijtzuren. 12,5%.

EUROPA
JEAN LOUIS CEVENNE, ROSÉ € 2,75

Jean Louis oogst waar het hem uitkomt. Spanje, Frankrijk, of, zoals nu weer, in de afvoerputjes van de Europese wijnplas. Lichtschimmelig zuurtjesfruit vind je daar. Geen oogstjaar. 12,5%.

FRANKRIJK
HUISWIJN ROSÉ HALFZOET, € 3,29
VIN DE PAYS DU COMTÉ TOLOSAN (LITER)

Friszoet, vrolijk, beet. Gezellig mollig. Geen oogstjaar. 12%.

HUISWIJN ROSÉ, € 3,15
VIN DE PAYS DU COMTÉ TOLOSAN (LITER)

Betrouwbaar, maar niet saai. Lekker en vol sappig rood fruit. Geen oogstjaar. 12%.

ROSÉ ZUID-AFRIKA

ZUID-AFRIKA
HOOP HUIS, ROSÉ 2008 € 2,90

Zacht snoepjesfruit. 14%.

SCHOONDAL, CAPE ROSÉ 2008 € 1,99

Niet helemaal schoongewassen snoepjesdruif. 12%.

ROOD

AUSTRALIË
HARDYS VARIETAL RANGE, € 4,79
SOUTH EASTERN AUSTRALIA, CABERNET SAUVIGNON 2007
Zacht en beschaafd zwartebessenfruit. 13,5%.

HARDYS VARIETAL RANGE, € 4,79
SOUTH EASTERN AUSTRALIA, MERLOT 2007
Zacht donker fruit, vleug leer. 13,5%.

SUNNY MOUNTAIN, SOUTH EAST AUSTRALIA, DRY RED € 3,05
Zachtfruitig. Dun. Netaan. Geen oogstjaar. 13,5%.

CHILI
GATO NEGRO, CABERNET SAUVIGNON 2007 € 4,25
Vriendelijk, zachtfruitig. Weinig pit, vergeleken met de 2006. 13,5%.

INDOMITA RESERVA, MAIPO VALLEY, € 4,99
CABERNET SAUVIGNON 2006
Bekvol keurig donker fruit. Heel ruim. 14,5%.

QUÉ MAS, CENTRAL VALLEY, CABERNET MERLOT 2007 € 2,30
Simpele maar sappige elegante 'bordeaux' uit Chili. Prima. Geen geld. Lekker lelijk etiket ook. 14%.

FRANKRIJK
Bordeaux
CHÂTEAU DAVID, BEAULIEU, € 3,99
BORDEAUX SUPERIEUR 2006
Ook dit jaar weer: deftige bordeaux met lekker veel bessenfruit. 13%.

ROOD FRANKRIJK - SPANJE

Bourgogne
BOURGOGNE PINOT NOIR VIEILLES VIGNES 2007 € 5,55

Van de verenigde wijnboeren uit Buxy. Naast zeer serieuze bourgognes geproefd, waarna deze vrolijk de avond won. Sappig fruit, echt pinot, echt bourgogne. Licht, helder, subtiel. Koelen. 13%.

Vin de pays
HUISWIJN ROOD, VIN DE PAYS DE L'AUDE, € 3,15
FRUITIG EN SOEPEL (LITER)

Zo fruitig als een onrijpe braam. 12,5%.

JEAN LOUIS CEVENNE, € 2,75
VIN DE PAYS D'OC, CABERNET-SYRAH 2007

Kaal, dropjesachtig. Krap. 13,5%.

LANDENWIJN FRANKRIJK ROOD, € 3,85
VIN DE PAYS DU COMTÉ TOLOSAN (LITER)

Wat somber donker fruit. Geen oogstjaar. 12%.

ITALIË
VILLA MONDI, BARDOLINO 2007 € 2,99

Aangebrand fruit, waterig. 12%.

SPANJE
BIANTE, CAMPO DE BORJA, TINTO 2007 € 2,49

Smaakt zoals je hoopt dat beaujolais smaakt. Barstensvol vrolijk kersenfruit. Gratis. Kopen. Koelen. 13,5%.

CASTILLO DE PASTORES, VALDEPEÑAS CRIANZA 2004 € 3,99

Fruit en hout, kaal en wrang. 13%.

CASTILLO DE PASTORES, VALDEPEÑAS RESERVA 2003 € 4,45

Saaie plankjesreserva. Wel met wat fruit. Wrang droog end. 13%.

ROOD SPANJE - ZUID-AFRIKA

ESTOLA, LA MANCHA, RESERVA 2004   € 4,15 🍷

De eeuwige reserva, al talloze jaren ieder oogstjaar hetzelfde: een kistje wat wee fruit. Ruim 🍷.

FINCA DE LABARCA, RIOJA JOVEN 2007   € 3,55

Schimmelig. 13%.

VEGA LIBRE, UTIEL-REQUENA 2007   € 2,25 🍷🍷

Rood fruit en wat specerijen, vriendelijk, sappig, maar helaas niet de charme van de 2006 die vorig jaar het omfietsen waard was. Desalniettemin prima voor zo weinig geld. Koelen is een goed idee. 12%.

VERENIGDE STATEN

HILLS OF CALIFORNIA, CABERNET SAUVIGNON 2006   € 2,69 🍷

Winegums en drop, maar ook echt fruit. 13%.

ZUID-AFRIKA

BERG SCHADUW, RUBY CABERNET/CINSAUT 2007   € 3,89 🍷🍷

Sappig rood fruit. Met een vleug remsporenbouquet, dat wel. 13%.

HOOP HUIS, WESTERN CAPE, DROË ROOI 2007   € 2,79 🍷🍷

Simpel, maar sappig fruitig. Stuk beter dan het was. Geen geld. 14%.

SCHOONDAL, WESTERN CAPE, CAPE RED 2007   € 2,15

Ze worden zeldzaam, maar ze zijn er nog, de wijnen met die ouwerwetsche authentiek Zuid-Afrikaanse smaak van een schimmelige regenjas! 13,5%.

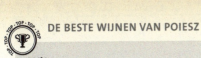

DE BESTE WIJNEN VAN POIESZ

Wit

1 Huiswijn wit zoet, € 3,19
vin de pays des côtes de gascogne (liter)
Frankrijk - Vin de pays

2 Indomita varietal, central valley, € 3,69
sauvignon blanc 2007
Chili

3 Berg Schaduw, western cape, sauvignon blanc 2008 € 3,99
Zuid-Afrika

4 Hoop Huis, western cape, chenin blanc 2008 € 2,89
Zuid-Afrika

5 Huiswijn wit droog, € 2,89
vin de pays des côtes de gascogne (liter)
Frankrijk - Vin de pays

Rosé

1 Huiswijn rosé, vin de pays du comté tolosan (liter) € 3,15
Frankrijk

2 Huiswijn rosé halfzoet, € 3,29
vin de pays du comté tolosan (liter)
Frankrijk

3 Hoop Huis, rosé 2008 € 2,90
Zuid-Afrika

4 Graffigna, san juan, shiraz rosé 2007 € 3,99
Argentinië

5 Hardys Varietal Range, south eastern australia, € 4,49
rosé 2007
Australië

Rood

1 Bourgogne pinot noir vieilles vignes 2007 € 5,55
Frankrijk - Bourgogne

2 Biante, campo de borja, tinto 2007 € 2,49
Spanje

3 Qué Mas, central valley, cabernet merlot 2007 € 2,30
Chili

4 Château David, beaulieu, bordeaux superieur 2006 € 3,99
Frankrijk - Bordeaux

5 Vega Libre, utiel-requena 2007 € 2,25
Spanje

SANDERS

▷ Spreiding: Enschede en omgeving
▷ Aantal filialen: 22
▷ Marktaandeel: 0,33%
▷ Voor meer informatie: 053 - 48 48 500
of www.sanders-supermarkt.nl

Er zijn 69 wijnen geproefd, waarvan:
▷ Wit   21
▷ Rosé 11
▷ Rood 37

geen	11	15,9%
⊕	1	1,4%
♀	28	40,6%
♀♀	19	27,5%
♀♀♀	9	13,0%
♀♀♀♀	0	0,0%
♀♀♀♀♀	1	1,4%
🚲	7	10,1%

Waardering in aantal wijnen en als percentage van het assortiment

WIT

ARGENTINIË
LA FINCA, MENDOZA, UCO VALLEY, CHARDONNAY 2008 € 4,99

Zuurtjesfruit. 12,5%.

AUSTRALIË
HUISWIJN, AUSTRALIË WIT (LITER) € 3,99

South Eastern Australia. Simpel maar zacht (snoepjes)fruitig. Anderhalf. Geen oogstjaar. 13%.

SUNNY MOUNTAIN, CHARDONNAY 2007 € 2,99

Kunststofbouquet – van gerecyclede vuilniszakken waarschijnlijk. Met inhoud. 13,5%.

CHILI
GATO NEGRO, CENTRAL VALLEY, € 4,19
SAUVIGNON BLANC 2008

Fris snoepjesfruit. 13%.

VIÑA MAIPO, VALLE CENTRAL, CHARDONNAY 2007 € 3,89

Schraal fruit, met armetierige zuren. 13%.

FRANKRIJK
Elzas
KASTELBOURG, ALSACE, PINOT BLANC RÉSERVE 2007 € 4,10

Grijzemuizenzachtfruitig. Netaan. 12%.

Vin de pays
HUISWIJN WIT DROOG, € 2,89
VIN DE PAYS DES CÔTES DE GASCOGNE (LITER)

Frisfruitig met flink wat zuurtjes. Geen oogstjaar. 11,5%.

WIT FRANKRIJK - SPANJE

HUISWIJN WIT HALFZOET, € 3,19
VIN DE PAYS DES CÔTES DE GASCOGNE (LITER)

Zachtfruitig met een bescheiden zoetje. Geen oogstjaar. Anderhalf. 11,5%.

HUISWIJN WIT ZOET, € 3,19
VIN DE PAYS DES CÔTES DE GASCOGNE (LITER)

Zachtfruitig, vriendelijk zoetig. Geen oogstjaar. Anderhalf. 11,5%.

ITALIË
CANEI, VINO FRIZZANTE € 2,99

Schuimt, zoetig, riekt als een scheef dichtgeknoopte vrijgezel die elke vrijdag opnieuw ontdekt dat het openbare badhuis sinds 1997 een grandcafé is. 8,5%.

MONTALTO, SICILIA, GRECANICO-CHARDONNAY 2007 € 4,99

Vol fruit, kruiden en zomerzon. Heel ruim. 13%.

TERRAZANO, VERDICCHIO DEI CASTELLI € 3,65
DI JESI CLASSICO 2007

Sappig fruitig, zonnig kruidig. Heel ruim. 12%.

VENETIO, PROSECCO VENETO FRIZZANTE € 3,45

Schuimt. Niet voor consumptiedoeleinden bedoeld. 10,5%.

VILLA MONDI, SOAVE € 2,99

Karton dat lang in de regen heeft gelegen. Plus het fruit van één eenzame druif. 12%.

SPANJE
CASTILLO DE LAS ALMENAS, VALENCIA, MOSCATEL € 3,29

Rafelrandschroefdop. Muskaatdruivig. Zoet. 15%.

ZUID-AFRIKA

DANIE DE WET, ROBERTSON, CHARDONNAY 2008 € 4,45

Armzalig snoepjesfruit. 12,5%.

HANEPOOT, WES-KAAP, € 3,09
EFFE SOET VRUGTIGE WITWYN 2007

Waterig soet. 12%.

HOOP HUIS, WESTERN CAPE, CHENIN BLANC 2008 € 2,89

Zacht snoepjesfruit. 13,5%.

HUISWIJN ZUID-AFRIKA WEST-KAAP CHENIN (LITER) € 3,85

Simpel maar zacht frisfruitig. Anderhalf. Geen oogstjaar. 12,5%.

SCHOONDAL, WESTERN CAPE, CAPE WHITE 2008 € 2,15

Fris snoepjesfruit. De citroenen in de afdronk zijn wel erg fris. Half. 11,5%.

TWO OCEANS, WESTERN CAPE, € 4,49
CHENIN BLANC SAUVIGNON BLANC 2008

Perensnoepjesfruit. 11,5%.

ROSÉ

CHILI
QUÉ MAS ROSÉ 2008 €2,35

Volbloedige warme bordeauxachtige rosé, rijk aan kleur, geur en smaak, breed opgezet door Bob Ross in zijn betere dagen. Herfstrosé. 13,5%.

VIÑA MAIPO, VALLE CENTRAL, MERLOT ROSÉ 2008 €3,80

Zuurtjesfruit. Bijtzuren. 12,5%.

FRANKRIJK
HUISWIJN ROSÉ HALFZOET, €3,29
VIN DE PAYS DU COMTÉ TOLOSAN (LITER)

Friszoet, vrolijk, beet. Gezellig mollig. Geen oogstjaar. 12%.

HUISWIJN ROSÉ, €3,15
VIN DE PAYS DU COMTÉ TOLOSAN (LITER)

Betrouwbaar, maar niet saai. Lekker en vol sappig rood fruit. Geen oogstjaar. 12%.

JEAN SABLENAY, VIN DE PAYS DU VAL DE LOIRE, €3,15
CABERNET FRANC ROSÉ 2007

Goed van geur, je ruikt zelfs wat cabernet franc, maar helaas snoepjesachtig zoet in de mond. 11%.

ITALIË
MONTALTO, SICILIA, NERO D'AVOLA ROSATO 2007 €4,99

Breedgeschouderd van kleur, geur en smaak, tevens invoelend en begrijpend en vol fruit. 13%.

ROSÉ SPANJE - ZUID-AFRIKA

SPANJE
VEGA LIBRE, UTIEL-REQUENA 2006 € 2,25

Rosado van puur bobal, zie de rode Vega Libre. Nog steeds fruitig, maar op leeftijd, vermoeid. Niet meer ruim 🍷🍷, niet meer het omfietsen waard. We kijken uit naar de 2007. Of 2008, al naar gelang wanneer u dit leest. Onbegrijpelijk: zo goedkoop en lekker, en u laat het stomweg staan! 12%.

ZUID-AFRIKA
HOOP HUIS, ROSÉ 2008 € 2,90

Zacht snoepjesfruit. 14%.

LANDENWIJN ZUID-AFRIKA, € 3,85
WEST-KAAP, PINOTAGE ROSÉ (LITER)

Vol stevig (snoepjes)fruit. Anderhalf 🍷. 14%.

SCHOONDAL, CAPE ROSÉ 2008 € 1,99

Niet helemaal schoongewassen snoepjesdruif. 12%.

TWO OCEANS, WESTERN CAPE, SHIRAZ ROSÉ 2008 € 4,49

Zacht (snoepjes)fruit. Anderhalf 🍷. 11,5%.

ARGENTINIË - CHILI

ROOD

ARGENTINIË

LA FINCA, MENDOZA, UCO VALLEY, MALBEC 2007 € 4,99

Donker fruit, met wat harde kantjes. Anderhalf 🍷. 12,5%.

LA FINCA, MENDOZA, UCO VALLEY, SHIRAZ 2007 € 4,99

Zachtfruitig, beetje leer, beetje drop. 12,5%.

TANGO DUO, RED WINE € 2,59

Meer drop dan fruit. Geen oogstjaar, maar proeffles was de 2008. 12,5%.

AUSTRALIË

HUISWIJN, DRY RED AUSTRALIË, € 3,95
SOEPEL EN FRUITIG (LITER)

Onbestemd fruitig, wat droppig. Anderhalf 🍷. 13,5%.

SUNNY MOUNTAIN, SOUTH EAST AUSTRALIA, DRY RED € 3,05

Zachtfruitig. Dun. Netaan 🍷. Geen oogstjaar. 13,5%.

CHILI

GATO NEGRO, CABERNET SAUVIGNON 2007 € 4,25

Vriendelijk, zachtfruitig. Weinig pit, vergeleken met de 2006. 13,5%.

HUISWIJN CHILI ROOD, CENTRAL VALLEY, € 3,85
CABERNET SAUVIGNON 2007 (LITER)

Slanke cabernet met donker fruit en bescheiden tannine. Heel ruim 🍷🍷. 14%.

INDOMITA VARIETAL, MAIPO VALLEY, € 3,85
CABERNET SAUVIGNON 2007

Vol rijp en sappig cabernetfruit, dat zoals u weet aan zwarte bessen doet denken. 14%.

ROOD CHILI - FRANKRIJK

QUÉ MAS, CENTRAL VALLEY, CABERNET MERLOT 2007 € 2,30

Simpele maar sappige elegante 'bordeaux' uit Chili. Prima. Geen geld. Lekker lelijk etiket ook. 14%.

VIÑA MAIPO, VALLE CENTRAL, CARMENÈRE 2007 € 3,80

Niks carmenère. Dropwijn! 13%.

FRANKRIJK
Beaujolais
BEAUJOLAIS 2007 € 3,99

Van de *Cave de Bully en Beaujolais*. Met schroefdop! Zuurtjesfruitig. 12,5%.

Bordeaux
CHÂTEAU DAVID, BEAULIEU, € 3,99
BORDEAUX SUPERIEUR 2006

Ook dit jaar weer: deftige bordeaux met lekker veel bessenfruit. 13%.

CHÂTEAU PESSANGE, MÉDOC 2007 € 4,65

Goedgemanierde bordeaux volgens de boekjes. Sappig bessenfruit, laurier, elegant. Beetje streng en zo hoort dat ook. 12%.

Bourgogne
BOURGOGNE PINOT NOIR VIEILLES VIGNES 2007 € 5,55

Van de verenigde wijnboeren uit Buxy. Naast zeer serieuze bourgognes geproefd, waarna deze vrolijk de avond won. Sappig fruit, echt pinot, echt bourgogne. Licht, helder, subtiel. Koelen. 13%.

Vin de pays
HUISWIJN ROOD, VIN DE PAYS DE L'AUDE, € 3,15
FRUITIG EN SOEPEL (LITER)

Zo fruitig als een onrijpe braam. 12,5%.

ROOD FRANKRIJK - SPANJE

JEAN SABLENAY, VIN DE PAYS D'OC, € 3,09
CABERNET SAUVIGNON 2007

Sappig donker fruit. Fiks wat tannine. 13,5%.

JEAN SABLENAY, VIN DE PAYS D'OC, MERLOT 2007 € 3,09

Vriendelijk fruitig. Piets droppig. 13,5%.

LANDENWIJN FRANKRIJK ROOD, € 3,85
VIN DE PAYS DU COMTÉ TOLOSAN (LITER)

Wat somber donker fruit. Geen oogstjaar. 12%.

MERLOT, VIN DE PAYS D'OC 2007 € 2,59

Van de Celliers de l'Iliade. Fruitig, droppig. 13%.

Zuidwest
BUZET, MERLOT CABERNET 2007 € 3,99

Er zijn nogal wat buzets. Deze heeft een schroefdop, en een mooi etiketje uit 1953. Cabernet blijkt voor beide cabernets te staan, sauvignon en de franc, de stijl is bordeaux. Sappig fruitig zowaar dit jaar! Nog nooit meegemaakt bij Buzet. 12,5%.

ITALIË
MONTALTO, SICILIA, SANGIOVESE-SYRAH 2007 € 4,99

Slank als goede chianti, plus pit en peper van de syrah. 13,5%.

SENSI, CHIANTI 2007 € 4,25

Zurig fruit. Drinken bij verpieterde pizza. 12,5%.

SPANJE
CASTILLO DE PASTORES, VALDEPEÑAS CRIANZA 2004 € 3,99

Fruit en hout, kaal en wrang. 13%.

ROOD SPANJE - ZUID-AFRIKA

CASTILLO DE PASTORES, VALDEPEÑAS RESERVA 2003 € 4,45

Saaie plankjesreserva. Wel met wat fruit. Wrang droog end. 13%.

ESTOLA, LA MANCHA, RESERVA 2004 € 4,15

De eeuwige reserva, al talloze jaren ieder oogstjaar hetzelfde: een kistje wat wee fruit. Ruim.

FINCA DE LABARCA, RIOJA CRIANZA 2005 € 4,95

Ouderwetse hout-en-vanillerioja. Niet de sjiekste. Anderhalf. 14%.

HUISWIJN SPANJE (LITER) € 3,69

Tempranillo uit Valencia. Zonnig zachtfruitig. Ruim. Geen oogstjaar. 13,5%.

VEGA LIBRE, UTIEL-REQUENA 2007 € 2,25

Rood fruit en wat specerijen, vriendelijk, sappig, maar helaas niet de charme van de 2006 die vorig jaar het omfietsen waard was. Desalniettemin prima voor zo weinig geld. Koelen is een goed idee. 12%.

VERENIGDE STATEN
HILLS OF CALIFORNIA, CABERNET SAUVIGNON 2006 € 2,69

Winegums en drop, maar ook echt fruit. 13%.

ZUID-AFRIKA
BERG SCHADUW, RUBY CABERNET/CINSAUT 2007 € 3,89

Sappig rood fruit. Met een vleug remsporenbouquet, dat wel. 13%.

ROOD ZUID-AFRIKA

DANIE DE WET, ROBERTSON, € 4,45
CABERNET SAUVIGNON/MERLOT 2005

De familie De Wet maakt hier al wijn sinds 1698. Armzalig resultaat voor drie eeuwen ervaring. Donker fruit met bittere remsporenafdronk. 14%.

DANIE DE WET, ROBERTSON, PINOTAGE 2006 € 4,30

Pinotage ligt ze beter. Rijp donker fruit. 14,5%.

HOOP HUIS, WESTERN CAPE, DROË ROOI 2007 € 2,79

Simpel, maar sappig fruitig. Stuk beter dan het was. Geen geld. 14%.

HUISWIJN ZUID-AFRIKA (LITER) € 3,85

Stevig donker fruit, aards. Anderhalf ♟. Geen oogstjaar. 14%.

SCHOONDAL, WESTERN CAPE, CAPE RED 2007 € 2,15

Ze worden zeldzaam, maar ze zijn er nog, de wijnen met die ouwerwetsche authentiek Zuid-Afrikaanse smaak van een schimmelige regenjas! 13,5%.

TWO OCEANS, WESTERN CAPE, € 4,49
CABERNET SAUVIGNON MERLOT 2007

Sappige Zuid-Afrikaanse bordeaux. Ruim ♟♟. 13,5%.

VEELPLESIER, WESTERN CAPE, CLASSICAL RED 2007 € 4,10

Rijp donker fruit, beetje aards. 13,5%.

DE BESTE WIJNEN VAN SANDERS

Wit

1 **Huiswijn wit zoet,** € 3,19
vin de pays des côtes de gascogne (liter)
Frankrijk - Vin de pays

2 **Castillo de las Almenas, valencia, moscatel** € 3,29
Spanje

3 **Terrazano, verdicchio dei castelli** € 3,65
di jesi classico 2007
Italië

4 **Kastelbourg, alsace, pinot blanc réserve 2007** € 4,10
Frankrijk - Elzas

5 **Montalto, sicilia, grecanico-chardonnay 2007** € 4,99
Italië

Rosé

1 **Qué Mas rosé 2008** € 2,35
Chili

2 **Huiswijn rosé, vin de pays du comté tolosan (liter)** € 3,15
Frankrijk

3 **Huiswijn rosé halfzoet,** € 3,29
vin de pays du comté tolosan (liter)
Frankrijk

4 **Montalto, sicilia, nero d'avola rosato 2007** € 4,99
Italië

5 **Vega Libre, utiel-requena 2006** € 2,25
Spanje

Rood

1 **Bourgogne pinot noir vieilles vignes 2007** € 5,55
Frankrijk - Bourgogne

2 **Qué Mas, central valley, cabernet merlot 2007** € 2,30
Chili

3 **Château Pessange, médoc 2007** € 4,65
Frankrijk - Bordeaux

4 **Indomita varietal, maipo valley,** € 3,85
cabernet sauvignon 2007
Chili

5 **Château David, beaulieu, bordeaux superieur 2006** € 3,99
Frankrijk - Bordeaux

SPAR

▷ Spreiding: landelijk
▷ Aantal filialen: 350 Spar-winkels, 4 Spar Express (Gelderland, Groningen, Noord-holland en Utrecht) en 3 Eurospar (Noord-Brabant en Zeeland)
▷ Voor meer informatie: www.spar.nl

Er zijn 84 wijnen geproefd, waarvan:
▷ Wit   34
▷ Rosé   6
▷ Rood 44

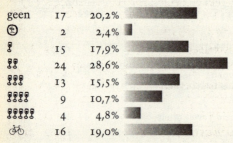

Waardering in aantal wijnen en als percentage van het assortiment

WIT ARGENTINIË - CHILI

WIT

ARGENTINIË

GRAFFIGNA, SAN JUAN, CHARDONNAY 2007 € 4,19

Redelijk sappige doorsneechardonnay. 13,5%.

LA FINCA, MENDOZA, UCO VALLEY, CHARDONNAY 2008 € 4,99

Zuurtjesfruit. 12,5%.

AUSTRALIË

HARDY'S VARIETAL RANGE, € 4,75
SOUTH EASTERN AUSTRALIA, CHARDONNAY 2007

Sappig fruit, maar riekt ook enigszins naar teenslippers. Ruim. 13,5%.

HARDYS STAMP OF AUSTRALIA, € 5,29
SOUTH EASTERN AUSTRALIA, SEMILLON CHARDONNAY 2007

Zachtfruitig met kunstbloemenbouquet. 13%.

CHILI

CAMPAÑERO, CENTRAL VALLEY, CHARDONNAY 2008 € 3,69

Vorig jaar volfruitig, bijna wulps, nu verfrissend en pittig als een lentebries. Vrolijk zonder poespas. Heerlijk. Luxe voor geen geld. Heel ruim. 13,5%.

EL DESCANSO RESERVA, VALLE DE CURICÓ, € 5,49
CHARDONNAY 2007

Deftige maar toch ook heel gezellige wijn met zeer beschaafd fruit en een lange, vrolijke afdronk. 13,5%.

EL DESCANSO, VALLE CENTRAL, CHARDONNAY 2008 € 4,79

Vrolijk, sappig, welopgevoed. Heel ruim. 13,5%.

WIT CHILI - FRANKRIJK

GATO NEGRO, CENTRAL VALLEY, € 4,69
SAUVIGNON BLANC 2008

Fris snoepjesfruit. 13%.

HUISWIJN, CHILEENSE CHARDONNAY, € 4,49
CENTRAL VALLEY 2008 (LITER)

Vol rijp en sappig chardonnayfruit. Fris en vrolijk als de eerste mooie lentedag. Heel ruim. 13,5%.

DUITSLAND
DEINHARD, RHEINHESSEN, RIESLING CLASSIC 2007 € 4,99

Scherp, met armageddonafdronk. 12,5%.

FRANKRIJK
HUISWIJN FRANSE DROGE WIJN (LITER) € 3,19

Drinken op een goedkoop feestje waar je niet onderuit kunt. In een kartonnen bekertje komt het bouquet het best tot zijn recht. Geen oogstjaar. 11,5%.

HUISWIJN, VIN DE PAYS D'OC, SYRAH ROSÉ € 3,49

Suffig fruitig. Geen oogstjaar. 12%.

Bordeaux
CHÂTEAU DU BALLANDREAU, ENTRE-DEUX-MERS 2007 € 4,59

Zuurtjesfruit. 12%.

Bourgogne
BOURGOGNE CHARDONNAY 2007 € 5,79

Van de coöp te Buxy, sinds jaar en dag vermaard vanwege z'n prima bourgognes zonder poespas. Chardonnay die, ook op dit instapniveau, onmiskenbaar bourgogne is. Sappig, fijn van zuren, verleidelijk. 13%.

WIT FRANKRIJK

Elzas

JEAN ROSEN, ALSACE, PINOT BLANC 2007 € 5,49

Vriendelijk zachtfruitig. Ruim. 12,5%.

JEAN ROSEN, GEWURZTRAMINER 2007 € 8,39

Gewurztraminer, de aftershave van de wijnwereld, is af en toe toch echt wijn. Heel deftige wijn zelfs, hier bij Jean Rosen. Dit jaar minder uitbundig, maar toch weer vol sappig fruit, geurend naar abrikozen, rozengeur en maneschijn. Geen geld voor gewurzbegrippen. 13%.

JEAN ROSEN, PINOT GRIS 2007 € 7,99

Rijker dan pinot blanc, dit jaar mooi slank. Ingetogen. Geen blingbling, een beschaafde edoch opulente fruitmand. Heel ruim. 13%.

JEAN ROSEN, RIESLING 2007 € 5,39

Frisfruitig, geen lachebekje, brildragend. 12%.

Vin de pays

CAVEAU, VIN DE PAYS DES CÔTES DE GASCOGNE € 2,49

Vlak en kaal met een afdronk van nat karton. Geen oogstjaar. 11,5%.

HUISWIJN WIT HALFZOET & ZOET, € 3,49
VIN DE PAYS DE GASCOGNE BLANC DEMI-SEC

Muf zoet. Geen oogstjaar. 11,5%.

HUISWIJN WIT LICHT & FRIS, € 3,49
VIN DE PAYS DU COMTÉ TOLOSAN

Smaakt als wijn uit bag-in-box, waar ze de bag vergeten zijn. Geen oogstjaar. 11,5%.

WIT FRANKRIJK - ITALIË

JEAN LOUIS CEVENNE, VIN DE PAYS DES CÔTES € 2,79
DE GASCOGNE, BLANC DE BLANCS 2006

Chenetkloon van druiven colombard en ugni blanc. Voor z'n leeftijd nog redelijk fris zuurtjesfruit. 12%.

Zuidwest
FLEUR D'OR, MONBAZILLAC 2006 (HALFLITERFLESJE) € 5,99

Met de complimenten van Iemand die een kwart eeuw geleden de Beste Sommelier ter Wereld was, maar deze wijn op 11 september 2007 nog geproefd heeft. Zo mooi als hij kan ik het niet zeggen, maar: sjiek-de-friemel zoet. U weet hopelijk dat zoete wijn, hoe goed ook, niet mag van God? 13%.

ITALIË
CANEI, VINO FRIZZANTE € 2,99

Schuimt, zoetig, riekt als een scheef dichtgeknoopte vrijgezel die elke vrijdag opnieuw ontdekt dat het openbare badhuis sinds 1997 een grandcafé is. 8,5%.

MARTINI, PROSECCO € 6,99

Met kroonkurk! Alsof je een pijpje pils opentrekt. Geef mij dat pilsje dan maar. Schuimt beter, smaakt beter. Vaagfruitig, dit. 10,5%.

TERRAZANO, VERDICCHIO DEI CASTELLI € 3,69
DI JESI CLASSICO 2007

Sappig fruitig, zonnig kruidig. Heel ruim. 12%.

VENETIO, PROSECCO VENETO FRIZZANTE € 4,69

Schuimt. Niet voor consumptiedoeleinden bedoeld. 10,5%.

VILLA MONDI, SOAVE € 3,29

Karton dat lang in de regen heeft gelegen. Plus het fruit van één eenzame druif. 12%.

WIT SPANJE - ZUID-AFRIKA

SPANJE

CAVEAU, LA MANCHA, AIRÈN € 2,49

Huiswijn van het Tenenkaasimperium. 11%.

ZUID-AFRIKA

BERG SCHADUW, WESTERN CAPE, € 3,99
SAUVIGNON BLANC 2008

Beetje snoepjesachtig, maar wel een sappige sauvignon. Netaan. 12,5%.

BLYDSKAP, WESTERN CAPE, DROË STEEN 2008 € 4,35

Ieder jaar wat minder snoepjes tussen het fruit. Anderhalf. 12%.

DRAKENKLOOF, CHENIN BLANC/CHARDONNAY 2008 € 4,49

Vriendelijk sappig zachtfruitig. Heel ruim.

HUISWIJN, ZUID-AFRIKAANSE DROGE WIJN (LITER) € 3,99

Uit karton gewrongen. 13%.

KAAPSE ROOS, CHENIN 2008 € 4,49

Vol fris perenfruit. Heel ruim.

ROSÉ

ARGENTINIË
GRAFFIGNA, SAN JUAN, SHIRAZ ROSÉ 2007 € 4,19
(Snoepjes)fruit. Anderhalf. 13,5%.

AUSTRALIË
HARDYS VARIETAL RANGE, € 4,75
SOUTH EASTERN AUSTRALIA, ROSÉ 2007
Zacht (snoepjes)fruit. Anderhalf. 12%.

EUROPA
JEAN LOUIS CEVENNE, ROSÉ € 2,79
Jean Louis oogst waar het hem uitkomt. Spanje, Frankrijk, of, zoals nu weer, in de afvoerputjes van de Europese wijnplas. Lichtschimmelig zuurtjesfruit vind je daar. Geen oogstjaar. 12,5%.

FRANKRIJK
HUISWIJN ROSÉ, VIN DE PAYS D'OC 2007 (LITER) € 3,49
Vrolijk sappig rood fruit. 12%.

ITALIË
VENETIO, RABOSO, ROSATO MARCA TREVIGIANA € 4,69
Maar: Canei is nog erger! 11%.

ZUID-AFRIKA
BLYDSKAP, WESTERN CAPE, PINOTAGE ROSÉ 2008 € 4,75
(Snoepjes)fruit. Anderhalf. 13,5%.

ROOD ARGENTINIË - CHILI

ROOD

ARGENTINIË

GRAFFIGNA, SAN JUAN, MALBEC 2007 € 4,19

Donker fruit, bordeauxachtige strengheid. 13,5%.

LA FINCA, MENDOZA, UCO VALLEY, SHIRAZ 2007 € 4,99

Zachtfruitig, beetje leer, beetje drop. 12,5%.

AUSTRALIË

HARDYS STAMP OF AUSTRALIA, SOUTH EASTERN € 5,29
AUSTRALIA, SHIRAZ CABERNET SAUVIGNON 2007

Zacht donker fruit en drop. 14%.

HARDYS VARIETAL RANGE, SOUTH EASTERN € 4,75
AUSTRALIA, CABERNET SAUVIGNON 2007

Zacht en beschaafd zwartebessenfruit. 13,5%.

CHILI

CAMPAÑERO, CENTRAL VALLEY, € 3,59
CABERNET SAUVIGNON 2008

Geen geld voor zoveel rijp bessenfruit met duursmakende hapklare tannines. 14%.

EL DESCANSO, VALLE CENTRAL, € 4,79
CABERNET SAUVIGNON 2008

Veel rood fruit, veel charme. Niet heel subtiel, wel erg lekker. 14%.

EL DESCANSO, VALLE CENTRAL, CARMENÈRE 2008 € 4,79

Net als de cabernet vol fruit en charme, maar een beetje tam en ik mis dat karakteristieke carmenèregeurtje, dus vandaar dat het geen omfietswijn is. 13,5%.

ROOD CHILI - FRANKRIJK

GATO NEGRO, CABERNET SAUVIGNON 2007 € 4,69

Vriendelijk, zachtfruitig. Weinig pit, vergeleken met de 2006. 13,5%.

GATO NEGRO, CENTRAL VALLEY, MERLOT 2007 € 4,69

Soepel zachtfruitig. 13,5%.

HUISWIJN CABERNET SAUVIGNON (LITER) € 3,89

Huisliter van je dromen, barstensvol rijp bessenfruit met lenige tannines voor pit en beet. Geen oogstjaar op het etiket, maar de proeffles, een tankmonster, was van oogst 2008. 14%.

FRANKRIJK
Beaujolais
BEAUJOLAIS 2007 € 3,99

Van de *Cave de Bully en Beaujolais*. Met schroefdop! Zuurtjesfruitig. 12,5%.

Bordeaux
CHÂTEAU DAVID, BEAULIEU, € 4,29
BORDEAUX SUPERIEUR 2006

Ook dit jaar weer: deftige bordeaux met lekker veel bessenfruit. 13%.

CHÂTEAU PESSANGE, MÉDOC 2007 € 4,99

Goedgemanierde bordeaux volgens de boekjes. Sappig bessenfruit, laurier, elegant. Beetje streng en zo hoort dat ook. 12%.

CHÂTEAU PRADEAU, MAZEAU, € 4,99
BORDEAUX GRANDE RÉSERVE 2007

Slank en sappig. Bessenfruit, beschaafde tannine. Gewoon, deftige bordeaux. 12,5%.

ROOD FRANKRIJK

Bourgogne

BOURGOGNE PINOT NOIR VIEILLES VIGNES 2007 € 5,99

Van de verenigde wijnboeren uit Buxy. Naast zeer serieuze bourgognes geproefd, waarna deze vrolijk de avond won. Sappig fruit, echt pinot, echt bourgogne. Licht, helder, subtiel. Koelen. 13%.

Languedoc-Roussillon

CHÂTEAU LA PAGEZE, C € 4,99
OTEAUX DU LANGUEDOC LA CLAPE 2007

Prachtwijn vol rood fruit, subtiel geurend naar het zonnige Zuid-Frankrijk. Deftige wijn voor geen geld. Eigenlijk! 13,5%.

CHÂTEAU ROUVIÈRE, MINERVOIS 2007 € 3,99

Vrolijk rood fruit, kruiden en specerijen en een vleug cacao. Soepel en spannend. Feest voor geen geld.

CROUZET 'LES SARIETTES', € 4,99
COTEAUX DU LANGUEDOC SAINT SATURNIN 2007

Prima te drinken, maar stukken minder dan de 2006. Vriendelijk rood fruit, kruiden. 13%.

DOMAINE DE COMBE GRANDE, CORBIÈRES 2007 € 3,99

Sappig rood fruit, wat specerijen, piets cacao, lekkere hap tannine.

DOMAINE TRIANON, SAINT-CHINIAN 2007 € 4,99

Stuk minder subtiel en spannend dan eerdere jaren, wel vol sappig donker fruit met fiks wat cacao. 13%.

HUISWIJN ROOD SOEPEL & FRUITIG, € 3,49
CÔTES DU ROUSSILLON

Sappig donker fruit, kruiden. Heel ruim. Geen oogstjaar. 13%.

ROOD FRANKRIJK

HUISWIJN ROOD VOL & KRACHTIG, CORBIÈRES € 3,49

Vol donker sappig fruit en met dat karakteristieke boerenerfgeurtje van ouderwetse corbières. Ruim. Geen oogstjaar. 13%.

Rhône

CHAIS DU BÀTARD, CHÂTEAUNEUF DU PAPE 2006 € 12,39

Rijp donker fruit, specerijen, fiks wat alcohol. Ruikt verfijnder dan hij smaakt. Meer een stevige – en dure! – côtes du rhône dan de ware *pape*. 14%.

CHÂTEAU LA CROIX, CÔTES DU RHÔNE 2007 € 4,59

Donker rijp fruit, dure chocola, tannine om je tanden in te zetten. Heel ruim. 13,5%.

CROZES-HERMITAGE 'LES AFFÛTS' 2006 € 8,79

Sombere, wat verlopen crozes. Je ruikt en proeft wat noordrhônesyrah, maar ook wat maggi en barse tannine. 13%.

GRANDE RESERVE, CÔTES DU RHÔNE VILLAGES 2007 € 4,89

Soepeler dan de krachtige 2006, rood fruit in plaats van het stevige donkere fruit. Dit jaar zonder omfietsadvies, maar nog steeds een prima rhône. Heel ruim. 14%.

Vin de pays

CACHET, SOUTH OF FRANCE, € 4,69
VIN DE PAYS D'OC, CABERNET-SHIRAZ 2007

Donker fruit met wat raspende tannine die naargeestig nablijft. 12,5%.

CAVEAU, VIN DE PAYS D'OC € 2,49

Echte, ouderwets vaalfruitige wrange landwijn. Heel heel klein. Geen oogstjaar. 12,5%.

ROOD FRANKRIJK - SPANJE

CERCLE DE LA GRAPPE, VIN DE PAYS D'OC, € 3,09
CABERNET SAUVIGNON 2007

Sappig donker fruit. Fiks wat tannine. 13,5%.

CERCLE DE LA GRAPPE, VIN DE PAYS D'OC, MERLOT 2007 € 3,09

Vriendelijk fruitig. Piets droppig. 13,5%.

HUISWIJN ROOD, VIN DE PAYS DE L'AUDE (LITER) € 3,19

'Soepel en fruitig' van 'Diverse Mediterrane Druivensoorten'. Tsja. Soepel en fruitig inderdaad. Niks bijzonders, ook niks mis mee. Geen oogstjaar. 12%.

JEAN LOUIS CEVENNE, € 2,79
VIN DE PAYS D'OC, CABERNET-SYRAH 2007

Kaal, dropjesachtig. Krap. 13,5%.

ITALIË
SENSI, CHIANTI 2007 € 4,69

Zurig fruit. Drinken bij verpieterde pizza. 12,5%.

SERAROSSA, MERLOT DELLE VENEZIE € 3,49

Kaal en leeg dropjessap. Geen oogstjaar. 11,5%.

VILLA MONDI, BARDOLINO 2007 € 3,29

Aangebrand fruit, waterig. 12%.

SPANJE
BODEGAS OSBORNE, SOLAZ, VINO DE LA TIERRA € 4,99
DE CASTILLA, MERLOT TEMPRANILLO 2005

Hard, kaal, uitgedroogd. 14%.

ESTOLA, LA MANCHA, RESERVA 2004 € 4,39

De eeuwige reserva, al talloze jaren ieder oogstjaar hetzelfde: een kistje wat wee fruit. Ruim.

ROOD SPANJE - ZUID-AFRIKA

LA MANCHA, VINO DE MESA (LITER) € 3,89

Donker sappig fruit met wat kruidigheid. Ruig en simpel, maar dat mag ik wel. Geen oogstjaar. 13%.

PAGOS DE LABARCA, RIOJA JOVEN 2007 € 3,69

Schimmelig. 13%.

VIÑA VERMETA RESERVA, ALICANTE, € 3,59
TINTO MONASTRELL 2001

Knoestige reserva van onverschrokken monastrellfruit. Tanig, pezig, bruinverbrand, geurend naar buitenlucht, zomerzon en een goede sigaar. Van een zekere Salvador Poveda; zie ook diens Castillo de Monóvar 2001 bij Jumbo en Vomar Valle del Mañan 2003 en 2004 bij Plus. 13,5%.

ZUID-AFRIKA

BERG SCHADUW, RUBY CABERNET/CINSAUT 2007 € 3,99

Sappig rood fruit. Met een vleug remsporenbouquet, dat wel. 13%.

BLYDSKAP, WESTERN CAPE, CINSAUT/PINOTAGE 2007 € 4,75

Sappig rood fruit, specerijen, aards. 14%.

DRAKENKLOOF, ROOD 2007 € 4,69

Sappig rood fruit, aards. Simpel maar prima.

KAAPSE ROOS, ROOIWYN 2008 € 4,49

Vrolijk sappig rood fruit met een stoere aardse ondertoon. Heel ruim.

DE BESTE WIJNEN VAN SPAR

Wit

1 **Jean Rosen, gewurztraminer 2007** — € 8,39
   Frankrijk - Elzas

2 **El Descanso reserva,**
   valle de curicó, chardonnay 2007 — € 5,49
   Chili

3 **Bourgogne chardonnay 2007** — € 5,79
   Frankrijk - Bourgogne

4 **Fleur d'Or, monbazillac 2006 (halfliterflesje)** — € 5,99
   Frankrijk - Zuidwest

5 **Campañero, central valley, chardonnay 2008** — € 3,69
   Chili

Rosé

1 **Huiswijn rosé, vin de pays d'oc 2007 (liter)** — € 3,49
   Frankrijk

2 **Graffigna, san juan, shiraz rosé 2007** — € 4,19
   Argentinië

3 **Blydskap, western cape, pinotage rosé 2008** — € 4,75
   Zuid-Afrika

4 **Hardys Varietal Range,**
   south eastern australia, rosé 2007 — € 4,75
   Australië

Rood

1 **Château Rouvière, minervois 2007** — € 3,99
   Frankrijk - Languedoc-Roussillon

2 **Château la Pageze,**
   coteaux du languedoc la clape 2007 — € 4,99
   Frankrijk - Languedoc-Roussillon

3 **Bourgogne pinot noir vieilles vignes 2007** — € 5,99
   Frankrijk - Bourgogne

4 **Campañero, central valley,**
   cabernet sauvignon 2008 — € 3,59
   Chili

5 **Viña Vermeta reserva, alicante,**
   tinto monastrell 2001 — € 3,59
   Spanje

SUPER DE BOER

▷ Spreiding: landelijk
▷ Aantal filialen: 312
▷ Marktaandeel: 7,3%
▷ Voor meer informatie: 033 - 454 7777
of www.superdeboer.nl

Er zijn 156 wijnen geproefd, waarvan:
▷ Wit 59
▷ Rosé 25
▷ Rood 72

geen	26	16,7%
☻	2	1,3%
♀	45	28,8%
♀♀	49	31,4%
♀♀♀	30	19,2%
♀♀♀♀	2	1,3%
♀♀♀♀♀	2	1,3%
🚲	20	12,8%

Waardering in aantal wijnen en als percentage van het assortiment

WIT ARGENTINIË - AUSTRALIË

WIT

ARGENTINIË
SANTA JULIA, MENDOZA, CHARDONNAY 2008 € 3,99

Zachtfruitig, slank, pit. Ruim.

AUSTRALIË
ANGOVE'S, SOUTH EASTERN AUSTRALIA, € 4,49
CHALK HILL BLUE, SEMILLON CHARDONNAY 2008

Sappig zachtfruitig. Heel ruim. 13,5%.

HARDYS NOTTAGE HILL, € 6,99
SOUTH AUSTRALIA, CHARDONNAY 2007

Zachtfruitig met plastic bouquet. Anderhalf. 13,5%.

HARDYS STAMP OF AUSTRALIA, SOUTH EASTERN € 5,25
AUSTRALIA, RIESLING GEWURZTRAMINER 2007

Zuurballensop van een kouwe kermis. 11,5%.

HARDYS STAMP OF AUSTRALIA, SOUTH EASTERN € 5,25
AUSTRALIA, SEMILLON CHARDONNAY 2007

Zachtfruitig met kunstbloemenbouquet. 13%.

HARDYS STAMP OF AUSTRALIA, SOUTH EASTERN € 4,99
AUSTRALIA, SEMILLON SAUVIGNON BLANC 2007

Zachtfruitig met iets frissigs van de sauvignon. Niet bepaald een eenheid geworden, de twee druiven. 12,5%.

SUPER, AUSTRALIË, SOUTH EASTERN AUSTRALIA, € 3,99
LICHT DROOG 2008 (LITER)

Druiven sémillon en chardonnay, een klassieke Australische combi. Smaakt ook klassiek Australisch. Sappigfruitige chardonnay met de wat weerbarstige sémillon. Heel ruim.

WIT AUSTRALIË - DUITSLAND

YELLOW TAIL, € 5,99
SOUTH EASTERN AUSTRALIA, CHARDONNAY 2007

Rijp zoet snoepjesachtig, maar wel een bekvol. 13,5%.

CHILI

GATO NEGRO, CENTRAL VALLEY, € 4,19
SAUVIGNON BLANC 2008

Fris snoepjesfruit. 13%.

MISIONES DE RENGO, MAULE VALLEY, € 4,99
SAUVIGNON BLANC 2008

Frisfruitig met een vleug verlepte groente. Heel krapaan.
12,5%.

SANTA RITA 120, VALLE CENTRAL, CHARDONNAY 2007 € 5,99

Zachtfruitig. 14%.

SUPER, CHILI, CENTRAL VALLEY, € 3,99
FRIS EN FRUITIG 2008 (LITER)

Van sauvignon blanc. Werd elk jaar wat minder vies, was vorig jaar zelfs echt fris en fruitig, en is nu vriendelijk fris en sappig fruitig. Heel ruim.

SUPER, LANDENWIJN CHILI WIT 2008 € 3,99

Sappig zachtfruitig.

DUITSLAND

MARIEN KLOSTER, PFALZ, € 2,99
MÜLLER THURGAU 2007 (LITER)

Lichtzoetfruitig. 8,5%.

SUPER DE BOER, DUITSLAND, RHEINHESSEN, € 3,99
ZOET EN FRIS 2007 (LITER)

Zachtfruitig, lichtzoet. Anderhalf. 8,5%.

WIT FRANKRIJK

FRANKRIJK

MARQUIS DE SEILLAN, € 3,99
CUVÉE EXCELLENCE, SAINT-MONT 2007

Ananasfruitig, kruidig. 12,5%.

Bordeaux

CUVÉE VÉRONIQUE, BORDEAUX MOELLEUX 2007 € 2,99

Kaal met zoet. 11%.

CUVÉE VÉRONIQUE, BORDEAUX SEC 2007 € 2,99

Kaal met zuur. 11,5%.

GRAVES SUPÉRIEURES, VIN BLANC LIQUOREUX € 4,49

Gebotteld door CDL, handelaar te Landiras. Waarom ik dat erbij zet? Omdat er diverse graves supérieures zijn, die allemaal zonder verder onderscheid graves supérieures heten, maar van verschillende bronnen komen. Deze is uit een oud afvoerputje getapt. Geen oogstjaar. 12%.

SÉDUCTION, BORDEAUX, SEMILLON SAUVIGNON 2007 € 4,49

Dat zie je nou echt zelden: een gezellig frisfruitige witte bordeaux!

Bourgogne

CAVE VIRÉ, MÂCON 'LES ACACIAS' 2007 € 5,99

Op zeer bescheiden wijze zachtfruitig. Anderhalf 🍷. 13%.

LES HÉRITIERS DU MARQUIS DE BIEVILLE, CHABLIS 2006 € 9,99

Klinkt sjiek, blijkt een armzalig achterbuurtchablistje, deels vervaardigd van gerecyclede kartonnen dozen. Anderhalf 🍷. 12,5%.

SUPER DE BOER

WIT FRANKRIJK

Elzas

GEWURZTRAMINER 2007 € 5,99

Volgens de kleine lettertjes van de Vignerons van Kintzheim-Orschwiller. Zachtfruitig, beetje dun, niet helemaal schoon. Anderhalf. 12%.

PINOT BLANC 2007 € 4,49

Nogmaals van de Bende van Kintzheim-Orschwiller. Zachtfruitig, niet helemaal fris. Netaan. 12%.

PINOT GRIS 2007 € 5,99

Van dezelfde ongewassen club wijnboeren. Voller zachtfruitig. 13%.

Languedoc-Roussillon

MUSCAT DE SAINT JEAN DE MINERVOIS € 5,99
(HALFLITERFLESJE)

Zoete muskaatwijn. Tsja, dat moet ook bestaan, al weet niemand waarom. 15%.

Loire

MUSCADET 2007 € 3,19

Van de grote wijnfabriek Ackerman/Rémy-Pannier. Lijkt even de kwaadste niet, maar blijkt in de afdronk geniepige zuren te hebben. 11,5%.

Vin de pays

DOMAINE DU VIEUX MOULIN, € 4,49
VIN DE PAYS D'OC, CHARDONNAY 2007

Vriendelijke zachtfruitige chardonnay zonder poespas. Niet biologisch, wel die richting uit. 13%.

GRAND SUD, VIN DE PAYS D'OC, € 3,99
CHARDONNAY 2007 (LITER)

Snoepjesfruit. Heel klein. 13%.

WIT FRANKRIJK - ITALIË

HUISWIJN WIT DROOG (LITER) € 3,19

Vin de pays du gers, Zuidwest-Frankrijk is dat, van de druiven colombard, ugni blanc en listan. Listan? Een Frans en Spaans synoniem van palomino, u weet wel, van de sherry. Als immer fris en vrolijk en vol sappig fruit, beetje kruidig, feestelijke zuren. Mede door de lage prijs het omfietsen waard. Ruim. 11,5%.

HUISWIJN WIT ZOET (LITER) € 3,19

Heel simpel, maar heel simpel zachtfruitig zoet zonder narigheid, daar moeten lieden die anders schimmelig en zwavelig zuurballenzoet zuipen, maar eens voor omfietsen. Door natte sneeuw en door modderige goten, natgespat door vuige Yquemdrinkende kapitalisten in auto's, dat zal ze leren. En tot een beter mens maken.

LES PETITS SOMMELIERS, € 3,49
VIN DE PAYS D'OC, CHARDONNAY

Bescheiden wat zacht fruit. Geen oogstjaar. 13%.

LES PETITS SOMMELIERS, € 3,49
VIN DE PAYS D'OC, SAUVIGNON BLANC

Simpele, maar frisfruitige sauvignon. Geen oogstjaar. 12,5%.

ITALIË
CANALETTO, PINOT GRIGIO DELLE VENEZIE 2007 € 5,49

Wat kansarm zacht fruit. 12%.

CANTINE MASCHIO, PROSECCO DEL VENETO € 4,49

Frisfruitig. Anderhalf. Geen oogstjaar. 11%.

CAROSSELO, VERDICCHIO DEI CASTELLI DI JESI 2007 € 3,99

Zachtfruitig, beetje kruidig, vaag zoetje. Anderhalf. 12,5%.

WIT ITALIË - SPANJE

MARTINI, PROSECCO € 6,99

Met kroonkurk! Alsof je een pijpje pils opentrekt. Geef mij dat pilsje dan maar. Schuimt beter, smaakt beter. Vaagfruitig, dit. 10,5%.

PARTHENIUM, SICILIA, INZOLIA-CHARDONNAY 2007 € 4,49

Zachtfruitig, lichtkruidig met een vleugje citrus. Heel ruim. 12,5%.

VILLA MARIA, SOAVE 2007 € 3,89

Snoepjesfruitig. Dat is een positieve ontwikkeling in dit geval. Half. 11,5%.

NIEUW-ZEELAND

ROBINSONS, EAST COAST, SAUVIGNON BLANC 2007 € 6,99

Sappige sauvignon, niet zo overdreven kiwi-achtig, maar ingetogen en elegant. 12,5%.

SPANJE

CASTILLO DE LIRIA, VALENCIA, € 2,99
VIURA & SAUVIGNON BLANC 2007

Vaagfruitig, dun – een grote stap voorwaarts in dit geval. Half. 11,5%.

CODORNÍU, CAVA SECO € 9,29

Fris, maar niet heel fruitig, met een dropjesachtig zoetje. 11,5%.

CODORNÍU, CAVA SEMI SECO € 9,29

Vervaardigd van griotjes. 11,5%.

FREIXENET, CORDON NEGRO SECO CAVA € 8,99

Hard en kaal, droppig zoetje. Schuimt. 11,5%.

WIT SPANJE - ZUID-AFRIKA

SEÑORIO DE SOLANO, VALENCIA, € 3,59
VINO BLANCO DULCE DE MOSCATEL

Omfietswijn, omdat het in de categorie 'simpel zoet' onvergelijkbaar veel beter is dan de concurrentie, namelijk drinkbaar, en zelfs ruimschoots voorzien van rijp en zoet muskaatfruit. Geen oogstjaar. 12%.

VERENIGDE STATEN
EAGLEWOOD FALLS, CALIFORNIA DRY WHITE 2006 € 2,79

Een jaar geleden nog in de categorie 'in extreme noodsituaties drinkbaar, zij het met mate', nu is ook het laatste restje snoepjesfruit verdwenen en rest slechts citroensap. 12%.

SUNSET CREEK, CALIFORNIA, CHARDONNAY 2007 € 3,99
Snoepjesfruit. 12,5%.

ZUID-AFRIKA
BLYDSKAP, WESTERN CAPE, DROË STEEN 2008 € 4,35
Ieder jaar wat minder snoepjes tussen het fruit. Anderhalf. 12%.

DURBANVILLE HILLS, DURBANVILLE, € 6,49
CHARDONNAY 2007
Sjiek smakende chardonnay met pit en karakter. 13%. Beperkt verkrijgbaar.

DURBANVILLE HILLS, DURBANVILLE, € 6,49
SAUVIGNON BLANC 2006
Sappige sauvignon in Nieuw-Zeelandstijl. Geen last van ouderdomsverschijnselen. 13%. Beperkt verkrijgbaar.

FLAT ROOF MANOR, STELLENBOSCH, € 6,99
PINOT GRIGIO 2007
Zachtfruitig, beetje kruidig, slank. Heel ruim. 12,5%. Beperkt verkrijgbaar.

WIT ZUID-AFRIKA

FLAT ROOF MANOR, STELLENBOSCH, SÉMILLON 2006　　€ 6,99　🍷🍷🍷

Sémillon in vorm smaakt als een wat afstandelijke chardonnay. Ietwat geremd door een ouderwetse opvoeding, maar komt na een paar glazen gezellig los en blijkt een sjieke bekvol rijp fruit. Ruim 🍷🍷🍷. 13,5%. Beperkt verkrijgbaar.

FRANSCHHOEK CELLAR, COASTEL REGION,　　€ 7,99　🍷🍷
CHARDONNAY RESERVE 2007

Niet bepaald subtiel, fiks wat alcohol, maar wel een bekvol fruit. Ruim 🍷🍷. 14%.

PENQUIN POINT, WESTERN CAPE, CHARDONNAY 2008　　€ 3,69　🍷

Snoepjesfruit.

SILVER SANDS RED, ROBERTSON,　　€ 4,99　🍷🍷
SAUVIGNON BLANC 2008

Weinig sauvignon, maar veel zacht en sappig fruit. Heel ruim 🍷🍷. 12,5%.

SUPER, ZUID-AFRIKA WES KAAP,　　€ 3,99　🍷
FRIS EN DROOG 2006 (LITER)

Van druiven chenin blanc en colombard. Zacht snoepjesfruit. Anderhalf 🍷.

TWO OCEANS, WESTERN CAPE,　　€ 4,49　🍷
CHENIN BLANC SAUVIGNON BLANC 2008

Perensnoepjesfruit. 11,5%.

VEELPLESIER, PRIVATE SELECTION,　　€ 5,99
WESTERN CAPE, CHARDONNAY 2008

Synthetisch fruit en een dot alcohol. 13%.

VREUGH'VOL, CHARDONNAY 2007　　€ 4,99　🍷

Zacht (snoepjes)fruit. Anderhalf 🍷. 13,5%.

ROSÉ

ARGENTINIË
SANTA JULIA, MENDOZA, SYRAH ROSÉ 2008 € 3,99

Vol fris en stevig rood fruit. Heel ruim. 13,5%.

AUSTRALIË
HARDYS STAMP OF AUSTRALIA, € 5,29
SOUTH EASTERN AUSTRALIA, GRENACHE SHIRAZ ROSÉ 2007

Zoetig snoepjesfruit. 12%.

CHILI
MISIONES DE RENGO, RAPEL VALLEY, € 4,99
ROSÉ CABERNET SAUVIGNON 2008

Lezer Jan Vollaard schreef, en ik mocht hem met naam en toenaam citeren: 'Het allergaafste aan die asociaal lekkere Misiones de Rengo van Super de Boer, ook al ben ik niet per definitie een roséliefhebber, is dat het stiekem een beetje ruikt naar de okselgeur van een ontzettend lekker meisje'. Tsja, mijnheer Vollaard, wat moeten we daar nu op zeggen? Niet veel, ben ik bang. Wij van de wijnschrijverij leiden noodgedwongen een hoogstaand en deugdzaam leven waarin tijd noch gelegenheid overschiet voor zulke frivoliteiten, gesteld al dat we het ooit zouden durven, een meisje aanspreken, laat staan te opperen dat we eventueel na nadere kennismaking misschien ooit eens aan haar zouden mogen ruiken. Wij snuffelen in onze zompige kelder slechts aan flessen. Al moeten we toegeven, onze gedachten gingen meermalen ongekende kanten uit nadat we onze neus in deze ook dit jaar weer wulpsfruitige rosé hadden gestoken, en slechts met de grootste moeite sliepen wij daarna keurig met onze handjes boven de dekens... 13,5%.

ROSÉ CHILI - FRANKRIJK

SANTA RITA 120, VALLE DEL MAIPO, € 5,99 ♟
CABERNET SAUVIGNON ROSÉ 2007

Stevig (snoepjes)fruit, weinig charme. Anderhalf ♟. 13,5%.

FRANKRIJK

ACKERMAN, ROSÉ D'ANJOU 2007 € 3,69

Jammer, geen echt vieze. Zoet snoepjesfruit. 10,5%.

CLUB DES SOMMELIERS, CABERNET D'ANJOU 2007 € 3,99

Net nog wat slechter voor het gebit. 11%.

CLUB DES SOMMELIERS, CÔTES DE PROVENCE 2007 € 3,99 ♟

Fruitig, kruidig, nogal hard. 12,5%.

DOMAINE DU VIEUX MOULIN, € 4,49 ♟♟♟
VIN DE PAYS D'OC, GRENACHE 2007

(ONHETSWIJN) Gewoon een lekker roseetje, dat is toch niet zo bijzonder? Toch wel. Rosé zat, maar eentje die echt van alle kanten klopt, dat proef je zelden. Sappig rood fruit zonder nare snoepjessmaken, lekker droog, maar niet zuur, vriendelijk, maar niet soepel of gladjes... Gewoon goede rosé is zo zeldzaam dat ik er onverwijld voor omfiets. 13%.

GRAND SUD, VIN DE PAYS D'OC, € 4,29
GRENACHE LIEBLICH 2007 (LITER)

Enigszins behept met tenenkaas, maar verder zoet snoepjesfruitig.

GRAND SUD, VIN DE PAYS D'OC, € 3,99 ♟
MERLOT ROSÉ 2007 (LITER)

Onbestemde dunne droppige roze merlot. Netaan ♟. 12%.

LES PETITS SOMMELIERS, VIN DE PAYS D'OC, SYRAH € 3,49 ♟

Snoepjesfruit. Heel, heel klein ♟. Geen oogstjaar. 12,5%.

ROSÉ FRANKRIJK - VERENIGDE STATEN

SUPER DE BOER, HUISWIJN ROSÉ, HALFZOET (LITER) € 3,19

Fruitig zoet. Anderhalf. 11%.

SUPER DE BOER, HUISWIJN ROSÉ, LICHT DROOG (LITER) € 3,19

Simpel, maar sappig fruitig. 12%.

ITALIË
PARTHENIUM, SICILIA ROSATO 2007 € 4,49

Stevig rood fruit, beetje kruidig. 12,5%.

VILLA MARIA, BARDOLINO CHIARETTO 2007 € 3,89

Forse verbeteringen hier! Bijna fruitig! Half. 11,5%.

SPANJE
CASTILLO DE LIRIA, VALENCIA, BOBAL ROSÉ 2007 € 2,99

Sappig rood fruit. 12%.

CODORNÍU, CAVA ROSADO € 9,29

Zuurtjesschuimwijn. 11,5%.

SUPER DE BOER, € 3,99
SPANJE DROOG EN FRUITIG, VALENCIA 2007 (LITER)

Van druif bobal. Vriendelijk en zacht, vol rood fruit met een mespunt specerijen. 12%.

VINOS ROSARIO, BULLAS, MONASTRELL ROSÉ 2007 € 3,59

Vol stevig rood fruit. 13,5%.

VERENIGDE STATEN
SUNSET CREEK, CALIFORNIA, ZINFANDEL ROSÉ 2007 € 3,99

Riekt naar schimmelende aardbeienjam. Niet van de fijnste kwaliteit. 10,5%.

ROSÉ ZUID-AFRIKA

ZUID-AFRIKA

BLYDSKAP, WESTERN CAPE, PINOTAGE ROSÉ 2008 € 4,75 🍷
(Snoepjes)fruit. Anderhalf 🍷. 13,5%.

CAPE REALITY, ROBERTSON, PINOTAGE ROSÉ 2007 € 5,29 🍷
(Snoepjes)fruit. Anderhalf 🍷. 12%.

PENQUIN POINT, WESTERN CAPE, ROSÉ 2008 € 3,69 🍷
Stevig fruit. Anderhalf 🍷.

SUPER, ZUID-AFRIKA WES KAAP, € 3,99 🍷🍷
FRIS EN FRUITIG 2008 (LITER)
Stevig en sappig fruitig. Heel ruim 🍷🍷. 13,5%.

TWO OCEANS, WESTERN CAPE, SHIRAZ ROSÉ 2008 € 4,49 🍷
Zacht (snoepjes)fruit. Anderhalf 🍷. 11,5%.

ROOD

ARGENTINIË

SANTA JULIA ORGANICO, TEMPRANILLO 2007 € 5,49

Heel zacht en rijp en sappig kersenfruit. 13%.

SANTA JULIA, BONARDA 2007 € 3,99

Van de familie Zuccardi, die ook de Fuzion van Jumbo maakt en de Vida orgánico die te koop is bij de Natuurwinkel. Prima wijnen, met grappige druivencombinaties – de Fuzion met tempranillo en malbec – en minder courante druivensoorten zoals hier de bonarda. De bonarda, of beter gezegd de bonarda's, want er zijn drie verschillende – waarvan twee maar zozo zijn, en de derde, de bonarda piemontese, als de ware wordt beschouwd – komen oorspronkelijk uit Noord-Italië. Leuk, hè? Nog leuker is dat deze Argentijnse bonarda volgens sommigen helemaal geen bonarda is, maar een druif die in Californië charbono heet. Jaja, het is me wat, de druivenkunde. Wel is het zo dat de charbono waarschijnlijk eigenlijk de dolcetto is. En dolcetto kennen we van? Precies, heel goed, Piemonte. Toch een Noord-Italaanse achtergrond dus voor deze bonarda. Wat afstandelijker dan de vrolijke 2006, een beetje bordeauxig. Wel weer rood fruit, specerijen, slank, helder. 13%.

SANTA JULIA, MALBEC 2007 € 3,99

Deze is daarentegen altijd nogal saai. Beetje droppig ook, dit jaar. Keurig fruit, daar niet van, maar qua karakter een burgermansbordeauxtje. 13,5%.

VIÑA PIEDRA ALTA, MENDOZA, € 3,99
MALBEC-TEMPRANILLO 2007

Sappig rood fruit. 13,5%.

ROOD AUSTRALIË

AUSTRALIË

ANGOVE'S, SOUTH EASTERN AUSTRALIA, € 4,49
CHALK HILL BLUE, SHIRAZ CABERNET 2008

Sappig bessenfruit met pit. 13%.

COUNTRY CREEK, SHIRAZ, € 2,99
CABERNET SAUVIGNON, PETIT VERDOT

Stoere maar goedgemanierde bekvol wijn, met lekker fruit, een vleug specerijen, petit-verdottannines. Geen geld. Heeft effe wat lucht nodig, dus decanteer 'm in kristallen karaf of een emmer. Heel ruim. Geen oogstjaar op het etiket, maar volgens het tankmonster – AAAAARGH!!!! Het tankmonster! – sorry, kon ik weer niet laten – 2008.

HARDYS NOTTAGE HILL, CABERNET SHIRAZ 2006 € 6,99

Sappig donker fruit. 14%.

HARDYS STAMP OF AUSTRALIA, € 5,29
SOUTH EASTERN AUSTRALIA, CABERNET MERLOT 2007

Reuzesaai, maar vol rijp donker fruit. 13,5%.

HARDYS STAMP OF AUSTRALIA, SOUTH EASTERN € 5,29
AUSTRALIA, SHIRAZ CABERNET SAUVIGNON 2007

Zacht donker fruit en drop. 14%.

SUPER DE BOER, LANDENWIJN AUSTRALIË ROOD (LITER) € 3,99

En nogmaals stoer fruitig rood voor geen geld! Geen oogstjaar.

YELLOW TAIL, SOUTH EASTERN AUSTRALIA, SHIRAZ 2006 € 5,99

Heel commercieel, maar wel geslaagd zacht zoet rijp donker fruit. Niet heel genuanceerd. Heel ruim. 14%.

ROOD CHILI

CHILI

CACHAI, CENTRAL VALLEY, CABERNET SAUVIGNON 2007 € 2,59

Dropjes, uh, wijn. 14%.

GATO NEGRO, CABERNET SAUVIGNON 2007 € 4,25

Vriendelijk, zachtfruitig. Weinig pit, vergeleken met de 2006. 13,5%.

GATO NEGRO, CENTRAL VALLEY, MERLOT 2007 € 4,25

Soepel zachtfruitig. 13,5%.

MISIONES DE RENGO, CENTRAL VALLEY, CABERNET SAUVIGNON 2007 € 4,99

Veel 2007 is net wat minder dan 2006, hier krijgt de '07 er een bij. Nog lekkerder. Viriele, charmante, zwoele James-Bondcabernet die meer meisjesoksels heeft geroken dan wie ook. 14,5%.

MISIONES DE RENGO, CENTRAL VALLEY, CARMENÈRE 2007 € 4,99

Goede carmenère ruikt als een kampvuur. Niet het kampvuur waar je als welp omheen zat, rillerig en vol heimwee, je afvragend waarom je in vredesnaam hier was en in zo'n stomme stinktent moest slapen en overdag militaire oefeningen op kleuterformaat moest uitvoeren in kriebelkousen en met een lijp petje dat slechts Conan Doyle ooit heeft kunnen dragen zonder uitgelachen te worden, maar zo'n romantisch kampvuur uit films waar ze elkaar na een technicolorzonsondergang en veel geleuter gaan kussen ondanks de enge geluiden uit de bosjes. 'De wijn was beter.' 14,5%.

SANTA RITA 120, VALLE DEL RAPEL, MERLOT 2007 € 5,99

Sappig fruit, deftige tannines. Heel ruim. 14%. (grotere winkels)

ROOD CHILI - FRANKRIJK

SUPER, CHILI, CENTRAL VALLEY, € 3,99 🍷🍷
VOL EN SOEPEL 2007 (LITER)

Wat slanker dan de 2006, wel meer rood fruit. Eindigt helaas pietsie zuur. 14%.

FRANKRIJK
MARQUIS DE SEILLAN, CÔTES DE SAINT-MONT 2006 € 3,99 🍷

Dorre wijn uit een gefrustreerde appellation van een markies die denkt dat hij de impresario is van de Zangeres zonder Naam. 13%.

SUPER, HUISWIJN ROOD ROND EN SOEPEL (LITER) € 3,19 🍷🍷

Vin de table de France. Plezant fruitig, en behalve rond en soepel ook wat pit en diepgang. Jawel. Mede door de prijs 🚲. Ruim 🍷🍷.

Bordeaux
B, SÉDUCTION, BORDEAUX, € 4,49
MERLOT CABERNET-SAUVIGNON 2007

Dun, zuur. De *poormans*boetedoening van die hieronder.

B, SÉDUCTION, HAUT-MÉDOC, € 5,99
MERLOT CABERNET-SAUVIGNON 2007

Verleiding? Hooguit voor masochisten. Goed, niet de *hardcore*variant die graag in een ton met spijkers erin geslagen van bergen afrolt of *Alte Weintradition* drinkt gezeten op een met skai beklede barkruk terwijl op de aan het plafond hangende tv de video met de *Toppop*aflevering met Gary Glitter speelt, maar toch wel wijn zo somber en wrang als een regenachtige zondagmiddag met bezoek van diverse goedwillende lieden die het beste met je voor hebben, wat om onbegrijpelijke reden schijnt in te houden dat je nooit meer kroketten en ballen gehakt mag eten. 12,5%.

ROOD FRANKRIJK

CHÂTEAU JULIE, BORDEAUX 2007 € 5,29

Strenge bordeaux. Ruikt aardig, eindigt in somberende tannines. 13%.

CHÂTEAU JULIE, BORDEAUX SUPÉRIEUR 2006 € 6,99

Correct, maar streng en ongezellig en gebukt gaande onder de ernst des levens. 13%.

CLUB DES SOMMELIERS, CÔTES DE BOURG 2007 € 4,99

Riekt en smaakt alsof de club van sommeliers er de afwas in heeft gedaan. 12%.

CUVÉE VÉRONIQUE ROUGE, BORDEAUX 2007 € 2,99

De 2006 had zowaar wat fruit op het uitgeteerde skelet, bij deze 2007 zijn de botjes zelfs bekleed met rijp fruit! 12%.

Languedoc-Roussillon

CHÂTEAU DE LUC, CUVÉE CÉCILE, CORBIÈRES 2007 € 4,49

Vriendelijk fruitig, mist helaas het landelijk corbièresstankje. 13%.

CHÂTEAU MIRE L'ÉTANG, € 4,29
COTEAUX DU LANGUEDOC LA CLAPE 2007

Met marketingbewust groot de druivensoorten op het etiket: syrah-grenache. Verder gelukkig niks moderns te bespeuren: donker fruit, kreupelhout, de geheimzinnige geur van nachtelijke wouden, waar zo te ruiken opvallend veel rijp donker fruit aan de struiken hangt en ook verder veel leuks te beleven valt. 13,5%.

CONTRASTES, SAINT-CHINIAN 2006 € 4,99

Grote Sprong Voorwaarts na de 2005. Vrolijk, zonnig, zomers. Sappig rood fruit, kruiden, gebronsde tannines. Heel ruim. 13%.

ROOD FRANKRIJK

LA REDONNIÈRE, COTEAUX DU LANGUEDOC 2007　　€ 1,69

Van de firma *Le Vin Noble*. Ernstig aan lager wal geraakte adel, zo te proeven. Zuid-Frans 'fruitig, kruidig' komt hier neer op vaal fruit en een verdord takje tijm in een Oisterwijkshoutenkruidenrekje, terwijl Wim Sonneveld zingt over het dorp waar hij geboren werd (zoek op www.youtube.com op 'Sonneveld' en 'dorp'), wat onvergelijkbaar mooier is. 12,5%.

MAS CARANOVE,　　€ 4,99　🍷🍷🍷
COTEAUX DU LANGUEDOC MONTPEYROUX 2006

Deze daarentegen is oprecht fruitig en kruidig. Sappig rood fruit, Provençaalse kruiden onder een strakblauwe hemel, tanige tannines. 13%.

Rhône

CLUB DES SOMMELIERS, CÔTES DU RHÔNE 2007　　€ 3,99　🍷

Riekt kaal en naar de vaat. Wel wat fruit. 14%.

CLUB DES SOMMELIERS,　　€ 4,99　🍷🍷
CÔTES DU RHÔNE VILLAGES 2007

Somber fruit met kruidige geuren. Anderhalf 🍷. 14,5%.

Vin de pays

DOMAINE DU VIEUX MOULIN,　　€ 4,49　🍷🍷🍷
VIN DE PAYS D'OC, MERLOT 2007

Prima merlot vol sappig fruit en duur leer. 13%.

GRAND SUD, VIN DE PAYS D'OC, MERLOT 2007 (LITER)　　€ 3,99　🍷

Onbestemde dunne droppige merlot. Netaan 🍷. 13,5%.

LES PETITS SOMMELIERS,　　€ 3,49　🍷
VIN DE PAYS D'OC, CABERNET SAUVIGNON

Riekt boos, smaakt iets vriendelijker. Wat donker fruit. Anderhalf 🍷. Geen oogstjaar. 12,5%.

ROOD FRANKRIJK - ITALIË

LES PETITS SOMMELIERS, VIN DE PAYS D'OC, MERLOT € 3,49

Zachter en fruitiger van smaak dan je op grond van de kale neus zou denken. Anderhalf 🍷. Geen oogstjaar. 13%.

LOUIS BOURDIOL, € 1,99
VIN DE PAYS DES BOUCHES DU RHÔNE 2007

Twee proefflessen: één met een kurk, de ander met een kunststof 'kurk'. Die met kurk rook kaal en troosteloos, smaakte nog wel een beetje fruitig en kruidig. De ander rook iets fruitiger, was ietsje sappiger. Respectievelijk een heel, heel klein 🍷 en een klein 🍷. 12,5%.

ITALIË

ALMORANO, MONTEPULCIANO D'ABRUZZO 2007 € 3,69

Rijp donker fruit, cacao, stevige tannine. Heel ruim 🍷🍷. 13%.

CANALETTO, MONTEPULCIANO D'ABRUZZO 2006 € 5,49

Stevig donker fruit. Categorie stoerdere pizzeriahuiswijn. Anderhalf 🍷. 13,5%.

CANALETTO, PRIMITIVO PUGLIA 2006 € 5,49

Vol rijp donker fruit. Beetje droppig. Netaan 🍷🍷.

PARTHENIUM, SICILIA, NERO D'AVOLA 2006 € 4,49

Rijp donker fruit, maar wel een beetje dun. 13%.

SUPER DE BOER, ITALIË ZACHT EN FRUITIG, € 3,99
SALENTO 2007 (LITER)

🚲 Net als de 2006 vol donker pittig kersenfruit en geheimzinnige duistere verleidelijke geurtjes, en dit jaar wel net dat beetje extra voor 🚲. 13%.

VILLA MARIA, BARDOLINO 2007 € 3,89

Vleug ouwe dweilen in het bouquet, verder wat armzalig fruit. 11,5%.

ROOD ITALIË - SPANJE

VILLA MARIA, VALPOLICELLA 2007 € 3,89

Net zoiets, maar dan ongewassen sokken in plaats van dweilen. 11,5%.

MAROKKO
BONASSIA, BENI M'TIR, MERLOT 2007 € 4,49 ☆

Wat is hier gebeurd? Geurde in vorige jaren als *all the perfumes of Arabia* en is nu bijna zo vruchteloos als Lady Macbeth. Donker fruit, beetje kaal en hard. Anderhalf ☆. 13%.

SPANJE
CASTILLO DE LIRIA, VALENCIA, BOBAL & SHIRAZ 2007 € 2,99 ☆

Rijp donker fruit, eindigt wat zuur. 12,5%.

MARQUÉS DE BALLESTAR, CARIÑENA TINTO 2007 € 3,99 ☆☆☆

🚲 Niet zo geestverruimend lekker als de 2006, wel weer vol vrolijk fruit met lekker wat tannine voor de beet, en, zeker gezien de prijs, lekker genoeg om voor om te fietsen. Koelen is een goed idee. Ruim ☆☆☆. 13%.

SUPER, SPANJE LA MANCHA, € 3,99 ☆☆
VOL EN KRACHTIG 2007 (LITER)

Vol vriendelijk rood fruit, beetje chocola, lekkere tannine. Niet spannend genoeg voor 🚲, wel heel plezant. Heel ruim ☆☆. 13%.

TORRE ALDEA, RIOJA CRIANZA 2005 € 3,99 ☆☆☆

🚲 Vijfenzeventig procent tempranillo, verder garnacha. Wat hout voor wie met heimwee terugdenkt aan de rioja van ooit, en veel rijp fruit met dure pure chocola voor andere liefhebbers. Ondanks het forse alcoholpercentage en fiks wat rijpe tannine helder en opgewekt van smaak. Heel ruim ☆☆☆. 14%.

ROOD SPANJE - ZUID-AFRIKA

TORRE ALDEA, RIOJA TINTO 2007 € 3,69

Barstensvol uitgelaten rijp rood fruit (druif tempranillo), beetje specerijen, klein hapje tannine voor pit en beet... Heerlijk. Koelen. Heel ruim. 13,5%.

VIÑA VERMETA RESERVA, ALICANTE, € 3,59
TINTO MONASTRELL 2001

Knoestige reserva van onverschrokken monastrellfruit. Tanig, pezig, bruinverbrand, geurend naar buitenlucht, zomerzon en een goede sigaar. Van een zekere Salvador Poveda; zie ook diens Castillo de Monóvar 2001 bij Jumbo en Vomar Valle del Mañan 2003 en 2004 bij Plus. 13,5%.

VINOS ROSARIO, BULLAS, MONASTRELL 2007 € 3,59

Sappig kersenfruit, dure chocola, sigaar, mokkel op je schoot – sorry. Een simpel maar groot plezier. 13,5%.

VERENIGDE STATEN

EAGLEWOOD FALLS, CALIFORNIA DRY RED 2006 € 2,79

Winegumwijn. 13%.

SUNSET CREEK, CALIFORNIA, € 3,99
CABERNET SAUVIGNON 2007

Fruitellawijn. 13,5%.

ZUID-AFRIKA

BLYDSKAP, WESTERN CAPE, CINSAUT/PINOTAGE 2007 € 4,75

Sappig rood fruit, specerijen, aards. 14%.

CAPE REALITY, PAARL, MERLOT 2007 € 5,29

Echte leermerlot met een vleugje Zuid-Afrika, lekkere tannine. 14,5%.

ROOD ZUID-AFRIKA

DURBANVILLE HILLS, DURBANVILLE, € 6,49
CABERNET SAUVIGNON 2006

Lekker rijp cassisfruit, dat aardse Zuid-Afrikageurtje, beleefde tannines, slank. Zuid-Afrikaanse médoc met ouderwetse charme. 14%. Beperkt verkrijgbaar.

DURBANVILLE HILLS, DURBANVILLE, MERLOT 2003 € 6,49

Niet de jongste, maar houdt zich kranig en smaakt nog vief en fruitig. Donkere geuren, aards, leer, en helder en sappig van smaak. Karaktervol. 13,5%. Beperkt verkrijgbaar.

DURBANVILLE HILLS, DURBANVILLE, PINOTAGE 2006 € 6,49

Heel aards, zoals pinotage dat kan zijn, maar met veel rood fruit erbij is dat heel lekker. 14%. Beperkt verkrijgbaar.

DURBANVILLE HILLS, DURBANVILLE, SHIRAZ 2005 € 6,49

Grappig, al die verschillende oogstjaren en verschillende druiven. Een zeer geslaagd rijtje klassiekers, waarvan deze de stevigste is, met z'n peperige shirazsmaak. 14%. Beperkt verkrijgbaar.

FLAT ROOF MANOR, STELLENBOSCH, € 6,99
CABERNET SAUVIGNON/SANGIOVESE 2006

De wereld gaat naar de gallemieze, maar gelukkig zijn er ook lichtpuntjes op dit ondermaanse, zoals daar is het verheugende feit dat Zuid-Afrikaanse wijn niet alleen steeds beter wordt, maar er nu ook grappige etiketten zijn gesignaleerd. En waar een koddig etiket is, is de kans aanwezig dat de inhoud ook opgewekt en lichtvoetig is. En jawel. Vrolijk rood bessenfruit van de cabernet, dat grappig weerbarstig kruidige van druif sangiovese – u weet wel, van chianti. Door de prijs geen 🚲, maar speelt geld geen rol of is-ie eens gezellig in de aanbieding, laad de fietstassen vol. Lekker anders. Leuke vondst, Super de Boer! 13,5%. Beperkt verkrijgbaar.

ROOD ZUID-AFRIKA

FLAT ROOF MANOR, STELLENBOSCH, MERLOT 2007 € 6,99

Ruikt ruig – motorjek-leer, aards – en komt daarna aanzetten met veel rijp fruit. 13%. Beperkt verkrijgbaar.

FLAT ROOF MANOR, STELLENBOSCH, € 6,99
SHIRAZ/MOURVÈDRE 2006

Stoer en ruig. Kruiden, specerijen, peper, en, zo kenmerkend voor goede mourvèdre, de geur van een dure sigaar. 13,5%. Beperkt verkrijgbaar.

FRANSCHHOEK CELLAR, € 7,99
COASTEL REGION, SHIRAZ RESERVE 2006

Stoere maar niet al te slimme shiraz. Dommekracht, dat was het woord dat ik zocht. 14,5%.

GROOTFONTEIN, CINSAUT/PINOTAGE 2007 € 1,99

Gemoedelijk sappig rood fruit. Mede door de weggeefprijs 🚲. 13%.

PENQUIN POINT, WESTERN CAPE, SHIRAZ 2007 € 3,69

Vol sappig fruit. Heel ruim. 14,5%.

SILVER SANDS RED, ROBERTSON, € 4,99
CABERNET SAUVIGNON 2007

Sappig, slank. Mist wat pit. Heel ruim. 13,5%.

SUPER, ZUID-AFRIKA WES KAAP, € 3,99
ROND EN SOEPEL 2007 (LITER)

Van cinsaut en pinotage. Donker fruit in de 2006, rood fruit in deze 2007. Beetje aards, gelukkig niet té soepel. Heel ruim. 13%.

TWO OCEANS, WESTERN CAPE, € 4,49
CABERNET SAUVIGNON MERLOT 2007

Sappige Zuid-Afrikaanse bordeaux. Ruim. 13,5%.

ROOD ZUID-AFRIKA

VINEZ, CABERNET SAUVIGNON SHIRAZ 2006 € 5,29 🍷🍷🍷

Max Havelaar/Fairtrade, biologisch. Al de derde keer deze 2006 in de gids en hij houdt zich goed. Wel elk jaar wat minder vrolijk en uitbundig. Schort niks aan, maar de pit is eruit. Niet meer heel ruim 🍷🍷🍷 en niet meer het omfietsen waard. Rijp donker fruit, aards. 13%.

VREUGH'VOL, CABERNET SAUVIGNON 2007 € 4,99 🍷🍷

Vroeger een echte degelijke kaplaarzen-en-remsporen Zuid-Afrikaan, vorig jaar werd de 2005 al wat ontsierd door cabernetfruit, en kijk nu eens? Sappig donker fruit met stoere tannine. 14,5%.

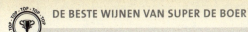
DE BESTE WIJNEN VAN SUPER DE BOER

Wit

1. **Señorio de Solano, valencia,** € 3,59
   vino blanco dulce de moscatel
   Spanje

2. **Domaine du Vieux Moulin,** € 4,49
   vin de pays d'oc, chardonnay 2007
   Frankrijk - Vin de pays

3. **Muscat de Saint Jean de minervois (halfliterflesje)** € 5,99
   Frankrijk - Languedoc-Roussillon

4. **Durbanville Hills, durbanville, chardonnay 2007** € 6,49
   Zuid-Afrika

5. **Durbanville Hills, durbanville,** € 6,49
   sauvignon blanc 2006
   Zuid-Afrika

Rosé

1. **Domaine du Vieux Moulin,** € 4,49
   vin de pays d'oc, grenache 2007
   Frankrijk

2. **Misiones de Rengo, rapel valley, rosé** € 4,99
   cabernet sauvignon 2008
   Chili

3. **Castillo de Liria, valencia, bobal rosé 2007** € 2,99
   Spanje

4. **Super de Boer, huiswijn rosé, licht droog (liter)** € 3,19
   Frankrijk

5. **Vinos Rosario, bullas, monastrell rosé 2007** € 3,59
   Spanje

Rood

1. **Misiones de Rengo, central valley, cab. sauv. 2007** € 4,99
   Chili

2. **Misiones de Rengo, central valley, carmenère 2007** € 4,99
   Chili

3. **Viña Vermeta reserva, alicante, tinto monastrell 2001** € 3,59
   Spanje

4. **Château Mire l'Étang,** € 4,29
   coteaux du languedoc la clape 2007
   Frankrijk - Languedoc-Roussillon

5. **Country Creek, shiraz, cab. sauv., petit verdot** € 2,99
   Australië

VOMAR

▷ Spreiding: Flevoland, Noord-Holland
▷ Aantal filialen: 55
▷ Marktaandeel: 1,5%
▷ Voor meer informatie: www.vomar.nl

Er zijn 105 wijnen geproefd, waarvan:
▷ Wit   39
▷ Rosé 17
▷ Rood 49

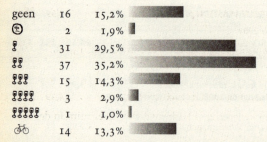

geen	16	15,2%
☹	2	1,9%
♀	31	29,5%
♀♀	37	35,2%
♀♀♀	15	14,3%
♀♀♀♀	3	2,9%
♀♀♀♀♀	1	1,0%
🚲	14	13,3%

Waardering in aantal wijnen en als percentage van het assortiment

WIT

AUSTRALIË
SUNNY MOUNTAIN, CHARDONNAY 2007 € 2,99

Kunststofbouquet – van gerecyclede vuilniszakken waarschijnlijk. Met inhoud. 13,5%.

WILLOWBANK DE BORTOLI, € 3,99
SÉMILLON CHARDONNAY 2007

Ruikt goed, maar ik mis dit jaar de sjieke sémillon. Eindigt in vulgair snoepjesfruit. Netaan. 13%.

YELLOW TAIL, SOUTH EASTERN AUSTRALIA, € 4,99
CHARDONNAY 2007

Rijp zoet snoepjesachtig, maar wel een bekvol. 13,5%.

CHILI
GAMMA, CASABLANCA VALLEY, CHARDONNAY 2008 € 4,99

Biowijn. Sappig fruitig, al zit hij wel wat heel ruim in de grapefruits. Heel ruim. 14%.

GATO NEGRO, CENTRAL VALLEY, € 4,19
SAUVIGNON BLANC 2008

Fris snoepjesfruit. 13%.

VIÑA MAIPO, VALLE CENTRAL, CHARDONNAY 2007 € 3,89

Schraal fruit, met armetierige zuren. 13%.

FRANKRIJK
Bourgogne
BOURGOGNE CHARDONNAY 2007 € 5,50

Van de coöp te Buxy, sinds jaar en dag vermaard vanwege z'n prima bourgognes zonder poespas. Chardonnay die, ook op dit instapniveau, onmiskenbaar bourgogne is. Sappig, fijn van zuren, verleidelijk. 13%.

WIT FRANKRIJK

CHABLIS 2007 € 8,50

Van de Union des Viticulteurs de Chablis. Keurige sappigfruitige en toch strakke chablis. 12,5%.

Elzas

KASTELBOURG, ALSACE, € 5,45
GEWURZTRAMINER RÉSERVE 2007

Niet de ware, maar beter dan voorheen. Rozengeur en voordeelfruit. 13%.

KASTELBOURG, ALSACE, PINOT BLANC RÉSERVE 2007 € 4,10

Grijzemuizenzachtfruitig. Netaan. 12%.

KASTELBOURG, ALSACE, PINOT GRIS RÉSERVE 2007 € 5,69

Zachtfruitig – uit de afdeling abrikozen en perziken. Heel ruim. 13%.

KASTELBOURG, ALSACE, RIESLING RÉSERVE 2007 € 3,99

Frisfruitig met zuurtjes. 12%.

Vin de pays

JEAN LOUIS CEVENNE, VIN DE PAYS € 2,69
DES CÔTES DE GASCOGNE, BLANC DE BLANCS 2006

Chenetkloon van druiven colombard en ugni blanc. Voor z'n leeftijd nog redelijk fris zuurtjesfruit. 12%.

JEAN SABLENAY, VIN DE PAYS DE L'ILE DE BEAUTÉ, € 3,15
CHARDONNAY 2007

Zonnige zachtfruitige chardonnay met wat kruiderij. Heel ruim. Mede door de lage prijs. 13%.

JEAN SABLENAY, VIN DE PAYS DU VIGNOBLE DE FRANCE, € 3,15
SAUVIGNON BLANC 2007

Frisfruitig. Beetje kaal. Netaan. 12%.

WIT FRANKRIJK - ITALIË

SENSAS, VIN DE PAYS DES VIGNOBLES DE FRANCE, € 3,99
SAUVIGNON 2007

Suffe en niet helemaal frisse sauvignon. 11,5%.

GRIEKENLAND
OLYMPIAS, RETSINA € 4,99

Als dennenshampoo annex glibberige haarolie voor Snuf en Snuitje wellicht het omfietsen waard, maar als wijn, met alle respect voor eeuwenoude tradities, toch vooral te vermijden. Rare jongens, die Grieken. Geen oogstjaar. 12%.

HONGARIJE
DUNAVÁR CONNOISSEUR COLLECTION, € 2,79
PINOT BLANC 2007

Ruikt min of meer onschuldig naar snoep, maar pas op de afdronk! 12%.

ITALIË
ARALDICA, MOSCATO D'ASTI 2007 € 6,59

Voor voetnoten zie pagina 41 (Albert Heijn). Friszoet, heel zacht. Mist dat veelgevraagde kleine bittertje, daarentegen wel in een designfles waar de buren met hun lawaaichampagne bij de oliebollen niet van terug hebben. Geen 🚲, maar toch, koop maar. U doet er meer mensen plezier mee dan met laffe prosecco of kiloknallerpoepel. Voor wie echt antizoet is nog een fles cava van de Hema en klaar is uw feest. Geen geld en toch reuzegelukkig. 5%.

CANEI, VINO FRIZZANTE € 2,99

Schuimt, zoetig, riekt als een scheef dichtgeknoopte vrijgezel die elke vrijdag opnieuw ontdekt dat het openbare badhuis sinds 1997 een grandcafé is. 8,5%.

WIT ITALIË - SPANJE

CH, CHARDONNAY DELLE VENEZIE € 2,99

Wat zacht fruit, maar vooral nogal muf. Geen oogstjaar. 11,5%.

MONTALTO, SICILIA, GRECANICO-CHARDONNAY 2007 € 4,99

Vol fruit, kruiden en zomerzon. Heel ruim. 13%.

PG, PINOT GRIGIO DELLE VENEZIE € 3,39

Zachtfruitig. Geen oogstjaar. 11,5%.

TERRAZANO, VERDICCHIO DEI CASTELLI € 3,65
DI JESI CLASSICO 2007

Sappig fruitig, zonnig kruidig. Heel ruim. 12%.

VENETIO, PROSECCO VENETO FRIZZANTE € 3,45

Schuimt. Niet voor consumptiedoeleinden bedoeld. 10,5%.

VILLA MONDI, SOAVE € 2,99

Karton dat lang in de regen heeft gelegen. Plus het fruit van één eenzame druif. 12%.

SPANJE

ALBOR, VINO DE LA TIERRA DE CASTILLA, BLANCO 2006 € 3,49

Fruitig, kruidig. Misschien best lekker toen hij jong was. 11,5%.

CASTILLO DE LAS ALMENAS, VALENCIA, MOSCATEL € 3,29

Rafelrandschroefdop. Muskaatdruivig. Zoet. 15%.

GRAN ESPAÑOSO CAVA BRUT € 5,60

Was 🍷🍷🍷 🚲, is dit jaar behoorlijk wat centen duurder en wat veel erger is, minder goed. Minder fruit, beetje kunstmatig, en een vervelend bittertje. Jammer! 11,5%.

WIT SPANJE - ZUID-AFRIKA

GRAN ESPAÑOSO, CAVA SEMI SECO € 5,60

Dezelfde met een fris zoetje. 11,5%.

VERENIGDE STATEN

THREE OAKS RESERVE SELECTION, € 2,99
CALIFORNIA WHITE WINE

Bouquet van plastic bloemen die net uit de afwasmasjien komen. Geen oogstjaar. 12%.

ZUID-AFRIKA

BERG SCHADUW, WESTERN CAPE, € 3,99
SAUVIGNON BLANC 2008

Beetje snoepjesachtig, maar wel een sappige sauvignon. Netaan. 12,5%.

DANIE DE WET, ROBERTSON, SAUVIGNON BLANC 2008 € 4,45

Zuurballenfruit. 11,5%.

GOLDEN KAAN, WESTERN CAPE, € 5,29
SAUVIGNON BLANC 2007

Vleug frisse sauvignongeur, zacht snoepjesfruit. Anderhalf. 12%.

HOOP HUIS, WESTERN CAPE, CHENIN BLANC 2008 € 2,89

Zacht snoepjesfruit. 13,5%.

HUISWIJN ZUID-AFRIKA WEST-KAAP CHENIN (LITER) € 3,85

Simpel maar zacht frisfruitig. Anderhalf. Geen oogstjaar. 12,5%.

NEDERBURG LYRIC, WESTERN CAPE, € 5,25
SAUVIGNON BLANC-CHENIN BLANC-CHARDONNAY 2008

Zachtfruitig, kruidig. 11%.

WIT ZUID-AFRIKA

SCHOONDAL, WESTERN CAPE, CAPE WHITE 2008 € 2,15

Fris snoepjesfruit. De citroenen in de afdronk zijn wel erg fris. Half 🍷. 11,5%.

SPIER, DISCOVER, WESTERN CAPE, € 4,99
CHENIN BLANC/COLOMBARD 2008

Zuurtjesfruit. 12%.

ROSÉ

ARGENTINIË
GRAFFIGNA, SAN JUAN, SHIRAZ ROSÉ 2007 € 3,99
(Snoepjes)fruit. Anderhalf. 13,5%.

AUSTRALIË
WILLOWBANK, SOUTH EASTERN AUSTRALIA, ROSÉ 2008 € 3,99
Van de firma De Bortoli. Stevig (snoepjes)fruit. Anderhalf. 12,5%.

CHILI
GAMMA, VALLE CENTRAL, SYRAH ROSÉ 2008 € 4,99
Biologische rosé vol stevig rood fruit en pittige kruidigheid. Heel ruim. 14%.

VIÑA MAIPO, VALLE CENTRAL, MERLOT ROSÉ 2008 € 3,80
Zuurtjesfruit. Bijtzuren. 12,5%.

FRANKRIJK
JEAN SABLENAY, VIN DE PAYS DU VAL DE LOIRE, € 3,15
CABERNET FRANC ROSÉ 2007
Goed van geur, je ruikt zelfs wat cabernet franc, maar helaas snoepjesachtig zoet in de mond. 11%.

ITALIË
VENETIO, RABOSO, ROSATO MARCA TREVIGIANA € 4,20
Maar: Canei is nog erger! 11%.

SPANJE
ALBOR, VINO DE LA TIERRA DE CASTILLA, ROSÉ 2007 € 3,49
Vol sappig rood fruit. Heel ruim. 13%.

ROSÉ SPANJE - ZUID-AFRIKA

BIANTE, CAMPO DE BORJA, ROSADO 2007 — € 2,49

Van druif garnacha. Vol rijp en zacht kersenfruit. Heel ruim. 13,5%.

CAMPO CASTILLO, CAMPO DE BORJA, ROSADO 2007 — € 2,99

Weliswaar met op het etiket zo'n tatoeage die je bij breezersdrinkende lieden vlak boven het bouwvakkersdécolleté ziet, maar een naturel rosé zonder poespas, vol fris en ongerept rood fruit. 13,5%.

GRAN ESPAÑOSO CAVA BRUT ROSADO — € 5,60

Ook deze roze cava is minder dan vorig jaar, smaakt ook een beetje plasticachtig. 11,5%.

TESORO, BULLAS, MONASTRELL ROSADO 2007 — € 2,89

Vol ruig rokerig rood fruit. 12,5%.

VEGA LIBRE, UTIEL-REQUENA 2006 — € 2,25

Rosado van puur bobal, zie de rode Vega Libre. Nog steeds fruitig, maar op leeftijd, vermoeid. Niet meer ruim, niet meer het omfietsen waard. We kijken uit naar de 2007. Of 2008, al naar gelang wanneer u dit leest. Onbegrijpelijk: zo goedkoop en lekker, en u laat het stomweg staan! 12%.

ZUID-AFRIKA

GOLDEN KAAN, WESTERN CAPE, PINOTAGE ROSÉ 2008 — € 5,29

Vol stevig rood fruit. 12%.

HOOP HUIS, ROSÉ 2008 — € 2,90

Zacht snoepjesfruit. 14%.

LANDENWIJN ZUID-AFRIKA, — € 3,85
WEST-KAAP, PINOTAGE ROSÉ (LITER)

Vol stevig (snoepjes)fruit. Anderhalf. 14%.

ROSÉ ZUID-AFRIKA

NEDERBURG, WESTERN CAPE, ROSÉ 2007   € 5,49

Hoeft eigenlijk niet besproken, want zit in een fles waar geen weldenkend mens – en dat bent u toch allemaal, lieve lezers? – mee gezien wil worden, maar vooruit, volledigheidshalve. (Snoepjes)fruitig. 12%.

SPIER, DISCOVER, WESTERN CAPE, ROSÉ 2008   € 4,99

Snoepjesfruit, maar wel heel zacht en vriendelijk snoepjesfruit. 14%.

VOMAR

ROOD

AUSTRALIË

SUNNY MOUNTAIN, SOUTH EAST AUSTRALIA, DRY RED € 3,05

Zachtfruitig. Dun. Netaan 🍷. Geen oogstjaar. 13,5%.

WILLOWBANK, SOUTH EASTERN AUSTRALIA, € 3,99
SHIRAZ CABERNET 2007

Zacht donker fruit. Nogal droppig. 13,5%.

YELLOW TAIL, MERLOT 2007 € 4,99

Overbloezend rijp fruit, doorzakbankleer, cacao. Soepele allemansvriend. 13,5%.

YELLOW TAIL, SOUTH EASTERN AUSTRALIA, SHIRAZ 2006 € 4,99

Heel commercieel, maar wel geslaagd zacht zoet rijp donker fruit. Niet heel genuanceerd. Heel ruim 🍷🍷. 14%.

CHILI

GAMMA, RAPEL VALLEY, MERLOT 2007 € 4,99

Charmante, lichtvoetige biomerlot vol vrolijk fruit. 14,5%.

GATO NEGRO, CABERNET SAUVIGNON 2007 € 4,25

Vriendelijk, zachtfruitig. Weinig pit, vergeleken met de 2006. 13,5%.

INDOMITA VARIETAL, MAIPO VALLEY, € 3,85
CABERNET SAUVIGNON 2007

Vol rijp en sappig cabernetfruit, dat zoals u weet aan zwarte bessen doet denken. 14%.

QUÉ MAS, CENTRAL VALLEY, CABERNET MERLOT 2007 € 2,30

Simpele maar sappige elegante 'bordeaux' uit Chili. Prima. Geen geld. Lekker lelijk etiket ook. 14%.

ROOD CHILI - FRANKRIJK

VIÑA MAIPO, VALLE CENTRAL, CARMENÈRE 2007 € 3,80

Niks carmenère. Dropwijn! 13%.

FRANKRIJK
Beaujolais
BEAUJOLAIS 2007 € 3,99

Van de *Cave de Bully en Beaujolais*. Met schroefdop! Zuurtjesfruitig. 12,5%.

BEAUJOLAIS-VILLAGES 2007 € 4,59

Van de *Cave des Vignerons de Bel Air*. Zuurtjesfruitig. 12,5%.

Bordeaux
CHÂTEAU DAVID, BEAULIEU, € 3,99
BORDEAUX SUPERIEUR 2006

Ook dit jaar weer: deftige bordeaux met lekker veel bessenfruit. 13%.

CHÂTEAU PESSANGE, MÉDOC 2007 € 4,65

Goedgemanierde bordeaux volgens de boekjes. Sappig bessenfruit, laurier, elegant. Beetje streng en zo hoort dat ook. 12%.

Bourgogne
BOURGOGNE PINOT NOIR VIEILLES VIGNES 2007 € 5,55

Van de verenigde wijnboeren uit Buxy. Naast zeer serieuze bourgognes geproefd, waarna deze vrolijk de avond won. Sappig fruit, echt pinot, echt bourgogne. Licht, helder, subtiel. Koelen. 13%.

Languedoc-Roussillon
CELLIERS DU COLOMBIER, FITOU 2005 € 3,99

Vorig jaar rijp donker fruit tegen een rustieke achtergrond, nu rest nog slechts de dorre achtergrond. 12,5%.

ROOD FRANKRIJK

LES BARRES, SAINT-CHINIAN 2007 € 2,99

Vriendelijk fruitig. 13,5%.

Vin de pays

DOMAINE BRUNET, VIN DE PAYS D'OC, PINOT NOIR 2007 € 3,99

Niks pinot noir: vaag droppig Zuid-Frans. 13%.

JEAN LOUIS CEVENNE, VIN DE PAYS D'OC, CABERNET-SYRAH 2007 € 2,75

Kaal, dropjesachtig. Krap. 13,5%.

JEAN SABLENAY, VIN DE PAYS D'OC, CABERNET SAUVIGNON 2007 € 3,09

Sappig donker fruit. Fiks wat tannine. 13,5%.

JEAN SABLENAY, VIN DE PAYS D'OC, MERLOT 2007 € 3,09

Vriendelijk fruitig. Piets droppig. 13,5%.

SENSAS, VIN DE PAYS D'OC, CABERNET-SYRAH 2007 € 3,99

Kale cabernet. 13%.

Zuidwest

BUZET, MERLOT CABERNET 2007 € 3,99

Er zijn nogal wat buzets. Deze heeft een schroefdop, en een mooi etiketje uit 1953. Cabernet blijkt voor beide cabernets te staan, sauvignon en de franc, de stijl is bordeaux. Sappig fruitig zowaar dit jaar! Nog nooit meegemaakt bij Buzet. 12,5%.

SAINT-MONT CUVÉE SPECIALE, BOISERAIE 2006 € 3,99

Wat meer fruit, minder stoffige kruiden dan weleer. 13%.

ROOD ITALIË - SPANJE

ITALIË

CALATRASI, TERRALE, SICILIA, NERO D'AVOLA 2007 € 3,59

Niet de meest gulle nero d'avola. Donker fruit, specerijen, dat wel. 13%.

CS, CABERNET SAUVIGNON DELLE VENEZIE € 2,99

Geen oogstjaar, wel wat cassisfruit. Anderhalf.

MARCHE SANGIOVESE 2007 € 2,99

Van vijfentachtig procent sangiovese en verder montepulciano. Net een kleine roodfruitige chianti. 12%.

ME, MERLOT DELLE VENEZIE € 2,99

Geen oogstjaar, wel zacht donker fruit. Nogal dun. 11,5%.

PRIUS, BARBERA D'ASTI 2006 € 3,19

Ouderwetse knoestige barbera met stoffig rood fruit. Klinkt wat onappetijtelijk, maar het heeft zo z'n charme. 12,5%.

SENSI, CHIANTI 2007 € 4,25

Zurig fruit. Drinken bij verpieterde pizza. 12,5%.

VILLA MONDI, BARDOLINO 2007 € 2,99

Aangebrand fruit, waterig. 12%.

VILLA ROMANTI, ROSSO PICENO 2006 € 2,99

Donker fruit, beetje dun. 12%.

SPANJE

ALBOR, VINO DE LA TIERRA DE CASTILLA, € 3,49
TEMPRANILLO 2006

Vol rijp donker kersenfruit. Prima. Geen geld. Blijft een tikkie wrang na, anders zeker het omfietsen waard. 13,5%.

ROOD SPANJE

BIANTE, CAMPO DE BORJA, TINTO 2007 € 2,49

Smaakt zoals je hoopt dat beaujolais smaakt. Barstensvol vrolijk kersenfruit. Gratis. Kopen. Koelen. 13,5%.

CASTILLO DE MONÓVAR RESERVA, ALICANTE, € 3,19
TINTO MONASTRELL 2001

Een echte reserva, verpakt in een rol kippengaas, en bijna gratis, zoals het hoort. Pas wel op, dit is geen reserva van wee tempranillofruit, maar een knoestige reserva van onverschrokken monastrellfruit, gelooid in de zomerzon als een ouwe boer met wat ruwe manieren maar een hart van goud. Van een zekere Salvador Poveda; zie ook diens Viña Vermeta 2001 bij Spar en Super de Boer en de Valle del Mañan 2003 en 2004 bij Plus. 13,5%.

CASTILLO DE PASTORES, VALDEPEÑAS CRIANZA 2004 € 3,99

Fruit en hout, kaal en wrang. 13%.

ESTOLA, LA MANCHA, RESERVA 2004 € 4,15

De eeuwige reserva, al talloze jaren ieder oogstjaar hetzelfde: een kistje wat wee fruit. Ruim.

FINCA DE LABARCA, RIOJA CRIANZA 2005 € 4,95

Ouderwetse hout-en-vanillerioja. Niet de sjiekste. Anderhalf. 14%.

MARQUÉS DE ALMONACID, CARIÑENA 2007 € 2,99

Sappig kersenfruit, beetje cacao, minder uitbundig vrolijk dan vorige jaren, maar ook serieuzer nog een plezier. Mede door de lage prijs 🚲. 13%.

TESORO, BULLAS, MONASTRELL TINTO 2007 € 2,89

Murcia, Zuidoost-Spanje. Druif: de hartverwarmende monastrell. Donkerder fruit dan de 2006, meer tannine

ROOD SPANJE - ZUID-AFRIKA

ook, extra cacao en specerijen dit jaar. Wat stoerder kortom, maar net zo spannend en lekker. Heel ruim ♛♛♛. 13,5%.

VEGA LIBRE, UTIEL-REQUENA 2007 € 2,25 ♛♛

Rood fruit en wat specerijen, vriendelijk, sappig, maar helaas niet de charme van de 2006 die vorig jaar het omfietsen waard was. Desalniettemin prima voor zo weinig geld. Koelen is een goed idee. 12%.

VERENIGDE STATEN
HILLS OF CALIFORNIA, CABERNET SAUVIGNON 2006 € 2,69 ♛

Winegums en drop, maar ook echt fruit. 13%.

ZUID-AFRIKA
BERG SCHADUW, RUBY CABERNET/CINSAUT 2007 € 3,89 ♛♛

Sappig rood fruit. Met een vleug remsporenbouquet, dat wel. 13%.

DANIE DE WET, ROBERTSON, PINOTAGE 2006 € 4,30 ♛♛

Pinotage ligt ze beter. Rijp donker fruit. 14,5%.

GOLDEN KAAN, WESTERN CAPE, € 5,29 ♛♛
CABERNET SAUVIGNON 2006

Beetje fruit, beetje aards, nogal kapsones, beetje vlak en dun. Anderhalf ♛. 13,5%.

GOLDEN KAAN, WESTERN CAPE, PINOTAGE 2005 € 5,29 ♛

Met echte ouwerwetse rubberstank en smaak. 13,5%.

HOOP HUIS, WESTERN CAPE, DROË ROOI 2007 € 2,79 ♛♛

Simpel, maar sappig fruitig. Stuk beter dan het was. Geen geld. 14%.

HUISWIJN ZUID-AFRIKA (LITER) € 3,85 ♛♛

Stevig donker fruit, aards. Anderhalf ♛. Geen oogstjaar. 14%.

ROOD ZUID-AFRIKA

NEDERBURG DUET, WESTERN CAPE, € 5,49
SHIRAZ PINOTAGE 2007

Sappig rood fruit, kruiden, beetje aards. Heel ruim. 13,5%.

SPIER, DISCOVER, WESTERN CAPE, € 4,99
PINOTAGE SHIRAZ 2007

Rijp donker fruit, aards. 14%.

DE BESTE WIJNEN VAN VOMAR

Wit

1	**Bourgogne chardonnay 2007** Frankrijk - Bourgogne	€ 5,50	🍷🍷🍷🍷 🚲
2	**Araldica, moscato d'asti 2007** Italië	€ 6,59	🍷🍷🍷
3	**Chablis 2007** Frankrijk - Bourgogne	€ 8,50	🍷🍷🍷
4	**Jean Sablenay, vin de pays de l'ile de beauté, chardonnay 2007** Frankrijk - Vin de pays	€ 3,15	🍷🍷 🚲
5	**Jean Sablenay, vin de pays du vignoble de france, sauvignon blanc 2007** Frankrijk - Vin de pays	€ 3,15	🍷🍷

Rosé

1	**Biante, campo de borja, rosado 2007** Spanje	€ 2,49	🍷🍷🍷 🚲
2	**Tesoro, bullas, monastrell rosado 2007** Spanje	€ 2,89	🍷🍷🍷 🚲
3	**Campo Castillo, campo de borja, rosado 2007** Spanje	€ 2,99	🍷🍷🍷 🚲
4	**Gamma, valle central, syrah rosé 2008** Chili	€ 4,99	🍷🍷🍷 🚲
5	**Albor, vino de la tierra de castilla, rosé 2007** Spanje	€ 3,49	🍷🍷

Rood

1	**Bourgogne pinot noir vieilles vignes 2007** Frankrijk - Bourgogne	€ 5,55	🍷🍷🍷🍷🍷 🚲
2	**Biante, campo de borja, tinto 2007** Spanje	€ 2,49	🍷🍷🍷🍷 🚲
3	**Castillo de Monóvar reserva, alicante, tinto monastrell 2001** Spanje	€ 3,19	🍷🍷🍷🍷 🚲
4	**Qué Mas, central valley, cabernet merlot 2007** Chili	€ 2,30	🍷🍷🍷 🚲
5	**Tesoro, bullas, monastrell tinto 2007** Spanje	€ 2,89	🍷🍷🍷 🚲

WERELDWINKELS EN FAIR TRADE SHOPS

▷ Spreiding: landelijk
▷ Aantal filialen: 400 Wereldwinkels, 8 Fair Trade Shops
▷ Voor meer informatie: 0345 - 54 51 51 of
www.wereldwinkels of www.fairtrade.nl

Er zijn 7 wijnen geproefd, waarvan:
▷ Wit 3
▷ Rosé 1
▷ Rood 3

geen	0	0,0%
⊛	0	0,0%
♀	0	0,0%
♀♀	6	85,7%
♀♀♀	1	14,3%
♀♀♀♀	0	0,0%
♀♀♀♀♀	0	0,0%
🚲	1	14,3%

Waardering in aantal wijnen en als percentage van het assortiment

WIT

ARGENTINIË
FAIR TRADE ORIGINAL, FAMATINA VALLEY, € 5,75
TORRONTÉS 2008

Biologisch. Zachtfruitig, met bescheiden wat muskaatgeur van druif torrontés. Gelukkig maar, want die wil nog wel opdringerig zijn. Heel ruim 🍷🍷. 12,5 %.

ZUID-AFRIKA
FAIR TRADE ORIGINAL, WESTERN CAPE, € 4,99
CHARDONNAY 2008

Sappig zachtfruitig. Wat voller van smaak nog dan die hieronder. Heel ruim 🍷🍷. 14%.

FAIR TRADE ORIGINAL, WESTERN CAPE, € 4,99
CHENIN BLANC 2008

Sappig zachtfruitig. Heel ruim 🍷🍷. 13,5%.

ROSÉ

ZUID-AFRIKA
FAIR TRADE ORIGINAL, € 4,99
WESTERN CAPE, PINOTAGE MERLOT 2008

Sappig fruitig, de aardse geur van de pinotage, vleug merlotleer. Puur, zuiver, alles in balans. 13,5%.

ROOD

ARGENTINIË
FAIR TRADE ORIGINAL, FAMATINA VALLEY, MALBEC 2008 € 5,75

Biologisch. Stevig donker fruit. Niks mis mee, maar niet bepaald een vrolijke wijn. 13%.

ZUID-AFRIKA
FAIR TRADE ORIGINAL, WESTERN CAPE, PINOTAGE 2007 € 4,99

Sappig donker fruit, beetje aards, lekkere tannine. Heel ruim. 14%.

FAIR TRADE ORIGINAL, WESTERN CAPE, SHIRAZ 2007 € 4,99

Stoer van geur, zacht van smaak. Heel ruim. 13,5%.

HET BESTE VAN WERELDWINKELS EN FAIR TRADE SHOPS

Wit

1 **Fair Trade Original, western cape, chardonnay 2008** € 4,99
Zuid-Afrika

2 **Fair Trade Original, western cape, chenin blanc 2008** € 4,99
Zuid-Afrika

3 **Fair Trade Original, famatina valley, torrontés 2008** € 5,75
Argentinië

Rosé

1 **Fair Trade Original, western cape, pinotage merlot 2008** € 4,99
Zuid-Afrika

Rood

1 **Fair Trade Original, western cape, pinotage 2007** € 4,99
Zuid-Afrika

2 **Fair Trade Original, western cape, shiraz 2007** € 4,99
Zuid-Afrika

3 **Fair Trade Original, famatina valley, malbec 2008** € 5,75
Argentinië

TOP!

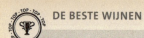

DE BESTE WIJNEN

Wit

1 Undurraga, aliwen reserva, central valley, chardonnay 2007 € 4,99
Chili - Albert Heijn

2 La Masseria, salento 2007 € 5,50
Italië - Hema

3 Concha y Toro, casillero del diablo, chardonnay 2007 € 5,99
Chili - Albert Heijn

4 Tierra Buena, mendoza, chardonnay reserva 2007 € 5,99
Argentinië - Plus

5 Cave de Viré, mâcon-chardonnay 2007 € 6,50
Frankrijk - Hema

6 Honoré Lavigne, bourgogne chardonnay 2007 € 6,99
Frankrijk - Albert Heijn

7 Penfolds, rawson's retreat, south eastern australia, semillon chardonnay 2006 € 6,99
Australië - Gall & Gall

8 Charles Gruber, bourgogne chardonnay vieilles vignes 2007 € 7,50
Frankrijk - Hema

9 Heaven on Earth, western cape, organic sweet wine (375 ml) € 7,95
Zuid-Afrika - De Natuurwinkel

10 Jean Rosen, gewurztraminer 2007 € 8,39
Frankrijk - MCD, Plus, Spar

11 Penfolds, Koonunga Hill, South Australia, chardonnay 2006 € 9,49
Australië - Gall & Gall

12 Matahiwi, hawkes bay, sauvignon blanc 2007 € 11,99
Nieuw-Zeeland - Gall & Gall

13 Valentin Züsslin, alsace, gewurztraminer bollenberg 2004 € 15,99
Frankrijk - Natuurvoedingswinkels

14 Valentin Züsslin, alsace, riesling bollenberg 2006 € 15,99
Frankrijk - Natuurvoedingswinkels

15 Neil Ellis, stellenbosch, sauvigon blanc 2006 € 12,99
Zuid-Afrika - Albert Heijn

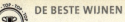

DE BESTE WIJNEN

Rosé

1. **Tierra Buena, mendoza, shiraz reserva 2007** — € 5,99
   Argentinië - Plus

2. **Viña Baida, campo de borja, rosado 2007** — € 2,79
   Spanje - C1000

3. **Bordeneuve, vin de pays du comté tolosan 2007** — € 3,49
   Frankrijk - Plus

4. **Château Villerambert Julien, minervois 2007** — € 6,99
   Frankrijk - Gall & Gall

5. **Domaine de Saint-Sèr, cuvée prestige, côtes de provence, sainte victoire 2007** — € 9,99
   Frankrijk - Albert Heijn

6. **Château la Moutète, vieilles vignes, côtes de provence 2007** — € 11,99
   Frankrijk - Gall & Gall

7. **Domaine de l'Hermitage, l'oratoire, bandol 2007** — € 12,49
   Frankrijk - Gall & Gall

8. **Qué Mas rosé 2008** — € 2,19
   Chili - Deen, Dekamarkt, Jan Linders, Nettorama, Jumbo, Coop, Hoogvliet, MCD, Sanders

9. **Biante, campo de borja, rosado 2007** — € 2,39
   Spanje - Jan Linders, Hoogvliet, Jumbo, MCD, Vomar

10. **Castilo de Ainzón, campo de borja, old vine garnacha rosado 2007** — € 2,49
    Spanje - Jumbo

11. **Qué Mas rosé 2008** — € 2,49
    Chili - Plus

12. **Viña Foronda, campo de borja, rosado 2007** — € 2,49
    Spanje - Dirck III

13. **Biante, campo de borja, rosado 2007** — € 2,69
    Spanje - Coop

14. **Tesoro, bullas, monastrell rosado 2007** — € 2,69
    Spanje - Jumbo, Nettorama, Deen, Dekamarkt, Hoogvliet, MCD, Vomar

15. **AH huiswijn rosé droog sappig fruitig (liter)** — € 2,99
    Frankrijk - Albert Heijn

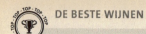

DE BESTE WIJNEN

Rood

1. **Viña Ducaro, campo de borja, tinto 2007** — € 3,00
   Spanje - Hema

2. **Château Rouvière, minervois 2007** — € 3,99
   Frankrijk - MCD, Plus, Spar

3. **Initium, navarra 2007** — € 4,49
   Spanje - Jumbo, Plus

4. **Domaine de Bachellery, vin de pays d'oc, grenache 2007** — € 4,50
   Frankrijk - Hema

5. **Initium, navarra 2007** — € 4,89
   Spanje - Dirk van den Broek

6. **Aliwen reserva, cabernet sauvignon syrah 2007** — € 4,99
   Chili - Albert Heijn

7. **Aliwen reserva, central valley, cabernet sauvignon carmenère 2007** — € 4,99
   Chili - Albert Heijn

8. **Alpaca, central valley, carmenère 2007** — € 4,99
   Chili - C1000

9. **Château la Nielle, coteaux du languedoc la clape 2007** — € 4,99
   Frankrijk - Albert Heijn

10. **Château la Pageze, coteaux du languedoc la clape 2007** — € 4,99
    Frankrijk - MCD, Plus, Spar

11. **Domaine Mestre Grotti, vin de pays de l'aude 2007** — € 4,99
    Frankrijk - De Natuurwinkel

12. **Initium, navarra 2007** — € 4,99
    Spanje - Natuurvoedingswinkels

13. **Misiones de Rengo, central valley, cabernet sauvignon 2007** — € 4,99
    Chili - Super de Boer

14. **Misiones de Rengo, central valley, carmenère 2007** — € 4,99
    Chili - Super de Boer

15. **Chat-en-oeuf, côtes du ventoux 2006** — € 5,00
    Frankrijk - Hema

ONDER DE EURORIKS

Wit

1. **Castilo de Ainzón, vino de mesa blanco 2007** — € 2,49
   Spanje - Jumbo

Rosé

1. **Qué Mas rosé 2008** — € 2,19
   Chili - Deen, Dekamarkt, Jan Linders, Nettorama,
   Jumbo, Coop, Hoogvliet, MCD, Sanders

2. **Biante, campo de borja, rosado 2007** — € 2,39
   Spanje - Jan Linders, Hoogvliet, Jumbo, MCD, Vomar

3. **Castilo de Ainzón, campo de borja,** — € 2,49
   old vine garnacha rosado 2007
   Spanje - Jumbo

4. **Qué Mas rosé 2008** — € 2,49
   Chili - Plus

5. **Viña Foronda, campo de borja, rosado 2007** — € 2,49
   Spanje - Dirck III

Rood

1. **Biante, campo de borja, tinto 2007** — € 2,39
   Spanje - Jan Linders, Coop, Jumbo, MCD, Plus, Poiesz, Vomar

2. **Castilo de Ainzón, campo de borja,** — € 2,49
   old vine garnacha tinto 2007
   Spanje - Jumbo

3. **Santo Emilio, campo de borja, tinto 2007** — € 2,49
   Spanje - Dirk van den Broek

4. **Qué Mas, central valley, cabernet merlot 2007** — € 2,19
   Chili - Deen, Dekamarkt, Jan Linders, Nettorama, Jumbo,
   Coop, Hoogvliet, MCD, Poiesz, Sanders, Vomar, Plus

5. **Viña Foronda, campo de borja, tinto 2007** — € 2,49
   Spanje - Dirck III

6. **Grootfontein, cinsaut/pinotage 2007** — € 1,99
   Zuid-Afrika - Super de Boer

7. **Mooi Kaap, weskaap, droë rooi 2007** — € 1,99
   Zuid-Afrika - Albert Heijn

8. **Kaapse Pracht, weskaap, cinsaut pinotage 2007** — € 2,29
   Zuid-Afrika - Aldi

9. **Soledoro, salento rosso** — € 2,29
   Italië - Plus

ONDER DE DRIE EURO

Wit

1. **Kamsberg, swartland, bushvine chenin blanc 2008** — € 2,64
   Zuid-Afrika - Dirk van den Broek

2. **Pampas del Sur select, mendoza, chardonnay-chenin 2008** — € 2,99
   Argentinië - Dirck III, Dirk van den Broek

3. **Jean Sablenay, vin de pays de l'ile de beauté, chardonnay 2007** — € 2,89
   Frankrijk - Nettorama

4. **Huiswijn wit, droog fris, fruitig, geurig en smaakvol (liter)** — € 2,99
   Frankrijk - C1000

5. **Huiswijn wit, halfzoet friszoet, exotisch en zacht (liter)** — € 2,99
   Frankrijk - C1000

6. **Jean du Sud, vin de pays de l'ile de beauté, chardonnay 2007** — € 2,99
   Frankrijk - Jumbo

7. **Jean Sablenay, vin de pays de l'ile de beauté, chardonnay 2007** — € 2,99
   Frankrijk - Deen, Jan Linders

8. **Songloed, wes kaap, droë steen 2007** — € 2,99
   Zuid-Afrika - Dirk van den Broek

9. **Viña Ducaro, campo de borja, blanco 2007** — € 3,00
   Spanje - Hema

10. **Jean Sablenay, vin de pays du vignoble de france, sauvignon blanc 2007** — € 2,89
    Frankrijk - Nettorama, Deen, Jan Linders

11. **AH huiswijn wit droog fris fruitig (liter)** — € 2,99
    Frankrijk - Albert Heijn

12. **Castillo de las Almenas, valencia, moscatel** — € 2,99
    Spanje - Jan Linders, Nettorama

13. **Jean du Sud, vin de pays du vignoble de france, sauvignon blanc 2007** — € 2,99
    Frankrijk - Jumbo

14. **Huiswijn wit droog** — € 3,00
    Frankrijk - Hema

15. **Huiswijn wit half-zoet** — € 3,00
    Frankrijk - Hema

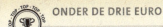

ONDER DE DRIE EURO

Rosé

1. **Viña Baida, campo de borja, rosado 2007** — € 2,79
   Spanje - C1000

2. **Biante, campo de borja, rosado 2007** — € 2,69
   Spanje - Coop

3. **Tesoro, bullas, monastrell rosado 2007** — € 2,69
   Spanje - Jumbo, Nettorama, Deen, Dekamarkt, Hoogvliet, MCD, Vomar

4. **AH huiswijn rosé droog sappig fruitig (liter)** — € 2,99
   Frankrijk - Albert Heijn

5. **Campo Castillo, campo de borja, rosado 2007** — € 2,99
   Spanje - Vomar

6. **Huiswijn rosé halfzoet, vin de pays du comté tolosan (liter)** — € 2,99
   Frankrijk - Nettorama

7. **Huiswijn rosé, vin de pays du comté tolosan (liter)** — € 2,99
   Frankrijk - Nettorama

8. **Morador, navarra, garnacha rosado 2007** — € 2,99
   Spanje - Plus

9. **Santo Emilio, campo de borja, rosado 2007** — € 2,99
   Spanje - Dirk van den Broek

10. **Tesoro, bullas, monastrell rosado 2007** — € 2,99
    Spanje - Jan Linders, Plus

11. **Huiswijn rosé** — € 3,00
    Spanje - Hema

12. **Viña Ducaro, campo de borja, rosado 2007** — € 3,00
    Spanje - Hema

13. **AH huiswijn rosé lichtzoet mild soepel (liter)** — € 2,99
    Frankrijk - Albert Heijn

14. **Huiswijn rosé, droog, rood fruit, mild en sappig (liter)** — € 2,99
    Frankrijk - C1000

15. **Huiswijn rosé, halfzoet, soepel, fris en zachtzoet (liter)** — € 2,99
    Frankrijk - C1000

ONDER DE DRIE EURO

Rood

1 **Viña Ducaro, campo de borja, tinto 2007** — € 3,00
   Spanje - Hema

2 **Viña Baida, campo de borja 2007** — € 2,79
   Spanje - C1000

3 **Biante, campo de borja, tinto 2007** — € 2,99
   Spanje - Dagwinkel/Troefmarkt

4 **Tesoro, bullas, monastrell tinto 2007** — € 2,69
   Spanje - Jumbo, Nettorama, Deen, Dekamarkt, Hoogvliet, MCD, Vomar

5 **Campo Nuevo, navarra, tempranillo 2007** — € 2,99
   Spanje - Dirck III, Dirk van den Broek

6 **Country Creek, shiraz, cabernet sauvignon, petit verdot** — € 2,99
   Australië - Super de Boer

7 **La Cocotera, valle central, merlot 2007** — € 2,99
   Chili - C1000

8 **Les Vignerons de l'Enclave des Papes, côtes du ventoux 2007** — € 2,99
   Frankrijk - Albert Heijn

9 **Marqués de Almonacid, cariñena 2007** — € 2,99
   Spanje - Coop, Deen, Jan Linders, Jumbo, Vomar

10 **Pampas del Sur select, mendoza, shiraz-malbec 2008** — € 2,99
   Argentinië - Dirck III

11 **Tesoro, bullas, monastrell tinto 2007** — € 2,99
   Spanje - Jan Linders

12 **Huiswijn rood** — € 3,00
   Spanje - Hema

13 **Siete Viñas, merlot 2007** — € 2,59
   Chili - Dirk van den Broek

14 **Bonita, merlot 2006** — € 2,69
   Chili - Dirk van den Broek

15 **Diego, merlot** — € 2,99
   Chili - Dirck III

DE BESTE BIOLOGISCHE WIJNEN

Wit

1. **Heaven on Earth, western cape, organic sweet wine (375 ml)** € 7,95
   Zuid-Afrika - De Natuurwinkel

2. **Valentin Züsslin, alsace, gewurztraminer bollenberg 2004** € 15,99
   Frankrijk - Natuurvoedingswinkels

3. **Valentin Züsslin, alsace, riesling bollenberg 2006** € 15,99
   Frankrijk - Natuurvoedingswinkels

4. **Pierre Bernhard, alsace, gewurztraminer 2005** € 10,25
   Frankrijk - Natuurvoedingswinkels

5. **Vida Orgánico, mendoza, chardonnay 2008** € 6,99
   Argentinië - De Natuurwinkel

6. **Pierre Bernhard, alsace, riesling 2005** € 8,35
   Frankrijk - Natuurvoedingswinkels

7. **Domaine Eugène Meyer, pinot blanc 2007** € 9,99
   Frankrijk - De Natuurwinkel

8. **Domaine Eugène Meyer, pinot gris 2007** € 12,99
   Frankrijk - De Natuurwinkel

9. **Vignoble Dauny, sancerre les caillottes 2007** € 14,25
   Frankrijk - De Natuurwinkel

10. **Calidez, airén 2007** € 3,95
    Spanje - Natuurvoedingswinkels

11. **Parra, la meseta, la mancha, airén sauvignon blanc 2007** € 3,95
    Spanje - Natuurvoedingswinkels

12. **Parra, la mancha, airén 2007** € 4,99
    Spanje - Natuurvoedingswinkels

13. **Margalh de Bassac, vin de pays côtes du thongue 2007** € 6,49
    Frankrijk - De Natuurwinkel

14. **Stellar Organics, western cape, chenin blanc 2008** € 6,49
    Zuid-Afrika - De Natuurwinkel

15. **Moncaro, verdicchio dei castelli di jesi classico 2007** € 6,79
    Italië - De Natuurwinkel

DE BESTE BIOLOGISCHE WIJNEN

Rosé

1. **Gamma, valle central, syrah rosé 2008** — € 3,89
   Chili - Deen

2. **Parra, la meseta, la mancha, tempranillo 2007** — € 3,95
   Spanje - Natuurvoedingswinkels

3. **Gamma, valle central, syrah rosé 2008** — € 4,99
   Chili - Coop, Dekamarkt, Jan Linders, Jumbo, Vomar

4. **Natuvin bio-huiswijn rosé, fris fruitig 2007 (liter)** — € 5,45
   Spanje - De Natuurwinkel

5. **Domaine Delcellier, vin de pays d'oc 2007** — € 5,49
   Frankrijk - Natuurvoedingswinkels

6. **Vermador, alicante, rosado 2007** — € 5,95
   Spanje - Natuurvoedingswinkels

7. **Margalh de Bassac, vin de pays d'oc 2007** — € 6,49
   Frankrijk - De Natuurwinkel

8. **Domaine Bassac, vin de pays des côtes de thongue, cabernet sauvignon 2007** — € 6,99
   Frankrijk - De Natuurwinkel

9. **Delceliier, mélodia, vin de pays des côtes de thongue 2007** — € 7,45
   Frankrijk - Natuurvoedingswinkels

10. **Stellar Organics, shiraz rosé 2008** — € 4,99
    Zuid-Afrika - Dirck III

11. **Stellar Organic Winery, african star, western cape, organic rosé 2008** — € 5,99
    Zuid-Afrika - De Natuurwinkel

12. **Stellar Organics, western cape, shiraz rosé 2008** — € 5,99
    Zuid-Afrika - De Natuurwinkel, Dirck III

13. **Colina Verde, rioja rosado, garnacha 2007** — € 6,99
    Spanje - Natuurvoedingswinkels

14. **Vida Orgánico, mendoza, malbec rosé 2008** — € 6,99
    Argentinië - De Natuurwinkel

15. **Ycaro reserva, valle central, syrah rosé 2008** — € 6,99
    Chili - De Natuurwinkel

DE BESTE BIOLOGISCHE WIJNEN

Rood

1 **Domaine Mestre Grotti, vin de pays de l'aude 2007** € 4,99
   Frankrijk - De Natuurwinkel

2 **Initium, navarra 2007** € 4,99
   Spanje - Natuurvoedingswinkels

3 **Mas du petit Azegat,** € 5,29
   vin de pays des bouches du rhône 2007
   Frankrijk - Plus

4 **Initium, navarra 2007** € 5,49
   Spanje - De Natuurwinkel

5 **Château de Caraguilhes, corbières 2007** € 5,99
   Frankrijk - Albert Heijn

6 **Sinergia, valencia, monastrell 2007** € 6,95
   Spanje - Natuurvoedingswinkels

7 **Colina Verde, rioja tinto joven 2007** € 6,99
   Spanje - Natuurvoedingswinkels

8 **Ycaro reserva, colchagua valley, carmenère 2007** € 6,99
   Chili - De Natuurwinkel

9 **Monasterio de Santa Ana, jumilla,** € 7,99
   monastrell – tempranillo 2007
   Spanje - Natuurvoedingswinkels

10 **Villa Contado, veronese rosso 2006** € 7,99
    Italië - Natuurvoedingswinkels

11 **Villa Contado, veronese rosso 2007** € 7,99
    Italië - Natuurvoedingswinkels

12 **Domaine du Vieux Chêne, cuvée des capucins,** € 8,35
    côtes du rhône 2006
    Frankrijk - Natuurvoedingswinkels

13 **Casa de la Ermita, jumilla crianza 2005** € 11,50
    Spanje - Natuurvoedingswinkels

14 **Château Lionel Faivre, corbières 2007** € 8,99
    Frankrijk - Natuurvoedingswinkels

15 **Flor de Grealo, costers del segre,** € 20,00
    sero-subzona artesa 2005
    Spanje - Natuurvoedingswinkels

DE BESTE BELLETJESWIJNEN

Wit

1 **Fontanafredda, le fronde, moscato d'asti 2007** € 7,49
   Italië - Albert Heijn

2 **Copa Sabia, cava brut reserva emoción** € 7,50
   Spanje - Hema

3 **Marsigny, crémant de bourgogne, blanc de noirs** € 9,99
   Frankrijk - C1000

4 **La Pieve Canevo, prosecco di valdobbiadene, vino frizzante** € 6,99
   Italië - Albert Heijn

Rosé

1 **Codorníu, cava brut, pinot noir** € 10,99
   Spanje - Dirck III

DE BESTE HUISWIJNLITERS

Wit

1. **Huiswijn, Chileense chardonnay, entral valley 2008** — € 4,49
   Chili - Spar

2. **Huiswijn wit, droog fris, fruitig, geurig en smaakvol** — € 2,99
   Frankrijk - C1000

3. **Huiswijn wit, halfzoet friszoet, exotisch en zacht** — € 2,99
   Frankrijk - C1000

4. **Huiswijn wit droog** — € 3,19
   Frankrijk - Super de Boer

5. **Huiswijn wit zoet** — € 3,19
   Frankrijk - Super de Boer

Rosé

1. **AH huiswijn rosé droog sappig fruitig** — € 2,99
   Frankrijk - Albert Heijn

2. **Huiswijn rosé halfzoet, vin de pays du comté tolosan** — € 2,99
   Frankrijk - Jan Linders, Jumbo, Coop, Deen, Dekamarkt, Hoogvliet, MCD, Nettorama, Plus, Poiesz, Sanders

3. **Huiswijn rosé, vin de pays du comté tolosan** — € 2,99
   Frankrijk - Deen, Dekamarkt, Jan Linders, Nettorama, Coop, Hoogvliet, Jumbo, MCD, Plus, Poiesz, Sanders

4. **Natuvin bio-huiswijn rosé, fris fruitig 2007** — € 5,45
   Spanje - De Natuurwinkel

5. **AH huiswijn rosé lichtzoet mild soepel** — € 2,99
   Frankrijk - Albert Heijn

Rood

1. **Huiswijn cabernet sauvignon** — € 3,89
   Chili - Spar, Plus

2. **Natuvin bio, jumilla huiswijn rood 2007** — € 5,49
   Spanje - De Natuurwinkel

3. **Super, huiswijn rood rond en soepel** — € 3,19
   Frankrijk - Super de Boer

4. **Huiswijn Italië, marche, sangiovese, soepel 2007** — € 3,75
   Italië - Coop, Jumbo

5. **Huiswijn rood, fruitig, rond en soepel** — € 2,99
   Europa - C1000

TOPWIJNEN

DE BESTE ARGENTIJNSE WIJNEN

Wit

1. **Tierra Buena, mendoza, chardonnay reserva 2007** — € 5,99
   Argentinië - Plus

2. **Catena, mendoza, chardonnay 2006** — € 13,49
   Argentinië - Gall & Gall

3. **Tilia, mendoza, chardonnay 2007** — € 5,99
   Argentinië - Albert Heijn

4. **Vida Orgánico, mendoza, chardonnay 2008** — € 6,99
   Argentinië - De Natuurwinkel

5. **Pampas del Sur select, mendoza, chardonnay-chenin 2008** — € 2,99
   Argentinië - Dirck III, Dirk van den Broek

6. **AH Argentina, torrontés chardonnay droog zacht fruitig (liter)** — € 3,99
   Argentinië - Albert Heijn

7. **Pampas del Sur reserve, mendoza, viognier 2008** — € 3,99
   Argentinië - Dirk van den Broek

Rood

1. **Tierra Buena, mendoza, shiraz reserva 2007** — € 5,99
   Argentinië - Plus

2. **Norton Ofrenda, mendoza, lujan de cuyo 2004** — € 9,99
   Argentinië - Albert Heijn

3. **Tanguero, malbec 2007** — € 3,99
   Argentinië - C1000

4. **Viña Plata, mendoza, malbec 2007** — € 3,99
   Argentinië - Dirck III

5. **Norton, malbec 2007** — € 4,99
   Argentinië - Albert Heijn

6. **Norton, mendoza, cabernet sauvignon 2007** — € 4,99
   Argentinië - Albert Heijn

7. **Norton, merlot 2007** — € 4,99
   Argentinië - Albert Heijn

8. **Tierra Buena, mendoza, malbec 2007** — € 4,99
   Argentinië - Plus

9. **Tierra Buena, mendoza, merlot 2007** — € 4,99
   Argentinië - Plus

10. **Viñas de Barrancas, argentina, malbec 2007** — € 5,00
    Argentinië - Hema

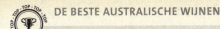

DE BESTE AUSTRALISCHE WIJNEN

Wit

1 **Penfolds, rawson's retreat,** € 6,99
south eastern australia, semillon chardonnay 2006
Australië - Gall & Gall

2 **Penfolds, Koonunga Hill,** € 9,49
South Australia, chardonnay 2006
Australië - Gall & Gall

3 **Penfolds, Thomas Hyland, Adelaide,** € 12,99
chardonnay 2007
Australië - Albert Heijn

4 **Penfolds, rawson's retreat, chardonnay 2007** € 6,99
Australië - Albert Heijn

5 **Penfolds, rawson's retreat,** € 6,99
south eastern australia, riesling 2007
Australië - Albert Heijn, Gall & Gall

6 **Peter Lehmann of the Barossa, barossa,** € 8,99
chardonnay 2007
Australië - Gall & Gall

7 **Hardys, bin 141, colombard chardonnay 2007** € 3,19
Australië - Albert Heijn

Rood

1 **Penfolds, rawson's retreat,** € 6,99
south eastern australia, merlot 2007
Australië - Albert Heijn

2 **Peter Lehmann of the Barossa,** € 15,49
the futures, shiraz 2006
Australië - Gall & Gall

3 **Lindemans, bin 45, south eastern australia,** € 5,99
cabernet sauvignon 2007
Australië - Albert Heijn

4 **Penfolds, rawson's retreat, south eastern** € 6,99
australia, cabernet sauvignon 2007
Australië - Albert Heijn

5 **Kanooga, barossa, shiraz 2004** € 8,50
Australië - Hema

6 **Kanooga, coonawarra, cabernet sauvignon 2005** € 8,50
Australië - Hema

7 **Peter Lehmann of the Barossa, clancy's red,** € 11,49
shiraz, cabernet sauvignon and merlot 2005
Australië - Gall & Gall

DE BESTE CHILEENSE WIJNEN

Wit

1 **Undurraga, aliwen reserva, central valley, chardonnay 2007** € 4,99
   Chili - Albert Heijn

2 **Concha y Toro, casillero del diablo, chardonnay 2007** € 5,99
   Chili - Albert Heijn

3 **El Descanso reserva, valle central, chardonnay viognier 2007** € 5,49
   Chili - Plus

4 **El Descanso reserva, valle de curicó, chardonnay 2007** € 5,49
   Chili - MCD, Plus, Spar

5 **Concha y Toro, casillero del diablo, viognier 2007** € 5,99
   Chili - Albert Heijn

6 **Doña Dominga, colchagua valley, chardonnay semillon old vines 2008** € 6,99
   Chili - Dirck III

7 **Casa Lapostolle cuvée Alexandre, casablanca valley, atalayas vineyards, chardonnay 2007** € 20,99
   Chili - Gall & Gall

Rood

1 **Aliwen reserva, cabernet sauvignon syrah 2007** € 4,99
   Chili - Albert Heijn

2 **Aliwen reserva, central valley, cabernet sauvignon carmenère 2007** € 4,99
   Chili - Albert Heijn

3 **Alpaca, central valley, carmenère 2007** € 4,99
   Chili - C1000

4 **Misiones de Rengo, central valley, cabernet sauvignon 2007** € 4,99
   Chili - Super de Boer

5 **Misiones de Rengo, central valley, carmenère 2007** € 4,99
   Chili - Super de Boer

6 **Concha y Toro reserva, casillero del diablo, rapel valley, carmenère 2007** € 5,99
   Chili - Albert Heijn

7 **Ycaro reserva, colchagua valley, carmenère 2007** € 6,99
   Chili - De Natuurwinkel

DE BESTE FRANSE WIJNEN

Wit

1 **Cave de Viré, mâcon-chardonnay 2007** — € 6,50
   Frankrijk - Hema

2 **Honoré Lavigne, bourgogne chardonnay 2007** — € 6,99
   Frankrijk - Albert Heijn

3 **Charles Gruber, bourgogne chardonnay vieilles vignes 2007** — € 7,50
   Frankrijk - Hema

4 **Jean Rosen, gewurztraminer 2007** — € 8,39
   Frankrijk - MCD, Plus, Spar

5 **Valentin Züsslin, alsace, gewurztraminer bollenberg 2004** — € 15,99
   Frankrijk - Natuurvoedingswinkels

6 **Valentin Züsslin, alsace, riesling bollenberg 2006** — € 15,99
   Frankrijk - Natuurvoedingswinkels

Rood

1 **Château Rouvière, minervois 2007** — € 3,99
   Frankrijk - MCD, Plus, Spar

2 **Domaine de Bachellery, vin de pays d'oc, grenache 2007** — € 4,50
   Frankrijk - Hema

3 **Château la Nielle, coteaux du languedoc la clape 2007** — € 4,99
   Frankrijk - Albert Heijn

4 **Château la Pageze, coteaux du languedoc la clape 2007** — € 4,99
   Frankrijk - MCD, Plus, Spar

5 **Domaine Mestre Grotti, vin de pays de l'aude 2007** — € 4,99
   Frankrijk - De Natuurwinkel

6 **Chat-en-oeuf, côtes du ventoux 2006** — € 5,00
   Frankrijk - Hema

7 **Mas du petit Azegat, vin de pays des bouches du rhône 2007** — € 5,29
   Frankrijk - Plus

8 **Bourgogne pinot noir vieilles vignes 2007** — € 5,49
   Frankrijk - Nettorama, Plus

9 **Domaine Sainte-Sophie, coteaux du languedoc saint christol 2007** — € 5,49
   Frankrijk - Plus

DE BESTE ITALIAANSE WIJNEN

Wit

1 **La Masseria, salento 2007** — € 5,50
   Italië - Hema

2 **Fontanafredda, le fronde, moscato d'asti 2007** — € 7,49
   Italië - Albert Heijn

3 **Araldica, moscato d'asti 2007** — € 4,79
   Italië - Dirck III, Jumbo, Vomar

4 **Moncaro, verdicchio dei castelli di jesi classico 2007** — € 6,79
   Italië - De Natuurwinkel

5 **La Pieve Canevo, prosecco di valdobbiadene, vino frizzante** — € 6,99
   Italië - Albert Heijn

Rood

1 **Tesoruccio, montepulciano d'abruzzo 2006** — € 5,00
   Italië - Hema

2 **Tesoruccio, sangiovese, igt chieti 2007** — € 5,00
   Italië - Hema

3 **Fontanafredda Briccotondo, piemonte, barbera 2007** — € 5,99
   Italië - Albert Heijn

4 **La Masseria, puglia, primitivo 2006** — € 6,00
   Italië - Hema

5 **Villa Contado, veronese rosso 2006** — € 7,99
   Italië - Natuurvoedingswinkels

6 **Villa Contado, veronese rosso 2007** — € 7,99
   Italië - Natuurvoedingswinkels

7 **Planeta, cerasuolo di vittoria 2005** — € 14,49
   Italië - Gall & Gall

8 **Candido, salice salentino 2004** — € 4,99
   Italië - Albert Heijn

9 **Fontanafredda Torremora Langhe, dolcetto 2006** — € 5,99
   Italië - Albert Heijn

10 **A-mano, puglia, primitivo 2006** — € 7,39
   Italië - Gall & Gall

11 **Masi, campofiorin, rosso del veronese 2005** — € 14,99
   Italië - Gall & Gall

12 **Caterina Zardini, valpolicella classico superiore 2006** — € 16,99
   Italië - Albert Heijn

DE BESTE SPAANSE WIJNEN

Wit

#		Prijs		
1	**Estrella, valencia, vino blanco dulce de moscatel 2007** Spanje - Hema	€ 3,50	♟♟♟	🚲
2	**Señorio de Solano, valencia, vino blanco dulce de moscatel** Spanje - Super de Boer	€ 3,59	♟♟♟	🚲
3	**Estrella de Murviedro, valencia, moscatel** Spanje - Dirck III	€ 3,79	♟♟♟	🚲
4	**Calidez, airén 2007** Spanje - Natuurvoedingswinkels	€ 3,95	♟♟♟	🚲
5	**Parra, la meseta, la mancha, airén sauvignon blanc 2007** Spanje - Natuurvoedingswinkels	€ 3,95	♟♟♟	🚲

Rood

1. **Viña Ducaro, campo de borja, tinto 2007** — € 3,00
   Spanje - Hema
2. **Initium, navarra 2007** — € 4,49
   Spanje - Jumbo, Plus, Dirk van den Broek, Natuurvoedingswinkels, De Natuurwinkel
3. **Sinergia, valencia, monastrell 2007** — € 6,95
   Spanje - Natuurvoedingswinkels
4. **Colina Verde, rioja tinto joven 2007** — € 6,99
   Spanje - Natuurvoedingswinkels
5. **Monasterio de Santa Ana, jumilla, monastrell – tempranillo 2007** — € 7,99
   Spanje - Natuurvoedingswinkels
6. **Alto Cruz roble, ribera del duero 2006** — € 8,50
   Spanje - Hema
7. **Casa de la Ermita, jumilla crianza 2005** — € 11,50
   Spanje - Natuurvoedingswinkels
8. **Legaris, ribera del duero crianza 2004** — € 16,99
   Spanje - Albert Heijn
9. **Bodegas Bilbainas, la vicalanda reserva, rioja 2003** — € 19,99
   Spanje - Albert Heijn
10. **Flor de Grealo, costers del segre, sero-subzona artesa 2005** — € 20,00
    Spanje - Natuurvoedingswinkels

DE BESTE ZUID-AFRIKAANSE WIJNEN

Wit

1. **Heaven on Earth, western cape, organic sweet wine (375 ml)** — € 7,95
   Zuid-Afrika - De Natuurwinkel

2. **Neil Ellis, stellenbosch, sauvignon blanc 2006** — € 12,99
   Zuid-Afrika - Albert Heijn

3. **Brampton, coastel region, unoaked chardonnay 2007** — € 6,99
   Zuid-Afrika - Albert Heijn

4. **Brampton, western cape, sauvignon blanc 2007** — € 6,99
   Zuid-Afrika - Albert Heijn

5. **Vondeling, voor-paardeberg paarl, petit blanc, chenin blanc/chardonnay/viognier 2007** — € 7,99
   Zuid-Afrika - Albert Heijn

Rood

1. **Brampton, coastel region, cabernet sauvignon 2006** — € 7,99
   Zuid-Afrika - Albert Heijn

2. **Brampton, stellenbosch, shiraz 2006** — € 7,99
   Zuid-Afrika - Albert Heijn

3. **Tamboerskloof, stellenbosch, syrah 2005** — € 16,99
   Zuid-Afrika - Albert Heijn

4. **Eagle Crest, swartland, tinta barocca 2006** — € 4,99
   Zuid-Afrika - Jumbo

5. **Frog Hill, paarl, pinotage 2007** — € 4,99
   Zuid-Afrika - Albert Heijn

6. **Stellar Organics, western cape, merlot 2008** — € 4,99
   Zuid-Afrika - Dirck III

7. **Stellar Organics, western cape, pinotage 2008** — € 4,99
   Zuid-Afrika - Dirck III

8. **Eagle Crest, swartland, shiraz malbec 2006** — € 5,25
   Zuid-Afrika - Jumbo

9. **Eagle Crest, swartland, cabernet sauvignon merlot 2007** — € 5,49
   Zuid-Afrika - Jumbo

10. **Stellar Organics, western cape, merlot 2008** — € 6,49
    Zuid-Afrika - De Natuurwinkel

11. **Kleinrivier, stellenbosch, syrah 2007** — € 6,79
    Zuid-Afrika - Dekamarkt

REGISTER

WIT

Ackerman, pouilly-fumé chantegrive 2007 (FR) 465
AH America, colombard chardonnay droog zacht fruitig (US) 44
AH Argentina, torrontés chardonnay droog zacht fruitig (AR) 21
AH Australia, sémillon chardonnay droog zacht fruitig (AU) 22
AH Chile, sauvignon blanc droog fris fruitig (CL) 28
AH Deutschland, silvaner, müller-thurgau, lichtzoet fris fruitig (DE) .. 32
AH France, chardonnay viognier droog zacht fruitig (FR) 38
AH huiswijn wit droog fris fruitig (FR) 38
AH huiswijn wit lichtzoet zacht fruitig (FR) 33
AH Italia, garganega, droog fris fruitig (IT) 40
AH Suid-Afrika, chardonnay, droog fris fruitig (ZA) 45
AH Suid-Afrika, droë steen, droog zacht fruitig (ZA) 45
Alameda, valle central, sauvignon blanc 2007 (CL) 106
Alamos, mendoza, chardonnay 2007 (AR) 264
Alamos, mendoza, torrontes 2007 (AR) 264
Albor, vino de la tierra de castilla, blanco 2006 (ES) 648
Alpaca, central valley, sauvignon blanc 2008 (CL) 120
Alsace, pinot blanc 2006 (FR) 429
Alto Plano reserva, chardonnay 2007 (CL) 247
Andes Peaks, casablanca valley, chardonnay 2008 (CL) 120
André Stuber, réserve, alsace, pinot blanc 2007 (FR) 275
André Stuber, réserve, alsace, pinot gris 2007 (FR) 275
André Stuber, réserve, alsace, riesling 2007 (FR) 275
Angove's, Bear Crossing, south australia, chardonnay 2006 (AU) 458
Angove's, south eastern australia, chalk hill blue,
  semillon chardonnay 2008 (AU) 619
Anterra, chardonnay delle venezie 2007 (IT) 249
Anterra, pinot grigio delle venezie 2007 (IT) 249
Antonio Barbadillo, vino de la tierra de cadiz, palomino fina 2006 (ES) ... 470
Anura, western cape, chardonnay 2006 (ZA) 45
Apostelhoeve, louwberg maastricht, riesling 2007 (NL) 469
Aqus, sauvignon blanc 2007 (NZ) 557
Araldica, moscato d'asti 2007 (IT) 220, 396, 647
Araldica, piemonte, cortese 2007 (IT) 396
Arauco, central valley, sauvignon blanc 2007 (CL) 459
Arauco reserva, maule valley, chardonnay 2007 (CL) 458
Arendsvlei, western cape, chardonnay 2008 (ZA) 334
Argento, mendoza, chardonnay 2007 (AR) 264
Argento, mendoza, sauvignon blanc 2006 (AR) 264
Arnozan réserve des Chartrons, bordeaux 2007 (FR) 144
Arrogant Frog, vin de pays d'oc, chardonnay-viognier 2007 (FR) 278
Arrogant Frog, vin de pays d'oc, sauvignon blanc 2007 (FR) 278
Arthur Metz, pinot blanc 2007 (FR) 218, 248
Artínjo, central valley, premiado blanco 2008 (CL) 247
Australië, boerenlandwijn (AU) 189
Baie Dankie, chenin-colombard (ZA) 471
Baron d'Arignac, vin de pays de gers 2007 (FR) 219, 248
Baron de Lance, vin de pays des côtes de gascogne 2006 (FR) ... 219, 248
Baywood, california, colombard chardonnay 2006 (US) 430
Beamonte, navarra, chardonnay 2007 (ES) 43
Berberana, cava selección oro brut 2005 (ES) 43

688

WIT

Berg Schaduw, western cape, sauvignon blanc 2008 (ZA) ....
  148, 175, 194, 355, 375, 399, 443, 540, 558, 585, 609, 649
Biokult, burgenland, grüner veltliner 2007 (AT) 504
Blanc de France, fris & droog, vin de pays des côtes de casgogne (FR) 110
Blason de Bourgogne, chablis 2006 (FR) 273
Blason de Bourgogne, mâcon-villages, chardonnay 2007 (FR) 273
Blind River, marlborough, sauvignon blanc 2007 (NZ) 281
Bloom, mosel-saar-ruwer, riesling 2006 (DE) 326
Blydskap, western cape, droë steen 2008 (ZA) 609, 625
Bodegas Franco-Españolas, rioja bordón 2006 (ES) 470
Bodegas Julian Chivite, parador, navarra, chardonnay 2007 (ES) 283
Boerenlandwijn Australië wit (AU) 189
Boland Kelder, paarl, chardonnay 2007 (ZA) 284
Boland Kelder, paarl, chardonnay chenin blanc 2006 (ZA) 284
Bosredon, bergerac sec 2007 (FR) 395
Bosredon, monbazillac 2005 (FR) 396
Bouchard Aîné & fils, bourgogne chardonnay 2006 (FR) 273
Bouchard Aîné & fils, bourgogne hautes-côtes
de nuits 'les cloîtres' 2007 (FR) 274
Bouquet d'or brut, vin mousseux (FR) 441, 552
Bourgogne chardonnay 2007 (FR)
  144, 172, 190, 352, 372, 441, 539, 553, 606, 645
Boutari, samos (EL) 279
Bradgate, stellenbosch, chenin blanc sauvignon blanc 2007 (ZA) 399
Brampton, coastal region, unoaked chardonnay 2007 (ZA) 45
Brampton, western cape, sauvignon blanc 2007 (ZA) 45
Burgershof, robertson, chardonnay 2008 (ZA) 399
Burgershof, robertson, chenin blanc 2007 (ZA) 399
Burgershof, robertson, sauvignon blanc 2008 (ZA) 400
Bush Creek, south eastern australia, chardonnay 2007 (AU) 550
Bush Creek, south eastern australia, verdelho 2007 (AU) 550
Calidez, airén 2007 (ES) 504
Callia Alta reserva, san juan, chardonnay-viognier-pinot gris 2007 (AR) .. 457
Callia Bella, san juan, chardonnay 2007 (AR) 457
Camino blanco, airén 2007 (ES) 524
Campagnola, soave classico 2007 (IT) 220
Campañero, central valley, chardonnay 2008 (CL) 551, 605
Canaletto, pinot grigio delle venezie 2007 (IT) 623
Canei, vino frizzante (IT)
  146, 174, 192, 354, 374, 396, 443, 540, 556, 585, 594, 608, 647
Cantina di Montefiascone, est! est!! est!!! di montefiascone 2006 (IT) ... 467
Cantine Maschio, prosecco del veneto (IT) 623
Can Vendrell de la Codina, cava brut reserva (ES) 525
Carosselo, verdicchio dei castelli di jesi 2007 (IT) 623
Carré de Vigne, vin de table de france, blanc (FR) 216
Carrieu cuvée sélectionée, saint-mont 2007 (FR) 220
Cartstens, jahrgangssekt 2006 (DE) 500
Casa del Rio Verde, valle central, chardonnay 2007 (CL) 215
Casa del Rio Verde, valle central, sauvignon blanc 2007 (CL) 215
Casa Lapostolle cuvée Alexandre, casablanca valley,
atalayas vineyards, chardonnay 2007 (CL) 269
Casa Lapostolle, rapel valley, sauvignon blanc 2007 (CL) 270
Casa Lapostolle, tanao, sauvignon blanc, sémillon, chardonnay 2007 (CL) 28
Casteltorre, pinot grigio delle venezie 2007 (IT) 397

689

WIT

Castillo de las Almenas, valencia, moscatel (ES) 147, 175, 374, 398, 540, 557, 594, 648
Castillo de Liria, valencia, viura & sauvignon blanc 2007 (ES) 624
Castilo de Ainzón, vino de mesa blanco 2007 (ES) 398
Catena, mendoza, chardonnay 2006 (AR) 265
Caveau, la mancha, airèn (ES) 443, 609
Caveau, vin de pays des côtes de gascogne (FR) 442, 607
Cave de Beblenheim, alsace, gewurztraminer 2007 (FR) 36
Cave de Beblenheim, alsace, pinot blanc 2007 (FR) 36
Cave de Beblenheim, alsace, pinot blanc prestige 2007 (FR) 36
Cave de Beblenheim, alsace, pinot gris 2007 (FR) 36
Cave de Beblenheim, alsace, riesling 2007 (FR) 36
Cave de Viré, mâcon-chardonnay 2007 (FR) 326
Cave du roi Dagobert, alsace, gewurztraminer 2007 (FR) 121
Cave du roi Dagobert, alsace, pinot blanc 2007 (FR) 121
Cave du roi Dagobert, alsace, riesling 2007 (FR) 121
Caveneta, weisswein, tafelwein (EU) 428
Caves de la Tourangelle, touraine grande réserve sauvignon 2007 (FR) ... 328
Cave Viré, mâcon 'les acacias' 2007 (FR) 621
Cavino, samos muscat, likeurwijn (EL) 396
C dry white selection (AR) 457
Cecchi, orvieto classico 2007 (IT) 40
Cellier des Brangers, menetou-salon, les folies 2007 (FR) 37
Cellier Jean Forestier, côtes de bergerac moelleux 2006 (FR) 466
Celliers des Brangers, menetou-salon plaisir des brangers 2006 (FR) ... 277
Cellier Yvecourt, bordeaux moelleux 2006 (FR) 461
Cellier Yvecourt, bordeaux sauvignon 2007 (FR) 462
Cellier Yvecourt, entre-deux-mers 2007 (FR) 462
Cercle de la grappe, vin de pays de l'île de beauté, chardonnay 2007 (FR) . 554
Cercle de la grappe, vin de pays du vignoble de france, sauvignon blanc 2007 (FR) 555
Chablis 2006 (FR) 429, 462
Chablis 2007 (FR) 144, 172, 190, 352, 372, 392, 539, 646
Champs du Moulin, vin de pays des côtes de gascogne, colombard chardonnay 2007, (FR) 329
Chardonnay sauvignon blanc, valle central 2007 (CL) 428
Charles Gruber, bourgogne chardonnay vieilles vignes 2007 (FR) 327
Château Baratet, bordeaux 2007 (FR) 522
Château Belingard, bergerac sec 2007 (FR) 330
Château Belingard, côtes de bergerac moelleux 2006 (FR) 330
Château Chavrignac, bordeaux 2007 (FR) 522
Château du Ballandreau, entre-deux-mers 2007 (FR) 144, 392, 606
Château Gaillard, touraine sauvignon 2007 (FR) 523
Château Lionel Faivre, corbières 2007 (FR) 502
Château Pradeau, mazeau, bordeaux blanc sec 2007 (FR) 553
Château Roc de Cazade, bordeaux 2006 (FR) 273
Ch, chardonnay delle venezie (IT) 648
Chenin blanc, paarl 2007 (ZA) 431
Chevalier de Pastel, sauternes 2006 (FR) 462
Chilensis, central valley, chardonnay 2007 (CL) 270
Chi, valle central, sauvignon blanc (CL) 270
Clairette de Die la comba aromatica tradition (FR) 502
Clairette de Die tradition (FR) 329
Clairette de Die tradition 'Comte Armand' (FR) 394

WIT

Cocoa Hill, stellenbosch, chenin blanc / dornier 2007 (ZA) 46
Codorníu, cava brut, reserva raventós (ES) 222
Codorníu, cava seco (ES) 43, 624
Codorníu, cava semi seco (ES) 624
Collection Rémy pannier, touraine, sauvignon 2006 (FR) 219
Comte de Caransac, bergerac moelleux (FR) 466
Concha y Toro, casillero del diablo, chardonnay 2007 (CL) 29
Concha y Toro, casillero del diablo, valle central,
  sauvignon blanc 2008 (CL) 29
Concha y Toro, casillero del diablo, viognier 2007 (CL) 29
Concha y Toro frontera, valle central, sauvignon blanc/semillón 2007 (CL) 29
Concha y Toro trio, casablanca valley, chardonnay,
  pinot grigio, pinot blanc 2007 (CL) 29
Concilio, trentino, chardonnay 2007 (IT) 40
Concilio, trentino, pinot grigio 2007 (IT) 40
Condado Real, vino de la tierra castilla y león, verdejo-viura 2007 (ES) ... 399
Cono Sur 20 barrels, casablanca valley, sauvignon blanc 2005 (CL) 459
Cono Sur limited release, bio-bio valley, gewurztraminer 2007 (CL) 459
Cono Sur limited release, casablanca valley, viognier 2007 (CL) 459
Cono Sur reserve, casablanca valley, chardonnay 2005 (CL) 459
Cono Sur, valle central, chardonnay 2007 (CL) 459
Cono Sur, valle central, chardonnay 2008 (CL) 459
Cono Sur, valle central, sauvignon blanc 2007 (CL) 460
Copa Sabia, cava brut reserva emoción (ES) 332
Cordier collection privée, sauternes 2006 (FR) 34
Creta Olympias winery, samos (EL) 220
Cutler Crest, california, chardonnay 2006 (US) 470
Cuvée Véronique, bordeaux moelleux 2007 (FR) 621
Cuvée Véronique, bordeaux sec 2007 (FR) 621
Danie de Wet, robertson, chardonnay 2008 (ZA) . 175, 194, 375, 400, 541, 595
Danie de Wet, robertson, sauvignon blanc 2008 (ZA) ....
                                            175, 194, 355, 375, 541, 649
Daria, verdicchio dei castelli di jesi superiore 2007 (IT) 331
De Bortoli Sero, King Valley, chardonnay pinot grigio 2006 (AU) 214
De Bortoli Sero, moscato 2007 (AU) 214
Deinhard, rheinhessen, riesling classic 2007 (DE) 144, 216, 606
De Montpervier grande réserve, champagne brut (FR) ....
                                            145, 172, 190, 352, 393, 553
De Montpervier grande réserve, champagne demi-sec (FR) ....
                                                 145, 172, 352, 393, 553
Diego, chardonnay 2007 (CL) 215
Die Kroon, weskaap, droe-wit, jaargang 2008 (ZA) 124
Die Rivierkloof, robertson, chardonnay 2008 (ZA) 124
D'istinto, sicila, chardonnay 2007 (IT) 123
Domaine Cazilhac des Capitelles, vin de pays d'oc,
  sauvignon-grenache 2007 (FR) 173
Domaine d'Arian, muscat de frontignan vin de liqueur (FR) 121
Domaine de la Levraudière, muscadet sèvre et maine sur lie 2007 (FR) 37
Domaine de la Tour Ambroise, touraine sauvignon 2007 (FR) 37
Domaine Delcellier, vin de pays des côtes de thongue, mélodia 2007 (FR) 502
Domaine de Lischetto, vin de pays de l'île de beauté,
  chardonnay 2007 (FR) 219
Domaine de Saline, vin de pays de l'ile de beauté, chardonnay 2007 (FR) . 465
Domaine des Hautes Noëlles, muscadet sèvre & maine sur lie 2007 (FR) 122

Domaine du Grand Selve, vin de pays d'oc, blanc 2006 (FR) 465
Domaine du Grand Selve, vin de pays d'oc, chardonnay 2006 (FR) 465
Domaine du Moulin Granger, sancerre 2007 (FR) 37
Domaine du Vieux Moulin, vin de pays d'oc, chardonnay 2007 (FR) 622
Domaine Eugène Meyer, pinot blanc 2007 (FR) 523
Domaine Eugène Meyer, pinot gris 2007 (FR) 523
Domaine Gaudry, pouilly-fumé les longues echines 2007 (FR) 277
Domaine la Cigale, vin de pays des sables du golfe du lion,
chardonnay (FR) 122
Domaine 'la Gemière', sancerre 2007 (FR) 219
Domaine Millet, sancerre 2006 (FR) 277
Domaine Millias, vin de pays d'oc, chardonnay-grenache 2007 (FR) 278
Domaine Preignes le Vieux, vin de pays d'oc,
chardonnay du petit bois 2007 (FR) 466
Domaine Sainte-Claire, chablis vieilles vignes 2006 (FR) 274
Dominique Duclos, vin de pays de l'île de beauté, chardonnay 2007 (FR) 249
Dominique Duclos, vin de pays du val de loire, sauvignon 2007 (FR) 249
Dominique Pabiot, la tour silex, pouilly-fumé 2007 (FR) 394
Doña Dominga, colchagua valley,
chardonnay semillon old vines 2008 (CL) 215
Doña Dominga reserva, colchagua valley,
sauvignon blanc – viognier 2008 (CL) 215
Dopff au moulin, alsace, gewurztraminer 2006 (FR) 463
Dopff au moulin, alsace, pinot blanc 2006 (FR) 463
Dopff au moulin, alsace, pinot gris reserve 2006 (FR) 463
Dopff au moulin, alsace, riesling 2005 (FR) 463
Douglas Green, reserve selection, western cape, chardonnay 2007 (ZA) . . 471
Douglas Green, vineyard selection, western cape, chenin blanc 2006 (ZA) 471
Douglas Green, western cape, chardonnay-viognier 2007 (ZA) 471
Drakenkloof, chenin blanc/chardonnay 2008 (ZA) 443, 559, 609
Drakenkloof, chenin blanc/colombard 2008 (ZA) 559
Drakenkloof reserve, chardonnay 2007 (ZA) 558
Dr. Loosen, blau schiefer, mosel-saar-ruwer, riesling trocken 2006 (DE) . . 271
Drostdy-hof, western cape, steen chenin blanc 2007 (ZA) 223
Duca di Castelmonte, cent'are, sicilia, inzolia-chardonnay 2007 (IT) 467
Ducale, verdicchio dei castelli di jesi classico 2007 (IT) 397
Duc de Meynan cuvée sélectionnée, saint-mont 2007 (FR) 555
Duc de Termes cuvée sélectionnée, saint-mont 2007 (FR) 123
Dunavár connoisseur collection, pinot blanc 2007 (HU) 374, 647
Dunavár connoisseur collection, pinot gris 2007 (HU) 146
Durbanville Hills, durbanville, chardonnay 2007 (ZA) 625
Durbanville Hills, durbanville, sauvignon blanc 2006 (ZA) 625
Eagle Crest, chenin blanc chardonnay viognier 2008 (ZA) 400
Eaglewood Falls, california dry white 2006 (US) 625
Easy Drinker, vin de pays des côtes de gascogne 2007 (FR) 249
Eiswein 2004 (DE) 460
Elandsberg, robertson, chardonnay 2008 (ZA) 175
Elandsberg, robertson, colombar 2008 (ZA) 175
El Cerillo, colchagua valley, chardonnay semillon 2008 (CL) 247
El Descanso reserva, valle central, chardonnay viognier 2007 (CL) 551
El Descanso reserva, valle de curicó, chardonnay 2007 (CL) 440, 552, 605
El Descanso, valle central, chardonnay 2008 (CL) 440, 552, 605
El Descanso, valle central, sauvignon blanc 2008 (CL) 440, 552
Emiliana, adobe, casablanca valley, sauvignon blanc 2008 (CL) 31

WIT

Emiliana, adobe reserva, casablanca valley, chardonnay 2008 (CL) 30
Emiliana, novas limited selection, valle casablanca, chardonnay 2008 (CL) 31
Emilie d'Albret, vin de pays d'oc, chardonnay (FR) 523
Enseduna, vin de pays des coteaux d'enserune, marsanne 2007 (FR) ... 329
Era, sicilia, inzolia 2007 (IT) 524
Eric Louis, sancerre 2007 (FR) 554
Espiritu de Chile, valle central, sauvignon blanc 2006 (CL) 351
Esprit de Nijinsky, vin de pays d'oc,
 vignelaure classic chardonnay 2007 (FR) 394
Estrella de Murviedro, valencia, moscatel (ES) 222
Estrella, valencia, vino blanco dulce de moscatel 2007 (ES) 332
Eymann, pfalz, riesling trocken 2007 (DE) 522
Fair Hills, western cape, chardonnay 2008 (ZA) 46
Fair Hills, western cape, sauvignon blanc 2008 (ZA) 46
Fair Trade Original, famatina valley, torrontés 2008 (AR) 663
Fair Trade Original, western cape, chardonnay 2008 (ZA) 663
Fair Trade Original, western cape, chenin blanc 2008 (ZA) 663
Famille Castel grande réserve, vin de pays d'oc, chardonnay 2007 (FR) 39
Famille Castel, vin de pays d'oc, chardonnay 2007 (FR) 39
Farnese Farneto valley, terre di chieti, chardonnay 2007 (IT) 280
Farnese, terre di Cheti, chardonnay 2007 (IT) 40
Fazi Battaglia, verdicchio dei castelli di jesi classico 2007 (IT) 467
Félix Ravinet, chablis 2006 (FR) 109
Finca Beltran duo, mendoza, chenin-chardonnay 2008 (AR) 326
Fiorelli, gran dessert (IT) 397
Fiorelli, moscato spumante (IT) 124
Fiuza, native, ribatejano, chardonnay fernão pires 2007 (PT) 221
Flat Roof Manor, stellenbosch, pinot grigio 2007 (ZA) 625
Flat Roof Manor, stellenbosch, sémillon 2006 (ZA) 626
Fleur d'Or, monbazillac 2006 (FR) 442, 555, 608
Fleuron de Baradat, cuvée sélectionnée, saint mont 2007 (FR) 220
Florenbelle, vin de pays des côtes de gascogne 2007 (FR) 39
Fontanafredda, asti (IT) 40
Fontanafredda, gavi 2007 (IT) 40
Fontanafredda, le fronde, moscato d'asti 2007 (IT) 41
Franconia, franken 2007 (DE) 272
Frankrijk, boerenlandwijn (FR) 191
Franschhoek Cellar, coastal region, chardonnay reserve 2007 (ZA) 626
Freixenet, Ash Tree Estate, vino de la tierra de castilla,
 chardonnay macabeo 2007 (ES) 147, 165, 355
Freixenet, cava carta nevada semi seco (ES) 147, 193, 222, 355, 557
Freixenet, cordon negro seco cava (ES)
 .... 43, 124, 147, 193, 222, 355, 374, 557, 624
French Rebel, bordeaux sauvignon blanc 2006 (FR) 108
French Renaissance, classic white, vin de table (FR) 216
Fuzion, mendoza, chenin-chardonnay 2008 (AR) 389
Gamma, casablanca valley, chardonnay 2008 (CL) ....
 .... 143, 171, 189, 371, 391, 552, 645
Garret, vinho verde 2007 (PT) 43
Gatão, vinho verde (PT) 222
Gato Negro, central valley, sauvignon blanc 2008 (CL) ....
 .... 143, 165, 190, 247, 352, 371, 391, 584, 593, 606, 620, 645
Gato Negro, mendoza, brut (AR) 389
Gazela, vinho verde 2007 (PT) 470

693

WIT

Gewurztraminer 2007 (FR) 622
Gewurztraminer les cigognes 2007 (FR) 218
Goedgenoegen, western cape, classical white 2007 (ZA) 471
Golden Kaan, western cape, chardonnay 2006 (ZA) 124, 148, 355
Golden Kaan, western cape, sauvignon blanc 2007 (ZA) 125, 356, 649
Graffigna, san juan, chardonnay 2007 (AR) 142, 351, 371, 605
Gran Campo Viejo, cava brut reserva (ES) 43
Grand Circle, california, chardonnay 2006 (US) 223
Grands Chais de Cardival, vin de pays du comté tolosan,
moelleux 2007 (FR) 110
Grand Sud, vin de pays d'oc, chardonnay 2007 (FR) 394, 555, 622
Gran Españoso cava brut (ES) 175, 194, 355, 374, 399, 557, 648
Gran Españoso, cava semi seco (ES) 175, 194, 355, 375, 399, 557, 649
Grans-Fassian, mineralschiefer, mosel, riesling trocken 2007 (DE) 32
Graves Supérieures (FR) 462
Graves Supérieures, moelleux 2007 (FR) 34
Graves Supérieures, vin blanc liquoreux (FR) 621
Green Bridge, california, sauvignon blanc 2006 (US) 111
Grüner Veltliner, niederösterreich 2006 (AT) 469
Grüner Veltliner, niederösterreich 2007 (AT) 557
Grüner Veltliner, Ried sandgrube 2007 (AT) 332
Hanepoot, wes-kaap, effe soet vrugtige witwyn 2007 (ZA) ....
.... 125, 223, 559, 585, 595
Hardys, bin 141, colombard chardonnay 2007 (AU) 23
Hardys Nottage Hill, South Australia, chardonnay 2007 (AU) .. 142, 390, 619
Hardys Sailing, south eastern australia, colombard chardonnay 2006 (AU) 390
Hardys Stamp of Australia, south eastern australia, pinot noir-chardonnay,
Australian sparkling wine 2006 (AU) 390
Hardys Stamp of Australia, south eastern australia,
riesling gewurztraminer 2007 (AU) 119, 142, 390, 619
Hardys Stamp of Australia, south eastern australia,
semillon chardonnay 2007 (AU) 119, 142, 351, 605, 619
Hardys Stamp of Australia, south eastern australia, semillon sauvignon
blanc 2007 (AU) 120, 142, 390, 619
Hardys Varietal Range, south eastern australia, chardonnay 2006 (AU) ...458
Hardy's Varietal Range, south eastern australia, chardonnay 2007 (AU) ...
.... 142, 214, 389, 550, 584, 605
Hardys Varietal Range, south eastern australia,
sauvignon blanc 2007 (AU) 458
Heaven on Earth, western cape, organic sweet wine (ZA) 525
Heerenkloof, western cape, chenin blanc/chardonnay 2008 (ZA) 165
Heidsieck & co, monopole blue top, champagne brut (FR) 35
Honoré Lavigne, bourgogne chardonnay 2007 (FR) 34
Honoré Lavigne, bourgogne hautes côtes de nuits 2007 (FR) 35
Honoré Lavigne, mâcon villages 2007 (FR) 35
Hoop Huis, western cape, chenin blanc 2008 (ZA) ....
.... 148, 175, 194, 356, 375, 400, 443, 541, 559, 585, 595, 649
Huiswijn, Australië wit (AU) 142, 171, 351, 390, 440, 593
Huiswijn, Chileense chardonnay, central valley 2008 (CL) 552, 606
Huiswijn Chili wit, central valley, sauvignon blanc 2007 (CL) 391
Huiswijn Franse droge wijn (FR) 606
Huiswijn, vin de pays d'Oc, syrah rosé (FR) 606
Huiswijn wit droog (FR) 329, 623
Huiswijn wit, droog fris, fruitig, geurig en smaakvol (FR) 122

694

WIT

Huiswijn wit droog, vin de pays des côtes de gascogne (FR) ....
.... 145, 173, 191, 353, 372, 395, 442, 540, 555, 584, 593
Huiswijn wit half-zoet (FR) 330
Huiswijn wit, halfzoet friszoet, exotisch en zacht (FR) 122
Huiswijn wit halfzoet, vin de pays des côtes de gascogne (FR) ....
.... 145, 191, 353, 373, 395, 442, 555, 584, 594
Huiswijn wit halfzoet & zoet,
vin de pays de gascogne blanc demi-sec (FR) 607
Huiswijn wit licht & fris, vin de pays du comté tolosan (FR) 607
Huiswijn wit, vin de pays des côtes de gascogne (FR) 192
Huiswijn wit zoet (FR) 623
Huiswijn wit zoet, vin de pays des côtes de gascogne (FR) ....
.... 191, 373, 395, 585, 594
Huiswijn, Zuid-Afrikaanse droge wijn (ZA) 609
Huiswijn Zuid-Afrika Droe Steen zuid-afrika west-kaap chenin (ZA) 559
Huiswijn Zuid-Afrika west-kaap chenin (ZA) ....
.... 148, 176, 194, 356, 400, 444, 541, 559, 595, 649
Il padrino, sicilia, grillo 2007 (IT) 250
Inca, torrontés chardonnay 2007 (AR) 389
Indomita varietal, central valley, sauvignon blanc 2007 (CL) ....
.... 144, 171, 190, 352, 391, 440, 539, 552, 584
Inglewood, western cape, chardonnay 2007 (ZA) 46
Intis, san juan, sauvignon blanc 2008 (AR) 142, 389
Inycon, sicilia, chardonnay 2006 (IT) 280
Inycon, sicilia, pinot grigio 2007 (IT) 280
Isla Negra reserva, valle central, chardonnay 2007 (CL) 144, 190, 216, 248, 391
Jackaroo, south eastern australia, chardonnay 2006 (AU) 143
Jacob's Creek, chardonnay 2007 (AU) 24
Jacob's Creek reserve, South Australia, chardonnay 2007 (AU) 24
Jacob's Creek, south eastern australia, semillon sauvignon blanc 2007 (AU) 24
Jacob Zimmerman, pfalz, bockenheimer grafenstück,
beerenauslese 2005 (DE) 460
Jean Balmont, vin de pays du val de loire, chardonnay 2007 (FR) 123
Jean Balmont, vin de pays du vignoble de france,
sauvignon blanc 2007 (FR) 123
Jean Baptiste Adam, réserve, alsace, pinot blanc 2006 (FR) 276
Jean Baptiste Adam, réserve, alsace, pinot gris 2006 (FR) 276
Jean Dumont, pouilly-fumé, les cailloux 2007 (FR) 38
Jean du Sud, vin de pays de l'ile de beauté, chardonnay 2007 (FR) 395
Jean du Sud, vin de pays du vignoble de france, sauvignon blanc 2007 (FR) 395
Jean Louis Cevenne, vin de pays des côtes de gascogne, blanc de
blancs 2006 (FR) 146, 173, 192, 353, 373, 395, 442, 555, 585, 608, 646
Jean Rosen, alsace, pinot blanc 2007 (FR) 441, 553, 607
Jean Rosen, gewurztraminer 2007 (FR) 441, 554, 607
Jean Rosen, pinot gris 2007 (FR) 441, 554, 607
Jean Rosen, riesling 2007 (FR) 441, 554, 607
Jean Sablenay, vin de pays de l'ile de beauté, chardonnay 2007 (FR) ....
.... 146, 173, 192, 354, 373, 540, 646
Jean Sablenay, vin de pays du vignoble de france,
sauvignon blanc 2007 (FR) 146, 173, 192, 354, 373, 442, 540, 646
Joseph Drouhin, bourgogne chardonnay 2006 (FR) 217
J.P. Chenet blanc de blancs, vin de pays des
côtes de gascogne 2007 (FR) 220, 249
J.P. Chenet blanc moelleux, vin de pays des côtes de thau 2007 (FR) . 220, 249

WIT

Kaapse Pracht, western cape, droë steen 2008 (ZA) 111
Kaapse Roos, chenin 2008 (ZA) 444, 559, 609
Kaapse Vreugd, droë wit 2007 (ZA) 125
Kamsberg, swartland, bushvine chenin blanc 2008 (ZA) 250
Kastelbourg, alsace, gewurztraminer réserve 2007 (FR) ....
.... 145, 172, 353, 372, 394, 646
Kastelbourg, alsace, pinot blanc réserve 2007 (FR) ....
.... 145, 173, 191, 353, 372, 394, 442, 540, 554, 593, 646
Kastelbourg, alsace, pinot gris réserve 2007 (FR) 646
Kastelbourg, alsace, riesling réserve 2007 (FR) 353, 372, 646
Kendermann, sauvignon blanc 2007 (DE) 216
Kleinrivier, western cape, chardonnay 2006 (ZA) 195
Kleinrivier, western cape, chenin blanc 2007 (ZA) 195
Kleinrivier, western cape, sauvignon blanc 2007 (ZA) 195
Kroon van Oranje, paarl, chardonnay 2007 (ZA) 284
Kumala, western cape, colombard chardnnay 2008 (ZA) 284
KWV, western cape, chardonnay 2007 (ZA) 251
La Battistina, gavi 2007 (IT) 280
La Chablisienne, chablis cuvée l.c. 2006 (FR) 274
La Chasse du Pape, vin de pays d'oc, chardonnay 2006 (FR) 220
La Feuille d'Or, vin de pays des côtes de tarn moelleux 2007 (FR) . 123
La Finca, mendoza, uco valley, chardonnay 2008 (AR) 593, 605
La Fornarina, prosecco marca trevigiana (IT) 556
La Fornarina, prosecco veneto frizzante (IT) 556
La Gascogne par Alain Brumont, vin de pays des côtes de gascogne,
  gros manseng-sauvignon 2007 (FR) 279
La Mancha, airén trocken 2006 (ES) 430
La Marouette, vin de pays d'oc, sauvignon 2007 (FR) 123
La Masseria, salento 2007 (IT) 331
La Mule du Pape, côtes du rhône 2006 (FR) 465
Landenwijn, Australië wit (AU) 371, 539
Landenwijn Zuid-Afrika west-kaap chenin (ZA) 375
Lanzerac, stellenbosch, chardonnay 2007 (ZA) 284
La Pieve Canevo, prosecco di valdobbiadene, vino frizzante (IT) 41
La Tulipe, bordeaux sauvignon 2007 (FR) 34
La Vis, simboli, trentino, pinot grigio 2007 (IT) 280
Le Dentelle des Loges, pouilly-fumé 2007 (FR) 122
Lenz Moser, niederösterreich, grüner veltliner selection 2007 (AT) . 43
Lenz Moser prestige, niederösterreich, grüner veltliner 2007 (AT) .. 42
Leopard's Leap, chardonnay viognier 2008 (ZA) 46
Leopard's Leap, lookout, western cape,
  chenin blanc colombard chardonnay 2008 (ZA) 46
Les Colimonts, vin de pays d'oc, chardonnay 2006 (FR) 279
Les Colombières, vin de pays des côtes de gascogne,
  colombard-ugni blanc 2007 (FR) 466
Les Hautes-Lieux, touraine, sauvignon 2006 (FR) 277
Les Héritiers du marquis de bieville, chablis 2006 (FR) 621
Les petits sommeliers, vin de pays d'oc, chardonnay (FR) 623
Les petits sommeliers, vin de pays d'oc, sauvignon blanc (FR) 623
Les Seringas, chablis 2007 (FR) 553
Les Vignals, vin de pays des côtes de gascogne,
  colombard-sauvignon 2007 (FR) 279
Liebfraumich, nahe qualitätswein (DE) 106
Lindemans, bin 25, brut cuvée sparkling (AU) 25

Lindemans, bin 65, chardonnay 2007 (AU) 25
Lindemans bin 95, south eastern australia, sauvignon blanc 2008 (AU) 24
Lindemans, cawarra, colombard chardonnay 2007 (AU) 25
Lindemans early harvest, south eastern australia,
  crisp dry white 2007 (AU) 24
Lindemans reserve, padthaway, chardonnay 2006 (AU) 24
Lindemans, sauvignon blanc-chardonnay 2008 (ZA) 47
Lionel Bruck, bourgogne chardonnay 2007 (FR) 392
Little Grazer, private bin, marlborough, sauvignon blanc 2007 (NZ) 398
Lone Kauri, east coast, sauvignon blanc 2007 (NZ) 110
Los Vascos, colchagua, chardonnay 2006 (CL) 31
Los Vascos, colchagua, sauvignon blanc 2007 (CL) 31
Lushof the Estate, stellenbosch, chardonnay 2007 (ZA) 223
Mâcon-villages 2007 (FR) 172, 217
Margalh de Bassac, vin de pays côtes du thongue 2007 (FR) 523
Marien Kloster, pfalz, müller thurgau 2007 (DE) 620
Marqués de Cáceres, rioja bianco 2007 (ES) 558
Marquis de Seillan, cuvée excellence, saint-mont 2007 (FR) 621
Marsigny, crémant de bourgogne, blanc de noirs (FR) 120
Martini, prosecco (IT) 147, 193, 221, 354, 556, 608, 624
Mas de Félines, picpoul de pinet, coteaux du languedoc 2007 (FR) 554
Masi Levarie, soave 2007 (IT) 280
Masi Modello, bianco delle venezie 2007 (IT) 280
Matahiwi, hawkes bay, sauvignon blanc 2007 (NZ) 282
Mcguigan Estate, south australia, chardonnay 2006 (AU) 351
Mcguigan Estate, south eastern australia, chardonnay 2005 (AU) 143
Meerendal, durbanville, chardonnay 2005 (ZA) 47
Meinklang, burgenland, grüner veltliner 2007 (AT) 504
Mezzacorona, trentino, chardonnay 2007 (IT) 397
Mezzacorona, trentino, pinot grigio 2007 (IT) 397
Michel Schneider, pfalz, pinot blanc classic 2007 (DE) 460
Michel Schneider, pfalz, riesling classic 2007 (DE) 460
Michel Schneider, pfalz, riesling lieblich 2007 (DE) 460
Milestone, south eastern australia, chardonnay 2008 (AU) 326
Miolo family vineyards, vale dos vinhedos, chardonnay 2008 (BR) 28
Misiones de Rengo, maule valley, sauvignon blanc 2007 (CL) 620
Mission St. Vincent, bordeaux 2007 (FR) 120
Moët & Chandon, champagne, brut impérial (FR) 36
Monasterio de Palazuelos, rueda, verdejo 2007 (ES) 222
Moncaro, marche, trebbiano 2007 (IT) 41
Moncaro, verdicchio dei castelli di jesi classico 2007 (IT) 41, 280, 524
Mon domaine, Argentina blanco, mendoza, chardonnay/torontes (AR) ...457
Mon domaine, Australia white, south eastern australia,
  semillon/chardonnay (AU) 458
Mon domaine, Chile blanco, central valley, sauvignon blanc (CL) 460
Mon domaine, France blanc, vin de pays du comté tolosan (FR) 466
Mon domaine, Suid Afrika, weskaap, chenin-colombard (ZA) 471
Mon domaine, Suid Afrika, weskaap, hanepoot (ZA) 471
Montagny premier cru 2007 (FR) 393
Montalto, sicilia, grecanico-chardonnay 2007 (IT) ....
                  147, 165, 193, 354, 374, 397, 443, 556, 594, 648
Montalto, sicilia, pinot grigio 2007 (IT) 193, 354, 443, 556
Montana, gisborne, unoaked chardonnay 2007 (NZ) 42
Montana, marlborough, sauvignon blanc 2007 (NZ) 42

WIT

Montana reserve, marlborough, sauvignon blanc 2007 (NZ) 42
Monteguelfo, orvieto classico 2006 (IT) 468
Montgras MG reserva, chardonnay 2007 (CL) 392
Mont Tauch, muscat de rivesaltes (FR) 465
Mooi Fonteyn, weskaap, droë steen 2007 (ZA) 284
Mooi Kaap, weskaap, droë steen 2008 (ZA) 47
Morin père & fils, bourgogne chardonnay duc de bourgogne 2007 (FR) ... 462
Morin père & fils, bourgogne hautes-côtes-de-nuits 2007 (FR) 462
Morin père & fils, chablis 2007 (FR) 462
Morin père & fils, grand duc, blanc de france (FR) 461
Morin père & fils, mâcon-villages 2005 (FR) 463
Morin père & fils, rully 2006 (FR) 463
Morin père & fils, saint-véran 2007 (FR) 463
Mosaico, marche bianco 2007 (IT) 556
Mosaico, verdicchio dei castelli di jesi classico 2007 (IT) 556
Moscatel, valencia (ES) 470
Moselland, divinum, mosel, riesling spätlese 2007 (DE) 32
Moselland, divinum, riesling 2007 (DE) 33
Moselland, mosel, pinot blanc 2007 (DE) 33
Moselland, mosel, pinot blanc classic 2007 (DE) 273
Moselland, mosel, pinot gris classic 2007 (DE) 273
Moselland, mosel, riesling classic 2007 (DE) 33, 273
Moselland, müller-thurgau 2007 (DE) 522
Moselland, riesling auslese 2006 (DE) 392
Moselland, riesling kabinett 2007 (DE) 392
Moselland, riesling spätlese 2006 (DE) 392
Mosel, riesling qualitätswein (DE) 107
Mount Vernon, marlborough, sauvignon blanc 2007 (NZ) 282
Mount Vernon, marlborough, unoaked chardonnay 2007 (NZ) 282
Mundo de Yuntero, airén 2007 (ES) 525
Murari, pinot grigio delle venezie 2006 (IT) 468
Murari, soave 2006 (IT) 468
Muscadet 2007 (FR) 622
Muscadet Sèvre et Maine sur lie 2007 (FR) 219, 248
Muscat de Beaumes de Venise, or pur (FR) 218, 465
Muscat de Saint Jean de minervois (FR) 622
Natuvin Demeter, vino bianco del lazio, droog en licht 2007 (IT) 524
Natuvin huiswijn wit la mancha 2007 (ES) 525
Navajas, rioja blanco 2007 (ES) 148, 222, 250
Nederburg Lyric, western cape,
  sauvignon blanc-chenin blanc-chardonnay 2008 (ZA) 400, 559, 649
Nederburg, western cape, sauvignon blanc chardonnay 2007 (ZA) 223
Neil Ellis, sincerely, western cape, sauvignon blanc 2007 (ZA) 47
Neil Ellis, stellenbosch, sauvign blanc 2006 (ZA) 47
Nicolas Feuillatte, champagne brut (FR) 36
Nicolas Feuillatte, champagne demi-sec (FR) 36
No house wine, droë wit uit suid-a, chenin blanc (ZA) 125
Norton Barrel select, mendoza, chardonnay 2007 (AR) 21
Norton, mendoza, chardonnay 2008 (AR) 22
Norton, mendoza, sauvignon blanc 2008 (AR) 22
Norton, mendoza, torrontés 2008 (AR) 22
Olivella Ferrari, cava brut reserva (ES) 222
Olivella Ferrari, cava reserva semi seco (ES) 222
Olympias, retsina (EL) 466, 647

Oorsprong, western cape, chenin blanc – chardonnay 2008 (ZA) 47
Oveja Negra, chardonnay-viognier 2007 (CL) 270
Oveja Negra, pinot grigio-riesling 2007 (BR) 269
Pacific Ridge, california white 2007 (US) 44
Palacio Pimentel, rueda, verdejo 2007 (ES) 283
Palacio Pimentel, rueda, verdejo viura 2007 (ES) 283
Palin, valle de casablanca, chardonnay 2007 (CL) 500
Palo Alto reserva, maule valley, sauvignon blanc 2008 (CL) 270
Pampas del Sur reserve, mendoza, viognier 2008 (AR) 247
Pampas del Sur select, mendoza, chardonnay-chenin 2008 (AR) ... 214, 247
Parfums de France, vin de pays d'oc 2007 (FR) 330
Parra, la mancha, airén 2007 (ES) 504
Parra, la meseta, la mancha, airén sauvignon blanc 2007 (ES) 504
Parthenium, sicilia, inzolia-chardonnay 2007 (IT) 624
Pasos de Tango, mendoza, viognier 2008 (AR) 214
Paul Zinck, alsace, pinot blanc 2007 (FR) 36
Pavois d'Or, sauternes 2006 (FR) 216
P. de Marcilly frères, chablis 1er cru montmains 2007 (FR) 35
P. de Marcilly frères, chablis 2007 (FR) 35
P. de Marcilly frères, pouilly-fuissé 2006 (FR) 35
Pellegrino, pantelleria passito liquoroso 2006 (IT) 468
Penascal, vino de la tierra de castilla y león, sauvignon blanc 2007 (ES) .. 148
Penfolds, Koonunga Hill, South Australia, chardonnay 2006 (AU) ... 265
Penfolds, rawson's retreat, chardonnay 2007 (AU) 25
Penfolds, rawson's retreat, south eastern australia, riesling 2007 (AU) 26, 267
Penfolds, rawson's retreat, south eastern australia,
  semillon chardonnay 2006 (AU) 268
Penfolds, Thomas Hyland, Adelaide, chardonnay 2007 (AU) 27
Penquin Point, western cape, chardonnay 2008 (ZA) 626
Perlage, chardonnay del veneto 2007 (IT) 524
Peter Lehmann of the Barossa, barossa, chardonnay 2007 (AU) 268
Peter Lehmann, weighbridge, south australia,
  unoaked chardonnay 2006 (AU) 268
Petit Grain de Bassac, muscat petit grain moelleux,
  vin de pays des côtes de thongue 2007 (FR) 502, 524
Petit Grain, muscat de saint jean de minervois 2007 (FR) 37
Pg, pinot grigio delle venezie (IT) 648
Picpoul de Pinet 'les Mouginels', coteaux du languedoc 2007 (FR) .. 37
Pierre Bernhard, alsace, gewurztraminer 2005 (FR) 500
Pierre Bernhard, alsace, pinot blanc 2007 (FR) 500
Pierre Bernhard, alsace, riesling 2005 (FR) 500
Pinot blanc 2007 (FR) 622
Pinot grigio delle Venezie 2007 (IT) 110
Pinot grigio provincia di Pavia 2007 (IT) 429
Pinot gris 2007 (FR) 622
Piper-Heidsieck, champagne brut (FR) 274, 393
Piper-Heidsieck, champagne cuvée sublime, demi-sec (FR) 274
Planeta, sicila, la segreta 2007 (IT) 281
Planeta, sicilia, chardonnay 2006 (IT) 281
Plus Huiswijn Australië dry white (AU) 550
Porca de Murça, douro branco 2007 (PT) 398
Post House, stellenbosch, chenin blanc 2007 (ZA) 223
Pouilly-fuissé 2007 (FR) 217
Preignes, vin de pays d'oc, chardonnay 2004 (FR) 466

WIT

Prosecco del Veneto (IT) 110
Prosecco la Pieve, vino frizzante (IT) 41
Prosecco, veneto (IT) 524
Qool, chardonnay 2007 (FR) 33
Quinta del Santo, ribera del guidiana (ES) 124
Quint de Azevedo, vinho verde 2007 (PT) 470
Raimat, costers del segre, albariño chardonnay 2006 (ES) 470
Raimat, costers del segre, viña 27, chardonnay 2006 (ES) 470
Rapido white, trebbiano d'abruzzo 2006 (IT) 193
Rebenschoppen, witte tafelwijn, melange van wijnen uit
   verschillende landen van de Europese Gemeenschap (EU) 107
Rembert Freiherr von Schorlemer, pfalz, spätlese 2006 (DE) 107
Remy Pannier, chardonnay brut (FR) 34
Rémy Pannier, vin de pays du jardin de la france, chardonnay 2007 (FR) ... 39
René Clément, bourgogne chardonnay 2007 (FR) 217
Rengo Abbey, maule valley, sauvignon blanc 2008 (CL) 248
Rengo Abbey, rapel valley, chardonnay 2007 (CL) 248
Ritzenthaler, alsace, pinot gris 2007 (FR) 218, 248
Robinsons, east coast, sauvignon blanc 2007 (NZ) 624
Roger Champault, sancerre 'les pierres' 2007 (FR) 277
Rooiberg Winery, chardonnay 2007 (ZA) 356
Rooiberg Winery, chenin blanc 2008 (ZA) 356
Rosemount Estate, south eastern australia, chardonnay 2006 (AU) ... 27
Rosemount Estate, south eastern australia,
   sémillon-chardonnay 2007 (AU) 28
Rosemount Estate, south eastern australia,
   sémillon-sauvignon blanc 2006 (AU) 28
Rudolf Müller, mosel, bereich bernkastel, riesling 2007 (DE) 461
Rudolf Müller, mosel-saar-ruwer, riesling auslese 2006 (DE) 461
Rudolf Müller, mosel-saar-ruwer, riesling kabinett 2006 (DE) 461
Rudolf Müller, mosel-saar-ruwer, riesling spätlese 2007 (DE) 461
Rudolf Müller, rheinhessen, auslese 2006 (DE) 461
Rudolf Müller, rheinhessen, niersteiner gutes domtal 2007 (DE) 461
Rudolf Müller, rheinhessen, spätlese 2007 (DE) 461
Rueda Sol y Nieve, rueda, sauvignon blanc 2007 (ES) 43
Rueda Sol y Nieve, rueda, verdejo 2007 (ES) 43
Rueda Sol y Nieve, rueda, verdejo viura 2007 (ES) 44
Saint-Mont cuvée speciale, boiseraie 2007 (FR) 146, 174, 373, 396
San Silvestro, piemonte, cortese, adelasia 2007 (IT) 124, 397
Santa Cristina, sicilia, pinot grigio 2007 (IT) 41
Santa Julia, mendoza, chardonnay 2008 (AR) 619
Santa Marta, chardonnay 2008 (AR) 171
Santa Rita 120, valle central, chardonnay 2007 (CL) 216, 620
Santa Rita 120, valle de lontue, sauvignon blanc 2007 (CL) 216
Schoondal, western cape, cape white 2008 (ZA) ....
   148, 176, 195, 356, 375, 400, 559, 585, 595, 650
Secrets de Saint-Benoît, réserve spéciale, saint mont 2007 (FR) 40
Séduction, bordeaux, semillon sauvignon 2007 (FR) 621
Seigneurs de Monbazillac, monbazillac 2005 (FR) 466
Sella & Mosca, vermentino di sardegna 2006 (IT) 468
Señorio de Solano, valencia, vino blanco dulce de moscatel (ES) 625
Sensas, vin de pays des vignobles de France, sauvignon 2007 (FR) ....
   146, 174, 192, 354, 373, 647
Serenata, sicilia, grillo 2007 (IT) 147, 397

Settesoli, sicilia, pinot grigio 2007 (IT) 41
Shingleback, mclaren vale, cellar door chardonnay 2007 (AU) 269
Silver Sands red, robertson, sauvignon blanc 2008 (ZA) 626
Soave classico 2006 (IT) 429
Sol de Agosto, la mancha, airén 2007 (ES) 525
Sollatio, sicilia bianco 2007 (IT) 502
Somerlust, robertson, chardonnay 2008 (ZA) 559
Songloed, wes kaap, droë steen 2007 (ZA) 251
Sotto il cipresso, prosecco frizzante marca trevigiana (IT) 331
Sotto il cipresso, vino bianco d'italia (IT) 332
South eastern australia, chardonnay 2007 (AU) 428
Southern Creek, south eastern australia,
   australian chardonnay 2007 (AU) 105
Spanje Ribera del Guadiana fris, soepel en mildkruidig 2007 (ES) 124
Spätlese rheinhessen 2007 (DE) 428
Spier, discover, western cape,
   chenin blanc/colombard 2008 (ZA) 148, 165, 251, 650
Stellar Organics, western cape, chenin blanc 2008 (ZA) 526
Stellar Organic Winery, african star, western cape,
   organic white 2008 (ZA) 526
Stormhoek, chardonnay-viognier 2008 (ZA) 47
Suid-Afrikaanse droë witwyn (ZA) 334
Sumarroca, penedés, chardonnay 2007 (ES) 283
Sunny Mountain, chardonnay 2007 (AU)
                 143, 171, 189, 351, 371, 390, 440, 539, 551, 584, 593, 645
Sunset Creek, california, chardonnay 2007 (US) 625
Super, Australië, south eastern australia, licht droog 2008 (AU) 619
Super, Chili, central valley, fris en fruitig 2008 (CL) 620
Super de Boer, duitsland, rheinhessen, zoet en fris 2007 (DE) 620
Super, landenwijn Chili wit 2008 (CL) 620
Super, Zuid-Afrika wes kaap, fris en droog 2006 (ZA) 626
Sutter Home, chardonnay 2006 (US) 194
Swartland Winery, western cape, chardonnay 2008 (ZA) 47
Swartland Winery, western cape, sauvignon blanc 2008 (ZA) 48
Tall Horse, chardonnay 2006 (ZA) 224
Tall Horse, sauvignon blanc 2008 (ZA) 224
Tanguero, mendoza, chardonnay 2008 (AR) 119
Terrazano, verdicchio dei castelli di jesi classico 2007 (IT) ....
                                    147, 174, 354, 594, 608, 648
Thandi, western cape, sauvignon blanc sémillon 2007 (ZA) 48
Thierry & Guy, fat bastard, vin de pays vignobles de france,
   chardonnay 2007 (FR) 39
Thierry Vaute, muscat de beaumes de venise 2006 (FR) 37
Three Oaks reserve selection, california white wine (US) 649
Tierra Buena, mendoza, chardonnay 2008 (AR) 165, 550
Tierra Buena, mendoza, chardonnay reserva 2007 (AR) 550
Tilia, mendoza, chardonnay 2007 (AR) 22
Tilia, mendoza, sauvignon blanc 2008 (AR) 22
Toconao, valle central, sauvignon blanc/semillon 2007 (CL) 460
Tokara, stellenbosch, chardonnay 2006 (ZA) 285
Tokara, zondernaam, western cape, chardonnay 2007 (ZA) 285
Tokara, zondernaam, western cape, sauvignon blanc 2007 (ZA) 285
Tonino (IT) 468
Torres, catalunya, viña sol 2007 (ES) 470

Torres Gran viña Sol, penedès, chardonnay 2007 (ES) 283
Torres Viña Brava, catalunya, parellada garnacha blanca 2007 (ES) 44
Torres Viña Sol, catalunya 2007 (ES) 283
Touraine sauvignon 2007 (FR) 173, 191, 353, 372
Tour Caret, blanc, vin de pays d'oc 2006 (FR) 192
Trapiche Varietals, mendoza, chardonnay 2008 (AR) 119
Trapiche Varietals, mendoza, sauvignon blanc 2008 (AR) 119
Trivento, brisa de otoño, mendoza 2007 (AR) 458
Trivento, mendoza, chardonnay – torrontés 2008 (AR) 458
Trivento reserve, mendoza, chardonnay 2007 (AR) 457
Trivento Tribu, mendoza, chardonnay 2008 (AR) 457
Trivento Tribu, mendoza, sauvignon blanc 2008 (AR) 458
Tsantali, vin de pays de makedonia, imiglykos 2007 (EL) 467
Two Oceans, western cape, chenin blanc sauvignon blanc 2008 (ZA) .....
....149, 356, 595, 626
Undurraga, aliwen reserva, central valley, chardonnay 2007 (CL) 31
Undurraga, aliwen reserva, central valley, sauvignon blanc 2007 (CL) 32
Undurraga, lontué valley, sauvignon blanc 2007 (CL) 32
Undurraga, maipo valley, chardonnay 2007 (CL) 32
Val de Uga, somontano, chardonnay 2007 (ES) 194, 399, 558
Valdivieso Barrel reserva, casablanca valley, chardonnay 2007 (CL) 270
Valdivieso, central valley, chardonnay 2008 (CL) 271
Valdivieso, central valley, sauvignon blanc 2008 (CL) 271
Valdivieso reserva, casablanca valley, sauvignon blanc 2007 (CL) 271
Valentin Züsslin, alsace, gewurztraminer bollenberg 2004 (FR) 501
Valentin Züsslin, alsace, riesling bollenberg 2006 (FR) 502
Valgrande de Chile, central valley, chardonnay 2007 (CL) 326
Vallée Loire, touraine sauvignon 2007 (FR) 277
Vallée Loire, vouvray moelleux, chenin blanc 2007 (FR) 277
Valmas, vin de pays d'oc, chardonnay 2007 (FR) 39
Valombreuse, bordeaux blanc moelleux 2007 (FR) 216
Valombreuse, bordeaux blanc sec 2007 (FR) 217
Van Loveren private cellar, robertson, light white semillon 2008 (ZA) ...285
Van Loveren, robertson, sauvignon blanc 2008 (ZA) 285
Van Remoortere, menetou-salon 2007 (FR) 219
Veelplesier, private selection, western cape, chardonnay 2008 (ZA) .....
....149, 356, 471, 626
Veilleur de Nuit, alsace, pinot blanc 2007 (FR) 464
Veilleur de Nuit, alsace, pinot gris 2007 (FR) 464
Venetio, prosecco veneto frizzante (IT) ....
..............................174, 193, 355, 374, 397, 443, 594, 608, 648
Veuve Roth, alsace, riesling 2007 (FR) 218
Viajero, valle de curicó, sauvignon blanc 2007 (CL) 428
Vida Orgánico, mendoza, chardonnay 2008 (AR) 522
Vignoble Beaulieu, coteaux du languedoc picpoul de pinet 2007 (FR) ...330
Vignoble Dauny, sancerre les caillottes 2007 (FR) 523
Villa Antinori, toscana 2007 (IT) 41
Villa Cerna, vinsanto del chianti classico 1997 (IT) 468
Villa Contado, veneto, prosecco 2007 (IT) 503
Villa Contado, veronese bianco 2007 (IT) 504
Villa Cornaro, pinot grigio 2007 (IT) 221
Villa Maria, private bin, east coast, chardonnay 2007 (NZ) 469
Villa Maria, private bin, marlborough, sauvignon blanc 2007 (NZ) 469
Villa Maria, private bin, marlborough, sauvignon blanc 2008 (NZ) 398

Villa Maria, soave 2007 (IT) 624
Villa Mondi, soave (IT) 147, 174, 193, 374, 397, 557, 594, 608, 648
Villa Rocca, soave 2007 (IT) 41
Villa Scacchi, soave 2007 (IT) 250
Viña Bade, rias baixas, albariño 2007 (ES) 283
Viña Ducaro, campo de borja, blanco 2007 (ES) 333
Viña la Rosa, la palma, cachapoal valley, chardonnay 2008 (CL) 271
Viña la Rosa, la palma, cachapoal valley, sauvignon blanc 2008 (CL) 271
Viña la Rosa Reserva, la palma, rapel valley, chardonnay 2007 (CL) 271
Viña Maipo, valle central, chardonnay 2007 (CL) ....
.... 171, 190, 371, 392, 440, 539, 593, 645
Viña Mar, casablanca valley, chardonnay reserva 2007 (CL) 120
Viña Montesa, somontano, chardonnay 2007 (ES) 124
Viña Plata, chardonnay 2008 (AR) 214
Viñas de Barrancas, mendoza, chardonnay 2008 (AR) 326
Viñas del Vero, somontano, chardonnay 2007 (ES) 284
Viñas del Vero, somontano, chardonnay macabeo 2007 (ES) 284
Vincent de Neuly, grande réserve, champagne brut (FR) 217
Vincent de Neuly, grande réserve, champagne demi-sec (FR) 218
Vondeling, voor-paardeberg paarl, petit blanc,
  chenin blanc/chardonnay/viognier 2007 (ZA) 48
Vondeling, voor-paardeberg paarl, sauvignon blanc 2007 (ZA) 49
VP Vaya Pasada, rueda 2007 (ES) 558
Vreugh'vol, chardonnay 2007 (ZA) 626
Vyf Skepe, western cape, chardonnay colombard 2007 (ZA) 111
Waterval, western cape, sauvignon blanc/sémillon 2008 (ZA) 125
Weingarten Pfarre Weissenkirchen, wachau,
  grüner veltliner smaragd 2006 (AT) 282
Weingarten Weissenkirchen, wachau,
  grüner veltliner steinfeder 2007 (AT) 282
Welmoed, chenin blanc 2008 (ZA) 49
Welmoed, stellenbosch, sauvignon blanc 2008 (ZA) 49
Welmoed, western cape, chardonnay 2007 (ZA) 49
Western Cellars, california, colombard chardonnay 2006 (US) 250
W. Gisselbrecht, alsace, fronholz, gewurztraminer 2004 (FR) 464
W. Gisselbrecht, alsace, grand cru frankstein, pinot gris 2003 (FR) 464
W. Gisselbrecht, alsace, grand cru frankstein, riesling 2002 (FR) 464
Wilderness Valley dry white, south eastern australia, verdelho (AU) 390
Wilderness Valley semillon chardonnay Australië (AU) 391
Wildlife, african white 2007 (ZA) 356
Wild Pig, vin de pays d'oc, chardonnay 2007 (FR) 39
Wild Pig, vin de pays d'oc, viognier 2007 (FR) 39
Willowbank de Bortoli, sémillon chardonnay 2007 (AU) ....
.... 143, 165, 171, 371, 645
Willowglen, chardonnay 2007 (AU) 189
Willowglen, sémillon chardonnay 2007 (AU) 189
Winzer Krems, grüner veltliner ried sandgrube 2007 (AT) 283
Winzer Krems, sandgrube 13, grüner veltliner 2007 (AT) 174, 398
Wolfberger, alsace, gewurztraminer 2007 (FR) 276
Wolf Blass eaglehawk, south eastern australia, chardonnay 2007 (AU) ... 269
Wolf Blass red label, south eastern australia, chardonnay 2006 (AU) 269
Wolf Blass yellow label, South Australia, chardonnay 2006 (AU) 269
W', rueda, verdejo viura 2007 (ES) 333
Ycaro reserva, casablanca valley, chardonnay 2008 (CL) 522

WIT

Yellow Jersey, vin de pays d'oc, chardonnay 2007 (FR) 279
Yellow Tail, south eastern australia, chardonnay 2007 (AU) ....
                                    189, 215, 351, 371, 391, 551, 620, 645
Z-Af, robertson, steen-chardonnay (ZA) 285
Zama, western cape, chardonnay 2007 (ZA) 195
Zantho, burgenland, grüner veltliner 2007 (AT) 221
Zuid-Afrika, boerenlandwijn (ZA) 195
Zuid-Afrika, westkaap, colombard chardonnay,
  sappig, fruitig met een tikje citrus (ZA) 125

ROSÉ

Ackerman, rosé d'anjou 2007 (FR)	628
Ackerman, rosé d'anjou lamarte 2007 (FR)	472
AH España, tempranillo merlot, droog soepel fruitig (ES)	54
AH huiswijn rosé droog sappig fruitig (FR)	51
AH huiswijn rosé lichtzoet mild soepel (FR)	51
AH Suid-Afrika, pinotage rosé, droog sappig fruitig (ZA)	55
Albor, vino de la tierra de castilla, rosé 2007 (ES)	651
Alpaca, rapel valley, cabernet sauvignon rosé 2008 (CL)	126
Arendsvlei, western cape, syrah rosé 2008 (ZA)	337
Argento, mendoza, malbec rosé 2007 (AR)	286
Arrogant Frog, vin de pays d'oc, syrah rosé 2007 (FR)	286
Barceló, vino de la tierra de castilla y león, tempranillo rosado 2007 (ES)	289
Baron de Lance, vin de pays d'oc, rosé 2007 (FR)	225
Baron de Lance, vin de pays d'oc, rosé grenache consault 2007 (FR)	225, 252
Baywood, zinfandel rosé 2007 (US)	433
Beamonte, navarra, rosado de garnacha 2007 (ES)	54
Berberana Dragón, tempranillo rosado 2007 (ES)	54
Berg Schaduw, western cape, pinotage rosé 2008 (ZA)	152, 199, 359, 378, 405, 447, 564
Biante, campo de borja, rosado 2007 (ES)	151, 358, 377, 404, 446, 652
Blouberg (ZA)	475
Blydskap, western cape, pinotage rosé 2008 (ZA)	610, 630
Bodegas Franco-Españolas, rioja bordón 2006 (ES)	474
Bodegas Osborne, rosafino (ES)	474, 563
Bodegas Osborne, solaz, vino de la tierra de castilla, rosado 2007 (ES)	127, 152, 227, 253, 358, 563
Boland Kelder, paarl, shiraz rosé 2007 (ZA)	290
Bordeneuve, vin de pays du comté tolosan 2007 (FR)	561
Bosredon, bergerac rosé 2007 (FR)	402
Bougrier, rosé d'anjou 2007 (FR)	287
Bouquet d'or brut, dry rosé (FR)	445
Brampton, stellenbosch, rosé 2008 (ZA)	55
Burgershof, robertson, cabernet sauvignon rosé 2008 (ZA)	405
Bush Creek, south eastern australia rosé 2008 (AU)	560
Buzet, merlot cabernet rosé 2007 (FR)	126
Calidez, tempranillo 2007 (ES)	506
Callia Bella, san juan, rosé shiraz 2007 (AR)	472
Camino rosado, la mancha 2007 (ES)	528
Campo Castillo, campo de borja, rosado 2007 (ES)	652
Campo Lavilla, navarra rosado 2007 (ES)	127
Campo Nuevo, navarra rosado 2007 (ES)	227
Canei, vino frizzante (IT)	377, 474
Cape Reality, robertson, pinotage rosé 2007 (ZA)	630
Carrieu cuvée sélectionée, saint-mont 2007 (FR)	225
Casal Mendes, rosé (PT)	289
Castillo de Liria, valencia, bobal rosé 2007 (ES)	629
Castilo de Ainzón, campo de borja, old vine garnacha rosado 2007 (ES)	404
Cave Genouilly, bourgogne pinot noir 2007 (FR)	226
Cellier Yvecourt, bordeaux rosé 2006 (FR)	473
Cercle de la grappe, vin de pays du val de loire, cabernet franc rosé 2007 (FR)	561
Champagne de Montpervier, rosé brut (FR)	151, 178, 196, 357, 376, 402, 562

ROSÉ

Charrette, vin de pays de l'aude, merlot rosé 2006 (FR) 112
Château Auguste, cuvée moulin, bordeaux rosé 2007 (FR) 505
Château Belingard, bergerac rosé 2007 (FR) 335
Château de Bezouce, costières de nîmes, syrah-grenache 2007 (FR) 51
Château de l'Amaurigue, côtes de provence 2007 (FR) 287
Château la Gordonne, côtes de provence 2007 (FR) 52
Château la Moutète, vieilles vignes, côtes de provence 2007 (FR) 287
Château Tapie, coteaux du languedoc 2007 (FR) 52
Château Ventenac, cabardès 2007 (FR) 52
Château Villerambert Julien, minervois 2007 (FR) 287
Clos Pujol, cabardès, merlot-syrah 2006 (FR) 287
Club des sommeliers, cabernet d'anjou 2007 (FR) 628
Club des sommeliers, côtes de provence 2007 (FR) 628
Codice, salento rosato 2007 (IT) 226
Codorníu, cava brut, pinot noir (ES) 227
Codorníu, cava rosado (ES) 629
Colina Verde, rioja rosado, garnacha 2007 (ES) 506
Collection Rémy Pannier, rosé d'anjou 2007 (FR) 226, 252
Concha y Toro, casillero del diablo, valle central, shiraz rosé 2007 (CL) ... 50
Concha y Toro, frontera, valle central, merlot rosé 2008 (CL) 51
Condado Real, vino de la tierra castilla y león, rosado 2007 (ES) 404
Cono Sur, valle central, merlot rosé 2007 (CL) 472
Coopers Crossing, south eastern australia, rosé 2008 (AU) 225
Copa Sabia, cava brut rosé (ES) 336
Corte Olivi, chiaretto bardolino classico 2007 (IT) 151, 403
Costières de Nîmes, rosé 2006 (FR) 432
Côtes de Provence 2007 (FR) 252
Côtes de Roussillon 2007 (FR) 432
Cutler Creek, california, zinfandel rosé 2006 (US) 475
Danie de Wet, robertson, rosé 2008 (ZA) 199, 359, 378
De Bortoli, Sacred Hill, rosé 2008 (AU) 126
Delcellier, mélodia, vin de pays des côtes de thongue 2007 (FR) 505
Diamarine cuvée speciale, côtes varois en provence 2007 (FR) 151, 562
Diego, rosé cabernet (CL) 225
Die Rivierkloof, robertson, rosé 2008 (ZA) 129
Domaine Bassac, vin de pays des côtes de thongue,
 cabernet sauvignon 2007 (FR) 527
Domaine de Bachellery, vin de pays des coteaux du libron,
 perles de rosé (FR) 336
Domaine de Bachellery, vin de pays d'oc, pinot noir 2007 (FR) 335
Domaine Delcellier, vin de pays d'oc 2007 (FR) 505
Domaine de l'Hermitage, l'oratoire, bandol 2007 (FR) 288
Domaine de Saint-Sèr, cuvée prestige, côtes de provence,
 sainte victoire 2007 (FR) 52
Domaine du Grand Selve, vin de pays d'oc, merlot rosé 2007 (FR) 473
Domaine du Grand Selve, vin de pays d'oc rosé 2007 (FR) 473
Domaine du Vieux Moulin, vin de pays d'oc, grenache 2007 (FR) 628
Domaine la Cigale, vin de pays des sables du golfe du lion,
 rosé gris (FR) 126, 252
Domaine Luc, vin de pays d'oc, cabernet sauvignon 2007 (FR) 288
Domaine Preignes le Vieux, vin de pays d'oc, syrah des pins 2007 (FR) .. 473
Domaine Saint-Martin, côtes du rhône 2007 (FR) 336
Dominique Duclos, vin de pays du val de loire, cabernet rosé 2007 (FR) .. 252
Dona Victoria, campo de borja, rosado 2007 (ES) 178

ROSÉ

Douglas Green, western cape, pinotage rosé 2007 (ZA) 476
Drakenkloof, rosé 2008 (ZA) 565
Duca di Castelmonte, cent'are, sicilia, rosato 2006 (IT) 474
Duc de Meynan cuvée sélectionnée, saint-mont 2007 (FR) 562
Duc de Termes cuvée sélectionnée, côtes de saint-mont 2007 (FR) ... 126
Easy Rrinker, vin de pays du comté tolosan 2007 (FR) 253
Elandsberg, robertson, rosé 2008 (ZA) 179, 378
El Descanso, central valley, shiraz rosé 2008 (CL) 445, 560
Enseduna, vin de pays des coteaux d'enserune, cabernet franc 2007 (FR) . 336
Ernest & Julio Gallo family, california dry rosé, shiraz 2007 (US) 405
Ernest & Julio Gallo family turning leaf, california shiraz rosé 2007 (US) 405
España, wijn van de wijnboer 2007 (ES) 506
Espiritu de Chile, valle central, cabernet sauvignon rosé 2007 (CL) 357
Esprit de Nijinsky, vin de pays des coteaux du verdon,
  vignelaure classic rosé 2007 (FR) 402
Estrella de Murviedro, valencia (ES) 227
é, vino de la tierra de castilla y león, tempranillo 2007 (ES) 336
Fair Trade Original, western cape, pinotage merlot 2008 (ZA) 664
Famille Castel, syrah rosé 2007 (FR) 52
Farnese, montepulciano d'abruzzo cerasuolo 2007 (IT) 54
Fleuron de Baradat, cuvée sélectionnée, saint mont 2007 (FR) 226
Fortius, navarra rosado 2007 (ES) 475
Frankrijk, boerenlandwijn (FR) 196
Freixenet, Ash Tree Estate, vino de la tierra de castilla,
  bobal cabernet 2007 (ES) 152, 166, 358
Freixenet, cava rosado seco (ES) 198, 359, 563
Fumet de Provence, côtes de provence 2007 (FR) 226
Fuzion, mendoza, shiraz rosé 2008 (AR) 401
Gamma, valle central, syrah rosé 2008 (CL) ... 150, 177, 196, 376, 401, 651
Gato Negro, central valley, cabernet merlot rosé 2007 (CL) 401
Goedgenoegen, western cape, classical rosé 2007 (ZA) 476
Golden Kaan, western cape, pinotage rosé 2008 (ZA) 129, 152, 359, 652
Graffigna, san juan, shiraz rosé 2007 (AR) 150, 357, 586, 610, 651
Grand Sud, vin de pays d'oc, grenache lieblich 2007 (FR) 628
Grand Sud, vin de pays d'oc, merlot rosé 2007 (FR) 402, 562, 628
Gran Españoso cava brut rosado (ES) 178, 198, 359, 378, 404, 563, 652
Gris de Gris, vin de pays des sables du golfe du lion 2007 (FR) 562
Hardys Stamp of Australia, south eastern australia,
  grenache shiraz rosé 2007 (AU) 126, 150, 401, 627
Hardys Varietal Range, south eastern australia, rosé 2007 (AU) ....
.... 150, 225, 401, 472, 560, 586, 610
Heerenkloof, western cape, pinotage rosé 2008 (ZA) 166
Hoop Huis, rosé 2008 (ZA) 152, 199, 359, 378, 405, 447, 543, 565, 587, 597, 652
Huiswijn rosé (ES) 337
Huiswijn rosé, droog, rood fruit, mild en sappig (FR) 127
Huiswijn rosé, halfzoet, soepel, fris en zachtzoet (FR) 127
Huiswijn rosé halfzoet, vin de pays du comté tolosan (FR) ....
          151, 178, 197, 357, 377, 402, 445, 542, 562, 586, 596
Huiswijn rosé, vin de pays d'oc 2007 (FR) 610
Huiswijn rosé, vin de pays du comté tolosan (FR) ....
          151, 178, 197, 358, 377, 403, 446, 542, 562, 586, 596
Huiswijn Zuid-Afrika droë rose, west-kaap, pinotage rosé (ZA) 565
Ibidum, vin de pays d'oc, grenache-syrah 2006 (FR) 197
Inca, calchagui valley, malbec rosado 2006 (AR) 401

707

ROSÉ

Inycon, sicilia, cabernet sauvignon rosé 2007 (IT) 288
Italië, boerenlandwijn (IT) 197
Jacob's Creek, shiraz rosé 2007 (AU) 50
Jean Balmont, vin de pays du val de loire, cabernet franc rosé 2007 (FR) .. 127
Jean du Sud, vin de pays du val de loire, cabernet franc rosé 2007 (FR) ... 403
Jean Louis Cevenne, rosé (EU) 150, 177, 196, 357, 376, 445, 586, 610
Jean Sablenay, vin de pays du val de loire, cabernet franc rosé 2007 (FR) ...
                                                     178, 197, 358, 377, 446, 542, 596, 651
J.P. Chenet, vin de pays d'oc, cinsault-grenache 2007 (FR) 226, 253
Kaapse Roos, rosé 2008 (ZA) 447, 565
Kaapse Vreugd, weskaap, rosé 2007 (ZA) 129
Kleinerivier, western cape, rosé 2007 (ZA) 199
Kroon van Oranje, paarl, shiraz rosé 2008 (ZA) 290
Kumala, western cape, rosé 2007 (ZA) 290
La Chasse du Pape, vin de pays d'oc, syrah rosé 2007 (FR) 403
La Mule du Pape, côtes du rhône 2006 (FR) 473
Landenwijn Zuid-Afrika, west-kaap, pinotage rosé (ZA) ....
                                    153, 179, 199, 360, 378, 405, 447, 543, 565, 597, 652
Las Marías, merlot rosé 2007 (AR) 252
La Tulipe, bordeaux rosé 2007 (FR) 53
Leopard's Leap, lookout, western cape, pinotage rosé 2008 (ZA) 55
Les Clos de Paulilles, collioure 2007 (FR) 288
Les Domaines Fabre, côtes de provence, cuvée villa garrel 2006 (FR) 473
Les Mastels, coteaux du languedoc, saint saturnin 2007 (FR) 403
Les petits sommeliers, vin de pays d'oc, syrah (FR) 628
Les Suzerains, tavel 2006 (FR) 473
Lindemans, bin 30, sparkling rosé, brut cuvée (AU) 50
Lindemans, bin 35, south eastern australia, rosé 2007 (AU) 50
Listel gris, grain de gris (FR) 53
Louis Bernard, côtes du rhône 2007 (FR) 288
Margalh de Bassac, vin de pays d'oc 2007 (FR) 527
Marqués de Cáceres, rioja rosado 2007 (ES) 563
Marsigny, crémant de bourgogne, rosé 2007 (FR) 127
Masi Modello, rosato delle venezie 2007 (IT) 288
Matahiwi, hawkes bay, rosé 2007 (NZ) 289
Mateus, vinho de mesa rosé (PT) 198, 227, 474
Meinklang, prosa, ein prickelndes gedicht in rosa, burgenland,
  pinot noir rosé 2007 (AT) 505
Messias rosé (PT) 198
Mezzacorona, trentino, lagrein rosato 2007 (IT) 403
Michel Schneider, pfalz, dornfelder rosé lieblich 2007 (DE) 472
Misiones de Rengo, rapel valley, rosé cabernet sauvignon 2008 (CL) 627
Mission St. Vincent, bordeaux rosé 2007 (FR) 127
Moncaro, marche, rosato 2007 (IT) 54
Mon domaine, España rosado, valencia (ES) 475
Mon domaine, France rosé, vin de pays d'oc, grenache (FR) 473
Mon domaine, Suid Afrika rosé, weskaap (ZA) 476
Montalto, sicilia, nero d'avola rosato 2007 (IT) ....
                                               151, 166, 198, 358, 377, 446, 563, 596
Mooi Kaap rosé 2008 (ZA) 55
Morador, navarra, garnacha rosado 2007 (ES) 564
Morin père & fils, grand duc, rosé de france (FR) 473
Mosaico, marche rosato 2007 (IT) 563
Moselland, pinot noir rosé 2007 (DE) 402

ROSÉ

Muscat de Beaumes de Venise, or rosé (FR) 226
Natuvin bio-huiswijn rosé, fris fruitig 2007 (ES) 528
Nederburg, western cape, rosé 2007 (ZA) 405, 565, 653
Nobilis, bairrada, dry rosé 2006 (PT) 474
No house wine, droë rosé uit suid-a., pinotage rosé (ZA) 129
Norton, mendoza, rosado cabernet sauvignon 2008 (AR) 50
Olivella Ferrari, cava brut rosé (ES) 227
Oveja Negra, central valley, rosé 2007 (CL) 286
Parfums de France, vin de pays d'oc 2007 (FR) 336
Parra, la mancha, tempranillo rosé 2007 (ES) 506
Parra, la meseta, la mancha, tempranillo 2007 (ES) 506
Parthenium, sicilia rosato 2007 (IT) 629
Peñascal, vino de aguja rosado (ES) 179
Penascal, vino de la tierra de castilla y león,
  tempranillo-shiraz rosé wine 2007 (ES) 152
Penquin Point, western cape, rosé 2008 (ZA) 630
Piper-Heidsieck, champagne brut rosé sauvage (FR) 288, 403
Portugiesischer roséwein, lieblich (PT) 432
Pucela, vino de la tierra de Castilla y León, tempranillo 2007 (ES) 253
Qool rosé 2007 (FR) 53
Quatro Vientos, navarra rosado 2006 (ES) 112
Qué Mas rosé 2008 (CL) 150, 177, 196, 357, 376, 401, 445, 542, 561, 596
Raimat, costers del segre, rosado frutal,
  cabernet sauvignon, merlot 2006 (ES) 475
Rémy Pannier, rosé d'anjou 2007 (FR) 53
Rengo Abbey, central valley, cabernet sauvignon rosé 2008 (CL) 252
Rooiberg Winery, robertson, pinotage rosé 2007 (ZA) 360
Rosé d'anjou 2007 (FR) 112
Rosemount Estate, rosé 2007 (AU) 50
Saint-Mont cuvée spéciale, boiseraie 2007 (FR) 151, 178, 377
Santa Julia, mendoza, syrah rosé 2008 (AR) 627
Santa Marta, rosé malbec shiraz 2008 (AR) 177
Santa Rita 120, valle del maipo, cabernet sauvignon rosé 2007 (CL) .. 225, 628
Santo Emilio, campo de borja, rosado 2007 (ES) 253
Scalini, marca trevigiana, raboso rosato (IT) 226
Schoondal, cape rosé 2008 (ZA) 153, 179, 199, 360, 378, 405, 565, 587, 597
Select Pampas del Sur, mendoza, merlot/malbec rosé 2008 (AR) 225
Sella & Mosca, alghero rosé 2007 (IT) 474
Sol de Agosto, la mancha, garnacha rosado 2007 (ES) 528
Somerlust, robertson, rosé 2008 (ZA) 565
Sotto il cipresso, vino rosato d'italia (IT) 336
Spanje Ribera del Guadiana valdegracia, mild, droog en zachtfruitig (ES) .. 128
Spier, discover, western cape, rosé 2008 (ZA) 153, 166, 253, 653
Stellar Organics, shiraz rosé 2008 (ZA) 228
Stellar Organics, western cape, shiraz rosé 2008 (ZA) 528
Stellar Organic Winery, african star, western cape, organic rosé 2008 (ZA) 528
Stormhoek, merlot rosé 2008 (ZA) 56
Suid-Afrikaanse roséwyn (ZA) 337
Sunset Creek, california, zinfandel rosé 2007 (US) 629
Super de Boer, huiswijn rosé, halfzoet (FR) 629
Super de Boer, huiswijn rosé, licht droog (FR) 629
Super de Boer, spanje droog en fruitig, valencia 2007 (ES) 629
Super, Zuid-Afrika wes kaap, fris en fruitig 2008 (ZA) 630
Swartland Winery, western cape, pinotage rosé 2008 (ZA) 56

ROSÉ

Tall Horse, pinotage rosé 2008 (ZA) 228, 253
Tanguero, malbec shiraz rosé 2008 (AR) 126
Tesoro, bullas, monastrell rosado 2007 (ES) ....
          179, 198, 359, 378, 404, 446, 542, 564, 652
Thierry & Guy, fat bastard, vin de pays vignobles de france, blushing
    bastard rosé 2007 (FR) 53
Tierra Buena, mendoza, shiraz reserva 2007 (AR) 560
Tierra Buena, rosé malbec shiraz 2007 (AR) 560
Toconao, valle central, merlot rosé 2007 (CL) 472
Torrelongares, cariñena, garnacha rosado 2007 (ES) 54
Torres, catalunya, de casta rosado 2007 (ES) 475
Torres da Casta, catalunya, rosado 2007 (ES) 290
Torres Viña Brava, catalunya rosado 2007 (ES) 54
Trivento Tribu, mendoza, malbec rosé 2008 (AR) 472
Two Oceans, western cape, shiraz rosé 2008 (ZA) 153, 360, 597, 630
Undurraga, central valley, rosé 2007 (CL) 51
Val de Uga, somontano rosado 2007 (ES) 198, 404, 564
Valdivieso, central valley, cabernet sauvignon rosé 2007 (CL) 286
Valmas Collection, vin de pays d'oc, cabernet grenache 2007 (FR) 53
Van Loveren, robertson, shiraz rosé 2007 (ZA) 290
Vega Libre, utiel-requena 2006 (ES) ....
          152, 179, 199, 359, 378, 404, 446, 543, 564, 597, 652
Venetio, raboso, rosato marca trevigiana (IT) 178, 358, 377, 403, 446, 610, 651
Vermador, alicante, rosado 2007 (ES) 506
Vida Orgánico, mendoza, malbec rosé 2008 (AR) 527
Villa Maria, bardolino chiaretto 2007 (IT) 629
Viña Baida, campo de borja, rosado 2007 (ES) 128
Viña Ducaro, campo de borja, rosado 2007 (ES) 337
Viña Foronda, campo de borja, rosado 2007 (ES) 227
Viña la Rosa, la palma, cachapoal valley,
    merlot-cabernet sauvignon 2008 (CL) 286
Viña Maipo, valle central, merlot rosé 2008 (CL) ....
    177, 196, 376, 402, 445, 542, 586, 596, 651
Vina Montesa, somontano rosado 2007 (ES) 128
Viñas de Barrancas, argentina, rosé malbec shiraz 2007 (AR) 335
Viñãs del Vero, somontano, cabernet sauvignon tempranillo
    rosado 2007 (ES) 290
Vinos Rosario, bullas, monastrell rosé 2007 (ES) 629
Vyf Skepe, western cape, pinot noir rosé 2007 (ZA) 112
Welmoed, stellenbosch, rosé 2008 (ZA) 56
Wild Pig, vin de pays d'oc, syrah rosé 2007 (FR) 53
Willowbank, south eastern australia, rosé 2008 (AU) 150, 177, 376, 651
Willowglen, south eastern australia, rosé 2008 (AU) 196
Wolf Blass, south eastern australia, eaglehawk rosé 2006 (AU) 286
Ycaro reserva, valle central, syrah rosé 2008 (CL) 527
Z-Af, wes kaap, pinotage rosé (ZA) 290

ROOD

Abadia de Aragón, cariñena 2007 (ES)	576
Abadia de Aragon, cariñena, crianza 2005 (ES)	576
Abadía de Aragón, cariñena, crianza 2005 (ES)	576
Abadía de Aragón, cariñena, reserva 2003 (ES)	576
Abadía de Aragón, cariñena, reserva 2003 (ES)	576
Abadía de Aragón, cariñena, tinto 2007 (ES)	577
Abraham 50, vin de pays d'oc, merlot 2006 (FR)	487
Abrazo del Toro, crianza, cariñena 2005 (ES)	240
AH America, cabernet sauvignon, ruby cabernet sappig fruitig stevig (US)	95
AH Argentina, malbec, cabernet sauvignon, bonarda, vol krachtig fruitig (AR)	57
AH Australia, merlot, shiraz, cabernet sauvignon vol krachtig fruitig (AU)	59
AH Chile, cabernet sauvignon, merlot, sappig fruitig (CL)	64
AH España, tempranillo mild soepel kruidig (ES)	90
AH France, grenache, syrah, carignan, mourvèdre, sappig fruitig stevig (FR)	74
AH huiswijn rood mild soepel (FR)	69
AH Italia, sangiovese vol krachtig kruidig (IT)	83
AH Mexico, cabernet sauvignon merlot grenache, mild soepel kruidig (MX)	88
AH Suid-Afrika, droë rooi sappig fruitig (ZA)	95
Alameda, valle central, merlot 2007 (CL)	113
Alamos, mendoza, cabernet sauvignon 2006 (AR)	291
Alamos, mendoza, malbec 2007 (AR)	291
Alasia, barbera d'asti 2006 (IT)	309
Albaruta, umbria, montefalco rosso 2005 (IT)	83
Albaruta, umbria, zitto zitto 2006 (IT)	83
Albor, vino de la tierra de castilla, tempranillo 2006 (ES)	657
Aliwen reserva, cabernet sauvignon syrah 2007 (CL)	64
Aliwen reserva, central valley, cabernet sauvignon carmenère 2007 (CL)	65
Aliwen reserva, central valley, cabernet sauvignon merlot 2007 (CL)	65
Almorano, montepulciano d'abruzzo 2007 (IT)	637
Alpaca, central valley, carmenère 2007 (CL)	131
Alto Cruz roble, ribera del duero 2006 (ES)	345
Altos de Cuco, yecla, monastrell/syrah/tempranillo 2006 (ES)	313
A-mano, puglia, primitivo 2006 (IT)	309
Amplio, la mancha, graciano 2007 (ES)	345
Andes Peaks, rapel valley, cabernet sauvignon 2007 (CL)	132
Andes Peaks, rapel valley, merlot 2007 (CL)	132
Andes Peaks, syrah 2007 (CL)	132
Angove's, Bear Crossing, south australia, cabernet merlot 2005 (AU)	478
Angove's, Bear Crossing, south australia, shiraz 2007 (AU)	478
Angove's, south eastern australia, chalk hill blue, shiraz cabernet 2008 (AU)	632
Anterra, cabernet sauvignon delle venezie 2007 (IT)	257
Anterra, merlot delle venezie 2007 (IT)	257
Antichi Borghi, chianti 2007 (IT)	237
Antiyal, valle del maipo 2006 (CL)	507
Anura, simonsberg paarl, merlot 2006 (ZA)	95
Araldica, revello, barolo 2004 (IT)	237
Arauco, central valley, cabernet sauvignon 2006 (CL)	479
Arauco, central valley, carmenère 2006 (CL)	479
Arauco, central valley, merlot 2007 (CL)	479

ROOD

Arauco reserva, maule valley, cabernet sauvignon 2006 (CL) 479
Arauco reserva, maule valley, carmenère 2006 (CL) 479
Arauco reserva, maule valley, merlot 2006 (CL) 479
Arendsvlei, pinotage-cinsault 2006 (ZA) 347
Argento, mendoza, malbec 2007 (AR) 291
Argento, mendoza, shiraz 2007 (AR) 291
Arnozan réserve des Chartrons, bordeaux 2006 (FR) 156
Arrogant Frog lily pad noir, vin de pays d'oc, pinot noir 2007 (FR) 307
Arrogant Frog reserve, vin de pays d'oc,
grenache-syrah-mourvèdre 2006 (FR) 307
Arrogant Frog ribet red, vin de pays d'oc, cabernet sauvignon
merlot 2007 (FR) 307
Artínjo, central valley, premiado tinto 2007 (CL) 254
Aus, south eastern australia, shiraz-merlot (AU) 292
Australië, boerenlandwijn (AU) 200
Baie Dankie, cinsault-pinotage (ZA) 494
Barceliño, catalunya 2004 (ES) 435
Barceló, vino de la tierra de castilla y león, tempranillo 2006 (ES) 314
Baron d'Arignac, vin de pays d'oc 2006 (FR) 236, 256
Baron de Brane, margaux 2004 (FR) 233
Baron de lance, vin de pays d'oc, merlot 2007 (FR) 256
Baron de Lance, vin de pays d'oc, merlot 2007 (FR) 236
Barón del Cega, valdepeñas, gran reserva 1999 (ES) 435
Baron de Lestac, bordeaux 2006 (FR) 134
Baron de Monlery, corbières 2007 (FR) 134
Batasiolo, barbera d'asti 2005 (IT) 489
Baywood, california, ruby cabernet 2006 (US) 436
Beamonte, navarra, crianza, cabernet sauvignon 2004 (ES) 91
Beamonte, navarra, crianza, tempranillo garnacha
cabernet sauvignon 2004 (ES) 91
Beamonte, navarra, reserva tempranillo / cabernet sauvignon 2003 (ES) ...91
Beamonte, navarra, tempranillo 2007 (ES) 91
Beaujolais 2007 (FR) 156, 203, 363, 449, 569, 599, 612, 655
Beaujolais-villages 2007 (FR) 363, 380, 410, 449, 655
Berberana, carta de oro, rioja reserva 2004 (ES) 92
Berberana Dragón green oak, shiraz-tempranillo 2007 (ES) 91
Berberana Dragón, tempranillo 2006 (ES) 91
Berberana, rioja, carta de oro, crianza 2005 (ES) 92
Berg Schaduw, ruby cabernet/cinsaut 2007 (ZA)
............161, 185, 209, 367, 385, 422, 454, 547, 579, 590, 601, 616, 659
Beyerskloof, stellenbosch, pinotage 2006 (ZA) 318
Beyerskloof, stellenbosch, synergy cape blend 2004 (ZA) 318
Biante, campo de borja, tinto 2007 (ES) ..159, 167, 383, 418, 453, 577, 589, 658
Biokult, niederösterreich, blauer zweigelt 2006 (AT) 513
Bisanzio, montepulciano d'abruzzo 2007 (IT) 183
Blason de Bourgogne, mâcon-verzé, gamay 2007 (FR) 303
Blauer Zweigelt trocken, niederösterreich 2006 (AT) 492
Blydskap, western cape, cinsaut/pinotage 2007 (ZA) 616, 639
Bodegas Bilbainas, la vicalanda reserva, rioja 2003 (ES) 92
Bodegas del Sol, la mancha, tempranillo (ES) 115
Bodegas Franco-Españolas, rioja bordón crianza 2003 (ES) 492
Bodegas Franco-Españolas, rioja bordón gran reserva 1999 (ES) 492
Bodegas Franco-Españolas, rioja bordón reserva 2001 (ES) 493
Bodegas Franco-Españolas, rioja, royal claret 2006 (ES) 493

ROOD

Bodegas Julian Chivite, la planilla reserva, navarra 2003 (ES) 92
Bodegas Julian Chivite, navarra, parador crianza 2004 (ES) 314
Bodegas Julian Chivite, navarra, parador reserva 2001 (ES) 314
Bodegas Osborne, solaz, vino de la tierra de castilla,
  merlot tempranillo 2005 (ES) 136, 159, 240, 615
Bodegas Osborne, solaz, vino de la tierra de castilla,
  shiraz tempranillo 2005 (ES) 136, 159, 365, 577
Boerenlandwijn chili rood, central valley, cabernet sauvignon 2007 (CL) .201
Boerenlandwijn, dry red Australië, soepel en fruitig (AU) 200
Boland Kelder, paarl, cabernet sauvignon 2007 (ZA) 318
Boland Kelder, paarl, cabernet sauvignon shiraz 2007 (ZA) 319
Boland Kelder winemakers selection, paarl, cabernet sauvignon 2004 (ZA) 318
Bonassia, beni m'tir, merlot 2007 (MA) 417, 576, 638
Bonita, merlot 2006 (CL) 254
Bordeaux 2006 (FR) 434
Bordeaux issu de raisins de l'agriculture bio 2006 (FR) 70
Borgoantico, puglia rosso 2006 (IT) 452, 574
Borgo de'Pazzi, sangiovese di romagna 2006 (IT) 489
Boschkloof, stellenbosch, cabernet sauvignon merlot 2005 (ZA) 319
Bosredon, bergerac 2006 (FR) 414
Botteghino, chianti 2007 (IT) 532
Bouchard Aîné & fils, bourgogne hautes-côtes
  de beaune 'les prieurés' 2007 (FR) 303
Bouchard Aîné & fils, bourgogne pinot noir 2007 (FR) 304
Bourgogne grand ordinaire 2006 (FR) 234
Bourgogne hautes côtes de beaune 2006 (FR) 234
Bourgogne pinot noir vieilles vignes 2007 (FR) ....
  157, 181, 203, 363, 381, 411, 450, 545, 570, 589, 599, 613, 655
Bouwland, stellenbosch, cabernet sauvignon merlot 2004 (ZA) 319
Bradgate, stellenbosch, cabernet sauvignon merlot 2006 (ZA) 422
Bradgate, stellenbosch, syrah 2005 (ZA) 422
Brampton, coastel region, cabernet sauvignon 2006 (ZA) 96
Brampton ovr, coastel region, cabernet sauvignon-shiraz-merlot 2006 (ZA) 96
Brampton, stellenbosch, shiraz 2006 (ZA) 97
B, séduction, bordeaux, merlot cabernet-sauvignon 2007 (FR) 634
B, séduction, haut-médoc, merlot cabernet-sauvignon 2007 (FR) 634
Burgershof, robertson, cabernet sauvignon/shiraz 2007 (ZA) 422
Burgershof, robertson, pinotage 2007 (ZA) 422
Bush Creek (AU) 566
Bush Creek, south eastern australia, petite sirah 2007 (AU) 567
Bush Creek, south eastern australia, shiraz cabernet 2007 (AU) 567
Buzet, merlot cabernet 2005 (FR) 206
Buzet, merlot cabernet 2007 (FR) 158, 364, 382, 414, 452, 600, 656
Cachai, central valley, cabernet sauvignon 2007 (CL) 633
Cachet, south of france, vin de pays d'oc,
  cabernet-shiraz 2007 (FR) 157, 573, 614
Calatrasi, d'istinto, sicilia, shiraz 2006 (IT) 135, 183
Calatrasi, terrale, sicilia, nero d'avola 2007 (IT) 158, 657
Calidez, tempranillo 2007 (ES) 514
Callia Alta reserva, san juan, shiraz-cabernet franc-bonarda 2007 (AR) ...477
Callia Bella, san juan, shiraz 2007 (AR) 477
Camino, tempranillo 2007 (ES) 534
Campañero, central valley, cabernet sauvignon 2008 (CL) 568, 611
Campo Herido, valdepeñas gran reserva 2000 (ES) 115

ROOD

Campo Lavilla, navarra, tempranillo 2007 (ES) 136
Campo Nuevo, navarra, tempranillo 2007 (ES) 240, 257
Campo Viejo, rioja, crianza 2005 (ES) 92
Campo Viejo, rioja, reserva 2003 (ES) 92
Campo Viejo, rioja, tempranillo (ES) 92
Canada Alta, utiel-requena, tempranillo 2007 (ES) 577
Canaletto, montepulciano d'abruzzo 2006 (IT) 637
Canaletto, primitivo puglia 2006 (IT) 637
Candido, salice salentino 2004 (IT) 83
Cantarranes reserva, alicante, monastrell 2002 (ES) 346
Cape Reality, paarl, merlot 2007 (ZA) 639
Carmel, king david, sacramental (IL) 489
Carré de Vigne, vin de table de france, rouge (FR) 232
Casa de la Ermita, jumilla crianza 2005 (ES) 514
Casa del Rio Verde, valle central, merlot 2007 (CL) 230
Casa Lapostolle cuvée Alexandre, colchagua valley,
  apalta vineyard, merlot 2006 (CL) 295
Casa Lapostolle, rapel valley, merlot 2006 (CL) 296
Casa Lapostolle, tanao, rapel valley, carmenère, merlot,
  cabernet sauvignon 2006 (CL) 66
Casanova, montepulciano d'abruzzo 2004 (IT) 532
Casa Semana, vino tinto de mesa (ES) 116
Castillo de Ainzón, campo de borja, old vine garnacha tinto 2007 (ES) ...419
Castillo de Almansa, almansa, reserva 2004 (ES) 159, 183, 241, 419, 577
Castillo de Liria, valencia, bobal & shiraz 2007 (ES) 638
Castillo del Mago Crianza, calatayud, garnacha-tempranillo 2003 (ES) ...493
Castillo de Monóvar reserva, alicante, tinto monastrell 2001 (ES) ...419, 658
Castillo de Moral, valdepeñas, tempranillo, crianza 2002 (ES) 453, 577
Castillo de Moral, valdepeñas, tempranillo, reserva 2003 (ES) 453, 577
Castillo de Olite, navarra, reserva 2000 (ES) 159, 365
Castillo de Pastores, valdepeñas crianza 2004 (ES) ....
  ....159, 183, 207, 365, 383, 419, 453, 546, 589, 600, 658
Castillo de Pastores, valdepeñas gran reserva 2001 (ES) 207, 383, 453
Castillo de Pastores, valdepeñas reserva 2003 (ES) 207, 365, 383, 453, 589, 601
Castillo de Valdero, tempranillo do navarra 2007 (ES) 514
Catena, mendoza, cabernet sauvignon 2004 (AR) 292
Catena, mendoza, malbec 2006 (AR) 292
Caterina Zardini, valpolicella classico superiore 2006 (IT) 84
Caveau, vin de pays d'oc (FR) 451, 614
Cave de Tain, crozes-hermitage, les hauts de pavières 2005 (FR) 305
Caveneta, rotwein, tafelwein (EU) 434
Cave St.-Pierre, dôle du valais 2007 (CH) 244
C dry red selection (AR) 477
Cecchi, chianti 2007 (IT) 84
Cecchi, chianti classico 2006 (IT) 84
Cellier Beau-Soleil, côtes du rhône 2007 (FR) 114
Cellier des Samsons, beaujolais 2006 (FR) 483
Cellier des Samsons, beaujolais-villages 2006 (FR) 483
Cellier des Samsons, fleurie 2006 (FR) 483
Cellier des Samsons, juliénas 2006 (FR) 483
Cellier des Samsons, moulin-a-vent 2006 (FR) 483
Celliers du Colombier, fitou 2005 (FR) 655
Cellier Yvecourt, bordeaux 2006 (FR) 483
Centación, alicante, monastrell 2006 (ES) 493

ROOD

Centación, alicante, syrah 2006 (ES)	493
Cercle de la grappe, vin de pays d'oc, cabernet sauvignon 2007 (FR)	573, 615
Cercle de la grappe, vin de pays d'oc, merlot 2007 (FR)	573, 615
Cercle de la grappe, vin de pays d'oc, syrah 2007 (FR)	573
Cerulli Spinozzi, montepulciano d'abruzzo 2006 (IT)	490
Chais du Bàtard, châteauneuf du pape 2006 (FR)	451, 572, 614
Champs de Moulin, vin de pays de vaucluse, grenache syrah 2006 (FR)	343
Chantecaille, bordeaux supérieur 2005 (FR)	233, 255
Charrette, vin de pays d'oc, merlot 2007 (FR)	114
Château Artos Lacas, corbières les falaises 2006 (FR)	304
Château Auguste, cuvée du moulin, bordeaux merlot 2006 (FR)	508
Château Auguste, cuvée du moulin, bordeaux supérieur 2006 (FR)	508
Château Baratet, bordeaux supérieur 2005 (FR)	530
Château Bellerive, médoc, cru bourgeois 2006 (FR)	255
Château Bellerives Dubois, bordeaux supérieur 2005 (FR)	340
Château Bouscassé, madiran 2002 (FR)	308
Château Brie-Caillou, médoc cru bourgeois 2005 (FR)	233
Château Camplong, corbières 'les serres' 2007 (FR)	74
Château Caruel, côtes de bourg 2006 (FR)	300
Château Chavrignac, bordeaux 2006 (FR)	530
Château Chillac, bordeaux 2007 (FR)	203
Château Coulon, corbières 2007 (FR)	75
Château David, beaulieu, bordeaux superieur 2006 (FR) 157, 181, 203, 363, 380, 410, 449, 544, 588, 599, 612, 655	
Château de Bezouce, costières de nîmes, syrah-grenache 2006 (FR)	75
Château de Bon Ami, bordeaux 2007 (FR)	70
Château de Caraguilhes, corbières 2007 (FR)	75
Château de Jau, côtes du roussillon villages (FR)	304
Château de l'Abbaye, haut-médoc 2006 (FR)	300
Château de l'Horte, corbières reserve spéciale 2005 (FR)	570
Château de l'Horte, corbières sélection de la portanelle 2007 (FR)	570
Château de Luc, corbières les murets 2005 (FR)	235
Château de Luc, cuvée cécile, corbières 2007 (FR)	635
Château de Musset, lalande de pomerol 2004 (FR)	233
Château de Panigon, médoc cru bourgeois 2006 (FR)	300
Château de Ribauté, corbières 2005 (FR)	486
Château de Sassagny, bourgogne pinot noir 2006 (FR)	234
Château du Breuil, haut-médoc cru bourgeois 2005 (FR)	410
Château du Luc, côtes de bourg 2007 (FR)	410
Château du Petit Pigeonnier, corbières 2006 (FR)	411
Château Fontaubert, premières côtes de bordeaux 2006 (FR)	71
Château Fourcas Dupré, listrac-médoc 2002 (FR)	300
Château Fourcas Hosten, listrac médoc 1999 (FR)	233
Château Fourreau, bordeaux 2006 (FR)	341
Château Franc Bigaroux, saint-émilion grand cru 2005 (FR)	300
Château Gaillard, touraine gamay 2007 (FR)	530
Château Haut-Bellegarde, bordeaux 2007 (FR)	569
Château Juguet, saint-émilion grand cru 2005 (FR)	71
Château Julie, bordeaux 2007 (FR)	635
Château Julie, bordeaux supérieur 2006 (FR)	635
Château la Chapelle-Lescours, saint-émilion grand cru 2005 (FR)	483
Château la Croix, côtes du rhône 2007 (FR)	451, 572, 614
Château Lafitte-Carcasset, saint-éstephe cru bourgeois 2002 (FR)	233
Château la Fleur Poitou, lussac-saint-émilion 2005 (FR)	233

ROOD

Château Lalande 'les moulins', saint-julien 2005 (FR) 483
Château la Marzenac, lussac saint-émilion 2006 (FR) 72
Château Lamothe, haut-médoc cru bourgeois 2003 (FR) 484
Château Lamour, saint-émilion grand cru 2006 (FR) 410
Château la Nielle, coteaux du languedoc la clape 2007 (FR) 76
Château la Pageze, coteaux du languedoc la clape 2007 (FR) ... 450, 571, 613
Château l'Argenteyre, médoc 2005 (FR) 71
Château le Barrail, médoc 2004 (FR) 301
Château le Bourdieu, médoc cru bourgeois 2004 (FR) 301
Château les Prênes, bordeaux 2005 (FR) 484
Château les Tresquots, médoc 2007 (FR) 72
Château les vieux Ormes, lalande de pomerol 2005 (FR) 484
Château Lilian Ladouys, saint-estèphe 2003 (FR) 301
Château Lionel Faivre, corbières 2007 (FR) 509
Château Lionel Faivre, corbières cuvée prestige 2004 (FR) 509
Château Lys de Bardoulet, saint-émilion grand cru 2002 (FR) 484
Château Maillard, graves 2005 (FR) 302
Château Mayne Berteau, côtes de bourg 2003 (FR) 484
Château Mire l'Étang, coteaux du languedoc la clape 2007 (FR) 635
Château Montus, madiran 2002 (FR) 308
Château Moulin de Peyronin, bordeaux 2006 (FR) 530
Château Pauillac, pauillac 2005 (FR) 302
Château Pech-latt, corbières 2004 (FR) 510
Château Pessange, médoc 2007 (FR)
.................157, 203, 363, 381, 411, 449, 545, 599, 612, 655
Château Picoron, côtes de castillon 2005 (FR) 484
Château Pradeau, mazeau, bordeaux grande réserve 2007 (FR) .. 450, 570, 612
Château Preuillac, médoc cru bourgeois 2001 (FR) 484
Château Puisseguin la Rigodrie, puisseguin saint-émilion 2006 (FR) 255
Château Roc de Boisseau, saint-émilion grand cru 2004 (FR) 233
Château Roc de Cazade réserve, bordeaux 2006 (FR) 302
Château Roc de Lussac, lussac saint-émilion 2007 (FR) 181, 363, 381
Château Roches Guitard, montagne-saint-émilion 2007 (FR) 570
Château Rouvière, minervois 2007 (FR) 450, 571, 613
Château Sauman, côtes de bourg 2006 (FR) 570
Château Seigneurie de Murviel, coteaux du languedoc 2006 (FR) 411
Château Sénejac, haut-médoc cru bourgeois 2004 (FR) 303
Château Tapie, coteaux du languedoc 2007 (FR) 77
Château Tour Canon, lalande de pomerol 2005 (FR) 303
Château Ventenac, cabardès 2005 (FR) 77
Château Vieux Cantelaube, saint-émilion 2006 (FR) 411
Château Villerembert Moureau, minervois 2007 (FR) 77
Chat-en-oeuf, côtes du ventoux 2006 (FR) 342
Chevalier d'Aleyrac, saint-maurice, côtes du rhône villages 2006 (FR) ...235
Chianti 2006 (IT) 114
Chilensis, central valley, cabernet sauvignon 2006 (CL) 296
Chili, boerenlandwijn (CL) 201
Chili, central valley, soepel, fruitig en krachtig (CL) 133
Chi, valle central, cabernet sauvignon merlot (CL) 296
Cimarosa, valle central, cabernet sauvignon 2007 (CL) 434
Cimarosa, valle central, merlot 2007 (CL) 434
Club des sommeliers, côtes de bourg 2007 (FR) 635
Club des sommeliers, côtes du rhône 2007 (FR) 636
Club des sommeliers, côtes du rhône villages 2007 (FR) 636

ROOD

Cocoa Hill, western cape, dornier 2005 (ZA) 98
Codici, salento rosso 2007 (IT) 238, 257
Colina Verde, rioja tinto joven 2007 (ES) 514
Concha y Toro frontera, valle central,
   cabernet sauvignon/merlot 2007 (CL) 66
Concha y Toro frontera, valle central,
   carmenère/cabernet sauvignon 2007 (CL) 66
Concha y Toro reserva, casillero del diablo, merlot 2007 (CL) 66
Concha y Toro reserva, casillero del diablo, rapel valley,
   carmenère 2007 (CL) 66
Concha y Toro reserva, casillero del diablo, shiraz 2007 (CL) 67
Concha y Toro reserva, casillero del diablo, valle central,
   cabernet sauvignon 2007 (CL) 67
Concha y Toro reserva privada, casillero del diablo,
   cabernet sauvignon syrah 2006 (CL) 66
Concha y Toro trio reserva, maipo valley, cabernet sauvignon,
   shiraz, cabernet franc 2007 (CL) 67
Concha y Toro trio reserva, rapel valley, merlot, carmenère,
   cabernet sauvignon 2007 (CL) 67
Condado Real, vino de la tierra castilla y león, tempranillo 2006 (ES) 419
Conde de Albeta, campo de borja, tinto 2007 (ES) 577
Condesa de Leganza crianza, la mancha 2003 (ES) 493
Cono Sur 20 barrels, casablanca valley, pinot noir 2004 (CL) 479
Cono Sur 20 barrels, colchagua valley, merlot 2003 (CL) 480
Cono Sur, colchagua valley, cabernet sauvignon / carmenère 2007 (CL) .. 480
Cono Sur, colchagua valley, carmenère 2007 (CL) 481
Cono Sur, colchagua valley, pinot noir 2007 (CL) 481
Cono Sur ocio, casablanca valley, pinot noir 2005 (CL) 480
Cono Sur reserva, casablanca valley, pinot noir 2006 (CL) 480
Cono Sur reserva, colchagua valley, merlot 2005 (CL) 480
Cono Sur reserve, maipo valley, cabernet sauvignon 2005 (CL) 480
Cono Sur, valle central, cabernet sauvignon 2007 (CL) 481
Cono Sur, valle central, merlot 2007 (CL) 481
Cono Sur, valle central, pinot noir 2007 (CL) 481
Contini, montepulciano d'abruzzo 2006 (IT) 238
Contrastes, saint-chinian 2006 (FR) 635
Conviviale, montepulciano d'abruzzo 2006 (IT) 415
Conviviale, puglia, negroamaro 2006 (IT) 415
Conviviale, salento, primitivo 2006 (IT) 415
Coopers Crossing, cabernet merlot 2007 (AU) 230
Corbières 2006 (FR) 435
Cordier, bordeaux, collection privée 2007 (FR) 72
Corte dei Giusti, chianti 2007 (IT) 574
Corte dei Giusti, chianti riserva 2004 (IT) 575
Coteaux du Languedoc 2006 (FR) 77, 435
Côtes du Rhône 2006 (FR) 236
Côtes du Rhône 2007 (FR) 435
Côtes du Rhône villages 2007 (FR) 412
Côtes du Roussillon 2006 (FR) 256, 435
Country Creek, shiraz, cabernet sauvignon, petit verdot (AU) 632
Cristobal Colombo 1492, navarra, tempranillo 2007 (ES) 258, 515
Crouzet 'les Sariettes', coteaux du languedoc
   saint saturnin 2007 (FR) 450, 571, 613
Crozes-hermitage 'les Affûts' 2006 (FR) 451, 572, 614

ROOD

Cs, cabernet sauvignon delle venezie (IT)	657
Cutler Crest, california, cabernet sauvignon 2006 (US)	494
Cuvée Ecusson, côtes du rhône 2007 (FR)	412
Cuvée Elise (FR)	530
Cuvée Véronique rouge, bordeaux 2007 (FR)	635
Danie de Wet, robertson, cabernet sauvignon/merlot 2005 (ZA) 185, 209, 367, 385, 423, 580, 602	
Danie de Wet, robertson, pinotage 2006 (ZA) 185, 209, 367, 385, 423, 547, 580, 602, 659	
De Bortoli Sero, King Valley, merlot sangiovese 2006 (AU)	230
De Grendel tijgerberg, durbanville, merlot 2006 (ZA)	242
Delcellier mélodia, vin de pays d'oc 2007 (FR)	511
De Loach, russian river valley, pinot noir 2006 (US)	317
Devalbert, coteaux du languedoc 2006 (FR)	411
Diego de Almagro, valdepeñas, reserva 2003 (ES)	92
Diego, merlot (CL)	230
Die Kroon, weskaap, droë rooi 2007 (ZA)	138
Die Rivierkloof, robertson, shiraz 2007 (ZA)	138
D'istinto, puglia, primitivo 2006 (IT)	135
Domaine Bassac, vin de pays des côtes de thongue, cabernet sauvignon 2007 (FR)	531
Domaine Bassac, vin de pays des côtes de thongue, merlot 2007 (FR)	531
Domaine Bassac, vin de pays des côtes de thongue, syrah 2007 (FR)	531
Domaine Bousquet, latour de france côtes du roussillon villages 2007 (FR)	412
Domaine Boyar, thracian valley, merlot 2007 (BG)	155, 408
Domaine Brunet, vin de pays d'oc, pinot noir 2007 (FR)	205, 413, 545, 656
Domaine Cazal-du-Bosc, buzet (FR)	482
Domaine Cazilhac des Capitelles, vin de pays d'oc, merlot 2007 (FR)	182
Domaine de Bachellery, vin de pays d'oc, cabernet franc / syrah 2007 (FR)	343
Domaine de Bachellery, vin de pays d'oc, cabernet sauvignon 2007 (FR)	343
Domaine de Bachellery, vin de pays d'oc, grenache 2007 (FR)	343
Domaine de Bachellery, vin de pays d'oc, merlot 2007 (FR)	343
Domaine de Combe Grande, corbières 2007 (FR)	450, 571, 613
Domaine de la Belaise, côtes du rhône villages valréas 2007 (FR)	77
Domaine de la Grivelière, père anselme, côtes du rhône 2007 (FR)	412
Domaine de la Violette, côtes du rhône villages chusclan 2007 (FR)	204
Domaine Delcellier, vin de pays des côtes de thongue, cabernet sauvignon 2007 (FR)	511
Domaine Delcellier, vin de pays des côtes de thongue, merlot 2007 (FR)	511
Domaine Delcellier, vin de pays des côtes de thongue, syrah 2007 (FR)	511
Domaine Delcellier, vin de pays d'oc 2007 (FR)	256, 511
Domaine de Pierre Feu, beaujolais-vllages 2007 (FR)	232
Domaine de Saline, vin de pays de l'ile de beauté, pinot noir 2005 (FR)	487
Domaine des Fontenys, bourgueil 2006 (FR)	305
Domaine du Colombier, côtes du rhône villages chusclan 2007 (FR)	134
Domaine du Grand Selve, vin de pays d'oc, merlot 2007 (FR)	487
Domaine du Grand Selve, vin de pays d'oc rouge 2006 (FR)	487
Domaine du Petit Clos, bourgueil 2006 (FR)	69
Domaine du Vieux Chêne, cuvée des capucins, côtes du rhône 2006 (FR)	510
Domaine du Vieux Chêne, cuvée friande, vin de pays de vaucluse 2006 (FR)	512
Domaine du Vieux Moulin, vin de pays d'oc, merlot 2007 (FR)	636
Domaine la Cigale, vin de pays des sables du golfe du lion, merlot (FR)	256
Domaine la Crau des Papes, châteauneuf-du-pape 2006 (FR)	77

ROOD

Domaine les Rizannes, côtes du rhône 2007 (FR) 305
Domaine Mestre Grotti, vin de pays de l'aude 2007 (FR) 531
Domaine Millias, vin de pays d'oc, syrah-grenache 2007 (FR) 307
Domaine Moulin Piot, costières de nîmes 2007 (FR) 512
Domaine Preignes le Vieux prestige, vin de pays d'oc,
syrah du petit pont 2003 (FR) 487
Domaine Preignes le Vieux, vin de pays d'oc,
cabernet sauvignon du parc 2007 (FR) 487
Domaine Preignes le Vieux, vin de pays d'oc,
merlot des terres noires 2006 (FR) 488
Domaine Preignes le Vieux, vin de pays d'oc, syrah des pins 2007 (FR) ... 488
Domaine Sabathé, vin de pays d'oc, merlot 2007 (FR) 308
Domaine Sainte-Sophie, coteaux du languedoc saint christol 2007 (FR) .. 571
Domaine Saint-Laurent, saint-chinian 2006 (FR) 412
Domaine Saint-Martin, côtes du rhône 2006 (FR) 342
Domaine Salabert, saint-chinian 2005 (FR) 486
Domaine Terre Ardante, fitou 2006 (FR) 571
Domaine Trianon, saint-chinian 2007 (FR) 450, 572, 613
Domini, José Maria da Fonseca, douro 2004 (PT) 89
Dominio de Castillo, la mancha, graciano 2007 (ES) 515
Dominio de Castillo, la mancha, merlot 2007 (ES) 515
Dominio de Castillo, la mancha, syrah 2007 (ES) 515
Dominio de Castillo, la mancha, tempranillo 2007 (ES) 515
Dominio de Fontana, la mancha, merlot 2007 (ES) 93
Dominio de Fontana, la mancha, syrah 2007 (ES) 93
Dominio de Fontana, la mancha, tempranillo 2007 (ES) 93
Dominique Duclos, vin de pays d'oc, cabernet sauvignon 2007 (FR) 256
Dominique Duclos, vin de pays d'oc, merlot 2007 (FR) 257
Doña Dominga, andes vineyard, gran reserva, carmenère 2007 (CL) 231
Doña Dominga, colchagua valley, cabernet sauvignon
carmenère old vines 2008 (CL) 231
Don Salinas, alicante, monastrell gran reserva 1999 (ES) 419
Dopff au moulin, alsace, rouge des 2 cerfs, pinot noir 2006 (FR) 486
Douglas Dreen, western cape, cabernet sauvignon merlot 2005 (ZA) 495
Douglas Green, reserve selection, western cape, merlot 2005 (ZA) 495
Douglas Green, reserve selection, western cape, shiraz 2005 (ZA) 495
Douglas Green, vineyard creations, western cape,
cabernet sauvignon 2006 (ZA) 495
Douglas Green, vineyard creations, western cape, pinotage 2007 (ZA) . 496
Douglas Green, western cape, shiraz 2005 (ZA) 495
Douglas Green, western cape, shiraz-viognier 2007 (ZA) 495
Drakenkloof, pinotage/shiraz 2007 (ZA) 580
Drakenkloof reserve, shiraz 2007 (ZA) 580
Drakenkloof, rood 2007 (ZA) 580, 616
Drostdy-hof, western cape, cape red 2007 (ZA) 242, 259
Duca di Castelmonte, cent'are, sicilia, nero d'avola 2005 (IT) 490
Duc de Meynan, cuvée sélectionnée, saint-mont 2006 (FR) 569
Duc de Termes cuvée sélectionnée, côtes de saint-mont 2006 (FR) 135
Duque de Viseu, dão 2004 (PT) 492
Durbanville Hills, durbanville, cabernet sauvignon 2006 (ZA) 640
Durbanville Hills, durbanville, merlot 2003 (ZA) 640
Durbanville Hills, durbanville, pinotage 2006 (ZA) 640
Durbanville Hills, durbanville, shiraz 2005 (ZA) 640
Eagle Crest, swartland, cabernet sauvignon merlot 2007 (ZA) 423

ROOD

Eagle Crest, swartland, shiraz malbec 2006 (ZA)	423
Eagle Crest, swartland, tinta barocca 2006 (ZA)	424
Eaglewood Falls, california dry red 2006 (US)	639
Eclat du Rhône, côtes du rhône 2007 (FR)	134
Egri Bikavér 2005 (HU)	237
E. guigal, côtes du rhône 2004 (FR)	305
Elandsberg, robertson, cabernet sauvignon 2007 (ZA)	185
Elandsberg, robertson, merlot 2007 (ZA)	185, 385
Elandsberg, robertson, pinotage 2007 (ZA)	185, 385
Elandsberg, robertson, shiraz 2007 (ZA)	186
El Arbol, valle central, cabernet sauvignon 2007 (CL)	113
El Bio, navarra, tempranillo 2007 (ES)	137
El Cerillo, colchagua valley, cabernet sauvignon carmenère 2007 (CL)	254
El Descanso, central valle de colchagua, shiraz reserva 2007 (CL)	568
El Descanso, valle central, cabernet sauvignon 2008 (CL)	448, 568, 611
El Descanso, valle central, carmenère 2008 (CL)	448, 568, 611
El Descanso, valle central, carmenère reserva 2007 (CL)	568
El Descanso, valle central, merlot 2008 (CL)	448, 568
El Piano, jumilla gran reserva 2001 (ES)	366
El Piano, jumilla gran reserva 2002 (ES)	207
Emiliana, adobe, valle central, cabernet sauvignon 2007 (CL)	68
Emiliana, novas, limited selection, valle colchagua, carmenère cabernet sauvignon 2006 (CL)	68
Emiliana reserva, adobe, valle colchagua, carmenère 2007 (CL)	67
Emilie d'Albret, vin de pays d'oc, cabernet sauvignon (FR)	532
Emilie d'Albret, vin de pays d'oc, merlot (FR)	532
Enseduna, vin de pays des coteaux d'enserune, marselan 2007 (FR)	343
Era Cotana, rioja 2007 (ES)	314
Era, sicilia, syrah 2007 (IT)	532
España, wijn van de wijnboer (ES)	515
Espiritu de Chile, valle central, cabernet sauvignon 2005 (CL)	362
Espiritu de Chile, valle central, carmenère 2006 (CL)	362
Estola, la mancha, reserva 2004 (ES) 160, 184, 207, 241, 366, 383, 453, 546, 578, 590, 601, 615, 658	
Eugène Loron, beaujolais-villages 2007 (FR)	70
Eugène Loron, brouilly 2007 (FR)	70
Eugène Loron, fleurie 2007 (FR)	70
Excellence, vin de pays d'oc, cabernet sauvignon 2007 (FR)	413
Excellence, vin de pays d'oc, merlot 2007 (FR)	413
Fair Hills, western cape, cabernet sauvignon 2008 (ZA)	98
Fair Hills, western cape, merlot 2008 (ZA)	98
Fair Trade Original, famatina valley, malbec 2008 (AR)	665
Fair Trade Original, western cape, pinotage 2007 (ZA)	665
Fair Trade Original, western cape, shiraz 2007 (ZA)	665
Famille Castel grande réserve, vin de pays d'oc, cabernet sauvignon 2006 (FR)	80
Famille Castel, vin de pays d'oc, cabernet sauvignon 2007 (FR)	80
Famille Castel, vin de pays d'oc, merlot 2007 (FR)	80
Farnese Farneto valley, montepulciano d'abruzzo 2006 (IT)	309
Farnese Farneto valley, terre di chieti, sangiovese 2007 (IT)	309
Farnese, montepulciano d'abruzzo 2007 (IT)	84
Farnese, puglia, primitivo 2007 (IT)	84
Farnese, sangiovese 2007 (IT)	85
Fattoria del Cerro, rosso di montepulciano 2006 (IT)	309

ROOD

Fattoria del Cerro, vino nobile di montepulciano 2005 (IT) 85
Faustino VII, rioja 2004 (ES) 241
Faustino VII, rioja 2005 (ES) 493
Faustino V, rioja reserva 2002 (ES) 241, 493
Fazi Battaglia, marche sangiovese 2005 (IT) 490
Finca Beltran duo, mendoza, tempranillo-malbec 2007 (AR) 338
Finca de Labarca, rioja crianza 2005 (ES) 184, 207, 383, 420, 601, 658
Finca de Labarca, rioja joven 2007 (ES) ..160, 184, 366, 384, 420, 453, 546, 590
Finca de Labarca, rioja reserva 2003 (ES) 420
Fiuza, native, ribatejano, touriga nacional cabernet sauvignon 2006 (PT) . 240
Flat Roof Manor, stellenbosch, cabernet sauvignon/sangiovese 2006 (ZA) 640
Flat Roof Manor, stellenbosch, merlot 2007 (ZA) 641
Flat Roof Manor, stellenbosch, shiraz/mourvèdre 2006 (ZA) 641
Fleuron de Baradat, cuvée sélectionnée, saint mont 2006 (FR) 236
Flor de Grealo, costers del segre, sero-subzona artesa 2005 (ES) 516
Florenbelle, vin de pays des côtes de gascogne 2007 (FR) 80
Fontanafredda, barolo 2004 (IT) 86
Fontanafredda Briccotondo, piemonte, barbera 2007 (IT) 85
Fontanafredda Torremora Langhe, dolcetto 2006 (IT) 86
Fortius, navarra, gran reserva 1999 (ES) 493
Fortius, navarra, merlot 2004 (ES) 494
Fortius, navarra, tempranillo 2005 (ES) 494
François Dulac, vin de pays d'oc, merlot 2007 (FR) 257
Frankrijk, boerenlandwijn, vin de pays d'oc (FR) 205
Franschhoek Cellar, coastel region, shiraz reserve 2006 (ZA) 641
fr, côtes du roussillon (FR) 304
Freixenet, Ash Tree Estate, vino de la tierra de castilla,
  shiraz monastrell 2006 (ES) 160, 167, 366, 384, 420
French Rebel, bordeaux merlot 2006 (FR) 113
French Renaissance, classic red, vin de table (FR) 232
Friesland, stellenbosch, classical red 2004 (ZA) 496
Frog Hill, paarl, pinotage 2007 (ZA) 98
Frog Hill, western cape, cabernet sauvignon/merlot 2006 (ZA) 99
Fuzion, mendoza, shiraz cabernet 2007 (AR) 406
Fuzion, mendoza, tempranillo-malbec 2007 (AR) 406
Gabbia d'Oro, sicilia, nerello mascalese 2007 (IT) 415
Gallo family turning leaf, california, cabernet sauvignon 2006 (US) 422
Gallo family turning leaf, california, pinot noir 2006 (US) 422
Gamazo, toro, selección 2007 (ES) 578
Gamma, rapel valley, merlot 2007 (CL) 155, 180, 201, 379, 408, 568, 654
Gato Negro, cabernet sauvignon 2007 (CL) ....
  .... 155, 167, 201, 254, 362, 379, 408, 588, 598, 612, 633, 654
Gato Negro, central valley, merlot 2007 (CL) 156, 202, 380, 408, 612, 633
Goedgenoegen, weskaap, classical red 2006 (ZA) 496
Golden Kaan, western cape, cabernet sauvignon 2006 (ZA) 139, 161, 367, 659
Golden Kaan, western cape, pinotage 2005 (ZA) 139, 161, 367, 659
Golden Kaan, western cape, shiraz 2006 (ZA) 139
Graffigna, san juan, malbec 2007 (AR) 154, 361, 379, 611
Graffigna, san juan, shiraz 2007 (AR) 361
Grand Circle, california, cabernet sauvignon 2005 (US) 242
Grande Reserve, côtes du rhône villages 2007 (FR) 451, 573, 614
Grand Sud, vin de pays d'oc, merlot 2007 (FR) 413, 573, 636
Grão Vasco, dão 2005 (PT) 492
Green Bridge, california, ruby cabernet 2007 (US) 116

ROOD

Groot Constantia, constantia, cabernet sauvignon 2006 (ZA) 320
Groot Constantia, constantia rood 2006 (ZA) 319
Groot Constantia, constantia, shiraz 2005 (ZA) 320
Grootfontein, cinsaut/pinotage 2007 (ZA) 641
Hardys, bin 343, south eastern australia, cabernet shiraz 2007 (AU) 59
Hardys Nottage Hill, cabernet shiraz 2006 (AU) 154, 406, 632
Hardys, south eastern australia, Nottage Hill, cabernet shiraz 2006 (AU)   407
Hardys Stamp of Australia, south eastern australia,
  cabernet merlot 2007 (AU) 130, 361, 406, 632
Hardys Stamp of Australia, south eastern australia, shiraz cabernet
  sauvignon 2007 (AU) 130, 154, 230, 361, 611, 632
Hardys Varietal Range, shiraz 2005 (AU) 478
Hardys Varietal Range, south eastern australia,
  cabernet sauvignon 2007 (AU) 567, 588, 611
Hardys Varietal Range, south eastern australia, merlot 2007 (AU) ....
                                                        154, 407, 567, 588
Hardys Varietal Range, south eastern australia, shiraz 2006 (AU) 407
Heerenkloof, western cape, cabernet sauvignon 2007 (ZA) 168
Hills of California, cabernet sauvignon 2006 (US) ....
              161, 185, 209, 367, 385, 422, 454, 590, 601, 659
Honoré Lavigne, bourgogne hautes côtes de nuits 2007 (FR) 72
Honoré Lavigne, bourgogne pinot noir 2007 (FR) 73
Honoré Lavigne, mâcon 2007 (FR) 73
Hoop Huis, western cape, droë rooi 2007 (ZA) ....
              186, 209, 368, 385, 424, 454, 547, 580, 590, 602, 659
Hospices de Beaujeu, brouilly, cuvée anne de millière 2007 (FR) 232
Huiswijn cabernet sauvignon (CL) 569, 612
Huiswijn Chili rood, central valley, cabernet sauvignon 2007 (CL) ....
              156, 180, 362, 408, 448, 544, 598
Huiswijn, dry red Australië, soepel en fruitig (AU) ....
              154, 180, 361, 407, 448, 567, 598
Huiswijn Italië, marche, sangiovese, soepel 2007 (IT) 158, 415
Huiswijn rood (ES) 346
Huiswijn rood, fruitig, rond en soepel (EU) 133
Huiswijn rood soepel & fruitig, côtes du roussillon (FR) 613
Huiswijn rood, vin de pays de l'aude (FR) 205, 615
Huiswijn rood, vin de pays de l'aude, fruitig en soepel (FR) ....
              157, 182, 205, 364, 381, 413, 451, 545, 573, 589, 599
Huiswijn rood vol & krachtig, corbières (FR) 614
Huiswijn rooiwijn zuid-afrika (ZA) 580
Huiswijn Spanje (ES) 160, 184, 207, 420, 578, 601
Huiswijn tempranillo Spanje (ES) 578
Huiswijn tinto Spanje (ES) 384
Huiswijn Zuid-Afrika (ZA) 161, 186, 209, 368, 424, 454, 602, 659
Ibidum, vin de pays d'oc, merlot 2006 (FR) 205
Il contadino, puglia, primitivo 2006 (IT) 238
Il trullo, salice salentino rosso 2005 (IT) 490
Imperial Toledo reserva, la mancha, tempranillo 2002 (ES) 420
Inca, barbera merlot 2006 (AR) 406
Inca, cabernet malbec 2006 (AR) 406
Indomita reserva, maipo valley, cabernet sauvignon 2006 (CL) ....
              156, 181, 202, 362, 380, 408, 544, 569, 588
Indomita selected varietal, maipo valley, cabernet sauvignon 2006 (CL) .. 202
Indomita selected varietal, maipo valley, merlot 2006 (CL) 202

ROOD

Indomita varietal, maipo valley, cabernet sauvignon 2007 (CL) ....
...... 156, 202, 362, 380, 409, 449, 569, 598, 654
Inglewood cabernet sauvignon 2007 (ZA) 99
Inglewood shiraz 2007 (ZA) 99
Initium, navarra 2007 (ES) 258, 420, 516, 534, 578
Intis, san juan, malbec 2007 (AR) 406
Inycon, sicilia, cabernet sauvignon 2006 (IT) 309
Ironstone Vineyards, california, merlot 2005 (US) 317
Ironstone Vineyards, lodi, old vine zinfandel 2005 (US) 317
Isla Negra reserva, valle central, carmenère 2007 (CL) 202, 409
Isla Negra reserva, valle central, merlot 2007 (CL) ... 156, 202, 231, 254, 409
Italië, boerenlandwijn (IT) 206
Italië rosso del salento, karakteristiek, fruitig en krachtig 2007 (IT) 136
I tre cipressi, chianti 2007 (IT) 135
Itynera, salento rosso 2005 (IT) 206
Ivaty, coteaux du languedoc 2006 (FR) 486
Jackaroo, south eastern australia, shiraz 2005 (AU) 154
Jacob's Creek reserve, cabernet sauvignon 2005 (AU) 60
Jacob's Creek reserve, South Australia, merlot 2005 (AU) 60
Jacob's Creek reserve, South Australia, shiraz 2006 (AU) 60
Jacob's Creek, south eastern australia, cabernet merlot 2005 (AU) 60
Jacob's Creek, south eastern australia, grenache shiraz 2007 (AU) 60
Jacob's Creek, south eastern australia, shiraz cabernet 2006 (AU) 60
J.A. Vigneau, vin de pays d'oc, cabernet-syrah (FR) 81
J.A. Vigneau, vin de pays d'oc, merlot 2007 (FR) 81
Jean Balmont, vin de pays d'oc, cabernet sauvignon 2007 (FR) 134
Jean Balmont, vin de pays d'oc, merlot 2007 (FR) 134
Jean du Sud, vin de pays d'oc, cabernet sauvignon 2007 (FR) 413
Jean du Sud, vin de pays d'oc, merlot 2007 (FR) 413
Jean du Sud, vin de pays d'oc, syrah 2007 (FR) 414
Jean Louis Cevenne, vin de pays d'oc, cabernet-syrah 2007 (FR) ....
...... 158, 182, 205, 364, 381, 414, 451, 545, 573, 589, 615, 656
Jean-Michel Lourmarin, brouilly 2006 (FR) 410
Jean-Michel Lourmarin, regnié 2007 (FR) 410
Jean Sablenay, vin de pays d'oc, cabernet sauvignon 2007 (FR) ....
...... 158, 182, 205, 364, 382, 451, 545, 600, 656
Jean Sablenay, vin de pays d'oc, merlot 2007 (FR) ....
...... 158, 182, 205, 364, 382, 452, 545, 600, 656
Jean Sablenay, vin de pays d'oc, syrah 2007 (FR) 382
Jean Valréas, côtes du rhône 2006 (FR) 204
Jean Valréas, côtes du rhône villages, cuvée prestige 2006 (FR) 204
Jean Valréas, côtes du ventoux 2006 (FR) 204
Jean Valréas, vin de pays des bouches du rhône (FR) 205
J.P. Chenet, vin de pays d'oc, cabernet-syrah 2007 (FR) ....
...... 236, 257, 364, 381, 413, 545
J.P. Chenet, vin de pays d'oc, merlot 2007 (FR) 236, 257
Kaapse Pracht, weskaap, cinsaut pinotage 2007 (ZA) 116
Kaapse Roos, rooiwyn 2008 (ZA) 454, 580, 616
Kaapse Vreugd, weskaap, droë rooi 2006 (ZA) 139
Kamsberg, bushvine, swartland, shiraz/malbec 2007 (ZA) 259
Kamsberg, swartland, bushvine, tinta barocca 2006 (ZA) 242
Kanonkop Kadette, stellenbosch 2005 (ZA) 242, 320
Kanonkop, simonsberg stellenbosch, paul sauer 2003 (ZA) 320
Kanonkop, simonsberg stellenbosch, pinotage 2004 (ZA) 321

ROOD

Kanooga, barossa, shiraz 2004 (AU) 339
Kanooga, coonawarra, cabernet sauvignon 2005 (AU) 339
Kendermann, pfalz, dornfelder 2006 (DE) 232
Kleinerivier, stellenbosch, reserve cabernet sauvignon pinotage 2006 (ZA) 210
Kleinrivier, stellenbosch, cabernet sauvignon merlot 2006 (ZA) 210
Kleinrivier, stellenbosch, cabernet sauvignon shiraz 2006 (ZA) 210
Kleinrivier, stellenbosch, pinotage 2005 (ZA) 211
Kleinrivier, stellenbosch, syrah 2007 (ZA) 211
Kleinrivier, western cape, pinotage/merlot 2007 (ZA) 211
Kroon van Oranje, paarl, cabernet sauvignon 2007 (ZA) 321
Kroon van Oranje, paarl, pinotage 2006 (ZA) 321
Kumala, western cape, merlot-pinotage 2007 (ZA) 321
Kuyen, valle del maipo 2006 (CL) 508
La Cave du Chef, vin de pays de l'aude (FR) 114
La Chasse du Pape, côtes du rhône, tradition 2007 (FR) 236, 413
La Coccinelle de la Grolet, côtes de bourg 2004 (FR) 508
La Coccinelle de la Grolet, côtes de bourg 2005 (FR) 509
La Cocotera, valle central, merlot 2007 (CL) 133
La Ferme de Gicon, côtes du rhône 2007 (FR) 343
La Finca, mendoza, uco valley, malbec 2007 (AR) 154, 598
La Finca, mendoza, uco valley, shiraz 2007 (AR) 598, 611
La Fuente, valle central, chilean red 2007 (CL) 68
La Grand Ribe, côtes du rhône vieilles vignes 2005 (FR) 531
Lágrima del Sur, mendoza, cabernet sauvignon 2005 (AR) 507
La Laune, cairanne, côtes du rhône-villages 2005 (FR) 306
La Mancha, vino de mesa (ES) 616
La Marouette, vin de pays d'oc, merlot 2007 (FR) 134
La Masseria, puglia, primitivo 2006 (IT) 344
La Mule du Pape, côtes du rhône 2006 (FR) 486
Landenwijn Chili rood, central valley, cabernet sauvignon 2007 (CL) .. 380
Landenwijn, dry red Australië, soepel en fruitig (AU) 379, 544
Landenwijn Frankrijk rood, vin de pays du comté tolosan (FR) ....
.... 364, 382, 414, 452, 546, 589, 600
Landenwijn Zuid-Afrika (ZA) 385, 547
Lanzerac, stellenbosch, merlot 2006 (ZA) 321
La Poderina, rosso di montepulciano 2006 (IT) 310
L'Arbre des vignes, côtes du rhône 2007 (FR) 510
La Redonnière, coteaux du languedoc 2007 (FR) 636
La Siega, red wine (AR) 130
La Tulipe de la Garde, bordeaux merlot 2006 (FR) 72
Lavergne, bordeaux 2007 (FR) 72
Leasingham bin 61, clare valley, shiraz 2004 (AU) 292
Leasingham Wines, magnus, clare valley, shiraz 2006 (AU) 293
Le Bois du Papillon, côtes du rhône 2006 (FR) 306
Le Chiantigiane, chianti riserva 2006 (IT) 239
Le Clocher, saint-saturnin, coteaux du languedoc 2007 (FR) 304
Le Cloître du château prieuré-lichine, margaux 2004 (FR) 303
Le Colombier 'de château brown', pessac-léognan 2002 (FR) 484
L'Ecuyer de Couronneau, bordeaux supérieur 2006 (FR) 508
Legaris, ribera del duero crianza 2004 (ES) 93
Lenz Moser selection, neusiedlersee, blauer zweigelt 2006 (AT) 89
Leonardo, chianti 2007 (IT) 310
Leonardo, chianti riserva 2004 (IT) 310

ROOD

Leopard's lLap, lookout, western cape,
  cabernet sauvignon shiraz cinsaut 2007 (ZA) 99
Leopard's lLap, western cape, cabernet sauvignon merlot 2006 (ZA) 99
Le Pinvert, vin de pays d'oc, merlot 2007 (FR) 236
Les Amandiers, coteaux du languedoc 2007 (FR) 235
Les Barres, saint-chinian 2007 (FR) 182, 381, 412, 656
Les Clos de Paulilles, collioure 2001 (FR) 304
Les Colimonts, vin de pays d'oc, cabernet sauvignon 2007 (FR) 308
Les Colimonts, vin de pays d'oc, merlot 2007 (FR) 308
Les Costes, crozes-hermitage 2006 (FR) 236
Le Seuil de Mazeyres, pomerol 2005 (FR) 303
Les Granges, côtes du rhône réserve 2007 (FR) 256
Les Granges des Domaines Edmond de Rothschild, haut-médoc 2004 (FR) .. 234
Les Hautes Restanques, gigondas 2006 (FR) 78
Les Mastels, coteaux du languedoc, saint saturnin 2007 (FR) 412
Les petits sommeliers, vin de pays d'oc, cabernet sauvignon (FR) 636
Les petits sommeliers, vin de pays d'oc, merlot (FR) 637
Les Suzerains, côtes du rhône 2006 (FR) 486
Les Suzerains, côtes du rhône villages 2006 (FR) 486
Les Suzerains, crozes-hermitage 2004 (FR) 487
Les Suzerains, gigondas 2005 (FR) 487
Les Suzerains, vacqueyras 2003 (FR) 487
Les Vignerons de l'Enclave des Papes, côtes du rhône 2007 (FR) 78
Les Vignerons de l'Enclave des Papes, côtes du rhône villages 2007 (FR) . 78
Les Vignerons de l'Enclave des Papes, côtes du ventoux 2007 (FR) 79
L'Excellence de Bonassia, beni m'tir,
  cabernet sauvignon – merlot 2006 (MA) 492
Libertad, mendoza, malbec-shiraz 2007 (AR) 57
Lindemans, bin 40, south eastern australia, merlot 2007 (AU) 60
Lindemans, bin 45, south eastern australia, cabernet sauvignon 2007 (AU) . 61
Lindemans, bin 50, south eastern australia, shiraz 2007 (AU) 61
Lindemans, cabernet sauvignon merlot 2008 (ZA) 99
Lindemans, cawarra, south eastern australia, cabernet merlot 2007 (AU) . 61
Lindemans, cawarra, south eastern australia, shiraz cabernet 2007 (AU) . 61
Lindemans, early harvest, south eastern australia, shiraz 2007 (AU) ... 61
Lindemans, reserve, coonawarra cabernet sauvignon 2005 (AU) 62
Lindemans, reserve, limestone coast, merlot 2005 (AU) 62
Lindemans, reserve, padthaway shiraz 2005 (AU) 62
Lionel Bruck, bourgogne pinot noir vieilles vignes 2005 (FR) 411
Los Molinos, valdepeñas, tinto (ES) 94
Los Vascos, colchagua, cabernet sauvignon 2005 (CL) 481
Los Vascos, colchagua, cabernet sauvignon 2006 (CL) 68
Los Vascos grande reserve 2006 (CL) 68
Louis Bernard, côtes du rhône 2007 (FR) 306
Louis Bernard, côtes du rhône-villages 2007 (FR) 306
Louis Bourdiol, vin de pays des bouches du rhône 2007 (FR) 637
Louis-Marie, vin de pays d'oc, cabernet franc 2007 (FR) 513
Lushof the Estate, stellenbosch, merlot 2005 (ZA) 243
Macedonian royal reserve 2005 (MK) 491
Mâcon 2007 (FR) 182
Madiran, terroirs de tilhet 2005 (FR) 135
Malesan, bordeaux 2006 (FR) 157
Marche sangiovese 2007 (IT) 657
Margalh de Bassac, vin de pays d'oc 2007 (FR) 532

ROOD

Marqués de Almonacid, cariñena 2007 (ES)	160, 184, 384, 421, 658
Marqués de Almonacid, cariñena, crianza 2005 (ES)	184, 384, 421
Marqués de Almonacid, cariñena, reserva 2003 (ES)	184, 421
Marqués de Ballestar, cariñena tinto 2007 (ES)	638
Marqués de Cáceres, rioja 2004 (ES)	578
Marquis de Balmont, bordeaux 2007 (FR)	72
Marquis de l'Horte, minervois, cuvée vieilles vignes 2007 (FR)	572
Marquis de Seillan, côtes de saint-mont 2006 (FR)	634
Mas Caranove, coteaux du languedoc montpeyroux 2006 (FR)	636
Mas du petit Azegat, vin de pays des bouches du rhône 2007 (FR)	574
Masi, campofiorin, rosso del veronese 2005 (IT)	310
Masi, costasera, amarone classico 2005 (IT)	310
Masi, frescaripa, bardolino classico 2007 (IT)	310
Masi, modello rosso del venezie 2006 (IT)	311
Matahiwi Estate, wairarapa, pinot noir 2006 (NZ)	312
Mavrodafne aus Patras (EL)	488
Mavrodaphne of Patras, sweet red wine (EL)	237
Mcguigan Estate, limestone coast, shiraz 2005 (AU)	361
Mcguigan, south eastern australia, shiraz 2005 (AU)	155
Meerendal, durbanville, merlot 2006 (ZA)	100
Meinklang, burgenland, zweigelt 2007 (AT)	514
Me, merlot delle venezie (IT)	657
Merlot, vin de pays d'oc 2007 (FR)	206, 364, 382, 574, 600
Mesa Mayor, rioja tempranillo 2007 (ES)	137
Mezquiriz, valdepeñas, tempranillo 2006 (ES)	435
Mezzacorona, teroldego rotaliano 2007 (IT)	415
Mezzacorona, trentino, lagrein 2007 (IT)	416
Mezzacorona, trentino, marzemino 2007 (IT)	416
Mezzacorona, trentino, pinot nero 2006 (IT)	416
Michel Schneider, pfalz, dornfelder im barrique gereift 2006 (DE)	482
Michel Schneider, pfalz, dornfelder lieblich 2007 (DE)	482
Milestone, south eastern australia, shiraz 2008 (AU)	340
Miolo Cuvée Guiseppe, vale dos vinhedos, cabernet sauvignon merlot 2005 (BR)	295
Miolo family vineyards, vale dos vinhedos, cabernet sauvignon 2006 (BR)	64
Miolo family vineyards, vale dos vinhedos, merlot 2006 (BR)	64
Misiones de Rengo, central valley, cabernet sauvignon 2007 (CL)	633
Misiones de Rengo, central valley, carmenère 2007 (CL)	633
Mommesin, beaujolais-villages vieilles vignes 2006 (FR)	300
Mommesin, château de pierreux, brouilly 2007 (FR)	300
Mommesin, domaine de la presle, fleurie 2007 (FR)	300
Monasterio de Santa Ana, jumilla, monastrell – tempranillo 2007 (ES)	516
Moncaro, marche, sangiovese 2007 (IT)	86
Moncaro, montepulciano d'abruzzo 2007 (IT)	86
Moncaro, rosso piceno 2007 (IT)	87
Mon domaine, Argentina, mendoza, syrah/cabernet sauvignon (AR)	477
Mon domaine, Australia, shiraz-cabernet-petit verdot (AU)	478
Mon domaine, Chile, central valley, cabernet/merlot (CL)	482
Mon domaine, España, vino de la tierra de castilla y leon (ES)	494
Mon domaine, France, vin de pays des pyrenees orientales (FR)	488
Mon domaine, Suid Afrika, weskaap, cinsault-pinotage (ZA)	496
Montalto, collezione di famiglia, sicilia, merlot 2006 (IT)	575
Montalto Organic, sicilia, nero d'avola 2007 (IT)	416
Montalto, sicilia, nero d'avola 2007 (IT)	206, 365, 383, 452, 575

ROOD

Montalto, sicilia, sangiovese-syrah 2007 (IT)	
	159, 167, 206, 365, 416, 452, 575, 600
Montana, east coast, merlot cabernet sauvignon 2007 (NZ)	88
Montana reserve, marlborough, pinot noir 2005 (NZ)	88
Montana, south island, pinot noir 2007 (NZ)	88
Monteguelfo, chianti 2006 (IT)	490
Monteguelfo, chianti classico 2006 (IT)	490
Montetoro, toro joven 2006 (ES)	241
Montevino, vino da tavola rosso (IT)	490
Montgras MG, merlot 2007 (CL)	409
Montgras MG reserve, cabernet sauvignon 2007 (CL)	409
Mont Tauch, corbières 2006 (FR)	486
Mont Tauch, corbières les 15 2007 (FR)	341
Mont Tauch, côtes du roussillon villages 2006 (FR)	486
Mont Tauch, fitou 2007 (FR)	486
Mont Tauch, fitou les 12 2007 (FR)	341
Mooi Fonteyn, weskaap, droë rooi 2007 (ZA)	321
Mooi Kaap, weskaap, droë rooi 2007 (ZA)	100
Morador, navarra, tempranillo 2007 (ES)	578
Morin père & fils, bourgogne 2006 (FR)	485
Morin père & fils, bourgogne hautes-côtes-de-beaune 2006 (FR)	485
Morin père & fils, bourgogne hautes-côtes-de-nuits 2006 (FR)	485
Morin père & fils, grand duc, rouge de france (FR)	482
Morin père & fils, mâcon 2007 (FR)	485
Morin père & fils, mercurey 2005 (FR)	485
Morin père & fils, rully 2004 (FR)	485
Morin père & fils, santenay 2005 (FR)	485
Mosaico, marche sangiovese 2007 (IT)	575
Mosaico, rosso piceno 2007 (IT)	575
Moselland, mosel-saar-ruwer, dornfelder 2006 (DE)	409
Mouton cadet, bordeaux 2005 (FR)	234
Mundo de Yuntero, la mancha 2007 (ES)	534
Murari, bardolino 2006 (IT)	490
Murari, valpolicella 2006 (IT)	490
Natuvin bio, jumilla huiswijn rood 2007 (ES)	534
Natuvin bio, utiel-requena vino tinto, krachtig en fruitig 2007 (ES)	535
Natuvin Demeter, vino rosso del lazio stevig en kruidig 2007 (IT)	533
Natuvin, vin de pays du gard, soepel en geurig 2006 (FR)	532
Navajas, rioja crianza 2004 (ES)	208
Navajas, rioja tinto 2007 (ES)	160, 208, 241, 258, 366
Navarrsotillo noemus, rioja tinto 2007 (ES)	535
Nederburg Duet, western cape, shiraz pinotage 2007 (ZA)	424, 580, 660
Nederburg, western cape, cabernet sauvignon shiraz 2006 (ZA)	243
Neil Ellis, stellenbosch, cabernet sauvignon merlot 2004 (ZA)	100
Nieto Senetiner reserva, mendoza, merlot 2006 (AR)	229
No house wine, droë rood uit suid-a, cabernet merlot (ZA)	139
Norton Barrel select, mendoza, cabernet sauvignon 2005 (AR)	57
Norton Barrel select, mendoza, malbec 2005 (AR)	57
Norton Barrel select, mendoza, merlot 2005 (AR)	57
Norton, malbec 2007 (AR)	58
Norton, mendoza, cabernet sauvignon 2007 (AR)	58
Norton, merlot 2007 (AR)	58
Norton Ofrenda, mendoza, lujan de cuyo 2004 (AR)	57
Om, Manuel de la Osa 2004 (ES)	517

ROOD

Oorsprong, western cape, cabernet sauvignon 2007 (ZA) 100
Oorsprong, western cape, merlot 2008 (ZA) 100
Oranjerivier wynkelders, shiraz/cabernet sauvignon 2007 (ZA) 139
Oveja Negra, central valley, cabernet sauvignon-syrah 2006 (CL) 296
Oveja Negra, fronteira, tempranillo-touriga 2006 (BR) 295
Paarl, merlot 2007 (ZA) 437
Paarl, shiraz cabernet sauvignon 2007 (ZA) 437
Pacific Ridge, california, dry red 2006 (US) 95
Pagos de Labarca, rioja joven 2007 (ES) 579, 616
Palin, valle central, merlot 2007 (CL) 508
Palo Alto reserva, maule valley,
  cabernet sauvignon-carmenère-syrah 2007 (CL) 296
Pampas del Sur, mendoza, red wine (AR) 229
Pampas del Sur reserve, mendoza, pinot noir 2008 (AR) 254
Pampas del Sur select, mendoza, shiraz-malbec 2008 (AR) 229
Parfums de France, vin de pays d'oc 2007 (FR) 344
Parra, la mancha, tempranillo 2007 (ES) 518
Parra, la meseta, la mancha, tempranillo cabernet sauvignon 2007 (ES) .. 518
Parthenium, sicilia, nero d'avola 2006 (IT) 637
Pasos de Tango, mendoza, malbec 2008 (AR) 229
Pech du Moulin, reserve du moulin, coteaux du languedoc 2006 (FR) .. 235
Penascal, vino de la tierra de castilla y león, syrah 2006 (ES) ... 167
Penfolds, rawson's retreat, South Australia, shiraz cabernet 2006 (AU) ... 293
Penfolds, rawson's retreat, south eastern australia,
  cabernet sauvignon 2007 (AU) 62
Penfolds, rawson's retreat, south eastern australia, merlot 2007 (AU) 63
Penfolds, rawson's retreat, south eastern australia,
  shiraz cabernet 2007 (AU) 293
Penfolds, Thomas Hyland, cabernet sauvignon 2005 (AU) 63
Penquin Point, western cape, shiraz 2007 (ZA) 641
Perlage, cabernet del veneto 2007 (IT) 533
Perlage, marche sangiovese 2007 (IT) 533
Perlage, merlot del veneto 2007 (IT) 533
Peter Lehmann, barossa, shiraz grenache 2005 (AU) 294
Peter Lehmann of the Barossa, clancy's red, shiraz,
  cabernet sauvignon and merlot 2005 (AU) 293
Peter Lehmann of the Barossa, the futures, shiraz 2006 (AU) 293
Peter Lehmann, weighbridge, south australia,
  cabernet sauvignon/merlot 2006 (AU) 294
Petit Grealo, costers del segre, sero-subzona artesa 2005 (ES) 518
Pian d'Or, barbera d'asti 2006 (IT) 416
Piat d'Or rouge, vin de pays d'oc (FR) 237
Piccini, chianti 2006 (IT) 257
Piccini, chianti classico, riserva 2005 (IT) 239
Piccini, villa al Cortini, brunello di montalcino 2003 (IT) 239
Pierre Espirac, bordeaux 2006 (FR) 234
Pinot noir, vin de pays d'oc 2006 (FR) 237
Planeta, cerasuolo di vittoria 2005 (IT) 311
Planeta, sicilia, la segreta 2007 (IT) 312
Planeta, sicilia, merlot 2004 (IT) 312
Planeta, sicilia, syrah 2005 (IT) 312
Plus, Frankrijk, corbières, soepel 2007 (FR) 572
Plus, Frankrijk, côtes du roussillon, soepel 2007 (FR) 572
Plus, Italië, marche, sangiovese, soepel 2007 (IT) 575

ROOD

Plus, mendoza tinto vol en krachtig 2008 (AR) 566
Porca de M urça, douro tinto 2006 (PT) 417
Preignes, vin de pays d'oc, grains de cabernet franc 2007 (FR) 488
Preignes, vin de pays d'oc, petit verdot 2005 (FR) 488
Primi, rioja 2007 (ES) 346
Prince Gonzalve du Puy, saint-émilion 2006 (FR) 485
Prius, barbera d'asti 2006 (IT) 657
Qool merlot 2007 (FR) 69
Quaderna via especial, navarra 2007 (ES) 518
Quatro Vientos, navarra tinto 2006 (ES) 116
Qué Mas, central valley, cabernet merlot 2007 (CL) ....
 156, 181, 202, 363, 380, 409, 449, 544, 569, 588, 599, 654
Quinta da Esteveira reserva, vinho de quinta, douro 2005 (PT) 534
Raimat, costers del segre, abadia, crianza 2004 (ES) 494
Raimat, costers del segre, cabernet sauvignon 2004 (ES) 494
Raimat, costers del segre, tempranillo 2002 (ES) 494
Raimat, costers del segre, tempranillo-cabernet sauvignon 2005 (ES) ... 494
Rapido red, puglia, sangiovese 2006 (IT) 207
Remy Pannier, vin de pays vignobles de france, merlot 2007 (FR) 81
Rengo Abbey, central valley, cabernet sauvignon 2007 (CL) 254
Reserve du Sud, corbières 2006 (FR) 203
Reserve du Sud, fitou 2003 (FR) 204
Reserve du Sud, minervois 2005 (FR) 204
Rigal, cahors 3ème terrasse 2005 (FR) 488
Roc du Bel Air, bergerac cuvée spéciale,
 merlot-cabernet sauvignon 2007 (FR) 135
Rocflamboyant la grande réserve, fitou 2005 (FR) 182
Roches d'Hillac, buzet 2005 (FR) 483
Rooiberg Winery, robertson, cabernet sauvignon 2007 (ZA) 368
Rooiberg Winery, robertson, selected red 2006 (ZA) 368
Rosecreek, south eastern australia, cabernet sauvignon 2007 (AU) 434
Rosemount Diamond Label, south eastern australia, shiraz 2006 (AU) ... 63
Rosemount, south eastern australia, cabernet merlot 2007 (AU) 63
Rosemount, south eastern australia, grenache shiraz 2007 (AU) 64
Rosemount, south eastern australia, shiraz cabernet 2007 (AU) 64
R', tinta de toro 2007 (ES) 346
Ruitersvlei, paarl, cinsaut cabernet sauvignon 2006 (ZA) 322
Saint-Laurand, collection privée, vin rouge de france (FR) 203
Saint-Mont cuvée speciale, boiseraie 2006 (FR) 158, 183, 382, 414, 656
Saint Roche, vin de pays du gard 2007 (FR) 81
Saludo, navarra 2006 (ES) 346
San Silvestro, piemonte, barbera ottone I 2007 (IT) 136
Santa Cristina, chianti superiore (antinori) 2006 (IT) 87
Santa Cristina, toscana (antinori) 2006 (IT) 87
Santa Isabel, mendoza, cabernet sauvignon 2006 (AR) 229
Santa Julia, bonarda 2007 (AR) 631
Santa Julia, malbec 2007 (AR) 631
Santa Julia organico, tempranillo 2007 (AR) 631
Santa Marta, cabernet sauvignon 2006 (AR) 180
Santa Rita 120, valle del rapel,
 carmènère/cabernet franc/cabernet sauvignon 2005 (CL) 231
Santa Rita 120, valle del rapel, merlot 2007 (CL) 633
Santa Rita medalla real, valle del maipo, cabernet sauvignon 2005 (CL) .. 231
Santa Rita reserva, valle del maipo, cabernet sauvignon 2005 (CL) 231

ROOD

Santo Emilio, campo de borja, crianza 2005 (ES) 258
Santo Emilio, campo de borja, crianza reserva 2005 (ES) 258
Santo Emilio, campo de borja, tinto 2007 (ES) 258
Sarah 50, vin de pays d'oc, merlot 2006 (FR) 488
Sartirano, barolo 2004 (IT) 136
Scala dei, priorat, negre 2005 (ES) 94
Schoondal, western cape, cape red 2007 (ZA) ....
  161, 186, 211, 368, 386, 424, 581, 590, 602
Secrets de Saint-Benoît, réserve spéciale, saint mont 2006 (FR) 82
Selciala, fassati, rosso di montepulciano 2006 (IT) 490
Sella & Mosca, cannonau di sardegna 2005 (IT) 490
Señorio de los Llanos, valdepeñas, reserva 2004 (ES) 137, 241, 259, 366
Sensas, vin de pays d'Oc, cabernet-syrah 2007 (FR) ....
  158, 183, 206, 382, 546, 656
Sensi, chianti 2007 (IT) 159, 183, 365, 383, 417, 452, 546, 600, 615, 657
Septima, mendoza, malbec cabernet sauvignon 2005 (AR) 477
Serarossa, merlot delle venezie (IT) 615
Serenata, sicilia, nero d'avola 2007 (IT) 159, 417
Settesoli, sicilia, cabernet sauvignon 2007 (IT) 87
Settesoli, sicilia, nero d'avola shiraz 2007 (IT) 87
Shingleback, mclaren vale, cellar door shiraz 2006 (AU) 294
Shiraz, south eastern australia 2006 (AU) 434
Siete Viñas, cabernet sauvignon 2006 (CL) 255
Siete Viñas, merlot 2007 (CL) 255
Silver Sands red, robertson, cabernet sauvignon 2007 (ZA) 641
Sinergia, valencia, monastrell 2007 (ES) 518
Sol de Agosto, la mancha, tempranillo y garnacha 2007 (ES) 535
Soledoro, salento rosso (IT) 575
Soluna, premium malbec 2005 (AR) 507
Soluna, premium organic malbec 2005 (AR) 507
Somerlust, robertson, shiraz 2007 (ZA) 581
Songloed, shiraz 2007 (ZA) 259
Songloed, wes kaap, merlot 2007 (ZA) 259
Songloed, wes kaap, pinotage 2007 (ZA) 260
Sotto il cipresso, vino rosso d'italia (IT) 344
Southern Creek, south eastern australia, australian shiraz 2006 (AU) ... 113
Spanje, boerenlandwijn (ES) 208
Spanje Ribera del Guadiana, stevig, kruidig, vol en fruitig 2007 (ES) .. 137
Spier, colours, western cape, merlot 2007 (ZA) 139
Spier, discover, western cape, pinotage shiraz 2007 (ZA) ... 161, 168, 260, 660
Spring Valley, paarl, cabernet sauvignon 2006 (ZA) 437
Stellar Organics, western cape, cabernet sauvignon 2007 (ZA) 536
Stellar Organics, western cape, merlot 2008 (ZA) 243, 536
Stellar Organics, western cape, pinotage 2008 (ZA) 243
Stellar Organics, western cape, shiraz 2006 (ZA) 536
Stellar Organic Winery, african star, western cape, organic red 2008 (ZA) . 535
Stellar Organic Winery, african star, western cape, pinotage 2008 (ZA) ... 535
Stormhoek, cabernet sauvignon merlot 2007 (ZA) 100
Stormhoek, cabernet sauvignon shiraz 2007 (ZA) 100
Suid-Afrikaanse droë rooiwyn (ZA) 347
Summarroca, penedés, tempranillo 2005 (ES) 314
Sunny Mountain, south east australia, dry red (AU) ....
  155, 180, 200, 361, 379, 407, 448, 544, 588, 598, 654
Sunset Creek, california, cabernet sauvignon 2007 (US) 639

ROOD

Super, Chili, central valley, vol en soepel 2007 (CL) 634
Super de Boer, Italië zacht en fruitig, salento 2007 (IT) 637
Super de Boer, landenwijn Australië rood (AU) 632
Super, huiswijn rood rond en soepel (FR) 634
Super, Spanje la mancha, vol en krachtig 2007 (ES) 638
Super, Zuid-Afrika wes kaap, rond en soepel 2007 (ZA) 641
Sutter Home, cabernet sauvignon 2005 (US) 209
Swartland Winery, western cape, cabernet sauvignon 2007 (ZA) 101
Swartland Winery, western cape, merlot 2007 (ZA) 101
Swartland Winery, western cape, pinotage 2007 (ZA) 101
Swartland Winery, western cape, shiraz 2007 (ZA) 101
Szekszárdi kadarka 2004 (HU) 489
Tall Horse, western cape, merlot 2006 (ZA) 243
Tall Horse, western cape, pinotage 2006 (ZA) 243
Tall Horse, western cape, shiraz 2007 (ZA) 243
Tamboerskloof, stellenbosch, syrah 2005 (ZA) 101
Tango Duo, red wine (AR) 154, 180, 200, 361, 379, 406, 448, 566, 598
Tanguero, malbec 2007 (AR) 130
Tarquino, mendoza, malbec shiraz 2007 (AR) 292
Terras Altas, dão 2006 (PT) 90
Tesoro, bullas, monastrell tinto 2007 (ES)
 .... 184, 208, 366, 384, 421, 454, 546, 658
Tesoruccio, montepulciano d'abruzzo 2006 (IT) 344
Tesoruccio, sangiovese, igt chieti 2007 (IT) 345
Thandi, western cape, cabernet sauvignon merlot 2007 (ZA) 101
Thierry & Guy, fat bastard, vin de pays vignobles de france,
 cabernet sauvignon 2007 (FR) 82
Tierra Buena, mendoza, cabernet sauvignon 2007 (AR) 167, 566
Tierra Buena, mendoza, malbec 2007 (AR) 566
Tierra Buena, mendoza, merlot 2007 (AR) 566
Tierra Buena, mendoza, shiraz reserva 2007 (AR) 566
Tilia, mendoza, cabernet sauvignon merlot 2007 (AR) 58
Tilia, mendoza, malbec cabernet sauvignon 2007 (AR) 59
Toconoa, valle central, cabernet sauvignon/merlot 2007 (CL) 482
Tokara, stellenbosch 2004 (ZA) 322
Tokara, zondernaam, stellenbosch, red 2005 (ZA) 322
Tokara, zondernaam, stellenbosch, shiraz 2004 (ZA) 322
Tonino, vino frizzante gassificato (IT) 491
Torre Aldea, rioja crianza 2005 (ES) 638
Torre Aldea, rioja tinto 2007 (ES) 639
Torrelongares, cariñena, syrah 2007 (ES) 95
Torrelongares crianza, cariñena, garnacha tempranillo 2005 (ES) 94
Torrelongares reserva, cariñena, garnacha tempranillo 2003 (ES) 94
Torrelongares tinto, cariñena, garnacha 2007 (ES) 95
Torres, catalunya, sangre de toro 2005 (ES) 494
Torres Celeste, ribera del duero crianza 2005 (ES) 314
Torres Coronas, catalunya, tempranillo 2005 (ES) 315
Torres reserva gran sangra de toro, catalunya 2003 (ES) 315
Torres Salmos, priorat 2005 (ES) 315
Torres Sangra de Toro, catalunya 2006 (ES) 316
Torres Viña Brava, catalunya, garnacha-cariñena 2006 (ES) 95
Torres Viña Brava, catalunya, tempranillo 2007 (ES) 95
Tour Caret, vin de pays d'oc, merlot 2006 (FR) 206
Touvent, côtes du ventoux 2006 (FR) 306

ROOD

Trapiche Varietals, mendoza, cabernet sauvignon 2007 (AR) 130
Trapiche Varietals, mendoza, merlot 2007 (AR) 130
Trivento Golden Reserve, mendoza, malbec 2005 (AR) 477
Trivento, mendoza, shiraz-malbec 2007 (AR) 478
Trivento reserve, mendoza, cabernet-malbec 2006 (AR) 477
Trivento reserve, mendoza, syrah-malbec 2006 (AR) 477
Trivento Tribu, mendoza, bonarda 2006 (AR) 478
Trivento Tribu, mendoza, bonarda 2008 (AR) 478
Trivento Tribu, mendoza, malbec 2006 (AR) 478
Tsantali, imiglykos 2006 (EL) 489
Tuella, douro 2005 (PT) 90
Tuguets, madiran 2004 (FR) 414
Two Oceans, western cape, cabernet sauvignon merlot 2007 (ZA) ....
161, 368, 602, 641
Undurraga, colchagua valley, cabernet sauvignon 2007 (CL) 68
Undurraga, colchagua valley, carmenère 2007 (CL) 68
Undurraga, colchagua vally, merlot 2007 (CL) 69
Vacqueyras 2005 (FR) 306
Val de Uga, somontano, cabernet sauvignon 2006 (ES) 208, 421, 579
Val de Uga, somontano, garnacha syrah 2007 (ES) 160, 208, 421, 579
Valdivieso Barrel reserva, central valley, cabernet sauvignon 2006 (CL) ..297
Valdivieso Barrel reserva, central valley, merlot 2006 (CL) 297
Valdivieso, casablanca valley, pinot noir reserva 2006 (CL) 298
Valdivieso, central valley, malbec 2007 (CL) 298
Valdivieso, central valley, merlot 2007 (CL) 299
Valdivieso Éclat, maule valley, red wine 2005 (CL) 297
Valdivieso reserva, central valley, carmenère 2006 (CL) 298
Valdivieso reserva, central valley, syrah 2004 (CL) 298
Valdivieso Single Vineyard reserve, colchagua valley,
  cabernet franc 2004 (CL) 298
Valentin Züsslin, alsace, pinot noir bollenberg 2005 (FR) 509
Valgrande de Chile, central valley, carmenère 2006 (CL) 340
Valle del Mañan, alicante, reserva 2003 (ES) 579
Valle del Mañan, alicante, reserva 2004 (ES) 579
Valmas, vin de pays d'oc, cabernet merlot 2007 (FR) 82
Valmas, vin de pays d'oc, cabernet syrah 2007 (FR) 82
Valombreuse, bordeaux 2007 (FR) 234
Van Loveren, robertson, cabernet sauvignon shiraz 2006 (ZA) 322
Veelplesier, private selection, western cape,
  ruby cabernet vintage 2007 (ZA) 496
Veelplesier, western cape, classical red 2007 (ZA) 162, 425, 602
Vega del Cega, valdepeñas, tinto 2006 (ES) 436
Vega Libre, utiel-requena 2007 (ES) ....
160, 185, 208, 367, 384, 421, 454, 546, 579, 590, 601, 659
Velours des Collines, vacqueyras 2006 (FR) 80
Vermador, alicante, monastrell 2006 (ES) 518
Vermador, alicante, monastrell barrica 2006 (ES) 519
Vida Orgánico, mendoza, bonarda sangiovese 2007 (AR) 529
Vida Orgánico, mendoza, cabernet sauvignon 2007 (AR) 529
Vida Orgánico, mendoza, malbec 2007 (AR) 529
Vidigal, dão 2005 (PT) 240
Vieux Pont, corbières 2007 (FR) 113
Vila Regia, douro 2004 (PT) 492
Villa Antinori, toscana 2005 (IT) 87

ROOD

Villa Contado, veronese rosso 2006 (IT) 513
Villa Contado, veronese rosso 2007 (IT) 513
Villa Giorgia, merlot delle venezie 2006 (IT) 136
Villa Maria, bardolino 2007 (IT) 637
Villa Maria, private bin, hawkes bay,
  merlot-cabernet sauvignon 2006 (NZ) 492
Villa Maria, valpolicella 2007 (IT) 638
Villa Mondi, bardolino 2007 (IT) 183, 383, 452, 576, 589, 615, 657
Villa Rocca, bardolino 2007 (IT) 87
Villa Romanti, rosso piceno 2006 (IT) 365, 657
Villa Romanti, valpolicella ripasso classico superiore 2006 (IT) 239
Villa Vera, piave, merlot 2006 (IT) 365
Viña Albali, valdepeñas, gran reserva 1999 (ES) 241
Viña Aleza, toro, selección 2007 (ES) 138
Viña Baida, campo de borja 2007 (ES) 138
Viña Ducaro, campo de borja, tinto 2007 (ES) 347
Viña Foronda, campo de borja, crianza 2005 (ES) 241
Viña Foronda, campo de borja, reserva 2003 (ES) 241
Viña Foronda, campo de borja, tinto 2007 (ES) 242
Viña la Rosa, la capitana barrel reserve,
  cachapoal valley, carmenère 2006 (CL) 299
Viña la Rosa, la palma, cachapoal valley, cabernet sauvignon 2007 (CL) ..299
Viña la Rosa, la palma, cachapoal valley, merlot 2007 (CL) 299
Viña la Rosa, la palma gran reserva, rapel valley, merlot 2006 (CL) ... 299
Viña la Rosa, la palma reserve, rapel valley, merlot 2006 (CL) 299
Viña Maipo, valle central, carmenère 2007 (CL)
                              181, 202, 380, 409, 449, 544, 599, 655
Viña Mar de Casablanca reserva, casablanca valley, pinot noir 2007 (CL) .133
Viña Mar de Casablanca reserva, maipo valley, merlot 2006 (CL) 133, 181
Vina Montesa, somontano, cabernet sauvignon 2006 (ES) 138
Viña Piedra Alta, mendoza, malbec-tempranillo 2007 (AR) 631
Viña Plata, mendoza, malbec 2007 (AR) 229
Viña Salceda, rioja crianza 2004 (ES) 316
Viña Salceda, rioja reserva 2002 (ES) 316
Viñas de Barrancas, argentina, cabernet sauvignon 2007 (AR) 338
Viñas de Barrancas, argentina, malbec 2007 (AR) 338
Viñas del Vero, colección single vineyard, somontano,
  cabernet sauvignon los sasos 2003 (ES) 316
Viñas del Vero, somontano, garnacha syrah 2006, 2007 (ES) 316
Viñas del Vero, somontano, selección varietal, merlot 2005 (ES) 316
Viñas del Vero, somontano, tinto syrah garnacha 2007 (ES) 317
Viña Vermeta reserva, alicante, tinto monastrell 2001 (ES) 616, 639
Vincent Baron, morgon 2006 (FR) 232
Vinez, cabernet sauvignon shiraz 2006 (ZA) 162, 186, 260, 425, 581, 642
Vino rosso da tavola (IT) 491
Vinos Rosario, bullas, monastrell 2007 (ES) 639
Vreugh'vol, cabernet sauvignon 2007 (ZA) 642
Vyf Skepe, western cape, pinot noir 2005 (ZA) 116
Welmoed, stellenbosch, cabernet sauvignon 2007 (ZA) 101
Welmoed, stellenbosch, merlot 2007 (ZA) 102
Welmoed, stellenbosch, pinotage 2007 (ZA) 102
Welmoed, stellenbosch, shiraz 2007 (ZA) 102
Western Cape, pinotage 2007 (ZA) 437
Western Cellars, california, cabernet sauvignon 2007 (US) 242, 259

ROOD

Wilderness Estate dry red, south eastern australia, shiraz (AU) 407
Wildlife, western cape, african red 2007 (ZA) 368
Wild Pig, vin de pays d'oc, cabernet sauvignon 2007 (FR) 82
Wild Pig, vin de pays d'oc, merlot 2007 (FR) 82
Wild Pig, vin de pays d'oc, syrah 2007 (FR) 82
Willowbank, south eastern australia, shiraz cabernet 2007 (AU) ....
.... 155, 167, 180, 379, 654
Willowglen, south eastern australia, cabernet merlot 2007 (AU) 200
Willowglen, south eastern australia, merlot 2007 (AU) 200
Willowglen, south eastern australia, petite sirah 2006 (AU) 201
Willowglen, south eastern australia, shiraz cabernet 2007 (AU) 201
Winzer Krems, sandgrube 13, blauer zweigelt 2006 (AT) 183, 417
Wolf Blass eaglehawk, south eastern australia, shiraz 2006 (AU) 294
Wolf Blass president selection, South Australia,
  cabernet sauvignon 2005 (AU) 294
Wolf Blass red label, south eastern australia,
  shiraz cabernet sauvignon 2006 (AU) 295
Wolf Blass, south eastern australia, shiraz cabernet sauvignon 2005 (AU)   479
Wolf Blass yellow label, South Australia, cabernet sauvignon 2006 (AU) . 295
Ycaro reserva, colchagua valley, carmenère 2007 (CL) 529
Ycaro reserva, valle central, cabernet sauvignon 2007 (CL) 529
Yellow Jersey, vin de pays d'oc, merlot 2006 (FR) 308
Yellow Tail, merlot 2007 (AU) 201, 230, 362, 379, 407, 567, 654
Yellow Tail, south eastern australia, shiraz 2006 (AU) ....
.... 155, 201, 407, 567, 632, 654
Z-Af, wes kaap, merlot-pinotage (ZA) 322
Zama, western cape, cabernet sauvignon shiraz 2007 (ZA) 211
Zantho, burgenland, blaufränkisch 2006 (AT) 239
Zuid-Afrika, west-kaap, boerenlandwijn (ZA) 211
Zuid-Afrika westkaap, soepel, bessig en volfruit (ZA) 139

KORTINGSBON

De Nicolaas Klei Wijnagenda 2009
Een oogstrelende agenda met tongstrelend wijnadvies

Tegen inlevering van deze bon in de boekhandel van uw keuze ontvangt u *De Nicolaas Klei Wijnagenda 2009* van € 14,95 voor € 12,50

ISBN 978 90 5759 068 9
Actienummer 901-57899
Deze actie is geldig t/m 15 januari 2009